한국연구재단 학술명저번역총서 동양편 283

영환지략 1-아시아

한국연구재단 학술명저번역총서
동양편 283

영환지략 1 - 아시아

초판 1쇄 인쇄 2024년 6월 10일
초판 1쇄 발행 2024년 6월 25일

저 자	서계여
역 주 자	이민숙 정민경
펴 낸 이	이대현
편 집	이태곤 권분옥 임애정 강윤경
디 자 인	안혜진 최선주 이경진
기획/마케팅	박태훈 한주영
펴 낸 곳	도서출판 역락
주 소	서울시 서초구 동광로46길 6-6 문창빌딩 2층(우-06589)
전 화	02-3409-2055(대표), 2058(영업), 2060(편집) FAX 02-3409-2059
이 메 일	youkrack@hanmail.net
홈페이지	www.youkrackbooks.com
등 록	1999년 4월 19일 제303-2002-000014호

ISBN 979-11-6742-856-1 94900
ISBN 979-11-6742-443-3 94080(세트)

*정가는 뒤표지에 있습니다.
*잘못된 책은 바꿔 드립니다.

이 저서는 2020년 대한민국 교육부와 한국연구재단의 지원을 받아 수행된 연구임 (NRF-2020S1A5A7085442)

한국연구재단 학술명저번역총서 동양편

283

영환지략 1
아시아

瀛寰志略 권1~권3

서계여(徐繼畬) 저
이민숙 정민경 역주

역락

『영환지략』의 출판 배경과 서계여(徐繼畬)

1661년 중국은 마지막 태평시절을 누리고 있었다. 당시 중국은 정치적, 사회적, 사상적으로 가장 발달된 모델을 가지고 있다고 자부했기 때문에 다른 나라의 발전을 간과했다. 그러나 세계는 변화하고 있었다. 18세기에는 영국의 산업혁명, 미국의 독립전쟁, 프랑스의 대혁명, 해상 탐험을 통한 식민지 약탈 전쟁 등 인류 역사상 큰 변화를 보이고 있었으나, 중국은 아편전쟁 발발 전까지는 그들에 대해 어떤 특별한 관심도 없었고, 이들이 중국에 대해 어떤 생각을 가지고 있는지도 몰랐다. 19세기에도 중국인들은 여전히 자신들이 천하의 중심이고, 기타 국가들은 모두 '오랑캐'에 불과하다고 생각했다. 그러나 1840년 영국의 견고한 화륜선과 대포가 중국의 문을 열고 아편이 중국에 밀려들어오고 불평등한 문호개방을 하면서 중국의 지식인들은 참혹한 실패를 겪었다. 그 후에 지식인들은 중국의 당시 상황을 반성하고, 끊임없이 방법을 모색하기 시작했다. 임칙서(林則徐, 1785~1850)·공자진(龔自珍, 1792~1841)·위원(魏源, 1794~1857) 등은 새로운 사유방식과 시선으로 시대의 선봉에 섰고, 서계여(徐繼畬, 1795~1873) 역시 동시대의 지식인들과 함께 새로운 시각으로 세상을 바라보았다.

서계여는 산서(山西) 오대(五臺) 사람으로 전통적인 학자 집안 출신의 관리였다. 1813년 18세에 향시(鄕試)에 참가했고, 20세에 거인(擧人)에 합격했으며, 1826년 31세에 진사에 급제하여 한림원(翰林院) 편수(編修)로서 관계에 발을 들여놓았다. 그 뒤로 섬서도(陝西道) 감찰어사(監察御史), 광서(廣西) 심강(潯江) 태수, 광동 감운사(監運使), 광동 안찰사(按察使), 복건 포정사(布政使), 광서 순무(巡撫) 등을 역임했다.

아편전쟁은 서계여가 복건성의 연진소도도대(延津邵道道臺)로 있을 때 발발했다. 당시 서계여는 전쟁의 최전방에서 200년간의 전성기를 구가하던 중국이 7만 리 밖의 바다 오랑캐(洋夷)에게 곤욕을 치르는 사태를 목격하고, 화륜선과 대포를 결합시킨 영국 전함의 위력을 몸소 느끼면서, 강렬한 우환의식을 가지게 되었다. 이러한 우환의식은 중국을 침략한 서양각국에 대한 정확한 이해와 파악을 요구했고, 그 결과 『영환지략』의 편찬으로 이어지게 되었다.

서계여는 중국의 지리서를 바탕으로 본격적으로 해외 관련 자료를 수집하던 중 하문(廈門)과 복주(福州)에서 활동하던 미국인 선교사 데이비드 아빌(David Abeel)과 윌리엄 커밍스(William H. Cummming), 복주 주재영사 영국인 조지 레이(George T. Lay), 레이의 후임 알콕(Sir Rutherford Alcock) 부부 등을 만났다. 이들과의 만남을 통해 세계정세에 더욱 관심을 가지게 된 서계여는 결국 1844년에 『여도고략(輿圖考略)』을, 또한 같은 해 7월에 증보를 해 『영환고략(瀛寰考略)』을, 1848년에 최종적으로 『영환지략』을 완성해 세상에 내놓기에 이르렀다.

『영환지략』의 출판은 당시 우물 안 개구리였던 중국을 경악케 했다. 그들은 자신들이 살고 있는 이 땅이 원래는 지구라고 불리는 땅이며, 다른 국가들과 마찬가지로 중국 역시 세계의 한 구성원이고, 중국은 결코 '세계의 왕'이 아니라 낙후한 국가 중 하나라는 사실을 깨닫게 되었다. 역사적 사실에도 불구하고 당시 중국인들은 『영환지략』을 '요설로 대중을 현혹시키고', '국체를 손상시키며', '서양을 과대 포장하는' 책이라 비판했으며, 결국 서계여는 1852년에 조정으로부터 파면되었다.

서계여는 그 뒤로 산서성 평요현(平遙縣)에서 초산서원(超山書院)을 맡아 관리하면서 『퇴밀재시문(退密齋時文)』, 『고시원비주(古詩源批注)』, 『오대신지(五臺新志)』, 『거우집(擧隅集)』, 『후한서비주(後漢書批注)』 등의 책을 써냈다. 1865년 서계여는 다시 나라의 부름을 받고 북경으로 가 경사동문관(京師同文館: 지금의 북경대학)을 관리해 제1대 총장이자 외국어대학의 학장이 되어, 근대 중국의 신식교육을 이끌었으며, 대변혁시기의 전야에 놓인 학생들과 대중들을 계몽시켰다.

『영환지략』은 이후 일본에서 먼저 큰 반향을 불러일으키면서 1861년부터 출판본이 나오기 시작했고, 조선에서는 1850년에 『해국도지』와 함께 들어와 1880년대의 개국 혹은 개화 사상가들에게 큰 영향을 끼쳤다. 중국에서는 1860년 양무운동이 발생하면서 "중국 사대부들이 알고 있는 약간의 세계지리 지식은 이 두 책(『해국도지』, 『영환지략』)에서 비롯되었다.(梁啓超)", "근래에 해외에서 일어난 일들을 언급한 책으로는 『영환지략』과 『해국도지』가 그 효시이다.(王韜)"라는 문단의 평가를 얻어 그 가치를 인정받았다.

『영환지략』의 구성과 내용

『영환지략』의 구성은 다음과 같다.

권수	구성
권1	지구, 「황청일통여지전도」, 아시아, 아시아 동양 2개국, 아시아 남양 연안 각국
권2	아시아 남양 각 섬, 아시아 동남양 각 섬, 태평양 제도
권3	아시아 오인도, 아시아 인도 서쪽 이슬람 4개국, 아시아 서역 각 이슬람국가
권4	유럽, 유럽 러시아, 유럽 스웨덴, 유럽 덴마크
권5	유럽 오스트리아, 유럽 프로이센, 유럽 독일, 유럽 스위스
권6	유럽 터키, 유럽 그리스, 유럽 이탈리아, 유럽 네덜란드, 유럽 벨기에
권7	유럽 프랑스, 유럽 스페인, 유럽 포르투갈, 유럽 영국
권8	아프리카, 북아프리카, 중앙아프리카, 동아프리카, 서아프리카, 남아프리카, 아프리카 각 섬
권9	아메리카, 북아메리카 빙하지역, 영국령 북아메리카, 북아메리카 미합중국
권10	북아메리카 남부 각국, 남아메리카 각국, 카리브제도

각 권의 요지는 다음과 같다.

권1~권3에서는 지구의 모양과 위도, 경도, 5대륙 전반에 대한 개략적인 상황 및 아시아의 지리, 역사, 풍속 등에 대해 상술하고 있다. 이를 바탕으로 일본을 비롯한 동양 2개국, 루손, 수마트라를 비롯한 인도네시아 각 섬 및 오세아니아에 대해 기술하고 있다. 특히 스페인의 루손 식민화 과정과 이를 교두보로 해 스페인이 어떻게 아시아 각국에 침투하게 되었는지를 흥미롭게 서술하고 있다.

권4~권7에서는 유럽의 자연, 인문학적 상황을 개괄적으로 기술한 다음, 19세기 당시 번역자에 따라 달리 사용되던 유럽 각국의 명칭을 상세하게 정리하고 있다. 이를 바탕으로 중국과 지리적으로 가까운 러시아에서부터, 열악한 자연환경을 이겨내고 강국이 될 수 있었던 스웨덴, 좁은 강역에도 불구하고 요충지를 장악해 강국이 된 덴마크, 유럽의 정중앙에 위치한 독일연방과 중국 봉건제도의 유사성, 서방의 이상향 스위스, 넓은 강역에 비해 그 위세와 역량이 다소 부족했던 오스트리아, 그리스의 신화에서부터 그리스 페르시아 전쟁, 마라톤 전투, 델로스 동맹, 펠로폰네소스 전쟁, 종교적 견해의 차이로 두 나라로 분리된 네덜란드와 벨기에, 전통적인 유럽의 강호 프랑스, 대항해시대의 성공을 구가했던 스페인의 몰락, 포르투갈을 대서양국이라 불렀던 이유, 중국을 위기에 빠뜨린 영국에 대한 적대감과 동시에 오스트레일리아를 부강한 나라로 만든 영국의 원대한 기상까지 각국에 대한 저자의 독창적인 견해와 비판이 눈길을 끈다.

권8에서는 이집트와 에티오피아를 중심으로, 동아프리카(모잠비크, 소말리아, 케냐 등), 북아프리카(이집트, 모로코, 튀니지, 트리폴리타니아), 남아프리카(카르파리아, 나미비아 등), 서아프리카(기니, 콩고), 중앙아프리카(쿠르두판, 다르푸르 등) 각국의 연혁과 지리, 풍속, 외모, 언어, 문화적 특색에 대해 상술하고 있다. 나아가 로마와 카르타고와의 전쟁, 유럽 열강의 속지 및 희망봉에 대해서도 기술하고 있다.

권9~권10에서는 콜럼버스의 아메리카 대륙 발견 과정, 미국의 독립 과정과 역사, 26개 주의 설립과정, 헌법과 의회제도의 수립과정 및 정치, 종교, 교육, 복지, 경제 등에 대해 기술하고 있다. 특히 미국의 민주주의 제도와 그에 대한 조지 워싱턴의 역할, 그를 중심으로 한 미국인들의 인격 그리고 지도자의 중요성을 강조한 저자의 시각이 흥미롭다. 나아가 북아메리카의 남쪽에 위치한 멕시코, 텍사스와 남아메리카의 과테말라, 엘살바도르, 온두라스, 코스타리카, 파타고니아, 칠레, 콜롬비아, 페루 등의 지리, 연혁, 인구, 종교 및 물산 등에 대해 서술하고 있다. 여기서는 특히 스페인의 멕시코 식민화과정과 멕시코의 독립과정을 상세히 기술하면서, 미국을 본받아 독립을 한 멕시코가 강대국으로 발전하지 못한 원인과 '금광'으로 이름났던 페루가 빈국으로 전락할 수밖에 없었던 원인을 함께 비교 분석하고 있다.

『영환지략』 역주 작업의 경과 및 의의

『영환지략』 역주 작업은 한국연구재단 명저 번역 사업의 일환으로 진행되었다. 본 번역진은 2년에 걸쳐 초역을 진행했으며, 그 이후로도 계속된 윤독 과정을 거쳐 번역문에 대한 꼼꼼한 수정을 통해 출판하기에 이르렀다. 본 역주는 도광(道光) 28년본(福建巡撫衙門刻本)에 간행된 『영환지략』을 저본으로 삼아 기존의 다양한 판본을 비교 검토하면서 글자의 출입을 정리하는 것에서부터 시작했는데, 이 과정에서 송대천(宋大川)의 『영환지략교주(瀛寰志略校注)』(文物出版社, 2007) 와 현재 출간 중에 있는 『해국도지(海國圖志)』(세창출판사, 2021)의 도움을 많이 받았다.

『영환지략』의 역주작업은 결코 만만치 않았다. 세계문명지리서인 『영환지략』은 말 그대로 세계의 수많은 인명과 지명, 개념어가 나온다. 또한 『영환지략』에서 인용하고 있는 자료가 기원전부터 19세기 초중반 이전 시대의 것이 많다보니, 실제 해당 국가의 지명이나 인명이 지금 존재하지 않는 경우도 있고, 해당 인명이나 지명을 찾지 못하는 경우가 제법 발생했다. 따라서 많은 시간을 할애하고 노력을 기울였음에도 불구하고, 여전히 찾지 못한 원어 지명이나 인명이 한자어로 남아 있는데, 이에 대해서는 독자들의 양해를 구하는 바이다.

『영환지략』은 중화중심주의에 빠져 있던 중국의 지식인들뿐만 아니라 당시 근대화를 앞둔 조선과 일본에도 전래되어 큰 영향을 끼쳤다. 따라서 『영환지략』의 출간은 국내 최초의 완역이라는 점에서 그 의의가 상당하며, 특히 인문지리서에 해당하는 세계 각국의 자료는 중국 근대사와 세계 근대사를 연구하는 데 있어 중요한 기초자료를 제공한다는 점에서 가치가 있다. 다만 역주 작업에서 번역진이 미처 발견하지 못한 번역상의 오류가 있을 수 있으니, 독자 여러분의 아낌없는 질정과 도움을 바라는 바이다. 마지막으로 어려운 출판 여건 속에서도 좋은 책을 만들기 위해 애쓰시는 도서출판 역락 관계자 여러분께 깊은 감사를 드린다.

역주자를 대표해서

이민숙 씀

✦ 영환지략 1-아시아 ✦

2권 | 영환지략 2-유럽

3권 | 영환지략 3-아프리카·아메리카

◆ 일러두기

1. 본 번역은 『영환지략(瀛寰志略)』 도광(道光) 28년본(福建巡撫衙門刻本)을 저본으로, 일본 문구(文久) 신유년(1861) 「대미각본(對嵋閣本)」과 송대천(宋大川)이 교주(校注)한 『영환지략교주(瀛寰志略校注)』(文物出版社, 2007) 등 『영환지략』 관련 여러 판본을 참고하고 교감해 역주를 진행했다.

2. 『영환지략』은 다음 원칙에 준해 번역한다.

① 본 번역은 가능한 한 직역을 위주로 하고 직역으로 문맥이 통하지 않을 경우에는 본뜻이 벗어나지 않는 범위 내에서 의역하며, 문맥의 이해를 돕기 위해 필요시 [ ] 부분을 삽입해 번역한다.

　　예 속옷[즉 훈도시]은 비단 폭을 이용해 허리에 두르고, [발에는] 짧은 버선을 신고 명주실로 짠 신을 끈다.

② 본 번역에서 언급되는 중국의 국명, 지명, 인명, 서명의 경우, 한국식 발음으로 표기하며, 조목마다 처음에만 ( ) 안에 한자어를 병기한다. 다만 홍콩, 마카오와 같이 한국인에게 널리 알려진 지명의 경우는 그대로 사용하며, 지금의 지명으로 설명이 필요한 경우는 중국 현대어 발음으로 표기한다.

③ 중국을 제외한 외국의 국명, 지명, 인명, 서명의 경우, 외래어 표기법에 의거하여 해당 국가의 현대식 표기법을 따르고, 조목마다 처음에만 ( ) 안에 해당 지역 언어를 병기한다. 그리고 나머지 필요한 상황은 주석으로 처리한다.

　　예 캘리컷(Calicut),[1] 알레니(Giulio Aleni)
　　1 캘리컷(Calicut): 원문은 '고리(古里)'로, 지금의 인도 남서부에 있는 코지코드(Kozhikode)이다.

④ 외국 지명은 현대식 표기법을 따를 때 역사적 사건과 사실이 잘 드러나지 않는 경우가 있다. 안남(安南)의 경우, 오늘날의 베트남을 지칭하지만, 역사적으로 보면 베트남의 한 왕국 이름이다. 따라서 이 경우에는 부득이하게 한자음 발음을 그대로 따른다.

　예 안남(安南)[2]

　　2　안남(安南): 지금의 베트남을 가리키는 말로, 당대에 이곳에 설치된 안남도호부(安南都護府)에서 유래되었다. 청대에는 베트남을 안남국, 교지국(交阯國) 등으로 구분하여 불렀다. 또한 안남국은 꽝남국을 가리키기도 한다. 따라서 본 역서에서는 역사 사실의 이해를 돕기 위해 원문에 입각하여 이 명칭을 그대로 사용한다.

⑤ 서계여의 '안(案)'은 번역문과 원문에 그대로 노출시킨다. 다만 본문과의 차이를 분명히 하기 위해 글자 포인트(9)를 줄이고 색깔을 입혀 처리한다.

　예 살펴보건대 러시아의 영토가 아시아의 60%를 차지하고 있다. 그러나 러시아의 수도는 유럽의 발트해 연안에 위치한다. 터키 동부와 터키 중부는 아시아에 속하지만 수도가 있는 터키 서부는 유럽에 속한다.

⑥ 서계여의 '안(案)' 가운데 다시 안을 붙인 경우가 있다. 이 경우 서계여의 '안'과 구분하기 위해 다른 색깔을 입혀 처리한다.

　예 아시아에는 아라비아해(Arabian Sea) 이란(Iran)과 아라비아(Arabes) 사이에 위치한다. 와 홍해(紅海) 서양에서는 레드 씨(Red Sea)라고 부른다. 가 있는데 모두 인도양을 거치면서 물줄기가 나뉜다.

⑦ 주석 번호는 권별로 시작한다.

◆ 영환지략 자서(自序)

　지리는 지도가 아니면 명확하게 알 수 없고, 지도는 가보지 않으면 알수 없다. 대지는 형체가 있어서 마음대로 늘리고 줄일 수 있는 것이 아니다. 서양인들은 원거리 여행에 뛰어나 배를 타고 사해를 일주하면서 가는 곳마다 번번이 붓을 꺼내 지도를 그리기 때문에 그 지도는 유독 근거로 삼을 만하다. 도광(道光)[1] 23년(1843) 계묘년에 공무로 하문(廈門)에 머물면서 미국[2] 사람 데이비드 아빌(David Abeel)[3]을 만났는데, 그는 서양의 박학다식한 사람이었다. 그는 복건 말을 할 줄 알았으며 지도책을 가지고 있었는데 그림이 아주 세밀했다. 나는 그 글자를 몰라 괴로워하다가 지도 10여 폭을 베끼면서 아빌을 찾아가 물어 번역하면서 각국의 이름은 대충이나마 알게되었지만, 급한 나머지 자세히는 알 수 없었다. 이듬해 다시 하문에 갔을 때 군사마(郡司馬) 곽용생(霍蓉生)이 지도 2책(冊)을 구입했는데, 한 책은 2자남짓 되고, 다른 한 책은 1자 정도 되었다. 그런데 아빌이 가지고 있던 책자보다 더 상세했다. 또한 서양인이 중국어로 쓴 잡서 몇 종류를 찾아내고, 내가 또 약간의 책을 구했다. 책이 속되고 문아하지 않아 점잖은 사람들은 차마 볼 수 없었지만, 나는 이들을 모으고 인용하며, 작은 쪽지라도 얻으면

1　도광(道光): 청나라 제8대 황제 선종(宣宗) 애신각라민녕(愛新覺羅旻寧)의 연호(1820~1850)이다.

2　미국: 원문은 '미리견(米利堅)'이다.

3　데이비드 아빌(David Abeel): 원문은 '아비리(雅裨理)'이다. 데이비드 아빌(1804~1846)은 1844년 중국에 온 미국인 선교사로, 세계여가 『영환지략』을 집필하는 데 많은 도움을 주었다.

역시 기록해 보존하면서 버리지 않았다. 서양인을 만날 때마다 번번이 책자를 펴서 묻고 고증했다. 그래서 해외 각국의 지형과 상황에 대해 조금씩 그 개요를 알게 되었다. 이에 지도에 근거해 체계를 세우고 여러 책에서 믿을 만한 부분을 가려 뽑아 부연 설명하고 책으로 엮었다. 한참 뒤에 이것이 쌓여 여러 권이 되었다. 책 한 권을 손에 넣을 때마다 간혹 새로운 소식이 있으면 번번이 고치고 증보해 원고가 수십 번은 바뀌었다. 계묘년에서 지금에 이르기까지 계절이 다섯 번 바뀌었다. 공무를 보고 남는 시간에는 오직 이 일로 시간을 보내면서 하루도 손에서 놓은 적이 없다. 방백(方伯)[4] 진자포(陳慈圃)와 관찰(觀察) 녹춘여(鹿春如)[5]가 이것을 보고는 남길만하다고 생각해 잘못된 부분을 잘라내고 고쳐 모두 10권으로 분권했다. 같은 뜻을 가진 사람들이 달라고 해서 살펴보고는 대부분 출판을 권유했다. 그래서 『영환지략(瀛寰志略)』이라 이름 짓고 이렇게 이 책의 서문을 쓴다.

도광 28년(1848) 무신년 가을 8월

오대(五臺) 사람 서계여(徐繼畬)가 쓰다.

---

4   방백(方伯): 『예기(禮記)』 「왕제(王制)」에 따르면, 지방장관을 말한다.

5   녹춘여(鹿春如): 녹택장(鹿澤長)이다. 녹택장(1791~?)은 자가 춘여이며 산동사람이다. 서계여를 도와 『영환지략』의 교감작업에 참여해 책의 출간에 큰 도움을 주었다.

地理非圖不明, 圖非履覽不悉. 大塊有形, 非可以意爲伸縮也. 泰西人善於行遠, 帆檣周四海, 所至輒抽筆繪圖, 故其圖獨爲可據. 道光癸卯, 因公駐廈門, 晤米利堅人雅裨理, 西國多聞之士也. 能作閩語, 攜有地圖冊子, 繪刻極細. 苦不識其字, 因鈎摹十餘幅, 就雅裨理詢譯之, 粗知各國之名, 然匆卒不能詳也. 明年, 再至廈門, 郡司馬霍君蓉生購得地圖二冊, 一大二尺餘, 一尺許. 較雅裨理冊子, 尤爲詳密. 幷覓得泰西人漢字雜書數種, 余復蒐求得若干種. 其書俚不文, 淹雅者不能入目, 余則薈萃采擇, 得片紙亦存錄勿棄. 每晤泰西人, 輒披冊子考證之. 於域外諸國地形時勢, 稍稍得其涯略. 乃依圖立說, 采諸書之可信者, 衍之爲篇. 久之, 積成卷軼. 每得一書, 或有新聞, 輒竄改增補, 稿凡數十易. 自癸卯至今, 五閱寒暑. 公事之餘, 惟以此爲消遣, 未嘗一日輟也. 陳慈圃方伯·鹿春如觀察見之, 以爲可存, 爲之刪訂其舛誤, 分爲十卷. 同人索觀者, 多慫慂付梓. 乃名之曰『瀛寰志略』, 而記其緣起如此.

道光戊申秋八月, 五臺徐繼畬識.

영환지략

권1

본권에서는 지구의 모양과 위도, 경도, 5대륙 전반에 대한 개략적인 상황 및 아시아의 지리, 역사, 풍속 등에 대해 상세히 기술하고 있다. 이를 바탕으로 일본, 태국, 미얀마의 정치, 경제, 지리, 역사, 풍속, 생활 습속, 문화적 특색, 나아가 중국과 이들 국가 간의 역대 대외관계 그리고 이들 국가와 서양 열강의 대외관계까지 고찰, 분석하고 있다.

[지구]

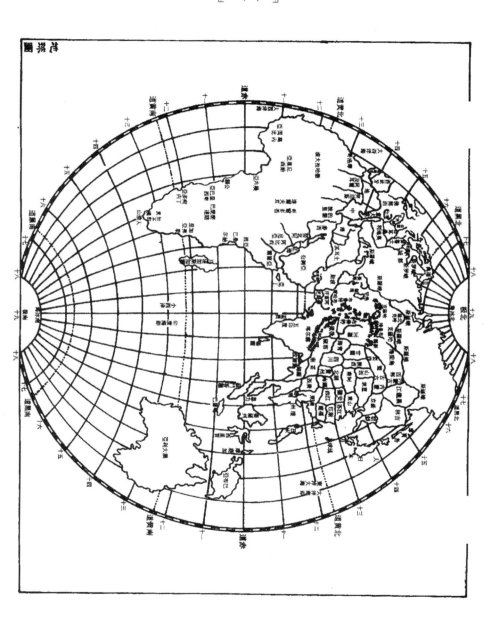

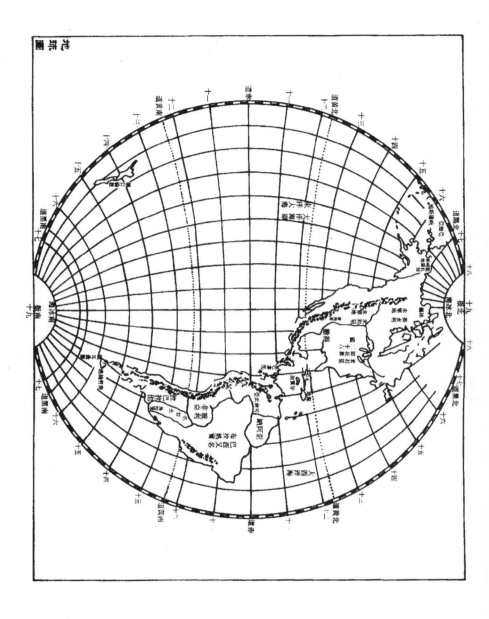

지구전도(1)

북극(北極) : 지금의 북극대륙(Arctic)이다.

북빙해(北冰海) : 지금의 북극해(Arctic Ocean)이다.

북흑도(北黑道) : 지금의 북극권으로 추정된다.

서전(瑞典) : 지금의 스웨덴(Sweden)이다.

백해(白海) : 지금의 백해(White Sea)이다.

아라사(峨羅斯) : 지금의 러시아(Russia)이다.

파라적해(波羅的海) : 지금의 발트해(Baltic Sea)이다.

아라사도성(峨羅斯都城) : 러시아의 수도이다.

하란(荷蘭) : 지금의 네덜란드(Nederland)이다.

비리시(比利時) : 지금의 벨기에(Belgium)이다.

일이만(日耳曼) : 지금의 독일(Germany)이다.

보로사(普魯士) : 프로이센(Preussen)이다.

오지리(奧地利) : 지금의 오스트리아(Austria)이다.

서사(瑞士) : 지금의 스위스(Switzerland)이다.

불랑서(佛郞西) : 지금의 프랑스(France)이다.

토이기(土耳其) : 터키(Turkey)로, 지금의 튀르키예(Türkiye)이다.

의대리(意大里) : 지금의 이탈리아(Italia)이다.

지중해(地中海) : 지금의 지중해(Mediterranean Sea)이다.

서반아(西班牙) : 지금의 스페인(Spain)이다.

포도아(葡萄牙) : 지금의 포르투갈(Portugal)이다.

대서양해(大西洋海) : 지금의 대서양(Atlantic Ocean)이다.

돌니사(突尼斯) : 지금의 튀니지(Tunisie)이다.

아이급이(阿爾及耳) : 지금의 알제리(Algérie)이다.

마락가(摩洛哥) : 지금의 모로코(Morocco)이다.

맥서(麥西) : 지금의 이집트(Egypt)이다.

적려파리(的黎波里) : 지금의 트리폴리(Tripoli)이다.

살합랍대막(撒哈拉大漠) : 지금의 사하라사막(Sahara Desert)이다.

홍해(紅海) : 지금의 홍해(Red Sea)이다.

노배아(努北阿) : 지금의 누비아(Nubia)이다.

니라하(尼羅河) : 지금의 나일강(Nile R.)이다.

아정(亞丁) : 지금의 아덴(Aden)이다.

아비서니아(阿比西尼亞) : 지금의 에티오피아(Ethiopia)이다.

가이다번(哥爾多番) : 쿠르두판(Kurdufān)으로, 지금의 수단 중부지역에 해당한다.

달이부이(達爾夫耳) : 다르푸르(Darfur)로, 지금의 수단 서쪽 끝에 해당한다.

니급리서아(尼給里西亞) : 니그리티아(Nigritia)이다.

새내강비아(塞內岡比亞) : 세네감비아(Sene-Gambia)이다.

아덕이(亞德爾) : 지금의 소말리아(Somalia)이다.

아연(亞然) : 지금의 케냐(Kenya)이다.

기내아(幾內亞) : 지금의 기니(Guinea)이다.

상급파이(桑給巴爾) : 지금의 잔지바르(Zanzibar)이다.

적도(赤道) : 지금의 적도이다.

공액(公額) : 지금의 콩고(Congo)이다.

인도해(印度海) : 소서양(小西洋)이라고도 하며, 지금의 인도양(Indian Ocean)이다.

24

마달가사가이(馬達加斯加爾): 지금의 마다가스카르(Madagascar Island)이다.

성비파서아(星卑巴西亞): 지금의 짐바브웨(Zimbabwe)이다.

마락마달파(摩諾摩達巴): 지금의 모노모타파(Monomotapa)이다.

가불륵리아(加弗勒里亞): 카프라리아(Kaffraria)로, 역사적 지명이다. 지금의 남아프리카공화국 나탈주(Natal)에 해당한다.

아정다내아(痾丁多內亞): 지금의 나미비아(Namibia)이다.

가불(加不): 지금의 케이프타운(Cape Town)이다.
-지도에서는 급박(岌樸)으로 되어 있다. 급박은 희망봉(Cape of Good Hope)으로, 케이프타운 인근에 위치해 있어 이렇게 표현한 것으로 추정된다.

대랑산(大浪山): 지금의 희망봉(Cape of Good Hope)이다.

오랍령(烏拉嶺): 지금의 우랄산맥(Ural Mountains)이다.

대양해(大洋海): 동양대해(東洋大海), 태평해(太平海)라고도 하며, 지금의 태평양(Pacific Ocean)이다.

고혈도(庫頁島): 지금의 사할린(Sakhalin)이다.

북황도(北黃道): 지금의 북회귀선이다.

대일본(大日本): 지금의 일본이다.

유구(琉球): 류큐(Ryukyu) 왕국으로, 지금의 오키나와제도에 위치한다.

길림(吉林): 지금의 중국 길림성이다.

조선(朝鮮): 조선을 말한다.

성경(盛京): 지금의 요녕성(遼寧省) 심양(瀋陽)이다.

내몽고육맹(內蒙古六盟): 청대 자사그(Zasag) 몽골 6맹(六盟)을 가리킨다. 강역이 동쪽으로는 길림성, 서쪽으로는 감숙성, 오이라트 지역, 남쪽으로는 직례성, 섬서성, 북쪽으로는 흑룡강, 투시예드 칸부(Tüsheet khan), 세첸 칸부(Setsen Khan) 등에 이르렀다.

투서(套西) : 하투(河套)의 서쪽 변방에 위치한데서 나온 지명이다.

-하투(河套) : 오르도스(Ordos)로, 2004년에 폐지된 역사적 지명이다. 한족과 흉노, 선비, 거란, 여진, 몽골 등의 유목민족이 활동했던 중서부 내몽골지역이다.

흑룡강(黑龍江) : 지금의 아무르강(Amur R.)으로, 중국에서는 흑룡강이라 부른다.

외몽고사부(外蒙古四部) : 청대 외몽골에 존재했던 4맹(盟)을 지칭한다.

오량해(烏梁海) : 우량카이(Uriankhai)가 살던 몽골지역으로 추정된다. 원래 몽골인들은 자신들보다 북쪽에 사는 수렵민족을 우량카이라고 불렀지만, 17세기 초에 와서는 북서부 지방에 흩어져서 사는 부족들을 가리키게 되었다. 후에 탕누 우량카이(唐努烏梁海), 알타이 우량카이(阿勒坦淖爾烏梁海) 등 세 부족으로 나뉘었다가 몽골, 러시아 연방, 중국 신강 위구르 자치구 등에 합병되었다.

산동(山東) : 지금의 산동성이다.

직례(直隸) : 지금의 하북성이다.

산서(山西) : 지금의 산서성이다.

강소(江蘇) : 지금의 강소성이다.

하남(河南) : 지금의 하남성이다.

섬서(陝西) : 지금의 섬서성이다.

감숙(甘肅) : 지금의 감숙성이다.

청해(靑海) : 지금의 청해성이다.

회강(回疆) : 지금의 중국 신강 위구르 자치구 타림 분지 일대 천산 남로 지역을 지칭한다. 청나라 때 이슬람교도의 강역을 '회강'이라 불렀다.

사천(四川) : 지금의 사천성이다.

강서(江西) : 지금의 강서성이다.

안휘(安徽) : 지금의 안휘성이다.

절강(浙江): 지금의 절강성이다.

복건(福建): 지금의 복건성이다.

광동(廣東): 지금의 광동성이다.

광서(廣西): 지금의 광서성이다.

호북(湖北): 지금의 호북성이다.

호남(湖南): 지금의 호남성이다.

운남(雲南): 지금의 운남성이다.

사천(四川): 지금의 사천성이다.

귀주(貴州): 지금의 귀주성이다.

경주(瓊州): 지금의 해남성이다.

월남(越南): 지금의 베트남(Vietnam)이다.

소문답랍(蘇門答臘): 지금의 인도네시아 수마트라섬(Pulau Sumatra)
이다.

식력(息力): 지금의 싱가포르(Singapore)이다.

갈라파(噶羅巴): 클라파(Kelapa)로, 지금의 인도네시아 자카르타
(Jakarta)를 말한다.

대만(臺灣): 지금의 대만이다.

여송(呂宋): 지금의 필리핀 루손섬(Luzon Island)으로, 마닐라(Manila)
라고도 한다.

마록가(摩鹿加): 몰루카제도(Moluccas)로, 지금의 인도네시아 말루
쿠제도(Kepulauan Maluku)이다.

서리백(西里百): 지금의 인도네시아 술라웨시섬(Pulau Sulawesi)이다.

파라주(婆羅洲): 지금의 보르네오섬(Borneo)이다.

파포아도(巴布亞島): 파푸아섬으로, 지금의 이리안섬(Pulau Irian)이다.

면전(緬甸): 지금의 미얀마(Myanmar)이다.

맹가랍(孟加拉): 벵골(Bengal)로, 지금의 방글라데시(Bangladesh)와 인도 서벵골주(West Bengal)이다.

맹매(孟買): 지금의 인도 뭄바이(Mumbai)이다.

오인도(五印度): 지금의 인도이다.

석란(錫蘭): 실론(Ceylon)으로, 지금의 스리랑카(Sri Lanka)이다.

인도해(印度海): 소서양(小西洋)이라고도 하며, 지금의 인도양이다.

전장(前藏): 지금의 티베트 라사(Lhasa) 지구이다.

후장(後藏): 지금의 티베트 시가체(Shigatse) 지구이다.

포합이(布哈爾): 지금의 부하라(Bukhara)이다.

호한(浩罕): 코칸트(Qo'qon)로, 지금의 우즈베키스탄 페르가나주에 위치한다. 과거 코칸트 칸국이 위치했던 곳으로, 수도는 코칸트(Kokand)이다.

함해(鹹海): 지금의 아랄해(Aral Sea)이다.

곽이객(廓爾喀): 구르카(Gurkha)로, 지금의 네팔(Nepal)이다.

아부한(阿富汗): 애오한(愛烏罕)이라고도 하며, 지금의 아프가니스탄(Afghanistan)이다.

비로지(俾路芝): 지금의 파키스탄 발루치스탄(Baluchistan)이다.

합살극(哈薩克): 지금의 카자흐스탄(Kazakhstan) 이다.

포로특(布魯特): 지금의 키르기스스탄(Kyrgyzstan)이다.

아랄백(阿剌伯): 천방(天方)이라고도 한다. 본래는 지금의 사우디아라비아의 메카(Mecca)를 가리켰으나, 후에는 아라비아를 널리 지칭하는 말로 쓰였다.

아정(亞丁): 지금의 아덴(Aden)이다.

아륵부해(阿勒富海): 동홍해(東紅海)라고도 하며, 지금의 아라비아

28

해(Arabian Sea)이다.

리해(裏海): 지금의 카스피해(Caspian Sea)이다.

흑해(黑海): 지금의 흑해(Black Sea)이다.

파사(波斯): 포사(包社)라고도 하며, 지금의 이란(Iran)이다.

남황도(南黃道): 지금의 남회귀선이다.

오대리아(奧大利亞): 뉴홀랜드(New Holland)로, 지금의 오스트레일리아(Australia)이다.

남흑도(南黑道): 지금의 남극권으로 추정된다.

남빙해(南冰海): 지금의 남극해(Antarctic Ocean)이다.

남극(南極): 지금의 남극대륙(Antarctica)이다.

지구전도(2)

북극(北極) : 지금의 북극대륙이다.

북흑도(北黑道) : 지금의 북극권으로 추정된다.

북빙해(北冰海) : 지금의 북극해이다.

빙강(冰疆) : 빙하지역이다.

감찰가(監札加) : 지금의 캄차카(Kamchatka)이다.

아라사지(峨羅斯地) : 러시아 땅이다.

영길리미간지(英吉利未墾地) : 영국령 미개간지이다.

미리견이십륙국(米利堅二十六國) : 화기이십륙국(花旗二十六國)으로, 미합중국 26개 주이다.

　–화기(花旗) : 미합중국(United States of America)이다.

미리견미간지(米利堅未墾地) : 미국령 미개간지이다.

득살(得撒) : 지금의 텍사스(Texas)이다.

묵서가(墨西哥) : 지금의 멕시코(Mexico)이다.

대양해(大洋海) : 태평해(太平海)라고도 하며, 지금의 태평양(Pacific Ocean)이다.

북황도(北黃道) : 지금의 북회귀선이다.

대서양해(大西洋海) : 지금의 대서양이다.

해지(海地) : 지금의 아이티(Haïti)이다.

고파(古巴) : 지금의 쿠바(Cuba)이다.

아매가(牙買加) : 지금의 자메이카(Jamaica)이다.

적도(赤島) : 적도이다.

파나마(巴拿馬) : 지금의 파나마(Panama) 지협이다.

가륜비아(哥侖比亞) : 지금의 콜롬비아(Colombia)이다.

왜아납(歪阿納): 지금의 가이아나(Guyana)이다.

파서(巴西): 포랍열이(布拉熱爾)라고도 하며, 지금의 브라질(Brazil)이다.

파리비아(玻利非亞): 지금의 볼리비아(Bolivia)이다.

남황도(南黃道): 지금의 남회귀선이다.

파랍규(巴拉圭): 지금의 파라과이(Paraguay)이다.

랍파랍타(拉巴拉他): 지금의 라플라타(La Plata)이다.

오랍괴(烏拉乖): 지금의 우루과이(Uruguay)이다.

맥철륜항(麥哲論港): 지금의 마젤란해협(Strait of Magellan)이다.

철이섭리(鐵耳聶離): 지금의 티에라델푸에고(Tierra del Fuego)제도이다.

닉일륜돈(搦日倫敦): 신서란(新西蘭)이라고도 하며, 지금의 뉴질랜드(New Zealand)이다.

남흑도(南黑道): 지금의 남극권으로 추정된다.

남빙해(南冰海): 지금의 남극해이다.

남극(南極): 지금의 남극대륙이다.

지구는 공처럼 둥글게 생겼으며, 천체의 각도는 경도선과 위도선으로 나누어 종횡으로 선을 긋는다. 지구를 한 바퀴 돌면 360도이고, 1도는 중국의 250리에 해당한다. 바다는 지구의 10분의 6 남짓이고, 땅은 10분의 4도 안 된다. 서양[1]인들의 추산이 아주 상세해 이에 대해서는 왈가왈부하지 않는다.

---

1 서양: 원문은 태서(泰西)이다. 서방국가를 가리키는데, 일반적으로 서유럽과 미국을 의미한다.

지구를 동서 직선으로 자르면 북극이 위에 있고 남극이 아래쪽에 위치한다. 적도는 지구의 중심을 가로로 둘러싸고 있으며 태양[2]이 정통으로 비치는 곳이다. 적도의 남쪽과 북쪽 각각 23도 28분에 회귀선[3]이 있는데, 추위와 더위가 점차 같아진다. 또한 [회귀선에서] 다시 북쪽과 남쪽으로 각각 43도 4분에 흑도(黑道)[4]가 있다. 태양에서부터 점점 멀어질수록 얼음이 어는데, 바로 남극해(Antarctic Ocean)[5]와 북극해(Arctic Ocean)[6]이다.

지구를 중심에서 가로로 자르면 북극과 남극이 중심에 위치한다. 그 바깥쪽으로 11도 44분에 흑도가 있고, 더 바깥으로 43도 4분에 회귀선이 있다. 더 바깥으로 23도 28분에 적도가 회귀선을 둘러싸고 있다.

생각건대 북극해는 사람들이 다 알고 있으나 남극해는 이전에 들어본 적이 없다. 최근에 서양인이 그려놓은 「지구도(地球圖)」를 보다가 남극 아래에 남극해라 적혀 있는 것을 보고 중국어를 몰라 북극해의 예를 따라 그렇게 잘못 불렀다고 생각했다. 미국 사람 데이비드 아빌에게 물어보았더니, "이것은 이치상 확실한 것으로 의심할 것이 못됩니

---

2 태양: 원문은 '일어(日馭)'이다.

3 회귀선: 원문은 '황도한(黃道限)'이다.

4 흑도(黑道): 해와 달이 운행하는 궤도 중 하나이다. 옛날에는 해와 달이 운행하는 길에는 황도 1개·청도(淸道) 2개·적도(赤道) 2개·백도(白道) 2개·흑도 2개가 있다고 보았다. 『한서(漢書)』 「천문지(天文志)」에는 "달이 운행하는 길이 9개가 있는데, 흑도 2개는 황도 북쪽에 있다(月有九行者, 黑道二, 出黃道北)."라고 되어 있고, 송대 심괄(沈适)의 『몽계필담(夢溪筆談)』 「상수(象數)」(2)에는 "달이 황도의 북쪽을 운행하는데, 이를 일러 흑도라고 한다(月行黃道之北, 謂之黑道)."라고 되어 있는 것으로 보아 흑도는 황도의 북쪽에 위치하고 있음을 알 수 있다. 여기서는 남극권과 북극권이 있는 극권으로 추정된다.

5 남극해(Antarctic Ocean): 원문은 '남빙해(南冰海)'이다.

6 북극해(Arctic Ocean): 원문은 '북빙해(北冰海)'이다.

다.”라고 했다. 적도는 태양이 정통으로 내려쬐는 곳으로 지구의 정중앙을 둘러싸고 있다. 중국은 적도의 북쪽에 위치하지만, 최남단 바닷가인 복건성과 광동성은 도리어 북회귀선[7] 안팎에 위치한다. [복건성과 광동성을] 북쪽에 위치한 땅과 비교해보면 추위와 더위가 확연하게 다르다. 그래서 남쪽으로 갈수록 덥고, 남극에 도착하면 돌과 금이 녹아 흘러내린다고 생각하게 되었다. 이것은 태양이 지구의 정중앙을 지나가는지 모르고 하는 말이다. 복건성과 광동성에서 바다를 건너 남쪽으로 가서 뱃길로 5~6천 리가면 보르네오섬(Pulau Borneo)[8] 일대가 나오는데, 바로 적도 아래쪽에 위치해 한겨울 날씨가 중국의 초여름 날씨 같다. 그런데 더 남쪽으로 내려가 남회귀선의 밖에 이르면 날씨가 점점 괜찮아진다. 다시 서남쪽으로 가 아프리카의 희망봉(Cape of Good Hope)[9]에 이르면 눈과 서리가 내린다. 다시 서남쪽으로 가 남아메리카의 티에라델푸에고(Tierra del Fuego)제도[10]에 이르면 남극권[11]에 가까워 단단한 얼음이 녹지 않고 한여름에도 춥다. 이를 통해 볼 때 남극이 빙해이니, 또한 의심할 것이 뭐가 있겠는가? 중국의 배가 멀리 항해하지 못해 복건성과 광동성을 지구의 끝으로 보고 적도를 남극으로 잘못 알고 있었으니, 진실로 이 말을 듣고도 믿지 못하는 것은 당연하다.

---

7 북회귀선: 원문은 '북황도한(北黃道限)'이다. 적도에서 북으로 23도 5분이 되는 지점을 북황도선, 하지선이라고도 한다.

8 보르네오섬(Pulau Borneo): 원문은 '파라주(婆羅洲)'로, 청대 당시 네덜란드의 속지였다.

9 희망봉(Cape of Good Hope): 원문은 '급박(岌撲)'으로, 과협(過峽), 대랑산(大浪山), 호망각(好望角)이라고도 한다. 1488년에 포르투갈인 바르톨로메우 디아스(Bartolomeu Dias)가 발견해 폭풍의 곳(Cabo Tormentoso)으로 명명했으나, 후에 포르투갈 국왕에 의해 '희망의 곳'으로 개명되었다.

10 티에라델푸에고(Tierra del Fuego)제도: 원문은 '철이섭리(鐵耳聶離)'로, 화지도(火地島), 철이섭리의휴구(鐵耳聶離依休勾)라고도 한다.

11 남극권: 원문은 '남흑도(南黑道)'이다.

지구의 대지는 북극해를 둘러싸고 생겨나 아래쪽으로 분포되어 있는 것이 마치 울룩불룩한 허파 엽처럼 일정하지 않다. 서양인들은 대지를 네 개의 대륙으로 구분한다. 아시아, 유럽, 아프리카[阿非利加] 이미아(利未亞)라고도 한다. 이들 세 대륙은 서로 연결되어 있으며 지구의 동반구에 위치한다. 나머지 한 대륙은 아메리카로 지구의 서반구에 위치한다. 4대륙의 명칭은 서양인들이 만든 것으로 애초에 그다지 중요하지 않다. 지금 서양인들의 해도(海圖)를 가지고 말하기 때문에 잠시 그 의견을 따른다. 최근에 또한 남양군도를 오세아니아주(Oceania)[12]로 명명하고 세계 다섯 번째 대륙으로 칭하고 있는데, 너무 억지이다.

아시아는 북쪽으로는 북극해에, 동쪽으로는 태평양(Pacific Ocean)[13]에, 남쪽으로는 인도양(Indian Ocean)[14]에, 서쪽으로는 각 회부(回部)[15], 서남쪽으로는 흑해(Black Sea)에 이르며, 4대륙 가운데 가장 크다. 중국은 아시아의 동남쪽에 위치하는데, 괘로도 진괘(震卦: 동쪽)와 손괘(巽卦: 남쪽)에 걸쳐 있고, 토지가 모두 비옥하며, 빼어난 기운과 좋은 산물이 이 땅에 다 모여 있다. 그래서 천지가 개벽한 이래 윤리와 문물의 조상이 되어 세계에서 중국을 북두성처럼 우러렀다. 지금(청나라)이 강역이 역대로 가장 넓다. 동북 3성의 동북쪽 모퉁이는 러시아(Russia)[16]에 인접하고 있다. 정북쪽의 내외몽골 여러 부락은 북정(北庭)[17]의 각 막부까지 모두 팔기(八旗)로 편입해 신복이 되었다.

---

12 오세아니아주(Oceania): 원문은 '아새아니아주(阿塞亞尼亞州)'이다.

13 태평양(Pacific Ocean): 원문은 '대양해(大洋海)'이다.

14 인도양(Indian Ocean): 원문은 '인도해(印度海)'이다.

15 회부(回部): 청대 중국 신강(新疆)의 천산(天山) 이남 지역이다. 당시 이 지역 사람들이 이슬람교를 믿었기 때문에 회부라고 불렀다.

16 러시아(Russia): 원문은 '아라사(峨羅斯)'이다.

17 북정(北庭): 중국 한나라 때에 북흉노(北匈奴)가 살던 지역을 가리킨다.

서남쪽의 청해(青海)와 양장(兩藏)[18]에는 후(侯)와 위(尉)를 두어 근심걱정없이 잘 다스렸다. 서북쪽의 신강(新疆)·회강(回疆),[19] 『한서(漢書)』 「지리지(地理志)」에 실려 있는 서역 대부분의 나라를 포함해, 변방초소[20] 지역에서 살았던 카자흐스탄(Kazakhstan)[21]·키르기스스탄(Kyrgyzstan)[22] 등지에서는 해마다 가축을 바쳐 부역했다. 동해의 조선(朝鮮)·류큐(Ryukyu),[23] 남쪽 변방인 교지(交趾)[24]·태국(Thailand)[25]·미얀마(Myanmar)[26]·라오스(Laos)[27]·구르카(Gurkha)[28] 등의 나라는 기한에 맞춰 조공했다. 아시아 대륙에서 중국의 역법을 받들지 않는 곳으로는 오직 동해의 일본,[29] 북쪽 변방의 러시아, 최서단의 약소국인

---

18 양장(兩藏): 티베트는 지금의 라사(Lhasa) 지구인 전장(前藏)과 시가체(Shigatse) 지구인 후장(後藏) 및 가르토크(Gartok) 지구인 아리(阿里) 세 지역으로 구분되는데, 양장은 바로 전장과 후장이다.

19 회강(回疆): 청대 신강의 천산남로로, 바로 회부를 지칭한다.

20 변방초소: 원문은 '잡외(卡外)'이다. 객륜(喀倫), 잡로(卡路), 객룡(喀龍)이라고도 하는데, 청나라 때 변경 지역의 방어나 관리를 위해 설치했던 국경초소를 가리킨다.

21 카자흐스탄(Kazakhstan): 원문은 '합살극(哈薩克)'이다.

22 키르기스스탄(Kyrgyzstan): 원문은 '포로특(布魯特)'이다.

23 류큐(Ryukyu): 원문은 '유구(琉球)'로, 지금의 일본 오키나와(おきなわ)를 가리킨다. 유구라는 명칭은 『명실록(明實錄)』에서 처음 보인 이후 아마미, 오키나와, 사카시마 지역을 총칭한다.

24 교지(交趾): 15세기 초에 베트남 지역에 설치된 승선포정사사(承宣布政使司)의 명칭이다. 영락제는 쩐조(陳朝, Tran Dynasty)를 찬탈한 호꾸이리(Ho Quy Ly, 胡季犛)를 토벌한다는 명분으로 베트남에 출병하여 영락 5년(1407)에 이곳을 병합하는 동시에 교지승선포정사사를 두어 통치했다. 그러나 호꾸이리를 중심으로 독립군이 일어났고, 선덕(宣德) 2년(1427)에 명나라가 패전함으로써 교지포정사사를 폐지했다.

25 태국(Thailand): 원문은 '섬라(暹羅)'로, 시암(Siam)을 말한다.

26 미얀마(Myanmar): 원문은 '면전(緬甸)'이다.

27 라오스(Laos): 원문은 '남장(南掌)'으로, 로과(老撾)라고도 한다.

28 구르카(Gurkha): 원문은 '곽이객(廓爾喀)'으로, 지금의 네팔(Nepal)이다.

29 일본: 원문은 '왜노(倭奴)'이다.

몇몇 이슬람 지역, 남쪽 변방의 인도 여러 왕국뿐이다. 그런 즉 중국이 아시아에서 진실로 그 절반 이상을 차지하고 있다.

유럽은 아시아 극서북쪽의 한쪽 구석에 위치한다. 지형이 바다와 서로 맞물려 있으며 면적은 아시아의 4분의 1에 불과하다. 군소 국가는 많지만 규모가 큰 나라는 10여 개국에 불과하다. 사람들은 천성이 꼼꼼해서 물건 제조에 뛰어나고 배를 다루는 솜씨가 뛰어나 천지사방으로 가지 않는 곳이 없어, 7만 리 넘어 중국까지 왔다. 무릇 중국에서 말하는 대서양은 모두 이 땅 사람들을 의미한다.

아프리카는 아시아의 서남쪽에 위치하는데, 바로 나침반[30]의 서남쪽[坤申]에 해당한다. 동쪽, 서쪽, 남쪽 삼면은 모두 바다와 접해 있고, 북쪽은 두 개의 내해(內海) 홍해(紅海)·지중해(地中海)를 말한다. 에 가로 막혀 있으며, 오직 수에즈(Suez) 지협[31]으로 아시아와 연결되어 있다. 그 땅은 아주 광활하며 크기는 아시아의 절반 정도 된다. 아프리카의 북쪽에 있는 이슬람 지역 이외에 나머지는 모두 흑인이 살고 있다. 날씨는 아주 뜨겁고 토양은 척박하며 사람들은 어리석어, 4대륙 가운데 가장 뒤떨어진다.

아메리카는 지구의 서반구에 위치하며 다른 세 대륙과 이어져 있지 않다. 그 땅은 남과 북 두 지역으로 분리되어 있고 중간의 파나마(Panama) 지

---

30 나침반: 원문은 '나경(羅經)'이다.

31 수에즈(Suez)지협: 원문은 '일선(一線)'이다. 수에즈 지협은 소익미지(蘇益微地) 혹은 소이사지협(蘇伊士地峽)이라고 하는데, 지중해와 홍해 사이를 가르는 좁은 땅으로, 아프리카와 아시아를 잇는 지협이다. 다만 『영환지략』에서는 지협을 모두 '일선'으로 표기하고 있는데, 문맥에 따라 수에즈지협이나 파나마지협 등으로 번역한다.

협[32]으로 연결되어 있다. 북아메리카의 북쪽 강역은 북극해[33]까지 직통으로 이어져 있다. 서북쪽의 한 모퉁이가 아시아의 동북쪽 모퉁이와 가까워, 항구를 사이에 두고 불과 수십 리 떨어져 있다. 동쪽은 유럽 각국과 대서양을 사이에 두고 멀리 마주보고 있다. 서쪽 태평양에서 아시아의 동쪽까지 직통으로 가면 비로소 그 강역의 끝이 보인다. 남아메리카와 북아메리카는 파나마 지협으로 연결되어 있으며, 최남단은 남극해에 가깝다. 북아메리카와 남아메리카를 합하면 면적은 아시아와 비슷하다. 이 땅은 천지가 개벽한 이래 다른 대륙과 왕래하지 않았다. 유럽인들이 명나라 중엽에 처음 이곳을 발견했다.

4대륙은 모두 북극에서부터 아래쪽으로 어지럽게 분포되어 있다. 남회귀선의 남쪽으로는 섬만 있다. 다시 남쪽으로 가면 작은 땅뙈기 하나 없이 드넓은 바다가 곧장 남극까지 이어져 있다. 땅은 위쪽에 위치하고 물은 아래쪽에 위치하는데, 이것 역시 지구의 자연적인 이치이다.

아빌이 말했다.

"2년 전에 프랑스·영국·미국·스페인 4개국이 일찍이 배 4척을 남쪽으로 보내 탐험케 했습니다. 남극해 일대에 접근해서 보니 땅이 있었는데, 그 너비는 자세히 알 수 없었습니다."

4대륙 이외에도 섬이 아주 많다. 가장 큰 섬은 오스트레일리아[34]이고, 나머지는 아시아의 남양제도(南洋諸島)와 아메리카의 서인도제도(West

---

32 파나마(Panama)지협: 원문은 '세요(細腰)'로, 파나마미지(巴那馬微地), 파나마협(巴那馬峽)이라고도 한다.

33 북극해: 원문은 '빙해(冰海)'이다.

34 오스트레일리아: 원문은 '오대리아(澳大利亞)'로, 오사달랍리아(奧斯達拉里亞)라고도 한다.

Indies)[35]로, 모두 상선들이 몇 차례 가봤던 지역이다.

대륙 이외에는 모두 바다로, 바다는 끝도 없이 드넓은데 누가 경계선을 긋는단 말인가? 각 대륙의 형세를 소상히 살펴 억지로 태평양, 대서양, 인도양, 북극해, 남극해 5대양으로 구분했다.

태평양은 아시아의 동쪽에서 시작해 남북아메리카의 서쪽에 이르는데, 바로 중국의 동양대해(東洋大海)이다. 서양인들은 이 바다의 풍랑이 매우 고요한 데서 이곳을 태평양이라고 부른다. 해수면의 면적이 5대양 가운데 최고로, 대략 지구의 절반을 둘러싸고 있다. 미국인들의 말에 따르면 광동에 와서 차를 구매하려면 태평양을 경유해 오는데 약 3만 리 정도 된다고 한다. 아주 위험한 급(岌, cape) 섬의 끝자락을 원주민들은 급이라고 한다. 을 지나고 또한 끝없는 바다를 수만 리 건너오는데, 물과 양식을 더 구할 곳이 없어 결국에는 오는 사람이 드물었다.

대서양은 유럽과 아프리카의 서쪽에서 시작해 남북아메리카의 동쪽에 이르는데, 먼 곳은 1만 리 남짓이고, 가까운 곳은 1만 리도 안 된다.

인도양은 북쪽으로는 아시아에, 동쪽으로는 오스트레일리아에, 서쪽으로는 아프리카에 이른다. 정중앙에 있는 인도에서 남쪽에 위치해 있어 서양인들이 인도양이라 불렀는데, 바로 중국의 남양이자 소서양(小西洋)이라 전해 오는 곳이다.

북극해는 아시아·유럽·북아메리카 세 대륙의 북쪽 강역에 둘러싸여 있다. 해안 가까이 천 백리에 걸쳐 서리와 눈이 엉겨 있고 단단한 얼음이 녹지 않는다. 바다에는 큰 물고기가 사는데, 배를 삼킬 수 있다. 『장자(莊子)』

35　서인도제도(West Indies): 원문은 '해만군도(海灣群島)'로, 카리브해 지역을 가리킨다.

「소요유(逍遙遊)」에서 말하는 "북쪽 바다에 큰 물고기가 살고 있는데, 그 이름이 곤(鯤)이다."가 바로 이것을 말하는 것인가?

남극해는 남극의 아래쪽에 위치하고 기후는 북극해와 비슷하다.

아시아에는 아라비아해(Arabian Sea)[36] 이란(Iran)[37]과 아라비아(Arabes)[38] 사이에 위치한다. 와 홍해(紅海) 서양에서는 레드 씨(Red Sea)[39]라고 부른다. 가 있는데 모두 인도양을 거치면서 물줄기가 나뉜다. 유럽에는 지중해 서양에서는 매디터레니언(Mediterranean),[40] 메디테라네우스(mediterraneus)[41]라고 한다. 와 흑해, 서양에서는 블랙 씨(Black Sea)[42]라고 한다. 황해(黃海) 서양에서는 발트해(Baltic Sea)[43]라고 한다. 가 있는데 모두 대서양을 거치면서 물줄기가 나뉜다. 다만 아시아의 서쪽 변경에 있는 함해(鹹海)와 일명 사해(死海) 혹은 염해(鹽海)라고도 한다. 서양에서는 아랄해(Aral Sea),[44] 서역에서는 달리강아박(達里岡亞泊)이라고 부른다. 리해(裏海)는 서양에서는 카스피해(Caspian Sea),[45] 가사비약(加斯比約)이라고 한다. 대해와 통하지 않는다. 아마도 본래는 큰 못인데, 억지로 바다라고 이름 붙인 것 같다.

---

36 아라비아해(Arabian Sea): 원문은 '아륵부해(阿勒富海)'로, 아랍백해(阿拉伯海)라고도 한다.

37 이란(Iran): 원문은 '파사(波斯)'이다.

38 아라비아(Arabes): 원문은 '아랍백(阿剌伯)'이다.

39 레드 씨(Red Sea): 원문은 '륵이서(勒爾西)'이다.

40 매디터레니언(Mediterranean): 원문은 '묵력특이륵니안(墨力特爾勒尼安)'이다.

41 메디테라네우스(mediterraneus): 원문은 '미적덕랍학(美的德拉虐)'이다

42 블랙 씨(Black Sea): 원문은 '륵필서(勒必西)'로 되어 있으나, 『해국도지』에 따르면 '필륵서(必勒西)'의 오기로 보인다.

43 발트해(Baltic Sea): 원문은 '파라적해(波羅的海)'이다.

44 아랄해(Aral Sea): 원문은 '아랍이(亞拉爾)'이다.

45 카스피해(Caspian Sea): 원문은 '객이사필안(喀爾士必安)'으로, 중앙아시아와 동유럽 경계에 있는 세계 최대의 내륙호이다.

〚 地球 〛

地形如球, 以周天度數, 分經緯線, 縱橫畫之. 每一周得三百六十度, 每一度
得中國之二百五十里. 海得十之六有奇, 土不及十之四. 泰西人推算甚詳, 茲不贅.

地球從東西直剖之, 北極在上, 南極在下. 赤道橫繞地球之中, 日馭之所正
照也. 赤道之南北, 各二十三度二十八分, 爲黃道限, 寒溫漸得其平. 又再北再
南各四十三度四分, 爲黑道. 去日馭漸遠, 凝陰沍結, 是爲南·北冰海.

地球從中間橫剖之, 北極·南極在中. 其外十一度四十四分, 爲黑道, 再外
四十三度四分, 爲黃道限. 再外二十三度二十八分, 赤道環之.

按: 北冰海人人知之, 南冰海未之前聞. 頃閱西洋人所繪「地球圖」, 於南極之下注曰南
冰海, 以爲不通華文, 誤以北冰海例稱之也. 詢之米利堅人雅裨理, 則云: "此理確鑿, 不足疑
也." 赤道爲日馭正照之地, 環繞地球之正中. 中國在赤道之北, 卽最南濱海之閩廣, 尚在北
黃道限內外. 較之北地, 寒暖頓殊. 遂以爲愈南愈熱, 抵南極而石爍金流矣. 殊不知日馭所
行, 乃地球正中之地. 由閩廣渡海而南, 水程約五六千里, 而至婆羅洲一帶, 乃正當赤道之
下, 其地隆冬如內地之夏初. 然再南而至南黃道限之外, 其氣漸平. 再西南而至阿非利加之
岌樸, 則已見霜雪. 又再西南而至南亞墨利加之鐵耳聶離, 已近南黑道, 則堅冰不解, 當盛夏
而寒栗. 由此言之, 南極之爲冰海, 又何疑乎? 中國舟行不遠, 以閩廣爲地之盡頭, 遂誤以赤
道爲南極, 固宜其聞此說而不信也.

大地之土, 環北冰海而生, 披離下垂, 如肺葉凹凸, 參差不一. 其形泰西人
分爲四土. 曰亞細亞, 曰歐羅巴, 曰阿非利加, 一作利未亞. 此三土相連, 在地球

之東半. 別一土曰亞墨利加, 在地球之西半. 四大土之名, 乃泰西人所立, 本不足爲典要. 今就泰西人海圖立說, 姑仍其舊. 近又有將南洋群島名爲阿塞亞尼亞州, 稱爲天下第五大洲, 殊屬牽強.

亞細亞者, 北盡北冰海, 東盡大洋海, 南盡印度海, 西括諸回部, 西南抵黑海, 在四土中爲最大. 中國在其東南, 卦兼震巽, 壤盡膏腴, 秀淑之氣, 精微之產, 畢萃於斯. 故自剖判以來, 爲倫物之宗祖, 而萬方仰之如辰極. 我朝幅員之廣, 曠古未有. 東三省之東北隅, 地接峨羅斯. 正北之內外蒙古諸部, 悉其庭幕, 編入八旗爲臣僕. 西南之青海·兩藏, 置侯尉而安枕. 西北之新疆·回疆, 包「漢志」西域諸國之大半, 而卡外之哈薩克·布魯特諸部, 歲以牲畜供賦役. 東海之朝鮮·琉球, 南裔之交趾·暹羅·緬甸·南掌·廓爾喀諸國, 修貢職無愆期. 是亞細亞一土, 未奉我正朔者, 僅有東海之倭奴, 北裔之峨羅斯, 極西之弱小諸回部, 南荒之印度諸國耳. 則中國之在亞細亞, 固不止得其半也.

歐羅巴者, 亞細亞極西北之一隅. 地形與海水相吞嚙, 比之亞細亞, 不過四分之一. 部落甚多, 就其大者言之, 約十餘國. 其人性情精密, 工於製器, 長於用舟, 四海之內, 無所不到, 越七萬里而通於中國. 凡中國之所謂大西洋者, 皆此土之人也.

阿非利加在亞細亞之西南, 當羅經坤申之位. 東西南三面皆大洋, 北面兩內海界隔, 紅海·地中海. 僅一線與亞細亞相連. 其地廣莫, 約得亞細亞之半. 迤北有回部, 餘皆黑夷. 天時炎酷, 土脈粗頑, 人類混沌, 在四土中爲最劣.

亞墨利加在地球之西半, 與三土不相屬. 地分南北兩土, 中有細腰相連. 北亞墨利加之北界, 直抵冰海. 其西北一角, 與亞細亞東北一角相近, 中隔海港數十里. 東面與歐羅巴諸國隔大西洋海遙對. 西面大洋海, 直抵亞細亞之東, 方見畔岸. 南亞墨利加與北亞墨利加一線相續, 其極南地盡之處, 已近南冰海. 兩土合計, 約與亞細亞衰延相埒. 其地自剖判以來, 未通別土. 歐羅巴人於前明中葉, 始探得之.

四土皆從北極紛披下垂. 南黃道之南, 僅有島嶼. 再南則汪洋一水, 直至南極, 無片土矣. 土在上而水在下, 亦坤輿自然之理也.

雅裨理云: "兩年前, 佛郎西·英吉利·米利堅·西班牙四國, 曾遣四舟向南探之. 近南冰海一帶, 尙有國土, 其廣狹未能詳也."

四大土之外, 島嶼甚多. 最大者澳大利亞, 餘則亞細亞之南洋諸島·亞墨利加之海灣群島, 皆商艘數至之地也.

土之外皆海也, 一水汪洋, 誰爲界畫? 就各土審曲面勢, 強分爲五, 曰大洋海, 曰大西洋海, 曰印度海, 曰北冰海, 曰南冰海.

大洋海者, 由亞細亞之東, 抵南北亞墨利加之西, 卽中國之東洋大海. 泰西人因其風浪恬平, 謂之太平海. 洋面之廣闊, 以此爲最, 蓋環繞地球之半矣. 米利堅人謂赴粵買茶, 由此路可近三萬里. 因其過炭處太險, 山之盡頭, 番謂之炭. 且汪洋數萬里, 無添備水食之處, 卒亦罕有行者.

大西洋海, 由歐羅巴·阿非利加之西, 至南北亞墨加之東, 遠者萬餘里, 近者不足萬里.

印度海, 北至亞細亞, 東至澳大利亞, 西至阿非利加. 由適中之印度一土而南望, 故西人以此稱之, 卽中國之南洋, 曁所傳之小西洋.

北冰海者, 亞細亞·歐羅巴·北亞墨利加三土之北境, 環而拱之. 近岸千百里, 霜雪凝結, 堅冰不解. 海有大魚, 能吞舟. 『莊子』所謂 "北溟有魚, 其名爲鯤者", 殆謂是歟?

南冰海在南極之下, 氣候與北冰海相若.

亞細亞有阿勒富海, 在波斯·阿剌伯之間. 又有紅海, 泰西名勒爾西. 皆由印度海分注.

歐羅巴有地中海, 泰西名墨力特爾勒尼安, 一作美的德拉虗. 又有黑海, 泰西名勒必西. 又有黃海, 泰西名波羅的海. 皆由大西洋海分注. 惟亞細亞西境之鹹海, 一名死海, 又名鹽海. 泰西名亞拉爾, 西域稱爲達里岡阿泊. 裏海, 泰西名喀爾士必安, 又作加斯比約. 則與大海絶不相通. 蓋本大澤, 强名之爲海耳.

「황청일통여지전도」

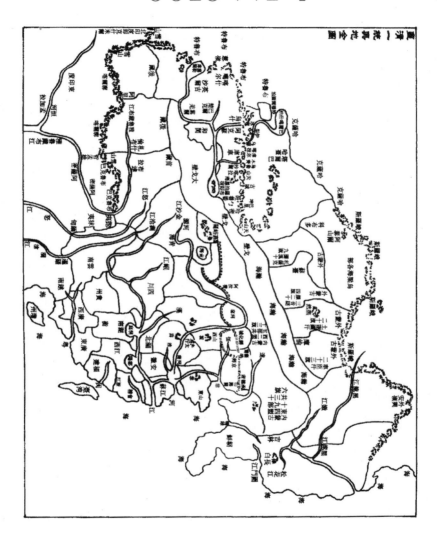

황청일통여지전도

외흥안령(外興安嶺): 지금의 스타노보이산맥(Stanovoy Khrebet)이다.

흑룡강(黑龍江): 지금의 아무르강(Amur R.)으로, 중국에서는 흑룡강이라 부른다.

눈강(嫩江): 지금의 넌강(Noon mөrөn)으로, 중국 동북부를 흐르는 송화강 최장의 지류이다.

아라사(峨羅斯): 지금의 러시아이다.

오량해각부(烏梁海各部): 우량카이 각 부족이 살았던 몽골지역으로 추정된다.

아이태산(阿爾泰山): 지금의 알타이산맥(Altai Mountains)이다.

과포다(科布多): 코브도(Kobdo)로, 지금의 몽골 북서부에 위치한 호브드(Hovd)이다.

송화강(松花江): 아무르강의 가장 큰 지류로, 길림성과 흑룡강성을 흐르는 강이다.

장백(長白): 불함산(不咸山), 개마산(蓋馬山), 태백산(太白山), 도태산(徒太山), 백산(白山), 가이민상견아린(歌爾民商堅阿隣)이라고도 하는데, 지금의 백두산이다.

도문강(圖們江): 지금의 두만강이다.

길림(吉林): 지금의 길림성이다.

내몽고동사맹십구부공삼십육기(內蒙古東四盟十九部共三十六旗): 내몽골 자치구 동쪽 지역에 위치했던 4맹 19부로, 모두 36기로 구분된다.

외몽고(外蒙古): 지금의 몽골 공화국이다.

차신한이십삼기(車臣汗二十三旗): 세첸 칸부(Setsen Khan) 23기이다.

고륜(庫倫): 지금의 몽골의 수도 울란바토르(Ulaanbaatar)이다.

45

토사도한이십기(土謝圖汗二十旗): 투시예드 칸부(Tüsheet khan) 20기이다.

연연(燕然): 지금의 몽골인민공화국 경내에 위치한 항애산(杭愛山)이다.

–항애산(杭愛山): 지금의 항가이산맥(Khangai mountains)이다.

삼음낙안이십사기(三音諾顔二十四旗): 사인노온 칸부(Sain Noyon Khan) 24기이다.

소대(蘇臺): 지리적 위치상 오리아소대(烏里雅蘇臺)의 줄인 말로 추정된다.

–오리아소대(烏里雅蘇臺): 올리아스타이(uliyasutai)로, 지금의 몽골 자브항(Zawhan)에 위치한다.

찰살극도한십구기(札薩克圖汗十九旗): 자삭트 칸부(Zasagt Khan) 19기이다.

내몽고동사맹(內蒙古東四盟): 내몽골 자치구 동쪽 지역을 가리킨다.

내몽고서삼맹(內蒙古西三盟): 내몽골 자치구 서쪽 지역을 가리킨다.

한해(翰海): 큰 호수나 사막을 지칭한다.

과벽(戈壁): 사막(Desert)이다.

대과벽(大戈壁): 지금의 고비사막(Gobi Desert)이다.

조선(朝鮮): 조선을 말한다.

압록(鴨綠): 지금의 압록강으로, 우리나라와 중국의 동북 지방과 국경을 이루면서 서해로 유입되는 강이다.

승덕부(承德府): 청나라 때 설립된 행정구역으로, 내몽골의 초원과 하북 평원이 만나는 지점에 위치한다.

산해관(山海關): 만리장성의 관문 중 하나로 관문의 최동단이자 시작점에 위치한다.

귀화성(歸化城): 지금의 내몽골 자치구에 위치한 후흐호타(Hohhot City)이다.

하투(河套): 오르도스(Ordos)로, 2004년에 폐지된 역사적 지명이다. 한족과 흉노, 선비, 거란, 여진, 몽골 등의 유목민족이 활동했던 중서부 내몽골지역이다.

아랍선(阿拉善): 아라산 맹(Alaša ayimaɣ)으로, 지금의 내몽골 자치구에 위치한다.

금사강(金沙江): 아로장포강(雅魯藏布江)이라고도 하는데, 지금의 이라와디강(Irrawaddy R.)이다.

노강(怒江): 지금의 살윈강(Salween R.)이다.

경사(京師): 지금의 북경(北京)이다.

새각이(塞咯爾): 미상.

고(沽): 직고(直沽)로, 지금의 천진(天津)이다.

산동(山東): 지금의 산동성이다.

태(泰): 지금의 태산(泰山)이다.

하남(河南): 지금의 하남성이다.

태항(太行): 지금의 태항산이다.

회(淮): 회수(淮水)이다.

숭(嵩): 지금의 숭산(嵩山)이다.

한(漢): 지금의 한수(漢水)이다.

항(恒): 지금의 항산(恒山)이다.

곽(霍): 지금의 곽산(霍山)이다.

산서(山西): 지금의 산서성이다.

강소(江蘇): 지금의 강소성이다.

해(海): 지금의 황해(黃海)로, 발해(渤海)이다.

하(河): 지금의 황하(黃河)이다.

강(江) : 지금의 장강(長江)이다.

강소(江蘇) : 지금의 강소성이다.

회계(會稽) : 강소성 동남부에 위치한 군(郡) 이름이다.

파양(鄱陽) : 지금의 파양호(鄱陽湖)이다.

동정(洞庭) : 지금의 동정호(洞庭湖)이다.

안휘(安徽) : 지금의 안휘성이다.

강서(江西) : 지금의 강서성이다.

호북(湖北) : 지금의 호북성이다.

호남(湖南) : 지금의 호남성이다.

형(衡) : 지금의 형산(衡山)이다.

절강(浙江) : 지금의 절강성이다.

민(閩) : 지금의 민강(閩江)이다.

복건(福建) : 지금의 복건성이다.

광동(廣東) : 지금의 광동성이다.

월(粵) : 지금의 주강(珠江)이다.

대만(臺灣) : 지금의 대만이다.

해(海) : 지금의 남중국해이다.

경주(瓊州) : 지금의 해남성이다.

광서(廣西) : 지금의 광서성이다.

운남(雲南) : 지금의 운남성이다.

사천(四川) : 지금의 사천성이다.

귀주(貴州) : 지금의 귀주성이다.

월남(越南) : 지금의 베트남(Vietnam)이다.

포로극파(布魯克巴) : 브루그파(Brug-pa)로, 지금의 부탄(Bhutan)이다.

철맹웅(鐵孟雄) : 고대의 시킴(Sikkim)왕국으로, 지금의 인도 시킴이다.

아살밀(阿薩密) : 지금의 인도 아삼(Assam)이다.

맹가랍(孟加拉) : 벵골(Bengal)로, 지금의 방글라데시와 인도 서벵골 주이다.

노강(怒江) : 지금의 살윈강(Salween R.)이다.

노이(怒夷) : 노자(怒子), 로자(潞子)라고도 하며, 중국 소수민족의 하나이다. 운남성(雲南省) 노강(怒江) 유역에서 살고 있으며, 농경생활을 주로 한다.

구이(狨夷) : 데룽족(Derung, 獨龍)으로, 운남성 메콩강 일대에 사는 화전농경 민족이다.

면전(緬甸) : 지금의 미얀마(Myanmar)이다.

섬라(暹羅) : 지금의 태국(Thailand)이다.

난창강(瀾滄江) : 메콩강(Mekong R.)으로, 중국의 난창강은 인도차이나반도로 유입된 뒤 메콩강으로 불린다.

섬서(陝西) : 지금의 섬서성이다.

감숙(甘肅) : 지금의 감숙성이다.

가욕관(嘉峪關) : 감숙성에 위치한 만리장성의 최서단에 위치한 관문이다.

청해(靑海) : 지금의 청해성이다.

민강(岷江) : 지금의 사천성을 흐르는 민강이다.

하원(河源) : 곤륜하원(昆侖河源)이다.

-곤륜하(昆侖河) : 지금의 히말라야에 위치한 아나바타프타(Anavatapta) 호수로 추정된다.

전장(前藏) : 지금의 티베트 라사(Lhasa) 지구이다.

후장(後藏): 지금의 티베트 시가체(Shigatse) 지구이다.

아로장포강(雅魯藏布江): 이락와저강(伊洛瓦底江), 대금사강(大金沙江)이라고도 하며, 지금의 이라와디강이다.

포달랍(布達拉): 지금의 티베트 포탈라(Potala)이다.

찰십륜포(扎什倫布): 지금의 티베트 타쉬룬포(Tashilhunpo)이다.

아리(阿里): 청대 티베트의 가르토크(Gartok) 지구이다.

합살극(哈薩克): 지금의 카자흐스탄 이다.

탑이파합태(塔爾巴哈臺): 탑성 지구(塔城地區)로, 지금의 타르바가타이(Tarbagatai)이다.

파이갈십박(巴爾喝什泊): 지금의 발하슈호(Balqash Koli)이다.

포로특(布魯特): 지금의 키르기스스탄이다.

천산(天山): 지금의 천산이다.

합밀(哈密): 하미(Hami)로, 지금의 신강 위구르 자치구에 위치한다.

파리곤(巴里坤): 바르쿨(Barköl)로, 지금의 신강 위구르 자치구에 위치한다.

고성(古城): 치타이(Qitai)로, 지금의 신강 위구르 자치구에 위치한다. 고성은 청나라 때의 명칭이다.

토로번(土魯番): 지금의 투르판(Turfan)이다.

나포박(羅布泊): 성수해(星宿海)이다.

-성수해(星宿海): 염택(鹽澤)이라고도 하며, 로프노르(LopNor)이다.

객랍사이(喀拉沙爾): 카라사르(Karasar)로, 지금의 신강 언기(焉耆) 회족자치현에 위치한다.

오로목제(烏魯木齊): 우룸치(Ürümqi)로, 지금의 신강 위구르 자치구의 행정 중심지이다. 몽골어로 '좋은 목초지'라는 뜻이다.

고이객랍오소(庫爾喀拉烏蘇): 청대 신강 지역에 위치했던 준가르의 지명으로, 지금의 신강 위구르 자치구에 위치한다.

이리(伊犁): 지금의 일리(Ili)로, 청대 신강에 위치한 부(府) 이름이다.

빙령(氷嶺): 곤도륜(昆都侖), 곤륜(崑崙)이라고도 하는데, 지금의 신강 위구르 자치구에 위치한 천산이다.

고차(庫車): 쿠차(Kucha)로, 지금의 신강 위구르 자치구에 위치한다.

아극소(阿克蘇): 아크수(Aksu)로, 고대의 쿰국(Kum, 姑墨國)이 위치했던 곳이다. 지금의 신강 위구르 자치구에 위치한다.

오십(烏什): 우츠투르판(Uqturpan)으로, 지금의 신강 위구르 자치구에 위치한다.

화전(和闐): 호탄(khotan)으로, 지금의 신강 위구르 자치구에 위치한다.

파이초극(巴爾楚克): 마랄베시(Maralbexi)로, 지금의 신강 위구르 자치구에 위치한다.

영길사이(英吉沙爾): 양기히사르(Yangihissar)로, 지금의 신강 위구르 자치구 카슈가르 지구에 위치한다.

섭이강(葉爾羌): 야르칸드(Yarkand)로, 지금의 신강 위구르 자치구에 위치한다.

객십갈이(喀什噶爾): 카슈가르(Kashgar)로, 지금의 신강 위구르 자치구 타림분지 북서쪽에 위치한다.

총령(蔥嶺): 지금의 파미르고원(Pamir Plateau)이다.

색륵고이(塞勒庫爾): 사리콜(Sarikol)로, 지금의 신강 서남부 타슈쿠르간 타지크 자치현 또는 사리콜 산맥을 가리킨다.

곽이객(廓爾喀): 구르카로, 지금의 네팔이다.

설산(雪山): 지금의 히말라야산맥(Himalaya Mountains)이다.

북인도(北印度): 극십미이(克什米爾)이다.
-극십미이(克什米爾): 가습미라(迦濕彌羅)라고도 하는데, 지금의 카슈미르(Kashmir)이다.

51

동인도(東印度): 지금의 인도 아삼 서부, 서벵골의 중남부, 오디샤 (Odisha)의 북부와 중부 및 방글라데시의 중남부이다.

항하(恒河): 지금의 갠지스강(Ganges R.)이다.

　

대지가 중국을 중심으로 형성되어 있다. 강역의 구분과 산천의 형세는 사람들이 모두 알고 있으므로 번거롭게 상술하지 않는다. 청나라의 왕업 은 동북쪽[1]에서 흥기해, 요녕성(遼寧省) 심양시(瀋陽市) 주위[2]에 터전을 잡았 다. 길림성(吉林省)은 동쪽으로는 나나이(Nanai)[3]·피야카(fiyaka)[4] 등지에 이른 다. 흑룡강성(黑龍江省)은 북쪽으로는 스타노보이산맥(Stanovoy Khrebet)[5]을 넘 어 사방 1만여 리에 걸쳐 있으며, 예로부터 역관[6]이 가지 않은 땅이다. 털가 죽 옷[7] 입은 유목민과 그들이 머무는 게르(Ger)[8]는 북정(北庭)에 내외몽골 지역

1　동북쪽: 원문은 '간유(艮維)'이다.

2　요녕성(遼寧省) 심양시(瀋陽市) 주위: 원문은 '요심(遼瀋)'이다.

3　나나이(Nanai): 원문은 '혁철(赫哲)'이다. 퉁구스계 민족으로 주로 러시아의 아무르강에서 1 만 명 정도가 거주하고, 중국에도 수천 명이 살고 있다. 러시아에서는 나나이(Нанайцы, 那 乃), 나바이(那貝), 나니오(那尼傲)라고도 하는데 바로 '이곳 사람'이라는 의미이며, 중국에 서는 허저족으로 부르는데 소수민족 중의 하나이다.

4　피야카(fiyaka): 원문은 '비아(費雅)'로, 비아객(費雅喀), 비아객(菲牙喀), 바아객(飛牙喀)이라고 도 한다. 금대(金代)에는 '길리미(吉里迷)', 명대(明代)에는 '걸렬미(乞烈迷)', 러시아에서는 '길 랴크 (Gilyak, 吉里亞克)'라고 불렀다. 에벤크, 오로촌과 같은 고아시아족에 속한다.

5　스타노보이산맥(Stanovoy Khrebet): 원문은 '외흥안령(外興安嶺)'이다.

6　역관: 원문은 '중역(重譯)'이다.

7　털가죽 옷: 원문은 '전구(旃裘)'로, 전구(氈裘)라고도 한다. 원래는 털가죽 옷을 의미했으나, 후에 북쪽 오랑캐를 지칭하게 되었다.

8　게르(Ger): 원문은 '취막(毳幕)'으로, 유목민들이 머무르는 펠트로 만든 이동식 천막을 가리 킨다.

을 말한다. 바둑알처럼 퍼져 있으며, 설령(雪嶺)[9]·천산(天山)[10]이 서역(西域)을 신
강·회강을 말한다. 빙 두르고 있다. 양평(襄平)[11]과 기자(箕子)의 사후 봉지, 조선
(朝鮮)을 말한다. 오사장(烏斯藏)[12]·토번(吐蕃)의 옛 부락은 청해·양장을 말한다. 과
거에는 이역에 속했으나, 지금은 전속국(典屬國)[13]이 관할한다. 초거(軺車)[14]는
적현(赤縣)이나 기현(畿縣)[15]이나 구분하지 않고 왕래한다. 또한 [이에 대해
서는] 왕실 창고에 있는 도지(圖志)에서 잘 고증하고 있고, 제자백가에서도
특히 많이 언급하고 있다. 이것은 내가[16] 다 알 수 있는 바도 아니며 역시 외
사(外史)[『영환지략』]가 의당 할 말도 아니다. 이에 삼가 「황조여지전도(皇
朝輿地全圖)」를 책의 첫머리에 두고 일일이 번거롭게 거론하지 않겠다.

---

9 설령(雪嶺): 히말라야산맥으로, 설산(雪山)이라고도 한다.

10 천산(天山): 천산산맥이다.

11 양평(襄平): 양평성(襄平城)으로, 지금의 요녕성 요양시 인근에 위치한다. 역사적으로 연,
    한, 위, 고구려, 당 등의 나라가 차지했다.

12 오사장(烏斯藏): 지금의 티베트를 가리킨다. 장족 언어로 오사(烏斯)는 중앙(中央), 장(藏)은
    성결(聖潔)의 의미를 가지고 있다. 당대와 송대에는 토번(吐蕃), 원대와 명대에는 오사장,
    청대에는 전장과 후장으로 불렀다.

13 전속국(典屬國): 소수민족과의 왕래와 조공 등의 일을 관장하던 관리를 말하며, 줄여서 '전
    속(典屬)'이라고도 한다. 녹봉은 2천섬이다.

14 초거(軺車): 말 한 마리가 끄는 작은 수레를 말한다. 사신이나 조정의 급한 명을 전달하는
    자가 타는 수레로, 훗날에는 사신의 뜻으로 사용되었다.

15 적현(赤縣)과 기현(畿縣): 원문은 '기적(畿赤)'이다. 도성에서 다스리는 곳을 적현이라고 하
    고, 도성 인근 마을을 기현이라 한다.

16 내가: 원문은 '치언(巵言)'이다. 원래는 마음대로 내뱉은 말을 가리키나, 후에는 자신의 저
    작을 겸손하게 이르는 말로 사용되었다.

「皇淸一統輿地全圖」

　坤輿大地, 以中國爲主. 疆域之界畫, 山川之形勢, 人人知之, 不煩覼縷. 我國家龍興艮維, 奠基遼瀋. 吉林一省, 東盡赫哲 · 費雅諸部. 黑龍江一省, 北跨外興安嶺, 周回萬餘里, 皆自古重譯不到之地. 至若旃裘氈幕, 棋布北庭, <small>內外蒙古諸部.</small> 雪嶺 · 天山, 蟠回西域. <small>新疆 · 回疆.</small> 襄平箕子之遺封, <small>朝鮮.</small> 烏斯 · 吐蕃之舊部, <small>靑海 · 兩藏.</small> 昔限異方, 今歸典屬. 軺車往復, 畿赤無殊. 且又內府圖志, 考據綦詳, 諸子百家, 論述尤夥. 非厄言之所能盡, 亦非外史之所宜言. 謹摹「皇朝輿地全圖」於卷首, 而說不贅焉.

[아시아]

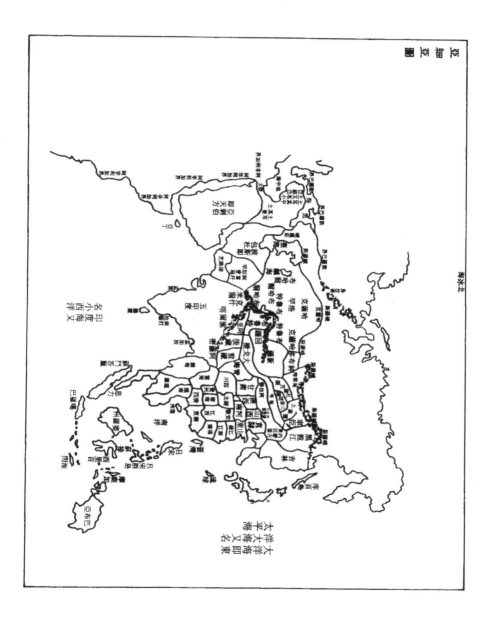

아시아지도

북빙해(北冰海) : 지금의 북극해이다.

오랍령(烏拉嶺) : 지금의 우랄산맥이다.

구라파계(歐羅巴界) : 유럽 강역이다.

아라사(峨羅斯) : 지금의 러시아이다.

대양해(大洋海) : 동양대해(東洋大海), 태평해(太平海)라고도 하며, 지금의 태평양(Pacific Ocean)이다.

고혈도(庫頁島) : 지금의 사할린(Sakhalin)이다.

대일본(大日本) : 지금의 일본이다.

유구(琉球) : 류큐(Ryukyu) 왕국으로, 지금의 오키나와제도에 위치한다.

길림(吉林) : 지금의 길림성이다.

차신(車臣) : 세첸 칸부(Setsen Khan)이다.

흑룡강(黑龍江) : 지금의 아무르강(Amur R.)으로, 중국에서는 흑룡강이라 부른다.

토사도(土謝圖) : 투시예드 칸부(Tüsheet khan)이다.

삼음낙안(三音諾顔) : 사인노욘 칸부(Sain Noyon Khan)이다.

찰살극도(札薩克圖) : 자삭트 칸부(Zasagt Khan)이다.

내몽고동사맹(內蒙古東四盟) : 내몽골 자치구 동쪽 지역을 가리킨다.

내몽고서삼맹(內蒙古西三盟) : 내몽골 자치구 서쪽 지역을 가리킨다.

한해(翰海) : 큰 호수나 사막을 지칭한다.

아랍선(阿拉善) : 아라산 맹(Alaša ayimaɣ)으로, 지금의 내몽골 자치구에 위치한다.

산동(山東) : 지금의 산동성이다.

직례(直隸) : 지금의 하북성이다.

산서(山西): 지금의 산서성이다.

강소(江蘇): 지금의 강소성이다.

하남(河南): 지금의 하남성이다.

섬서(陝西): 지금의 섬서성이다.

감숙(甘肅): 지금의 감숙성이다.

청해(靑海): 지금의 청해성이다.

신강(新疆): 지금의 신강 위구르 자치구이다.

회강(回疆): 지금의 중국 신강 위구르 자치구 타림 분지 일대 천산 남로 지역을 지칭한다. 청나라 때 이슬람교도의 강역을 '회강'이라 불렀다.

대과벽(大戈壁): 지금의 고비사막(Gobi Desert)이다.

전장(前藏): 지금의 티베트 라사(Lhasa) 지구이다.

후장(後藏): 지금의 티베트 시가체(Shigatse) 지구이다.

아살밀(阿薩密): 지금의 인도 아삼(Assam)이다.

사천(四川): 지금의 사천성이다.

강서(江西): 지금의 강서성이다.

안휘(安徽): 지금의 안휘성이다.

절강(浙江): 지금의 절강성이다.

복건(福建): 지금의 복건성이다.

광동(廣東): 지금의 광동성이다.

광서(廣西): 지금의 광서성이다.

호북(湖北): 지금의 호북성이다.

호남(湖南): 지금의 호남성이다.

운남(雲南): 지금의 운남성이다.

귀주(貴州) : 지금의 귀주성이다.

경주(瓊州) : 지금의 해남성이다.

월남(越南) : 지금의 베트남(Vietnam)이다.

섬라(暹羅) : 지금의 태국(Thailand)이다.

소문답랍(蘇門答臘) : 지금의 인도네시아 수마트라섬(Pulau Sumatra)이다.

식력(息力) : 지금의 싱가포르(Singapore)이다.

갈라파(噶羅巴) : 클라파(Kelapa)로, 지금의 인도네시아 자카르타(Jakarta)를 말한다.

대만(臺灣) : 지금의 대만이다.

여송(呂宋) : 지금의 필리핀 루손섬(Luzon Island)으로, 마닐라(Manila)라고도 한다.

여송군도(呂宋群島) : 필리핀 제도이다.

소록(蘇祿) : 고대 술루국(Sulu)으로, 술루 서왕(西王)이 다스렸던 칼리만탄 동북부, 동왕(東王)이 다스렸던 술루군도(Sulu Archipelago), 동왕(峒王)이 다스렸던 팔라완 남부로 이루어져 있다.

마록가(摩鹿加) : 몰루카제도(Moluccas)로, 지금의 인도네시아 말루쿠제도(Kepulauan Maluku)이다.

서리백(西里百) : 지금의 인도네시아 술라웨시섬(Pulau Sulawesi)이다.

파라주(婆羅洲) : 지금의 보르네오섬(Borneo)이다.

지문(池問) : 지금의 티모르섬(Pulau Timor)이다.

면전(緬甸) : 지금의 미얀마(Myanmar)이다.

맹가랍(孟加拉) : 벵골(Bengal)로, 지금의 방글라데시(Bangladesh)와 인도 서벵골주(West Bengal)이다.

마타랍살(麻打拉薩) : 지금의 인도 마드라스(Madras)이다.

맹매(孟買): 지금의 인도 뭄바이(Mumbai)이다.

오인도(五印度): 지금의 인도이다.

석란(錫蘭): 실론(Ceylon)으로, 지금의 스리랑카(Sri Lanka)이다.

인도해(印度海): 소서양(小西洋)이라고도 하며, 지금의 인도양이다.

아리(阿里): 청대 티베트의 가르토크(Gartok) 지구이다.

포합이(布哈爾): 지금의 부하라(Bukhara)이다.

호한(浩罕): 코칸트(Qo'qon)로, 지금의 우즈베키스탄 페르가나주에 위치한다. 과거 코칸트 칸국이 위치했던 곳으로, 수도는 코칸트(Kokand)이다.

함해(鹹海): 지금의 아랄해(Aral Sea)이다.

극십미이(克什彌爾): 가습미라(迦濕彌羅)라고도 하며, 지금의 카슈미르(Kashmir)이다.

곽이객(廓爾喀): 구르카로, 지금의 네팔(Nepal)이다.

아부한(阿富汗): 애오한(愛烏罕)이라고도 하며, 지금의 아프가니스탄(Afghanistan)이다.

비로지(俾路芝): 지금의 파키스탄 발루치스탄(Baluchistan)이다.

아랄백(阿剌伯): 천방(天方)이라고도 한다. 본래는 지금의 사우디아라비아의 메카(Mecca)를 가리켰으나, 후에는 아라비아를 널리 지칭하는 말로 쓰였다.

아정(亞丁): 지금의 아덴(Aden)이다.

아비리가계(阿非利加界): 지금의 아프리카(Africa) 강역이다.

리해(裏海): 지금의 카스피해(Caspian Sea)이다.

흑해(黑海): 지금의 흑해(Black Sea)이다.

지중해(地中海): 지금의 지중해(Mediterranean Sea)이다.

토이기계(土耳其界): 터키 강역이다.

토이기중토(土耳其中土): 소아세아(小亞細亞)라고도 하는데, 터키 중부이다.

토이기동토(土耳其東土): 터키 동부이다.

파사(波斯): 포사(包社)라고도 하며, 지금의 이란(Iran)이다.

오량해(烏梁海): 우량카이(Uriankhai)가 살던 몽골지역으로 추정된다.

과포다(科布多): 코브도(Kobdo)로, 지금의 몽골 북서부에 위치한 호브드(Hovd)이다.

합살극(哈薩克): 지금의 카자흐스탄(Kazakhstan)이다.

포로특(布魯特): 지금의 키르기스스탄(Kyrgyzstan)이다.

아시아(Asia)[1]는 원래 터키(Turkey)[2]와 소아시아(Asia Minor)[3]의 옛날 지명이다. 터키는 서방의 국가 이름으로, 터키 동부·터키 중부·터키 서부 세 지역으로 이루어져 있으며, 그 가운데 터키 중부는 매락(買諾)으로, 지금은 소아시아라 불린다. 서양인들이 이 땅의 동쪽 지역을 통틀어 아시아라 불렀다. 면적은 4대륙[4] 가운데 가장 넓다. 중국 18개성, 동북 3성,[5] 내몽골·외몽골 자치구·신강(新疆)·회강(回疆)·청해(靑海)·전장(前藏)·후장(後藏)이 이 땅에 속한다. 아시아의 북쪽은 바다와 접해 있는데, 이곳은 러시아의 동쪽 강역에 해당한다. 아시아의 동쪽 해안에 조선이 있다. 해상에 있는 세 개의 섬이 일본(日本)이다. [일본 아

---

1 아시아(Asia): 원문은 '아세아(亞細亞)'로, 아제아(亞齊亞), 아실아(阿悉亞)라고도 한다.

2 터키(Turkey): 원문은 '토이기(土耳其)'로, 지금의 튀르키예(Türkiye)이다.

3 소아시아(Asia Minor): 원문은 '매락(買諾)'이다.

4 4대륙: 원문은 '사토(四土)'로, 아시아, 유럽, 아프리카, 아메리카를 가리킨다.

5 동북 3성: 원문은 '동삼성(東三省)'으로, 요녕성, 길림성, 흑룡강성을 말한다.

래에 있는] 작은 섬이 류큐이다. 남쪽으로 중국의 운남성·광동성 등과 인접한 곳에 베트남[6]·태국·미얀마·라오스가 있다. 남해(南海)에 산재되어 있는 섬을 말레이제도(kepulauan melayu)[7]라 부른다. 서북쪽으로 신강·회강과 인접한 곳에 서역의 이슬람 국가가 있다. 서쪽으로 전장·후장과 인접한 곳에 구르카와 오인도가 있다. 다시 서쪽으로 가면 아프가니스탄(Afghanistan)[8]·발루치스탄(Balochistan)[9]·페르시아(Persia)[10] 등의 이슬람 국가가 있다. 다시 서남쪽으로 가면 아라비아(Arabia)[11]가 있다. 다시 서북북쪽으로 가면 터키 동부이고, 바로 유대(Judea)[12] 지역이다. 다시 서쪽으로 가면 터키의 중앙지역인 매락으로 이른바 소아시아라 불리는 곳이다. 북쪽으로는 북극해에, 동쪽으로는 태평양 동해(東海)이다. 에 이르고, 남쪽으로는 인도양 남해(南海) 및 소서양해(小西洋海)이다. 에 이르며, 서쪽으로는 홍해·지중해·흑해에 이르는데, 이것이 바로 아시아 전체 강역이다.

---

6 베트남: 원문은 '안남(安南)'이다. 안남은 원래 베트남을 통칭하는 말로, 당대에 이곳에 설치된 안남도호부(安南都護府)에서 유래되었다. 청대에는 베트남을 안남국, 교지국(交阯國) 등으로 구분하여 불렀다. 또한 안남국은 꽝남국을 가리키기도 한다. 따라서 본 역서에서는 역사 사실의 이해를 돕기 위해 원문에 입각하여 '안남'의 명칭을 그대로 사용한다. 다만 여기서는 아시아의 소개부분에 해당해 현재의 국명을 그대로 사용해 베트남이라 번역함을 밝혀둔다.

7 말레이제도(kepulauan melayu): 원문은 '남양군도(南洋群島)'이다.

8 아프가니스탄(Afghanistan): 원문은 '아부한(阿富汗)'으로, 애오한(愛烏罕)이라고도 한다.

9 발루치스탄(Balochistan): 원문은 '비로지(俾路芝)'이다.

10 페르시아(Persia): 원문은 '파사(波斯)'이다.

11 아라비아(Arabia): 원문은 '아랄백회부(阿剌伯回部)'이다.

12 유대(Judea): 원문은 '유태(猶太)'로, 여덕아(如德亞)라고도 한다.

살펴보건대 러시아의 영토가 아시아의 60%를 차지하고 있다. 그러나 러시아의 수도는 유럽의 발트해 연안에 위치한다. 터키 동부와 터키 중부는 아시아에 속하지만 수도가 있는 터키 서부는 유럽에 속한다. 러시아와 터키의 지도가 모두 유럽에 들어가 있는데, 이는 사실에 부합한다.

[亞細亞]

亞細亞, 本土耳其買諾古時地名. 土耳其西土國名, 有東·中·西三土, 其中土名買諾, 今稱小亞細亞. 泰西人於此土之東, 統名曰亞細亞. 幅員之廣, 爲四土之最. 居是土者, 爲中國之十八省, 東三省, 內外蒙古諸部·新疆·回疆·靑海·前後藏. 其北際海, 爲峨羅斯之東境. 其東濱海藩國, 曰朝鮮. 海中三島, 曰日本. 又小島, 曰琉球. 其南與中國之滇粵諸省毗連者, 曰安南·暹羅·緬甸·南掌. 散布南海之中者, 曰南洋群島. 其西北與新疆·回疆毗連者, 曰西域諸回部. 其西與兩藏毗連者, 曰廓爾喀, 曰五印度. 再西爲阿富汗·俾路芝·波斯諸回部. 再西南爲阿剌伯回部. 再西北爲土耳其之東土, 卽猶太諸部. 再西爲土耳其之中土買諾, 所謂小亞細亞者也. 北距北冰海, 東距大洋海, 卽東海. 南距印度海, 卽南海及小西洋海. 西距紅海·地中海·黑海, 是爲亞細亞之全土.

按: 峨羅斯境土, 在亞細亞者十之六. 而其國都, 在歐羅巴之波羅的海隅. 土耳其東中兩土在亞細亞, 而其建都之西土, 亦在歐羅巴. 兩國分圖, 俱歸之歐羅巴, 如其實也.

［ 아시아 동양 2개국 ］

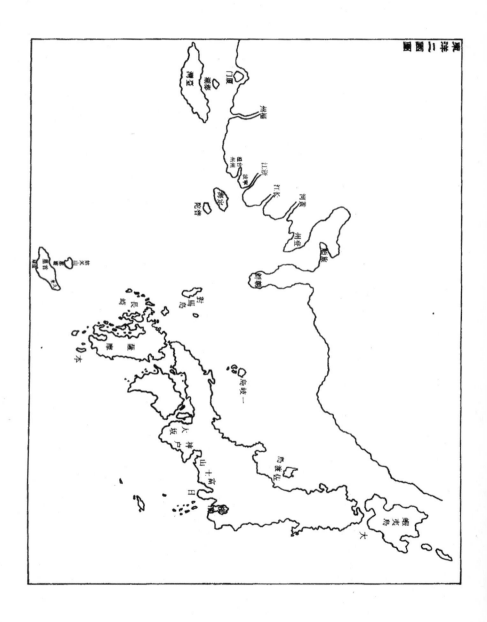

동양 2개국 지도

조선(朝鮮): 조선을 말한다.

여순(旅順): 지금의 요녕성 요동(遼東)반도에 위치한 여순이다.

등주(登州): 지금의 산동성 등주이다.

황하(黃河): 지금의 황하이다.

장강(長江): 지금의 장강이다.

절강(浙江): 지금의 절강이다.

영파(寧波): 지금의 절강성 영파이다.

정해(定海): 지금의 절강성 주산군도(舟山群島)의 중서부에 위치한다.

보타(普陀): 지금의 중국 절강성 주산시(舟山市)에 위치한 현급 행정구역이다.

태주(台州): 지금의 절강성 태주이다.

온주(溫州): 지금의 절강성 온주이다.

복주(福州): 지금의 복건성 복주이다.

하문(廈門): 지금의 복건성 하문이다.

팽호(澎湖): 대만의 서쪽에 위치한 도서군(島嶼群)으로, 팽호열도, 팽호군도라고 한다.

대만(臺灣): 지금의 대만이다.

대일본(大日本): 지금의 일본이다.

하이도(蝦夷圖): 에조(Emishi)로, 고대 일본의 도호쿠 지방과 홋카이도 지역을 말한다.

좌도도(佐渡島): 사도슈로, 지금의 일본 나가타현(新潟縣)에 위치한다.

일기도(一岐島): 이키섬으로, 일기도(壹岐島)라고도 하며, 규슈와 쓰시마섬 사이에 위치한다.

대마도(對馬島) : 쓰시마섬으로, 지금의 나가사키현에 위치한다.

장기(長崎) : 지금의 나가사키섬이다.

살마(薩摩) : 가고시마(鹿児島)의 옛 명칭으로, 지금의 사쓰마이다.

횡빈(橫濱) : 지금의 요코하마시(Yokohama)이다.

대판(大坂) : 지금의 오사카시(Osaka-shi)이다.

부사산(富士山) : 지금의 후지산(Mount Fuji)이다.

신호(神戶) : 지금의 고베시(Kōbe)이다.

고미산(孤米山) : 고베이산으로, 오키나와 제도 가장 서쪽에 위치한다.

구미(久米) : 지금의 구메지마이다.

수리(首里) : 슈리로, 지금은 나하시에 병합되었다.

나하(那霸) : 지금의 오키나와 나하시이다.

유구(琉球) : 류큐(Ryukyu) 왕국으로, 지금의 오키나와제도에 위치한다.

태평양은 드넓고 아득하며, 아메리카의 서쪽 경계에 이르는 수만 리 동안 별다른 육지가 없다. 중국 인근에는 일본과 류큐 2개국만이 있는데, 신주(神州)[1]의 왼쪽 날개에 해당한다. 서양인의 해도(海圖)에서는 일본의 세 섬을 조선

---

1 신주(神州) : 추연(鄒衍)에 의하면 신주는 적현신주(赤縣神州)로 중국을 가리킨다. 『사기(史記)』에 따르면, "중국을 적현신주라고 했다. 적현신주 안에 구주(九州)라는 것이 있는데, 우(禹)임금이 정한 구주가 바로 이것으로, 추연이 말한 대구주는 아니다. 중국 밖에 적현신주 같은 것이 9개가 있는데, 이것이 구주인 것이다(中國名曰赤縣神州. 赤縣神州內自有九州 , 禹之序九州是也, 不得爲州數. 中國外如赤縣神州者九, 乃所謂九州也)"라고 되어 있다. 즉 추연은 『서경(書經)』 「우공(禹貢)」편에 나오는 구주 전체를 적현신주라고 하면서 이와 똑같은 것이 8개가 더 합쳐져서 전 세계가 하나의 주를 구성하고 있다고 보았다. 이와 같은 추연의 대구주설은 처음에는 이단으로 받아들여졌으나, 서양의 세계 지도가 중국에 전래되면서 관심을 끌게 되었다.

이북에 배치하고 있는데, 이는 오류이다. 서양의 시박사(市舶司)²가 아주 드물게 태평양에 오는데, 전해들은 말을 짐작해서 이렇게 그린 것이다. 이에 『해국문견록(海國聞見錄)』³에 근거해 이를 바로 잡는다.

일본은 옛날에 왜(倭) 노국(奴國)⁴이라 불렸다. 그 나라는 태평양에 위치하며 세 개의 큰 섬이 나란히 늘어서 있다. 북쪽의 쓰시마섬(對馬島)은 조선⁵의 남쪽 경계와 직통이라 하룻밤이면 도착할 수 있으며, 명나라 말에 도요토미 히데요시(1536~1598)⁶가 반란을 일으켰던 곳이다. 중앙의 나가사키섬

---

2 시박사(市舶司): 해상무역 관계의 사무를 담당한 관청으로 시박제거사(市舶提擧司)라고도 한다. 본래 무역세의 징수, 무역품 판매허가증의 교부, 번박(番舶)의 출입항 등의 사무를 관장하는 곳이지만, 명나라에서는 국초이래 내지인의 해외출항과 무역을 금지하는 해금 정책을 시행했기 때문에 시박사는 오로지 조공무역의 업무만을 담당했다. 명대에는 광주 (廣州)·천주(泉州)·영파(寧波)에 시박제거사가 설치되어 광주는 서양제국, 천주는 류큐, 영 파는 일본과의 조공무역을 주로 담당했다.

3 『해국문견록(海國聞見錄)』: 청나라 진륜형(陳倫炯)의 저서이다. 진륜형(1687~1751)은 자는 차 안(次安), 호는 자재(資齋)로 복건성 동안현(同安縣) 안인리(安仁里) 고포촌(高浦村) 사람이다. 어려서부터 부친을 따라 동서양을 출입하면서 해상 관련 지식을 섭렵했다. 옹정(雍正) 4년 (1726년)에 성지를 받들어 대만에 가서 대만 총병(總兵)을 역임했고, 건륭(乾隆) 7년(1742)에 는 절강 영파의 수사제독이 되었다. 『해국문견록』은 해양 지리의 명저로, 옹정 8년(1730) 에 나온 책이다. 책은 상하 2권으로 분권되어 있으며, 대만과 그 부근에 위치한 섬의 자연 풍광과 인문 지리적 상황이 상세하게 기록되어 있어서 역사자료로서 비교적 높은 가치를 지닌 책이다.

4 노국(奴國): 기원전 1세기에서 3세기전반에 걸쳐 『후한서(後漢書)』「동이전(東夷傳)」이나 『위 지(魏志)』「왜인전(倭人傳)」에 등장하는 왜국 중 하나이다. 『일본서기(日本書紀)』에 나오는 나 노아가타(儺県)라고 하여 현재 후쿠오카시(福岡市) 부근으로 추정되고 있다. 57년에 노국왕 (奴國王)이 후한 광무제(光武帝)에게 조공을 바치고 받았다고 하는 '한왜노국왕인(漢委奴國王 印)'이라는 인장이 현존하고 있다.

5 조선: 원문은 '고려(高麗)'이다.

6 도요토미 히데요시(1536~1598): 원문은 '관백(關白)'이다. 도요토미 히데요시는 풍신수길(豊

(長崎)[7]은 땅이 꽤 넓고 절해(浙海)에 위치한 보타산(普陀山)[8]과는 직통이라 중국 내지의 상선들이 이곳에 와서 통상 무역[9]한다. 남쪽의 사쓰마섬(薩峒馬)[10]은 절강의 온주(溫州)·태주(台州)와 직통이다. 사람들이 건장하고, 칼이 아주 예리하며, 말이 난다. 명나라 가정(嘉靖)[11]연간에 복건과 절강에서 소요를 일으킨 왜구는 바로 사쓰마 사람들이다. 쓰시마, 나가사키, 사쓰마 세 개의 섬 이외에도 작은 섬이 상당히 많다. 국왕은 나가사키의 동북쪽 미야코[彌耶谷][12]에 거주하는데 미야코를 번역하면 바로 도성이다. 관직은 모두 대대로 세습하는데, 중국의 관제에서 말하는 2천섬의 봉록을 받는 자사(刺史)[다이묘(大名)[13]]에 해당한다. 문자는 중국과 같지만 일본식 발음으로 읽는다. 국사는 상장군(上將軍)[14]이 잡고 있으며, 왕은 정치에 관여하지 않고 단

지 후한 봉록과 공물을 받으며, 때때로 상장군의 조알을 받을 뿐이다. 역대로 왕위를 다투지는 않고 상장군의 자리를 다툴 뿐이다. 그래서 상장군의 가문은 때로 새로운 주인을 바꾸기도 하지만 왕은 성이 바뀐 적이 없다. 관영(寬永)[15]을 연호로 정한 뒤 대대로 연호가 바뀌지 않았다. 법이 엄격해서 사람들은 잘 다투지 않고, 범법자는 번번이 산골짜기로 들어가 스스로 목숨을 끊었다. 하인을 부를 때에는 손바닥을 치면 알아들었으며 종일토록 사람들의 말소리가 들리지 않는다. 부처를 좋아하고 조상을 공경해 향과 꽃 및 좋은 과일을 얻으면 반드시 부처에게 공양을 올리거나 혹은 조상의 분묘로 달려가 바친다. 민간에서는 청결을 숭상해 거리를 틈틈이 쓸고 닦는다. 남녀 모두 옷깃이 크고 소매가 넓은 옷을 입었으며, 여성의 옷은 한층 더 길어 땅에 끌리며 화초 문양을 그려 염색한다. 속옷[즉 훈도시]은 비단 천을 이용해 허리에 두르고, 짧은 버선을 신고 명주실로 짠 신을 끈다. 남자는 수염을 깎고 정수리와 이마를 밀고, 귀밑머리는 머리뒤쪽까지 남겨두며, 한 치 남짓 넓이로 상투를 틀어 묶는다. 두발이 자라면 자른다. 여자들은 대부분 머릿결이 풍성하고 좋았는데, 매일 머리를 감고 가남향과 침향을 태운 연기를 씌우고 앞뒤로 당겨서 묶었으며, 대모(玳瑁)[16]로 만

칭은 정이대장군(征夷大將軍)으로, 대개는 장군(쇼군)이라고 불린다. 카마쿠라 막부를 세운 미나모토 요시도모(源義朝, 1123~1160)는 최초의 장군이다. 이후 장군 칭호는 미나모토 후손만이 부여받을 수 있었다. 장군은 일반적으로 구보사마(公方樣), 고쇼사마(御所樣), 우에사마(上樣) 등으로 불렸으며, 외교적으로는 '일본국왕', '일본국대군'이라고 칭한 경우도 있다.

15 관영(寬永): 일본 연호의 하나로, 1624년에서 1645년까지의 기간을 가리킨다. 이 기간 동안 천황은 고미즈노오 천황(後水尾天皇)·메이쇼오 천황(明正天皇)·고코우묘오 천황(後光明天皇)이고, 에도막부 장군은 제3대 도쿠가와 이에미쓰(德川家光)이다.

16 대모(玳瑁): 바다거북과에 속하는 거북의 일종으로 열대지방에 산다. 등껍데기는 황갈색에

든 비녀를 꽂았다. 남녀의 얼굴과 피부는 중국 사람들과 비슷한데, 진실로 동방의 수려한 기운이 모여 그렇게 된 것이다. 나가사키는 보타산과 동서로 마주 보고 있으며 뱃길로 40경이 60리가 1경이다. 걸린다. 거친 대양을 가로질러 건너는데 풍랑이 아주 심하다. 하문(廈門)에서 나가사키까지는 뱃길로 약 72경 걸린다. 대만의 계롱산(鷄籠山)[17] 북쪽에서 출발해 미강양(米糠洋)·향심양(香蕈洋)[18]을 건너려면 북풍이 불 때는 오도문(五島門)[19]에서 나아가고 남풍이 불 때는 천당문(天堂門)[20]에서 나아간다. 명나라 중엽에 대서양의 포르투갈[21]이 일찍이 그 해구를 차지하고자 했으며 또한 천주교로 그곳 사람들을 유인했다. 일본이 포르투갈과 전쟁을 할 때 네덜란드[22]가 군함을 끌고 와서 일본을 돕자 포르투갈은 달아났다. 그래서 일본이 통상무역을 하는 나라는 중국과 네덜란드뿐이다. 이 땅에서는 홍동(紅銅)·유황(硫磺)·해초 등이 난다. 『해국문견록』에서 절록한다.

검은 반점이 있으며 대모갑(玳瑁甲)이라 하여 공예 재료로 쓰인다.

17 계롱산(鷄籠山): 대만 동북부에 위치한 기룡산(基隆山)을 가리킨다. 행정구역상으로 지금의 신북시(新北市) 서방구(瑞芳區)에 속한다. 바다에서 정면에서 보면 산의 형태가 닭의 모양처럼 보인다고 해서 '계롱산'이라고도 불리었다.

18 미강양(米糠洋)·향심양(香蕈洋): 원문은 '향점양(香簟洋)'으로 되어 있으나, '향심양(香蕈洋)'이 맞다. 강양(糠洋)과 심양(蕈洋)은 바다 속의 수면이 마치 쌀겨[糠粱]와 같고 수포가 버섯균[蕈菌]처럼 생겼다고 해서 미강양과 향심양이라고 불리게 되었다.

19 오도문(五島門): 나루시마(奈留島) 부근의 수로이다. 나루시마는 나가사키현 서쪽의 5개 섬 중의 하나이다.

20 천당문(天堂門): 고시키해협(甑海峽)이다.

21 포르투갈: 원문은 '포도아(葡萄亞)'이다.

22 네덜란드: 원문은 '하란(荷蘭)'이다.

고정림(顧亭林)[23]의 『천하군국이병서(天下郡國利病書)』에 다음 기록이 있다.

왜 노국은 삼한(三韓)[24] 인근에 위치한 나라이기 때문에 이름을 한중왜(韓中倭)라고 한다. 왜는 후에 스스로 그 이름을 꺼려해서 국호를 일본으로 변경했다. 동남쪽 대해에서 섬에 의지해 살고 있으며, 면적은 사방 수천 리에 달한다. 5기(畿)[25]가 있는데 야마시로(山城), 야마토(大和), 가와치(河內), 셋쓰(攝津), 이즈미(和泉)가 그것이며, 모두 53개의 군을 거느리고 있다. 7도(道)가 있는데, 도카이도(東海道)는 116개 군을 거느리고 있고, 난카이도(南海道)는 48개 군을 거느리고 있다. 사이카이도(西海道)는 93개 군을 거느리며, 도산도(東山道)는 122개 군을 거느린다. 호쿠리쿠도(北陸道)[26]는 30개 군을 거느리며, 산요도(山陽道)는 69개 군을 거느리고, 산인도(山陰道)는 52개 군을 거느린다. 세 개의 섬이 있는데, 이키섬(壹岐),[27] 쓰시마섬, 살펴보건대, 『해국문견록』에서 "일본은 세 개의 큰 섬이 늘어서 있으며, 북쪽에 있는 섬을 쓰시마라고 한다."라고 되어 있는데, 여기에서 말하는 쓰시마는 단지 두 개의 군을 관할한다. 대체로 쓰시마는 본래 북쪽 강역의 작은 섬 이름이었는데 후에 와서 북쪽 강역 전체를 가리키게 되었다. 나는 일찍이 일본인이 지은 「광대마도부(廣對馬島賦)」를 본 적이 있는데, 『문선(文選)』

---

23 고정림(顧亭林): 고염무(顧炎武)를 말한다. 고염무(1613~1682)는 명말 청초의 사상가이자 학자이다. 본명은 강(絳)이고 자는 충청(忠淸)이다. 명나라 멸망 이후 이름을 염무(炎武)로 바꾸고 정림(亭林)이라는 호를 사용하면서 정림 선생이라 불렸다. 청대 고증학의 개조(開祖)로, 왕부지(王夫之), 황종희(黃宗羲)와 함께 삼대 유로(遺老)로 알려져 있다. 저서로는 『일지록(日智錄)』과 『천하군국이병서』 등이 있다.

24 삼한(三韓): 한반도 남부에 위치한 옛 나라로 마한(馬韓), 진한(辰韓), 변한(弁韓)을 가리킨다.

25 5기(畿): 기내(畿內)라고도 한다. 7세기 말에 성립한 '일본국' 지배층이 직접 지배하던 곳으로 '수도권'에 해당한다.

26 호쿠리쿠도(北陸道): 북해도(北海道)를 가리킨다.

27 이키섬(壹岐): 원문은 '이기(伊岐)'이다.

체의 시문을 모방해서 지어 문체가 매우 아름다웠다. 스스로 "섬이 작아 읊기에도 부족했기 때문에 광(廣)자를 붙여 말했다."라고 주를 달고 있는데, 역시 그 증거의 하나이다. 다네가섬(種子島)²⁸이 그것이다. 세 섬은 각각 2개의 군을 관할하며, 2개의 군도 모두 섬이다. 큰 군이라고 해도 중국의 촌락 하나에 불과하다. 가옥의 수는 7만 호 정도 되고, 세금을 납부하는 장정은 80만 명 남짓 된다.

국왕은 하나의 혈통으로, 역대로 바뀌지 않았다. 처음에는 아메노미나카누시[天御中主]²⁹라고 불렀으며, 쓰쿠시[築紫]의 히무카이궁[日向宮]에 거처했다.³⁰ 그의 아들이 천재운존(天材雲尊)³¹이라 불리면서부터 모두 미코토[尊, '신'이라는 의미]라 불렸다. 23대³² 히코나기사미코토[彦瀲尊]의 넷째 아들에 이르러 진무천황(神武天皇)³³이라고 부르며 야마토주[大和州]³⁴ 가시하라궁[橿

---

28 다네가섬(種子島): 원문은 '다설(多褻)'로 되어 있으나, 역사적 사실에 따라 '다예(多禰)'로 고쳐 번역한다.

29 아메노미나카누시[天御中主]: 『고사기(古事記)』에 의하면 천지만물을 만들고 기르는 것을 담당하는 세 명의 신 가운데 한 명으로, 천지가 개벽할 때 다카마노하라[高天原]에 나타나 하늘의 중앙에 앉아 우주를 주재했다.

30 쓰쿠시[築紫]의 히무카이궁[日向宮]에 거처했다: 원문은 '축자궁(築紫宮)'이다. 쓰쿠시(Tsukush)는 큐슈 섬의 옛 명칭이다.

31 천재운존(天材雲尊): 원문은 '대재운존(大材雲尊)'으로 되어 있으나, 역사적 사실에 따라 고쳐 번역한다.

32 23대: 원문에는 '삼십이(三十二)'로 되어 있으나, 역사적 사실에 따라 23대로 고쳐 번역한다.

33 진무천황(神武天皇): 태양신 아마테라스오오미카미[天照大神]의 후손인 이와레히코노미코토[伊波禮琵古命]가 호족들과의 힘든 싸움 끝에 마침내 야마토에 가시하라궁을 세우고 즉위하니 바로 진무천황이다. 이후 일본 황실은 천신의 자손이라는 이른바 '천손설(天孫說)'이라는 관념이 생겨났다.

34 야마토주[大和州]: 원문은 '태화주(太和州)'로 되어 있으나, 실제 지명에 따라 고쳐 번역한다.

原宮]³⁵으로 옮겼다. 엔유천황[円融天皇]³⁶에 이르러 무릇 41대에 다시 수도를 야마시로국[山城國]으로 옮겼다.

이 나라의 문무 관리는 모두 세습 관리이다. 양한(兩漢)시기부터 비로소 중국과 교류했고, 위(魏)·진(晉) 시기 이후 중국에서 오경(五經)과 불교를 받아들여 불교가 성행했다. 당나라 정관(貞觀)³⁷ 연간 일찍이 사절단을 파견해 가르침을 주었다. 송나라 초기 국승 조넨(奝然)³⁸을 파견해 배를 타고와 공물을 바쳤다. 태종은 자색 가사를 하사하고 후하게 위무했다. 이 나라는 이미 64대가 되었다. 살펴보건대『후한서(後漢書)』에 따르면, "왜는 삼한의 동남쪽 대해에서 섬에 의지해 살고 있으며 무릇 100여 개의 나라가 있다. 한나라 무제(武帝)가 위씨조선(衛氏朝鮮)을 멸망시킨 후 한나라와 교류한 나라는 30개국 정도이다. 대왜왕(大倭王)³⁹은 야마타이국[邪馬臺國]에 거주했는데, 남자는 모두 얼굴과 몸에 문신을 했다. 남녀가 유별하지 않고 음식은 손으로 먹으며 맨발로 다녔다."라고 한다. 일본은 한나라 시기에는 결코 하나의 나라가 아니었으며 풍속은 여러 주변 오랑캐 섬과 다르지 않았다. 문자와 관제는 양한 시기 중국과 교류하면서부터 비로소 배워 받아들인 것이다. 여기서 말하는 64

---

35 가시하라궁[橿原宮]: 원문은 '강원궁(彊原宮)'으로 되어 있으나, 실제 지명에 따라 고쳐 번역한다.

36 엔유천황[円融天皇]: 원문은 '수평천황(守平天皇)'이다. 수평은 엔유천황(재위 969~984)의 휘인 모리히라이다.

37 정관(貞觀): 당나라 태종 이세민(李世民)의 연호(627~649)이다.

38 조넨(奝然): 헤이안(平安)시대 중기 나라(奈良)에 있는 도다이지(東大寺)의 승려이다. 조넨(938~1016)은 983년 송나라에 유학해서 태종으로부터 법제대사(法濟大師)의 칭호를 받았다. 천태산(天台山)과 오대산(五臺山)을 순례하고 986년 석가여래상과『대장경』등을 가지고 귀국했다. 조넨이 태종을 알현할 때 바친『왕연대기(王年代記)』가『송사』「일본전」에 수록되어 있다.

39 대왜왕(大倭王): 한나라와 교류한 30개국의 왕들 중에 가장 우두머리로 추정된다.

대는 은(殷)·주(周) 시대까지 거슬러 올라가 계산한 것이다. 국왕의 모든 이름과 호칭은 중국과 문화를 교류한 이후에 새롭게 꾸민 것이다.

또 『원사(元史)』에 다음 기록이 있다.

세조(世祖)[40] 지원(至元)[41] 연간에 흑적(黑的)[42]을 보내 고려(高麗)를 경유해 일본에 가서 효유했는데 일본에서 받아들이지 않았다. 다시 비서감(秘書監) 조량필(趙良弼)[43]을 보내자 일본에서 비로소 사신 야시로[彌四郎]를 보내왔다. 그러나 조량필이 다시 갔을 때 겨우 다자이후[太宰府]에 가고 도성에는 가지 못했다. 지원 11년(1274)에 경략사(經略使)[44] 흔도(忻都)[45] 등에게 배 3백 척에 병사 1만 5천 명을 데리고 가서 일본을 정벌케 했다. 그 나라에 들어

40 　세조(世祖): 몽골 제국의 제5대 대칸이자 원나라의 초대 황제인 보르지긴 쿠빌라이(忽必烈) 칸(재위 1260~1294)이다.

41 　지원(至元): 원나라 세조 쿠빌라이 치세의 연호(1264~1294)이다.

42 　흑적(黑的): 원문은 '적흑(的黑)'이라 되어 있으나, 『원고려기사(元高麗紀事)』, 『고려사(高麗史)』, 『고려사절요(高麗史節要)』에 근거해 고쳐 번역한다. 흑적(Qedi, ?~?)은 몽골의 문관으로, 원종(元宗) 15년에 다루가치로 고려에 왔던 인물이다. 그는 1266년과 1268년 두 차례에 걸쳐 일본에 갔다.

43 　조량필(趙良弼): 조량필(1217~1276)은 쿠빌라이의 주요 막료로, 쿠빌라이의 명을 받고 여러 차례 일본에 파견되었다. 그는 일본에 머무는 동안 일본의 관료체계, 행정구역, 풍속 등의 중요 정보를 기록해 몽골이 일본을 이해하는데 크게 기여했다.

44 　경략사(經略使): 명청시대 변경에 중요한 군사적 임무가 있을 때에 특별히 설치한 관직명으로, 경략사의 지위는 총독보다 높았다.

45 　흔도(忻都): 원나라의 장수이다. 1271년 봉주경략사(鳳州經略使)로 고려에 들어와 고려 김방경과 협력하여 삼별초의 난을 진압했다. 1274년 고려와 원나라 연합으로 일본을 원정할 때 일본 정토도원수(征討都元帥)가 되어 원군, 고려군을 합세하여 쓰시마, 이키, 마쓰우라를 점령하고 하카타(博多)에 이르렀으나, 태풍으로 철수했다. 1281년 정동행성사(征東行省事)가 되어 다시 고려에서 동로군(東路軍)을 거느리고 일본을 침공하려 했으나 재차 실패하고 귀국했다.

가 군대를 격파했지만 화살이 떨어져서 돌아왔다. 지원 18년(1281)에 범문호(范文虎)[46]·아탑해(阿塔海)[47] 등에게 명해 병사 10만 명과 전함 9백 척을 거느리고 일본을 정벌케 했는데, 히라도섬[平戶島][48]에 이르렀을 때 태풍을 만나 난파당했다. 범문호 등이 가장 튼튼한 배를 타고 달아나는 바람에 섬에 버려진 10여만 대군은 일본에게 섬멸당하고 3명만이 겨우 돌아왔다. 후에 다시 일본 정벌에 대해 논의했지만 유선(劉宣)의 말 때문에 그만두었다.[49]

또 『명사(明史)』에 다음 기록이 있다.

홍무(洪武)[50] 4년(1371)에 일본 국왕 가네요시[懷良][51]는 승 조래(祖來)[52]를 보내 조공했다. 7년 뒤에 왜구가 산동과 절강을 노략질하자 연해에서 이들

---

46 범문호(范文虎): 범문호(?~1301)는 본래 남송의 무장으로서 원과 대치했으나 1273년 형양(襄陽) 전투에서 대패한 후 원에 투항해서 1275년 양절대도독(兩浙大都督)에 임명되었다. 1284년 쿠빌라이의 엄명을 받고 강남군 사령관으로서 10만 명의 대선단을 이끌고 지금의 절강성 영파를 출발해서 일본 원정에 나섰으나 실패했다.

47 아탑해(阿塔海): 아탑해(1234~1289)는 원나라의 장수로, 1281년 일본 원정에 나섰지만 내부의 분열과 태풍으로 인해 실패했다.

48 히라도섬[平戶島]: 원문은 '평호도(平壺島)'로 되어 있으나, 실제 명칭에 따라 고쳐 번역한다. 히라도섬은 지금의 일본 나가사키현 서북부에 위치한다.

49 후에…그만두었다: 유선(劉宣, ?~?)은 원나라의 대신으로, 자는 백선(伯宣)이다. 1281년 원나라의 일본 정벌 실패이후 원나라 조정에서 다시 일본 정벌을 주창하자 유선은 상소를 올려 교지 정벌에 힘쓸 것과 백성들의 노고를 염려해 그만둘 것을 주청했다.

50 홍무(洪武): 명나라 태조 주원장(朱元璋)의 연호(1368~1398)로 명나라 최초의 연호이다.

51 가네요시[懷良]: 원문은 '양회(良懷)'라고 되어 있으나 역사적 사실에 따라 고쳐 번역한다. 가네요시 친왕(1329~1383)은 고다이고 천황(後醍醐天皇)의 아들로 당시 다자이후 일대를 관할했다.

52 조래(祖來): 원문은 '조조(祖朝)'로 되어 있으나, 『명사』에 따라 고쳐 번역한다. 조래는 1371년 가네요시 친왕의 명을 받아 명나라에 와서 표문을 올리고 공물을 바쳤다.

을 대비했다. 영락(永樂)⁵³ 원년(1403)에 국왕 아시카가 요시마쓰[足利義滿]⁵⁴가 사신을 보내 조공했기에 금인(金印)을 하사했으나, 왜구의 노략질은 끊이지 않았다. 영락 17년(1419)에 총병관(總兵官) 유강(劉江)⁵⁵이 망해과(望海堝)⁵⁶에서 왜구를 크게 무찔러 2천여 명을 베어죽이자 이로부터 노략질이 점차 드물게 되었다. 가정 연간 초에 국왕 아시카가 요시타네[足利義植]⁵⁷가 어리고 어리석어 칙령을 내리지 못하자 신하들이 다투어 조공했다. 승 겐도 소세쓰[宗設]와 승 란코 즈이사[瑞佐]는 영파에서 [감합(勘合)⁵⁸의] 순서를

---

53 영락(永樂): 명나라 제3대 황제 성조(成祖) 주체(朱棣)의 연호(1402~1424)이다.

54 아시카가 요시마쓰[足利義滿]: 원문은 '원도의(源道義)'이다. 아시카가 요시마쓰(1358~1408)는 무로마찌(室町) 막부 3대 장군으로, 일본의 경제 활성을 위해 중국과의 무역에 큰 관심을 가졌다. 그가 집권한 뒤로 조공관계가 회복되고 이로부터 중국과의 감합무역이 시작되었다.

55 유강(劉江): 유강(1360~1420)은 강소성 숙천(宿迁) 사람이다. 본명은 유영(劉榮)으로 젊은 시절에는 부친의 이름인 유강을 사칭했다. 1414년에 요동총병관에 임명되어 요동 지역의 방비를 맡았는데, 왜구의 침범에 대비해서 금선도 서북쪽에 있는 섬 망해과에 성루와 봉화를 설치하고 방비에 임했다.

56 망해과(望海堝): 요녕성 요녕반도의 금선도(金線島) 서북쪽에 있는 섬이다.

57 아시카가 요시타네[足利義植]: 원문은 '원의식(源義植)'으로, 무로마찌 막부의 마지막 장군이다.

58 감합(勘合): 감합무역이다. 감합무역은 조공과는 달리 외교관계가 없는 오로지 무역만 허가되는 무역의 형태로서 황제의 인장이 찍힌 문서가 있어야만 가능했다. 이는 14세기 말 이래 중국을 중심으로 한 동아시아 지역의 가장 보편적인 공무역의 한 형태였다. 감합무역의 원리는 전통적인 중화 중심의 관념에 따라 중국의 주변국들이 중국의 황제에게 종속의 표시로 공물을 바치고 회사품(回賜品)을 받는 것이었다. 조공무역은 주변국의 당사자들에게 많은 경제적 이익을 주는 것이었기 때문에, 본래의 종속적 의미에 상관없이 다투어 행해졌고, 직업 상인들과 해적들까지 조공을 위장하여 몰려들게 되었다. 이 때문에 중국 정부에서 이를 통제할 방책을 강구했는데, 이것이 바로 감합제도였다. 이는 조공을 원하는 주변국들의 통치자들에게 일정한 형태의 확인표, 즉 감합을 미리 발급하여 공식적인 사행에 지참시키고, 진위를 확인해 상인이나 해적들의 조공 사칭을 방지할 수 있었다. 감합은 본래 금속·상아·목제 등의 표찰에 글씨를 새긴 뒤 양분하여 한쪽은 보관하고 한

다투다가 원수가 되었으며 결국 마음대로 살상하면서 누차 영파와 태주(台州)를 노략질했다. 휘주(徽州) 사람 왕직(汪直)[59]은 왜선의 수령이 되어 간악한 서해(徐海),[60] 진동(陳東), 모렬(毛烈)과 함께 왜구를 이끌고 도적이 되어 연해에서 노략질을 했다. 왕여(王忬)[61]는 군대를 통솔해 절강에 가서 맹장 유대유(俞大猷)[62] 등을 천거해 왜구를 대대적으로 참수하고 잡아들였다. 얼마 뒤에 왜구가 달아나자 장경(張經)[63]에게 군무(軍務)를 총괄하게 해 왕강경(王

쪽은 상대방에 발급하던 것이었다. 그러나 뒤에는 문서화하여 원장에 등록하고 개인과 일련번호를 매겨 발급되었다. 명나라는 연호가 바뀔 때마다 주변국에게 새 감합과 저부(底簿)를 보내고 옛 감합과 저부는 회수했다. 감합은 조공 횟수와 선박의 수 등을 고려하여 발부되었다. 중국이나 조선에서 주변국들과 행한 감합무역은 무역 그 자체에서 이익을 추구하려는 것이라기보다 주변 민족들을 효율적으로 통제하려는 외교적 목적에서 행해졌다.

59 왕직(汪直): 왕직(王直)이라고도 한다. 왕직(?~1558)은 휘주부 흡현(歙縣) 사람이다. 젊은 시절 염상에 종사했으나 실패한 후 해금정책을 틈타 섭종만(葉宗滿) 등과 함께 밀무역에 종사했다. 영파의 쌍여항(雙嶼港)을 근거지로 해서 동남아시아와 일본을 연결하는 밀무역을 통해 거대한 부를 축적했다.

60 서해(徐海): 서해(?~1556)는 왕직과 함께 휘주 흡현 사람이다. 어려서 출가해서 항주(杭州) 호포사(虎跑寺)의 승려가 되었으나, 환속한 후 왕직의 충복이었던 숙부 서벽계(徐碧溪)와 함께 밀무역에 종사했다. 이후 왜구에 가담해 강소, 절강 방면의 연안을 습격하게 되었다. 1556년에 진동, 마엽(麻葉) 등이 이끄는 왜구집단과 결탁해서 수만 병력으로 강소, 절강의 도시들을 공략했다.

61 왕여(王忬): 왕여(1507~1560)는 자는 민응(民應), 호는 사질(思質)이다. 1541년에 진사가 되어 행인(行人, 외교업무를 관장)에 임명되고 어사에 천거되었다. 1552년에 절강에 왜구가 침범하자 제독군무(提督軍務)를 맡아 절강 및 복주, 홍주(興州), 장주(漳州), 천주를 순무했는데, 유대유, 탕극관(蕩克寬) 등을 등용해서 전공을 세웠다.

62 유대유(俞大猷): 유대유(1503~1579)는 자는 지보(志輔), 호는 허강(虛江)이며, 복건성 천주부 사람이다. 그는 일생을 왜구토벌에 힘써 혁혁한 전공을 세웠다. 왜구들은 그가 이끄는 유가군(俞家軍)을 보기만 해도 놀라 달아났으며, 당시 척계광(戚繼光)과 함께 '유룡척호(俞龍戚虎)'라 불렸다.

63 장경(張經): 장경(1494~1555)은 자가 정이(廷彝), 호는 반주(半洲)이며, 복건성 후관현(侯官縣)

江涇)[64]에서 왜구를 대파했다. 조문화(趙文華)[65]가 장경이 세운 전공을 가로채고 그를 모함해 죽게 만들자 왜구는 소주(蘇州)와 송강(松江) 등의 군현에서 노략질하며 가는 곳마다 잔혹하게 파괴했다. 호종헌(胡宗憲)[66]은 총독이 되자 꾀를 내어 서해를 유인해 섬멸하고 마엽(麻葉)·진동을 사로잡았다. 다시 왕직을 꾀어내어 내지로 건너오게 해 그를 죽이자 왜구들이 거의 섬멸되었다. 또한 왕직의 잔당들은 복건 앞바다로 가서 제멋대로 사람을 죽이고 노략질을 하며 누차 군읍을 파괴했지만, 얼마 뒤에 호종헌에게 체포되어 자살했다. 척계광(戚繼光)[67]·유현(劉顯)[68]·유대유 등에게 명해 함께 협력해

사람이다. 1553년에 병부상서가 되었다. 이듬해 5월 동남 연해에 왜구가 창궐하자 장경은 강남, 강북, 절강, 산동, 복건, 호광의 총독이 되어 왜구를 토벌해서 혁혁한 전공을 세웠다.

64 왕강경(王江涇): 절강성 가흥부(嘉興府) 북쪽에 위치한 왕강경진이다.

65 조문화(趙文華): 조문화(?~1557)는 자는 원질(元質), 호는 매림(梅林)이며, 절강성 소흥부(紹興府) 자계현(慈溪縣) 사람이다. 그는 국자감에 있었을 때 좨주(祭酒)였던 엄숭을 만나 부자관계를 맺었다. 1555년에 공부시랑에 임명되어 동남 지역을 순시하는 책무를 맡게 되었다. 이때 조문화는 장경이 세운 전공을 가로채는 동시에 그를 모함해 죽게 만들었다.

66 호종헌(胡宗憲): 호종헌(1512~1565)은 자는 여정(汝貞), 호는 매림(梅林)이며, 안휘성 적계현(績溪縣) 사람이다. 조문화의 천거로 절직총독(浙直總督)이 되어 주환, 척계광, 유대유 등과 함께 중국 연안부에서 약탈과 밀무역을 행하던 왜구 토벌에 힘썼다. 1556년에 왜구의 두목인 서해를 제압하고, 이듬해에는 동향 출신인 왕직을 회유해서 체포했다. 왕직 체포의 공적으로 항왜(降倭) 명장으로 이름을 높였지만, 후에 복건에서 왜구의 활동이 활발해짐에 따라 결탁을 의심받고, 게다가 엄숭의 도당이라는 죄목으로 체포되어 옥중에서 자살했다.

67 척계광(戚繼光): 척계광(1528~1588)은 자는 원경(元敬), 호는 남당(南塘)이며, 시호는 무의(武毅)이다. 산동성 등주부(登州府) 사람이다. 1555년에 절강도사첨사(浙江都司僉事)에 임명되어 영파, 소흥, 태주 삼군의 방어를 담당했는데, 의용군을 조련해서 '척가군(戚家軍)'이라는 항왜 주력부대를 양성했다. 이를 기반으로 유대유, 유현 등과 함께 동남연안에서 활개를 치던 왜구를 토벌하는데 혁혁한 공을 세워 민족영웅으로 추앙받았다.

68 유현(劉顯): 유현(?~1581)은 강서성 남창부(南昌府) 사람이다. 1555년에 순무 장얼(張臬)을 따라 의빈(宜賓)의 묘족 반란을 진압하면서 명성을 날렸다. 이후 척계광·유대유와 함께 왜구를 토벌하는데 커다란 공을 세웠다.

78

서 복건과 광동의 왜구를 토벌하게 해, 누차 승리를 거두어 왜구를 모두 사로잡아 죽이자 그제야 왜란이 평정되기 시작했다. 만력(萬曆)[69] 20년(1592)에 일본 장군 도요토미 히데요시[豊臣秀吉][70]가 조선을 침략했다. 히데요시는 사쓰마슈(薩摩州)[71] 사람으로 물고기를 팔아 생활했는데, 관백(關白)[72] 관백은 일본의 관직 이름이다. 노부나가(信長)[73]가 그를 거두어 들여 양육했다. 히데요시는 획책에 뛰어났는데, 때마침 노부나가가 부하[아케치明知][74]에게 살해당하자 히데요시는 그 난을 평정하고 마침내 관백의 자리에 올라 회유하고 협박해 66개 주를 정복했다. 조선의 부산(釜山)은 일본 쓰시마와 서로 마

---

69 만력(萬曆): 명나라 제13대 황제 신종(神宗) 주익균(朱翊鈞)의 연호(1573~1620)이다.

70 도요토미 히데요시[豊臣秀吉]: 원문은 '평수길(平秀吉)'이다. 히데요시(1537~1598)의 본래 성은 기노시다(木下)였으나 후에 하시바(羽柴)로 바꾸었는데, 1585년 천황으로부터 관백의 지위와 함께 도요토미(豊臣)라는 성을 하사 받았다. 타이라(平)씨는 황족이 신하에게 내린 4개 성 중의 하나로서 히데요시는 자신의 권위를 높이기 위해 타이라를 자칭했다. 본문에서는 히데요시를 장군이라고 칭하고 있으나, 역사적으로는 미나모토 가문이 아닌 관계로 장군의 칭호를 받지 못했다.

71 사쓰마슈(薩摩州): 큐슈 서남부에 위치한 옛 국명으로 지금의 가고시마현(鹿児島縣)에 해당한다. 역사적 사실에 따르면 히데요시는 오와리국 출신이기 때문에 사쓰마슈 사람이라고 한 것은 오류이다.

72 관백(關白): 일왕(천황)을 대신해 정무를 총괄하는 관직으로 문신귀족의 최고위직에 해당한다. 종래 귀족들의 전유물이었으나 도요토미 히데요시는 무신으로서 처음으로 관백의 지위에 오르게 되었다.

73 노부나가(信長): 오다 노부나가(織田信長)(1534~1582)이다. 전국시대(戰國時代) 말기의 무장으로 오와리국(尾張國)의 다이묘(大名, 영주)이다.

74 아케치(明知): 전국시대 무장으로, 오다 노부나가의 가신 아케치 미쓰히데(明智光秀)(1528~1582)이다. 일개 무사에서 탁월한 능력을 인정받아 노부나가의 신임을 얻어 출세를 하게 되지만, 천하통일을 눈앞에 두고 혼노지(本能寺)에서 노부나가를 습격해서 자살하게 만든다. 후에 중국에서 급히 돌아온 하시바 히데요시(羽柴秀吉, 후의 도요토미 히데요시)에게 야마자키(山崎) 전투에서 패해서 사망한다. 이는 그가 권력을 잡은 지 겨우 13일 만에 일어난 일로, 그의 짧은 치세를 '3일 천하'라고 한다.

주보고 있다. 그때 조선의 왕 이연(李昖)[75]이 술에 빠져 지낼 때라 히데요시는 조선을 빼앗을 생각에 장군 고니시 유키나가(小西行長)[76]·가토 키요마사(加藤淸正)[77]를 파견해 수백 척의 병선에 수군을 거느리고 부산진(釜山鎭)을 함락시켰다. 조선은 왜구의 소문만 듣고도 무너졌으며, 왕은 평양(平壤)으로 달아났다가 다시 의주(義州)로 달아났다. 일본이 조선의 도성에 들어가 궁궐을 약탈하자 8도(道)는 거의 무너졌다. 왕은 다시 애주(愛州)로 달아나 피하면서 중국에 사신을 보내 위급함을 고하며 조정의 논의를 통해 구해줄 것을 청했다. 전군(前軍)이 지자 병부상서 석성(石星)[78]은 사람을 보내 정탐하기로 논의했으며, 절강성 가흥(嘉興)의 무뢰배 심유경(沈惟敬)[79]이 이에

---

75 이연(李昖): 조선의 제14대 왕 선조(宣祖)(재위 1567~1608)이다.

76 유키나가(小西行長): 전국시대 무장으로, 도요토미 히데요시의 가신 고니시 유키나가(小西行長)이다. 유키나가(1558~1600)는 사카이 상인 출신의 장수로 히데요시의 최측근이었다. 임진왜란 당시에는 가토 키요마사와 함께 선봉장 역할을 맡았다.

77 가토 키요마사(加藤淸正): 가토 키요마사(1562~1611)는 오와리국 사람으로, 히데요시와는 동향(일설에는 먼 친척간이라고도 한다) 출신이다. 그 인연으로 어려서부터 히데요시 집안에서 자랐다. 1588년에 히고한국(肥後半國)의 영주가 되어 조선 침략의 선봉장 역할을 했다.

78 석성(石星): 석성(?~1599)은 자는 공진(拱辰), 호는 동천(東泉)이다. 북직례(北直隸) 동명현(東明縣) 사람이다. 1567년에 융경제에게 내정의 문란을 지적했다가 오히려 황제의 노여움을 사서 파직당하고 낙향했다. 만력제 때 다시 기용되어 1591년에 병부상서에 임명되었다. 임진왜란이 일어나자 심유경을 파견해 교섭으로 시간을 벌면서 송응창·이여송을 파견해 평양을 수복했다. 그러나 벽제관 전투에서 대패하자 소극적으로 화의를 도모했다. 이후 석성의 주도로 히데요시를 일본국왕으로 책봉하는 사자가 일본에 파견되었다. 그러나 화의가 결렬되면서 1597년에 정유재란이 일어나자 교섭실패의 책임을 지고 투옥되었다가 옥사했다.

79 심유경(沈惟敬): 심유경(?~1597)은 절강성 가흥 사람이다. 임진왜란이 발발하자 적의 사정을 정탐한다는 명목으로 유격장군에 임명되어 요양부총병(遼陽副總兵) 조승훈(祖承訓)이 이끄는 원병과 함께 조선에 왔다. 그는 평양성에 있던 일본의 고니시 유키나가 등과 강화 교섭을 체결했지만, 기만적 외교로 삼국(三國)을 혼란에 빠뜨렸다. 1593년에 명나라 사신으로 일본 오사카성에 가서 도요토미 히데요시를 만났는데, 도요토미가 명나라에게 황녀를 일

80

자원해 갔다. 얼마 지나지 않아 이여송(李如松)은 동정도독(東征都督)이 되어 평양을 습격해 대승을 거두고 수급 1200개를 베고 나머지는 모두 불에 태우거나 익사시켰다. 유키나가가 달아나 용산(龍山)으로 돌아가자 관군은 승세를 타고 진격했지만 벽제관(碧蹄館)[80]에서 패하고 말았다. 얼마 뒤에 히데요시를 책봉해서 입공시키자는 논의가 제기되었으며, 석성이 이를 주관하다가 일본에게 속임을 당하고 나서야 다시 동쪽 일본 정벌에 대해 논의했다. 형개(邢玠)[81]를 계주(薊州)와 요양(遼陽) 총독으로 삼고, 양호(楊鎬)는 천진(天津)에 주둔케 했다. 일본 장군 가토 키요마사가 남원(南原)을 공격하자 수장 양원(楊元)[82]이 성을 버리고 달아났으며, 관군은 물러나서 도성을 지켰다. 마귀(麻貴)[83]가 울산(蔚山)[84]을 공격해 거의 함락시킬 때쯤 급히 군대를 거두었다. 관군은 얼마 지나지 않아 대패했으며 죽은 자만도 1만 명이 넘

본의 후비(後妃)로 보낼 것, 감합무역을 회복할 것 등을 요구했다. 심유경은 이 요구가 거부될 것을 알고 히데요시가 일본 왕으로 책봉되길 원한다는 내용으로 거짓 보고했으나, 곧 탄로나 화의가 결렬되어 일본의 재침략(정유재란, 1597)을 야기했다.

80 벽제관(碧蹄館): 경기도 고양시 벽제에 있던 조선시대 역관이다.

81 형개(邢玠): 형개(1540~1612)는 자(字)가 진백(搢伯), 곤전(昆田)이다. 정유재란 때 명나라는 더욱 큰 규모의 군대를 파견했는데, 이때 형개는 경략어왜(經略御倭)에 임명되어 조선에 왔다.

82 양원(楊元): 양원(?~1598)은 명나라의 무장으로 임진왜란에 참전했다. 1592년 임진왜란 때 명군의 부총병으로, 평양성 전투에서 공을 세우고, 1593년 벽제관 전투에서도 이여송을 구하는 등의 활약을 보였다. 임진왜란의 화의가 깨지고, 1597년에 정유재란이 발발하자, 다시 조선에 들어와 전라도 남원성에 부임했다. 그러나 남원 전투 때 패전하고 결국 명군에 의해 처형당했다.

83 마귀(麻貴): 마귀는 정유재란 때 명나라에서 파견한 조선 원병의 제독이다. 그 해 12월 도원수 권율(權慄)과 합세하여 울산에 내려가서 도산성(島山城)을 포위공격 했으나 적장 구로다 나가마사(黑田長政)가 이끄는 일본군에게 패하고 경주로 후퇴했다.

84 울산(蔚山): 원문은 '위산(尉山)'으로 되어 있으나, 역사적 사실에 따라 고쳐 번역한다.

었다. 때마침 유정(劉綎)[85]이 천병(川兵: 사천 병사)을 이끌고 와서 유키나가와 만나기로 약속했다. 유키나가가 50기를 인솔해오자 유정이 군대를 매복해 그를 사로잡으려 했기에, 유키나가는 급히 달아났다. 얼마 지나지 않아 히데요시가 죽자 일본은 군대를 끌고 돌아갔다. 유정 등이 일본을 공격해 그들을 죽이고 사로잡자 일본은 돛을 올려 달아났다. 장수들은 승전보를 알려왔고 공훈에 따라 논공행상했다. 심유경은 일본과 내통한 죄로 기시형(棄市刑)에 처해졌다고 한다.

나는 일찍이 일본은 그저[86] 대해의 동쪽에 위치해 있으면서 주나라와 한나라의 제도를 모방하고 이사(李斯)와 정막(程邈)[87]이 만든 문자를 사용하는, 침략과 약탈을 일삼지 않았던 이들이라 생각했다. 또한 중국과 왕래한 이래로 모름지기 일본 국왕[88]이 때때로 찾아오지는 않았지만 그렇다고 일찍이 서쪽을 향해 화살 하나도 쏜 적 없다. 일본을 그대로 내버려둔다고 해서 우리 중국의 위엄에 무슨 해가 되겠는가? 원나라 세조는 웅지(雄志)가 극에 달해 갑자기 일본을 노예[89]로 삼고자 했다. 이에 일본을 불러 타일렀으나 [일본

---

85 유정(劉綎): 유정(1558~1619)은 자(字)가 성오(省吾)이며 남창 사람으로, 대장군도독(大將軍都督) 유현의 아들이다. 그는 임진왜란 때 부총병(副總兵)으로서 출정해 공을 세운 뒤 귀국했다.

86 그저: 원문은 '단단(喘喘)'이다.

87 이사(李斯)와 정막(程邈): 원문은 '사막(斯邈)'으로, 이사와 정막을 가리킨다. 이사는 소전(小篆)을 만들었고, 정막은 예서(隸書)를 만들었는데, 일본이 중국의 문자를 모방해 사용했기 때문에 이렇게 표현했다.

88 국왕: 원문은 '공구(共球)'이다. 공구는 천자(天子)가 잡고 있는 미옥(美玉)의 홀(笏)로, 천자를 의미한다. 『시경(詩經)』「상송(商頌)·장발(長發)」에 보인다.

89 노예: 원문은 '신첩(臣妾)'이다. 『좌전』「희공(僖公)17년」에 보면, "사내아이는 다른 사람의 신하가 되고 여자아이는 다른 사람의 첩이 될 것이다(男爲人臣, 女爲人妾)"라는 문장이 있는데, 바로 여기서 '노예'의 뜻이 생겨났다. 이로부터 신분이 낮은 사람이 높은 사람을 대면할 때 자신을 낮추어 부르는 호칭으로 사용되었다.

이] 그 뜻을 따르지 않자 무력으로 협박하고 으르면서 이유 없이 10만 대군을 일으켜 해외 즉 일본을 괴롭혔다.[90] 원 세조[91]는 얼마 지나지 않아 후회하면서 더 이상 군대를 일으키려 하지 않았지만, 일본은 이때부터 중국을 경시하는 마음이 생겼다. 명대에 와서 일본은 빈번히[92] 노략질하면서 장강 하류와 동남쪽 산하[93]로 달려와 천지사방을 끝도 없이 유린했다. 게다가 조선 역시 거의 잠식당할 뻔 했는데, 이 모든 것이 원나라 사람들이 그들에게 저질렀던 만행에서 비롯되었다. 우리 중국(청나라)이 요녕과 심양에서 왕업을 일으켜 그 위엄을 먼저 일본[94]에 떨쳤다. 이에 일본[95]은 두려움에 떨면서 지낸 지 여러 해 되었으며, 이 때문에 동쪽 구석에서 조용히 지내면서 중국을 향해 감히 다리조차 뻗지도 않았다. 또 조공선의 왕래를 금지해서 우리의 상선은 일본에 가도 일본의 시박사는 오지도 않았다. 그래서 2백 년 동안 아무 일 없이 서로 잘 지낼 수 있었으니 진실로 변방을 다스리는 데 있어 나름 좋은 계책이었다.

---

90 괴롭혔다: 원문은 '갱(坑)'이다.

91 원 세조: 원문은 '윤대(輪臺)'이다. 윤대는 원래 서역의 한 작은 나라로, 한나라 무제가 흉노를 압박코자하면서 거점으로 삼았던 지역이다. 기원전 89년 상홍양(桑弘羊)이 이곳에 둔전을 두고 군대를 배치하자고 건의하자 무제는 이를 기각하며 조서[輪臺詔]를 내려 이는 백성을 우대하는 정책이 아니라면서 영토를 확장하느라 국력을 크게 허비한 자신의 잘못을 인정했다. 여기서는 서계여가 원 세조를 한나라 무제에 비유해서 쓴 말이다.

92 빈번히: 원문은 '빈잉(頻仍)'이다.

93 장강 하류와 동남쪽 산하: 원문은 '동남반벽(東南半壁)'이다.

94 일본: 원문은 '양곡(暘谷)'이다. 고대에는 이곳에서 해가 떴다고 생각했다. 『구당서(舊唐書)』 권149 「왜국일본전」에 따르면 "일본국은…해 뜨는 곳에 있기 때문에 일본으로 이름을 삼았다(日本國者, …以其國在日邊, 故以日本爲名)"라는 기록이 있다. 따라서 여기서 '양곡'은 일본을 가리킨다.

95 일본: 원문은 '부상편토(扶桑片土)'이다. 중국의 전설에 따르면 동쪽 바다의 해가 뜨는 곳에 있다는 신성한 나무 혹은 그 나무가 있는 곳을 말한다. 따라서 해가 뜨는 곳 즉 일본을 가리킨다.

원대 왕운(王惲)의 『범해소록(泛海小錄)』에 다음 기록이 있다.

쓰시마섬에서 6백 리를 가서 이키섬(一歧島)을 지나 다시 4백 리를 가면 미야우라(宮浦口)[96]가 나온다. 그리고 또 270리를 가면 삼신산(三神山)[97]에 도착한다. 그 산은 험준하며 수많은 봉우리가 에워싸고 있는데, 바다 한가운데에서 보면 우뚝 솟아오른 푸른 연꽃 같다. 산에는 잡목이 없으며 단지 매화·대나무·영지·소나무·전나무·사라(杪羅) 나무 등이 있다. 거주민은 대부분 서씨(徐氏)로 자칭 서복(徐福)의 후손이라고 했다. 바다의 여러 섬 중에서 이곳의 풍광이 가장 수려하고, 면적이 넓다. 『십주기(十洲記)』에 따르면, "바다 동북쪽 해안에 있는 부상(扶桑)·봉구(蓬邱)·영주(瀛州)는 둘레가 사방 천리에 이른다."라고 되어 있다.

내가 생각해보건대 삼신산은 본래 방사가 과장해서 지어낸 말로 이를 이용해 진시황제를 속인 것이다. 정말로 일본 부근의 작은 섬이라고 한다면 당시 바다를 왕래하던 배가 어찌 이를 찾지 못했겠는가? 『후한서』「왜국전」에 따르면, "회계군(會稽郡)의 바다 저편에 이주(夷洲)[98]와 단주(澶洲)[99]가 있다. 진시황제가 도사 서복을 보내 어린 남녀 수천 명을 거느리고 바다로 나가 봉래의 신선을 찾게 했다. 신선을 만나지 못한 서복은 처벌될 것을

---

96 미야우라(宮浦口): 원문은 '용포구(容浦口)'로 되어 있으나, 실제 지명에 따라 고쳐 번역한다. 미야우라는 히라도 섬 북부에 위치한다.

97 삼신산(三神山): 중국 전설에서 보이는 신선이 살고 있다는 산으로, 방장(方丈), 봉래(蓬萊), 영주(瀛州)를 말한다. 전설에 따르면 서복이 불로장생의 약을 구하기 위해 삼신산을 찾아 나섰다고 한다.

98 이주(夷洲): 옛 지명으로 지금의 대만을 가리킨다.

99 단주(澶洲): 필리핀의 루손 섬을 가리킨다. 단주라는 명칭은 이 섬의 북부 서쪽 해안의 라오아그(蕉沃港, Loaog) 부근의 Tamdagan을 생략해서 음역한 것이다.

두려워해 감히 돌아가지 못하고 마침내 이곳 섬에 머물렀다. 그의 자손은 대대로 이어져 수만 가호에 이르렀는데, 때때로 회계의 저자에 온다."라고 한다. 왕운의 『범해소록』에서 말한 삼신산도 어쩌면 이주·단주 등과 같은 섬이다. 삼신산의 이름이 견강부회되었음은 의심의 여지가 없다. 천주(泉州) 사람 제군(提軍) 진자재(陳資齋) **진륜형(陳倫炯)이다.** 는 젊은 시절 일찍이 상선을 타고 일본에 가보아서 그 나라의 풍토를 매우 잘 알고 있다고 했다. 그에 의하면 "일본인은 모두 복성으로, 단성인 사람은 서복과 같이 간 어린 남녀뿐이다. 서복이 거주했던 곳은 서가촌(徐家村)으로, 그 집은 웅지산(熊指山) 아래에 있다."라고 한다. 서가촌과 웅지산은 일본의 어느 곳인지 알 수 없다. 대체로 중국인이 일본 땅에 들어간 것은 서복으로부터 비롯되어 그 유민은 해를 거듭함에 따라 번창해서 마침내 나라 전체에 흩어져 퍼진 것이다. 일본인이 중국 문자를 아는 것은 서복[100]이 가르쳐 준 것이 틀림없다. 특히 바다 너머 먼 오랑캐 땅에서 초거는 거의 오지 않고, 왕래하는 사람은 상인들뿐이니, 그 자초지종을 다 살펴볼 방법이 없을 따름이다.

류큐는 사쓰마의 남쪽에 위치하는 동양의 작은 나라이다. 사방 36개의 섬으로 둘러싸여 있는데, 모두 해상의 작은 섬이다. 도성이 있는 섬은 꽤 크며, 남북의 거리는 4백여 리이고 동서의 너비는 1백 리가 안 된다. 예전에는 산난(山南)·산호쿠(山北)·주잔(中山)[101] 세 나라로 분리되어 있었으나 후에 주잔에 합병되어 하나가 되었기 때문에 주잔왕(中山王)이라고 칭한다. 왕의 성은 쇼(尙)이며 사서에 기록된 이래로부터 쇼 한 성으로 전해져서 바뀐 적이 없다. 나라는 작고 가난하며 일본가까이에 자리 잡고 있어 일본에

---

100 서복: 원문은 '군방(君房)'으로, 군방은 서복의 자이다.

101 주잔(中山): 지금의 오키나와제도(沖繩諸島)이다.

복속되어 많은 고생을 했다. 전대인 명나라 때부터 공물을 바치러 왔다. 우리 중국은 천하를 후대하는지라 그들의 입장을 고려해 더욱 더 잘 대해주었다. 조공선은 3년에 한 번 들어왔으며, 중국의 물산을 판매할 수 있게 해주고 관세를 면제해 주었기에 나라 전체가 이에 의지해 먹고 살았다. 주잔왕이 죽자 세자는 사신을 보내 하명을 청했다. 이에 관례에 따라 문신(文臣) 2명을 정사(正使)와 부사(副使)로 삼고 1품복을 하사하면서 부절을 가지고 바다를 건너가 세자를 주잔왕에 책봉케 했다. 본래 그 나라에는 말을 잘하는 사람이 많았다. 복주(福州)의 오호문(五虎門)에서 바다로 나가 동쪽[102]으로 40여 경(更)[103](약 80시간)을 가면 고베이산(孤米山)[104]에 도착하는데, 이 나라의 큰 섬이다. 다시 동쪽으로 가면 그 나라에 도착한다. 이 나라는 슈리(首里)[105]·구메(久米)[106]·나하(那霸)[107] 세 개의 행정구역으로 나뉜다. 중국 내지에서 가면 나하에서 정박한다. 나하는 상인들이 운집하는 큰 도시이다. 왕은 섬의 중턱인 슈리에 거처한다. 이 나라는 중국과 같은 문자를 사용한다. 관리 중 가장 높은 사람은 금자대부(金紫大夫)로, 매년 쌀 1백 섬을 봉록으로 받고 그 이하부터는 관직에 따라 점차적으로 줄어든다. 토지를 지키는 관

---

102 동쪽: 원문은 '묘침(卯針)'으로, 3시 방향이다.

103 경(更): 항로의 표준 단위이다. 명나라 장섭(張燮)의 『동서양고(東西洋考)』 서문에 의하면 경은 거리와 소요시간을 표시하는 단위로서 순풍일 경우 하루 밤낮을 갈 수 있는 거리를 약 10경으로 하고 이를 표준으로 삼았다고 한다. 여기에서는 편의상 1경은 2시간 정도로 계산한다.

104 고베이산(孤米山): 지금의 구메지마(久米島)로, 오키나와 제도에서 가장 서쪽에 위치한다.

105 슈리(首里): 지금은 나하시에 병합되었다.

106 구메(久米): 고베이산으로, 지금의 구메지마이다.

107 나하(那霸): 지금의 오키나와 나하시이다.

리를 안사(按司)라고 했는데, 안사 한 명이 관할하는 지역은 6~7리 정도 된다. 토지는 척박해서 쌀 생산이 절대적으로 부족해 지과(地瓜) 고구마이다. 를 주식으로 하며, 관리나 노인이 아니면 쌀을 먹을 수 없다. 이 땅에서는 삼베가 없어 파초로 베를 만들었는데, 부들 풀로 짠 것과 비슷하다. 노역(勞役)을 하는 사람은 이것으로 아랫도리를 감쌌으며 나머지 사람들은 모두 벌거벗었다. 바닷바람이 아주 세게 불어 기와가 늘 날아다니기 때문에 집을 지을 때 처마는 사람의 어깨 높이로 아주 낮게 지었다. 왕의 거처와 공관은 제법 높아서 밧줄로 기둥을 묶고 땅에 고정시켜서 바닷바람을 막는다. 사대부들은 황백(黃帛)으로 관을 만들어 썼는데, 부처의 관과 비슷했으며, 옷깃이 넓고 소매가 넓은 옷을 입으며 허리띠로 묶는다.

상서(尚書) 주해산(周海山)[108]은 일찍이 류큐에 사신으로 간 적 있는데, 그의 저서 『중산지(中山志)』에 다음 기록이 있다.

류큐(琉球)는 예로부터 중국과 교류한 적 없다. 수나라 때 한 해상 선박에 의해 관측되면서 비로소 그 땅이 있음을 알게 되었다. 구불구불 돌고 있는 섬의 모습이 꿈틀대는 규룡의 모습과 같아서 유규(流虬)라 부르게 되었으며, 후에 류큐(琉球)로 글자를 고쳤다. 당송 이래로 중국과 점차 왕래했다. 명나라 초에 조공을 바치자 태조(太祖)[109]가 복건 사람 가운데 선박 조종

---

108 주해산(周海山): 주황(周煌)이다. 주황(1714~1785)은 자가 경원(景垣)이고 호는 서초(緒楚) 혹은 해산(海山)(海珊이라고도 함)으로, 1756년에 조서를 받들고 부사(副使)의 신분으로 류큐에 간 적 있다. 저서로는 『유구국지략(琉球國志略)』이 있다.

109 태조(太祖): 명나라를 건국한 홍무제 주원장(朱元璋)이다. 주원장(재위 1368~1398)은 1372년 사신 양재(楊載)를 류큐에 파견해서 조공하게 했다.

을 잘 하는 36성(姓)의 사람들을 류큐에게 하사하니[110] 이후 공물을 바치는 데에 더욱 정성을 다했고 조공선도 빈번하게 왔다. 후에 일본에게 멸망되어 왕이 포로로 잡히면서 소식이 끊어진 지 수십 년이 되었다. 얼마 뒤에 사신을 보내와 류큐 왕[111]이 사로잡혔으나 뜻을 굽히지 않자 일본이 왕을 류큐국으로 돌려보냈다고 알려왔다. 이때부터 정해진 시기에 다시 조공 왔다.

내가 살펴보니 류큐는 동양의 작은 섬으로 일본의 지배를 받고 있으며, 가난하고 힘이 약해 독자적으로 생존할 수 없다. 오직 조공선에 의지해 장사하고 이익이 다소 남으면 그것으로 풀칠해 먹고 살았다. 자본은 모두 일본에서 빌려와 물건을 팔고 구매해서 돌아가는데 8~9할은 모두 일본에 가져간다. 류큐 사람들은 너무 가난해서 물건을 구매할 수 없다. 류큐는 남오(南澳)[112]·평담(平潭)[113]에 비하면 꽤 큰 편이지만 대만의 절반 크기에도 미치지 못하니, 그저 푸른 바다에 떠 있는 좁쌀과 같은 존재일 따름이다. 그러나 대대로

---

110 36성(姓)의 사람들을…하사하니: 류큐의 기록인 『역대보안(歷代寶案)』에 의하면, 여러 대에 걸쳐 36성의 복건 사람들을 류큐에 보냈는데, 이들은 대체로 조공 업무를 관장하는 장사(長史)나 통역 업무를 담당한 통사(通事)를 지내며 도성인 슈리성 부근에 거주했다고 한다.

111 류큐 왕: 류큐국 제2 쇼씨(尚氏) 왕조 제7번째 국왕 쇼네이 왕(尚寧王)(재위 1589~1620)이다. 1609년 사쓰마 번(薩摩藩) 시마즈 씨(島津氏)의 침략을 받아 항복했다. 이후 류큐국은 시마즈 번의 영향 하에 놓였고, 일본과 명나라 두 나라의 지배를 받게 되었다. 쇼네이 왕은 시마즈 번에 의해 에도로 연행되어 쇼군 도쿠가와 히데타다(德川秀忠)를 알현했는데 후에 다시 류큐 왕국으로 돌아왔다.

112 남오(南澳): 광동성 징해시(澄海市)에 위치한 남오도(南澳島)이다.

113 평담(平潭): 복건성 동부에 위치한 현으로 대만해협을 사이에 두고 대만과 마주보고 있다. 해단도(海壇島) 또는 남도(嵐島)라 불리며, 126개의 작은 섬으로 이루어졌다.

조공하며 중국의 역법[114]을 받아들여 동해의 신하국이 되었으니 조선과 교지(交趾)[115]에 견줄 만하다. 나라가 자립을 귀하게 여긴다 하는데, 어찌 믿지 않을 수 있겠는가!

114　중국의 역법: 원문은 '정삭(正朔)'이다. 중국에서 제왕이 새로 나라를 세우면 세수(歲首)를 고쳐 신력(新曆)을 천하에 반포하여 실시했는데, 책봉국은 그 역법을 받아 존숭해야 한다.

115　교지(交趾): 지금의 베트남 타인호아(Thanh Hoa, 淸化) 이북 지역에 해당한다.

〖 亞細亞東洋二國 〗

東洋浩渺, 一水直抵亞墨利加之西界, 數萬里別無大土. 附近中國者, 止有日本・琉球二國, 蓋神州之左翊也. 西洋人海圖, 將日本三島列朝鮮以北, 繫屬錯誤. 彼市舶罕到東洋, 就所傳聞者以意爲之耳. 玆據『海國聞見錄』更正之.

日本古稱倭奴. 其國在東海中, 平列三大島. 北曰對馬島, 與高麗南境相直, 一夜可達, 明季關白爲亂者是也. 中曰長崎, 土較大, 與浙海普陀山相直, 內地商船互市於此. 南曰薩峒馬, 與浙之溫台相直. 人强健, 刀最利, 兼產馬. 明嘉靖年間, 擾閩浙之倭寇, 薩峒馬也. 三島之外, 小島甚多. 王居長崎之東北, 地名彌耶谷, 譯曰京. 官皆世祿, 仍漢制稱刺史二千石. 文字同中國, 讀以倭音. 國事柄於上將軍, 王不干預, 僅食厚糈, 受方物, 上將軍有時展覲而已. 歷代以來, 不爭王, 而爭上將軍. 故上將軍第宅, 時更新主, 而王無易姓. 以寬永爲年號, 歷世不改. 立法嚴, 人少鬥爭, 犯法者輒走山谷自殺. 呼童僕鳴掌則應, 竟日不聞人聲. 好佛, 敬祖先, 得香花佳果, 必供佛, 或走獻祖墳. 俗尙潔, 街衢時時掃滌. 男女皆大領闊袖, 女加長以曳地, 繪染花卉. 褌裏帛幅, 著短襪, 曳絲履. 男髡鬚而剃頂額, 留鬢髮至腦後, 闊寸餘, 綰爲髻. 髮長者剪之. 女多美髮, 日洗滌, 薰以楠沈, 前後挽髻揷玳瑁簪. 其男女眉目肌理, 仿彿華土, 信東方秀氣之所鍾也. 長崎與普陀, 東西對峙, 水程四十更. 六十里爲一更. 橫洋窵渡, 風浪極險. 廈門至長崎, 水程七十二更. 由臺灣鷄籠山之北, 渡米糠洋・香蕈洋, 北風從五島門進, 南風從天堂門進. 前明中葉, 大西洋之葡萄牙, 嘗欲據其海口, 又以天主教誘其土人. 日本與之戰, 荷蘭以兵船助日本, 葡萄牙遁去. 故其國與通商者, 中國與荷蘭而已. 所產者, 紅銅·硫磺·海菜之類. 節采『海國聞見錄』.

顧亭林『天下郡國利病書』云: 倭奴鄰三韓而國, 故名韓中倭. 後自惡其名, 更號日本. 在東南大海中, 依山島而居, 地方數千里. 爲畿五, 曰山城, 曰太和, 曰河內, 曰攝津, 曰和泉, 共統五十三郡. 爲道七, 曰東海, 統一百十六郡. 曰南海, 統四十八郡. 曰西海, 統九十三郡, 曰東山, 統一百二十二郡. 曰北陸, 統三十郡. 曰山陽, 統六十九郡, 曰山陰, 統五十二郡. 爲島三, 曰伊岐, 曰對馬. 按『海國聞見錄』稱 "日本平列三大島, 其迆北者名對馬島." 而此所云對馬島, 止統兩郡. 蓋對馬本北境小島之名, 後來遂以爲北境總名. 余嘗見日本人所作「廣對馬島賦」, 仿選體, 極瑰麗. 自注云, "島小不足賦, 故廣言之." 亦一證也. 曰多襪. 各統二郡, 地皆依水附嶼. 郡之大者, 不過中國一村落. 戶可七萬, 課丁八十萬有奇.

國王一姓, 歷世不易. 初號天御中主, 居築紫宮. 其子號天材雲尊, 自後皆以尊爲號. 傳世二十三, 至彦瀲尊第四子, 號神武天皇, 徙大和州橿原宮. 傳至守平天皇, 凡四十一世, 復徙都山城國.

其國文武僚吏皆世官. 自兩漢時, 始通中國, 魏晉以後, 得五經佛教於中土, 於是沙門之敎盛行. 唐貞觀間, 嘗遣使往諭. 宋初遣國僧奝然浮海貢獻. 太宗賜紫衣, 厚存撫之. 其傳國已六十四世矣. 按『後漢書』: "倭在韓東南大海中, 依山島爲居, 凡百餘國. 自武帝滅朝鮮後, 通漢者三十許國. 大倭王居邪馬臺國, 男子皆黥面文身. 男女無別, 飲食以手, 俗皆徒跣." 云云. 是日本在漢時, 并非一國, 土俗與諸番島無異. 其文字官制, 自是兩漢通中國後, 始學得之. 此所云六十四世, 溯之當在商周. 其國王一切名號, 當係通華文後增飾爲之耳.

又『元史』: 世祖至元間, 遣黑的由高麗往諭日本, 日本不納. 又命秘書監趙良弼往, 日本始遣使臣彌四郎來. 然良弼再往, 皆僅至其太宰府, 未至王京. 十一年, 命經略忻都等, 以舟三百載兵一萬五千人征之. 入其國, 敗其兵, 矢盡而還. 十八年, 命范文虎·阿塔海將兵十萬, 以戰船九百征日本, 至平戶島, 大風破舟. 文虎等乘堅船遁還, 棄十餘萬衆於山下, 盡爲日本所殲, 得還者三人而已. 後再議征討, 以劉宣言而止.

又『明史』: 洪武四年, 日本國王懷良遣僧祖來來貢. 七年以後, 屢寇山東·浙江, 沿海備之. 永樂元年, 國王源道義遣使入貢, 賜以金印, 仍寇抄不已. 十七年, 總兵劉江大破倭於望海堝, 俘斬二千餘人, 由是稍斂迹. 嘉靖初, 國王源義植幼闇不能制命, 群臣爭貢. 僧宗設與僧瑞佐在寧波爭坐次相仇, 遂大肆殺掠, 屢寇寧台. 徽人汪直, 爲倭舶渠魁, 奸民徐海·陳東·毛烈幷引倭爲寇, 沿海騷動. 王忬督師至浙, 薦材勇將俞大猷等, 大有斬獲. 既而罷去, 以張經督軍務, 大破倭於王江涇. 因趙文華讒構論死, 倭遂犯蘇松諸郡縣, 所至殘破. 胡宗憲爲總督, 以計誘殲徐海, 俘麻葉·陳東. 復誘汪直內渡斬之, 賊渠略盡. 而汪直餘黨, 趨閩海大肆殺掠, 屢破郡邑, 宗憲尋被逮自殺. 命戚繼光·劉顯·俞大猷協力剿閩廣賊, 屢戰克捷, 擒斬略盡, 倭患始息. 萬曆二十年, 倭酋平秀吉寇朝鮮. 秀吉者, 薩摩州人, 販魚爲業, 關白信長 關白, 日本官名. 收養之. 能畫策, 會信長爲其下所殺, 秀吉平其亂, 遂居關白之位, 以誘劫降六十六州. 朝鮮之釜山, 與日本對馬島相望. 時朝鮮王李昖湎於酒, 秀吉謀取其國, 遣其渠行長·淸正率舟師數百艘, 逼釜山鎭. 朝鮮望風潰, 王奔平壤, 復奔義州. 倭遂入王京, 剽府庫, 八道幾盡沒. 王復奔避愛州, 遣使告急, 朝議救之. 前軍失利, 兵部尚書石星議遣人探之, 嘉興無賴子沈惟敬應募往. 尋以李如松爲東征提督, 襲平壤大捷, 斬級千二百, 餘皆焚溺死. 行長遁還龍山, 官軍乘勝輕進, 敗於碧蹄館.

已而封貢之議起, 石星主之, 爲倭所紿, 乃再議東征. 以邢玠總督薊遼, 楊鎬駐天津. 倭渠淸正攻南原, 守將楊元棄城遁, 官軍退守王京. 麻貴攻蔚山, 垂克而遽收軍. 官軍尋大潰, 死者萬餘. 時劉綎以川兵至, 約行長爲好會. 行長以五十騎來, 綎伏兵欲擒之, 行長馳去. 無何, 平秀吉死, 諸倭引兵歸. 劉綎等邀擊之, 有斬獲, 倭遂揚帆去. 諸帥以大捷聞, 論功有差. 沈惟敬以通倭棄市云.

余嘗謂日本一國, 崇崇大海之東, 制仿周漢, 文同斯邈, 非以寇攘爲俗者. 自通中國以來, 雖共球不時至, 而未嘗西向遺一矢. 付之度外, 何損華威? 元世祖雄心夸肆, 忽欲強以臣妾. 招諭不從, 威以兵力, 無端擧十萬之師, 坑之海外. 輪臺旋悔, 不謀再擧, 倭人自是遂有輕中國之心. 有明一代, 寇掠頻仍, 馴至東南半壁, 蹂躪無完宇. 而朝鮮亦幾遭蠶食, 皆由元人爲之禍始也. 我國家龍興遼瀋, 聲靈先播暘谷. 扶桑片土, 驚慄有年, 故靜守東隅, 不敢箕踞向漢. 又禁絶貢舟, 我之估帆往, 而彼之市舶不來. 二百年中, 遂相安於無事, 信籌邊自有良策矣.

王惲『泛海小錄』云: 由對馬島六百里, 逾一歧島, 又四百里入宮浦口. 又二百七十里至三神山. 其山峻削, 群峰環繞, 海心望之, 鬱然爲碧芙蓉也. 上無雜木, 惟梅·竹·靈藥·松·檜·桫羅等樹. 其居民多徐姓, 自云皆徐福之後. 海中諸嶼, 此最秀麗方廣. 『十洲記』所云海東北岸, 扶桑·蓬邱·瀛州, 周方千里者也.

余按: 三神山, 本方士夸誕之說, 用以欺誑人主. 果卽係日本附近小島, 則當日船交海中, 何爲求之不得? 『後漢書』「倭國傳」稱, 會稽海外有夷洲及澶洲. 秦始皇遣方士徐福, 將童男女數千人, 入海求蓬萊神仙. 不得, 徐福畏誅不敢還, 遂止此洲. 世世相承, 有數萬家人民, 時至會稽市. 王惲『小錄』所云, 或卽夷洲·澶洲之類. 至三神山之名, 其爲附會無疑也. 泉州陳資齋提軍, 倫炯. 少時嘗附商船遊日本, 言其風土甚悉. 云 "日本人皆複姓, 單姓者, 徐福配合之童男女也. 徐福所居之地, 名徐家村, 其家在熊指山下" 云. 徐家村·熊指山, 不知在日本何地. 蓋華人入倭, 自徐福始, 其遺民年久繁衍, 遂散布於通國. 倭人通中國文字, 當係君房教之. 特海外遠夷, 輈車罕至, 往來者皆商賈之流, 無由探悉其原委耳.

琉球, 在薩峒馬之南, 東洋小國也. 周環三十六島, 皆海中拳石. 其國都之島較大, 南北四百餘里, 東西不足百里. 舊分山南·山北·中山三國, 後幷入中山爲一, 故稱中山王. 王尙姓, 自紀載以來, 一姓相傳無改步. 國小而貧, 逼近日本, 屬役良苦. 自前明世修貢職. 我國家煦育寰瀛, 體恤尤至. 其貢舟三年一至, 許其販鬻中土之貨, 免其關稅, 擧國賴此爲生. 王薨, 則世子遣使請命. 例遣文臣二人爲正副使, 賜一品服, 持節航海, 冊其世子爲中山王. 故其國之風土, 多有能言之者. 由福州之五虎門放洋, 用卯針, 約四十餘更, 至孤米山, 其國之大島也. 再東卽至其國. 國分三路, 曰首里, 曰久米, 曰那霸. 由內地往, 收泊必於那霸. 其地商賈萃集, 爲大都會. 王居首里, 山之脊也. 國與中國同文. 官之最尊者, 爲金紫大夫, 歲得俸米百石, 以次遞殺. 守土之官曰按司, 一按司所轄約六七里. 土磽瘠, 產米絕少, 以地瓜爲食, 卽蕃薯. 非官與耆老不食米. 地無麻絮, 以蕉爲布, 類織蒲. 負戴者圍下體, 餘皆裸露. 海風最烈, 屋瓦常飛, 故構屋甚卑, 簷與肩齊. 王居與使館較軒昂, 以大繩繫柱而釘於地, 防海風也. 其士大夫以黃帛爲冠, 似浮屠氏之冠, 大領博袖繫帶.

周海山尙書嘗使琉球, 著『中山志』云: 琉球自古未通中國. 隋時有海船望見之, 始知有其地. 因其島嶼紆蟠, 如虯龍流動之形, 故稱爲流虯, 後乃改爲琉球字. 唐宋以後, 漸通中土. 明初入貢, 太祖賜以閩人善操舟者三十六姓, 修貢

94

職甚謹, 封舟頻往. 後爲日本所滅, 王被虜, 不通音信者數十年. 已而遣使來, 言王被執不屈, 倭送還復國. 由是復修職貢如常期云.

　余按琉球, 東洋小島, 受役於倭, 貧弱不能自存. 惟賴貢舟販鬻, 稍得餘資以糊口. 資本皆貸於日本, 販回之貨, 運往日本者八九. 國人貧甚, 不能買也. 其國比之南澳・平潭差大, 而不及臺灣之半, 蓋滄海之一粟耳. 然累世效貢職, 受正朔, 遂爲東海藩臣, 比於朝鮮・交趾. 國貴自立, 豈不信哉!

〚 아시아 남양 연안 각국 〛

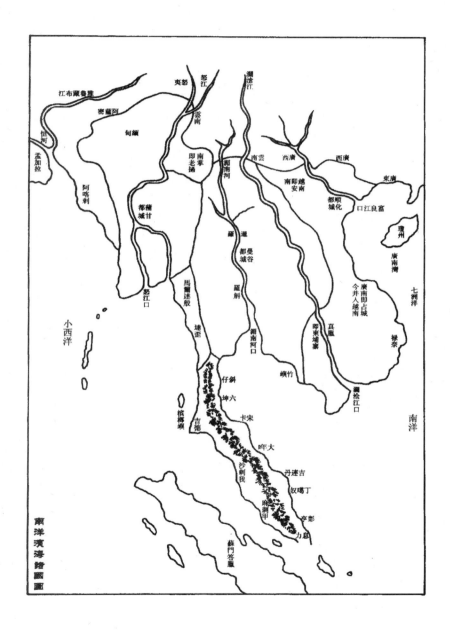

영환지략 1-아시아

남양 연안 각 나라 지도

난창강(瀾滄江): 메콩강(Mekong R.)으로, 중국의 난창강은 인도차이나반도로 유입된 뒤 메콩강으로 불린다.

노강(怒江): 지금의 살윈강(Salween R.)이다.

노이(怒夷): 노자(怒子), 로자(潞子)라고도 하는데, 중국 소수민족의 하나이다. 운남성(雲南省) 노강(怒江) 유역에서 살고 있으며, 농경생활을 주로 한다.

아살밀(阿薩密): 지금의 인도 아삼(Assam)이다.

아로장포강(雅魯藏布江): 이락와저강(伊洛瓦底江), 대금사강(大金沙江)이라고도 하며, 지금의 이라와디강(Irrawaddy R.)이다.

면전(緬甸): 지금의 미얀마(Myanmar)이다.

맹가랍(孟加拉): 벵골(Bengal)로, 지금의 방글라데시(Bangladesh)와 인도 서벵골주(West Bengal)이다.

항하(恒河): 지금의 갠지스강(Ganges R.)이다.

아객랄(阿喀剌): 아라칸(Arakan)으로, 지금의 미얀마 라카인(Rakhine)이다.

광동(廣東): 지금의 광동성이다.

광서(廣西): 지금의 광서성이다.

운남(雲南): 지금의 운남성이다.

남장(南掌): 로과(老撾)라고도 하며, 지금의 라오스(Laos)이다.

노강구(潞江口): 노강(潞江)은 미얀마로 유입된 후에는 살윈강으로 불린다.

포감도성(蒲甘都城): 파간(Pagan)으로, 미얀마 파간왕조의 도성이다.

미남하(湄南河): 지금의 태국 짜오프라야강(Mae Nam Chao Phraya)이다.

월남(越南): 안남(安南)이다.

-안남(安南): 지금의 베트남을 가리키는 말로, 당대에 이곳에 설치된 안남도호부(安南都護府)에서 유래되었다. 청대에는 베트남을 안남국, 교지국 등으로 구분하여 불렀다.

부량강구(富良江口): 지금의 베트남 하노이 부근 홍강(Hồng Hà)의 주류인 푸르엉강(Sông Phú Lương)의 하구를 가리킨다.

순화도성(順化都城): 투언호아(Thuận Hóa)로, 지금의 베트남 후에(Hué)이다.

섬라(暹羅): 지금의 태국(Thailand)이다.

만곡도성(曼谷都城): 지금의 태국 수도 방콕(Bangkok)이다.

라곡(羅斛): 지금의 태국 롭부리(Lop Buri)이다.

경주(瓊州): 지금의 해남성이다.

칠주양(七州洋): 칠주는 해남도의 동북 해안에 속한 9개의 섬을 가리킨다. 이 섬들은 멀리서 보면 2개는 보이지 않고 7개 섬만 산처럼 보여 칠주산이라고도 한다. 이 칠주산 앞 바다를 칠주양이라고 하는데, 칠주산에서 서사군도에 이르는 대양을 칠주양으로 보는 설도 있다.

광남만(廣南灣): 꽝남만(Quảng Nam)으로, 지금의 베트남 중남부이다.

-광남(廣南)은 점성(占城)으로, 지금은 모두 베트남에 합병되었다.

-점성(占城): 참파(Champa) 또는 찌엠타인(Chiêm Thành)으로, 지금의 베트남 중남부에 위치한다.

진랍(眞臘): 첸라(Chenla)로, 간포채(柬埔寨)라고도 하며, 6세기 메콩강(Mekong R.) 중앙 유역에서 일어난 크메르족의 나라이다.

마이달반(馬爾達般): 마르타반(Martaban)으로, 지금의 미얀마 모타마(Mottama)이다.

달왜(達歪): 지금의 미얀마 다웨이(Dawei)이다.

길덕(吉德): 지금의 말레이시아 크다(Kedah)주이다.

빈랑서(檳榔嶼): 지금의 말레이시아 피낭섬(Pulau Pinang)이다.

소서양(小西洋): 인도해(印度海)라고도 하며, 지금의 인도양이다.

사자(斜仔): 차이야(Chaiya)로, 지금의 태국에 위치한다.

육곤(六昆): 나콘(Nakhon)으로, 지금의 태국에 위치한다.

송잡(宋卡): 싱고라(Singgora)로, 지금의 태국에 위치한다.

대년(大哖): 빠따니(Patani)로, 지금의 말레이시아에 위치한다.

길련단(吉連丹): 클란탄(Kelantan)으로, 지금의 말레이시아에 위치한다.

정갈노(丁噶奴): 트렝가누(Trenganu)로, 지금의 말레이시아에 위치한다.

팽형(彭亨): 파항(Pahang)으로, 지금의 말레이시아에 위치한다.

사랄아(沙剌我): 슬랑오르(Selangor)로, 지금의 말레이시아에 위치한다.

마랄갑(麻剌甲): 지금의 믈라카(Melaka)이다.

식력(息力): 지금의 싱가포르(Singapore)이다.

소문답랍(蘇門答臘): 지금의 인도네시아 수마트라섬(Pulau Sumatra)이다.

녹내(祿奈): 농내(農耐), 용내(龍奈), 녹뢰(祿賴)라고도 하며, 베트남 남부의 쩔런(Chợ Lớn), 사이공(Saigon) 일대이다. 지금의 호찌민시(Ho Chi Minh)를 말한다.

난창강구(瀾滄江口): 메콩강 하구이다.

남양(南洋): 지금의 동남아시아(Southeast Asia) 일대 및 그 해역을 가리킨다.

죽서(竹嶼): 코시창(Koh Sichang)으로, 지금의 태국 방콕만 내에 있는 시창(Sichang)이다.

아시아대륙은 중국의 서남쪽에서부터 비스듬하게 펼쳐지면서 바다로 들어가 구불구불 이어지다가 점차 줄어들어 파항(Pahang)[1]·싱가포르(Singapore)[2]에서 끝난다. 동쪽은 중국의 남중국해이고, 서쪽은 인도양이다. 그 사이에 베트남, 태국, 미얀마라 불리는 세 개의 대국과 라오스라 불리는 하나의 작은 나라가 있다. 이들 4개국은 다년간 중국에 조공했다. 라오스는 탄알만한 작은 땅으로 연안에 위치하지는 않지만, 지금 남양 각국으로 기록해 함께 언급한다.

베트남은 안남국(安南國)[3]으로, 옛날의 교지국(交趾國)에 해당한다. 진(秦) 나라 이후 당(唐)나라 이전까지는 모두 중국의 속지였다. 남쪽 강역에 위치한 럼업(LâmẤp)[4]은 한나라 말에 자립해서 나라를 세웠으며, 훗날 참파(Chămpa)[5]라 불리었다. 안남국은 오대(五代)에 와서 중국의 조공국이 되었다. 지금은 참파를 합병하고 하나의 나라가 되었으며, 다시 첸라(Chenla)[6]까지 합병했다. 북쪽의 안남의 옛 땅과 남쪽의 참파, 첸라의 옛 땅을 모두 합

---

1   파항(Pahang): 원문은 '팽형(彭亨)'으로, 방항(邦項)이라고도 한다.

2   싱가포르(Singapore): 원문은 '식력(息力)'으로, 신가파(新嘉坡), 신주부(新州府), 성기리파(星忌利坡), 신부두(新埠頭)라고도 한다.

3   안남국(安南國): 베트남을 통칭하는 말로, 당대에 이곳에 설치된 안남도호부(安南都護府)에서 유래되었다. 청대에는 베트남을 안남국, 교지국 등으로 구분하여 불렀다. 또한 안남국은 꽝남국을 가리키기도 한다. 따라서 본 역서에서는 역사 사실의 이해를 돕기 위해 원문에 입각하여 이 명칭을 그대로 사용한다.

4   럼업(LâmẤp): 원문은 '임읍국(林邑國)'이다. 참족(Cham)이 세웠다고 전해지는 나라로 2세기 말 구련(區連)이 세웠다고 기록되어 있다. 후에 참파국이 된다.

5   참파(Chămpa): 원문은 '점성(占城)'으로, 점파(占婆)라고도 한다. 지금의 베트남 중남부에 위치한다.

6   첸라(Chenla): 원문은 '진랍(眞臘)'이다. 6세기 메콩강 중앙 유역에서 일어난 크메르족의 나라이다.

쳐서 꽝남(Quảng Nam)[7]이라고 부른다. 북쪽으로는 광동, 광서, 운남의 3성을 경계로 하고, 서쪽으로는 태국을 경계로 하며 동남쪽으로는 대해와 마주하고 있다. 도성은 투언호아(Thuận Hóa)[8]로, 푸르엉강(Sông Phú Lương)[9]의 남쪽 강안에 위치한다. 의관은 당송시대의 제도를 그대로 따랐고, 앉을 때는 바닥에 자리를 깔고 앉으며, 귀인들은 낮은 걸상에 앉았다. 책론(策論)과 시부(詩賦)로 관리를 뽑았고, 향시(鄉試)와 회시(會試)를 실시했다. 사대부들은 모두 시 읊조리기를 좋아했는데, 간혹 실력이 모자라 시구를 완성하지 못해도 사람들은 즐겨 시를 지었다. 나라는 40여 개의 성으로 나뉘어졌고, 성마다 몇 개의 현을 관할했다. 문무관리의 명칭은 중국 내지와 거의 같다. 총독은 모두 응우옌씨(Nguyễn)로 왕족 출신이다. 고관들은 관청에 앉아 간혹 옷을 풀어헤치고 이를 잡기도 했는데, 그 모습이 참 볼품없다. 손님을 초대해 잔치를 열 때는 구리 쟁반을 사용해 채소와 고기를 소량씩 놓았으며, 젓갈이 없었기 때문에 생선을 삭힌 액즙으로 대신했다. 아편을 엄금해 이를 어기는 자는 중벌로 다스렸다. 동남쪽 해안에 녹내(祿奈)[10] 녹뢰(祿賴), 용내(龍奈), 농내(農耐)라고도 한다. 라는 대도시가 있는데, 녹내는 참파의 고도이다. 남쪽 해안에는 간포채(柬埔寨)[11]라는 대도시가 있는데, 첸라의 고도이다. 복건과

---

7 꽝남(Quảng Nam): 원문은 '광남(廣南)'이다. 지금의 베트남 남중부 지역에 위치한다.

8 투언호아(Thuận Hóa): 원문은 '순화(順化)'이다. 부의(傅依), 호지(虎地), 서경(西京), 순화항(順化港)이라고도 하는데, 지금의 후에(Huế)를 지칭한다.

9 푸르엉강(Sông Phú Lương): 원문은 '부량강(富良江)'으로, 지금의 베트남 하노이 부근의 홍강(Hồng Hà) 주류이다.

10 녹내(祿奈): 베트남 남부의 쩔런(Chợ Lớn), 사이공(Saigon) 일대로, 지금의 호찌민시(Ho Chi Minh)를 말한다.

11 간포채(柬埔寨): 일반적으로 간포채는 캄보디아로 알려져 있으나, 여기서는 과거 앙코르

광동의 상선들이 매년 왕래하며 교역했다. 다른 나라 상선들이 입항하면 심하게 훼방을 놓았고 세금도 무겁게 매겼다. 여러 나라들은 이곳의 규정이 가혹하고 번거로운 것을 싫어해 상선을 몰고 오는 경우가 드물었다. 이곳에서는 번목(番木)·침향과 가남향 등의 각종 향·납·주석·계피·상아·제비집·상어 지느러미 등이 난다. 조공을 할 때는 광서의 태평부(太平府)를 거쳐 내지로 들어왔으며, 바닷길을 이용하지는 않았다. 안남은 본래 중국 땅으로, 여러 서적에 상세하게 기록되어 있으므로 번거롭게 더 이상 말하지 않는다.

고정림의 『천하군국이병서』에 다음 기록이 있다.

안남은 옛날의 교지국에 해당한다. 진나라가 영남(嶺南)을 차지한 뒤 교지국을 상군(象郡)에 예속시켰다. 한나라 무제 때 교지군, 구진군(九眞郡),[12] 일남군(日南郡)[13]을 설치했다. 광무제(光武帝)가 중흥한 뒤 임연(任延)[14]과 석광(錫光)[15]을 교지군과 구진군의 태수로 보내, 농사짓는 법을 가르치고 의관과 신발을 만들고 비로소 결혼제도를 알게 되었으며, 학교를 세우기 시작했다. [한나라 말기에] 교지의 여인 쯩짝(Trưng Trắc)[16]·쯩니(Trưng

---

(Angkor) 왕조의 도성이었던 앙코르를 가리키는 것으로 추정된다.

12 구진군(九眞郡): 끄우쩐(Cửu Chân)으로, 지금의 베트남 타인호아(Thanh Hoa)와 응에 띤(Nghe Tinh) 두 성에 걸쳐 위치한다.

13 일남군(日南郡): 녓남(Nhật Nam)이다.

14 임연(任延): 임연(?~68)은 자가 장손(長孫)으로 남양(南陽) 완(宛) 땅 사람이다. 광무제 때 구진 태수에 임명되어 4년 동안 재직했다.

15 석광(錫光): 자는 장충(長沖)으로, 한중(漢中) 서성현(西城縣) 사람이다. 동한 애제(哀帝)와 평제(平帝) 때 교주자사(交州刺史)에 임명되었다가 교지태수로 옮겨갔다.

16 쯩짝(Trưng Trắc): 원문은 '징측(徵側)'이다. 베트남(남비엣)의 유력자인 락장(Lạc tướng)의 딸로, 쌍둥이로 알려진 동생 쯩니와 함께 베트남을 지배하던 중국에 대대적인 반란을 일으켰

Nhi)[17] 자매가 [후한의 지배에 반발해] 반란을 일으키자, 마원(馬援)[18]이 가서 토벌하고 난을 평정했다. 건안(建安)[19] 연간에 교주(交州)로 이름을 바꾸었으며, 남조(南朝)와 수(隋) 나라[20] 때에도 전대를 따라 이름을 그대로 사용했다. 당나라 초에 안남도호부(安南都護府)로 이름을 바꾸면서 안남이라는 명칭을 이때부터 사용하기 시작했다. 오대 말 후량(後梁) 정명(貞明)[21] 연간에 토호 쿡트어미(Khúc Thừa Mỹ)[22]에게 빼앗겼다. 이때부터 왕위 쟁탈전이 벌어지면서 나라가 큰 혼란에 빠졌는데, 딘보린(Dinh Bo Linh)[23]이 이를 평정했다. 송나라 건덕(乾德)[24] 초에 상소를 올려 속국이 되기를 청했기에 조서를 내려 딘보린을 안남군왕으로 삼았으니, 이때부터 조공국이 되었다. 딘보린은 아

다. 토착 세력의 지지를 얻은 쯩짝(14~43)은 베트남 북부에서 광동성 남부에 이르는 65개 성을 함락한 후 스스로 왕위에 올랐으나, 41년 복파장군 마원에게 진압되어 처형되었다.

17 쯩니(Trưng Nhi): 원문은 '징이(徵貳)'이다. 후한의 직접지배에 반발해 중국사람들을 몰아내고 베트남(남비엣) 왕위에 오른 쯩짝의 동생이다.

18 마원(馬援): 마원(B.C.14~49)은 자가 문연(文淵)으로 섬서성 동북사람이다. 광무제를 도와 후한을 세우는데 공을 세웠다. 그는 건무(建武)17년(41)에 복파장군(伏波將軍)으로 임명되어 지금의 북베트남에 이르는 지역까지 중국의 지배권을 확립하는데 커다란 공을 세웠다.

19 건안(建安): 동한(東漢) 헌제(獻帝) 유협(劉協)의 세 번째 연호(196~220)다.

20 남조(南朝)와 수(隋)나라: 원문은 '전오대(前五代)'로, 당나라 이후의 오대인 후오대(혹은 오대)와 구분하기 위해 전오대라 부른다.

21 정명(貞明): 후량의 마지막 황제 주우정(朱友貞) 치세의 연호(915~921)다.

22 쿡트어미(Khúc Thừa Mỹ): 원문은 '곡승미(曲承美)'로, 베트남 쿡 왕조(曲朝)의 제3대 군주이다.

23 딘보린(Dinh Bo Linh): 원문은 '정부령(丁部領)'으로, 베트남의 두 번째 왕조인 딘 왕조(丁朝)를 세운 황제이다. 딘보린이 분열되었던 왕국의 사회적, 정치적 혼란을 일소하면서 나라가 안정되기 시작했고 중국으로부터 공식적인 지위도 인정받았다. 그러나 딘보린은 유희를 즐기고 독재를 하는 바람에 적을 많이 양산했고, 결국 그가 죽은 뒤에 1년도 되지 않아 나라가 몰락했다.

24 건덕(乾德): 북송 태조(太祖) 조광윤(趙匡胤)의 두 번째 연호(963~968)이다.

들 딘리엔(Đinh Liễn)[25]과 딘또안(Đinh Toàn)[26]에게 왕위를 넘겼으나, 태교(太校) 레호안(Lê Hoàn)[27]이 왕위를 찬탈했다. 20년 뒤에 아들 레롱딘(Lê Long Đĩnh)[28] 대에 와서 리꽁우언(Lý Công Uẩn)[29]에게 찬탈 당했다. 리씨 왕조는 8대 222년을 유지하다가 리하오삼(Lý Hạo Sảm)[30]대에 와서 아들이 없자 딸 소성(昭聖) 공주[31]를 황제로 옹립하고 후에 남편 쩐까인(Trần Cảnh)[32]에게 양위했다. 중국에서 조서를 내려 쩐까인을 안남국왕에 봉했다. 쩐호앙(Trần Hoảng)[33]대에 와서 원나라 세조가 조서를 내려 입궐하게 했다. 그러나 명을 받들지 않자 대군을 보내 정벌했다. 얼마 뒤에 사신을 보내 사죄하고 조공했다. 쩐 왕조는 12대 170년을 존속했다. 명나라 홍무 21년(1388)에 와서 안남왕 쩐히엔(Trần

---

25 딘리엔(Đinh Liễn): 원문은 '정련(丁璉)'으로, 딘보린의 장자이다.

26 딘또안(Đinh Toàn): 원문은 '정선(丁璿)'이다. 딘또안은 딘 왕조의 제2대 황제로, 딘페데(Đinh Phế Đế)라고도 불린다.

27 레호안(Lê Hoàn): 원문은 '여환(黎桓)'으로, 베트남 전레 왕조(前黎朝)의 건국자이다. 레호안은 993년에는 교지군왕(交趾郡王), 997년에 남평왕(南平王)으로 책봉되었다.

28 레롱딘(Lê Long Đĩnh): 원문은 '여룡정(黎龍廷)'으로, 레 왕조의 마지막 황제이다.

29 리꽁우언(Lý Công Uẩn): 원문은 '이공온(李公蘊)'이다.

30 리하오삼(Lý Hạo Sảm): 원문은 '이호참(李昊旵)'으로, 리 왕조의 제8대 황제이다. 리하오삼은 1210년 아버지 고종의 사망으로 황제로 즉위했지만, 아버지와 같이 어리석은 인물로 외척인 쩐투도(Trần Thủ Độ, 陳守度)에게 정사를 위임했다. 1224년 황위 찬탈을 도모한 쩐투도에 의해서 폐위되었다.

31 소성(昭聖) 공주: 원문은 '소성(昭盛)'으로 되어 있으나 역사적 사실에 따라 고쳐 번역한다. 소성공주는 이름이 팟킴(Phật Kim)으로, 리 왕조 제8대 혜종의 둘째 공주이다.

32 쩐까인(Trần Cảnh): 원문은 '진일조(陳日照)'로, 진경(陳煚)이다. 원래 이름은 사승경(謝昇卿)으로, 진조(陳照), 진경(陳京)이라고도 한다. 복건 장락(長樂) 사람으로, 『제동야어(齊東野語)』에 따르면 안남국왕 쩐까인이다. 복건성에서 베트남으로 가면서 성을 진씨로 바꾸었다. 후에 삼촌 쩐투도에 의해 왕위에 오른 소성공주와 결혼해 쩐 왕조를 개창했다.

33 쩐호앙(Trần Hoảng): 원문은 '진일훤(陳日烜)'으로, 진황(陳晃)이다. 쩐 왕조의 제2대 황제이다.

Hiện)[34]은 국상(國相) 레꾸이리(Lê Quý Ly)[35]에게 시해되었다. 레꾸이리의 아들 레뜨엉(Lê Thương)은 이름을 호권(胡查)[36]으로 개명하고 나라 이름을 대우(大虞)로 바꾸었다. 영락 2년(1404)에 라오스(Laos)[37]에서 쩐호앙의 손자 쩐티엔빈(Trần Thiên Binh)[38]을 보내와 호한뜨엉에게 나라를 옛 주인에게 돌려줄 것을 청해 효유하자, 호한뜨엉은 겉으로는 그렇게 하겠다고 했다. 쩐티엔빈이 오자 군대를 매복시켜서 그를 죽였다. 이에 명나라는 주능(朱能)·장보(張輔)[39]·목성(沐晟)[40] 등에게 군대를 인솔해 가 대우를 정벌케 했으며, 레꾸이리와 아들 레뜨엉 호한뜨엉이다. 을 생포해왔다. 그리고는 다시 안남을 군현으로 바꾸고 도(都)·포(布)·안(按) 삼사(三司)를 두고 15부(府) 5주(州)로 나누었다. 후에 환관 마기(馬騏)[41]가 탐욕을 부려 재물을 함부로 빼앗자 도적이 벌떼처럼 일어났으며, 토관(土官) 레러이(Lê Lợi)[42]가 이를 틈타 난을 일으켰다. 선덕(宣德)[43] 원년에 왕통(王通)과 유승(柳升)에게 명을 내려 토벌했다. 유

34 쩐히엔(Trần Hiện): 원문은 '진위(陳煒)'로, 진현(陳晛)이다. 쩐 왕조의 제11대 황제이다.

35 레꾸이리(Lê Quý Ly): 원문은 '여계리(黎季犛)'이다.

36 호권(胡查): 호한뜨엉(Hồ Hán Thương, 胡漢蒼)으로, 대우국 제2대 황제이다.

37 라오스(Laos): 원문은 '로과(老撾)'이다.

38 쩐티엔빈(Trần Thiên Binh): 원문은 '진천평(陳天平)'이다.

39 장보(張輔): 장보(1375~1449)는 자가 문필(文弼)이고, 하남성 상부(祥符) 사람이다. 명나라의 중신이자 성조(成祖)에서 영종(英宗) 때의 무신으로, 여러 차례 안남 평정에 참여해 공을 세웠다.

40 목성(沐晟): 목성(1368~1439)은 자는 경무(景茂)이고, 검녕왕(黔寧王) 서평후(西平侯) 목영(沐英)의 아들이다. 중국 명나라 성조에서 영종 때의 무신으로, 여러 차례 안남 평정에 참여했다.

41 마기(馬騏): 마기(?~?)는 명나라 초기에 교지 감군(監軍)으로 있으면서 황제의 총애를 믿고 베트남 백성을 학대해 베트남의 거병을 촉발한 환관이다.

42 레러이(Lê Lợi): 원문은 '여리(黎利)'로, 대월국 후레 왕조의 제1대 황제이다.

43 선덕(宣德): 명나라 제5대 황제 선종 주첨기(朱瞻基)의 연호(1425~1435)이다.

승이 전쟁에서 패해 죽자 왕통은 땅을 버리고 레러이와 맹약을 맺은 뒤 물러났으며, 선종(宣宗)은 이때부터 안남을 내버려두기로 마음먹었다. 레러이가 얼마 지나지 않아 표를 올려 감사 인사를 하자 레러이에게 국사를 다스리게 했다. 레 왕조는 10대 110년을 존속했다. 가정 원년(1522)에 레주이후에(Lê Duy Huệ)[44]는 신하 막당중(Mạc Đăng Dung)[45]에게 왕위를 찬탈당했다. 구란(仇鸞)[46]과 모백온(毛伯溫)[47]에게 명해 토벌케 했다. 막닥중이 스스로 항복해왔기에 그를 안남도통사(安南都統使)로 삼았는데, 이때부터 조공이 끊이지 않았다고 한다. 살펴보건대 막 왕조 이후로 다시 레 왕조에게 빼앗겼다가 참파에게 합병되었기에 참파를 꽝남이라 칭했는데, 응우옌씨(阮氏)가 대대로 다스리면서 점차 강대국이 되었다. 청나라 건륭 말년에 레주이끼(Lê Duy Kỳ)[48]가 꽝남의 응우옌꽝빈(Nguyễn Quang Bình)[49]에게 침략을 당해 나라를 버리고 중국으로 도망 왔기에, 군사를 이끌고 가 응우옌꽝빈을 쳤다. 응우옌꽝빈은 처음에는 저항하다가 얼마 지나지 않아 항복하고 조정의 명을 받아 분봉국이 되었다. 응우옌꽝또안(Nguyễn Quang Toản)[50]대에 와서 레주이끼

---

44 레주이후에(Lê Duy Huệ): 원문은 '여혜(黎譓)'로, 레 왕조의 제10대 황제 소종(1506~1527)이다.

45 막당중(Mạc Đăng Dung): 원문은 '막등용(莫登庸)'으로, 베트남 막 왕조의 초대 황제이다.

46 구란(仇鸞): 구란(?~1552)은 섬서성 평량부(平涼府) 진원현(鎭原縣) 사람으로, 조부 구월(仇鉞)의 작위를 이어받아 함녕후(咸寧侯)에 봉해졌다. 가정 17년(1538)에 정이부장군(征夷副將軍)에 임명되어 병부상서 모백온과 함께 안남의 막당중을 토벌하러 갔다.

47 모백온(毛伯溫): 모백온(1482~1545)은 강서성 길안부(吉安府) 길수현(吉水縣) 사람이다. 가정 17년(1538)에 구란과 함께 안남의 막당중을 토벌하러 갔다.

48 레주이끼(Lê Duy Kỳ): 원문은 '여씨(黎氏)'로, 베트남 후레 왕조의 제27대 황제인 '여유기(黎維祁)'를 말한다.

49 응우옌꽝빈(Nguyễn Quang Bình): 원문은 '완광평(阮光平)'이다.

50 응우옌꽝또안(Nguyễn Quang Toản): 원문은 '완광찬(阮光纘)'이다.

의 조카 응우옌푹아인(Nguyễn Phúc Ánh)[51]에게 멸망당했다. 응우옌푹아인이 국명을 바꿀

것을 청해, 그를 월남국왕으로 바꾸어 임명했다. 지금에 이르기까지 조공하고 있다.

또 『천하군국이병서』에 다음 기록이 있다.

참파는 옛 월상씨(越裳氏)[52]의 땅으로, 교주의 남쪽에 위치하며 진나라

때의 상군(象郡) 임읍현(林邑縣)이다. 후한 말기 나라가 어지러워지자 [상림

현의] 공조(功曹) 구달(區達)[53]이 현령을 살해하고 스스로 왕이 되어 나라 이

름을 럼업국이라 불렀다. 몇 년 뒤에 왕은 후사가 없어 외손자 팜훙(Phạm

Hùng)[54]을 대신 왕으로 세웠고, 팜훙은 자리를 아들 팜젓(Phạm Dật)[55]에게 전

해주었다. 동진(東晉) 함강(咸康)[56] 2년(336)에 국왕 팜젓이 죽자 팜쯔(Phạm

---

51 응우옌푹아인(Nguyễn Phúc Ánh): 원문은 '완복영(阮福映)'이다.

52 월상씨(越裳氏): 서주 초기의 '월상'은 막연하게 중국 남쪽의 아주 먼 나라를 가리키기 때
문에 정확한 지역은 알 수 없다. 삼국시대 이후에 등장하는 '월상'은 대체로 베트남 중부
의 월상현(越裳縣, Việt Thường)을 가리키는데, 지금의 하띤(Hà Tĩnh) 일대에 해당한다. 또한 라
오스나 캄보디아를 가리키기도 한다. 『후한서』「남만전」에 의하면 월상은 베트남의 남쪽
에 있던 나라로 주공 시기 여러 번이나 통역을 거쳐서 내조하여 흰 꿩을 바쳤다는 일화가
등장한다.

53 공조(功曹) 구달(區達): 원문은 '조구(曹區)'이다. 조는 공조(功曹)로, 중국 한나라 때 군대에
딸린 문관을 이르는 말이다. 구달은 상림현에서 공조 벼슬을 했던 사람이며, 구련(區連)이
그의 아들이다.

54 팜훙(Phạm Hùng): 원문은 '범웅(范熊)'으로, 럼업국 창시자인 구련의 외손자이다. 구련 사후
여러 대 존속되었지만, 구련의 혈통이 끊어졌기 때문에 팜훙이 즉위했다고 한다.

55 팜젓(Phạm Dật): 원문은 '범일(范逸)'이다. 팜젓(재위 284~336)은 럼업국왕으로 팜훙의 아들
이다.

56 함강(咸康): 동진(東晉) 성제(成帝) 치세의 두 번째 연호(335~342)이다.

chữ)[57]의 노복 팜반(Phạm Văn)[58]이 왕위를 찬탈하고, 전충(典沖)[59]에 도읍을 세운 뒤 교주를 침범해 소요를 일으키고 구덕(九德)을 노략질했다. 아들 팜펏(Phạm Phật)[60]과 손자 팜호닷(Phạm Hồ Đạt)[61]이 그 뒤를 이어 누차 일남과 구진을 침략하자 교주는 마침내 약소국이 되었다. 팜호닷의 손자 팜반딕(Phạm Văn Địch)[62]에 와서 팜반딕이 프놈국(Norkor Phnom)[63]왕에게 살해당하자 대신 팜쯔농(Phạm Chư Nông)[64]이 그 난을 평정하고 스스로 왕이 되었다. 아들 팜즈엉마이(Phạm Dương Mại)[65]와 손자 팜솟(Phạm Xót)[66]이 그 뒤를 이었다. [남

---

57 팜쯔(Phạm chữ): 원문은 '범추(范椎)'이다.

58 팜반(Phạm Văn): 원문은 '범문(范文)'이다. 팜반(재위 336~349)은 럼업국왕으로, 팜펏의 뒤를 이어 왕위를 찬탈했다.

59 전충(典沖): 지엔쑤엉(Diên Xung)으로, 지금의 베트남 꽝남 주이쑤엔현(Duy Xuyen)의 짜끼에우(Tra Kieu)에 해당한다.

60 팜펏(Phạm Phật): 원문은 '범불(范佛)'이다. 팜펏(재위 349~?)은 팜반의 아들로 그의 뒤를 이어 즉위했다.

61 팜호닷(Phạm Hồ Đạt): 원문은 '범순달(范順達)'이다. 『수경주(水經注)』「임읍기(林邑記)」와 「부남기(扶南記)」에는 모두 '범호달(范胡達)'로 되어 있다. 팜호닷(재위 399~413)은 럼업국 제2왕조 제3대 국왕으로, 산스크리트어로 '바하드라바르만 1세 (Bhadravarman I)'라고도 한다.

62 팜반딕(Phạm Văn Địch): 원문은 '범문적(范文敵)'이다. 팜딕쫀(Phạm Địch Chón)이 외조카에게 왕위를 선양하려고 하자 당시 재상인 장린(藏驎)이 완고하게 말렸으나 따르지 않았다. 외조카가 즉위하자 장린의 아들이 외조카를 살해한 후 팜반딕(재위 ?~420)을 세워 왕으로 삼았다.

63 프놈국(Norkor Phnom): 원문은 '부남국(扶南國)'이다. 1세기에서 7세기에 걸쳐 현재의 캄보디아 및 라오스 남부, 베트남 남부와 태국 동부 일대에 걸쳐 번성한 고대 국가이다.

64 팜쯔농(Phạm Chư Nông): 원문은 '범제농(范諸農)'으로, 임읍국 제2왕조 제5대 국왕 팜반딕의 대신이다. 팜쯔농(?~?)은 팜반딕이 프놈국의 왕자에게 살해되자 대신의 신분으로 난을 평정하고 스스로 왕위에 올랐다.

65 팜즈엉마이(Phạm Dương Mại): 원문은 '범양매(范陽邁)'로, 팜즈엉마이 1세이다. 팜즈엉마이 1세(재위 421~446)는 럼업국 제3왕조 제1대 국왕이다.

66 팜솟(Phạm Xót): 원문은 '범돌(范咄)'로, 팜즈엉마이 2세이다. 팜즈엉 마이 2세(재위 446~454)는 럼업국 제3왕조 제2대 국왕으로, 본래 이름은 팜솟[范咄]이었는데, 즉위하면서 아버지

조] 송나라 원가(元嘉)[67] 20년(443)에 종각(宗慤)[68]과 단화지(檀和之)[69]를 보내 토벌하게 하자 곧장 사신을 보내 조공했다. 수나라 초 공물을 바치러 오지 않자 유방(劉方)[70]과 영장진(甯長眞)[71]을 보내 정벌했다. 그 왕 팜판찌(Phạm Phạn Chi)[72]는 사신을 보내 사죄하면서 그 이후로 끊이지 않고 조공했다. 당나라 정관 연간에 왕 팜다우레(Phạm Đầu Lê)[73]가 죽고 그의 아들 팜쩐롱(Phạm Trấn Long)[74]이 시해당하자 팜다우레의 딸을 왕으로 세웠다. 그러나 나라 사람들이 이에 불복하여 팜다우레의 고모의 아들 쭈깟디아(Chư Cát Địa)[75]를 왕으로 세우고 그 딸을 아내로 삼자 비로소 나라가 안정되었다. 후주(後周) 현덕(顯德)[76] 5년(958)에 왕 사자난둑만(Xà Da Nhân Đức Man)[77]이 사신을 보내 조

의 이름인 즈엉 마이로 개명했다.

67 원가(元嘉): 남조 송나라 문제 유의륭(劉義隆)의 연호(424~453)이다.

68 종각(宗慤): 남조 송나라의 무장이다. 종각(?~465)은 원가 23년(446) 림업국 정벌에 자원해서 종군해 단화지를 도와 큰 공을 세웠다.

69 단화지(檀和之): 남조 송나라의 명장이다. 단화지(?~456)는 원가 20년(443) 용양장군(龍驤將軍)과 교주자사에 임명되었다. 원가 23년(446)에 림업국을 공략해서 큰 타격을 입혔다.

70 유방(劉方): 유방(?~605)은 경조(京兆) 장안(長安) 사람으로 수나라 명장이다.

71 영장진(甯長眞): 영장진(?~627)은 영장정(甯長貞)이라고도 하는데, 광서성 흠주(欽州) 사람이다. 수나라 문제 때 흠주자사(欽州刺史)가 되어 림업국 정벌에 나서 큰 공을 세웠다.

72 팜판찌(Phạm Phạn Chi): 원문은 '범범지(范梵志)'로, 림업국 제4왕조 제2대 국왕 삼부바르만(Cambhuvarman)(재위 ?~629)이다.

73 팜다우레(Phạm Đầu Lê): 원문은 '범두려(范頭黎)'로, 림업국 제4왕조 제2대 국왕 간하르파다르마(Kanharpadharma)(재위 629~?)이다.

74 팜쩐롱(Phạm Trấn Long): 원문은 '범진롱(范鎭龍)'으로, 림업국 제4대 왕조 제23대 국왕 바하사드하르마(Bhasadharma)이다.

75 쭈깟디아(Chư Cát Địa): 원문은 '제갈지(諸葛地)'로, 림업국 제4대 왕조 제26대 국왕 비크란타바르만 1세(Vikrantavarman I)이다.

76 현덕(顯德): 후주(後周)의 치세에 사용된 오대(五代)의 마지막 연호(954~960)이다.

77 사자난둑만(Xà Da Nhân Đức Man): 원문은 '석리인덕만(釋利因德漫)'으로, 림업국 제7대 왕조

공하면서 이때부터 참파국이라 불리게 되었다. 송나라 때는 조공은 자주 왔지만 때때로 교주와 전쟁을 벌였다. 건도(乾道)[78] 4년(1168)에 참파국에서 수군으로 첸라를 습격해 그 나라의 수도까지 쳐들어갔다. 경원(慶元)[79] 5년 (1199)에 첸라가 대대적으로 참파를 정벌해 대부분을 살육하고 참파 왕을 포로로 잡아 귀국하면서 참파는 결국 멸망했다. 그 땅이 모두 첸라에 귀속되면서부터 첸라(占臘)로 불리게 되었다고 한다. 그 뒤로 국왕은 첸라 사람이 되기도 하고 다시 참파 사람이 되기도 했다는데 모두 믿을 만한 근거가 없다. 원나라 세조 지원 15년(1278)에 사신을 보내 방물(方物)을 바치고 귀의할 뜻이 있다는 표를 올렸다. 지원 19년(1282)에 참파국왕 자야 인드라바르만 6세(Jaya Indravarman VI)[80]가 신하를 칭하며 귀의했기 때문에 바로 그 지역에 행성(行省)[81]을 설치했으나, [얼마 뒤] 아들 자야 신하바르만 3세 (Jayasimhavarman III)[82]가 지세의 험준함을 믿고 불복하자 소계투(Sogetu)[83]를 보내 정벌했다. 광주(廣州)에서 배를 타고 참파항[84]에 이르기까지 진중달(陳仲

제37대 국왕 인드라바르만 3세(Indravarman III)이다.

78 건도(乾道): 남송 효종(孝宗) 조신(趙眘)의 두 번째 연호(1165~1173)이다.

79 경원(慶元): 남송 영종(寧宗) 조확(趙擴)의 연호(1195~1200)이다.

80 자야 인드라바르만 6세(Jaya Indravarman VI): 원문은 '발유보랄자오(孛由補剌者吾)'로, 1254년부터 1257년까지 참파의 왕이었다.

81 행성(行省): 행상서성(行尙書省)의 줄인 말이다. 원나라 중통(中統)에서 지원(至元) 연간에 설치된 중앙 정부에서 직속 관할하는 1급 행정구역으로, 줄여서 행성(行省) 또는 성(省)이라고 불렀다.

82 자야 신하바르만 3세(Jayasimhavarman III): 원문은 '보적(補的)'이다.

83 소계투(Sogetu): 원문은 '사도(唆都)'이다. 소계투(?~1285)는 몽골 찰랄씨(扎剌兒) 씨족으로 원나라 초기 쿠빌라이 치세에 남송과 참파 정벌에 커다란 공을 세운 군인이다.

84 참파항: 원문은 '점성항(占城港)'으로, 지금의 베트남 빈딘성 꾸이년항(Thành phố Quy Nhơn)을 말한다.

達) 등을 나눠보내 경주(瓊州)의 3도(道)를 경유해 공격했다. 그 나라에 들어가자 왕은 달아나 산에 들어가서 사신을 보내 귀순의 뜻을 밝히면서 또한 원나라의 사신을 몰래 죽였다. 소게투는 전쟁을 거듭하며 목성(木城) 아래까지 갔으나 길이 험하고 좁아 더 이상 진격하지 못하고 군대를 이끌고 돌아왔다. 후에 화의를 청해오긴 했으나, 끝내 귀순할 뜻은 없었다. 명나라 홍무 원년(1368)에 사신을 보내 조공했다. 홍무 2년(1369)에 행인(行人) 오용(吳用)을 보내 새서(璽書)[85]를 하사하자 그 이후 상시로 공물을 바쳐왔다. 가정 연간에 이르기까지 조공이 끊이지 않았다고 한다. 내가 살펴보니 참파는 한나라 말기에 자립해 나라를 세우고 1천년 남짓 존속했다. 후에 안남국에 합병된 뒤 그 땅을 꽝남이라 불렀다. 지금의 왕은 안남의 꽝남 출신의 새로운 응우옌씨와 떠이선(西山) 출신의 옛날 응우옌씨로, 모두 꽝남의 번국이다. 대개 강(江)·황(黃)에서 제사지내지 않은 지 오래된 것 같다.

또 『천하군국이병서』에 다음 기록이 있다.

첸라는 일명 감패지(甘孛智), 감막야(甘莫惹), 감포기(澉浦祇), 간파저아(干波底阿)라고도 하며, 속칭 간포채(柬埔寨)라고도 한다. 길멸(吉篾)이라고 하는데 본래는 프놈국의 속국이었다. 수나라 때부터 중국과 왕래했으며 당나라 정관 연간 초에 프놈국을 합병하고 그 지역을 차지했다. 당나라 사람 두광정(杜光庭)의 『규염객전(虯髯客傳)』[86]에 프놈국을 합병한 이야기가 나오는데, 이 이야기는 우언(寓言) 같

---

85 새서(璽書): 황제의 옥쇄를 날인한 외교문서를 가리킨다.

86 『규염객전(虯髯客傳)』: 당대 호협소설의 대표작품이다. 수나라 말년을 배경으로 하며 협객 이정(李靖), 홍불(紅拂), 규염객의 의로움을 다룬 소설이다. 『규염객전』에 따르면, 정관 10년에 이정이 남만국 사람으로부터 "어떤 사람이 프놈국으로 들어와 그 나라의 군주를 죽이

111

다.[87] 프놈국은 낭랍라국(狼臘裸國)[88]으로, 처음에는 소마(Soma)[業柳] 유(柳)는 음이 료(聊)이다. 라는 여자가 왕이 되었다. 그 남쪽에 있는 요국(徼國) 사람 카운딘야(Kaundinya)[89]가 와서 소마를 교화시키고 그녀를 부인으로 맞아들였다.[90] 벌거숭이채로 사는 것을 꺼림칙하게 여겨 관두의(貫頭衣)[91]를 입게 하자 프놈국 사람들도 이를 따라했다. 남자들은 아래에는 천을 가로로 둘렀는데, 이를 수만(水幔)[92]이라 한다. 그 뒤에 천축승 아즈나타 카운딘야(Ajnata Koundinya)[93]가 나라를 차지하고는 사람들에게 천신(天神)을 모시게 하고 매

고 스스로 왕위에 올랐다"는 이야기를 들었다는 기록이 있는데, 여기서는 바로 이 부분을 말하고 있다.

87 당나라 사람…같다: 원문은 '당인『규염객전』의시우언(唐人『虯髯客傳』疑是寓言)'으로 되어 있으나, 문맥의 흐름상 『천하군국이병서』에 따라 '당인『규염객전』위겸병부남, 의위우언(唐人『虯髯客傳』謂兼幷扶南, 疑爲寓言)'으로 고쳐 번역한다.

88 낭랍라국(狼臘裸國): 『천하군국이병서』에는 낭황라국(狼胱踝國)으로 되어 있는데, 프놈국의 이칭이다.

89 카운딘야(Kaundinya): 원문은 '혼호(混浩)'로, 프놈국 콴(Kaun) 왕조 제1대 국왕이다.

90 처음에는…되었다: 뱀의 딸 소마가 다스리고 있던 프놈국에 카운딘야라는 한 브라만이 서쪽(인도 또는 말레이 반도)에서 왔다. 카운딘야는 꿈속에서 만난 한 신의 계시로 신궁(神弓)을 얻은 후 무리를 이끌고 동쪽으로 항해해서 소마의 땅에 이르렀다. 소마의 군대와 카운딘야 무리 사이에서 전투가 벌어졌고, 카운딘야가 소마의 배를 신궁으로 쏘아 맞추자 소마는 항복했다. 카운딘야는 소마를 아내로 맞이하고 왕이 되어 프놈국을 다스렸다.

91 관두의(貫頭衣): 한 장의 천을 둘로 접어서 그 접은 선의 중앙에 구멍을 뚫고, 그곳에 머리를 끼워서 입는 옷으로, 오늘날의 판초(poncho)의 일종이다.

92 수만(水幔): 동남아시아 국가에서 하반신에 두르는 천을 말한다.

93 아즈나타 카운딘야(Ajnata Koundinya): 원문은 '교진여(憍陳如)'로, 교진여(僑陳如)라고도 한다. 교진여는 아야교진여(阿若憍陳如)로, 안나콘단냐(Anna-Kondanna)라고 부르며, 산스크리트어로는 '카운딘야(Kaundinya)'이다. 아야(阿若)는 이름이고, 교진여(憍陳如)는 성이다. 카운딘야는 다섯 비구(카운딘야, 바시파, 바드리카, 마하나만, 아슈밧지) 중 한 명으로 바라나시 북쪽에 있는 녹야원(鹿野苑)에서 석가의 초전법륜을 듣고 가장 먼저 깨달음을 얻은 비구이다. 본래 우루벨라(uruvelā)에서 싯다르타와 함께 고행했으나 그가 네란자라강(nerañjarā)에서 목욕하고 우유죽을 얻어 마시는 것을 보고 타락했다고 여겨 그곳을 떠나 녹야원에서 고행을 했

112

일 아침 경을 외게 했다. 세상이 바뀌고 시간이 흐른 뒤에 첸라에서는 스님을 중시하게 되었다고 한다. 당나라 영휘(永徽)[94] 초에 구밀(鳩密)[95]·부나(富那)[96]·가사(伽乍)[97]·무령(武令)[98]·승고(僧高)[99] 등의 나라를 합병했다. 신룡(神龍)[100] 연간 이후로 나라가 둘로 나뉘었는데, 남쪽으로 바다가까이에 있는 나라는 수진랍(水眞臘)이라 하고 북쪽으로 산과 언덕이 많은 나라는 육진랍(陸眞臘)이라고 한다. 후에 다시 하나로 통일되었다. 참파를 멸망시키고 나서 첸라라 불렀으며, 참반(參半)[101]·진리(眞里)[102]·등류명(登流明)[103]·포감(蒲甘) 포감(蒲甘)은 바로 미얀마[緬甸]이다. 등의 나라를 복속시켰다. 각국은 부락을 통솔하는데 큰 나라는 10여 개의 부락을 다스리며 면적은 7천 리 남짓 된다. 원나라 원정(元貞)[104] 연간에 사신을 보내 그들을 효유하자 그제야 신하국으로 복종했다. 명나라 홍무·영락 연간에 누차 와서 조공했다.

다. 그러나 깨달음을 성취한 붓다가 녹야원에서 설법하자 제일 먼저 깨달았다고 한다. 카운딘야는 이후 프놈국의 왕을 비롯하여 동남아 여러 나라 왕들의 성으로 사용되었다.

94 영휘(永徽): 당나라 고종(高宗) 이치(李治)의 첫 번째 연호(650~655)이다.

95 구밀(鳩密): 길멸(吉蔑), 고면(高棉)으로, 크메르(Khmer)의 음역으로 추정된다.

96 부나(富那): 지금의 태국과 캄보디아 일대에 위치했던 것으로 추정된다.

97 가사(伽乍): 가사(迦乍)라고도 한다. 지금의 태국 까셋솜분군(Kaset Sombun)으로 추정된다.

98 무령(武令): 수나라 때의 무론국(無論國)으로, 지금의 태국 북동부에 위치한 부리람주(Buriram) 혹은 우돈타니(Udon Thani)로 추정된다.

99 승고(僧高): 태국의 동북부에 위치한 상까뿌라(Sangkapura)로 추정된다.

100 신룡(神龍): 당나라 중종(中宗) 이현(李顯)의 연호(705~706)이다.

101 참반(參半): 참반국으로, 옛 땅이 지금의 태국 치앙마이(Chiang Mai, 淸邁) 북쪽으로 추정된다.

102 진리(眞里): 진리부국(眞里富國)으로, 나콘 빠톰(Nakhon Pathom)까지 세력을 확장했다.

103 등류명(登流明): 등류미국(登流眉國), 단마령(單馬令), 단미류(丹眉流)라고도 하는데, 지금의 태국 남부 나콘 일대로 추정된다.

104 원정(元貞): 원나라 성종(成宗) 테무르(鐵木耳)의 첫 번째 연호(1295~1297)이다

또 다음 기록이 있다.

첸라성은 사방 20리에 걸쳐 있고 인구는 2만 명 정도 되며, 해자는 너비가 20여 장이고, 관할 성은 30개이며, 각 성은 수천 호로 이루어져 있다. 왕궁과 관사는 모두 동쪽으로 향해 있고 성문에 석불(石佛) 5존(尊)이 있는데, 가운데 있는 부처상은 금으로 장식했다. 그 나라에는 금탑(金塔)·금교(金橋)가 있으며, 왕궁과 본채의 기와는 모두 아연을 사용한다. 국왕은 세시(歲時)에 연회를 열어 옥으로 만든 원숭이·공작·흰 코끼리·무소를 앞에 진열하고 음식물을 금 쟁반·금 술잔에 담았기 때문에 민간에서는 '부귀한 첸라'라고 부른다고 한다.

또 진자재의 『해국문견록』에 다음 기록이 있다.

첸라는 꽝남과 태국 두 나라[105] 사이에 위치해 있어 동쪽으로는 꽝남[106]에 공물을 바치고, 서쪽으로는 태국에 공물을 바쳤는데, 조금이라도 불손하면 바닷길과 육로로 각각 쳐들어와서 정벌했다.

내가 살펴보니 고염무의 『천하군국이병서』에 따르면 첸라는 명나라 초에도 여전히 부유하기로 이름나 있었고, 진자재의 『해국문견록』에 따르면 첸라는 청나라 초에 여전히 작은 나라로 명맥을 유지하고 있었는데, 첸라는 지금의 베트남 자딘성(Gia Định)[107]으로,

---

105 꽝남과 태국 두 나라: 원문은 '양부(兩夫)'로 되어 있으나, 『해국문견록』에 따라 '꽝섬이국(廣暹二國)'으로 고쳐 번역한다.

106 꽝남: 원문은 '안남(安南)'으로 되어 있으나, 『해국문견록』에 따라 '꽝남(廣南)'으로 고쳐 번역한다.

107 자딘성(Gia Định): 원문은 '가정성(嘉定省)'이다. 사이공(Sài Gòn, 西贡)에서 1975년 호찌민시(Thành phố Hồ Chí Minh, 胡志明)로 이름이 바뀌었다.

언제 멸망했는지 알 수 없다. 안남이 여러 해 동안 조공하기는 했지만, 오랑캐끼리 서로 잡아먹느라 줄곧 중국에 고하러 들어올 기회가 없었던 것 같다. 그래서 참파·첸라가 언제 멸망했는지 이에 대해 말해줄 수 있는 사람이 없었다.

　진자재의 『해국문견록』에 다음 기록이 있다.

　안남은 자오찌를 동경, 꽝남을 서경으로 두고 있다. 하문에서 꽝남에 갈 때는 남오(南澳)[108]를 경유해 광동의 노만산(魯萬山)[109]·해남도의 대주두(大洲頭)[110]를 보면서 칠주양(七州洋)[111]을 지나 꽝남 밖의 짬섬(Cù Lao Chàm)[112]을 거쳐 꽝남에 도착하는데, 뱃길로 72경(약 144시간) 정도 걸린다. 하문에서 자오찌까지는 칠주양 서쪽에서 북쪽으로 돌아 자오찌로 나아가는데 뱃길로 74경(약 148시간)이 걸린다. 칠주양은 해남도 만주(萬州)의 동남쪽에 위치해 있어 대체로 동남아시아[113]로 가는 경우 반드시 거쳐야 하는 경유지이다. 중국의 상선은 항해할 때 섬의 모양을 보고 표식을 삼는데, 칠주양은 망망대해

108　남오(南澳): 광동성 징해시(澄海市)에 위치하며, 광동성, 복건성, 절강성 세 성의 경계에 있다.

109　노만산(魯萬山): 노만산(老萬山), 만산(萬山), 만산군도(萬山群島), 만산열도(萬山列島)라고도 하는데, 주해(珠海) 동쪽에 위치한다. 포르투갈어로 라드로네스섬(Islas de los Ladrones), 즉 해적들의 섬으로 불리다 후에 마리아나제도로 이름이 바뀌었다.

110　대주두(大洲頭): 대주(大洲), 천하사(天河沙)라고도 한다. 지금의 해남성 만녕현(萬寧縣) 동남쪽에 위치한다.

111　칠주양(七州洋): 칠주는 해남도의 동북 해안에 속한 9개의 섬을 가리킨다. 이 섬들은 멀리서 보면 2개는 보이지 않고 7개 섬만 산처럼 보여 칠주산이라고도 한다. 이 칠주산 앞 바다를 칠주양이라고 하는데, 칠주산에서 서사군도에 이르는 대양을 칠주양으로 보는 설도 있다.

112　짬섬(Cù Lao Chàm): 원문은 '고필라산(呫哗羅山)'으로 되어 있으나, 『해국문견록』에 따라 '첨필라산(呫哗羅山)'으로 고쳐 번역한다. 짬섬은 베트남 꽝남성 호이안시에 위치한다.

113　동남아시아: 원문은 '남양(南洋)'으로, 지금의 동남아시아 일대 및 그 해역을 가리킨다.

로 기억할만한 도서가 없다. 동쪽으로 치우치면 만리장사(萬里長沙)[114]와 천리석당(千里石塘)[115]을 건드리게 되고, 서쪽으로 치우치면 꽝남만으로 흘러들어간다. 배가 이곳으로 흘러 들어가면 모두 두려움에 떤다. 바람이 아주 순조로우면 6~7일이면 이곳을 지나갈 수 있다. 칠주양에는 신조(神鳥)가 사는데 생김새는 바다기러기와 비슷하지만 조금 작고, 붉은 부리에 녹색 다리를 하고 있다. 길이가 2자쯤 되는 화살처럼 생긴 꽁지가 달려 있어, 이 새를 전조(箭鳥, 화살 새)라고 부른다. 배가 방향을 잃고 헤매기라도 하면 날아와서 길을 인도했다.

세상에 전하는 말에 따르면 홍모선(紅毛船)[116]은 안남을 가장 두려워해 감히 그 지역에는 가지도 않았다고 한다. 안남 사람들은 수영을 잘해서 홍모선이 출현하면 수백 명을 파견해 대나무 통을 짊어지고 가느다란 줄을 가지고 잠수해서 [홍모선의] 배 밑바닥에 못을 박게 했다. 멀리서부터 작은 배에 올라타서 홍모선을 끌어당기며 배가 좌초되기를 기다렸다가 불을 지르고 재물을 약탈했다. 누군가가 안남 사람들이 만든 작은 배를 알선(軋船)이라고 부르는데, 홍모선 밑바닥을 공격할 수 있기 때문에 서양인들이 그것을 두려워했다고 한다. 지금 살펴보건대 모두 그다지 명확하지는 않다. 대개 참파의 북쪽은 바다가 반달 모양으로, 바닷물이 만(灣)으로 굽이치면

---

114 만리장사(萬里長沙): 지금의 스프래틀리군도(Spratly Islands)로, 중국에서는 남사군도(南沙群島)라고 부른다.

115 천리석당(千里石塘): 지금의 파라셀제도(Paracel Islands)로, 남중국해에 떠 있는 수많은 산호 섬들이다. 중국에서는 서사군도(西沙群島)라고 부른다.

116 홍모선(紅毛船): 서양선박으로, 구체적으로는 네덜란드와 영국의 선박을 지칭한다.

물살의 기세가 상당히 거칠었다. 선박이 간혹 만의 안쪽으로 휩쓸려 들어올 경우, 서풍이 불지 않으면 밖으로 빠져나갈 수 없다. 홍모선이 흘러들어와 좌초되는 바람에 배 여러 척이 부서진 적이 있다. 그래서 지금까지 유럽인들은 바다를 지날 때 멀리 꽝남만이 보이면 매우 조심했다. 상선이 안남 안쪽의 항구에 들어오면, 원주민들이 작은 배에 줄을 묶어 상선을 견인했다. 이는 암초에 부딪쳐 좌초될까봐 우려해서이기도 하고 길을 안내한다는 구실에서였다. 중국 항구의 예인선은 도리어 적선을 파괴하는데 사용되었는데, 이치상으로도 그럴 법하다. 잠수해서 배 밑바닥에 못을 박는 일은 불가능한 일이다. 알선 건조의 경우 일찍이 도면이 있어서 그것을 본떠 제작해 바다에 띄워 본 적이 있는데, 일반 선박과 다르지 않았다. 풍문으로 들은 이야기[117]를 실제로 적용해보면 종종 사실과 다른데, 이 일 한 가지에만 그치지는 않는다.

팽호(澎湖)의 진사 채정란(蔡廷蘭)이 제생(諸生)이었을 때 바다를 건너다가 태풍을 만나 안남의 꽝응아이(Quảng Ngãi)[118]까지 표류해갔다. 그 나라 왕이 육로로 그를 돌려보내게 했는데, 꽝응아이에서 랑썬(Lang Son)[119]에 이르기까지 모두 안남의 14개 성(省)을 지나왔다. 가는 곳마다 복건과 광동 사람이 모여살고 있었으며, 그곳에서는 포장(庯長)을 두어 일처리를 했다. 복건 사람의 경우는 진강(晉康)·동안(同安) 사람이 가장 많았는데, 족히 10여만 명은 넘는 것 같았다. 그의 저서 『안남기정(安南紀程)』에서 이에 관해 더

---

117   풍문으로 들은 이야기: 원문은 '이식지담(耳食之談)'으로, 『사기(史記)』「육국년표서(六國年表序)」에 나온다. 귀동냥으로 들은 말의 진실여부를 가리지 않고 쉽게 믿는 것을 의미한다.

118   꽝응아이(Quảng Ngãi): 원문은 '광의(廣義)'로, 지금의 베트남 응에빈성(Nghệ Bình)에 위치한다.

119   랑썬(Lang Son): 원문은 '양산(諒山)'이다.

욱 상세하게 언급하고 있다.

　태국은 동남아시아의 대국이다. 북쪽으로는 운남과, 동쪽으로는 베트
남과, 남쪽으로는 대해와, 서남쪽으로는 관할 각 부락과, 서쪽으로는 미얀
마와, 서북쪽 모퉁이는 라오스와 경계하고 있다. 이 땅은 고대에는 북쪽
의 시암[暹][120]과 남쪽의 롭부리[羅斛][121] 두 왕국으로 나뉘어져 있었다. 시암
은 산이 많아 곡식이 부족하고, 롭부리는 물가에 위치해 양식이 풍족했다.
시암이 롭부리에게 항복하면서 합쳐져 태국[暹羅國]이 되었다. 이 나라에는
두 개의 큰 강이 있다. 메콩강(Mekong R.)[122]은 청해(青海)에서 발원해 운남을
거쳐 태국의 동북쪽 강역으로 들어갔다가 캄보디아에서 바다로 흘러들어
간다. 짜오프라야강(Mae Nam Chao Phraya)[123]은 운남의 이선강(李仙江)[124]·파변강
(把邊江)[125] 등의 강에서 발원해 시암의 북쪽 경내를 흘러 여러 강줄기가 합
류해 큰 강을 이루어 롭부리 남쪽 강역에 들어갔다가 바다로 유입된다. 해

120　시암: 원문은 '섬(暹)'이다. 태국 역사상의 수코타이 왕국을 가리키며 지금의 수코타이 일
　　　대에 위치한다. 수코타이 왕국은 1238년 짜오프라야강을 기반으로 북부태국에 세워진 국
　　　가이다.

121　롭부리: 원문은 '라곡(羅斛)'이다. 옛 땅은 지금의 태국 롭부리(Lop Buri) 일대에 위치한다. 롭
　　　부리는 『명사』에 보이는 아유타야 왕국으로, 1350년 라마티버디 1세가 창건한 태국 역사
　　　상 최장기 왕국이다.

122　메콩강(Mekong R.): 원문은 '난창강(瀾滄江)'이다.

123　짜오프라야강(Mae Nam Chao Phraya): 원문은 '미남하(湄南河)'로, 묵남강(默南江)이라고도 한다. 태
　　　국어로는 메남짜오프라야(Me Nam Chao Phraya)라고 하는데, '어머니 강(河流之母)'이란 뜻이다.

124　이선강(李仙江): 다강(Sông Đà)으로, 중국과 베트남 북서부에 위치한 강이다. 이 가운데 중국
　　　운남으로 흐르는 상류를 이선강이라고 하며, 일명 흑수하(黑水河, Black R.)라고도 한다.

125　파변강(把邊江): 강의 상류인 경동현(景東縣) 천하(川河)가 운남 녕이현(寧洱縣)으로 들어가 강
　　　이 주변을 흐른 데서 파변강이라 부른다. 녕이현과 묵강현(墨江縣)의 경계지역에 위치한다.

구는 코시창(Koh Sichang)[126]이다. 코시창에서 내항으로 들어가면 수도인 방콕(Bangkok)[127] 만국(萬國)이라고도 한다. 이 나오는데, 그 길이가 1천 몇 백리에 이른다. 수심이 깊고 넓어 서양선박도 드나들 수 있다. 큰 도시는 모두 해변에 위치하는데, 짠타부리(Canthaburi)[128]와 촌부리(Chonburi)[129]가 가장 유명하다. 옛 수도인 아유타야(Ayuthaya)[130]는 짜오프라야강 상류 연안 일대에 위치한다. 주민들은 모두 수상가옥에 살고 있고 중국인들은 기와집에서 사는데, 집이 서로 마주 보고 있으며, 원주민들은 모두 갈대와 풀로 엮은 집에 산다. 짜오프라야강은 물살이 완만하고 흩어져 있어 이 덕분에 논밭이 비옥하다. 농사철에 배를 타고 나가 씨를 뿌리고, 모종을 다 심으면 물이 들어오는데, 모가 물을 따라 자라기 때문에 번거롭게 김을 매거나 관개하지 않아도 되며 물이 빠지면 벼가 익는다. 쌀값이 너무 저렴해 쌀 1섬이 은 3전[131] 정도 되는데, 가끔씩 광동으로 가지고 가서 판매한다. 왕은 불상을 수놓은 화려한 옷을 입고, 몸에 장식용 금박을 붙였으며, 금으로 만든 기물을 사용하고 상련(象輦)을 탄다. 복건사람과 광동사람을 관리로 등용해 국사를 처리하고 재정을 담당하게 한다. 민간에서는 불교를 받들어 스님들이 집집마다 탁발을 하면 각 가정에서는 반드시 좋은 밥과 반찬을 보시했

126　코시창(Koh Sichang): 원문은 '죽서(竹嶼)'로, 지금의 방콕만 내에 위치한 시창(Sichang)이다.

127　방콕(Bangkok): 원문은 '만곡(曼谷)'이다.

128　짠타부리(Canthaburi): 원문은 '담지문(湛地門)'이다.

129　촌부리(Chonburi): 원문은 '만파쇄(萬巴曬)'로, 만불세(萬佛歲)라고도 한다.

130　아유타야(Ayuthaya): 원문은 '유지아(猶地亞)'로, 지금의 태국 시암(Siam)을 말한다.

131　3전: 원문은 '삼전(三錢)'이다. 원래는 '삼성(三星)'으로 되어 있으나, 『황청통고(皇淸通考)』 「사예문(四裔門)」의 "태국 조공 사절단의 말에 따르면 그 땅에서는 쌀이 아주 풍부해 은 2~3전으로 쌀 한 섬을 구매할 수 있다고 한다(暹羅國貢使, 言其地米甚饒裕, 銀二三錢可買稻米一石)."라는 문장에 근거해 고쳐 번역한다.

다. 먹고 남으면 새에게 먹이로 주었는데, 이렇게 해서 스님들은 직접 불을 지펴 밥 짓는 일이 없었다. 또한 이들은 스님의 주술을 잘 믿었는데, 공인 (共人)이라는 스님들은 주술에 뛰어나 칼로도 상하게 할 수 없었기에, 왕은 이들을 양성해 근위병으로 삼았다. 법을 어겨 벌을 내릴 때 스님에게 주술로 풀이하고 난 뒤에야 비로소 형벌을 집행했다. 서쪽 경내에 위치한 대도시 모타마(Mottama)[132]와 남쪽 경내에 위치한 대도시 랑군(Rangoon)[133]은 모두 부유하기로 이름난 지역이다. 나라의 서남쪽에 위치한 차이야(Chaiya)[134]·나콘(Nakhon)[135]·싱고라(Singgora)[136]·빠따니(Patani)[137]·클란탄(Kelantan)[138]·트렝가누(Trenganu)[139] 등은 모두 태국의 속국이다. 이 땅에서는 은·납·주석·침향·속향(速香)[140]·강진향[141]·상아·무소뿔·오목·소목·용뇌향[142]·물총새 깃털·소뿔·

132   모타마(Moktama): 원문은 '마이대만(馬耳大萬)'으로, 마이타만(麻爾打蔓), 모탑마(莫塔馬)라고 도 한다. 옛 이름은 마르타반(Martaban)이다.

133   랑군(Rangoon): 원문은 '날군(剌郡)'으로, 랑곤(郎昆), 양광(仰光)이라고도 한다. 미얀마의 옛 수도 양곤의 옛 지명이다.

134   차이야(Chaiya): 원문은 '사자(斜仔)'이다.

135   나콘(Nakhon): 원문은 '육곤(六昆)'이다. 고대 항구 이름으로, 육곤(六坤), 나공시탐마력(那空是貪瑪叻), 락곤부(洛坤府)라고도 한다.

136   싱고라(Singgora): 원문은 '송잡(宋卡)'으로, 송거로(宋腒勝)라고도 하는데, 오늘날의 싱가포르를 지칭한다.

137   빠따니(Patani): 원문은 '대년(大哖)'이다.

138   클란탄(Kelantan): 원문은 '길련단(吉連丹)'으로, 길란단국(吉蘭丹國)이라고도 한다. 옛날 국명으로, 말레이시아를 구성하는 13개의 주 가운데 하나이다.

139   트렝가누(Trenganu): 원문은 '정갈노(丁噶奴)'이다. 정가라국(丁加羅國), 정가노(丁咖呶), 정가로(丁家盧), 정가라(丁咖羅), 정기노(丁叽呶)라고도 한다.

140   속향(速香): 향목(香木)의 하나로, 황열향(黃熟香)을 말한다.

141   강진향: 원문은 '강향(降香)'이다. 인도나 중국에서 재배되며, 맛이 맵고 성질이 따뜻하다. 진통 효능이 있고, 타박상, 부스럼을 치료하는데 이용된다.

142   용뇌향: 원문은 '빙편(冰片)'이다. 용뇌수(龍腦樹)에서 나오는 무색투명한 결정체로, 서룡뇌

사슴힘줄·등자리·가문석·등황·대풍자(大楓子)[143]·두구·해삼·제비집·해초가 난다. 조공할 때는 바닷길로 광동에 온다.

『천하군국이병서』에 다음 기록이 있다.

태국은 원래 시암과 롭부리 두 왕국으로 분리되어 있었는데, 고대 적토국(赤土國)[144]과 파라찰(婆羅刹)[145]의 땅에 해당한다. 시암의 토양은 척박해서 농사짓기에 마땅치 않은 반면, 롭부리의 땅은 넓고 평평해 대부분 농사를 지었는데, 시암 사람들은 매년 롭부리에게 쌀을 공급받아 먹고 산다. 수나라 대업(大業)[146] 3년(607)에 둔전주사(屯田主事)[147] 상준(常駿)[148] 등은 남해군(南海郡)[149]에서 배를 타고 적토국에 사신으로 갔는데, 적토국은 지금에 이르기

(瑞龍腦), 매화뇌자(梅花腦子), 매편(梅片), 매빙(梅氷) 등등으로도 불린다. 향료의 원료로 쓰거나 식중독, 토사곽란의 치료제로 사용된다.

143 대풍자(大楓子): 상록 교목으로 대풍자 씨에서 얻는 황색 지방유는 문둥병, 매독의 치료제로 사용된다.

144 적토국(赤土國): 실리불제(室利佛逝), 삼불제(三佛齊)라고도 하며, 실리불제는 산스크리트어 스리바자야(Sri Vijaya)의 음역이다. 스리비자야는 현재 인도네시아의 팔렘방에 근거를 둔 나라이다.

145 파라찰(婆羅刹): '파라찰'은 『수서(隋書)』의 '파라사(婆羅娑)'를 오역해서 나온 명칭으로, 지금의 인도네시아 수마트라섬의 서북부에 위치한다.

146 대업(大業): 수나라 양제(煬帝) 양광(楊廣)의 연호(605~618)이다.

147 둔전주사(屯田主事): 공부(工部)의 말단 속관으로, 둔전주사(屯田主事) 2인 이외에 우부주사(虞部主事) 2인, 수부주사(水部主事) 2인이 있다.

148 상준(常駿): 수나라 때의 외교가로, 양제 때 둔전주사를 지냈다.

149 남해군(南海郡): 지금의 광주(廣州)이다.

까지 적미(赤眉)[150]의 후손으로 와전되고 있다. 원나라 원정(元貞)[151] 초에 시암에서 사신을 보내 조공했다. 지정(至正)[152]연간에 시암이 롭부리에게 항복함으로써 두 나라는 합쳐져 하나의 나라가 되었다. 명나라 홍무 초에 사신을 보내 조공하면서 금엽표(金葉表)[153]를 진상했다. 홍무 7년(1374)·9년(1376)·20년(1387)에 모두 조공했다. 홍무 28년(1395)에 환관[154] 조달(趙達)·송복(宋福) 등을 태국에 보내 전임 왕에게 제사지내고 후계자에게 무늬비단을 하사했다. 영락(永樂)[155] 원년(1403)에 사신을 보내 왕의 즉위를 축하하자, 이때부터 끊이지 않고 들어와 조공했다. 영락 17년(1419)에 사신을 보내 그 국왕을 효유하면서 만랄가(滿剌加) 믈라카(Melaka)[156]이다. 와 평화롭게 지낼 것을 당부했다. 영락 19년(1421)에 태국에서 사신을 보내 방물을 바치고 믈라카를 침입한 일을 사죄했다. 정통(正統)[157]연간에서부터 가정(嘉靖)[158]연간에 이르기까

---

150 적미(赤眉): 왕망의 시대에 번숭(樊崇) 등이 일으킨 농민 반란군인 적미군(赤眉軍)을 말하는데, 여기서는 바로 그들의 후손으로 오인하고 있음을 의미하고 있다.

151 원정(元貞): 원나라 성종(成宗)의 첫 번째 연호(1295~1297)이다

152 지정(至正): 원나라 혜종(惠宗)의 세 번째 연호(1341~1368)이자 원나라의 마지막 연호이다.

153 금엽표(金葉表): 청나라의 속국들이 황제에게 바치던 문서의 호칭으로, 금박(金箔)을 입힌 표문을 말한다.

154 환관: 원문은 '내신(內臣)'이다. 시인(寺人)·엄관(閹官)·엄인(奄人)·태감(太監)·내감(內監)·내관(內官)·내수(內豎)·중관(中官)·환시(宦寺)·환자(宦者)·황문(黃門) 등으로도 불리는데, 한국에서는 내시(內侍)라고 했다.

155 영락(永樂): 명나라 제3대 황제 성조(成祖) 주체(朱棣)의 연호(1402~1424)이다.

156 믈라카(Melaka): 원문은 '마라갑(麻剌甲)'이다.

157 정통(正統): 명나라 제6대 황제 영종(英宗) 주기진(朱祁鎮)의 연호(1436~1449)이다. 다만 영종은 제8대 황제로 다시 복위해서 연호를 천순(天順)(재위 1457~1464)이라고 했기 때문에 천순제라고도 불린다.

158 가정(嘉靖): 명나라 제11대 황제 세종(世宗) 주후총(朱厚熜)의 연호(1522~1566)이다.

지 상시적으로 조공했다고 한다. 살펴보건대 태국은 청나라가 건립된 이래로 더욱 삼가 공손하게 조공했다. 건륭(乾隆)[159]연간에 나라가 미얀마에게 멸망당했으나 얼마 지나지 않아 수복했다. 전임 왕은 후사가 없어 피아딱신[160] 피아딱신은 중국인이다. 을 추대해 왕으로 삼았다. 그의 아들 라마 1세(Rama I)[161]가 뒤를 이어 왕이 되자 작위를 내려 태국 국왕에 봉했으며 지금에 이르기까지 존속하고 있다. 태국은 남쪽 오랑캐 지역의 대국으로, 베트남[안남]·미얀마를 사이에 두고 있으며, 중국과의 접경지대는 오직 운남성[162] 변경의 한쪽 구석뿐이다. 따라서 옛날부터 중국의 변경지역을 차지한 일도 없으며 삼가 조공을 하고 있다. 원·명에서부터 지금의 청대에 이르기까지 500~600년 동안 바뀐 것이 없으니 침략도 반역도 하지 않은 신하의 나라라 할 수 있다.

『해국문견록』에 다음 기록이 있다.

하문에서 태국까지 가는 뱃길은 다음과 같다. 칠주양을 지나면 레섬(Cù Lao Ré)[163]이 보이고, 남쪽을 향해 가면 혼쩨섬(Hon Tre Island)[164]·꾸라오싼섬(Cù

---

159 건륭(乾隆): 청나라 제6대 황제 고종 애신각라홍력(愛新覺羅弘曆)의 연호(1736~1795)이다.

160 피아딱신: 원문은 '정소(鄭昭)'이다. 조주(潮州)출신의 화교로 톤부리 왕조의 유일한 국왕이다. 1767년 아유타야 왕조의 몰락 이후 점령군인 미얀마군을 몰아내고 태국을 해방시킨 군주로서 태국 국민들에게는 '딱신 대왕'으로 추앙받고 있다. 딱신(재위 1767~1782)은 톤부리에 도읍을 정하고 미얀마의 침공을 물리쳤으며 라오스의 왕조였던 란나 왕국을 합병했고 캄보디아도 합병했다. 그의 중국 이름은 본래 정신(鄭信)이었으나 양광총독에게 보낸 서신에서 자신을 정소(鄭昭)라고 칭했다.

161 라마 1세(Rama I): 원문은 '정화(鄭華)'이다. 짜끄리왕조의 창시자인 짜오프라야짜끄리 즉 라마1세는 피아딱신의 장군으로, 그의 아들이 아니다.

162 운남성: 원문은 '전성(滇省)'이다.

163 레섬(Cù Lao Ré): 원문은 '외라산(外羅山)'으로, 베트남 중부 꽝동(Quảng Đông)군도에 위치한다.

164 혼쩨섬(Hon Tre Island): 원문은 '대모주(玳瑁洲)'로, 베트남의 빈딘성 동북쪽에 위치한다.

lao Xanh)[165]이 보이고, 꼰선섬(Đảo Côn Sơn)[166]이 보이며, 서쪽으로 치우쳐 혼코아이섬(Đảo Hòn Khoai)[167]과 혼쭈오이섬(Đảo Hòn Chuối)[168]이 보인다. 서북쪽으로 돌아 크람섬(Khram)[169]를 거쳐 북쪽으로 가면 코시창에 도착하는데 총 188경(약 376시간)이 걸린다. 코시창에 입항해서도 40경을 더 가면 도성인 방콕[170]에 도착하는데, [하문에서 태국까지] 뱃길로 총 228경(456시간)이 소요된다. 반면 하문에서 캄보디아까지는 뱃길로 겨우 113경(226시간)밖에 안 걸리는데, 어찌하여 서로간의 거리가 이렇게 차이가 나는가? 그것은 아마도 캄보디아의 남쪽 바다가 모두 진흙탕이기 때문이다. 그래서 그 이름도 까마우(Ca Mau)[171]라 지었던 것이다. 아래쪽으로는 빤장섬(Pulau Panjang)[172]·와이섬(Pulau Wai)[173]과 붙어 있어서 바깥쪽으로 돌아가기 때문에 길이 멀다.

태국에는 복건 사람과 광동 사람이 흘러 들어와 많이 살고 있고, 그중에서도 광동 사람이 더 많은데, 거의 원주민의 6분 1 정도가 거주한다. 개

---

165 꾸라오싼섬(Cù lao Xanh): 원문은 '압주(鴨洲)'로, 대압주(大鴨洲)라고도 한다. 지금의 꾸이년 항 동쪽에 위치한다. 섬의 모양이 오리처럼 생긴데서 나온 이름이다. 다만 압주는 홍콩의 북쪽에 위치한 압차우(Ap Chau)로 보기도 하는데, 여기서는 이미 레섬을 지났기 때문에 위치상 꾸라오싼섬으로 보는 것이 타당하다.

166 꼰선섬(Đảo Côn Sơn): 원문은 '곤륜(昆侖)'으로, 베트남 남부 꼰다오제도(Côn Đảo)에 위치한 섬이다.

167 혼코아이섬(Đảo Hòn Khoai): 원문은 '대진서(大眞嶼)'로, 지금의 베트남 남쪽 해안 밖에 위치한다.

168 혼쭈오이섬(Đảo Hòn Chuối): 원문은 '소진서(小眞嶼)'로, 지금의 코친차이나에 위치한다.

169 크람섬(Khram): 원문은 '필가산(筆架山)'으로, 지금의 태국 방콕만에 위치한다.

170 방콕: 원문은 '만국(萬國)'이다.

171 까마우(Ca Mau): 원문은 '란니미(爛泥尾)'로, 지금의 베트남 남쪽 끝단에 위치한다.

172 빤장섬(Pulau Panjang): 원문은 '대횡산(大橫山)'으로, 지금의 코친차이나 토추섬(Đảo Thổ Chu)이다.

173 와이섬(Pulau Wai): 원문은 '소횡산(小橫山)'으로, 지금의 코친차이나에 위치한다.

중에는 바닷길로 온 사람도 있고, 흠주(欽州)의 왕광(王光) 십만대산(十萬大山)[174]에서 월남 경내를 통과해 온 사람도 있었다. 이 땅은 넓은 강역에 인구가 희박한 반면 전답이 아주 비옥해 경작과 수확이 용이했기 때문에 이곳으로 몰려드는 이들이 많았다. 그러나 이 나라에는 악기(惡氣)가 많아서 부적과 주술을 신봉했으며, 풍속과 정치는 안남에 훨씬 못 미쳤다. 아마도 안남이 일찍부터 중국의 판도에 예속되어 점차 중국의 문물제도[175]에 교화된 반면 태국은 오랜 세월동안 변방지역[176]에 살면서 산을 넘고 물을 건너[177] 중국에 겨우 왔으니, 그 차이가 큰 것도[178] 당연하다.

---

174 십만대산(十萬大山): 원문은 '십만산(十萬山)'이다. 십만대산은 분모령(分茅嶺)이라고도 하는데, 『해국문견록』에 실린 지도의 설명에 따르면 광동과 광서의 경계지역에 위치한다. 또한 '십만'은 장족언어로 '적벌(適伐)'로, '적벌대산'은 '하늘에 닿을 만큼 높은 산'을 의미한다.

175 문물제도: 원문은 '거서(車書)'이다. 『중용(中庸)』에 따르면, "지금 천하는 같은 폭의 수레를 쓰고 같은 문자를 쓴다(今天下車同軌, 書同文)."라는 문장이 있다. 천하에서 사용하는 수레의 바퀴 폭이 같고, 같은 문자를 쓴다는 것은 문물제도와 천하가 통일되었음을 의미한다. 후에 '거서(車書)'는 나라의 문물제도를 가리키는 말로 사용되었다.

176 변방지역: 원문은 '황복(荒服)'이다. 고대 오복(五服)의 하나로, 도성에서 거리가 2천 리 혹은 2500리 떨어진 변방지역을 가리킨다. 중국은 상고시대에 왕기(王畿)를 중심으로 5백 리마다 차례로 구역을 다섯 개 즉 오복으로 구분했는데, 전복(甸服)·후복(侯服)·수복(綏服)·요복(要服)·황복이 그것이다.

177 산을 넘고 물을 건너: 원문은 '제항(梯航)'이다. 험한 산길에서는 사닥다리를 놓아 타고 오고, 물에서는 배를 타고 건너왔다는 말이다.

178 차이가 큰 것도: 원문은 '경정(逕庭)'이다. '경(逕)'은 문 앞에 나있는 길이고, '정(庭)'은 집안의 뜰을 가리키는 말로, 『장자(莊子)』「소요유(逍遙遊)」에 보면, 견오(肩吾)가 연숙(連叔)과 나누었던 대화에서 나온 말이다. "난 접여(接輿)라는 사람에게서 이야기를 듣는데, 그의 이야기는 터무니가 없고 앞으로 나갈 줄만 알았지 돌아올 줄을 몰랐소. 나는 그의 이야기가 은하수처럼 끝이 없을까봐 매우 놀랐었소. 마치 문 앞의 길과 집 앞의 뜰 만큼이나 큰 차이가 있어서, 보통 사람들의 생각과는 같지 않았소(大而無當, 往而不反. 吾驚怖其言猶河漢而無極也. 大有逕庭, 不近人情焉)." 경정은 위치가 각자 달라 차이가 아주 큼을 비유한 말이다.

미얀마는 일명 아와(阿瓦)[179]로, 아와는 종족 이름이다. 남쪽 오랑캐지역의 대국이다. 북쪽으로는 야만족과, 동북쪽으로는 운남·라오스와, 동쪽으로는 태국과 경계하고, 서남쪽으로는 인도양과, 서북쪽으로는 동인도와 인접해 있으며, 수도는 운남성에서 38일 여정이다. 카까보라지산(Hkakabo Razi)[180]이 있고, 살윈강(Salween R.)[181]이 있는데, 살윈강[怒江]은 일명 노강(潞江), 대금사강(大金沙江)[182]이라고도 한다. 살윈강은 전장에서 발원해 운남을 거쳐 미얀마의 경내로 들어가는데 강폭이 5리나 되어 미얀마 사람들은 이를 의지해 요충지로 삼았다. 풍속이 사납고 천성적으로 거짓말을 잘 한다. 오두막집을 지어 살고 있고 코끼리와 말로 경작하며 배와 뗏목으로 강을 건넌다. 국왕에게 올리는 글은 금박지에, 그 다음은 종이에, 그 다음은 빈랑 잎에 썼는데, 이를 일러 면서(緬書)라고 한다. 남자들은 수영을 잘하고, 정수리 앞까지 상투를 틀고 청백색의 천으로 머리를 둘렀으며, 여자들은 정수리 뒤쪽까지 머리를 틀었다. 부처를 모시고 스님을 존경해 큰 일이 있으면 부처를 안고 맹세하며, 스님에게 물어본 뒤에야 결정한다. 미얀마에는 5개의

---

179 아와(阿瓦): 중국 소수민족의 하나인 태족(傣族)이 세운 나라 아와국을 말한다. 라오스와 베트남, 타이, 미얀마에까지 걸쳐 분포하며, 타이루, 타이 등으로 불리고 있다.

180 카까보라지산(Hkakabo Razi): 원문은 '소표산(小豹山)'이다. 히말라야 산맥 끝자락에 위치하는 미얀마의 최고봉인 카까보라지산으로 추정된다.

181 살윈강(Salween R.): 원문은 '노강(怒江)'이다. 중국의 노강은 미얀마로 유입된 후에는 살윈강으로 칭해진다.

182 대금사강(大金沙江): 이라와디강(Irrawaddy R.)으로, 미얀마 중앙을 흐르는 강이다.

목성(木城)이 있는데, 카운톤(Kaungton),[183] 타가웅(Tagaung),[184] 말레(Male),[185] 만달레이(Mandalay),[186] 파간(Pagan)[187]이 그것이고, 국왕은 파간에 거처한다. 그 왕 떠빈슈웨티(Tabinshwehti)[188]는 과거 운남을 경유해 들어와 조공했다. 그에 앞서 영국은 동인도 여러 도시를 잠식한 뒤 장차 미얀마 경계까지 다가왔다. 도광 4년(1824)에 미얀마 국왕이 대군을 인솔해 영국을 맞받아치자 영국이 대패했다. 얼마 뒤 영국인들이 배를 타고 내항 살윈강 하구이다. 으로 침입하자 미얀마 사람들은 힘을 다해 싸웠으나 포화에 놀라 무너지고 말았다. 영국 군대가 수도로 압박해 들어오자 왕은 부득이 강화하고 해변의 넓은 땅을 할양해, 영국의 부두가 들어섰다. 그 서남쪽에는 마르타반(Martaban),[189]

---

183 카운톤(Kaungton): 원문은 '강두(江頭)'이다. 미얀마 북부 바모(Bhamo) 부근의 '광동(光東)'이라는 작은 마을로 중국인들은 '노가(老街)'라고 부른다. 중국의 사서에서 말하는 '노관둔(老官屯)'이다. 원명시대에는 '강두성'이라 불렀다.

184 타가웅(Tagaung): 원문은 '태공(太公)'으로, 고대의 성 이름이다. 여기서는 '대공(大公)'이라 잘못 표기되어 있어 『신원사(新元史)』에 의거해 고쳐 번역한다.

185 말레(Male): 원문은 '마래(馬來)'로, 미얀마의 고대 성 이름이다. 옛 땅은 지금의 미얀마 만달레이와 모곡(Male) 사이의 이라와디강변에 위치한다. 고대 운남성에서 미얀마를 경유해 해상무역을 할 때 반드시 지나가야하는 필수 경유지이다.

186 만달레이(Mandalay): 원문은 '안정국(安正國)'으로, 아진국(阿眞國), 아점국(阿占國)이라고도 한다. 고대의 성 이름으로, 고대 운남성에서 미얀마를 경유해 해상무역을 할 때 반드시 지나가야하는 필수 경유지이다.

187 파간(Pagan): 원문은 '포감면왕성(蒲甘緬王城)'으로, 9~13세기에 이르는 미얀마의 파간왕조의 도성 파간을 가리킨다.

188 떠빈슈웨티(Tabinshwehti): 원문은 '달라와지(達喇瓦底)'로, 달라와디를 가리킨다. 달라는 전대 왕의 후손이 없을 때 현명한 사람을 왕위에 세우고 달라라고 불렀다. 떠빈슈웨티는 어려서 퉁구의 외가로 도주해 그곳에서 성장했으며, 후에 퉁구 왕조(Toungoo dynasty, 東籲)를 세웠다.

189 마르타반(Martaban): 원문은 '마이달반(馬爾達般)'으로, 지금의 미얀마 모타마(Mottama)이다.

다웨이(Tavoy)[190]가 있고, 서북쪽에는 아라칸(Arakan)[191]이 있다. 미얀마 사람들은 보복할 뜻을 지니고 있지만, 아직 움직이지 않고 있다. 영국의 신개척지인 아삼(Assam)[192]은 미얀마 서북쪽에 위치하며, 본토 원주민의 땅은 영국이 동인도에서부터 빼앗고 들어와 차지했다. 『오인도도설(五印度圖說)』에 자세히 보인다.

남장(南掌) 일명 남장(纜掌)이라고도 하는데 바로 라오스[老撾]이다. 은 북쪽으로는 운남과, 동쪽으로는 태국과, 서남쪽으로는 미얀마와 경계한다. 영토가 아주 협소하며, 원래는 미얀마의 한 지역이었다. 청나라 때 귀순해 와 잘 훈련된 코끼리[馴象]를 바쳤다.

『천하군국이병서』에 다음 기록이 있다.

미얀마 사람들은 고대의 주파국(朱波國) 사람이다. 한나라는 서남쪽 오랑캐와 왕래한 뒤로 그들을 탄국(撣國)이라 불렀다. 당나라 때는 표국(驃國)이라고 했고, 송원시대에는 면국(緬國)이라 불렀다. 영창부(永昌府)[193]에서 서남쪽으로 산천이 이어져 있고, 길이 멀고 막혀 있는 데서 면(緬)이라 이름 지었다. 한나라 화제(和帝) 영원(永元) 5년(93)에 탄국의 왕 옹유조(雍由調)[194]가 변경을 거쳐 진기한 보물을 진상해 와서, 화제가 인수(印綬)를 하사했다.

---

190 다웨이(Tavoy): 원문은 '달왜(達歪)'로, 지금의 미얀마 일대에 위치한다.

191 아라칸(Arakan): 원문은 '아객라(阿喀喇)'로, 아객랄(阿喀剌)이라고도 한다.

192 아삼(Assam): 원문은 '아살밀(阿薩密)'이다.

193 영창부(永昌府): 중국 고대의 행정구역으로, 지금의 운남성 보산시(保山市)에 위치한다.

194 옹유조(雍由調): 원문은 '옹요조(雍繇調)'이다. 『후한서』「남만서남이열전(南蠻西南夷列傳)」에 근거하여 '옹유조'로 고쳐 번역한다. 한나라 영녕 2년(121) 안제 때 탄국왕 옹유조가 사신을 보내 대궐에서 하례를 올리자, 안제는 옹유조를 한대도위(漢大都尉)에 봉했다.

안제(安帝) 영원(永甯) 원년(120)에 사신을 보내 하례를 올리면서 악인(樂人)과 환인(幻人)을 진상했다. 당나라 덕종(德宗) 18년(802)에 표국의 왕 옹강(雍羌)은 동생 실리이(悉利移)[195]를 보내 입조해 그 나라의 음악을 헌상했는데, 곡이 모두 범패로 된 경론(經論)이었다. 헌종(憲宗) 원화(元和)[196] 원년(806), 의종(懿宗) 함통(咸通) 3년(862)[197]에 모두 사신을 보내 조공했다. 송나라 휘종(徽宗) 숭녕(崇甯) 4년(1105)에 미얀마에서 흰 코끼리를 바쳐왔다. 숭녕 5년(1106)에 파간 지금의 미얀마 수도이다. 에서 조공했다. 고종(高宗) 소흥(紹興)[198] 연간에 모두 들어와 조공했다. 원나라 세조 지원 연간에 티베트를 거쳐 그곳을 세 차례 토벌했다. 후에 수도 파간에서 핀야(Pinya)[199] 등지에 이르기까지 선위사사(宣慰使司)[200]를 설치했다. 명나라 홍무연간에 비로소 복종했다. 영락연간에 한림(翰林) 장홍(張洪)을 그 땅에 사신으로 보냈다. 정통연간에 선

---

195 실리이(悉利移): 인명이 아닌 고대 표국(驃国)의 성 이름으로 보기도 한다. 실리성(悉利城)이 라고도 하며, 성주는 쉐난도(Shwenadaw, 舒難陀)로, 표국 국왕 옹강의 동생이다. 당나라 정원 18년에 국악을 당나라에 바쳤다.

196 원화(元和): 당나라 헌종(憲宗) 이순(李純)의 연호(806~820)이다.

197 함통(咸通) 3년(862): 원문은 '태화(太和) 6년'으로 되어 있으나, 『천하군국이병서』에 따라 고 쳐 번역한다.

198 소흥(紹興): 송나라 고종 조구(趙構)의 연호(1131~1162)이다.

199 핀야(Pinya): 원문은 '방아(邦牙)'로, 방아(邦芽), 빈아(彬牙)라고도 한다. 미얀마 핀야왕의 수 도로 아와 부근에 위치한다. 1313년에 아와왕(Thihathu of Ava, 梯訶都)이 핀야에 나라를 세우 면서 동시에 수도가 되어 1364년까지 존속했다. 1364년 미얀마 북부 탄족(撣族)의 침략을 받아 멸망했다.

200 선위사사(宣慰使司): 원나라 때 설치된 관직으로, 선위사(宣慰使) 또는 선위사도원수부(宣慰 司都元師府)라고도 한다. 선위사는 군의 만호부를 겸직해서 군민의 사무를 아울러 처리했 고, 관할 군현의 사정을 행성에 전달하거나 행성의 사정을 군현에 전달하는 업무를 관장 해서 행성과 군현을 연결하는 역할을 했다.

위사 망차차(莽次剳)가 녹천(麓川)[201]의 역도 사임발(思任發)·사기발(思機發)[202]을 사로잡아 명나라에 바치고 영토를 바쳤다. 가정연간 초에 맹양(孟養)[203]의 사륜(思倫)[204]과 맹밀(猛密)[205]의 사진(思眞)[206]이 연합해 미얀마를 침략해 슈웨난캬우신(Shwenankyawshin)[207]을 죽였다. 미얀마가 명나라 조정에 이 사실을 알려왔기에 관리를 파견해 사륜과 사진을 나무랐지만 말을 듣지 않았다. 가정연간에 슈웨난캬우신의 차자 떠빈슈웨티[208]가 퉁구(Toungoo)[209]에서 기병해 다시 그 땅을 수복했다. 동쪽으로는 남장(纜掌) 라오스이다. 을 격파하고 남쪽으로는 토아(土噁) 태국 땅이다. 를 빼앗고 치앙마이[210]를 치고, 차리

---

201 녹천(麓川): 지금의 운남성 서려현(瑞麗縣)과 원정진(畹町鎭) 등의 지역으로 미얀마와 인접해 있다. 원나라 때 이 지역에 선위사사를 설치했는데, 명나라 태조가 운남을 평정한 후 홍무 17년(1384)에 군민선위사사(軍民宣慰使司)를 설치하고 이 지역의 우두머리를 선위사(宣慰使)로 삼았다.

202 사임발(思任發)·사기발(思機發): 원문에 '발(發)'자가 빠져 있어 『명사』에 근거해 고쳐 번역한다. 두 사람은 운남성 녹천 토사로, 명나라에 반란을 일으켰다가 체포되어 북경에 압송되었다.

203 맹양(孟養): 고대 탄족(撣族)이 세운 모닌(Mohnyin) 왕국으로, 미얀마 카친 주(Kachin State, 克欽邦) 서남부 일대이다.

204 사륜(思倫): 사록(思祿)이라고도 하는데, 모닌 왕국의 사울론(Sawlon)이다. 사울론(1486~1533)은 16세기 초 샨주 모닌의 사오파이다.

205 맹밀(猛密): 미얀마 샨주(Shan)의 모메익(Momeik)이다.

206 사진(思眞): 맹밀장관사(猛密長官司)의 장관이다.

207 슈웨난캬우신(Shwenankyawshin): 원문은 '망기세(莽紀歲)'로, 아와의 국왕 밍키니오왕(재위 1502~1527)을 말한다. 1527년에 센위, 모메익과 연합한 맹양의 추장 사륜의 침공을 받아 죽었다.

208 떠빈슈웨티: 원문은 '망서체(莽瑞體)'이다.

209 퉁구(Toungoo): 원문은 '동오(洞吾)'로, 중국 역사에서는 동오(冬烏)·동호(東胡)·저올랄(底兀剌)·동오(洞烏)·동무(洞武)·만동우(蠻東牛) 등으로 적고 있다.

210 치앙마이: 원문은 '경매(景邁)'이다. 태국 북서부에 위치한 고도로, 1296~1556년까지는 란나 타이국(Lan Na Thai)의 수도였고 1776년에 태국의 영토로 영입되었다.

(車里)[211]를 굴복시키고, [맹양의] 사고(思個)를 사로잡고 [목방의] 한발(罕拔)[212]을 궤멸시켰으며, 세 명의 선위사를 끌어들여 서남의 패자가 되었다. 떠빈슈웨티가 죽자 바인나웅(Bayinnaung)[213]이 그 뒤를 계승했다. 만력(萬曆) 13년(1585)에 집안 동생 타도민서(Thado Minsaw)[214]가 귀순해왔다. 바인나웅이 노해 타도민서를 공격하자 타도민서가 등월주(騰越州)[215]로 달아났다. 이로부터 누차 변방의 우환거리가 되었으며, 운남성[216]은 이 때문에 소란스러웠다. 후에 태국에게 침공당해 내침할 겨를이 없었다고 한다. 내가 살펴보니 운남성 여러 남만 부락은 바로 한나라 때 변경 밖[217]의 서남쪽 오랑캐로, 종족이 아주 많다. 명나라 초에 차리, 목방(木邦),[218] 팔백대전(八百大甸),[219] 로과,[220] 맹양, 면전[221]의 6개 지역에 선위사사(宣慰使司)를 설치했는데, 이른바 진남육위(滇南六慰)라는 것이다. 후에 더 늘여서 10개

---

211 차리(車里): 토사(土司) 명칭으로, 관청 소재지는 지금의 운남성 경홍시(景洪市)에 위치한다.

212 한발(罕拔): 한발(?~1582)은 명나라 운남 목방선위사사(木邦宣慰使司) 토사를 말한다.

213 바인나웅(Bayinnaung): 원문은 '응리(應里)'이다. 바인나웅은 재위기간(1551~1581) 동안 여러 차례 명나라를 공격했다.

214 타도민서(Thado Minsaw): 원문은 '망작(莽灼)'이다. 타도민서(1531~1584)는 명대 퉁구 사람이자 떠빈슈웨티의 집안동생으로, 아와왕에 봉해졌다.

215 등월주(騰越州): 운남성 서부 변경의 미얀마와 인접한 곳으로, 중국에서 동남아시아 여러 나라로 통하는 교통의 요지이다.

216 운남성: 원문은 '전남(滇南)'이다.

217 변경 밖: 원문은 '요외(徼外)'이다.

218 목방(木邦): 센위(Hsenwi)로, 지금의 미얀마 동부에 위치한다.

219 팔백대전(八百大甸): 란나 타이국(Lan Na Thai)으로, 1291~1892년 동안 태국의 태북(泰北) 지역을 다스렸던 나라이다. 각 지역의 우두머리가 아내 8백 명을 데리고 각각 성채 하나씩을 관할한데서 나온 이름이다.

220 로과: 일반적으로는 라오스를 지칭하지만 여기서는 지금의 라오스 루앙프라방(Luang Prabang)을 가리킨다.

221 면전: 일반적으로는 미얀마를 지칭하지만 여기서는 미얀마 아와를 가리킨다.

의 선위사사가 되었다. 이 외에도 맹정(孟定)[222]·맹간(孟艮)[223]·위원(威遠)[224]·만전(灣甸)[225]·진강(鎮康)에 토부주(土府州)를 설치하고, 남전(南甸)[226]·간애(干崖)[227]·농천(隴川)[228]·경마(耿馬)[229]·맹밀·만막(蠻莫)[230]·노강(潞江)[231]에 선무사(宣撫司)를 설치하고, 망포(芒布)[232]·맹련(孟璉)[233]·다산(茶山)[234]·이마(里麻)[235]·유올(鈕兀)[236]에 장관사(長官司)를 설치했다. 그 뒤

---

222 맹정(孟定): 역대로 토사가 다스리던 지역으로 지금의 운남성 경마태족와족자치현(耿馬傣族佤族自治縣)에 해당한다.

223 맹간(孟艮): 지금의 미얀마 동북부, 중국의 운남성, 태국의 교차지에 해당한다.

224 위원(威遠): 명나라 홍무 15년(1382)에 설치되었으며, 관청소재지는 지금의 운남성 경곡현(景谷縣) 경내에 위치한다.

225 만전(灣甸)·진강(鎮康): 지금의 운남성에 위치한다.

226 남전(南甸): 관할 소재지는 지금의 운남성 양하현(梁河縣)에 위치한다. 간애, 농천과 더불어 삼선(三宣)이라 불린다.

227 간애(干崖): 명나라 영락 원년(1403)에 설치되어 운남도사(雲南都司)의 관할아래에 있었다. 관청소재지는 지금의 운남성 영강현(盈江縣) 동쪽에 위치한다.

228 농천(隴川): 명나라 정통 11년(1446)에 설치되어 운남포정사의 지배하에 있었다. 관청소재지는 지금의 운남성 농천현 서남쪽에 위치한다. 이곳은 중국의 서남부 변경 지역으로 미얀마의 산천과 이어져 있다.

229 경마(耿馬): 명나라 만력 13년(1585)에 설치되었으며, 관청소재지는 지금의 운남성 경마현에 위치한다.

230 만막(蠻莫): 옛날 토사 이름이다. 명나라 만력 13년(1585)에 맹밀 북부 지역을 분리하고 안무사를 두었다. 지금의 미얀마 바모(Bhamo) 일대에 해당한다.

231 노강(潞江): 명나라 영락 원년(1403)에 설치되어 운남도사의 관할아래에 있었다. 관청소재지는 지금의 운남성 보산시 서남쪽에 위치한다.

232 망포(芒布): 명대 운남의 행정구역으로 지금의 운남성 진웅현(鎮雄縣) 북쪽에 해당한다.

233 맹련(孟璉): 역사적 지명이다. 명나라 영락 4년(1406)에 설치되어 운남도사의 관할아래에 있었다. 관청소재지는 지금의 운남성 맹련태족랍호족와족자치현(孟連傣族拉祜族佤族自治縣)에 해당한다.

234 다산(茶山): 명대 운남 포정사의 관할 지역으로, 지금의 미얀마 북부에 해당한다.

235 이마(里麻): 명대 운남 외이토사 이름으로, 지금의 미얀마 은마이카강(Nmai Hka)의 서쪽, 말리카강(MaliHka) 동쪽에 해당한다.

236 유올(鈕兀): 역사적 지명이다. 명나라 선덕 8년(1433)에 설치되어 운남포정사 관할 하에 있

로 남만지역에서 꿈틀대는 통에 누차 정벌하느라 번거로웠다. 녹천의 토벌[237]에서 사임발과 사기발 부자가 참수되었는데, 무공은 혁혁했지만 천하의 절반을 다스리는데 필요한 돈과 시간이 들었다. 미얀마는 따웅우왕조[238]가 패권을 차지한 뒤로 매년 변경을 호시탐탐 노렸기에 봉화가 때때로 올라왔다. 남만 사람들은 반란을 일으키기를 좋아하는데, 천성이 그러하다. 무향후(武鄕侯) 제갈량(諸葛亮)이 심리전으로 맹획(孟獲)을 일곱 번 놓아주고 일곱 번 사로잡은 것으로 보아 길들인다고 해서 쉽게 바꿀 수 있는 천성이 아닌 것 같다. 청나라의 덕과 위엄이 널리 퍼지자 모두가 청나라를 임금으로 섬기고 모두가 신하를 자처했다.[239] 서림(西林)[240]의 상국이 개토귀류(改土歸流)[241]를 건의해 들판의 풀을 베어내고 짐승을 모두 잡아 죽여 8~9년 동안 그렇게 하고 나서야 평정되었다. 이로부터 남만의 각 부락들은 모두 중국의 판도에 들어와 평화롭게 밭을 갈고 우물 파서 마시면서[242] 더 이상

었다. 관청소재지는 지금의 운남성 강성합니족이족자치현(江城哈尼族彝族自治縣) 경내에 해당한다.

237 녹천의 토벌: 원문은 '녹천지역(麓川之役)'이다. 영종(英宗) 정통 연간에 운남성 녹천선위사(麓川宣慰司) 사임발과 그의 아들 사기발이 일으킨 반란에 대한 토벌전을 말한다.

238 따웅우왕조: 원문은 '망씨(莽氏)'로, 1531~1752년 동안 존속했다.

239 모두가…자처했다: 원문은 '실주실신(悉主悉臣)'으로, 한유의 「회서를 평정하는 기념비(平淮西碑)」에서 나온 말이다.

240 서림(西林): 광서성 장족 자치구의 최서단에 위치한다. 춘추시대부터 존재했으며 한대에는 교지군의 땅이었으나, 이후 오랑캐의 땅이 되었다. 명나라 초에 상림장관사(上林長官司)가 설치되어 청나라 때도 이어졌다. 그러나 가정 초에 쇠락해지면서 후에는 유관(流官)이 대신 관할했다.

241 개토귀류(改土歸流): 소수민족 지역에 설치한 각 민족 집단의 추장으로 지방장관에 임명된 토관(土官) 또는 토사(土司)를 조정에서 파견한 유관(流官)으로 대체했다. 즉 토사를 폐지하고, 조정에서 직접 유관을 파견하여 중국 내지와 같은 주현제를 실시함으로써 변방의 소수민족 지역을 직접 통치하는 것을 말한다.

242 밭을 갈고 우물 파서 마시면서: 원문은 '경착(耕鑿)'으로 「격양가(擊壤歌)」에서 나온 말이다. 후에는 농사에 힘쓰는 것을 지칭하는 말로 사용되었다.

싸우지 않고 농사짓게 되었다.[243] 남쪽 변방에 위치한 조공국으로는 라오스와 미얀마 두 나라가 있을 뿐이다. 라오스는 약소국으로 말할 가치도 없고 미얀마는 산과 바다를 끼고 있으며 강역이 드넓다. 청나라 건국 초에 김을 매고 그루터기를 베며 제일 먼저 귀순해왔다. 건륭연간에 고집스럽게 변경을 침범하더니 얼마 지나지 않아 다시 공물을 바치고 복속했다. 오늘날은 또한 인도를 사이에 두고 남해의 울타리 역할을 하고 있으니 중국과의 관계 역시 얕지 않다.

생각건대, 남쪽 변방 지역에 위치한 안남·태국·미얀마는 국력이 서로 비슷하다. 유럽 각국은 이전 명나라 중엽부터 배를 타고 동쪽으로 동남아시아 각 섬에 와서 곳곳을 차지하고 부두를 세웠다. 안남·태국·미얀마 삼국은 모두 바다에 인접해 있으니, 이 번창한 지역을 어찌 곁눈질하고 탐내는 마음이 일지 않겠는가? 안남은 비록 험한 꽝남 만(灣)이 있기는 하지만 중국 내지의 상선이 수시로 가서 장사했다. 우리가 갈 수 있는데, 설마하니 저들이라고 못 오겠는가? 태국은 내항(內港)이 [항만 안쪽] 깊숙이 있어서 배를 빨리 몰기에 아주 좋았는데, 유럽은 이들 두 국가에는 일찍이 마음에 두지 않았다. 미얀마의 경우도 그저 해변에 위치한 허허벌판에 상점 한 곳을 열고 장사하면서 일찍이 깊이 들어가 할거하지 않았는데 왜 인가? 예컨대 그곳이 너무 척박해 경영할 가치가 없어서 그랬다고 해도 역시 맞지 않다. 안남은 가장 가난했지만, 물산이 다른 섬들에 비해 결코 부족하지 않았다. 태국과 미얀마는 일찍부터 부유함으로 이름나 있었는데, 서양인들이 이곳

---

243 싸우지 않고 농사짓게 되었다: 원문은 '대우폐독(帶牛佩犢)'이다. 칼을 팔아서 소를 산다는 뜻으로 싸움을 그만두고 농사짓는 것을 의미한다. 『한서(漢書)』「순리열전(循吏列傳)·공수전(龔遂傳)」에 따르면, 한나라 선제(宣帝) 때 발해 지방에 흉년이 들어 많은 백성들이 칼을 들고 도둑질을 하자 이곳 태수 공수가 그들에게 칼을 팔아 소를 사서 농사지을 것을 가르쳤다고 한다.

을 모두 여태껏 무시해서 내버려두었다고 말하는 것은 정리에 맞지 않다. 대개 서양인들은 장사를 근본으로 삼아 연해에 부두를 세우고 오로지 이윤만을 챙긴다. 만약 곳곳에 군대를 주둔시켜 지킨다면 얻는 것보다 잃는 것이 더 많게 된다. 동남아시아 여러 섬은 섬의 크기도 다르고 사면이 바다로 둘러싸여 있어서 서로 교류를 하지 않았다. 사람들은 말레이족[244]으로, 천성적으로 우매하고 겁이 많았으며 전쟁이란 것을 몰랐다. 그 지형은 두루 바라보면 한눈에 다 들어오고, 기량은 한 번 시험해 보면 바로 알 수 있는데, 화포를 쏘아서 땅이 흔들리자 새와 짐승의 경우도 몹시 놀라며 도망가 숨어 감히 꼼짝하지 않았기 때문에, 서양인들은 편히 그곳을 차지할 것이라 믿어 의심치 않았다. [그러나] 안남·태국·미얀마 3국은 비록 해변에 위치하지만 영토는 중국과 맞닿아 있고 산천은 험준하며 인구가 아주 많다. 나아가서는 싸우고 물러나서는 수비를 할 수 있었으니, 바다 가운데 외따로 떨어져 있는 섬들과는 상황이 현저히 다르다. 또한 나라를 세워 수천백년 동안 존속하면서 땅과 성을 서로 다투었고, 속이고 싸우는데 능했으며, 옛날부터 전쟁에 대해 많이 연구했다. 그래서 그 의도와 속셈을 서양인들은 헤아릴 수 없었다. 설령 억지로 그 해구를 점거해서 일시적으로 운 좋게 승리해도 여러 나라가 기꺼이 서로 양보하려는 마음을 가질 수 있겠는가? 많은 군대를 주둔시키면 수많은 비용이 들고, 군대를 주둔시키지 않으면 여러 나라들이 방비하지 않은 틈을 타서 힘을 합쳐 죽일 것이다. 그래서 상선만 왕래하고 부두를 세우지 않았다는데, 이 말이 맞는 것 같다.

---

244 말레이족: 원문은 '무래유(蕪萊由)'이다. 이외에도 무래유(蕪來由), 마래추(馬來酋), 목랄유(木剌由), 무래유(無來由), 목래유(木來由), 몰랄여(沒剌予), 몰랄유(沒剌由), 마래홀(馬來忽), 목랄전(木剌田), 목랄왈(木剌曰), 목랄유(大剌由) 등으로 불렸다.

⟦ 亞細亞南洋濱海各國 ⟧

亞細亞大地, 由中國之西南斜伸入海, 迤邐漸削, 至彭亨·息力而盡. 東爲中國之南洋, 西爲小西洋. 中間大國三, 曰越南, 曰暹羅, 曰緬甸, 小國一, 曰南掌. 四國內附多年. 南掌彈丸, 地不濱海, 今記南洋諸國, 連類及之.

越南卽安南, 古之交趾. 秦以後, 唐以前, 皆隷版圖. 南界之林邑, 漢末卽自立爲國, 後稱占城國. 安南至後五代時, 乃列外藩. 今拜占城爲一國, 復兼眞臘. 北境安南故地, 南境占城·眞臘故地, 稱曰廣南. 北界廣東·廣西·雲南三省, 西界暹羅, 東南面大海. 都城曰順化, 在富良江之南岸. 衣冠仍唐宋之制, 坐則席地, 貴人乃施短榻. 取士用策論·詩賦, 設鄉會科. 士大夫皆好吟咏, 詩或劣不成句, 而人人喜爲之. 國分四十餘省, 一省所轄止數縣. 文武官名, 略同內地. 總督皆阮姓, 王之族也. 貴官坐堂皇, 或解衣捫虱, 其簡陋如此. 宴客設銅盤, 置蔬肉各少許, 無醯醢, 以醃魚汁代之. 鴉片之禁甚嚴, 犯者立置重典. 東南臨海有都會曰祿奈, 或作祿賴, 一作龍奈, 一作農耐. 占城之故都也. 南境臨海有都會曰柬埔寨, 眞臘之故都也. 閩廣商船, 每歲往來貿易. 別國商船入港, 譏防甚嚴, 榷稅亦重. 諸國惡其煩苛, 故市舶罕有至者. 所產者, 番木·沈楠諸香, 鉛·錫·桂皮·象牙·燕窩·魚翅之類. 其入貢, 由廣西之太平府入關, 不由海道. 安南本中國地, 諸書言之甚詳, 故不多贅.

顧亭林『天下郡國利病書』云: 安南, 古交趾也. 秦開嶺南, 以交趾隷象郡. 漢武帝置交趾·九眞·日南三郡. 光武中興, 以任延·錫光爲交趾·九眞守, 敎耕種, 製冠履, 始知婚娶, 立學校. 女子徵側·徵貳反, 馬援討平之. 建安中, 改爲交州, 前五代幷因之. 唐初, 改安南都護府, 安南之名始此. 五季梁貞明中, 爲土豪曲承美所據. 自是迭相奪, 管內大亂, 有丁部領者平之. 宋乾德初, 上表內附, 詔以部領爲安南郡王, 自是始爲外夷矣. 部領傳子璉及璿, 太校黎桓篡之. 傳二十年, 至子龍廷, 爲李公蘊所篡. 李氏傳八世二百二十二年, 至李昊旵, 無子, 女昭聖立, 避位於夫陳日照. 詔封日照爲安南國王. 傳至日烜, 元世祖召使入覲. 不奉命, 大發兵討之. 尋遣使謝罪修職貢. 陳氏傳十二世, 凡一百七十年. 至明洪武二十一年, 陳煒爲其國相黎季犛所弑. 季犛子蒼更名胡𪒠, 改國號曰大虞. 永樂二年, 老撾送日烜孫陳天平至, 諭𪒠迎還故主, 𪒠陽奉命. 天平至, 伏兵劫殺之. 命朱能 · 張輔 · 沐晟等率兵討之, 生擒黎季犛 · 黎蒼. 卽胡𪒠. 遂復安南爲郡縣, 立都 · 布 · 按三司, 分爲十五府五州. 後因中官馬騏貪黷誅求, 盜賊蜂起, 土官黎利乘之爲亂. 宣德元年, 命王通 · 柳升討之. 柳升敗死, 王通棄地, 與利盟約而退, 宣宗由是決意棄安南. 黎利尋奉表謝恩, 命利權署國事. 黎氏傳十世一百十年. 嘉靖元年, 黎譓爲其臣莫登庸所篡. 命仇鸞 · 毛伯溫討之. 登庸面縛降, 以爲安南都統使, 自是來貢不絶云云. 按莫氏之後, 復爲黎氏所奪, 兼幷占城爲一國, 稱占城爲廣南, 以大酋阮氏世守之, 漸成尾大. 我朝乾隆末年, 黎維祁爲廣南大酋阮光平所逼, 棄國來奔, 大兵征之. 光平初拒命, 尋乞降入朝受封. 傳子光纘, 爲黎氏之甥阮福暎所滅. 福暎請更國名, 改封越南國王. 至今世修貢職焉.

又『天下郡國利病書』云: 占城古越裳氏地, 在交州之南, 秦爲象郡林邑縣. 漢末大亂, 功曹子區連殺縣令, 自號爲王, 謂之林邑國. 數世後, 其王無嗣, 甥范熊代立, 傳子逸. 晉咸康二年, 逸死, 夷奴范文篡立, 都典沖, 侵擾交州, 進寇九眞. 傳子佛 · 孫胡達, 屢寇日南 · 九眞, 交州遂至虛弱. 至胡達孫文敵, 爲扶南所殺, 大臣范諸農平其亂, 自立爲王. 傳子陽邁 · 孫咄. 宋元嘉二十年, 使宗愬‧檀和之討之, 乃遣使朝貢. 隋初未賓服, 遣劉方‧甯長眞伐之. 其王梵志遣使謝罪, 於是朝貢不絶. 唐貞觀中, 王頭黎死, 子鎭龍被弒, 立頭黎女爲王. 國人不服, 更立頭黎姑之子諸葛地爲王, 妻以女, 國乃定. 周顯德五年, 王釋利因德漫遣使朝貢, 始自稱占城國. 有宋一代屢入貢, 時時與交州構兵. 乾道四年, 占城以舟師襲眞臘, 入其國都. 慶元五年, 眞臘大擧伐占城, 殺戮殆盡, 俘其王以歸, 國遂亡. 其地悉歸眞臘, 因名占臘云. 其後國王, 或云眞臘人, 或云占城恢復, 無可據者. 元世祖至元十五年, 遣使貢方物, 奉表降. 十九年, 以其國王字由補刺者吾旣內屬, 卽其地立省, 而其子補的負固不服, 遣唆都征之. 自廣州航海至占城港, 分遣陳仲達等, 由瓊州三道攻之. 入其國, 其王逃入山, 遣使求歸順, 復潜殺使臣. 唆都轉戰至木城下, 阻隘不得進, 遂引還. 後雖歸款, 終無順志. 明洪武元年, 遣使入貢. 二年, 遣行人吳用賜以璽書, 自是常修貢職. 迄嘉靖年間, 朝貢不絶云云. 余按占城自漢末自立爲國, 相傳千有餘年. 後爲安南所幷, 名其地爲廣南. 今王安南之新阮舊阮, 皆由廣南藩封得國. 蓋江黃之不祀久矣.

又『天下郡國利病書』云: 眞臘一名甘孛智, 一作甘莫惹, 又作澉浦祇, 又作干波底阿, 俗稱柬埔寨. 又曰吉篾, 本扶南屬國. 隋時始通中國, 唐貞觀初, 幷扶南而有之. 唐人『虯髯客傳』謂兼幷扶南, 疑爲寓言. 扶南卽狼臘裸國, 其先女子爲王, 號曰葉柳. 柳音聊. 其南有徼國人名混浩, 來化葉柳, 遂以爲妻. 惡其裸, 敎著貫頭, 國內效之. 男子下體著橫幅, 曰水幔. 其後天竺僧橋陳如有其國, 敎國人事天神, 每旦誦經呪. 故易世旣久, 眞臘重僧云. 唐永徽初, 幷有鳩密‧富那‧伽乍‧武令‧僧高等國. 神龍以後, 國分爲二, 其南近海, 號水眞臘, 其北多山阜, 號陸眞臘. 後復合而爲一. 及滅占城, 號爲占臘, 役屬參半‧眞里‧登流明‧蒲甘 蒲甘卽緬甸. 等國. 各領聚落, 大者十餘, 地方七千餘里. 元元貞中, 遣使招諭之, 乃始臣服. 明洪武·永樂年間, 累次朝貢.

又云: 眞臘城周二十里, 戶口二萬餘, 石濠廣二十餘丈, 屬城三十, 各數千戶. 王宮及官舍皆面東, 城門上有石佛頭五, 飾其中者以金. 當國中有金塔金橋, 王宮正室瓦用鉛. 歲時相會, 則羅列玉猿·孔雀·白象·犀牛於前, 飮食用金盤·金盞, 故俗稱富貴眞臘云.

又陳資齋『海國聞見錄』云: 柬埔寨介居廣暹二國之間, 東貢廣南, 西貢暹羅, 稍有不遜, 水陸各得幷進而征之. 余按: 據顧『書』, 則眞臘在明初尙稱富盛, 據陳『錄』, 則眞臘在國初尙存小國, 今則爲越南之嘉定省, 不知何時夷滅. 蓋安南雖累世通貢, 而蠻觸相呑, 向無入告之說. 故占城·眞臘之亡於何時, 竟未有能言之者. 陳資齋『海國聞見錄』云: 安南以交趾爲東京, 以廣南爲西京. 由廈門赴廣南取道南澳, 見廣之魯萬山, 瓊之大洲頭, 過七洲洋, 取廣南外之咕嘩羅山, 而至廣南, 計水程七十二更. 赴交趾則由七洲洋西繞北而進, 計水程七十四更. 七洲洋在瓊州府萬州之東南, 往南洋者必經之路. 中國商舶行海, 以望見山形爲標識, 至七洲洋, 則浩渺一水, 無島嶼可認. 偏東則犯萬里長沙·千里石塘, 偏西則溜入廣南灣. 舟行至此, 罔不惕惕. 風極順利, 亦必六七日方能渡過. 七洲洋有神鳥, 似海雁而小, 紅嘴綠腳. 尾帶一箭, 長二尺許, 名曰箭鳥. 行舟或迷所向, 則飛來導之.

俗傳紅毛船最畏安南, 不敢涉其境. 其人善於泅水, 遇紅毛夾板, 則遣數百人背竹筒, 攜細縷, 沒水釘於船底. 從遠處登小舟牽曳之, 俟其擱淺, 乃火焚而取其貨. 又或謂安南人造小舟, 名曰軋船, 能攻夾板船底, 故紅毛船畏之. 以今考之, 皆不甚確. 蓋占城之北, 海形如半月, 海水趨灣, 其勢甚急. 海船或溜入灣內, 無西風不能外出. 紅毛夾板, 入溜擱淺, 曾敗數舟. 故至今歐羅巴人涉海, 以望見廣南山爲厲禁. 商船入安南內港, 土人皆用小船繫繩牽引. 乃慮其擱觸礁淺, 藉爲向導. 卽中國各港之引水船, 反用之以碎敵船, 理或有之. 惟沒水而釘船底, 則事涉杳茫矣. 至軋船之制, 曾有繪圖仿造者, 施之海面, 仍無異常船. 耳食之談, 施之實事, 往往鑿枘, 正不獨此一事也.

澎湖有蔡進士名廷蘭者, 爲諸生時, 渡海遭颶風, 飄至安南之廣義. 王從陸路遣送歸, 自廣義至諒山, 歷安南十四省. 所至之地, 必有閩粤人聚處, 各有庸長司其事. 閩則晉江·同安人最多, 蓋不下十餘萬也. 所著『安南紀程』, 言之甚悉.

暹羅, 南洋大國也. 北界雲南, 東界越南, 南臨大海, 西南連所屬各番部, 西界緬甸, 西北一隅界南掌. 其地古分兩國, 北曰暹, 南曰羅斛. 暹多山艱食, 羅斛傍水有餘糧. 暹乃降於羅斛, 合爲暹羅國. 國有大水二. 一曰瀾滄江, 發源青海, 歷雲南入暹羅之東北境, 至柬埔寨入海. 一曰湄南河, 發源雲南之李仙·把邊等河, 至暹北境, 會諸水成大河, 至羅斛南境入海. 海口曰竹嶼. 由竹嶼入內港, 至曼谷都城, _{作萬國}. 長一千數百里. 水深闊, 容洋艘出入. 大城皆在河濱, 最著者曰湛地門, 曰萬巴曬. 故都曰猶地亞, 在湄南河上游沿河一帶. 居民皆架屋水中, 華人構瓦屋, 樓閣相望, 土人所居皆蘆蓼. 湄南河勢緩而散, 田疇藉以肥沃. 農時掉舟耕種, 插秧畢而河水至, 苗隨水長, 不煩薅漑, 水退而稻熟矣. 米極賤, 每石值銀三錢, 時載往粤東售賣. 王衣文彩佛像, 體貼飛金, 用金皿, 乘象輦. 以閩粤人爲官屬, 理國政, 掌財賦. 俗崇佛, 僧沿門募食, 各施精飯. 食餘則餉鳥雀, 蘭若無擧火者. 又信番僧符咒, 一種人善咒法, 刀刃不能傷, 名爲共人, 王養以爲兵衛. 犯事應刑, 令番僧以咒解之, 方與施刑. 西界有大城曰馬耳大萬, 南界有大城曰剌郡, 皆著名富庶之地. 國之西南, 有斜仔・六坤・宋卡・大哖・吉連丹・丁噶奴諸番部, 皆其屬國. 所產者, 銀・鉛・錫・沈香・束香・降香・象牙・犀角・烏木・蘇木・冰片・翠毛・牛角・鹿筋・藤席・佳紋席・藤黃・大楓子・豆蔲・海參・燕窩・海菜. 其入貢, 由海道抵粵東.

『天下郡國利病書』云: 暹羅國本暹與羅斛二國地, 古赤土及波羅刹也. 暹國土瘠, 不宜耕藝, 羅斛平衍而多稼, 暹人歲仰給之. 隋大業三年, 屯田主事常駿等自南海郡乘舟使赤土, 至今訛傳爲赤眉遺種. 元元貞初, 暹人嘗遣使入貢. 至正間, 暹始降於羅斛, 而合爲一國. 明洪武初, 遣使朝貢, 進金葉表. 七年・九年・二十年, 皆入貢. 二十八年, 遣內臣趙達・宋福等使暹羅, 祭故王, 賜其嗣王文綺. 永樂元年, 遣使賀卽位, 自是入貢不絕. 十七年, 遣使諭其國王, 俾與滿剌加 卽麻喇甲. 平. 十九年, 遣使貢方物, 謝侵滿剌加之罪. 自正統至嘉靖間, 入貢如常期云云. 按, 暹羅自我朝定鼎之後, 修貢職尤恭謹. 乾隆中, 國爲緬甸所滅, 旋恢復. 故王無後, 推立大酋鄭昭爲長. 昭, 中國人. 子華嗣立, 詔封爲暹羅國王, 相傳至今焉. 暹羅爲蠻方大國, 隔以安南・緬甸, 與中國地界相接者, 僅滇省邊徼之一隅. 故自古無據邊之事, 而恪修貢職. 自元明迄我朝, 五六百年無改易, 可謂不侵不叛之臣矣.

『海國聞見錄』云: 廈門至暹羅水程. 過七洲洋, 見外羅山, 向南見玳瑁洲・鴨洲, 見昆侖, 偏西見大眞嶼・小眞嶼. 轉西北取筆架山, 向北至竹嶼港口, 計一百八十八更. 入港又四十更, 乃抵萬國都城, 共水程二百二十八更. 而由廈門至柬埔寨, 僅水程一百十三更, 何以相去甚遠? 蓋柬埔寨南面之海, 盡屬爛泥. 名曰爛泥尾. 下接大橫山・小橫山, 是以紆迴外繞而途遠也.

暹羅流寓, 閩粵人皆有之, 而粵爲多, 約居土人六分之一. 有由海道往者,有由欽州之王光十萬山穿越南境而往者. 其地土曠人稀, 而田極肥沃, 易於耕穡, 故趨之者衆也. 然其國多蠱, 崇信符咒, 風俗政治, 遠遜安南. 蓋安南夙隷版圖, 漸被車書之化, 而暹羅則終古荒服, 僅達梯航, 故宜其相逕庭也.

緬甸一名阿瓦, 種人之名. 蠻部大國也. 北界野夷, 東北界雲南‧南掌, 東界暹羅, 西南距印度海, 西北連東印度, 其都城距雲南省三十八程. 山曰小豹, 水曰怒江, 一名潞江, 又稱大金沙江. 發源前藏, 歷雲南, 入緬界, 闊五里, 緬人恃以爲險. 其俗剽悍, 性多詐. 有室廬以居, 象馬以耕, 舟筏以濟. 其文字進上者用金葉, 次用紙, 次用檳榔葉, 謂之緬書. 男子善浮水, 綰髻頂前, 用靑白布纏之, 婦人綰髻頂後. 事佛敬僧, 有大事則抱佛說誓, 質之僧, 然後決. 國有五城, 以木爲之, 曰江頭, 曰太公, 曰馬來, 曰安正國, 曰蒲甘緬王城, 王所居也. 其王稱達喇瓦底, 向由雲南入貢. 先是, 英吉利蠶食東印度諸部, 將及緬界. 道光四年, 緬王率大兵迎擊之, 英師敗績. 已而英人以兵船入內港, 卽怒江口. 緬人奮力搏戰, 爲砲火所轟而潰. 英師將逼都城, 王不得已議和, 讓海濱曠土, 爲英埔頭. 其西南曰馬爾達般, 曰達歪, 其西北曰阿喀喇. 緬人時懷報復之志, 尙未動也. 英吉利有新闢之地, 曰阿薩密, 在緬甸西北, 本土夷地, 英人從東印度跨割有之. 詳『五印度圖說』.

南掌, 一作纜掌, 卽老撾. 北界雲南, 東界暹羅, 西南界緬甸. 地甚褊小, 本緬甸別部. 國朝內附, 貢馴象.

『天下郡國病書』云: 緬人古朱波也. 漢通西南夷後, 謂之撣. 唐謂之驃, 宋元謂之緬. 自永昌西南, 山川延邈, 道里修阻, 因名之曰緬也. 漢和帝永元五年,撣國王雍由調重譯奉珍寶, 賜以印綬. 安帝永甯元年, 遣使朝賀, 獻樂及幻人.
唐德宗十八年, 驃國王雍羌遣其弟悉利移來朝, 獻國樂, 其曲皆梵音經論. 憲宗
元和年, 懿宗咸通三年, 皆遣使來貢. 宋徽宗崇甯四年, 緬甸貢白象. 五年, 蒲
甘入貢. 今緬甸王城. 高宗紹興間, 俱來貢. 元世祖至元中, 由吐番三討之. 後於
蒲甘緬王城置邦牙等處宣慰使司. 明洪武間始歸附. 永樂間, 遣翰林張洪使其
地. 正統間, 宣慰莽次劄, 縶麓川叛夷思任發・思機發來獻, 益以地. 嘉靖初, 孟
養思倫・猛密思眞連兵侵緬, 殺莽紀歲. 緬訴於朝, 委官往勘, 不聽. 嘉靖中, 紀
歲支子瑞體起洞吾, 復有其地. 東破纜掌, 即南掌. 南取土噩, 暹羅地. 攻景邁, 服
車里, 囚思個, 陷罕拔, 號召三宣, 爲西南雄. 瑞體死, 應里繼之. 萬曆十三年,
其族弟莽灼來歸. 應里怒攻之, 灼奔騰越. 自是屢爲邊患, 滇南爲之騷然. 後爲
暹羅所攻, 乃不暇內犯云. 余按, 滇南諸蠻部, 即漢之徼外西南夷, 種類甚繁. 明初, 置六
宣慰使司, 曰車里, 曰木邦, 曰八百大甸, 曰老撾, 曰孟養, 曰緬甸, 所謂滇南六慰者也. 後又
增而爲十. 此外, 則孟定・孟艮・威遠・灣甸・鎮康置土府州, 南甸・千崖・隴川・耿馬・孟
密・蠻莫・潞江置宣撫司, 芒布・孟璉・茶山・里麻・鈕兀置長官司. 其後諸蠻蠢動, 屢煩征
討. 麓川之役, 二思授首, 武功雖赫, 而勞費半天下. 緬甸則莽氏創霸之後, 頻歲窺邊, 烽燧時
舉. 蠻人好反, 其性固然. 武鄉侯之攻心, 至於七縱七擒, 馴擾殆非易易也. 我朝德威遠播, 悉
主悉臣. 自西林相國建改土歸流之議, 草薙禽獮, 經營八九年而後定. 由是諸蠻部盡入版圖,
熙熙耕鑿, 無復帶牛佩犢者. 其南荒列外藩者, 僅有南掌・緬甸兩國. 南掌弱小不足言, 緬甸
則依山負海, 疆土遼闊. 我朝定鼎之初, 助鋤嬴薛, 首先效順. 乾隆中, 崛強犯邊, 旋仍賓服.
今且間隔印度爲南海之屏藩, 關係亦非淺鮮矣.

　　按南荒諸蠻部, 安南・暹羅・緬甸, 國勢相埒. 歐羅巴諸國, 自前明中葉, 即航海東來南
洋各番島, 處處占立埠頭. 三國地皆濱海, 豈無繁盛之區, 動其盼羨? 安南雖有廣南灣之險,

而內地商船時時販鬻. 我能往, 彼豈不能往? 暹羅則內港深通, 駛行甚便, 乃歐羅巴於此二國, 皆未嘗措意. 卽緬甸亦僅於海濱荒曠之土, 草創一廛, 而未嘗深入割據者, 何也? 若謂因其貧瘠, 不屑經營, 則又不然. 安南最貧, 然物產未必遜於諸番島. 暹羅·緬甸則夙稱豐饒, 謂西人槪從唾棄, 非情也. 蓋西人以商賈爲本計, 其沿海設立埔頭, 專爲牟利. 若處處留兵護守, 則得不償失. 南洋諸島, 大小不同, 皆四面環海, 不相聯絡. 其人則巫來由番族, 性既愚懦, 復不知兵. 地形可以周覽而盡, 伎倆可以一試而知, 震以砲火, 卽鳥驚獸駭, 竄伏不敢復動, 故西人坦然據之而不疑. 至安南等三國, 地雖濱海, 而境土則毗連華夏, 山川修阻, 丁戶殷繁. 進可以戰, 退可以守, 與各島之孤懸海中者, 形勢迥別. 又立國皆數千百年, 爭地爭城, 詐力相尙, 戰伐之事, 夙昔講求. 其意計之所至, 西人不能測也. 設強據其海口, 卽一時幸勝, 能保諸國之甘心相讓乎? 留重兵則費不貲, 無兵則恐諸國之乘其不備, 聚而殲旃. 市舶雖往, 而埔頭不設, 殆爲是耳.

영환지략

권2

본권에서는 루손, 수마트라, 스리비자야, 믈라카 등을 중심으로 인도네시아 각 섬의 민족, 역사, 정치, 경제, 지리, 풍속 등을 기술하고 있다. 특히 스페인의 루손 식민화 과정과 이를 교두보로 해 스페인이 어떻게 아시아 각국에 침투하게 되었는지를 상세하게 서술하고 있다. 또한 오세아니아 대륙의 지리, 역사, 풍속, 외모, 언어, 문화적 특색 및 영국과의 관계를 기술하는 동시에 인근의 솔로몬·뉴질랜드·태즈메이니아·노퍽 등의 섬에 대해서도 소개하고 있다.

〚아시아 남양 각 섬〛

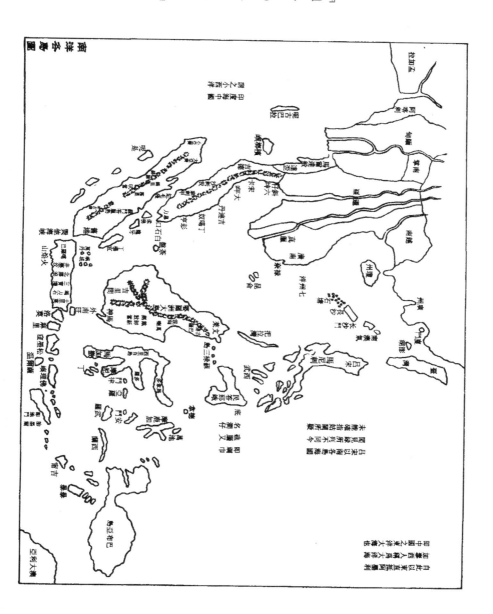

동남양 각 섬 지도

아시아의 동쪽에서 직통으로 남북아메리카에 이르기까지의 바다를 서양인들은 대양해(大洋海)라고 부르는데, 바로 중국의 동양대해(東洋大海)이다.

-대양해(大洋海): 동양대해, 태평해(太平海)라고도 하는데, 지금의 태평양(Pacific Ocean)이다.

대만(臺灣): 지금의 대만이다.

팽호(澎湖): 대만의 서쪽에 위치한 도서군(島嶼群)으로, 팽호열도, 팽호군도라고 한다.

하문(廈門): 지금의 복건성 하문이다.

광주(廣州): 지금의 광동성 광주이다.

월남(越南): 지금의 베트남(Vietnam)이다.

경주(瓊州): 지금의 해남성이다.

섬라(暹羅): 지금의 태국(Thailand)이다.

남장(南掌): 지금의 라오스(Laos)이다.

면전(緬甸): 지금의 미얀마(Myanmar)이다.

아객랄(阿喀剌): 아라칸(Arakan)으로, 지금의 미얀마 라카인(Rakhine)이다.

맹가랍(孟加拉): 벵골(Bengal)로, 지금의 방글라데시(Bangladesh)와 인도 서벵골주(West Bengal)이다.

광남(廣南): 꽝남(Quảng Nam)으로, 지금의 베트남 중남부이다.

진랍(眞臘): 첸라(Chenla)로, 6세기 메콩강(Mekong R.) 중앙 유역에서 일어난 크메르족의 나라이다.

녹내(祿奈): 농내(農耐), 용내(龍奈), 녹뢰(祿賴)라고도 하며, 베트남 남부의 쩔런(Chợ Lớn), 사이공(Saigon) 일대이다. 지금의 호찌민시

(Ho Chi Minh)를 말한다.

여송(呂宋) 이남의 각 섬이 『해국문견록(海國聞見錄)』에서 나열하고 있는 것과 달라, 지금으로서는 어느 섬을 가리키는지 명확하게 알 수 없다. 이에 의심스러운 섬은 잠시 제외시킨다.

여송(呂宋): 지금의 필리핀 루손섬(Luzon Island)으로, 마닐라(Manila)라고도 한다.

마니랄(馬尼剌): 만리랄(蠻里剌)이라고도 하며, 지금의 마닐라 일대이다.

남오기(南澳氣): 동사군도(東沙群島)로, 지금의 프라타스군도(Pratas Islands)이다.

장사문(長沙門): 프리타스군도의 남쪽에 위치한 해역이다.

장사(長沙): 만리장사(萬里長沙)로, 지금의 스프래틀리군도(Spratly Islands)이다. 중국에서는 남사군도(南沙群島)라고 부른다.

석당(石塘): 천리석당(千里石塘)으로, 지금의 파라셀제도(Paracel Islands)이다. 중국에서는 서사군도(西沙群島)라고 부른다.

칠주양(七州洋): 칠주는 해남도의 동북 해안에 속한 9개의 섬을 가리킨다. 이 섬들은 멀리서 보면 2개는 보이지 않고 7개 섬만 산처럼 보여 칠주산이라고도 한다. 칠주산의 앞 바다를 칠주양이라고 하는데, 칠주산에서 서사군도에 이르는 대양을 칠주양으로 보는 설도 있다.

곤륜(昆侖): 꼰선섬(Đảo Côn Sơn)으로, 지금의 베트남 남부 꼰다오제도(Côn Đảo)에 위치한 섬이다.

파랍만(巴拉彎): 팔라완섬(Palawan Island)으로, 지금의 필리핀에 위치한다.

서무(西武): 세부섬(Cebu Island)으로, 지금의 필리핀에 위치한다.

민답나아(民答那峨): 망건초뇌(網巾礁腦), 간자저(澗仔底)라고도 하는데, 바로 민다나오섬(Mindanao Island)이다. 지금의 필리핀에 위치한다.

소록삼도(蘇祿三島): 고대 술루국(Sulu)으로, 술루 서왕(西王)이 다스렸던 칼리만탄 동북부, 동왕(東王)이 다스렸던 술루군도(Sulu Archipelago), 동왕(峒王)이 다스렸던 팔라완 남부를 말한다.

문래(文萊): 지금의 브루나이(Brunei)이다.

파살(巴薩): 믐파와(Mempawah)로, 지금의 인도네시아에 위치한다.

곤전(昆甸): 폰티아낙(Pontiana)으로, 지금의 보르네오섬에 위치한 칼리만탄바랏주(Provinsi Kalimantan Barat)의 주도이다.

고달(古達): 쿠닷(Kudat)으로, 지금의 보르네오 최북단에 위치한다.

만라(萬喇): 믈라위(Melawi)로, 지금의 칼리만탄바랏주에 위치한다.

대연(戴燕): 타얀(Tajan)으로, 지금의 칼리만탄섬 카푸아스강(Kapuas R.) 북쪽 연안에 위치한다.

사오(卸敖): 상가우(Sanggau)로, 지금의 칼리만탄바랏주에 위치한다.

신당(新當): 신탕(Sintang)으로, 지금의 칼리만탄바랏주에 위치한다.

파라주대도(婆羅洲大島): 지금의 보르네오섬으로, 칼리만탄섬(Pulau Kalimantan)이라고도 한다.

마신(馬辰): 반자르마신(Banjarmasin)으로, 지금의 인도네시아에 위치한다.

길리문(吉里門): 지금의 인도네시아 카리문자와제도(Kepulauan Karimunjawa)이다.

외남왕(外南旺): 바뉴왕기(Banyuwangi)로, 지금의 인도네시아에 위치한다.

파포아도(巴布亞島): 파푸아섬으로, 지금의 이리안섬(Pulau Irian)이다.

덕나(德拿): 트르나테섬(Pulau Ternate)으로, 지금의 인도네시아 말루쿠제도(Kepulauan Maluku)에 위치한다.

만지(萬池): 만타(萬他)라고도 하며, 지금의 인도네시아 반다제도 (Kepulauan Banda)이다

마록가(摩鹿加): 몰루카제도(Moluccas)로, 지금의 인도네시아 말루쿠제도이다.

안문(安門): 지금의 인도네시아 암본섬(Pulau Ambon)이다.

무라(武羅): 지금의 인도네시아 말루쿠제도에 위치하는 부루섬 (Pulau Buru)으로 추정된다.

아라(亞羅): 알로르섬(Pulau Alor)으로, 지금의 인도네시아에 위치한다.

문률(門律): 지금의 인도네시아 술라웨시 동쪽 해안에 위치하는 펠 렝섬(Pulau Peleng)으로 추정된다.

서란(西蘭): 세람섬(Pulau Ceram)으로, 지금의 인도네시아 말루쿠제도에 있는 스람섬이다.

포포(暴暴): 바바르섬(Pulau Babar)으로, 지금의 인도네시아 말루쿠 반다해에 위치한다.

길녕(吉寧): 클랑섬(Pulau Kelang)으로, 지금의 말루쿠제도에 위치한다.

오대리아(奧大利亞): 뉴홀랜드(New Holland)로, 지금의 오스트레일리아(Australia)이다.

마나다(馬拿多): 마나도(Manado)로, 지금의 인도네시아에 위치한다.

다라(多羅): 지금의 인도네시아 톨로만(Teluk Tolo)이다.

서리백도(西里百島): 셀레베스(Celebes)로, 지금의 인도네시아 술라웨시섬(Pulau Sulawesi)이다.

마니(摩尼): 지금의 인도네시아 무나섬(Pulau Muna)으로 추정된다.

마가살(馬加撒): 마카사르(Makassar)로, 지금의 인도네시아 우중판당(Ujung Pandang)이다.

151

마이달반(馬爾達般) : 마르타반(Martaban)으로, 지금의 미얀마 모타마(Mottama)이다.

달왜(達歪) : 다웨이(Dawei)로, 지금의 미얀마 남동부에 위치한다.

길덕(吉德) : 크다(Kedah)로, 지금의 말레이시아에 위치한다.

빈랑서(檳榔嶼) : 지금의 말레이시아 피낭섬(Pulau Pinang)이다.

인도해(印度海)를 중국에서는 소서양(小西洋)이라 부른다.
-인도해(印度海) : 지금의 인도양이다.

사자(斜仔) : 차이야(Chaiya)로, 지금의 태국에 위치한다.

육곤(六昆) : 나콘(Nakhon)으로, 지금의 태국에 위치한다.

송잡(宋卡) : 싱고라(Singgora)로, 지금의 태국에 위치한다.

대년(大哖) : 빠따니(Patani)로, 지금의 말레이시아에 위치한다.

길련단(吉連丹) : 클란탄(Kelantan)으로, 지금의 말레이시아에 위치한다.

정갈노(丁噶奴) : 트렝가누(Trenganu)로, 지금의 말레이시아에 위치한다.

팽형(彭亨) : 파항(Pahang)으로, 지금의 말레이시아에 위치한다.

사랄아(沙剌我) : 슬랑오르(Selangor)로, 지금의 말레이시아에 위치한다.

마랄갑(麻剌甲) : 지금의 믈라카(Melaka)이다.

식력(息力) : 지금의 싱가포르(Singapore)이다.

홍모천(紅毛淺) : 중사군도(中沙群島)라고도 하며, 남중국해에 있는 메이클즈필드천퇴(Macclesfield Bank)와 스카버러암초(Scarborough Shoal)를 통칭하는 용어이다.

다반(茶盤) : 티오만(Tioman)으로, 지금의 말레이반도 동쪽 해안 밖에 위치한다.

백석구(白石口) : 지금의 싱가포르 해협(Singapore Strait)이다.

대아제(大亞齊) : 지금의 반다아체(Banda Aceh)이다.

소아제(小亞齊): 지금의 아체(Aceh)이다.

석리(錫里): 지금의 시악(Siak)이다.

소소(蘇蘇): 사삭(Sasak)으로, 지금의 인도네시아 수마트라섬 서해안에 위치한다.

무리(霧里): 유리(霤里)라고도 하는데, 바로 리아우(Riau)이다. 지금의 인도네시아 리아우군도 내의 서북부를 지칭한다.

팔당(叭噹): 파당(Padang)으로, 지금의 수마트라섬 서해안에 위치한다.

소문답랄도(蘇門答剌島): 지금의 인도네시아 수마트라섬(Pulau Sumatra)이다.

구항(舊港): 팔렘방(Palembang)으로, 지금의 수마트라섬에 위치한다.

유불(柔佛): 구유불(舊柔佛)과 신유불(新柔佛)로 구분되는데, 여기서 말하는 유불은 지리적 위치상 신유불에 해당한다.
-구유불(舊柔佛): 조호르로, 말레이시아에 위치했던 조호르 왕국의 수도이다.
-신유불(新柔佛): 빈탄섬(Pulau Bintan)으로, 지금의 인도네시아에 위치한다.

용아(龍牙): 링가섬(Pulau Lingga)으로, 지금의 리아우 제도 남쪽에 위치한다.

정기의(丁機宜): 방카섬(Pulau Bangka)으로, 지금의 인도네시아 수마트라 동쪽에 위치한다.

만단(萬丹): 반탄(Bantan)으로, 지금의 인도네시아 자와섬 서북 해안에 위치한다.

서성(嶼城): 천도군도(千島群島)라고도 하며, 바로 스리부제도(Kep. Seribu)이다. 지금의 인도네시아 자카르타만 밖에 위치한다.

니시(呢是): 니아스섬(Pulau Nias)으로, 지금의 수마트라섬 서쪽에 위치한다.

손타해협(巽他海峽): 지금의 순다해협(Selat Sunda)이다.

낙막(洛莫): 지금의 롬복섬(Pulau Lombok)이다.

마리(麻里) : 지금의 발리섬(Pulau Bali)이다.

송묵와(松墨窪) : 지금의 숨바와섬(Pulau Sumbawa)이다.

살이온(薩爾溫) : 지금의 숨바섬(Pulau Sumba)이다.

불리서(佛理嶼) : 지금의 플로레스섬(Pulau Flores)이다.

태묵이(胎墨爾) : 지문(地門)이라고도 하는데, 지금의 티모르섬(Pulau Timor)이다.

사리막(士里莫) : 사수(泗水)라고도 하는데, 지금의 자와섬 동북 해안에 위치한 수라바야(Surabaya)이다.

삼보롱(三寶壟) : 지금의 자와 북부에 위치한 스마랑(Semarang)이다.

갈력석(竭力石) : 금석(錦石), 격뢰서(格雷西)라고도 한다. 지금의 자와에 위치하는 그레식(Gresik)이다.

북교랑(北膠浪) : 프칼롱안(Pekalongan)으로, 지금의 자와에 위치한다.

정리문(井裏汶) : 지리문(砥利文), 정리문(井里汶)이라고도 한다. 지금의 자와섬 북쪽 해안에 위치한 치르본(Cirebon)이다.

세계의 4대륙은 모두 사방 수만 리에 걸쳐 있다. 오직 중국의 남양(南洋)[1]만은 많은 섬이 빙 둘러 별처럼 늘어서 있고 바둑알처럼 퍼져 있으면서 끊어진 곳도 있고 이어져 있는 곳도 있다. 큰 섬은 수천 리에 이르고, 작은 섬은 수백 리 혹은 수십 리에 이른다. 야만족[2]이 그 안에 모여 살고 있

---

1   남양(南洋): 지금의 동남아시아(Southeast Asia) 일대 및 그 해역을 가리킨다.

2   야만족: 원문은 '야번(野番)'이다. 과거 산에 거주하는 미개 종족은 생번, 야번이라고 했으며, 평지에 거주하는 경우는 숙번(熟番), 토번(土番)이라 구분했는데, 여기서는 구분하지 않고 야만족이라 번역한다.

고, 숲이 우거지고 짐승이 많이 출몰하며, 자체적으로 부락을 이루고 산다. 이들 종족을 통틀어 말레이(Malay)[3] 무래유(無來由)라고도 한다. 라고 하며, 자와(Jawa),[4] 조아(爪亞)라고도 한다. 부기(Bugis)[5] 열길(烈吉)이라고도 한다. 라 불리는 종족도 있다. 서한(西漢) 때 이들 야만족은 처음 공물을 바치기 시작했다. 당(唐)나라 이후 상선이 광동에 무리를 이루어 모여들었다. 명(明)나라 초에 태감 정화(鄭和)[6] 등을 바다로 보내 이들을 불러들이자, 조공하러 오는 나라가 더욱 많아졌다. 명나라 중엽 이후 유럽 각국이 동쪽으로 와서 각 섬의 해안을 점거하고 부두를 세워 온갖 물품을 유통시켰다. 이에 여러 섬의 물산이 중국에 넘쳐흘렀다. 그 결과 복건과 광동 사람들은 배를 건조해 바다를 건너 떼로 몰려갔다. 간혹 토지를 매입하고 아내를 맞아들여 그곳에서 살면서 돌아오지 않는 경우도 있었다. 예컨대 루손(Luzon)[7]·클라파(Kelapa)[8] 등의 경우 복건과 광동 출신의 유민이 거의 수십만 명은 되었다. 남양은 또한 칠곤

---

3 말레이(Malay): 원문은 '무래유(巫來由)'이다. 무래유(蕪萊由), 무래유(無來由), 마래추(馬來酋), 목랄유(木剌由), 목래유(木來由), 몰랄여(沒剌予), 몰랄유(沒剌由), 마래홀(馬來忽), 목랄전(木剌田)이라고도 한다.

4 자와(Jawa): 원문은 '요아(繞阿)'이다.

5 부기(Bugis): 원문은 '무흘(武吃)'로, 인도네시아 술라웨시섬 서남부에서 살고 있다.

6 정화(鄭和): 정화(1371~1433)는 원래 마씨(馬氏)로, 운남성(雲南省) 곤양(昆陽) 사람이다. 홍무 4년(1371) 가난한 무슬림 집안에서 태어났다. 명나라 군대가 운남을 정복하는 중에 포로가 되어 거세를 당해 태감이 되었다. 영락 2년(1404)에 정씨(鄭氏) 성을 하사받았고 영락 3년(1405)부터 시작된 남해 대원정의 수장이 되었다. 선덕 8년(1433)까지 28년 동안 모두 7차례에 걸친 대원정에서 30여 개국을 방문했고 가장 멀리는 아프리카와 홍해(紅海)까지 갔다 왔다.

7 루손(Luzon): 원문은 '여송(呂宋)'이다.

8 클라파(Kelapa): 원문은 '갈라파(噶羅巴)'이다. 지금의 인도네시아 자카르타를 말한다. 이 땅은 클라파, 자야카르타(Jaya Karta)로 불리었으나, 1618년에 네덜란드가 점령한 뒤 바타비아(Batavia)로 이름을 바꿨다. 인도네시아가 독립한 뒤 다시 이름을 자카르타로 개정했다.

(七鯤)[9]·주애(珠崖)[10]의 부속도서[11]이면서 구라파의 교두보[12]이다.

　　살펴보건대 남양 각 섬은 서양인이 그린 지도에서는 아주 상세하게 그려져 있다. 그러나 설명이 그다지 자세하지 않고, 지명이 잘 드러나지 않아 역시 실제와 차이가 많다. 여러 사람들의 잡설을 두루 살펴보았는데, 각각 장단점이 있었다. 진륜형(陳倫炯)[13]의 『해국문견록(海國聞見錄)』은 개략적인 내용은 살펴볼 수 있으나, 방위와 경계가 대체로 다른 경우가 많았다. 그가 말하고 있는 뱃길과 경수(更數)[14] 역시 틀리거나 오류가 많다. 예컨대 싱가포르(Singapore)[15]에서 믈라카(Melaka)[16]까지는 2백~3백 리에 불과하다. 그런데 진륜형의 『해국문견록』에서는 "하문에서 싱가포르까지는 180경(약 360시간)이 걸리고, 하문에서 믈라카까지는 260경(약 520시간)이 걸린다."라고 했는데 이는 큰 오류이다. 왕대해(王

9　칠곤(七鯤): 대만(臺灣)의 별칭이다. 본래 대만 대남시 남해는 남쪽에서 북쪽으로 7개의 섬이 줄줄이 늘어서 있어 칠곤신(七鯤身)이라고 불렀다.

10　주애(珠崖): 해남도(海南島) 주애주(珠崖州)이다.

11　부속도서: 원문은 '여양(餘壤)'이다.

12　교두보: 원문은 '동도주(東道主)'로, 『춘추좌전(春秋左傳)』「희공(僖公) 30년」에 나오는 말이다. 지나가는 길손을 집에서 묵게 하고 대접하는 주인을 의미하는 말로, 훗날 교두보의 뜻으로 사용되었다.

13　진륜형(陳倫炯): 원문은 '진자재(陳資齋)'로, 자재(資齋)는 진륜형의 호이다.

14　경수(更數): 과거 경은 크게 밤의 길이를 계산하는 단위와 중국(中國) 항해(航海)의 이정을 나타내는 단위로 사용되었다. 밤 시간을 계산하는 경우 하룻밤을 5경으로 나누고, 1경은 약 2시간 정도로 보았다. 중국 항해의 이정을 나타내는 단위로 쓰일 때 1경은 60리 정도 된다. 그러나 본 번역에서는 『황청통고』「사예문」의 "바닷길은 리(里)로 계산할 수 없다. 뱃사람들이 대략 하루 밤낮을 10경으로 나누었기 때문에 경을 이용해 리(里)를 기록했다고 한다(以海道不可以里計. 舟人率一晝夜爲十更, 故以更記里云)"라는 문장에 근거해 경(更)을 시간으로 계산했음을 밝혀 둔다.

15　싱가포르(Singapore): 원문은 '식력(息力)'이다.

16　믈라카(Melaka): 원문은 '만랄가(滿剌加)'로, 마륙갑(馬六甲)이라고도 한다.

大海)의『해도일지(海島逸志)』[17]에서는 클라파 관련 사항을 가장 상세하게 적고 있다. 그가 클라파에서 10년 정도 살면서 몸소 보고 겪은 것이니, 자연 거짓이 아니다. 그 나머지 반은 사청고(謝淸高)의『해록(海錄)』[18]의 영향을 받은 것이다. 태국의 속국과 보르네오(Pulau Borneo)[19]·수마트라(Pulau Sumatera)[20] 두 섬에 대해서는 상세하게 말하고 있어 확실히 믿을 만한데, 그 땅에 가본 적이 있는 것 같다. 반면에 나머지 각 섬은 틀린 부분도 있고 맞는 부분도 있다. 이외에 역사책이나 정부 간행물의 경우 반 정도는 다른 책에서 수집해 편집한 것으로, 단지 그 연혁은 기록할 수 있지만 이를 기준으로 삼아서는 안 된다. 지금 서양인들의 지도에다가 여러 사람들의 견해를 두루 채용하고, 또 서양인과 일찍이 남양에 가 본적이 있는 하문 출신의 늙은 조타수에게 물어서 참고하고 고쳐서 대략적으로 이야기하고는 있지만, 틀림없이 오류가 있을 것이다.

루손은 대만(臺灣) 봉산현(鳳山縣) 사마기(沙馬崎)[21]의 동남쪽에 위치하며

---

17 『해도일지(海島逸志)』: 청나라 왕대해의 저서이다. 왕대해는 복건성(福建省) 용계(龍溪) 사람으로, 자가 벽경(碧卿)이고 호는 유곡(柳谷)이며 생졸연대는 정확하지 않다. 그는 건륭(乾隆) 48년(1783)에 자와에 갔으며, 이후 자카르타와 스마랑(Semarang) 등에서 10년 동안 거주했고, 자와 북쪽 해안과 말레이반도(Malay Peninsula)의 여러 항구를 돌아다녔다. 귀국 후에 자와섬과 말레이반도 관련 여행기인『해도일지』6권을 편찬했다.

18 『해록(海錄)』: 청나라 사청고의 저서이다. 사청고(1765~1821)는 가응주(嘉應州) 출신의 상인으로, 18세 때 외국 선박을 따라 14년간 해상교역에 종사하던 중 실명하게 되자 마카오에 정주했다. 그때 그는 동향인 양병남(楊炳南)에게 해외에서 보고 들은 것을 구술했고, 양병남이 그것을 글로 써서 출간한 것이『해록』이다. 이 책은 동남아시아에서 유럽의 포르투갈과 영국에 이르는 항로를 비롯해 모두 97개 국가와 지역에 관해 기술하고 있다.

19 보르네오(Pulau Borneo): 원문은 '파라주(婆羅洲)'로, 인도네시아에서는 칼리만탄섬(Kalimantan Island)이라 부른다.

20 수마트라(Pulau Sumatera): 원문은 '소문답랄(蘇門答剌)'이다.

21 사마기(沙馬崎): 지금의 대만 남단에 있는 아란비(鵝鑾鼻)로, 사마기(沙馬機)라고도 한다.

하문에서 가면 뱃길로 72경(약 144시간)이 걸린다. 북쪽의 고산 일대는 멀리서 보면 송곳니처럼 생겼으며 속칭 아파리항(Aparri)²²이라고 하는데, 바로 루손의 북쪽 지역에 해당한다. 지형은 물고기가 꼬리를 흔들고 있는 것처럼 생겼으며, 남북의 길이는 약 2천여 리이다. 서쪽 해변 일대는 토지가 비옥하고 동쪽은 산과 고개가 착종되어 있고 초목이 우거져 있어 깊고 험하다. 화산이 있어 때때로 지진이 일어난다. 산속에 사는 원주민은 검은 얼굴에 곱슬머리를 하고 있고, 띠풀로 엮은 집에 나무껍질로 만든 옷을 입고 있는데, 대만 내지의 산에 사는 원주민과 아주 비슷하다. 이 땅은 본래 말레이족이 세운 나라이다. 명나라 융경(隆慶)²³ 연간에 유럽의 스페인(Spain)²⁴이 신하 미구엘(Miguel)²⁵을 보내 함선을 타고 동쪽으로 왔다. 루손에 도착해 땅이 넓고 비옥한 것을 보고 암암리에 루손을 습격해 빼앗을 계획을 세웠다. 만력(萬曆)²⁶ 연간에 군사를 실은 함선 몇 척이 화물선인척 하면서 루손 왕에게 황금을 주고 화물을 놓아둘 소가죽만한 크기의 땅을 청하자, 루손 왕은 이를 허락했다. 그리하여 스페인 사람들은 소가죽을 찢어 연결해 사방을 두르고는 거기에 해당하는 땅을 달라고 하면서 매월 은으로 세금을 내겠다고 했다. 왕은 이미 허락한 일이라 더 이상 따지지 않았으며, 스페인 사람들은 마침내 이렇게 도시를 건설하고 진영을 구축했다. 얼마 뒤 돌

---

22   아파리항(Aparri): 원문은 '재우갱(宰牛坑)'이다.

23   융경(隆慶): 명나라 제12대 황제 목종(穆宗) 주재후(朱載垕)의 연호(1567~1572)이다.

24   스페인(Spain): 원문은 '서반아국(西班牙國)'으로, 시반아(是班牙), 간사예(干絲蚋), 간사랍(干絲臘), 실반우(實班牛)라고도 한다.

25   미구엘(Miguel): 원문은 '미아란(咪牙蘭)'으로, 필리핀 초대 총독인 미구엘 로페스 데 레가스피(Miguel Lopez de Legazp)로 추정된다. 미아란은 바로 '이철륜(李哲倫)'이다.

26   만력(萬曆): 명나라 제13대 황제 신종(神宗) 주익균(朱翊鈞)의 연호(1573~1620)이다.

연 화포로 루손을 공격해 그 왕을 죽이고 나라를 빼앗았다. 스페인은 총독을 두어 진수하더니 점점 스페인 사람들을 이 땅으로 보내 그 땅을 차지했다. 루손은 지형이 동쪽을 등지고 서쪽을 향해 있으며, 안쪽, 가운데, 바깥쪽에 [바이호(Laguna de Bay) · 마닐라만(Manila Bay) · 타알호(Taal Lake)] 세 개의 호수가 있으며,[27] 각 호수의 너비는 3백여 리 정도 된다. 스페인 사람들은 타알호 서쪽 해변에 카비테성(Cavite)[28]을 건설하고, 또 카비테성의 왼쪽 구석에 위치한 상글레이 포인트(Sangley Point)[29]에 포대를 만들어 이곳을 지배했다. 카비테성이 세워진 곳은 마닐라(Manila)[30] 만리라(蠻哩喇)라고도 한다. 로, 사람들은 이곳을 소여송(小呂宋)이라 부르고 본국인 스페인을 대여송(大呂宋)이라 불렀다. 누군가가 스페인의 원래 명칭이 여송(呂宋)이었기 때문에 마닐라가 소여송이 되었다고도 했다. 스페인이 만력연간에 이곳을 점령했는지는 잘 모르겠지만, 마닐라가 홍무(洪武) 7년(1374)에 입공했을 때 나라 이름은 여송이었다. 본래는 객이 주인의 이름을 따르는 법, 그런데 도리어 주인이 객의 이름을 차용하고 있다고 말하고 있는데, 아마도 미처 그 이름의 내력을 살펴보지 못한 것 같다. 마닐라에는 배가 많이 모여들어 온갖 물건이 유통되고 있으니, 부두가 여러 해양 중에 최고로 성하다. 토지는 비옥하고 습기가 많아 농사짓기에 적합하며, 쌀이 가장 많이 난다. 또 이곳에서는 백설탕·면화·마·담배·커피 커피는 제비콩과 비슷하게 생겼으며

---

27 안쪽, 가운데, 바깥쪽에 세 개의 호수가 있으며: 원문은 '내 · 외 · 중 삼호(內 · 外 · 中 三湖)'로, 바이호[內湖] · 마닐라만[馬尼拉灣 혹은 外湖] · 타알호[塔爾湖 혹은 中湖]를 가리킨다.

28 카비테성(Cavite): 원문은 '귀두(龜豆)'이다.

29 상글레이 포인트(Sangley Point): 원문은 '경일서(庚逸嶼)'이다.

30 마닐라(Manila): 원문은 '마니랄(馬尼剌)'이다. 만리라(蠻里喇), 소여송(小呂宋)이라고도 하는데, 지금의 필리핀(Philippines) 수도이다.

청흑색으로 이를 볶아서 끓여 먹는데, 맛이 쓰고 향이 나는 것이 차와 비슷하다. 서양인
들은 이것을 차 대신 마시는데, 간혹 설탕이나 연유를 뿌려 마신다. ·카카오³¹ 카카오 역
시 열매 이름으로, 바로 한약 재료인 가자(訶子)열매이다. 서양인들은 차 대신 이것을 마
신다.·금주(金珠)·대모·빙편·제비집·해삼·오목(烏木)·홍목(紅木)이 난다. 루
손 이남으로 크고 작은 섬 10여 개가 있는데, 복건 사람들은 이 섬들을 이
자발(利仔拔)³²·감마력(甘馬力)³³·반애(班愛)³⁴·오당(惡黨)³⁵·묘무연(貓霧煙)³⁶·망
건초뇌(網巾礁腦)³⁷ 문건초로(蚊巾焦老), 간자저(澗仔低)라고도 한다. 라고 부른다. 반
면 서양인들은 이 섬들을 사마르(Samar)³⁸·마린두케(Marinduque)³⁹·팔라완

---

31 카카오: 원문은 '가가자(可可子)'이다. 가가자(柯柯子)·가려극(呵黎勒)·장청과(藏靑果)·가자
(訶子)·양가자(洋訶子)·가리극(訶梨勒)이라고도 하는데, 설사나 이질, 기침, 토사곽란 등을
치료하는 데 효과가 있다.

32 이자발(利仔拔): 이자발(利仔發)이라고도 하는데, 지금의 필리핀 루손 동남쪽 해안의 레가스
피(Legaspi)를 말한다.

33 감마력(甘馬力): 지금의 필리핀 루손 동남쪽에 위치한 남북 카마리네스주(Camarines)를 말한다.

34 반애(班愛): 지금의 필리핀 파나이섬(Panay)이다.

35 오당(惡黨): 지금의 필리핀 오턴섬(Oton)이다.

36 묘무연(貓霧煙): 묘무연(苗務煙)이라고도 한다. 지금의 필리핀 민다나오섬 서부에 있는 남북
삼보앙가(Zamboanga)를 말한다.

37 망건초뇌(網巾礁腦): 문건초로(蚊巾礁老)·망균달로(莽均達老), 초로(礁老)라고도 한다.『동서
양고(東西洋考)』권5에 따르면 지금의 필리핀 민다나오섬을 지칭하기도 하고, 민다나오섬
남부에 위치한 코타바토(Catabato) 일대만을 지칭하기도 한다.

38 사마르(Samar): 원문은 '살마(撒馬)'로, 상마이도(桑馬爾島), 살마도(薩馬島), 삼묘도(三描島)라
고도 한다.

39 마린두케(Marinduque): 원문은 '마린득(馬鄰得)'이다.

(Palawan)⁴⁰·네그로스(Negros)⁴¹·마스바테(Masbate)⁴²·세부(Cebu)⁴³·보홀(Bohol)⁴⁴·파나이(Panay)⁴⁵·민도르(Mindoro)⁴⁶·레이테(Leyte)⁴⁷·민다나오(Mindanao)⁴⁸라고 부르는데, 모두 말레이 원주민들의 섬이다. 이들 섬은 자연환경이 루손과 비슷해 중국 상선들이 루손에서 갈라져 나와 각자 이들 섬에 가서 무역한다. 이곳에서는 고라니·소가죽·근포(筋脯)·소목(蘇木)·오목·강향(降香)·속향(速香)⁴⁹·밀랍[黃蠟]·제비집·해삼 등이 난다. 이곳 원주민들은 사람이 어리석고 굼떠 물건을 축적(蓄積)할 줄 몰랐고, 반드시 중국의 포백(布帛)으로 몸을 가렸는데, 대부분 스페인의 관할 하에 있다.

『해국문견록』에서는 "루손은 아래쪽으로 이자발과 인접해 있으며 뱃길로는 12경(약 24시간)이 걸린다. 감마력까지는 뱃길로 21경(약 42시간)이 걸리고, 반애까지는 10경(약 20시간)이 걸린다. 오당까지는 23경(약 46시간)이 걸리고, 숙무까지는 24경(약 48시간)이 걸린다. 망건초뇌까지는 58경(약 116시간) 정도 걸린다."라고 하면서 지도를 「사해총도(四海總圖)」⁵⁰에 마음대로 갖다 붙여 놓고 있어 더욱 근거로 삼을 수 없다. 서양인이 그린 지도에

---

40 팔라완(Palawan Island): 원문은 '파랍만(把拉灣)'이다.

41 네그로스(Negros): 원문은 '니악파(泥鄂巴)'이다.

42 마스바테 (Masbate): 원문은 '니말파지(尼末巴地)'이다.

43 세부(Cebu): 원문은 '서무(西武)'이다.

44 보홀(Bohol): 원문은 '마은(馬埋)'이다.

45 파나이(Panay): 원문은 '방(邦)'이다.

46 민도르(Mindoro): 원문은 '민다라(閩多羅)'이다.

47 레이테(Leyte): 원문은 '래지(來地)'이다.

48 민다나오(Mindanao): 원문은 '민답나아(民答那峨)'이다.

49 속향(速香): 향목(香木)의 하나로, 황열향(黃熟香)을 말한다.

50 「사해총도(四海總圖)」: 남사군도 지도이다.

161

는 루손 이남으로 크고 작은 10여 개의 섬이 있는데, 이름이 『해국문견록』에서 보이는 섬 이름과 모두 다르다. 아마도 민남어로 외국어를 음역하면서 너무 대충했고, 또한 중국어로 옮기면서 말하는 사람마다 모두 달라서 그런 것 같다. 또한 유럽인들이 마음대로 이름을 갖다 붙이는 경우도 많아 모두가 각 섬의 원래 명칭은 아니다. 지금 각 섬의 명칭을 자세하게 번역해보면 감마력은 마린두케, 반애는 팔라완, 오당은 네그로스, 숙무는 세부, 묘무연은 보홀인 듯하다. 최남단에 제법 큰 섬이 있는데, 『해국문견록』에서는 이 섬을 망건 초뇌라고 하고 있는데, 바로 유럽인이 말하는 민다나오섬인 것 같다. 『해도일지』에서는 이 섬을 '간자저(澗仔低)'라고 하고 있는데, 아무리 따져봐도 그 섬이 맞는지 아닌지 모르겠다.

소성암(邵星岩)[51] 소대위(邵大緯)이다. 의 『박해번역록(薄海番域錄)』에 다음 기록이 있다.

명나라 홍무 7년(1374)에 루손은 촐라(Chola)[52] 등의 나라와 함께 공물을 바쳐왔다. 만력 4년(1576)에는 역적을 토벌하는데 공을 세웠으며, 얼마 뒤에 복건을 통해 조공 왔다. 이 일이 있기 전에 루손에서 장사하는 중국인들이 많아졌는데, 겨울을 보낸다[53]는 명목으로 골짜기에서 거주하는 사람들이 수만 명이나 되었다. 만력 30년(1602)에 허풍쟁이 장억(張嶷)이 루손

---

51 소성암(邵星岩): 이름은 대위이고, 자는 성암이다. 산동 무정(武定) 사람으로, 가경(嘉慶) 6년(1801) 때의 거인(擧人)이다. 일찍이 호남(湖南) 유양(瀏陽)·용양(龍陽) 등의 지현을 지냈다. 경사자집에 통달했으며, 저서로는 『사사간초(史事簡鈔)』·『박해번역록』 등이 있다.

52 촐라(Chola): 원문은 '쇄리(瑣里)'로, 지금 인도의 코로만델 해안(Coromandel coast)에 위치해 있다.

53 겨울을 보내다: 원문은 '압동(壓冬)'이다. 명대에 루손에서 장사하던 중국 상인중 볼일이 남았거나 험난한 파도 때문에 루손에서 겨울을 보내는 이들이 많았는데, 이를 일러 '압동'이라고 불렀다.

의 카비테[54]에서 금덩이가 난다고 했다. 당시 광세사(礦稅使)[55]가 한창 바쁠 때라 조서를 내려 장주군(漳州郡)의 군승(郡丞) 왕시화(王時和)[56]를 장억과 함께 보내 조사하게 했다. 이때 루손은 이미 스페인의 통치 하에 _{원문에는 프랑} _{스로 잘못 되어 있어서 지금 정정한다.} 있었기 때문에 그 땅을 지키는 사람은 스페인 총독이었다. 왕시화가 그곳에 도착하자 총독이 병력을 배치시켜놓은 채 물었다.

"산에는 각각 주인이 있으니, 어찌 채굴하게 놔두겠습니까? 금덩어리가 열리는 나무가 어디 있단 말입니까?"

왕시화는 아무런 대답도 하지 못했다. 이로부터 총독은 중국인을 의심해 군사를 풀어 포위해서 그들을 잡아 매장했는데, 이때 죽은 자가 2만 명이 넘었고, 3백 명만 겨우 살아 돌아갔으며, 그 뒤로 중국 배는 오지 않았다. 조정대신[57]들이 탄핵 상소를 올려 장억은 죽임을 당하고 왕시화는 두려움에 떨다가 죽었다. 만력 33년(1605)에 상선을 보내 루손을 위무하며 아무 일도 일으키지 않았다. 스페인 총독 역시 지난 일을 후회하며 중국인을 다

---

54 카비테: 원문은 '기역산(機易山)'이다.

55 광세사(礦稅使): 명나라는 중기 이후 만성적인 재정적자에 시달렸으며, 특히 만력 20년에 들어와 국내외에서 발생한 반란과 전쟁, 그리고 황실 화재 등으로 국가 재정에 어려움을 겪게 되었다. 이에 만력제는 만력 24년부터 만력 48년(1610)까지 24년 동안 전국 각지로 환관을 보내 광산 채굴과 상업세 추징을 통해 재정 수입의 증대를 도모했는데, 파견된 이들 환관을 일러 광세사라 한다.

56 왕시화(王時和): 왕시화(1585~1617)는 자가 조원(調元), 호는 욱곡(旭谷)으로 명대 대명부(大名府) 위현(魏縣) 사람이다. 진사출신으로 치천(淄川) 지현을 맡았다. 이재민을 구휼하고 관리들의 폐단을 잘 다스린 공으로 예부주사(禮部主事)로 승진했다가 다시 호부주사(戶部主事)가 되었다.

57 조정대신: 원문은 '대관(臺官)'이다.

시 후대하자 상선들이 차차 모여들었다. 그 뒤로 그곳에 남아 있던 사람들이 다시 모여 살게 되었다고 한다.

또 『해국문견록』에 다음 기록이 있다.

루손은 원래 야만족의 나라였으나 지금은 스페인 서반아(西班牙)라고도 한다.의 관할 하에 있다. 중국인이 원주민 여자를 아내로 맞이할 경우 반드시 그 종교를 받아들이고 천주교당에서 예배를 올렸다. 성수(聖水)[58]로 이마에 열십자(성호)를 그었는데, 이를 요수(澆水)라고 한다. 부모의 위패를 태우고 늙어 죽으면 천주교당에 귀의했는데, 땅을 파서 흙으로 시신을 덮어[59] 매장한다. 부자가 재물을 내면 재물의 많고 적음을 따져 천주교당 내에 묻고 가난한 사람은 천주교당의 담장 밖에 묻는다. 3년에 한 번 정리하면서 유골은 깊은 골짜기에 내다버린다. 모든 재물은 천주·처·자식이 삼등분해서 고루 나눈다. 원주민들이 악기에 잘 씌기 때문에 엄마는 딸에게 유산을 남기고 아들에게는 남기지 않는다. 예를 들어 소가죽과 햄에 주술을 걸어 모래알처럼 작게 만들어서 사람들에게 먹여 배가 부풀어 올라 죽게 만든다.

---

58 성수(聖水): 원문은 '유수(油水)'이다. 1620년 스페인의 식민지였던 필리핀에서 『Arte de la Lengua Chio Chiu』(1620)이 출판되었는데, 이것은 『스페인어-장주어(西班牙-漳州語)』 사전에 해당한다. 이 책에 따르면 당시 민남어로 예수를 염수인(澆水人) 혹은 염수(澆水)라고 불렀다. 후에 천주교에서 세례식을 할 때 그들은 대주교의 시신을 물에 넣어 한 번 끓이고 난 뒤에 다시 그 물을 신도들의 머리 위에 뿌렸다. 이 물을 포시수(泡屍水), 염수(殮水), 염수(澆水)라고 하는데 오늘날의 성수에 해당한다. 당시의 중국 장주사람들은 기독교인을 통틀어 '염수인(澆水人)'이라 불렀다.

59 흙으로 시신을 덮어: 원문은 '토친부(土親膚)'이다. 이 말은 『맹자(孟子)』「공손추(公孫丑)」(하)의 "또 죽은 이를 위하여 살에 흙이 닿지 않게 하면 자식의 효심에 조금이라도 위로가 되지 않겠는가(且比化者, 無使土親膚, 於人心獨無恔乎)?"에서 나온 말이다. '흙을 살갗 가까이에 둔다'라는 말은 흙으로 시신을 덮었음을 의미한다.

또한 저들은 두꺼비나 물벼룩 같은 것으로 주술을 풀 수 있는데, 입에서 튀어나오면 그릇으로 변해 있다. 새벽에 종을 울려 날이 밝았음을 알리면 비로소 시장을 열 수 있다. 낮에 종을 울려 밤이 되었음을 알리면 시장을 닫고 감히 왕래하지 않았다. 해질 무렵 종을 울려 날이 밝았음을 알리면 등불을 훤하게 밝혀 대낮처럼 생활한다. 한밤중에 종을 울려 밤이 되었음을 알리면 가게를 닫는다. 주야로 각각 6시간[60]을 기준으로 낮이 되고 밤이 되며, 정오 무렵에 야간통행금지가 되는데, 역시 특이한 풍속이다.

또 황의헌(黃毅軒) 황가수(黃可垂)이다. 의 『여송기략(呂宋紀略)』에 다음 기록이 있다

루손은 간사예(干絲蚋) 스페인. 이다. 스페인은 대서양의 서북쪽에 위치하며 금과 은이 많이 나고, 금과 은은 본국이 아니라 스페인의 속국인 남북아메리카,[61] 멕시코,[62] 페루[63] 등의 나라에서 난다. 화란(和蘭) 네덜란드이다.·발란서(勃蘭西) 프랑스이다.·홍모(紅毛) 영국이다. 와 어깨를 나란히 하며, 속칭 송자(宋仔)라고 한다.

또 다음 기록이 있다.

실반우(實班牛) 스페인의 음역이다. 사람들은 중국인과 흡사하게 생겼다. 중심이 높은 모자를 쓰고 소매가 좁은 옷을 입으며, 음식을 그릇에 담아 먹

---

60 6시간: 원문은 '삼시진(三時辰)'이다. 1시진은 2시간으로, 모두 6시간이다.

61 남북아메리카: 원문은 '남북아묵리가(南北亞墨利加)'이다.

62 멕시코: 원문은 '묵서가(墨西哥)'이다.

63 페루: 원문은 '비로(秘魯)'이다.

는데, 대체로 네덜란드와 비슷하다. 복건과 광동에서 사용하는 은화는 스페인 국왕의 초상을 주조한 것이다. 복건 해안의 동남쪽 수천 리 밖에 루손이 있다. 루손은 동쪽으로는 반다해(Banda)[64]·민다나오해(Mindanao),[65] 서쪽으로는 복건해·광동해, 남쪽으로는 술루해(Sulu Sea),[66] 북쪽으로는 루손해협(Luzon Strait)[67]과 경계하고 있다. 이 땅은 모두 3천 리 남짓이며, 동서남북 서로간의 거리는 각각 1천 리 남짓이다. 이것은 아주 정확하지는 않다. 이 땅은 남북이 길고 동서가 좁다. 원주민의 인구는 수십만 명 정도 된다. 금주·대모·빙편[68]·제비집·해삼·오목·홍목·생선·소금으로 인한 이익은 해외에서 최고이다. 명나라 때 스페인은 루손을 점령하고 파례원(巴禮院) 천주교 성당이다. 을 짓고 예배를 드렸다. 파례(巴禮)[69]는 신부 천주교사제. 이다. 예수[瀲水][70]를 주인으로 모시고 조상에게 제사를 지내지 않는다. 모시는 신은 오직 디오스(Dios)[71] 예수이다. 뿐이다. 염수(瀲水)란 파례왕(巴禮王) 로마교황이다. 의 시신을 달여 만든 성수이다. 장차 천주교를 받들 때 사람들에게 본인이 주 예수로부터 태어났다고 맹세하게 한다. [맹세가 끝나면] 신부는 성수를 사람들의 머리

---

64   반다해(Banda): 원문은 '만란대해(萬瀾大海)'이다.

65   민다나오해(Mindanao): 원문은 '간자저대해(澗仔低大海)'이다.

66   술루해 (Sulu Sea): 원문은 '소록대해(蘇祿大海)'로, 소록해(蘇祿海)라고도 한다.

67   루손해협(Luzon Strait): 원문은 '만수조종대해(萬水朝宗大海)'로, 루손 북쪽 해역인 바부얀해협(Babuyan Channel)과 바시(Bashi Channel) 일대를 가리킨다.

68   빙편: 알코올과 에테르에 잘 녹지만 물에는 녹지 않는다. 향료의 원료로 쓰거나 식중독, 곽란 따위에 약재로 사용된다.

69   파례(巴禮): 스페인어 '파드레(Padre)'의 음역으로, 신부를 뜻한다.

70   예수[瀲水]: 장주말로 예수를 염수인(瀲水人), 염수(瀲水)라고 불렀다.

71   디오스(Dios): 원문은 '𠯋氏'이다. 스페인어 디오스(Dios)의 민남어로, 주 예수 하느님에 해당한다.

위에 뿌렸기 때문에 염수(濂水)라 부르게 되었다. 아내를 맞아들이고 그녀를 콘주헤(cónyuge)[72]라고 불렀으며, 친영하는 날에 교부(敎父) 신부이다. 가 목걸이를 남녀의 목에 둘러준다. 주일마다 천주교당에 가서 신부에게 죄를 고하는 것을 미사[73]를 본다고 한다. 수녀원[74]은 오로지 금전과 물품만을 맡아 관리하면서 이를 국고로 바쳤다. 수녀원은 아주 엄격하게 봉쇄해 남자들의 출입을 끊었다. 일상생활에 필요한 물품은 소송장 상자[75]를 이용해 담 위로 건네주었다. 수녀원에 들어가 수행하고 싶어 하는 여자들은 모두 들어갔다.

내가 살펴보건대 루손은 복건 바다 동남쪽에 위치하며 대만과의 거리가 멀지 않아 지형과 풍토 모두가 대만과 비슷하다. 대만은 최근에 네덜란드에게 점령당했다가 정성공(鄭成功)이 탈환했으며[76] [강희(康熙) 22년(1683)에 정극상(鄭克塽)이 청나라에 귀순함으

---

72 콘주헤(cónyuge): 원문은 '견수(牽手)'이다. 스페인어 콘주헤의 민남어로, 배우자에 해당한다.

73 미사: 원문은 '미살(彌撒)'이다.

74 수녀원: 원문은 '여니원(女尼院)'이다.

75 소송장 상자: 원문은 '전두(轉斗)'이다.

76 정성공(鄭成功)이 탈환했으며: 원문은 '정씨탈환(鄭氏奪還)'이다. 정성공(1624~1662)은 정삼(鄭森)으로, 정복송(鄭福松)이라고도 불린다. 자는 명엄(明儼)으로, 복건 천주 남안(南安) 사람이다. 정성공은 1645년 만주족에게 남경이 함락되자 아버지 정지룡(鄭芝龍)과 함께 복건성으로 피신했다. 그는 명나라를 다시 일으키기 위해 군대를 모아 복건성의 해안 지대에 강한 세력을 구축했다. 아버지 정지룡이 청나라에 회유되어 투항했지만, 정성공은 10개의 무역 회사를 차려 비단과 설탕 등을 무역하면서 반청 활동에 종사했다. 청조가 정성공 세력을 약화시키기 위해 1656년 해금령을 강화하고 1661년에는 연해의 주민을 강제 이주시키는 천계령을 반포하자 대만에 있던 네덜란드 세력을 몰아내고 새로운 거점을 확보했는데, 여기서는 그 과정을 적고 있다.

로써] 마침내 중국의 판도에 들어왔다. 루손은 중국에서 다소 떨어져 있는데, 스페인이 속임수로 빼앗고 국외의 교두보로 삼은 지 수백 년이 되었다. 진륜형과 황의헌의 두 책에서 기록하고 있는 것은 대부분 천주교의 규범으로 바로 스페인 본국의 풍속이다. 어쩌면 하루 밤낮을 두 개의 밤낮으로 한 것은 전하는 바에 따르면 변란을 방어하기 위해 그런 것이라고 한다. 다만 주술의 경우 서양에서는 예로부터 이런 일이 없었으니, 이것은 루손 원주민의 오래된 풍속으로 보는 것이 마땅하다. 루손이 복건에서 가까워 장주와 천주(泉州) 두 지역의 사람들 중에 그곳에 가서 사는 이가 수만 명은 된다. 중국 내지의 타지인의 예에 따라 매년 정표은(丁票銀: 인두세로 내는 은) 5~6량을 내면 거주할 수 있게 해주었다. 대만이 문호를 개방하기 전에는 수시로 루손의 쌀이 복건에 들어왔다. 최근에 하문이 통상하면서 루손의 쌀이 다시 들어왔는데, 진기한 물품과 애완용품에 비해 쌀로 인한 수익이 엄청났다.

최근에 광동에 오는 이민족들은 대부분 마닐라로 모여들었다. 미국과 프랑스에서 제독을 보내 통상하는데, 그 선박들도 모두 이곳에 모여들었다. 아마도 그 땅이 칠주양의 동쪽 연안에 위치해 있어 키를 돌려 북쪽으로 가면 바로 장사군도(長沙群島)[77]의 입구로 들어가서 광동에 갈 수 있기 때문이다. 이민족들은 묵고 있는 여관의 주인에게 부탁해 땔나무와 물, 양식을 모두 이곳에서 마련했다. 그 덕분에 근래에 들어 루손은 남중국해 여러 섬들 가운데 최고로 번성했다.

또 황의헌의 『여송기략』에 다음 기록이 있다.

---

[77] 장사군도(長沙群島): 원문은 '장사두문(長沙頭門)'으로, 스프래틀리군도를 말한다.

건륭(乾隆)[78]연간에 유럽 서쪽 북대서양[79]에 있는 영려(英黎) 영국이다. 가갑자기 협판선 10여 척을 보내 곧장 루손으로 밀고 올라와 그 땅을 점거하려 했다. 이에 스페인 출신[80]의 신부가 예물을 바치면서 화해를 청하자 영국은 그대로 돌아갔다.

내가 살펴보건대 스페인 출신의 신부는 바로 천주교의 사제이다. 서양인들은 모두 천주교를 신봉하며 매번 신부를 통해 분쟁을 해결한다. 그러나 영국인들이 갑자기 철병한 것은 신부의 말을 믿어서 그런 것은 아니다. 스페인이 루손에 온 지 이미 2백~3백 년이 되었다. 루손은 스페인이 상업 유통뿐만 아니라 해외의 교두보로 삼아 국력을 키운 곳으로, 스페인 본토의 수도에 맞먹는 해외 수도라 할 수 있다. 영국에게 루손을 빼앗긴다면 스페인은 그 절반을 잃게 된다. 스페인이 이전보다는 약해졌지만,[81] 그래도 서양의 대국이고, 또한 국가의 명운이 달려 있으니 장차 목숨을 걸고 싸울 것이다.[82] 영국이 비록 강

---

78 건륭(乾隆): 청나라 제6대 황제인 고종 애신각라홍력(愛新覺羅弘曆)의 연호(1765~1795)이다.

79 유럽 서쪽 북대서양: 원문은 '서북해(西北海)'이다. 『직방외기(職方外紀)』권2 유럽총설에 따르면 '서북해'는 유럽 서쪽 북대서양을 말한다.

80 스페인 출신: 원문은 '화인(化人)'으로, 18세기 스페인이나 포르투갈 사람을 지칭한다.

81 이전보다는 약해졌지만: 원문은 '중쇠(中衰)'로, 흥하던 나라나 집안이 중간에 쇠하여 전보다 못하게 되었음을 말한다.

82 목숨을 걸고 싸울 것이다: 원문은 '배성차일(背城借一)'로, 이 말은 『춘추좌전』「성공(成公)2년」에 나온다. 제(齊)나라 경공(頃公)이 진(晉)나라와 동맹을 맺고 있던 노(魯)나라와 위(衛)나라를 쳤다고 한다. 노나라와 위나라는 즉시 진나라에 구원을 요청했고, 진나라 경공(景公)은 극극(郤克)을 중군주장(中軍主將)으로 삼아 제나라 군대를 안(鞍) 땅에서 물리쳤다. 이에 제나라 경공은 빈미인(賓媚人)을 보내 극극과 강화하게 했는데, 극극이 임금의 어머니인 소동숙(蕭同叔)의 딸을 인질로 내 줄 것을 요구하자, 빈미인이 그 불가함을 논하면서 "그대들이 불허한다면 남아 있는 병사들을 모아 성을 등지고 일전을 청하겠소(子又不許, 請收合餘燼, 背城借一)."라고 했다. 이로부터 '배성차일'은 성을 등지고 일전을 청한다는 의미로, 목숨을 걸고 최후의 결전을 벌인다는 뜻으로 사용되었다.

해졌다고는 하나 그렇다고 어찌 갑자기 스페인을 하루 아침에 멸망시킬 수 있겠는가?[83] 이는 남쪽 변방[84]에서 땅을 빼앗고 집안[85]으로 적을 끌어들이는 격이니 좋은 계책이 아니다. 그런 까닭에 루손을 빼앗을 수 없다는 것을 영국 사람들도 잘 알고 있다. 그래서 영국은 다만 강한 힘으로 그들을 위협하고 스페인이 애원하기를 기다렸다가 군대를 철수해 그들로 하여금 자국을 두려워하고 자국을 고맙게 생각해 자국의 앞길[86]을 감히 막지 못하게 했다. 그런 연후에 자국의 상선이 동쪽으로 진출할 때 저들의 영토를 교두보로 삼아도 저들은 감히 원망하지 않을 것이다. 클라파가 [영국에게 일시] 점령되었다가 다시 [네덜란드에게] 반환된 것도 이와 같은 맥락이니, 모두 이런 사정을 잘 보여주고 있다.

　　루손에서 정남향으로 바라보면 동남쪽[87]에 셀레베스(Celebes)[88] 실륵밀사(失勒密士), 세리와(細利窪)라고도 한다. 라는 큰 섬이 있다. 섬은 사람의 팔다리처럼 네 갈래로 나눠져 있고, 그 나눠진 곳은 특히 수심이 깊고 구불구불하

---

83 하루 아침에 멸망시킬 수 있겠는가: 원문은 '멸차조식(滅此朝食)'으로, 이 말은 『춘추좌전』「성공 2년」에 나온다. 춘추시대에 제나라 경공이 진(晉)나라와 동맹을 맺고 있던 노나라와 위나라를 쳤다고 한다. 노나라와 위나라는 즉시 진나라에 구원을 요청했고, 진나라 경공은 극극을 중군주장으로 삼아 제나라 군대를 막게 했다. 두 군대가 안(鞍) 땅에서 싸울 때 제나라 경공은 장수 고고의 위용에 힘입어 "나는 잠깐 동안에 이 적들을 섬멸시키고 나서 아침밥을 먹겠다(余姑翦滅此而朝食)."라는 말로 군사들의 사기를 진작시켰다. 실제 이 싸움은 진나라의 승리로 끝났지만, 이 말은 후에 승리를 얻고자 하는 결연한 의지를 표현하는 의미로 사용되었다.

84 남쪽 변방: 원문은 '중역(重譯)'이다.

85 집안: 원문은 '문역지간(門閾之間)'으로, 대문과 문지방 사이 즉 집안을 의미한다.

86 앞길: 원문은 '안행(顏行)'이다. 안사고(顏師古)에 따르면, 안행은 기러기의 행렬처럼 앞에서 끌고 나가는 것을 말한다.

87 동남쪽: 원문은 '사방(巳方)'이다.

88 셀레베스(Celebes): 원문은 '서리백(西里百)'으로, 지금의 인도네시아 술라웨시섬이다.

다. 북쪽으로 향한 곳은 마나도(Manado)[89] 망나타(茫拿陀)라고도 한다. 이고, 동쪽으로 향한 두 곳은 톨로만(Teluk Tolo)[90]과 무나(Muna)[91]이고, 남쪽으로 향한 곳은 마카사르(Makassar)[92] 망가슬(芒佳虱), 망가석(望加錫), 망가살(茫加薩)이라고도 한다. 이다. 네덜란드는 남쪽 마카사르와 북쪽 마나도 두 곳에 각각 항구를 열고 포대를 세워서 군사를 두어 지켰다. 마카사르의 원주민은 말레이족 중에서도 부기[93] 무흘지(武吃氏)라고도 한다. 라 불리는 방계 종족이다. 힘이 세고 용맹하며 무예를 좋아하고, 타격기술이 아주 뛰어나다. 부기족 남녀 사람들은 어려서부터 무예를 익혀 한 사람이 단도 하나만 가지고도 수십 명은 대적할 수 있다. 매번 돛을 올려 바다로 나가면 해적들이 멀리서 보고 길을 피하고, 그들의 이름만 들어도 물러서지 않는 이가 없다. 부기족은 여러 섬나라에 흩어져 살며 사람들이 모두 그들을 중시하는데, 부기족은 이윤을 보면 고향으로 돌아가 부모를 부양한다. 과거에는 클라파의 속국으로, 그족장은 마카사르 산속에서 살면서 스스로를 라자(Raja)[94]라고 칭했는데, 자와에서 수난(Sunan)[95]이라 칭하는 것과 같다. 이에 부기족은 네덜란드의 통치를 받지 않고 그들과 맹약을 맺어 의형제로 지낼 따름이었다. 또 다른 종

---

89 마나도(Manado): 원문은 '마나다(馬拿多)'로, 묵나다(黙那多), 마나토(馬那土), 만아로(萬鴉老)라고도 한다.

90 톨로만(Teluk Tolo): 원문은 '다라(多羅)'이다.

91 무나(Muna): 원문은 '마니(摩尼)'로, 지금의 인도네시아 무나 섬으로 추정된다.

92 마카사르(Makassar): 원문은 '마가살(馬加撒)'로, 지금의 인도네시아 술라웨시 섬의 우중판당(Ujung Pandang)이다.

93 부기: 원문은 '무길(蕪吉)'이다.

94 라자(Raja): 원문은 '요야(謍哱)'이다. 산스크리트어 라자(राज)에서 유래된 것으로 남아시아와 동남아시아에서 사용되던 왕의 호칭이다.

95 수난(Sunan): 원문은 '순란(巡欄)'으로, 수수후난(Susuhunen)이라고도 한다.

족인 부톤(Buton)[96]은 부기족과 마찬가지로 힘이 세고 용맹하며 마카사르의 남쪽에 산다. 이들 섬의 물산은 루손과 대체로 비슷하며, 유포(幼布)와 해삼이 특히 우수하다.

살펴보건대 부기족은 섬에 사는 원주민 중의 하나로, 서양인들은 그들을 남중국해의 준걸이라고 칭한다. 사람들은 용맹하고 또한 효를 알아 부기족 수만 명만 있으면 굳건하게 막을 수 있고, 패업을 이룰 수도 있다. 그러나 안타깝게도 그와 같은 벽지나 황량한 섬에는 이들을 창도할 뛰어난 인재가 없다. 진실로 이와 같은 사람들이 있다면 서양 각국이 어찌 이렇게 급하게 남양(南洋)에 뜻을 둘 수 있었겠는가?

루손군도의 서남쪽, 보르네오의 동북쪽에 술루(Sulu)[97]라는 작은 나라가 있는데, 세 개의 섬[술루, 타위타위, 바실란]으로 연결되어 있다. 섬은 모두 아주 작지만 인구는 상당히 많다. 사람들은 원래 말레이족으로 사납고 용감하며 싸움을 잘해서 으레 해적이 되어 먹고 산다. 스페인은 루손을 점령한 뒤에 술루마저 속국으로 만들려고 했지만, 술루가 굴복하지 않았다. 이에 스페인은 군대를 보내 이들을 공격했지만 도리어 패배했다. 그 바다에서는 진주·대모가 나고, 산에서는 소목·두구·강진향·등나무가 나고, 또 앵무새가 난다. 인구는 많고 땅은 척박해서 먹을 것이 부족해 다른 섬에서 사다 먹는다. 하문의 상선이 때때로 루손을 경유해 그곳에 가서 무역하는데, 하문에서 술루까지는 뱃길로 110경(약 220시간) 정도 걸린다. 『해국문견록』에

---

96 부톤(Buton): 원문은 '무돈(武敦)'이다.

97 술루(Sulu): 원문은 '소록(蘇祿)'이다.

서는 술루를 카리문자와제도(Kepulauan Karimunjawa)[98]·브루나이(Brunei)[99]와 같은 땅으로 보고 있는데, 이것은 잘못된 것으로 지금 바로 고친다.

『박해번역록』에 다음 기록이 있다.

술루는 동도(東島)·서도(西島)·동도(峒島)로 나뉘어져 있고, 세 명의 왕이 있다. 명나라 영락(永樂)[100] 15년(1417)에 동도의 왕 파투카 파할라(Paduka Pahala)[101]·서도의 왕 마하라자 콜라마팅(Maharaja Kolamating)[102]·동도(峒島)의 왕 파투카 프라부(Paduka Prabhu)[103]가 함께 가족 3백여 명을 데리고 와서 방물을 바쳤다. 각각 관인(官印)과 책봉 조서[104]를 내려 왕에 임명했다. 동도(東島)의 왕 파투카 파할라가 귀국 중에 덕주(德州)[105]에 이르렀을 때 죽자 명을 내려 왕의 예로서 장례를 치러주었다. 또한 영을 내려 그 아들 라자 바긴다(Rajah Baguinda)[106]는 환국해 후사를 잇게 하고, 둘째 부인 카물린[葛本甯]과 둘째 아

98   카리문자와제도(Kepulauan Karimunjawa): 원문은 '길리문(吉里問)'이다.

99   브루나이(Brunei): 원문은 '문래(文萊)'이다.

100   영락(永樂): 명나라 제3대 황제 성조(成祖) 주체(朱棣)의 연호(1402~1424)이다.

101   파투카 파할라(Paduka Pahala): 원문은 '파도갈파팔답랄(巴都葛巴叭答剌)'이다. 파투카 파할라 (?~1417)는 중국에서 죽은 술루왕으로 유명하다.

102   마하라자 콜라마팅(Maharaja Kolamating): 원문은 '마합랄타갈랄마정(麻哈剌吒葛剌麻丁)'이다.

103   파투카 프라부(Paduka Prabhu): 원문은 '파도갈파랄복(巴都葛巴剌卜)'이다.

104   관인(官印)과 책봉 조서: 원문은 '인고(印誥)'이다. 명나라가 당시 나라마다 수여하는 인장 이 있었는데, 금인(金印)은 조선과 일본에만 주었고, 도금은인(鍍金銀印)은 류큐·베트남· 참파·자와에게 주었다.

105   덕주(德州): 지금의 산동성 서북부에 위치한다.

106   라자 바긴다(Rajah Baguinda): 원문은 '도마사(都麻舍)'이다.

들 안툴루(Antulu)[107] 등은 중국에 머물며 무덤을 지키게 했는데, [여기에] 매년 쌀 75섬이 들었다. 만력 연간에 중단되었다가 그의 5세손 안수손(安守孫)이 다시 오겠다고 상주했다. 옹정(雍正) 6년(1728)에 사신을 보내 복건에 이르러 방물을 바치면서 다시 귀의할 것을 청했다. 길이 험하고 멀어 이를 허락하지 않았다. 내가 살펴보건대 술루는 남양의 작은 나라로, 유독 열렬히 [중국을] 흠모하면서 여러 대에 걸쳐 조공 왔다. 스페인, 네덜란드가 호시탐탐 남양을 노리고 있을 때 다른 번국들은 모두 병탄되었으나, 주먹만한 작은 섬인 술루는 온 힘을 다해 항거하면서 몇 백 년 동안 안정되게 스스로를 지키고 있으니, 아마도 남양의 이민족들 가운데 스스로를 지켜낼 줄 아는 이들인 것 같다!

루손에서 서남쪽으로 보면 정남 방향[108]에 보르네오섬 발니(浡泥), 반니아(蟠尼阿)라고도 한다. 이 있다. 섬의 둘레는 수천 리에 달하며, 스리부사라투(Seribu Saratu)[109]라는 큰 산이 그 사이를 가로질러 동북쪽에서 서남쪽으로 뻗어 있다. 산의 서쪽 기슭에서 최북단으로 브루나이 문래(文來)라고도 한다. 가 있고, 최남단으로 카리문자와제도 길리문(吉里門), 길리지민(吉里地悶), 장리민(蔣里悶)이라고도 한다. 가 있다. 산의 동쪽 기슭에서 최남단으로는 반자르마신(Banjarmasin)[110] 마신(馬辰)이라고도 한다. 이 있으며, 카리문자와제도와 인

---

107 안툴루(Antulu): 원문은 '안도록(安都祿)'으로 안도로(安都魯)라고도 한다.

108 정남 방향: 원문은 '오위(午位)'이다.

109 스리부사라투(Seribu Saratu): 원문은 '식력(息力)'이다. 일반적으로 이란(Iran), 카푸아스(Kapuas), 뮐러(Muller), 슈와네르(Schwaner) 등의 칼리만탄 소재 산맥을 가리킨다.

110 반자르마신(Banjarmasin): 원문은 '마신(馬神)'으로, 만집마생(萬執馬生), 반열마성(班熱馬星)이라고도 한다.

접해 있다. 반자르마신의 북쪽은 신탕(Sintang)[111]이고, 더 북쪽으로는 상가우(Sanggau)[112]가, 더 북쪽으로는 타얀(Tajan)[113]이, 더 북쪽으로는 믈라위(Melawi)[114] 만란(萬瀾), 만랑(萬郎), 만로고(萬老高)라고도 한다. 가 있다. 더 북쪽으로는 폰티아낙(Pontiana)[115]이, 더 북쪽으로는 믐파와(Mempawah)[116]가, 최북단에는 쿠닷(Kudat)[117]이 있고, 쿠닷국에서 스리부사라투산을 넘어 서북쪽으로는 브루나이 강역이다. 쿠닷에서 신탕에 이르기까지 과거에 모두 반자르마신의 속지였기 때문에 여러 책에서 반자르마신으로 통칭하고 있어, 다른 지역의 이름은 알려져 있지 않다.

산의 서쪽은 드넓고 황량하다. 바다는 파도가 사납고 물살이 빠르며 암초가 많아 배로는 해안 가까이 갈 수 없다. 그래서 원주민들이 남쪽으로는 카리문자와제도까지, 북쪽으로는 브루나이까지만 가보았기 때문에 그 나머지는 모두 사람의 발길이 닿지 않은 미개지역이다. 두 나라 역시 매우 가난해 사람들 대부분이 배를 몰고 바다로 나가 해적이 된다. 산의 동쪽은 물산이 풍부하고 바닷길의 왕래가 편리하다. 이 땅에서 나는 황금과 금강석 덕분에 광부들이 몰려들어 인구가 많이 늘어났고, 부락도 제법 많아졌다. 원주민들은 모두 말레이족으로, 물가를 따라 조릿대로 집을 지어 산다. 몸

---

111   신탕(Sintang): 원문은 '신당(新當)'으로, 지금의 칼리만탄바랏주에 위치한다.

112   상가우(Sanggau): 원문은 '사오(卸敖)'로, 지금의 칼리만탄바랏주에 위치한다.

113   타얀(Tajan): 원문은 '대연(戴燕)'으로, 탑연(塔延)이라고도 한다. 지금의 칼리만탄섬 카푸아스 강 북쪽 연안에 위치한다.

114   믈라위(Melawi): 원문은 '만라(萬喇)'로, 지금의 칼리만탄바랏주에 위치한다.

115   폰티아낙(Pontiana): 원문은 '곤전(昆甸)'으로, 지금의 칼리만탄바랏주의 주도이다.

116   믐파와(Mempawah): 원문은 '파살(巴薩)'로, 남파왜(南巴哇)라고도 한다.

117   쿠닷(Kudat): 원문은 '고달(占達)'로, 지금의 말레이시아 보르네오 최북단에 위치한다.

에 항상 칼을 지니고 다녔으며, 표창에 능숙했고, 피를 보면 바로 살인을 저지른다. 천성적으로 구리 징을 좋아해서, 생활용기도 모두 구리로 만든다. 상의는 사랑(沙郞),[118] 하의는 수만(水幔)[119]이라고 한다. 가난한 사람은 베로 해 입고, 부자들은 다양한 색상의 중국 비단을 재단하고 바느질해서 화려하게 만들어 입는다. 민간에서는 이슬람교를 믿어 7일째 되는 날 예배를 드리고 돼지고기를 먹지 않는다. 말레이족은 모두 이슬람교를 믿는다. 이슬람교는 소서양(小西洋)의 아라비아에서 시작되어 남양에 전파되었다. 산 속에는 또한 다약족(Dayak)[120]이 살고 있는데, 성품이 흉악하고 사나워서 즐겨 살인을 저지르지만 감히 산 밖으로 나가 제멋대로 소란을 피우지는 않는다. 부락들은 예전에는 대부분 클라파의 속국이었다. 네덜란드 선박이 처음 보르네오에 도착해 반자르마신의 내항(內港)으로 입항해서 그 지역을 차지하려고 했다. 원주민들은 화포를 두려워 한 나머지 깊은 산속으로 피신해서 독초를 상류에 담갔는데, 그 바람에 네덜란드인은 모두 중독되어 낭패를 본 채 철수했다. 후에 네덜란드는 결국 해변에 부두 네 곳을 세웠는데, 팔삼(八三), 믐파와이다. 본전(本田), 폰티아낙이다. 만랑(萬郞), 믈라위이다. 마생(馬生) 반자르마신이다. 이 그것이다. 부두가 번성하기는 했지만 클라파에는 아주 뒤쳐졌고, 또한 해적이 수시로 노략질을 해서 교역은 갈수록 줄어들었다. 스리부

---

118 사랑(沙郞): 사롱(sarong)으로, 간만(干縵), 간만(干漫), 사롱(紗籠)이라고도 한다. 미얀마, 인도네시아, 말레이 열도의 원주민 고유의 의상으로, 남녀 모두 입으며 밝고 화려한 색상이 주를 이룬다. 폭이 넓은 천을 원통형으로 꿰매어 몸 아랫부분을 감싸고 허리에서 여미거나 끈 혹은 핀으로 묶어 고정한다. 늘어진 치마 모양이며 길이는 무릎이나 발목까지 내려오는 등 다양하다. 금실로 짠 사롱도 있다.

119 수만(水幔): 동남아시아 국가에서 하반신에 두르는 천을 말한다.

120 다약족(Dayak): 원문은 '여인(獠人)'으로, 여자(獠子), 타압족(他押族)이라고도 한다.

사라투산맥의 금광은 아주 번성했고, 별도로 전산(銓山)에서는 전석(銓石)이 났다. 전석은 바로 금강석으로, 흔히 금강찬(金剛鑽)이라고 부른다. 다섯 가지 색깔이 있는데 금색·검정색·붉은 색이 비쌌으며, 유럽인들은 금강석을 최고의 보물로 여겼다. 바둑알만한 크기의 금강석은 값이 수만금 정도 나갔고, 잘게 부서진 것은 못이나 사기그릇을 가공하는 데 사용되었다. 최근에 광동의 가응주(嘉應州) 사람이 산에 들어가 광산을 개발하고 사람들이 무리 지어 한곳에 사는 날들이 길어지면서 결국 이 땅에 정착해서 살게 되었다. 그들은 처음에는 다약족 여인을 아내로 맞이했는데, 말레이족 여자들은 중국인에게 시집가지 않았다. 인구가 점차 늘어나면서 중국인들끼리 결혼했고, 근래에는 인구가 수만 명을 넘어섰다. 이에 장로를 뽑아 공사(公司)의 일을 맡아보게 했는데, 이들을 객장(客長)이라 하며 1년이나 2년에 한 번 교체했다. 사람들이 은으로 인두세를 내면 객장이 그것을 네덜란드로 보냈다. 서양 선박의 등두금(凳頭金) 선박세이다. 역시 네덜란드가 징수했다. 원주민 수장들은 네덜란드의 명령만을 따랐으며 감히 사사로이 세금을 징수하지는 않았다. 매년 광주(廣州)와 조주(潮州)의 선박 여러 척이 항구에 들어와 교역을 해서 많은 이익을 남겼다. 각국의 토산품으로는 금과 금강석 이외에도 납·주석·빙편·두구·후추·해삼·제비집·대모·물총새 깃털·오목·단향·등나무가 있다. 하문에서 브루나이로 갈 때는 루손을 경유하는 반면, 카리문자와제도와 반자르마신에 갈 때는 칠주양을 경유해서 티오만(Tioman)[121]에서 방향을 바꾸어 동쪽으로 향한다.

---

121 티오만(Tioman): 원문은 '다반(茶盤)'으로, 조만도(潮滿島)라고도 한다. 지금의 말레이반도 동쪽 해안 밖에 위치한다.

『박해번역록』에 다음 기록이 있다.

보르네오는 일명 브루나이라고 하는데, 산을 등지고 바다를 앞에 두고 있다. 사람들은 채식하고 불교를 숭상하며 돼지고기를 먹지 않는데, 돼지고기를 먹으면 사형에 처해진다. 나라는 동서 양국으로 나뉘고 왕도 두 명이다. 영락 4년(1406)에 동국과 서국에서 각각 사신을 보내 공물을 바쳐왔다. 전하는 말에 따르면 국왕은 복건 사람으로 정화를 따라 갔다가 그곳에 남아 진수하게 되었다고 한다. 왕궁 옆에 중국어로 쓰인 비석이 있다. 사람들은 시집가고 장가들면서 왕에게 등에 금인(金印)을 찍어주기를 청했다. 금인은 전서체에 동물 형상을 하고 있는데, 영락연간에 중국에서 하사한 것이라고 한다. 왕은 삭발을 하고 금실로 수놓은 두건을 둘렀으며, 허리에는 쌍검을 차고 걸어 다녔다. 친척과 가솔을 '판제란(pangeran)'[122]이라고 하는데 이들 역시 왕에 버금갈 정도로 중요한 위치이다. 이 나라에 있는 목성(木城)과 석성(石城)은 라부안섬(Labuan)[123] 해안의 조수를 막기 위해 쌓은 것인데, 후에 석성을 허물어 못으로 만들어서 현재는 목성만 남아 있다고 한다.

또한 다음 기록이 있다.

길리지민(吉里地悶) 카리문자와제도이다. 은 섬 전체가 단향목이라, 단향목을 잘라 땔나무로 사용한다. 토지가 비옥해 곡식을 심기에 좋으며, 날씨가 아주 더워 오후에는 물가 쪽으로 머리를 두고 앉아서 가까스로 풍토병을

---

122 판제란(pangeran): 원문은 '반기란(班奇蘭)'으로, 자와어로 왕자의 뜻이다.

123 라부안섬(Labuan): 원문은 '장요서(長腰嶼)'로, 지금의 말레이시아 사바주 서남쪽에 위치한다.

피하곤 한다. 남녀는 머리카락을 자르고 짧은 옷을 입으며, 민간에서는 꼿 꼿하게 서 있는 것을 존귀하게 여기며 나이는 염두에 두지 않는다. 문자가 없어서 돌조각에 사건을 기록한다. 돌이 1천 개가 되면 끈에 묶어 매듭 하 나로 만들었다. 소송이 발생하면 양쪽 당사자들이 각각 양을 끌고 왔으며, 잘못한 쪽이 몰수당했다. 아직까지도 결승과 속시(束矢)[124]의 풍속이 남아있 는 것 같다.

또 『명사(明史)』에 다음 기록이 있다.

발니(渤泥)는 고대에 대해서는 고증할 수 없고, 여기서 발니는 반자르마신이 다. 송나라 태종(太宗) 때부터 중국과 교류하기 시작했다. 홍무 3년(1370)에 사신을 파견해 천주에서 출발해 반년이 걸려 그 나라에 도착했다. 당시 그 나라는 술루의 침략을 받아 매우 쇠락하고 궁핍했으며, 또 본래 사파(闍婆) 클라파이다. 에 복속되어 있었다. 사파인이 이간질하자 왕의 마음이 도중에 변했다. 사신이 이를 꾸짖으며 "사파는 오래도록 중국의 신하국인데, 그 대는 사파는 두려워하면서 오히려 중국은 두려워하지 않는가?"라고 했다. 이에 그 나라 왕은 사신을 보내어 표문을 올리고 공물을 바쳤다.

홍무 8년(1375)에 복건의 산천에 제사 지낸 다음에 그 나라 산천에 제사 를 지내도록 명했다. 영락 3년(1405)에 사신을 보내 조공하자, 국왕에 책봉

---

124 속시(束矢): 송사나 옥사에 관련된 양쪽의 당사자들이 관청에 내는 공탁금 같은 것이다. 송 사나 옥사의 빈번한 발생을 방지하고 공평무사한 처리를 위해 시행된 제도로, 『주례(周 禮)』「추관(秋官)·대사구(大司寇)」에 따르면, "소송을 제기한 원고와 피고 쌍방이 법정에 와 서 민사사건을 심리할 때는 속시를 조정에 낸 연후에야 법관이 사건을 심리한다(以兩造禁 民訟, 入束矢於朝, 然後聽之)."라고 되어 있다.

하고 관인과 책봉 조서를 하사했다. 그 나라 왕은 왕비와 자녀, 동생들, 가신들을 데리고 바다를 건너 입조했다. 10월에 그 왕이 관사에서 죽자, 황제는 애도를 표하고 관리를 보내 장례를 치르게 했으며, 공순(恭順)이라는 시호를 내렸다. 그의 아들에게 제위를 잇게 하여 국왕에 봉하며 3년에 한 번 조공하도록 했다. 또한 그 나라의 뒤쪽 섬 스리부사라투이다. 을 하나의 방진(方鎭)으로 삼아줄 것을 청하기에,[125] 이에 상령진국(常甯鎭國)의 산[126]으로 봉하고 어제비문(御製碑文)을 새긴 비석을 그 산 위에 세웠다. 홍희(洪熙)[127](1425) 이후로는 조공사절이 점차 줄어들었다고 한다.

또 사청고의 『해록』에 다음 기록이 있다.

쿠닷은 스리부사라투의 서북쪽에 위치한 나라이다. 왕은 부두에 거주하며, 네덜란드인이 군대를 두어 지키고 있다. 부두에서 작은 배를 구입해서 북해를 따라 순풍을 타고 하루 정도 가면 싱카왕(Singkawang)[128] 지명이다.에 도착하는데, 이곳은 광동인들이 교역을 하고 경작을 하며 사는 곳이다. 여기에서 뭍에 올라 동남쪽으로 하루를 가면 삼바스(Sambas)[129]가 나오는데, 몬트라도(Montrado)[130]라고도 한다. 스리부사라투산에서는 금이 많이

---

125   또한…청하기에: 원문은 '우걸봉기국지후산(又乞封其國之後山)'으로 되어 있으나, 문맥이 통하지 않아 『명사』에 근거하여 '우걸봉기국지후산위일방진(又乞封其國之後山爲一方鎭)'으로 고쳐 번역한다.

126   상령진국(常甯鎭國)의 산: 지금의 칼리만탄섬 이란(Iran) 산맥이다.

127   홍희(洪熙): 명나라 제4대 황제 인종 주고치(朱高熾)의 연호(1425)이다.

128   싱카왕(Singkawang): 원문은 '산구왕(山狗王)'이다.

129   삼바스(Sambas): 원문은 '삼화(三畫)'로, 삼발(三發)이라고도 한다.

130   몬트라도(Montrado): 원문은 '타라록(打喇鹿)'이다. 본문에서는 삼바스와 몬트라도를 같은

난다. 산 안쪽으로는 나라스(Laras),[131] 세팡(Sepang),[132] 부독(Boedok),[133] 세미니스(Seminis)[134] 등이 있는데 모두 금이 나며, 그중에서 세팡의 금이 최고이다.

믐파와는 쿠닷의 남쪽에 위치하며, 해안을 따라 순풍을 타고 하루 남짓 가면 도착한다. 이 땅에서는 금이 나지 않아, 이곳에 거주하는 중국인들은 오직 농사를 지으며 살아간다. 관할지인 칼리만탄바랏(Kalimantan Barat)[135]에서 나는 야모과(野木瓜)[136]는 맛이 아주 좋다. 이곳 역시 네덜란드가 군대를 주둔시켜 지키고 있다.

폰티아낙은 믐파와의 남쪽에 위치하며, 해안을 따라 순풍을 타고 하루 남짓 가면 도착한다. 해구는 네덜란드가 군대를 주둔시켜 지키고 있다. 작은 배를 사서 내항으로 들어가 5리 정도 가면 물길[카푸아스강]이 남북으로 나뉘는데, 이 나라의 수도가 바로 그 삼각주에 위치해있다. 북쪽 물길을 따라 동북쪽으로 하루 정도 가면 믈라위(Melawi)[137] 항구에 도착하는데, 믈라위강[138]이 동남쪽에서 흘러와 이곳에 모인다. 다시 하루를 가면 만도르

섬으로 보고 있는데 두 섬은 서로 다른 곳이다. 당시 중국인들은 몬트라도를 타라록 혹은 녹읍(鹿邑)이라 불렀다.

131 나라스(Laras): 원문은 '나라(喇喇)'로, 납랍(拉臘)·노로(嘮嘮)·납양(拉讓)이라고도 한다.

132 세팡(Sepang): 원문은 '식방(息邦)'으로, 지금의 말레이시아에 위치한다.

133 부독(Boedok): 원문은 '오락(烏落)'으로, 지금의 인도네시아에 위치한다.

134 세미니스(Seminis): 원문은 '신니려(新泥黎)'로, 서의의(西宜宜)라고도 한다.

135 칼리만탄바랏(Kalimantan Barat): 원문은 '송백항(松柏港)'으로, 지금의 서칼리만탄주를 가리킨다.

136 야모과(野木瓜): 원문은 '사등(沙藤)'으로, 심장을 강하게 하고, 이뇨작용에 효과가 있다.

137 믈라위(Melawi): 원문은 '만라(萬喇)'로, 지금의 칼리만탄바랏주에 위치한다.

138 믈라위강: 원문은 '만라수(萬喇水)'로, 지금의 카프아스강(Kapuas R.)이다.

(Mandor)¹³⁹에 이르고, 만도르의 동북쪽으로 수십 리를 가면 사라왁(Sarawak)[140] 이 나오는데, 모두 중국인이 사금을 채취하는 곳이다.

플라위는 폰티아낙 동쪽 산에 위치하며, 폰티아낙의 북쪽 물길을 따라서 플라위 항구에 들어가는데, 배로 8~9일이면 갈 수 있다. 산에서 금강석이 많이 나며, 마찬가지로 네덜란드가 군대를 주둔시켜 지키고 있다.

타얀은 폰티아낙 남쪽에 위치하며, 폰티아낙의 남쪽 물길을 따라 상류로 거슬러 올라가 약 7~8일 정도 가면 쌍문두(雙文肚)[141]에 도달하는데, 바로 타얀의 관할지이다. 다시 며칠을 가면 타얀의 수도에 이른다. 건륭 말년에 광동사람 오원성(吳元盛)이 [폭정을 일삼는] 그 나라 군주를 죽이자, 사람들이 그를 군주로 받들었다. 오원성이 죽자, 어린 아들을 대신해 그 처가 왕위를 계승해 지금에 이르고 있다. 상가우는 타얀의 남쪽에 위치하며, 타얀에서 상류로 거슬러 올라가 대략 7~8일이면 도착한다. 신탕은 상가우의 남쪽에 위치하며, 내하를 따라 가면 5~6일 정도 걸린다.

반자르마신은 최남단에 위치하는데 폰티아낙에서 해안을 따라 순풍을 타고 5~6일 정도 가면 도착할 수 있다. 강역이 꽤 넓으며, 이 땅에서는 금강석·금·등석(藤席)·향목·두구·빙편·해삼·가문석(佳紋席)·오랑우탄이 나고, 네덜란드인이 진수하고 있다.

장리민(蔣里悶) 카리문자와제도이다. 은 반자르마신 서쪽에 위치하며, 순풍

---

139 만도르(Mandor): 원문은 '동만력(東萬力)'으로, 동만률(東萬律)이라고도 한다. 지금의 칼리만 탄바랏주 란달(Landak) 상류와 응가방(Ngabang) 동북쪽에 위치한다.

140 사라왁(Sarawak): 원문은 '사라만(沙喇蠻)'으로, 사랍만(沙拉滿)이라고도 한다. 지금의 보르네오섬 서북해안 일대에 위치한다.

141 쌍문두(雙文肚): 지금의 칼리만탄바랏주 카푸아스 강변에 위치하는데, 지금의 명칭은 명확하지 않다.

을 타고 약 2일 정도 가면 도착할 수 있다. 강역은 다소 협소하며, 토산물은 이웃나라와 같다.

　문래(文來) 브루나이이다. 는 최북단 경계에 위치하며 면적이 아주 크고, 나라 안에는 어지러이 솟은 산들이 많지만, 산에는 사람들이 전혀 살고 있지 않다. 원주민은 역시 말레이족으로, 중국의 비단과 베를 좋아한다. 이 땅에서는 제비집·빙편·야모과·후추가 난다고 한다.

　살펴보건대, 보르네오섬은 동남아시아에서 제일 큰 섬이다. 서양인들은 반니아(蟠尼阿)라고 하는데, 이는 발니(渤泥)의 음역이다. 당나라 고종 총장(總章)[142] 2년(669)에 들어와 조공했는데, 파라국(婆羅國)이라 불렀다. 송나라 태종(太宗) 태평흥국(太平興國)[143] 연간에 조공했는데, 발니국(渤泥國)이라 불렀다. 명나라 초에 조공했을 때는 또한 길리지민·문래·발니 등의 나라로 나뉘어져 있었는데, 아마도 발니가 이 섬의 총칭인 것 같다. 송·명대에 발니라고 불린 곳은 반자르마신이다. 강역이 꽤 크고 모든 부락을 능가할 정도로 강성해서 전체 섬의 이름이 나라 이름이 된 것이니, 반다아체(Banda Aceh)[144]를 수마트라로 부르는 것과 마찬가지이다. 진륜형의『해국문견록』에는 스리부사라투산맥이 섬 가운데 걸쳐져 있고, 섬 밖으로 카리문자와제도·브루나이·수카다나(Sukadana)[145]·반자르마신·술루의 5개국이 이 섬을 둘러싸고 자리하고 있다고 되어 있는데, 지금 살펴보니 술루는 반자르마신 동북쪽에 위치하는 세 개의 작은 섬으로 이 땅과는 연결되어 있지 않

142　총장(總章): 당나라 고종 이치(李治)의 6번째 연호(668~670)이다.

143　태평흥국(太平興國): 송나라 제2대 황제 조경(趙炅)의 첫 번째 연호(976~984)이다.

144　반다아체(Banda Aceh): 원문은 '대아제(大亞齊)'이다.

145　수카다나(Sukadana): 원문은 '주갈초라(朱葛焦喇)'이다.

다.[146] 수카다나는 다른 책에서는 그 이름이 보이지 않고, 오직 왕류곡(王柳谷)[147]의 『해도일지』에만 보인다. 『해도일지』에 "네덜란드가 추천한 카피탄(Kapitan)[148]으로는 『클라파도설(噶羅巴說)』에 보인다. 라위테난트(lieutenant)[149]·부델미스터(Budelnister)[150]·세크리테리(sekretaris)[151] 등의 다양한 칭호가 있다."라고 적혀 있는데, 진륜형이 『해국문견록』에서 언급한 것처럼 관직명을 국명으로 오인하고 있다. 또한 진륜형의 『해국문견록』에서는 카리문자와제도가 브루나이 북쪽에 위치한다고 했는데, 이는 다른 책들의 내용과 부합하지 않으며, 이로부터 오류가 생겼다. 『해도일지』에서는 "클라파에서 반자르마신으로 가다가 카리문자와제도를 거쳐 가면서 한참동안 푸른빛의 번개를 목도했다."라고 언급하고 있는데, 클라파는 반자르마신의 서남쪽에 위치한다. 반자르마신으로 가다가 카리문자와제도를 거쳐 간 것이니, 카리문자와제도가 반자르마신 서쪽에 위치한다는 것을 알 수 있다. 사청고의 『해록』에서는 보르네오섬에 대해 아주 상세하게 기록하고 있지만, 그저 여러 나라를 거치면서 모두 어느 나라가 어느 나라의 동남쪽에 위치한다는 식으로 언급하고 있다. 이것을 서양지도와 비교해보면 지형과 방향에서 또한 오류가 있다. 지금 서양지도에 근거해 다소 오류를 바로잡는다. 네덜란드인이 동남아시아 각 섬에 두루 부두를 설치하

---

146 지금 살펴보니…연결되어 있지 않다: 세계여는 술루국 서쪽의 왕이 다스리던 지역이 칼리만탄 섬 동북쪽에 위치했다는 것을 정확히 모르고 이렇게 쓴 것이다.

147 왕류곡(王柳谷): 유곡은 왕대해의 호이다.

148 카피탄(Kapitan): 원문은 '갑필단(甲必丹)'으로, 영어 Captain의 음역이다. '지도자, 우두머리'의 뜻으로, 네덜란드 식민지 내에서 화교를 관리로 삼아 그들을 '카피탄'으로 칭하고 정치 참여권은 주지 않고 소송·조세 등의 화교 관련 업무만을 담당하게 하여 식민 정부 활동에 협조하도록 했다.

149 라위테난트(lieutenant): 원문은 '대뢰진란(大雷珍蘭)'으로, 비서나 보좌관을 가리킨다.

150 부델미스터(Budelnister): 원문은 '무직미(武直迷)'로, 네덜란드 동인도 회사의 통치하에 희망봉의 부실 재산을 다루는 법원의 법관을 지칭한다.

151 세크리테리(sekretaris): 원문은 '주갈초(朱葛焦)'로, 서기관을 가리킨다.

자, 이곳 사람들은 모두 삼가 조심해서 명을 받들 뿐이었다. 반자르마신만이 독을 흘려보내 네덜란드군을 퇴각시켰으니, 특별히 뛰어나다고 할 수 있다. 그러나 결국에는 서양인에게 제압되었으니, 이들은 실로 원대한 계책이 없었던 것이다. 스리부사라투산맥은 오래전부터 금혈(金穴)로 불리었다. 근년에 광동인들이 이주해가 마을과 도시를 이루었다. 만약 규염객(虯髯客)[152] 같은 이가 있어 그곳에 처음 정착해서 개간했다면 그 또한 해외의 일대 기이한 일이 아니었겠는가!

하문에서 칠주양으로 가려면 미침(未針)[153]이 서남쪽을 가리킬 때 꼰선섬(Đảo Côn Sơn)[154]을 지나 티오만을 넘어서 뱃길로 280경(약 560시간) 가면 클라파[噶羅巴] 갈랄파(噶剌巴), 교류파(咬嚠巴), 하와(呀瓦), 과왜국(瓜哇國)이라고도 한다. 에 도착한다. 클라파는 남양의 큰 섬이다. 서쪽으로는 수마트라와 항구 하나를 사이에 두고 있는데, 바로 순다해협(Selat Sunda)[155] 순다해협의 양쪽 해안은 팔렘방[156]의 땅이다. 으로, 순다해협은 서양 각국이 동쪽으로 올 때 반드시 거치는 경유지이다. 클라파는 동서의 길이는 약 1천 리 남짓이며 남중국해를 등지고 있고, 크라카타우(Krakatau) 화산[157]이 막고 있으며 왼쪽에는 반탄

---

152 규염객(虯髯客): 당나라 전기(傳奇) 소설 『규염객전(虯髯客傳)』에 나오는 영웅호걸이다. 『규염객전』에 따르면 규염객은 이세민이 왕이 될 인물임을 알아보고 자신의 모든 재산을 이위공(李衛公: 李靖)에게 주어 이세민의 당 건국을 도와주게 한 뒤 자신은 프놈국으로 가서 그 임금을 죽이고 스스로 왕이 되었다고 한다.

153 미침(未針): 서남쪽 7시 방향이다.

154 꼰선섬(Đảo Côn Sơn): 원문은 '곤륜(昆侖)'으로, 베트남 남부에 위치한다.

155 순다해협(Selat Sunda): 원문은 '손타(巽他)'이다.

156 팔렘방: 원문은 '구항(舊港)'으로, 지금의 인도네시아 수마트라섬 동남부의 큰 항구를 말한다.

157 크라카타우(Krakatau) 화산: 원문은 '화염산(火焰山)'으로, 순다해협의 라카타섬(Pulau Rakata)

(Bantan),¹⁵⁸ 과거 사파국의 땅이다. 오른쪽에는 치르본(Cirebon)¹⁵⁹이 있다. 북쪽으로는 두 개의 산이 골목처럼 마주보고 우뚝 솟아있는데 바로 방카해협(Selat Bangka)¹⁶⁰이다. 방카해협의 남쪽에 왕서(王嶼)¹⁶¹·협판서(夾板嶼)¹⁶²·정마서(鼎馬嶼)¹⁶³·백서(白嶼)¹⁶⁴·초서(草嶼)¹⁶⁵ 등 많은 섬들이 늘어서 있는데 이를 통틀어 스리부제도(KePulau Seribu)¹⁶⁶라고 한다. 스리부제도를 지나면 그 나라가 나오는데, 성곽이 중첩되어 기세가 장엄하다. 과거 자와족[繞阿]¹⁶⁷ 조아(爪亞), 조아(爪鴉), 요아(燿亞)라고도 하는데 모두 요아(繞阿)의 음역으로 말레이족의 한 일파이다.『원사(元史)』에서는 '과왜(過哇)'라고 했고,『명사』에서는 '과왜(瓜哇)'라고 했는데, '왜(哇)'는 '아(亞)'의 음역이고, '과(過)'·'과(瓜)'는 또한 '조(爪)'의 음역이다. **부락으로, 왕은 수난[巡欄]이라고 하고 산 속에 거주하는데, 그곳을 '달람(Dalam)'¹⁶⁸이라고 한다.** 그 나머지 지역의 군주는 술탄(Sultan)¹⁶⁹이라 불렸고 왕은 라트 반 인디(Raad

---

이다.

158 반탄(Bantan): 원문은 '만단(萬丹)'이다.

159 치르본(Cirebon): 원문은 '정리문(井裏汶)'으로, 지리문(砥利文), 정리문(井里汶)이라고도 한다. 지금의 자와섬 북쪽 해안에 위치한다.

160 방카해협(Selat Bangka): 원문은 '협내(狹內)'이다.

161 왕서(王嶼): 지금의 자카르타만 일대에 위치하며, 지금의 명칭은 명확하지 않다.

162 협판서(夾板嶼): 지금의 자카르타 항구 밖에 위치한다.

163 정마서(鼎馬嶼): 지금의 자카르타만 일대에 위치하며, 지금의 명칭은 명확하지 않다.

164 백서(白嶼): 지금의 자카르타만 밖에 위치한다.

165 초서(草嶼): 지금의 자카르타만 밖에 위치한다.

166 스리부제도(KePulau Seribu): 원문은 '서성(嶼城)'으로, 천도군도(千島群島)라고도 한다. 지금의 인도네시아 자카르타만 밖에 위치한다.

167 자와족: 원문은 '요아번부(繞阿番部)'로, 요아번(繞阿番)은 'Java'의 음역이다.

168 달람(Dalam): 원문은 '남내(覽內)'로, 제후의 땅이란 뜻이다.

169 술탄(Sultan): 원문은 '사단(史丹)'이다.

van Indie)[170]·구브르누르(Gouvernur)[171]·헤자헤버르(Gerzaghebber)[172]·피스칼(Fiscaal)[173]·내외 테멩공(Temenggung)[174]·펫토(Petor)[175]·베켈(Bekel)[176] 등의 관직을 두었다. 술탄의 관료로는 아디파티(Adipatis)[177]·빠티 테멩공(Patih Temenggung)[178]·파티(Patih)[179] 등이 있다. 예로부터 남양각국과 인근의 여러 섬들은 대부분 클라파의 관할 하에 있었다. 명나라 중엽에 네덜란드 병선이 태풍을 피해 클라파에 들어왔다가 도시를 건설할 수 있을 만큼 토지가 광활한 것을 보고 반탄에 들어가 겸손한 말과 후한 선물을 미끼로 해변의 땅을 빌려 선박을 수리하고, 또한 목책을 세워 내외를 구분하기를 요청했다. 자와인이 그 이익을 탐하여 그렇게 하라고 하자, 네덜란드는 결국 반탄을 정복하고 클라파까지 빼앗았다. 자와인들이 네덜란드를 두려워하며 싸우려하지 않자, 네덜란드는 그들과 동맹을 맺은 뒤 매년 양식과 은을 납부했다. 그 연해 일대의 땅이 모두 네덜란드의 관할 하에 들어갔다. 클라파왕은 이로부터 네덜란드의 제제를 받으면서 오로지 그들의 명만 따랐다. 왕이 죽으면 왕자들은 네덜란드의 명이 아니면 왕위에 오를 수 없으며, 관직을 제수하는 것 역

---

170 라트 반 인디(Raad van Indie): 원문은 '쌍병(雙柄)'으로, 평정원(評政院)에 해당한다.

171 구브르누르(Gouvernur): 원문은 '가두(伽頭)'로, 인도네시아 주(州)의 장관에 해당한다.

172 헤자헤버르(Gerzaghebber): 원문은 '산해(山海)'로, 부주장(副州長)에 해당한다.

173 피스칼(Fiscaal): 원문은 '미색갈(美色葛)'로, 재정담당관에 해당한다.

174 테멩공(Temenggung): 원문은 '담반공(淡扳公)'으로, 군수(郡守)에 해당한다.

175 펫토(Petor): 원문은 '배돌(杯突)'로, 부군수(副郡守)에 해당한다.

176 베켈(Bekel): 원문은 '공발롱(公勃壟)'으로, 촌장(村長)에 해당한다.

177 아디파티(Adipatis): 원문은 '이파지(二把智)'로, 자와섬 원주민의 최고 관직 이름이다.

178 빠티 테멩공(Patih Temenggung): 원문은 '담판공(淡扳公)'로, 재상(宰相)에 해당한다.

179 파티(Patih): 원문은 '파저(把低)'로, 현장(縣長)에 해당한다.

시 네덜란드의 명을 따랐다. 네덜란드가 이곳에 총독을 주둔시켜 지키면
서 해구에 도시를 건설하고 시장을 열자 거리가 넓고 반듯해졌으며 물산
이 차고 넘쳤다. 복건과 광동의 선박과 크고 작은 서양의 협판선이 매년 수
천 수백 대가 왕래하면서 남양 제일의 도시가 되었다. 적도의 남쪽에 위치
해 있어 날씨가 유달리 덥고 한겨울에는 내지의 초여름 같으며 꽃과 나무
가 사계절 내내 핀다. 봄에는 비가 많이 내리고 가을에는 가물어 1년에 한
번 수확한다. 토지가 비옥해 쌀값이 아주 싸다. 복건과 광동 사람들 중에
이 땅에서 사는 사람이 수만 명이나 된다. 네덜란드는 그 지역에서 현명한
사람을 뽑아 카피탄 유럽의 관직명으로, 중국 주현의 장관에 해당한다. 으로 삼고
중국인의 송사를 전담해서 처리하게 했다. 근년에 들어 중국인이 시장을
쥐고 흔들자 중국인[唐人]의 새로운 진입을 금지하고 머물지 못하게 했다.
서양인들은 중국을 당인(唐人)이라 부르는데, 서북쪽 사람들이 한인(漢人)이라 부르는 것
과 같다. 관할지역 가운데 치르본의 동남쪽은 프칼롱안(Pekalongan)[180]이다. 프
칼롱안의 동북쪽에는 상선이 모여드는 스마랑(Semarang)[181]이라는 큰 부두가
있는데, 클라파에 뒤지지 않은 정도로 부유하다. 더 동쪽은 그레식(Gresik)[182]
이고, 극동쪽 바닷가는 수라바야(Surabaya)[183]이며, 동북쪽 바닷가는 바뉴왕기

---

180 프칼롱안(Pekalongan): 원문은 '북교랑(北膠浪)'으로, 지금의 자와에 위치한다.

181 스마랑(Semarang): 원문은 '삼보롱(三寶壟)'으로, 지금의 자와 북부에 위치한다.

182 그레식(Gresik): 원문은 '갈력석(竭力石)'으로, 금석(錦石), 격뢰서(格雷西)라고도 한다. 그레식
     은 Giri Gisik 즉 '해안 근처의 산'이라는 단어에서 유래했으며, 11세기부터 중국, 아랍, 참
     파, 구자라트 등이 방문하는 국제 무역의 중심지로, 지금의 자와에 위치한다.

183 수라바야(Surabaya): 원문은 '사리막(土里莫)'으로, 사수(泗水)라고도 한다. 지금의 자와섬 동
     북 해안에 위치한다.

(Banyuwangi)[184]이다. 클라파의 서쪽에 위치한 반탄은 과거에는 사파국(闍婆國)이라 불렸다. 네덜란드가 해변을 차지해 부두를 설립하면서 스마랑에 버금갈 정도로 번성해졌다. 클라파에서 나는 산물로는 쌀·설탕·커피·제비집이 있다. 최근에 들어 복건의 찻잎을 재배하는 방법을 배웠는데, 차맛은 그다지 나쁘지 않지만 생산량이 아주 많지는 않다. 인근의 섬들이 클라파를 총본산으로 삼아 온갖 물산이 모두 이곳에 모여들었다.

『천하군국이병서(天下郡國利病書)』에 다음 기록이 있다.

과왜국(瓜哇國) 클라파이다. 은 옛 가릉국(訶陵國)이다. 사파(闍婆)라고도 하며 포가룡(莆家龍)이라고도 하는데, 첸라(Chenla)[185]의 남쪽 해상에 위치한다. 속국으로는 소길단(蘇吉丹)·타판(打板)·타망저(打網低) 등의 나라가 있다. 바로 술탄[史丹]·빠티테멩공[淡板公]·빠티[把低]의 오기로, 관직명을 국명으로 잘못 알았다. 문자가 있고 천문과 역법을 안다. 유송(劉宋) 원가(元嘉) 9년(432)에 비로소 중국에 입조했다가 그 뒤로 조공이 끊어졌다. 당나라 정관(貞觀) 21년(647)에 아유타야(Ayuthaya)[186]·타파등(墮婆登)[187]과 함께 사신을 보내 조공했

---

184 바뉴왕기(Banyuwangi): 원문은 '외남왕(外南旺)'으로, 외남몽(外南夢)이라고도 한다. 지금의 자와섬 동쪽 해안에 위치한다.

185 첸라(Chenla): 원문은 '진랍(眞臘)'이다. 6세기 메콩강 유역에서 일어난 크메르족의 나라이다.

186 아유타야(Ayuthaya): 원문은 '타화라(墮和羅)'로 드바라바티(Dvaravati)이다. 6세기부터 13세기까지 타이의 메남왕 하류 지역을 중심으로 번창하였던 몬 크메르계 민족의 나라이다. 인도 문화를 타이에 전달하는 역할을 했다.

187 타파등(墮婆登): 당나라 때의 남해의 고대 국가로, 파등(婆登), 타파등(墮波登), 타파(墮婆)라고도 한다. 이 나라는 럼업(Lâm Ấp)의 남쪽에 위치해 있으며, 뱃길로 두 달 거리이다. 정관 21년(647)에 당나라에 공물을 바쳤다고 한다. 옛 땅의 위치는 명확하지 않다. 지금의 수마트라섬 동쪽 해안 밖의 바탐섬 또는 파당섬, 수마트라 동쪽 해안의 베통(Betong), 자와섬 서

다. 천보(天寶)[188] 연간에 사파성에서 바루그아시(Barugasi)[189]로 천도했다. 송나라 순화(淳化) 5년(994)에 조공 왔다. 원나라 때부터 과왜로 불리기 시작했다. 원나라 세조(世祖)가 군대를 일으켜 정벌하러 갔지만 이기지 못했다. 후에 장군 사필(史弼)[190]에게 명해 과왜를 정벌하고 수장을 사로잡아 귀국하게 했지만, 얼마 지나지 않아 그 나라로 돌려보냈다. 명나라 홍무 2년(1369)에 행인(行人)[191] 오용(吳用)을 보내 새서(璽書)[192]를 하사하자[193] 따라 들어와 조공했기에 그 나라 왕 세리 프라부(Seri Prabhu)[194]를 자와 국왕에 봉했다. 삼불제(三佛齊) 팔렘방으로, 뒤에 보인다. 는 자와의 속국이다. 홍무 8년(1375) 2월에 광동의 산천에 제사 지내는 김에 삼불제와 과왜의 산천에 제사 지내도록 명했다. 후에 동서 두 나라로 분리되었다. 영락 연간에 함께 사신을 보내 조공했다. 얼마 지나지 않아 동왕이 서왕에게 패전해 나라가 멸망했다. 천순(天順) 4년(1460)에 다시 조공 온 이후로는 알 수 없다고 한다.

부의 반탄 및 말레이반도의 크라(Kra) 지협 등 여러 가지 설이 있다.

188 천보(天寶): 당나라 제6대 황제 현종(玄宗) 이융기(李隆基)의 두 번째 연호(742~756)이다.

189 바루그아시(Barugasi): 원문은 '파로가사성(婆露伽斯城)'이다. 말레이시아 페라크주(Perak)의 부루아스(Buruas) 혹은 인도네시아 자와섬의 그레식(Gresik)을 가리킨다고 한다.

190 사필(史弼): 사필(1233~1318)은 원대 장군이자 정치가로, 자는 군좌(君佐), 호는 자미노인(紫微老人)이다.

191 행인(行人): 관직명으로 황제의 명을 받은 사절을 가리킨다.

192 새서(璽書): 황제의 옥새를 날인한 외교문서를 가리킨다.

193 하사하자: 원문은 '석(錫)'으로 '사(賜)'의 오기로 추정된다.

194 세리 프라부(Seri Prabhu): 원문은 '석리팔달랄(石里八達剌)'이다. '석리(石里)'는 자와어 '세리(Seri)'로 '훌륭하신'의 뜻이고, '팔달랄(八達剌)'은 자와어 '프라부(Prabhu)'로 왕 혹은 주군이란 뜻이다. 따라서 세리 프라부는 왕의 존호이다.

살펴보건대 클라파는 남양의 대국으로 유송 때 중국과 왕래하기 시작했다. 서쪽으로는 팔렘방, 동쪽으로는 수십 개의 부락을 관할했으며, 공물[195]을 진상하는 엄연한 해외의 큰 나라이다. 하루아침에 네덜란드에게 속임을 당해 클라파 내지에 이민족들이 늘어나면서 갑자기 몸을 웅크리며 거의 진(陳)·채(蔡)·불갱(不羹)[196]의 신세가 되었다. 저들 서양인들의 대포의 위력은 정말이지 막아내기가 쉽지 않다. 그러나 반자르마신은 독을 풀어 온전할 수 있었고 술루는 죽을힘을 다해 스스로를 지켜낸 반면에 클라파만은 유독 탐욕을 부리다 재앙을 자초했다. 자와족은 품성이 간교하지만 지혜는 결국 반자르마신과 술루 아래였던 것! 네덜란드가 클라파의 항구를 차지했던 시기는 정확하게 알 수 없지만 대략 명나라 중엽 때인 것 같다. 이로부터 광동의 바다에서는 자와의 배를 볼 수 없었다. 고래가 날뛰니 비목어와 비익조는 따를 수도 없고,[197] 그 신세 애달프도다!

『해도일지』에 다음 기록이 있다.

클라파는 해상의 부유한 나라로, 하문에서 가면 뱃길로 280경(약 24일) 걸린다. 사계절이 모두 여름 같으며, 뜨거운 바람이 매섭게 불어 바람이 닿기만 해도 병이 생긴다. 그러나 강물이 달고 차가워 목욕하면 병이 없어진

---

195 공물: 원문은 '광비(筐篚)'이다. 대나무로 만든 그릇인데, 예물을 바칠 때 여기에 담아 바친데서 지금은 예물 혹은 제왕이 내리는 하사품을 의미한다. 여기서는 중국에 바치는 예물 즉 공물의 의미로 보았다.

196 불갱(不羹): 성 이름이다. 고대 초나라의 땅으로, 당시에는 두 개의 불갱성이 있었다. 동갱성은 지금의 하남성 무양현 북쪽, 서갱성은 하남성 양성현 동남쪽에 위치했다.

197 고래가 날뛰니 비목어와 비익조는 따를 수도 없고: 원문은 '경예기이횡절, 접겸무효순지로(鯨鯢旣已橫絶, 鰈鶼無效順之路)'이다. 경예는 고래의 뜻이지만, 여기서는 자와를 침범한 서양 해적 네덜란드를 지칭한다. 접겸은 자와 인근의 국가들을 지칭하며, 효순은 귀순하여 따른다의 뜻이다. 여기서는 서양 오랑캐의 통치아래 놓여 있는 남양 국가들의 어찌할 수 없는 상황을 묘사하고 있다.

다. 쌀값은 싸고 사람들은 부유하다. 화물은 모두 각처의 속국에서 몰려들어 와서 교역하는 것으로 이 섬에서 생산된 것이 아니다. 이 땅은 본래 자와국으로, 화란(和蘭) 네덜란드[荷蘭]이다. 사람이 사는 연해지역은 10분의 1도 안 되며, 자와인은 네덜란드인의 수백 배이다. 풍속이 질박하고 사람들은 어리석고 우직하며 천성적으로 겁이 많아 네덜란드를 두려워하며 네덜란드 이름만 들어도 합장한다. 주인과 하인의 구분이 아주 엄격해 주인을 만나면 무릎을 꿇고 합장하곤 하는데, 이를 점파(占巴)라고 한다. 봄비가 온 후에 논에 물이 가득 차면 씨를 뿌리는데 싹이 저절로 자라나 김 맬 필요가 없다. 쌀값이 아주 싸고, 쌀알이 길고 찰져 중국 내지의 쌀이 미치지 못한다. 집안 살림과 생활은 모두 부녀자가 주관한다. 딸을 낳으면 귀하게 여기고 집으로 데릴사위를 들이지만 아들을 낳으면 남의 집에 데릴사위로 보낸다. 집은 정자처럼 사방의 문을 열어놓으며 의자나 탁자가 없어 땅바닥에 자리를 깔고 앉는다. 방바닥에도 모두 자리가 깔려 있고 휘장이 설치되어있다. 남녀 모두 앉을 때는 양반다리를 하고 앉았으며, 손님을 만나면 악수로 예를 표한다. 민간에서는 빈랑을 중시해 손님이 오면 빈랑으로 존경을 표한다. 식사할 때는 젓가락을 사용하지 않고 손으로 쥐고 먹는다. 소고기는 먹고 개와 돼지는 먹지 않는다. 여자는 얼굴에 화장하지 않으며 머리에 잠화(簪花)를 꽂지 않고 옷에 옷깃을 달지 않으며 치마를 입고 바지를 입지 않는다. 남자는 옷에 옷깃이 있고 머리에 잠화를 꽂고 바지를 입는다. 온갖 꽃이 사계절 내내 시들지 않고 피고, 갖은 과일이 계속 열렸으며, 맛은 복건과 광동의 것보다 좋다. 채소 값이 닭과 오리보다 갑절이나 비싸고 쌀값이 저렴했기 때문에 사람들은 힘을 다해 벼농사를 지으려 하지 않았다. 클라파는 바람을 귀신으로 여기고 물을 약으로 여겨서, 대개 감기나 풍

열병(風熱病)에 걸리면 강에서 목욕하면 나았다. 임산부나 어린아이는 천연
두가 생겨도 모두 강에서 목욕했다. 한여름이라 하더라도 벌거벗은 채 부
채질을 하지 않고 반드시 밀실에 누워 휘장을 쳤는데 조금이라도 바람을
맞으면 바로 병이 났다. 그래서 층집에는 모두 유리 창문을 달아 바람이 통
하지 않게 하면서 실내는 환하게 밝혔다. 이상은 모두 자와의 풍속에 대한 것이
다. 명나라 초에서 지금에 이르는 4백여 년 동안 이곳에 거주하는 복건과
광동인의 인구[198]가 나날이 늘어났다. 거상이 얻는 수익이 무궁무진하기 때
문에 네덜란드에 뇌물을 바치고 카피탄으로 추천해주기를 바란다. 중국인
이 말다툼을 하거나 싸움이 나면 모두 카피탄에게 끌려오는데, 무릎을 꿇
지 않고 길게 읍하면서 스스로 만생(晚生)[199]이라고 칭한다. 시비곡직(是非曲
直)은 즉각 판결한다. 큰 죄를 짓거나 혼인과 생사여부는 모두 네덜란드에
보고한다. 바다와 육지를 왕래할 때는 모두 문서를 내게 해서 함부로 출입
할 수 없게 했다. 다만 인명 사고는 오직 증인을 중시하는데, 증인은 반드
시 닭의 목을 치고 맹세한 후에 비로소 감히 서명하고 결정을 내렸다. 그
래서 살인 사건의 경우 종종 복수하지 않는데, 사람들이 감히 증인으로 나
서려 하지 않기 때문이다. 바타비아(Batavia)[200]는 지세가 평평하고 드넓으며
사람들이 밀집해 살고 있다. 감광(鑑光) 도시이다. 을 벗어나면 모두 밭, 화원,
과수원으로, 네덜란드 원림과 서로 수십 리에 걸쳐 이어져 있다. 그 가운데

---

198 인구: 원문은 '생치(生齒)'이다. 고대에는 유치가 빠지고 이가 다 자란 남녀를 호적에 올렸
기 때문에 인구, 식구의 뜻을 가지게 되었다. 이 말은 『주례(周禮)』「추관(秋官)·사민(司民)」
의 "이가 새로 난 사람은 모두 호적에 적는다(自生齒以上, 皆書於版)."라는 말에서 나왔다.

199 만생(晚生): 겸어로 나이 적은 사람이 많은 사람 앞에서 겸손하게 자신을 지칭하는 말이다.

200 바타비아(Batavia): 원문은 '파성(巴城)'으로 지금의 인도네시아 자카르타이다. 『해도일지』에
보이는 '파성'은 당시의 바타비아를 가리킨다.

누각·정자·교량·누대는 기교가 훌륭하다. 7일마다 한 번 예배를 드리며 사각(巳刻)[201]에는 예배당에 들어가 성경을 읽고 기도를 한다. 두 손을 맞잡고 말씀을 듣던 사람들 중 일부는 고개를 숙이고 눈물을 흘리는데, 마치 사람의 마음을 감동시키는 것과 같았다. 잠깐 동안 떠들다가 각자 흩어졌으며, 이날은 일을 하지 않고 원림으로 들어가 유람하고 감상하며 하루의 기쁨을 만끽한다. 이상은 네덜란드의 제도와 풍속에 대한 것이다.

스마랑[三寶壟] 일명 삼파랑(三巴郞)이라고도 한다. 은 클라파의 관할 지역으로, 온갖 물건이 다 모이는 곳이라 동남쪽의 여러 섬들 가운데서 장삿배가 가장 많이 모여든다. 프칼롱안과 라슴(Lasem)[202]은 좌우 양쪽 날개에 해당하고, 라망안(Lamangan)[203]은 창고에 해당하며, 쿠두스(Kudus)[204]와 드자파라(Djapara)[205]는 그 문호에 해당한다. 관할지는 위아래로 수백 리에 이르며, 토지는 비옥하고 사람들은 부유하여 여러 나라의 으뜸이 되었다. 날씨가 청량하고 사람들이 병에 덜 걸리는 것이 바타비아보다 훨씬 낫다. 쌀값이 특히 저렴해서 저잣거리에 굶주리는 사람이 없다. 풍속은 질박하여 길에 떨어진 물건도 줍지 않고 밤에도 문을 닫지 않는다. 네덜란드는 거버너

---

201 사각(巳刻): 오전 10시 전후를 가리킨다.
202 라슴(Lasem): 원문은 '요삼(膋森)'으로, 지금의 자와섬 북쪽 해안에 위치한다.
203 라망안(Lamangan): 원문은 '로염년(嘮哖)'이다.
204 쿠두스(Kudus): 원문은 '제시(堤畤)'로, 고돌사(古突土)라고도 한다. 스마랑의 동북쪽에 위치한다.
205 드자파라(Djapara): 원문은 '이포자(二胞繆)'이다. 세미랑의 동북쪽에 위치하며 지금의 즈파라(Jepara)이다.

(gubernur)[206]라는 관리를 두어 이곳을 다스린다. 또한 펫토·대사(大寫)[207]·재부(財副)[208]·신요(sinyo)[209]·주련(嘛嗹) 등을 두어 일을 각각 분담해서 처리한다. 무릇 중국인을 추천하여 카피탄으로 삼을 때는 반드시 네덜란드 본국에 상세히 보고한다. 클라파의 카피탄은 권력도 나누고 이윤도 독점하지 않는다. 반면에 스마랑의 카피탄은 권력과 이윤을 독차지해, 바닷물을 끓여 소금을 만들고 밭을 일궈 나오는 세금은 모두 카피탄이 가졌다. 그래서 카피탄 관직을 받은 사람은 재산이 1백만이 넘는다. 예배당은 고층 건물이라 종소리가 사방에 들린다. 축초(丑初)[210]와 미초(未初)[211]가 1시이고, 12시가 되면 끝난다. 미정(未正)[212]과 축정(丑正)[213]이 2시이고, 2시가 되면 집집마다 문을 닫고 자서 길에는 지나다니는 사람이 없다. 이것은 하루가 이틀과 같고 30년이 60년 같다. 이곳은 루손과 풍속이 같다. 혹자는 서양에도 이와 같은 풍속이 있다고 한다.

프칼롱안은 클라파의 동남쪽에 위치한다. 산을 마주하고 바다를 등지고 있으며 집들이 줄지어 있다. 남북은 목책으로 막혀있고, 중국인이 그 안에서 사는데 속칭 팔지란(八芝蘭) 이들의 말로 거리, 즉 차이나타운을 의미한다. 이

---

206 거버너(gubernur): 원문은 '아만률(鵝蠻律)'로, 총독에 해당한다.

207 대사(大寫): 형벌을 처리하는 관리이다.

208 재부(財副): 원래는 복건에서 남양으로 가던 선상에서 장부와 돈을 관리하던 경리였는데, 스마랑에서도 돈과 재물을 관리하게 되었다. 지금의 회계 담당서기에 해당한다.

209 신요(sinyo): 원문은 '신요(新蟯)'로, 외교관에 해당한다.

210 축초(丑初): 오전 1시 즉 새벽 1시이다.

211 미초(未初): 오후 1시이다.

212 미정(未正): 오후 2시이다.

213 축정(丑正): 오전 2시 즉 새벽 2시이다.

라고 한다. 집들이 이어져 있고 누각이 높게 솟아있다. 서향집은 카피탄의 저택으로, 몇 마지기 크기의 정원에 수목, 정자, 연못이 모두 있어 상당히 그윽하고 운치가 있다. 그 북쪽으로 택해진인사(澤海眞人祠)[214]가 있고, 목책 문 밖은 박면(泊面) 이들의 말로 세관의 뜻이다. 으로 통행세를 징수한다. 강을 따라 북쪽으로 반 리쯤 가면 외박면(外泊面)이 있는데, 세금이 빠져나가는 것을 살피기 위해 설치한 곳이다. 또 4~5리를 가면 해구가 나오는데, 이곳에 있는 성인의 무덤이 매우 영험하여 배를 타고 왕래할 때면 반드시 향과 종이를 준비하여 절하고 기도한다. 프칼롱안[215]에는 펫토라는 네덜란드 관리를 두어 진수했는데, 성도 있고 군사도 있으며, 성은 팔지란과 강 하나를 사이에 두고 있다. 성의 남쪽은 원림이 깊고 그윽하며 우뚝 솟아있는 큰 누각에는 펫토가 산다. 프칼롱안은 클라파의 외지고 후미진 곳으로, 꾸미지 않은 천연의 자연을 간직하고 있다. 석양이 산에 걸리면 어부들이 노래를 부르고 서로 답하는데, 초강(楚江)의 노래와 비슷했다. 강은 깊지도 얕지도 않고 마름이 어지럽게 널려있어 마치 소주(蘇州)와 항주(杭州)의 경치와 같았다. 아주 짧은 순간이지만 이 모든 것을 구경하면서 생각의 나래를 펴기에[216] 충분하다.

반탄은 고대의 사파국(闍婆國)으로, 클라파의 서쪽에 위치하며 자와인

---

214 택해진인사(澤海眞人祠): 복건 출신의 해상 곽육관(郭六官)을 기리는 사당이다. 곽육관은 1737년 전후로 테갈항구에서 살았는데, 일찍이 중국인을 위해 의술을 행하고 해상활동에 종사했다. 후에 중국인들이 그를 기리기 위해 이 사당을 세웠다고 한다.

215 프칼롱안: 원문은 '낭중(浪中)'이다.

216 구경하면서 생각의 나래를 펴기에: 원문은 '유목빙회(游目騁懷)'이다. 이 말은 동진(東晉)의 왕희지(王羲之)가 쓴 「난정기(蘭亭記)」에 나오는데, 눈을 돌리고 생각을 달린다는 의미이다. 즉 어느 것에도 구애받지 않고 자유롭게 생각하는 것을 말한다.

이 살고 있다. 땅이 넓고 토지가 비옥하며 물품도 많고 사람들은 모두 풍요롭게 산다. 이 땅에서 나는 가문석과 유석(幼席)은 남양에서 최고이다. 네덜란드는 해구를 차지하고 여러 외국을 불러들여 서로 왕래하고 교역하면서 세금을 납부한다. 술탄 자와의 왕이다. 은 산중에 사는데, 그가 사는 왕부(王府)는 매우 웅장하고 화려하다. 왕부 외에 축조한 작은 성에는 네덜란드 관리 12명과 병사 1백 명이 사는데, 명목상으로는 호위한다고 하나 실질적으로는 술탄을 통제하기 위해서이다. 술탄이 죽으면 자식들은 네덜란드의 명이 아니면 즉위할 수 없다. 자와인은 사방에 흩어져 사는데, 왕이 있기는 하지만 그저 네덜란드만을 두려워할 뿐이다.

클라파에는 장주와 천주 사람이 가장 많다. 개중에는 몇 세대 동안 중국에 돌아가지 않은 이들도 있다. 이들은 이곳의 말을 하고 이곳의 옷을 입으며 이곳의 글을 읽으면서도 자와인을 경시하면서 자칭 오랑세람(Orang Selam)[217]이라 불렀다. 개중에는 클라파에 거주한 지 오래 되지 않아 때맞추어 왕래하는 이도 있었는데, 이들은 여전히 중국의 풍속을 따라 입고 먹고 말한다. 네덜란드는 카피탄을 두어 중국인을 다스렸다. 카피탄은 모두 천주와 장주 출신의 사람이 맡았다. 개중에는 카피탄을 하면서 재산을 모아 싣고 중국으로 돌아와서는 다시 가지 않는 이도 있다. 장주 사람 진역(陳㘭)은 당형(堂兄)인 진영(陳映)을 대신해 스마랑의 카피탄이 되었다. 그곳의 관리인 테멩공이 그를 보러 왔는데, 수백 명의 부대와 말을 거느리고 진용을 갖추고 왔다. 테멩공은 울타리 문 밖에 이르자 말에서 내려 문으로 들어가

217　오랑세람(Orang Selam): 원문은 '식지(息㘭)'로, 식람(息覽)이라고도 한다. 본고장 사람이란 뜻으로, 이들은 이슬람교를 신봉하고 돼지고기와 개고기를 먹지 않는다는 점에서 자와와 다르지 않았다.

서는 무릎으로 걸어 들어갔다. 진역은 자리에 단정히 앉아 그가 오기를 기다렸다가 몸을 약간 구부려 인사했다. 자와인이 네덜란드를 경외하는 것이 이와 같았다. 왕대해는 클라파에 머무는 10년 동안 카피탄 아무개의 집 데릴사위로 있으면서 클라파 경내를 모두 돌아다녔기 때문에 클라파의 실상을 자세히 말할 수 있었다. 지금 이야기 몇 개를 인용해 이곳에 수록한다.

살펴보건대 해남은 풍요로운 땅이며, 그 중 클라파가 최고이다. 네덜란드가 속임수로 클라파를 차지하면서 나라가 부강해졌다. 명나라 말기에 갑판선 4척이 출현해 복건과 절강에서 소란을 피웠는데, 사실 클라파가 그들의 근거지였다. 그 뒤로 이들은 차츰 사람들의 재물 강탈을 일삼았다. 중국인이 그 땅에서 장사하는 경우 물건 구매는 가능했으나, 은을 가지고 나가는 것은 불가능했다. 또한 물건은 다른 섬에서 산출되는 것이라 제때에 도착할 수 없어 중국 배는 물건을 기다리느라 때를 놓쳤으며, 돌아오는 길에 태풍을 만나기 일쑤였기 때문에 모두 네덜란드를 원망하며 한탄했다. 가경(嘉慶)[218] 연간에 네덜란드 왕은 프랑스 나폴레옹(Napoleon)[219]의 핍박을 받아 황무지로 달아났으며, 나라는 프랑스에 합병되었다. 영국은 프랑스가 클라파까지 차지할까 염려한 나머지 가경 14년(1809) 가을에 해군을 보내 바타비아를 옥죄었으나, 네덜란드 총독이 굳건하게 지켜냈다. 1년 뒤에 다시 와서 천포(天砲)로 사방에서 공격하자 네덜란드 총독은 결국 달아났고, 이 땅은 영국의 차지가 되었다. 네덜란드의 가혹한 법을 없애자 상인들은 이를 편안하게 여겼다. 일시에 네덜란드가 영국에게 멸망당했다는 소식이 널리 알려졌는데, 바로 이 일을 두고 이른 것이다. 몇 년 뒤에 나폴레옹이 패망하면서 네덜란드는 다시 나라를 되찾았다. 네덜

---

218 가경(嘉慶): 청나라 제7대 황제 인종 애신각라옹염(愛新覺羅顒琰)의 연호(1796~1820)이다.

219 나폴레옹(Napoleon): 원문은 '나파륜(拿破倫)'으로, 나폴레옹 보나파르트(Napoleon Bonaparte)(재위 1804~1815)를 가리킨다.

란드 왕이 몸을 낮춰 예의를 표하고 후한 예물을 영국에 바치자 영국은 클라파 땅을 다시 네덜란드에게 돌려주었다. 그래서 영국 선박이 클라파를 교두보로 이용해도 네덜란드는 감히 거역할 수 없었다.

클라파 동쪽은 동남쪽에서 동북쪽으로 섬들이 연이어 있다. 수라바야의 동쪽은 롬복섬(Pulau Lombok)[220] 일명 륜박(淪泊)이다. 이고, 롬복섬의 동쪽은 발리섬(Pulau Bali)[221] 파리(巴里), 묘리(貓厘), 마려(麻黎)라고도 한다. 이다. 롬복섬이 약간 더 크지만 발리섬도 그에 버금간다. 두 섬은 토지가 비옥해 농사짓기에 적합하고 평지가 1만 경(頃)이나 되며, 쌀이 가장 많이 난다. 발리섬의 동쪽은 숨바와섬(Pulau Sumbawa)[222] 손파와(遜巴瓦)라고도 한다. 으로, 지형이 울퉁불퉁하고, 강과 항구가 빙 둘러싸고 있으며, 롬복섬보다 약간 크다. 숨바와섬의 동남쪽은 숨바섬(Pulau Sumba)[223] 단향서(檀香嶼)라고도 한다. 으로, 크기가 숨바와섬의 절반이다. 숨바섬의 동북쪽은 플로레스섬(Pulau Flores)[224] 불라력사(弗羅力士)라고도 한다. 으로, 동서의 너비는 좁고 길며, 크기가 숨바섬의 2배 정도 된다. 플로레스섬의 동쪽에는 6개의 작은 섬이 연이어 서로 마주보고 있다. 6개의 섬 남쪽에 티모르섬(Pulau Timor)[225] 지문(知汶), 지문(地門), 태묵이(胎墨爾)라고도 한다. 이라는 큰 섬이 있다. 티모르섬은 '동쪽'이란 뜻에서 가져온 말

---

220 롬복섬(Pulau Lombok): 원문은 '락막(洛莫)'이다.

221 발리섬(Pulau Bali): 원문은 '마리(麻里)'이다.

222 숨바와섬(Pulau Sumbawa): 원문은 '송묵와(松墨窪)'이다

223 숨바섬(Pulau Sumba): 원문은 '살이온(薩爾溫)'으로, 상파도(桑巴島), 송파도(松巴島)라고도 한다.

224 플로레스섬(Pulau Flores): 원문은 '불리서(佛理嶼)'이다.

225 티모르섬(Pulau Timor): 원문은 '지문(池問)'이다.

로, 플로레스섬의 2배 정도 된다. 섬의 동쪽에는 포르투갈의 부두가 있고, 섬의 서쪽에는 네덜란드의 부두인 쿠팡(Kupang)[226]이 있다. 이상의 섬들은 모두 클라파의 동서로 나란히 늘어서서 서로 마주보고 있다. 티모르에서 북쪽으로 몇 백리의 바다를 사이에 두고 네덜란드 관할령인 부루섬(Pulau Buru)[227] 목로(木魯)라고도 한다. 이 있다. 크기는 티모르섬의 3분의 1이고, 인구가 희박하며 물산도 적다. 부루섬의 동쪽에 위치한 세람섬(Pulau Ceram)[228] 서이랑막(西爾郞莫)이라고도 한다. 은 크기가 부루섬의 2배이고, 이곳의 야만족들은 경작을 모르며 사곡미(沙穀米)[229] 사곡미는 곡식이 아니다. 이들 섬에는 사곡 나무가 있는데, 나뭇가지를 베어내어 잘게 부수고 빻아 물에 넣으면 나무의 수액이 엉겨 바닥에 흰 가루가 생겨난다. 가루를 꺼내 햇볕에 말리면 고운 가루가 된다. 여기에 물을 뿌리면 가루가 구슬처럼 몽글해지는데, 쌀처럼 생겼다. 이것을 끓여 먹으면 맛이 담백하고 부드러운 것이 창고 안의 묵은 좁쌀[陳粟米] 같다. 남양군도 사람들은 대부분 이것으로 식사한다. 를 먹는다. 부루섬, 세람섬의 정북쪽에 있는 말루쿠제도(Kepulauan Maluku)[230] 사라락(士羅洛), 소락(蘇洛), 미락거(美洛居), 마로고(馬路古)라고도 한다. 는 네덜란드령으로, 지형이 사람의 팔과 다리처럼 생겼으며, 술라웨시섬(Pulau Sulawesi)[231]과 마찬가지로 물산이 아주 풍부하다. 말루쿠제도의 서남쪽에 있

---

226 쿠팡(Kupang): 원문은 '고방(古邦)'으로, 고방(故邦)이라고도 하는데, 티모르섬 서남쪽 연안에 위치한다.

227 부루섬(Pulau Buru): 원문은 '무라(武羅)'로, 포로도(布魯島)라고도 한다.

228 세람섬(Pulau Ceram): 원문은 '서란(西蘭)'으로, 지금의 인도네시아 스람섬이다.

229 사곡미(沙穀米): 서곡미(西穀米)·서미(西米)·사호미(沙弧米)라고도 하는데, 바로 사고(sago)를 가리킨다.

230 말루쿠제도(Kepulauan Maluku): 원문은 '마록가(摩鹿加)'이다.

231 술라웨시섬(Pulau Sulawesi): 원문은 '서리백(西里百)'으로, 옛 지명은 셀레베스(Celebes)이다.

는 암본섬(Pulau Ambon)[232] 안문(安汶)이라고도 한다. 은 네덜란드 총독이 주둔하면서 군도를 관할한다. 해구에 포대를 세웠다. 동북쪽의 반다제도(Kepulauan Banda)[233]에는 화산이 있어서 자주 지진이 일어난다. 말루쿠제도의 서쪽에 있는 작은 섬 트르나테(Pulau Ternate)[234]는 날씨가 온화하고 원림이 상당히 아름답다. 다만 화산이 한 번 폭발하면 섬 전체가 재로 변한다. 세람섬의 동남쪽으로 얌데나(Pulau Yamdena),[235] 바바르(Pulau Babar)[236] 등의 섬이 있다. 말루쿠제도의 서남쪽에 위치한 알로르[237]·티모르[238] 두 섬에는 원주민들이 살고 있으며 네덜란드의 지배하에 있지 않다. 대체로 롬복섬에서 티모르섬 일대에 이르기까지 과거에는 모두 클라파의 속지였다. 클라파 이북의 섬 중에도 클라파의 관할 하에 있었던 섬도 있다. 클라파가 네덜란드의 지배를 받으면서부터 이상의 섬 가운데 반 정도가 네덜란드의 부두가 들어섰다. 사람들은 모두 말레이족이며 야만족도 있다. 야만족 중에 검은 얼굴에 곱슬머리를 한 이도 있는데, 이들은 야차처럼 추악하게 생겼다. 반면에 눈이 깊고 코가 높은 이도 있는데, 입이 귀에 걸릴 정도로 컸다. 남녀 모두 귀를 뚫는데 말뚝을 넣을 수 있을 정도로 구멍이 크다. 이 땅에서는 후추·제비집·

---

232 암본섬(Pulau Ambon): 원문은 '안문(安門)'으로, 지금의 믈라카주의 주도이다.

233 반다제도(Kepulauan Banda): 원문은 '만타(萬他)'이다.

234 트르나테(Pulau Ternate): 원문은 '덕나(德拏)'로, 상기에섬(Sangir)을 가리킨다.

235 얌데나(Pulau Yamdena): 원문은 '길녕(吉甯)'으로, 연덕납도(延德納島)라고도 한다. 지금의 타님바르제도(Kepulauan Tanimbar) 내에 위치한다.

236 바바르(Pulau Babar): 원문은 '포포(暴暴)'로, 지금의 인도네시아 반다해에 위치한다.

237 알로르: 원문은 '아라(亞羅)'이다.

238 티모르: 원문은 '지문율(地門律)'이다.

해초·상어지느러미·해삼·옥과(玉果)[239]·등나무·소목·대모·학정홍(鶴頂紅)[240]·
용연향(龍涎香)[241]·목향(木香)[242]·정향(丁香)[243]·두구·혈갈(血竭)[244] 등이 난다.

    서양인의 책을 살펴보면 이상의 섬 이외에도 티도레(Tidore)[245]·할마헤라(Pulau
Halmahera)[246]·바칸제도(Pulau Bacan)[247] 등이 있다. 이들 섬은 왕대해의『해도일지』, 사청
고의『해록』에서 말하는 섬들과는 이름이 다르지만, 대부분 클라파의 옛날 속지이다. 당
시 남양의 동쪽에는 이름난 나라가 없었으며, 클라파만이 일찍부터 중국과 왕래하면서
그 명성이 절로 드러났다. 또한 강역이 광대하고 상선이 왕래하자 인근의 섬들이 덩달아
모여들었는데, 이는 필연적인 추세이다. 클라파가 네덜란드의 지배를 받은 뒤로, 클라파
의 명령은 사방에서 먹히지 않았으며, 다른 섬들 역시 이를 따라 쇠미해져 섬의 반 정도
가 네덜란드의 속지가 되었다. 큰 나라도 장차 대항할 수 없는데, 하물며 보잘것없는 작

---

239 옥과(玉果): 육구(肉寇)·가구륵(迦拘勒)·육과(肉果)·정두육(頂頭肉)이라고도 한다.

240 학정홍(鶴頂紅): 산다(山茶)의 일종으로, 잎이 단단하고 능각(稜角)이 있는 것이 찻잎과 비슷
하다. 음료(飲料)로도 쓸 수 있기 때문에 차라는 이름을 얻었다고 한다.

241 용연향(龍涎香): '앰버그리스(ambergris)'로, 향유고래의 분비물로 만든 향료이다.

242 목향(木香): 토목향(土木香)이라고도 한다. 초롱꽃목 국화과에 속한 여러해살이풀로, 말린
뿌리를 약재로 사용한다.

243 정향(丁香): 정향의 원산지는 말루쿠제도이며, 주요 산지는 말레이시아군도, 아프리카, 인
도네시아, 베트남이다. 정향나무의 꽃봉오리를 따서 말린 것으로, 소화불량, 위장염에 효
과가 있다.

244 혈갈(血竭): 등갈(藤竭), 기린갈(麒麟竭)이라고도 한다. 기린수(麒麟樹)의 열매와 줄기에서 채
취한 수액으로 만든다.

245 티도레(Tidore): 원문은 '제독(提讀)'으로, '지돌도(地突島)'라고도 한다.

246 할마헤라(Pulau Halmahera): 원문은 '의라라(義羅羅)'로, 제라락(濟羅洛)이라고도 한다. 말루쿠
제도에서 가장 큰 섬으로 자이롤로(djailolo)라고도 한다.

247 바칸제도(Pulau Bacan): 원문은 '파치안(巴治安)'으로, 파장(巴將), 파장도(巴漳島), 마선포라도
(馬善布羅島)라고도 한다.

은 나라[248]야! 명나라 융경연간에 포르투갈 선박이 처음 말루쿠제도의 트르나테섬에 왔을 때 스페인 선박도 마침 이곳에 와, 이 섬을 찬탈하려고 서로 접전을 벌였다. 태창(泰昌)[249] 연간에 네덜란드가 병선을 몰고 와 두 나라를 몰아내고 마침내 말루쿠제도의 이권을 독차지했다. 그런데 판매하는 정향·두구 등의 산물로는 방위비로 충당하기에도 부족하고, 또 다른 나라의 화물선이 입항하는 것을 금지했기 때문에 그로 인한 이익이 아주 적었으며 이곳 섬들 역시 끝내 황폐해지고 말았다.

말루쿠제도의 동남쪽에 위치한 큰 섬 파푸아(Pulau Papua)[250] 나길니(那吉尼)라고도 한다. 는 거북이가 대가리를 들고 있는 지형으로 크기가 보르네오섬만 하다. 이 땅은 예로부터 다른 곳과 교류가 없고, 초목으로 덮여 있어 어두컴컴해서 알 수가 없었다. 야만족들이 숲속에서 뛰어다니는데 검은 얼굴에 곱슬머리를 하고 있었다. 이들은 사람을 보면 잡아가서 갈기갈기 찢어 살점을 먹었다. 말레이 사람들과 비슷하게 생긴 또 다른 종족이 있는데 제법 예절을 알았다. 도광(道光) 13년(1833)에 네덜란드인이 비로소 항구를 열고 군사를 보내 지켰으며, 어쩌다 상선이 오는 경우도 있었지만 물산은 자세히 알려져 있지 않다.

---

248 작은 나라: 원문은 '배루(培塿)'이다. 『풍속통의』에 "내가 삼가 『춘추좌씨전(春秋左氏傳)』을 살펴보니 다음과 같았다. '배루(培塿)에는 소나무와 잣나무가 자라지 않는다네.' 여기서 배루는 땅의 크기가 작음을 의미한다. 부(部)는 부(阜)의 일종이다(謹按『春秋左氏傳』: '培塿無松柏.' 言其卑小. 部者, 阜之類也)."라는 문장이 있다. '배루'는 원래는 작은 언덕을 의미하나 여기서는 작은 나라로 번역한다.

249 태창(泰昌): 명나라 제14대 황제 광종(光宗) 주상락(朱常洛)의 연호(1620)이다.

250 파푸아(Pulau Papua): 원문은 '파포아(巴布亞)'로, 파포아(巴布阿), 이리안(伊里安)이라고도 한다. 지금의 파푸아뉴기니(Papua New Guinea)와 인도네시아의 이리안자야성(Irian Jaya)을 말한다.

살펴보건대 파푸아는 동남양에서 가장 큰 섬으로 오스트레일리아(Australia)[251] 신하란(新荷蘭)이다. 와 마찬가지로 황폐해 있었다. 네덜란드는 오스트레일리아를 빼앗기고 또다시 이 섬을 경영했는데, 상황이 부득이해서 차선책으로 그랬던 것 같다.

칠주양에서 꼰선섬을 지나 첸라의 까마우(Ca Mau)[252]를 넘어서 태국(Thailand)[253] 내해의 서쪽해안으로 가면 정강이처럼 생긴 지형이 나오는데 서북쪽에서 동남쪽으로 펼쳐져 있으며, 가운데 척량산맥이 있다. 산의 동쪽에 7개의 작은 나라가 있는데, 태국과 경계하고 있는 최북단의 차이야(Chaiya),[254] 적자(垬仔)라고도 한다. 태국 남쪽에 위치한 나콘(Nakhon),[255] 육곤(六昆)이라고도 한다. 더 남쪽에 위치한 싱고라(Singgora),[256] 송각(宋脚)이라고도 한다. 더 남쪽에 위치한 빠따니(Patani),[257] 대년(大年), 대니(大呢)라고도 한다. 더 남쪽에 위치한 클란탄(Kelantan),[258] 길란단(吉蘭丹)이라고도 한다. 더 남쪽에 위치한 트렝가누(Trenganu)[259] 정가라(丁加羅)라고도 한다. 는 모두 태국의 속국이다. 최남단에

---

251 오스트레일리아(Australia): 원문은 '오대리아(澳大利亞)'로, 오사달랍리아(奧斯達拉里亞)라고도 한다.

252 까마우(Ca Mau): 원문은 '란니미(爛泥尾)'로, 지금의 베트남 남쪽 끝단에 있는 카마우이다.

253 태국(Thailand): 원문은 '섬라(暹羅)'로, 시암(Siam)을 말한다. 태국의 옛날 명칭으로, 동남아시아의 말레이 반도와 인도차이나 반도 사이에 걸쳐 있다.

254 차이야(Chaiya): 원문은 '사자(斜仔)'로, 시야(柴也)라고도 한다.

255 나콘(Nakhon): 원문은 '육곤(六坤)'으로, 낙곤부(洛坤府), 나공시탐마력(那空是貪瑪叻)이라고도 한다. 고대 항구 이름으로, 지금의 태국 나콘시탐마랏이다.

256 싱고라(Singgora): 원문은 '송잡(宋卡)'으로, 오늘날의 싱가포르를 말한다.

257 빠따니(Patani): 원문은 '대년(大哖)'이다.

258 클란탄(Kelantan): 원문은 '길련단(吉連丹)'이다.

259 트렝가누(Trenganu): 원문은 '정갈노(丁噶奴)'이다. 정가노(丁咖呶), 정가로(丁家盧), 정가라(丁咖羅), 정기노(丁嘰呶)라고도 한다.

위치한 파항(Pahang)[260]까지 7개국으로, 모두 혼쭈오이섬(Đảo Hòn Chuối)[261]에서부터 서쪽으로 분산되어 있는데, 하문에서 가면 뱃길로 150~160경(약 12~13일)까지 그 시간이 다 다르다. 이들 나라 사람들은 모두 말레이족으로, 항상 칼을 지니고 다니며 윗옷을 입지 않고 천으로 하반신을 두른다. 이들 땅에서는 황금, 납, 주석, 물총새 깃털, 등나무, 제비집, 해삼, 빙편 등이 나며, 오직 트렝가누에서 나는 후추가 가장 품질이 좋다. 무역을 할 때 많은 배를 수용하기 어려우며, 복건과 광동의 서양 상선이 가끔씩 오기도 했다.

『황청통고(皇淸通考)』[262]「사예문(四裔門)」에 다음 기록이 있다.

적자 차이야이다. 는 서남해에 위치하고 남자는 짧은 윗도리와 베로 된 수만을 입고 맨발에 칼을 차고 다닌다. 여자는 화려한 색의 옷을 입고 비단 수만을 걸치고 낮은 슬리퍼를 신는다. 이 땅에서는 제비집·주석·상아·면화가 난다. 이 나라는 하문과 바닷길로 180경(약 360시간)이 떨어져 있다. 육곤 나콘이다. 은 차이야와 인접해 있고 풍속이나 산물이 차이야와 같다.

---

260 파항(Pahang): 원문은 '팽형(彭亨)'으로, 옛날 국명이다. 지금의 말레이 반도에서 면적이 가장 넓은 주이다.

261 혼쭈오이섬(Đảo Hòn Chuối): 원문은 '소진서(小眞嶼)'로, 지금의 코친차이나에 위치한다.

262 『황청통고(皇淸通考)』: 송말 원초의 마단림(馬端臨)(1254?~1323)이 지은 『문헌통고(文獻通考)』로, 줄여서 『통고(通考)』라고도 하며 모두 348권이다. 당대 두우(杜佑)의 『통전(通典)』을 기초로 해서 상고시대에서부터 송(宋)나라 영종(寧宗)(재위 1195~1224) 때까지의 문물제도의 연혁을 기술한 정치서적으로, 『통전』, 『통지(通志)』와 함께 중국의 '삼통(三通)'이라 칭해진다. 『통고』는 모두 전부(田賦)·전폐(錢幣)·호구·직역·징각(徵榷)·시적(市糴)·토공(土貢)·국용·선거·학교·직관·교사(郊社)·종묘(宗廟)·왕례(王禮)·악·병·형·경적(經籍)·제계(帝系)·봉건·상위(象緯)·물이(物異)·여지(輿地)·사예(四裔) 등의 24고(考)로 나누어져 있다.

또 사청고의 『해록』에 다음 기록이 있다.

송잡(宋卡) 싱고라[宋脚]이다. 복건에서는 각(脚)을 잡(卡)으로 발음한다. 은 송거로(宋腒勝)라고도 하며, 태국의 남쪽에 위치한다. 태국에서 육로로는 17~18일, 해로로는 동남쪽으로 순풍을 타면 5~6일이면 도착할 수 있다. 강역은 수백 리에 달하고, 원주민은 말레이족이다. 이슬람교도처럼 돼지고기를 먹지 않는다. 수염을 턱까지 기르고 평상시에는 단도를 품고 다니면서 스스로를 보호한다. 남자는 대부분 처가살이했고, 민간에서는 딸을 낳으면 기뻐하는데, 데릴사위가 노후를 부양할 수 있다고 여겨서이다. 재산은 아들딸 각각 반씩 나눠 가지며, 죽으면 관과 곽을 만들지 않고 야자나무 아래에 장사지내는데 흙도 덮지 않으며 묘제도 지내지 않는다. 왕위는 반드시 적자에게 넘기며 서자는 왕으로 옹립하지 않는다. 군신(君臣)의 구분이 매우 엄격하여 왕이 무도해도 감히 왕위를 노리는 신하가 없다. 여자들은 저고리와 바지를 입으나 남자들은 반바지만 입고 웃통은 드러낸다. 일이 있을 때면 폭이 넓은 몇 자짜리 천의 양끝을 꿰매 오른쪽 어깨에 두르는데, 이것을 사룽(sarung)[263]이라고 한다. 백성은 왕이나 관리를 보면 고개를 숙이고 앞으로 나아가 꿇어앉고 이마에서 합장하고는 일어서서 말하며, 지위가 비슷한 사람을 만나면 이마에서 합장만 한다. 산에는 고목이 많고 공작, 비취, 대모, 상아, 후추, 빈랑, 야자, 은, 철, 침향, 강향, 속향, 가남향(伽楠香), 해삼,

---

263 사룽(sarong): 원문은 '사랑(沙郞)'으로, 간만(干縵), 간만(干漫), 사룽(紗籠)이라고도 한다. 미얀마, 인도네시아, 말레이 열도의 원주민 고유의 의상으로, 남녀 모두 입으며 밝고 화려한 색상이 주를 이룬다. 폭이 넓은 천을 원통형으로 꿰매어 몸 아랫부분을 감싸고 허리에서 여미거나 끈 혹은 핀으로 묶어 고정한다. 늘어진 치마 모양이며 길이는 무릎이나 발목까지 내려오는 등 다양하다. 금실로 짠 사룽도 있다.

상어지느러미가 난다. 해마다 태국에 조공을 바친다.

대니(大呢) 빠따니이다. 는 싱고라의 동남쪽에 위치해 육로로는 5~6일 걸리고 해로로는 순풍을 타고 약 하루 밤낮이면 도착할 수 있다. 산이 연이어 있고, 강역 또한 수백 리에 이르며, 풍속이나 토산물은 싱고라와 대체적으로 비슷하다. 선박이 정박하는 곳이라 해서 빠따니[264]라 부른다. 산에는 금이 많이 나며, 금이 나는 곳을 울루메라(Ulu Merah)[265]라고 부르는데, 중국인들이 자주 가서 사금을 캔다. 빠따니는 태국에 예속되어있어 해마다 금 30근을 조공한다.

길란단(吉蘭丹) 클란탄이다. 은 빠따니의 동남쪽에 위치하며 빠따니 연해에서 순풍으로 약 하루 남짓이면 도착할 수 있다. 강역의 너비, 풍속, 토산품은 대체로 빠따니와 비슷하며 역시 말레이족으로, 태국의 속국이다. 국왕의 거처는 항구에 위치한다. 항구는 서양선박이 정박하는 곳이다. 가시대나무를 주위에 둘러 성을 만들고 목판을 덧댔으며 문은 하나만 만들었다. 백성들은 대나무성 밖에서 거주했다. 왕과 관리는 모두 땅에 자리를 깔고 앉았고 맨몸과 맨발로 지내는데, 이는 일반백성과 다르지 않다. 국왕이 출타 시에는 용감한 장수 수십 명이 호위하는데, 용사들은 모두 표창을 들고 있다. 왕을 보면 모두 무릎을 꿇고 합장하며 왕이 지나간 후에야 일어난다. 왕이 날마다 당에 앉아 있으면 추장이 모두 조정에 들어와 빙 둘러 앉아 정사를 논의한다.

소송이 있을 때는 모두 초 한 쌍을 가지고 엎드려 바쳤다. 왕이 초를 보

---

264 빠따니: 원문은 '담수항(淡水港)'으로, 지금의 태국 파타니(北大年) 항구이다.

265 울루메라(Ulu Merah): 원문은 '아라수(阿羅帥)'이다. 빠따니강 상류에 위치하며 태국과 말레이시아 경계의 울루메라산을 가리킨다.

고 무슨 일인지 물으면 소송한 자는 상황을 아뢰었다. 그러면 왕은 피의자를 불러들여 질문했다. 왕이 몇 마디 말로 판결하면 감히 따르지 않는 자가 없었다. 만약 시비를 가리기 어려울 때면 잠수하게 한다. 두 사람을 밖으로 나가게 해 길에서 아이를 만나면 각자 한 사람씩 데리고 물가로 가게 해서 스님을 모셔다가 경을 외게 한다. 대나무 장대 하나의 양 끝을 두 아이가 각각 잡고 동시에 물속으로 잠수하게 하는데, 먼저 올라온 아이 편이 죄를 지은 것이 된다. 또한 기름 솥을 만지는 법도 있었다. 이 방법은 뜨거운 기름을 솥 가득 담고 쇳덩어리 하나를 솥 안에 던진다. 스님에게 경을 외게 하면서 두 사람에게 쇳덩어리를 찾아서 꺼내게 하는데, 죄를 지은 자는 손을 데어 다치고, 정직한 자는 상처를 입지 않는다. 백성들은 모두 매우 신실하게 불교를 신봉한다. 원주민 중 항구에 사는 사람들은 대부분 배를 타고 나가 물고기를 잡아 생활하는데, 오전에 나갔다가 오후에 돌아온다. 산 속에 사는 사람들은 경작하기도 하고 나무나 약초를 캐기도 하는데, 다만 큰 나무의 껍질을 벗겨 아랫도리만 감싼다. 또한 집도 없이 동굴이나 나무 위에서 산다. 원주민들은 모두 표창을 잘 사용해서 수십 보 밖에 있는 사람도 표창을 던져 죽일 수 있다. 소송이 해결되지 않는 경우가 있으면 항상 왕에게 직접 요청하며 서로 표창을 사용해 죽여 후회가 없길 바란다고 했다. 왕도 그 말을 들어주나 상황을 참작해서 정직한 사람에게 먼저 표창을 던지도록 했다. 명중하지 못하면 상대편에서 표창을 던지도록 했는데, 다만 명중하지 않는 적이 드물었다. 무릇 음식물을 바치거나 보낼 때는 모두 구리 쟁반에 담아 머리에 이고 진상한다. 음식은 젓가락을 사용하지 않고 대부분 오른손으로 뭉쳐 먹는다. 그래서 오른손을 중시하고 왼손을 가벼이 여겨, 만약 왼손으로 음식을 가져다주는 사람이 있으면 크게 화를 내면서 무례하다고 한다.

이 땅에는 소구알(So Gual)[266]과 갈라스(Galas)[267] 등의 지역이 있는데, 모두 금이 난다. 중국에서는 매년 수백 명의 사람이 이곳으로 온다. 복건 사람들은 대부분 항구에 살면서 화물을 판매하거나 후추를 심어 기른다. 반면에 광동 사람들은 주로 산꼭대기에 살면서 사금을 걸러낸다. 세금은 선박의 크기에 따라 매기는데, 선박이 크면 양은(洋銀) 5백~6백 닢을, 작으면 2백~3백 닢을 납부하는데, 이를 등두금(凳頭金)이라 한다. 술을 양조하거나 아편을 팔거나 도박장을 열면 세금 또한 매우 무거웠다. 도박 빚은 사력을 다해 추징하는데, 각국이 대부분 이와 같았다. 아편을 먹는 것은 클란탄이 가장 심하다. 토산품으로는 빈랑과 후추가 가장 많다. 해마다 금 30근을 태국에 바친다. 살펴보건대 『해록』에서 말레이족의 풍속을 가장 상세하게 적고 있어서 이를 인용해 여기에 기록하며, 그 나머지 예도 적는다.

정가라(丁加羅) 트렝가누이다.는 클란탄의 동남쪽에 위치하며 클란탄 연해에서 약 하루 남짓이면 도착할 수 있다. 강역의 너비와 풍속은 위의 여러 나라들과 대체로 비슷하지만 훨씬 부강하다. 각 나라의 왕은 모두 코끼리 키우는 것을 좋아하는데, 트렝가누가 특히 더 하다. 산속에 야생 코끼리가 있다는 말을 들으면 먼저 목책을 두르고 멀리서부터 점차 가까이로 이동하면서 코끼리가 굶주리고 힘이 떨어질 때까지 기다렸다가 다시 훈련된 코끼리를 내보내 끌고 오게 했다. 토산품으로는 후추·빈랑·야자·야모과·빙편·제비집·해삼·기름치·전복·대자(帶子) 조개류로, 꼬막[268]과 비슷하게 생겼

---

266 소구알(So Gual): 원문은 '쌍과(雙戈)'로, 지금의 말레이시아 클란탄주 서남부에 위치한다.

267 갈라스(Galas): 원문은 '아라정(呀喇頂)'으로, 지금의 말레이시아 클란탄강 상류 지역이다.

268 꼬막: 원문은 '강요주(江瑤柱)'이다.

다. ·김·공작·비취·속향·강진향·가남향이 나며, 후추는 가장 좋아서 여러 나라 중에 으뜸이다. 해마다 태국·안남국과 클라파를 점령했던 네덜란드에 조공했다.

파항은 트렝가누의 남쪽에 위치하며 트렝가누에서 육로로 약 이틀이면 도착할 수 있다. 강역의 너비와 풍속, 사람들의 성정은 모두 위의 여러 나라들과 비슷하다. 역시 금이 나는데, 라브(Raub)[269]에서 생산된 금이 최고이다. 토산품으로는 후추·빙편·사곡미가 있다. 파항에서 동남쪽으로 약 하루쯤 가서 다시 서쪽으로 배를 돌리면 싱가포르 해협(Singapore Strait)[270]으로 들어가고, 동남풍을 따라 약 하루쯤 가면 구 조호르(Johor)[271]에 도착한다.

또 『박해번역록』에 다음 기록이 있다.

파항은 일명 팽갱(彭坑)이라고도 하는데, 토지가 비옥하고 날씨가 따뜻해 농사짓기에 적합하며 야채와 과일이 많이 난다. 민간에서는 불교를 숭상하며 사람을 죽여 그 피로 제사를 지낸다. 명나라 홍무(洪武)[272] 연간에 조공 왔다.

내가 살펴보건대 명나라 초에 여러 나라가 조공했는데, 파항의 이름은 있었으나 트

---

269 라브(Raub): 원문은 '마고(麻姑)'로, 로물(勞勿)이라고도 한다. 말레이시아에서 금 생산지로 유명하며, 세만고(Semango)라고도 한다.

270 싱가포르 해협(Singapore Strait): 원문은 '백석구(白石口)'이다.

271 구 조호르(Johor): 원문은 '구유불(舊柔佛)'로, 말레이시아 남부의 중요 항구도시로 16세기 ~18세기까지 조호르 왕국의 수도였다.

272 홍무(洪武): 명나라 태조 주원장(朱元璋)의 연호(1368~1398)로 명나라 최초의 연호이다.

렝가누 이북 6개국의 이름은 없었다. 어쩌면 과거 태국을 섬긴 속긴 속국이었기 때문에 직접 중국에 올 수 없었을 수도 있다. 첸라가 번성했을 때는 항상 구밀(鳩密)[273]·부나(富那)[274]·가사(迦乍)[275] 등의 나라까지 다스렸는데, 차이야에서 파항에 이르는 일대가 그곳이다. 사람들은 반라로 지내고 풍속은 첸라와 같은데, 대체로 낭황라국(狼脘裸國)[276]과 같은 종족인 것 같다.

꼰선섬을 지나 싱가포르해협으로 들어갔다가 배를 돌려서 서북쪽으로 가면 파항에서 차이야 일대의 뒤쪽이 나온다. 지형이 허리띠처럼 생겼으며 수마트라와 마주보고 있다. 파항의 남쪽 끝자락에 휑하니 넓은 산골짜기[277]로 이루어진 내항 싱가포르[息力] 실력(實力), 식랄(息辣)이라고도 하며 과거에는 조호르[柔佛]라 불렸다. 영국인들은 신가파(新嘉坡), 생가파(生嘉坡), 신기파(新奇坡), 성격백아(星隔伯兒)라고도 불렀다. 가 있다. 싱가포르는 과거 오랑캐 부락이었는데, 가경 23년(1818)에 영국이 차지했다. 이 땅은 남양과 소서양의 요충지에 해당해 해양 각국의 중요 시장이 되었다. 영국인들이 과세를 면제하고 상선을 불러들이자, 매년 이곳으로 오는 서양 갑판선만 해도 수백 척이나 되었다. 복건과 광동의 서양 상선, 남양 각국의 선박 역시 때때로 왔다. 배가 숲을 이룰 정도로 많았으며, 동서의 물건이 모두 모여 남양의 서쪽 제1 항구가 되었다. 매년 교역하는 화물의 가치가 수천여만 원(圓)에 이르렀다.

---

273 구밀(鳩密): 길멸(吉蔑), 고면(高棉)이라고도 하는데, 크메르(Khmer)의 음역으로 추정된다.

274 부나(富那): 지금의 태국과 캄보디아 일대에 위치했던 것으로 추정된다.

275 가사(迦乍): 가사(伽乍)라고도 한다. 지금의 태국 까셋솜분군(Kaset Sombun)으로 추정된다.

276 낭황라국(狼脘裸國): 『천하군국이병서』에 따르면 프놈국의 다른 이름이다.

277 휑하니 넓은 산골짜기: 원문은 '함하(谽谺)'이다.

영국인들이 건물과 상관을 지어 살고 있지만 거주민은 많지 않다. 복건과 광동에서 온 중국인 이주민 1만여 명, 말레이 원주민과 부기족 외지인들은 해변에서 산다.

싱가포르에서 해안을 따라 서북쪽으로 약 3백 리를 가면 믈라카[麻剌甲] 만랄가(滿剌加), 마륙갑(麻六甲)이라고도 한다. 가 나오는데, 믈라카는 본래 태국의 속국이었다. 명나라 때 포르투갈이 믈라카를 차지했으나 그로부터 얼마 지나지 않아 믈라카는 네덜란드의 차지가 되었다. 가경연간에 영국이 이 땅을 차지해 부두를 세웠으나 싱가포르만큼 번성하지는 못했다.

믈라카의 서북쪽 해안에 위치한 피낭섬(Pulau Pinang)[278] 영국인들은 신부(新 埠)라 부른다. 은 섬 안에 높은 봉우리가 있고 산수가 아주 뛰어나다. 인구는 5만 4천 명으로, 복건 사람과 광동 사람이 5분의 1을 차지하고 있으며, 역 시 영국의 속지이다. 영국에서는 싱가포르에 총독을 주둔시켜 세 항구의 싱가포르, 믈라카, 피낭이다. 일을 관리하게 했다. 세 항구의 산물로는 금·은· 아연·주석·무소뿔·상아·후추·옥과·강향·소목·제비집·물총새 깃털·가문 석 등이 있다. 하문에서 싱가포르까지 뱃길로 173경이 걸린다. 싱가포르에 서 믈라카까지는 7경이 걸린다.

믈라카에서 출발해 중사군도(中沙群島)[279]를 지나면 슬랑오르(Selangor)[280]가 나오는데 역시 말레이족이 세운 나라이다. 산에 사는 원주민인 라(㻋)족은

---

278 피낭섬(Pulau Pinang): 원문은 '빈랑서(檳榔嶼)'이다.

279 중사군도(中沙群島): 원문은 '홍모천(紅毛淺)'으로, 남중국해에 있는 메이클즈필드천퇴 (Macclesfield Bank)와 스카버러암초(Scarborough Shoal)를 합쳐 부르는 용어이다. 파라셀제도 동 쪽, 프라타스군도(Pratas Islands) 남쪽, 스프래틀리군도 북쪽에 위치한다.

280 슬랑오르(Selangor): 원문은 '사랄아(沙剌我)'로, 사라아국(沙喇我國), 살령가이부(薩靈哥爾部)라 고도 한다. 지금의 말레이시아에 위치한다.

발가벗고 맨발로 다니며 말레이족과는 혼인하지 않는다. 슬랑오르 서북쪽에 위치한 크다(Kedah)²⁸¹ 계달(計噠)이라고도 한다. 는 섬의 뒤쪽이 싱고라와 이어져 있고 토산물 역시 싱고라와 비슷하다. 복건과 광동의 상선 가운데 간혹 이 두 나라에 와서 무역을 하는 경우도 있다. 이곳을 지나가면 미얀마의 남쪽 경계가 나오는데, 이곳은 인도의 여러 부락과 인접해 있으며 소서양이라 불린다. 내지는 선박으로 왕래할 수 없다.

『명사』에 다음 기록이 있다.

조호르는 파항과 가까우며 우종타나(Ujong Tanah)²⁸²라고도 부른다. 만력연간에 그 왕이 전쟁을 좋아해서 이웃나라인 트렝가누²⁸³와 파항이 여러 차례 환란을 겪었다. 중국인이 다른 나라에서 장사하는 경우 그 나라 사람들은 대부분 적극적으로 무역했고 때때로 자신의 나라로 초대하기도 했다. 나라에서는 띠를 덮어 집을 짓고 나무를 나란히 심어 성을 만들고 주위를 해자로 둘러쌌다. 별일이 없으면 바깥세상과 교역하고 전쟁이 나면 군사를 모집했는데, 강국(強國)으로 이름났다. 글자를 쓸 때는 교장잎(茭葦葉)에다 칼로 새겼다. 별이 뜨면 식사하고, 절기는 4월을 한 해의 처음으로 삼았으며, 사람이 죽으면 모두 화장한다. 토산품으로는 무소·코끼리·대모·

281　크다(Kedah): 원문은 '길덕(吉德)'으로, 길타(吉打)라고도 한다. 지금의 말레이시아 크다주이다.

282　우종타나(Ujong Tanah): 원문은 '오정초림(烏丁礁林)'으로, 아서아지취(亞西亞地嘴)라고도 한다. 우종타나는 대지의 끝자락이라는 뜻으로, 말레이반도 최남단을 가리킨다. 지금의 말레이시아 조호르주에 위치한다.

283　트렝가누: 원문은 '정기의(丁機宜)'로 되어 있으나, 정갈노(丁噶奴)의 오기로 보인다.

편뇌·몰약(沒藥)[284]·혈갈 등이 있다.

또한 사청고의 『해록』에 다음 기록이 있다.

구 조호르[舊柔佛]는 파항의 뒤쪽에 위치하며, 육로로 4~5일이면 도착할 수 있다. 강역 또한 수백 리에 달하고, 풍속은 파항 등의 나라와 대체로 비슷하며, 말레이족이 세운 나라이다. 본래 조호르의 옛 수도였으나 후에 조호르의 원주민이 다른 섬[新柔佛]으로 옮겨갔기 때문에 구 조호르라 불리게 되었다. 가경 연간에 영국이 이곳을 바닷길이 사방으로 통하는 지역이라 생각해서 토지를 개간하고, 상인을 불러 모아 무역하며 세금을 조금 부과했다. 몇 년이 지나자 선박들이 몰려들고 누각이 줄지어 들어서면서 결국 명소가 되었다. 원주민들은 그 땅을 슬랏(Selat),[285] 복건과 광동 사람들은 신주부(新州府), 또는 신가파(新嘉坡)라고 불렀다. 토산품으로는 후추·빈랑고(檳榔膏)·야모과·김이 있다. 빈랑고는 감력(甘瀝)으로 약으로 사용할 수 있다고 한다.

내가 살펴보건대 싱가포르는 본래 황폐하고 보잘것없는 작은 나라였다. 영국이 이곳에 항구를 연 뒤로 동서의 요충지가 되었다. 영국이 배를 타고 동쪽 싱가포르에 오더니 싱가포르를 고향처럼 여겼다. 여행하다 부족한 물품은 모두 이곳에서 마련했다. 최근 들어 중국에 싱가포르가 널리 알려지면서 중국은 싱가포르를 넓은 영토에 백성이 많은 아주 큰 대국이라 생각하면서 진실로 해변에 있는 작은 지역인 것을 몰랐다. 또 『천하군국이병서』

---

284 몰약(沒藥): 감람과 식물에서 채취한 천연고무수지로 만든 암갈색의 덩어리로 방부제나 약제, 향료로 사용된다.

285 슬랏(Selat): 원문은 '식랄(息辣)'로, 해협이란 뜻이며 지금의 싱가포르이다.

에 따르면, 믈라카는 고대의 가라부사(哥羅富沙)이다. 한나라 때는 늘 중국과 왕래했으며, 후에 돈손국(頓遜國)[286]의 속국이 되었다. 믈라카는 바닷가에 위치해 있어 산이 드물고 인구도 적으며, 태국의 지배를 받으며 매년 금을 세금으로 바쳤다. 명나라 영락 3년(1405)에 사신을 보내 조공했다. 영락 10년(1412)에 태감 정화 등에게 명해 군사 2만 7천여 명을 데리고 선박 48척을 타고 각 섬에 가서 황제의 성지를 낭독하고 하사품을 내린 뒤 파라메시와라(Paramesywara)[287]를 국왕에 봉했다. 영락 9년(1412) 7월에 파라메시와라 국왕이 아내와 자식, 배신(陪臣) 940명을 데리고 도성에 들어와 입조하자, 황제는 후하게 선물을 하사하고 돌려보냈다. 그 뒤로 조공이 끊이지 않았다고 한다.

살펴보건대 만랄가(滿剌加)는 바로 믈라카로, 본래는 태국의 속국이었다. 명나라 초에 왕이 아내와 자식, 배신을 데리고 입조했는데, 중국의 도리를 흠모함이 아주 지극했다. 후에 포르투갈과 네덜란드 양국의 속지가 되었다가 지금은 영국의 항구가 되었다. 어쩌면 자와처럼 공손하게 조용히 있어서 해구만 점령당했을 수도 있고, 아니면 다른 곳으로 이주한 조호르처럼 처음에는 좋았다가 끝이 안 좋을 수도 있는데, 알 수는 없다.

싱가포르의 남쪽, 클라파의 서쪽에 서남쪽으로 길게 뻗어 있는 수마트라[蘇門答臘] 아제(亞齊)라고도 한다. 라는 큰 섬이 있다. 남북의 길이는 약 2천 리이고, 섬 중간에 붕쿨루(Bengkulu)[288]라는 산이 길게 뻗어 있다. 섬의 동쪽

---

286 돈손국(頓遜國): 동남아시아에 있던 나라로 전손(典遜)이라고도 한다. 지금의 태국 타닌타리(Tanintharyi, 丹那沙林) 일대이다.

287 파라메시와라(Paramesywara): 원문은 '서리팔아달랄(西利八兒達剌)'로, 배리미소랍(拜里米蘇拉)이라고도 한다. 파라메시와라(1344~1414)는 15세기 초 믈라카 술탄국을 개국했으며, 재위 당시 중국과 우호적인 관계를 유지했다.

288 붕쿨루(Bengkulu): 원문은 '만고루(萬古屢)'로, 명고로(明古魯), 망구리(望久里)라고도 한다. 지

은 지대가 낮고 조수가 넘치며, 초목이 어지러이 우거져 있어 왕래하기가 어렵다. 섬의 서쪽은 평탄하며 큰 강이 띠처럼 얽혀 있다. 이 땅에서는 사곡미·야모과·후추·빈랑·혈갈·빙편·안식향 등이 나고, 산에서는 황금·구리·철·유황 등이 난다. 강에서는 사금이 나고, 바다에서는 용연향이 난다. 짐승으로는 해마[289]·개코원숭이[290]·곰·호랑이가 많고, 나무는 야자수가 도처에 숲을 이룰 정도로 많다. 큰 지역으로는 반다아체(Banda Aceh)[291]가 있는데, 수마트라의 북쪽에 위치한 서쪽 강역으로, 서양인들은 아체(Aceh)[292]라고 부른다. 당송 이래로 중국에 조공했으며, 수마트라의 국왕이 바로 이 나라 사람이다. 반다아체의 동쪽에 시악(Siak)[293]이, 그 동쪽에는 리아우(Riau)[294]가 있는데, 싱가포르와 바다를 사이로 마주보고 있다. 반다아체의 서쪽 바

금의 인도네시아 수마트라섬에 위치한다.

289 해마: 원문은 '수마(水馬)'이다. 수궁만한 크기에, 대가리는 말처럼 생겼고, 새우처럼 생긴 몸통에 누르스름한 색을 띠고 있다. 부인들이 난산할 때 해마를 쥐고 있으면 순산한다고 한다.

290 개코원숭이: 원문은 '비비(狒狒)'이다.

291 반다아체(Banda Aceh): 원문은 '대아제(大亞齊)'로, 반달아제(班達亞齊)라고도 한다. 과거 아체 술탄국의 수도이자 지금의 아체 특구의 주도이다.

292 아체(Aceh): 원문은 '아진(亞珍)'이다. 역사적 사실에 따르면, 영국 탐험가들은 1591년부터 아체에 출입했으며, 1641년 전후로 네덜란드와 함께 이곳을 다투었다. 그러다가 1873년에 네덜란드와 협정을 맺음에 따라 반다아체는 네덜란드의 지배에 들어갔다. 이를 통해 볼 때 영국인들은 반다아체와 아체를 따로 구분하지 않고 불렀는데, 여기서는 반다아체를 가리킨다.

293 시악(Siak): 원문은 '석리(錫里)'이다. 지금의 인도네시아 벵칼리스(Bengkalis, 望加麗)섬과 수마트라 동쪽 해안에 있는 시크강 일대를 지칭하기도 하고, 간혹 리젠시 시크 스리 인드라 푸라성(Siak Sri Indrapura)의 음역이라고도 한다. 또한 수마트라섬의 동쪽 해안에 있는 델리(Deli) 혹은 시그리(Sigli)를 지칭한다는 견해도 있다.

294 리아우(Riau): 원문은 '유리(溜里)'로, 유리(瑠里)라고도 한다. 지금의 인도네시아 리아우군도 내의 서북부를 지칭한다.

216

다 끝에서 돌아 섬의 남쪽으로 가면 아체[295]가 나온다. 아체의 동쪽에는 사삭(Sasak)[296]이, 그 동쪽에는 파당(Padang)[297]이, 그 동쪽에는 붕쿨루[茫古魯] 만고루(萬古樓), 남발리(南勃利)라고도 한다. 가 있다. 붕쿨루의 동쪽 바다 끝에서 돌아 북쪽으로 가면 협구가 나온다. 협구의 양쪽 해안에 팔렘방이 있는데, 바로 스리비자야(Srivijaya)[298]이다. 왕은 협구의 서쪽에 거처하며 이곳의 동쪽 경내에 큰 부락이 있다. 협구를 나와 서북쪽으로 가다보면 섬의 북쪽 해상에 또 다른 섬이 나오는데 바로 방카섬(Pulau Bangka)[299]이다. 다시 서북쪽으로 가면 링가섬(Pulau Lingga)[300]이, 링가섬의 서쪽에는 빈탄섬(Pulau Bintan)[301]이 있는데, 리아우와 서로 마주보고 있다. 각 섬은 모두 말레이족으로 구성되어 있으며, 네덜란드와 영국이 해구를 차지하면서 각각 부두를 세웠다. 최근에 영국이 이 섬의 부두를 믈라카로 이름을 바꿨으나, 결국 모두 네덜란드의 차지가 되었다. 남쪽에 있는 큰 부두는 파당(巴唐) 파당[302]이다. 이고, 동북쪽

---

295 아체: 원문은 '소아제(小亞齊)'이다. 지리적 위치에 근거하면 아체에 해당한다.

296 사삭(Sasak): 원문은 '소소(蘇蘇)'로, 사사(沙沙)라고도 한다. 지금의 인도네시아 수마트라섬 서해안에 위치한다.

297 파당(Padang): 원문은 '팔당(叭噹)'으로, 파동(把東), 파동(巴東)이라고도 한다. 지금의 수마트라섬 서해안에 위치한다.

298 스리비자야(Srivijaya): 원문은 '삼불제(三佛齊)'로, 지금의 수마트라이다. 인도와 중국을 잇는 항로 믈라카해협과 순다해협의 중앙에 위치하여 8세기에 해상무역국가로 발전했다. 중국은 당대에 스리비자야의 시장성을 인식하고 이곳에 진출했으며, 이를 통해 스리비자야는 중계무역지로서의 역할을 담당했다.

299 방카섬(Pulau Bangka): 원문은 '강갑(崗甲)'으로, 방가(邦加), 팽가산(彭家山)이라고도 한다.

300 링가섬(Pulau Lingga): 원문은 '용아(龍牙)'로, 림가도(林加島)라고도 한다.

301 빈탄섬(Pulau Bintan): 원문은 '신유불(新柔佛)'로, 지금의 인도네시아에 위치한다.

302 파당: 원문은 '팔당(叭噹)'이다.

에 있는 큰 부두는 팔렘방[303]이다. 팔렘방은 팔렘방의 서쪽 해안에 있고, 동쪽 해안은 클라파의 서쪽 경계에 해당한다. 그 사이에 수십 리에 불과한 협구가 있는데 바로 순다해협(Selat Sunda)[304]이다. 유럽 각국이 동쪽으로 오려면 반드시 이곳을 거쳐 가야 해서 이곳은 남양의 대표 문호가 되었다. 믈라카, 싱가포르에서 출발해 방향을 틀어서 오면 지름길이 된다. 방카섬은 일명 정기의(丁機宜)라고 하는데, 아연과 주석이 가장 많이 난다. 네덜란드는 관리를 두어 세금을 거두었고, 복건과 광동의 서양 상선들도 때때로 가서 무역했다. 또 파당의 서남쪽에 니아스(Pulau Nias)[305] 아니(亞尼)라고도 한다. 라는 작은 섬이 있는데, 역시 주석과 아연이 난다. 반다아체의 서북쪽 해상에 홀로 위치해 있는 니코바르제도(Nicobar Is.)[306]에는 야만족이 살고 있는데, 이들은 곡식을 먹지 않고 야자와 물고기를 먹고 산다.

『천하군국이병서』에 다음 기록이 있다.

수마트라[蘇門答臘] 수문달나(須文達那)라고도 한다. 는 고대의 대식국(大食國)이다. 이것은 큰 오류이다. 송나라 초에 참파국[307]과 함께 남당(南唐)에 진상하러 왔다가 송나라에 오게 되었다. 순화(淳化) 4년(993)에 선주 아부 하미드

---

303 팔렘방: 원문은 '파린방(巴隣傍)'으로, 거항(巨港)이라고도 한다.

304 순다해협(Selat Sunda): 원문은 '손타(巽他)'이다.

305 니아스(Pulau Nias): 원문은 '니사(呢士)'로, 니시(呢垾)라고도 하는데, 수마트라섬 서쪽에 위치한다.

306 니코바르제도(Nicobar Is.): 원문은 '니고파랍(尼古巴拉)'으로, 인도양 동북부에 위치한다.

307 참파국: 원문은 '점성(占城)'이다.

(Abu Hamld)[308]가 방물을 바쳤다. 후에 판두랑가(Panduranga)[309]와 함께 입조했으며, 그 뒤로 끊이지 않고 조공했다. 얼마 지나지 않아 부락이 분리되고 물사리(勿斯離) 시악[錫里]으로 추정된다.[310]·베르베라(Berbera)[311]·파발포(巴跋布) 파당으로 추정된다.·나고아(那姑兒) 븡쿨루로 추정된다.[312] 등의 나라를 관할했다. 홍무연간에 수마트라가 들어와 조공했다. 영락 3년(1405)에 수장 자이날 아비딘(Zainal Abidin)[313]이 환관 윤경(尹慶) 편에 조공해왔기에 그를 수마트라 국왕에 봉했다. 선덕(宣德) 6년(1431)에 다시 조공 왔다. 선덕 10년[314]에 다시 그 아들을 국왕에 봉해줄 것을 청해왔다.

처음에 태감 정화가 사신이 되어 수마트라에 갔을 때 왕위찬탈을 도모

---

308 아부 하미드(Abu Hamld): 원문은 '포희밀(蒲希密)'로, 대식국의 대상이다. 이때 중국에 처음 들어와 향료, 약재, 보석을 바쳤다.

309 판두랑가(Panduranga): 원문은 '빈동룡국(賓童龍國)'이다. 대략 베트남 투언하이성(Thuận Hải, 順海省) 북부와 푸카인성(Phú Khánh, 富慶省) 남부 일대를 지칭하기도 하고, 폰랑(Phon Rang, 藩朗)이나 그 남쪽의 판다란(Padaran, 巴達蘭)을 지칭하기도 한다.

310 물사리(勿斯離) (시악[錫里]으로 추정된다): 본문에서 서계여는 물사리를 시악(Siak)으로 추정하고 있으나, 물사리는 서아시아와 동북아시아에 걸쳐 있는 마슈리크를 가리킨다. 아랍어의 시적인 표현으로 해가 뜨는 곳을 뜻하며, 아랍 국가권의 동방을 의미하는 말이다.

311 베르베라(Berbera): 원문은 '필파라(弼琶羅)'로, 백배랍(柏培拉), 발발력(撥拔力)이라고도 한다. 고대 국가 이름으로, 옛 땅은 아덴만(Aden bay) 남쪽 해안의 베르베라 부근으로 알려져 있다.

312 나고아(那姑兒)(븡쿨루로 추정된다): 본문에서 서계여는 나고아가 븡쿨루로 추정된다고 보고 있으나, 『영애승람(瀛涯勝覽)』에서는 수마트라섬의 고대 국가인 나구르(Nagur)의 음역으로 보고 있다.

313 자이날 아비딘(Zainal Abidin): 원문은 '재노리아필정(宰奴里阿必丁)'으로, 1405~1433년까지 수마트라를 통치한 인물이다.

314 10년: 원문은 '십팔년(十八年)'으로 되어 있으나, 역사적 사실에 따르면 선덕은 명나라 제5대 황제 선종(宣宗) 주첨기(朱瞻基)의 연호(1425~1435)로, 재위 기간이 10년이다. 『천하군국이병서』에 따라 10년으로 고쳐 번역한다.

중이었던 위왕(僞王) 세콘다(Sekonda)[315]는 자신의 하사품이 없는 것에 분노하여 관군을 습격했다. 정화는 이들을 크게 물리치고 남발리국(南勃利國)[316] 븡쿨루이다. 까지 추격해가 그의 처와 자식을 포로로 잡아 돌아왔다. 영락 13년(1415)에 행재소(行在所)에서 이들을 참형시키자 다른 나라들이 두려워하면서 복종했다. 수마트라에서 서쪽으로 하루 밤낮을 가면 론도섬(Rondo)[317]이 나오는데, 매년 봄이 되면 용들이 섬에서 노닐면서 침을 흘린다. 그래서 이 나라 사람들은 카누[318]를 타고 용의 침을 건져서 향료로 만드는데 용연향 1근이 그 나라의 금화 192닢에 해당한다. 가정(嘉靖)[319] 연간에 봉지를 받들고 구매하러 갔는데, 1근당 은 1200냥을 주었다.

또 다음 기록이 있다.

---

315 세콘다(Sekonda): 원문은 '소간랄(蘇幹剌)'이다. 『명사』에 따르면 세콘다는 수마트라 노왕의 동생으로 되어 있는데, 서계여는 이에 근거해 세콘다를 조카의 왕위를 빼앗은 인물로 보고 있다. 그러나 세콘다를 노왕의 적장자로 보는 견해도 있다. 『영애승람(瀛涯勝覽)』의 "적장자인 세콘다는 사람들을 이끌고 달아났다. 스스로 인근 산에 성채를 세우고는 불시에 사람들을 이끌고 와서 침범해 부친의 원수를 갚았다(有嫡子名蘇幹剌領衆挈家逃去. 隣山自立一寨, 不時率衆侵復父讐)."라는 문장을 볼 때 노왕의 적장자로 보고 있음을 알 수 있다.

316 남발리국(南勃利國): 서계여는 이를 븡쿨루로 보고 있으나, 위원(魏源)은 라무리왕국(Lamuri Kingdom)으로 보고 있다. 『명사』「외국전(外國傳)」에 따르면, 라무리 왕국은 수마트라 서쪽에 위치해 있고 왕과 거주민은 모두 이슬람인이다. 인구는 천여 가구 정도 되며 풍속이 순박하다. 영락 10년 이래로 중국에 입조하여 공물을 바쳤으며, 중국에서는 정화를 보내 하사품을 내렸다고 한다.

317 론도섬(Rondo): 원문은 '용연서(龍涎嶼)'로, 지금의 인도네시아 수마트라 서북해에 위치한다.

318 카누: 원문은 '독목주(獨木舟)'로, 나무껍질이나 짐승의 가죽, 또는 갈대나 통나무 등으로 만든 원시적인 작은 배를 가리킨다.

319 가정(嘉靖): 명나라 제11대 황제 세종 주후총(朱厚熜)의 연호(1522~1566)이다.

스리비자야는 고대의 간타리(干陀利)[320]이다. 첸라와 자와 사이에 위치하며, 왕은 '잠비(詹卑)'라 부르고 백성들의 대다수는 포씨(蒲氏)이다. 양(梁)나라 천감(天監)[321] 원년(502)에 입국하여 조공했으나 그 뒤로 끊어졌다. 당나라 천우(天祐)[322] 초에 비로소 중국과 왕래하기 시작했다. 송나라 건륭(建隆)[323] 초에 사신을 보내 조공했다. 순화(淳化)[324] 연간에 자와[325] 클라파의 반란이다. 에게 복속되었다. 남도(南渡)[326] 이후로도 끊이지 않고 들어와 조공했다. 명나라 홍무 2년(1369)에 태조가 행인(行人) 조술(趙述)을 그 나라에 사신 보냈다. 사신을 따라 입조해 공물을 바쳐왔기에 조서를 내리고 스리비자야 국왕에 봉했다. 후에 스리비자야는 자와 클라파이다. 에게 패망했고, 자와는 그 땅을 차지한 뒤 이름을 팔렘방으로 바꾸고 수장을 두어 무역을 담당하게 했다. 영락 3년(1405)에 행인 담승수(譚勝受)[327]·천호(千戶) 양신(楊信) 등을 팔렘방으로 보내 광주 출신의 도망자 양도명(梁道明)[328]을 위무했다. 영

---

320 간타리(干陀利): 수마트라 팔렘방의 칸다리(Kandari), 말레이시아 케크주의 카다람(Kadaram, 泰米爾文), 페락주(Perak, 霹靂)의 킨탄(Kintan, 金丹)으로 보기도 한다.

321 천감(天監): 남조 양나라 무제 소연(蕭衍)의 첫 번째 연호(502~519)이다.

322 천우(天祐): 당나라 제20대 황제 소종(昭宗) 이엽(李曄)의 연호(904~907)이다. 마지막 황제인 애제(哀帝) 이축(李柷)이 이어서 사용했다.

323 건륭(建隆): 북송 제1대 태조 조광윤(趙匡胤)의 연호(960~963)이다.

324 순화(淳化): 북송 제2대 태종 조광의(趙匡義)의 연호(990~994)이다.

325 자와: 원문은 '사파(闍婆)'로, 사파(社婆)라고도 한다.

326 남도(南渡): 진(晉)나라 원제(元帝)와 북송의 고종(高宗)은 모두 남쪽으로 수도를 옮겨 역사에서는 이를 남도라고 한다. 여기서는 시대의 흐름상 북송의 고종(1127~1162)을 지칭한다.

327 담승수(譚勝受): 광동성 남해(南海) 사람이다. 영락 원년에 행인에 임명되어 팔렘방에 사신으로 가서 양도명을 위무했는데, 두 사람은 동향 사람이다.

328 양도명(梁道明): 양도명은 광동 남해사람으로, 팔렘방에 와서 생활한 지 여러 해 되었다. 당시 많은 복건, 광동 출신의 사람들이 그를 믿고 따르면서 홍무 30년(1397)에 그를 왕으로

락 5년(1407) 9월에 태감 정화가 서양 각국에 사신으로 갔다가 돌아오는 길에 팔렘방에 들렀는데 이때 해적 진조의(陳祖義) 등을 만났다. 정화가 그와 일전을 치르면서 그의 도당 5천여 명을 죽이고 진조의를 사로잡아 칼을 씌워 도성으로 송환해 저잣거리에서 참형에 처하자, 다른 나라들이 두려워하면서 복종했다. 그해 팔렘방의 수장 시진경(施晉卿)[329]이 [사위 구언성(丘彦誠)을] 사신으로 보내 조공하자, 조정에서는 조서를 내려 시진경을 팔렘방 선위사(宣慰使)[330]에 임명했으며, 이로부터 끊이지 않고 입조해 조공했다고 한다.

또한 사청고의 『해록』에 다음 기록이 있다.

스리비자야와 수마트라섬은 빈탄섬 구 조호르가 서양인에게 점령되자 그 원주민들이 새로운 섬으로 이주했는데, 그 섬은 싱가포르의 남쪽에 위치하며 사방 수백 리에 이른다. 의 건너편 해안에 위치해 있으며, 서남해에 우뚝 솟은 하나의 큰 섬이다. 9개국이 이 섬을 둘러싸고 있는데, 리아우, 시악, 반다아체, 아체, 사삭, 파당, 붕쿨루, 만고루(萬古屢)로, 남발리(南勃利)라고도 한다. 팔렘방, 링가섬이 바로 그것이다. 반다아체와 아체 및 사삭은 수마트라의 옛 땅이다. 팔렘방은 스리비자야의 옛 땅이다.

추대했다.

329 시진경(施晉卿): 시진경(施進卿)이라고도 한다. 시진경(?~1423)은 광동 사람으로 스리비자야의 화교이다. 후에 이슬람교로 귀의해 무슬림이 되었으며, 명나라 초에 정화와 연합하여 해적 진조의를 물리쳤다.

330 선위사(宣慰使): 성(省)과 주(州) 사이의 군사업무를 보던 감사기구인 선위사(宣慰司)의 임시 직책이다. 선위사(宣慰司)는 금나라 때 처음 설치되었다가 원나라 때 전국적으로 설치되었으며, 명청대에는 소수 민족 거주지에만 두었다.

리아우는 조호르의 서남쪽에 위치해 있어, 조호르에서 바다를 건너 남쪽으로 하루 남짓 가면 도착할 수 있다. 면적은 수백 리에 이르고, 풍속과 토산물은 조호르와 같으며, 조주 사람들이 대부분 이곳에서 무역한다.

시악은 리아우의 서북쪽에 위치하며, 면적이나 풍속이 리아우와 같다. 리아우에서 작은 배를 구입해 해안을 따라 4일 정도 가면 도착할 수 있다. 바다의 동쪽은 믈라카와 마주보고 있으며, 이 땅에서는 부레·빙편·야자·후추가 난다.

반다아체는 시악의 서북쪽에 위치하는데, 영토가 다소 크며 중사군도 외해에서 서북쪽으로 하루 남짓 가면 도착한다. 도성에서 육로를 이용해 서북쪽으로 5~6일 가면 섬의 끝자락에 도착하는데, 모두 반다아체의 땅이다. 풍속은 말레이시아 각 나라와 같다. 섬의 끝자락에서 보면 신부(新埠) 피낭섬이다. 가 비스듬히 마주보고 있으며, 이 땅에서는 금·빙편·야모과·야자·향목·해초가 난다.

반다아체의 끝자락에서 북쪽으로 가다 약간 서쪽으로 순풍을 타고 11~12일 정도 가면 니코바르제도가 나오는데, 인도양에 있는 작은 섬이다. 토착민은 모두 야만족으로 품성이 순박하며, 날마다 야자와 익힌 생선을 먹고 오곡은 먹지 않는다. 살펴보건대 이 섬은 수마트라섬에서 꽤 떨어져 있으며 9개국에 포함되지 않는다.

아체는 일명 싱킬(Singkil)[331]이라고도 하며, 반다아체 서쪽에 위치한다. 반다아체에서 서북쪽으로 가다 섬 끝자락을 지나 동남쪽으로 돌아 하루 정도 가면 도착할 수 있는데, 면적 역시 수백 리이고 풍속은 반다아체와 같

---

331 싱킬(Singkil): 원문은 '손지(孫支)'로, 수마트라섬 토바호(Danau Toba) 일대에 위치한다.

다. 이 땅에서는 금·후추·야자·빙편·야모과가 난다.

사삭은 아체 남쪽에 위치하며 뱃길로 순풍을 타고 2일 정도 가면 도착할 수 있다. 면적, 풍속, 토산물은 아체와 같다.

파당은 사삭의 동남쪽에 위치하며 뱃길로 순풍을 타고 역시 2일이면 도착할 수 있는데, 면적과 풍속은 이상의 나라와 대략 같다. 파당의 서쪽 해상에 섬이 하나 우뚝 솟아 있는데, 바로 니아스[呢士] 아니(亞尼)라고도 한다. 로, 바투제도(Kepulauan Batu)[332]라고도 한다.

바투제도는 사람들은 중국인과 비슷하면서도 작고, 늘 노략질로 물건을 사고판다. 출입할 때는 표창을 들고 다니며, 오곡을 먹지 않고 오직 사곡미를 바나나에 섞어 졸여서 먹는다. 이 땅에서는 아연과 주석이 난다. 살펴보건대 니아스 역시 수마트라 인근의 작은 섬이지만, 수마트라와 이어져 있지는 않다.

붕쿨루는 파당의 동쪽에 위치하며, 뱃길로 순풍을 타고 5~6일 정도 가면 도착할 수 있다. 연해에 위치한 수도가 최근에 영국에게 점령되는 바람에 국왕이 산속으로 옮겨갔다. 살펴보건대 영국인이 최근에 수마트라에서 점령한 땅을 네덜란드 관할령인 믈라카와 바꾸었는데, 바로 『해록』에서 말하는 붕쿨루와 팔렘방이 그것이다. 이 땅에서는 해삼·정향·두구·후추·야자·빈랑이 난다.

팔렘방은 바로 스리비자야로, 붕쿨루의 동쪽에 위치하며 강역이 약간 크다. 붕쿨루에서 동남쪽으로 3~4일 정도 가서 북쪽으로 돌아 자와(Java) 협구 순다해협이다. 로 들어가 순풍을 타고 반나절 정도면 순다해협을 빠져나올 수 있다. 해협의 동서 양쪽은 모두 팔렘방의 영토이다. 해협

---

332 바투제도(Kepulauan Batu): 원문은 '와덕(哇德)'으로, 지금의 수마트라섬 서쪽 해안에 위치한다.

의 서쪽 이북에 망갑(網甲) 바로 방카섬으로, 정기의라고도 한다. 이라는 큰 섬이 바다에 우뚝 솟아 있는데, 이 땅에서는 아연과 주석이 난다. 섬 기슭에는 문톡(Muntok)[333]·리앗섬(Pulau Liat)[334]·레파르섬(Pulau Lepar)[335]·숭아이리앗(SungaiLiat)[336] 등이 있다. 문톡은 영국이 진수하면서 주석세를 징수한다. 최근에 네덜란드령이 되었다. 국왕은 순다해협 서쪽에 있는데, 문톡 맞은 편 해안에서 작은 항구로 들어가서 서쪽으로 4~5일 가면 도착할 수 있다. 양쪽 해안에 사는 거류민들은 모두 물가에 집을 짓고 사는데, 물산이 풍부하고 인구가 많기로 제법 이름나 있다. 이 땅에서는 금·주석·야모과·속향·강향·후추·야자·빈랑·물사슴[337]이 난다.

링가섬은 팔렘방 북쪽에 위치하며 순다해협에서 출발해 뱃길로 약 3일이면 도착한다. 이곳에서 북쪽으로 하루 남짓 가면 조호르가 나온다. 서북쪽으로 하루 남짓 가면 리아우가 나온다. 링가섬에는 나무가 많은데, 큰 나무는 수십 아름이나 된다. 그래서 중국이나 서양 선박이 이곳에 오면 대부분 돛대와 키를 교체한다. 리아우와 시악은 대부분 말레이족이고, 오직 반다아체와 아체 및 사삭의 백성들만 약간 순박하고 선량하며, 나머지 종족

---

333 문톡(Muntok): 원문은 '문도(文都)'로, 문도(文島), 문탁극(門托克)이라고도 한다. 지금의 인도네시아 방카섬 서북쪽 해안에 위치한다.

334 리앗섬(Pulau Liat): 원문은 '상로요(上盧寮)'로, 리아도(利阿島)라고도 한다. 지금의 방카섬 동남쪽에 위치한다.

335 레파르섬(Pulau Lepar): 원문은 '하로요(下盧寮)'로, 루파도(累帕島)라고도 한다. 지금의 방카섬 동남쪽에 위치한다.

336 숭아이리앗(SungaiLiat): 원문은 '신항(新港)'으로, 열항(烈港)이라고도 한다. 지금의 방카섬 동북부에 위치한다.

337 물사슴: 원문은 '수록(水鹿)'으로, 삼바사슴, 삼바라고도 한다. 대형 사슴의 일종으로, 동남아시아와 인도아대륙에서 산다.

들은 모두 흉악해 도적질과 약탈로 먹고 산다고 한다.

내가 살펴보건대 수마트라는 고대의 파리주(婆利洲)로, 서남양에서 가장 큰 섬이다. 명대 사람들은 이 땅의 소재를 모른 채 바다 너머 1만 리 떨어져 있는 대식국 **바로 지금의 페르시아 일대이다.** 이라 보았으니, 그 오류가 아주 심하다. 이 섬에는 층단(層檀)[338]과 리데(Lide)[339]라는 작은 나라가 있다. 시대가 바뀌면서 발음도 변화해 알 수 없게 되었는데, 최근에 나온 사청고의『해록』만이 아주 상세하고 정확하다. 서쪽 지역에 있던 그저 몇몇 부락이 반다아체를 중심으로 전체 섬의 이름을 합쳐 수마트라라고 불렀는데, 진실로 남양의 큰 나라이다. 동쪽 지역에 있는 스리비자야는 예로부터 중국의 조공국이었다. 자와는 스리비자야를 멸망시키고 팔렘방으로 이름을 바꾸면서부터 점점 쇠락해갔다. 명나라 중엽 이후로 네덜란드인이 연해의 요충지를 차지하고 부두를 건설해 이들 나라들을 지배함으로써 이들 나라들은 더 이상 절로 왕회(王會)[340]에 이름을 올릴 수 없었으니, 역시 개탄스럽도다.

『박해번역록』에 다음 기록이 있다.

정기의는 조호르에 가까워 누차 침략을 받다가 통혼을 통해 겨우 관계가 좋아졌다. 강역이 아주 협소해 왕과 부락민이 천여 가구밖에 살지 않

---

338 층단(層檀):『송사(宋史)』「외국전」에 따르면, 층단국은 남해(南海)에 위치하며, 신종 희녕(熙寧) 4년(1071)에 처음으로 입공했다고 한다. 원래 층단국은 셀주크투르크(Saljūk Turks)인들이 흑의대식(黑衣大食) 내에 건립했던 정권으로, 지금의 아제르바이잔공화국 지역에 해당한다. 당시 층단은 Sultan의 음역으로, 수마트라내에 존재했던 술탄국 가운데 하나로 추정된다.

339 리데(Lide): 원문은 '려벌(黎伐)'로, 려대(黎代)라고도 한다. 15세기 수마트라 나구르 왕국의 서쪽에 위치한 작은 왕국이다. 포르투갈 사람들이 이렇게 불렀다.

340 왕회(王會): 옛날에 제후와 사방의 오랑캐, 속국들이 천자에게 조공하던 회합을 말한다.

는다. 나무로 성을 쌓고 왕이 사는 곳에는 종루(鐘樓)와 고루(鼓樓)가 줄지어 늘어서 있으며, 중국인들과 선상에서 무역한다. 10월을 한 해의 시작으로 하고 있는데, 아마도 자와의 역법을 따르는 것 같다. 살펴보건대 『해국문견록』에 따르면 정기의는 루손군도의 남쪽에 위치하며 트르나테(Ternate),[341] 망카사라(Mangkassara)[342]와 함께 동남쪽에 위치한다. 최근에 내가 하문에 있을 때 진씨(陳氏) 성의 나이든 조타수를 알게 되었는데, 서남양에 대해 아주 잘 알고 있었으며, 자주 정기의에 갔었다고 했다. 정기의가 어느 방향에 있는지 물어보았더니, "꼰선섬을 지나 서남쪽 7시 방향[343]으로 클라파 근처에 있습니다."라고 대답했다. 조타수의 말이 『해국문견록』의 기록과 달라 더욱 의심스러웠다. 최근에 『박해번역록』의 "정기의는 조호르에 가깝다"라는 기록을 보고서야, 정기의가 수마트라의 동쪽에 있는 방카섬인 것을 알았다. 나이든 조타수의 말이 진실로 맞았다. 이 땅에서 주석이 났기 때문에 하문의 서양 선박들이 때때로 가서 무역했다.

서양인의 『만국지리서(萬國地理書)』[344]에 다음 기록이 있다.

남양제도의 연해에 사는 원주민들은 모두 말레이 종족들이다. 얼굴은 검고 머리는 길다. 천을 머리에 감싸고 맨발로 다니며 허리에는 무늬 천을

---

341 트르나테(Ternate): 원문은 '만로고(萬老高)'로, 덕나제(德那第)라고도 한다. 지금의 말루쿠제도 북부에 위치한다.

342 망카사라(Mangkassara): 원문은 '망가슬(芒佳虱)'로, 마갑살(馬甲撒), 망가슬(芒佳瑟), 마가살(馬加撒), 망가살(芒加撒), 마갑삽(馬甲颯), 망가석(望加錫)이라고도 한다. 지금의 인도네시아 마카사르(Makassar)이다.

343 서남쪽 7시 방향: 원문은 '미침(未針)'이다.

344 『만국지리서(萬國地理書)』: 카를 귀츨라프(Karl Gützlaff)의 『만국지리전도집(萬國地理全圖集)』을 말한다.

두른다. 잠방이를 입고 단도를 차고 다닌다. 주로 배를 타고 나가 물고기를 잡고 사는데, 간혹 해적질도 한다. 모두 이슬람교를 신봉한다. 내지에 사는 검은 얼굴의 원주민들은 중국의 묘족과 과족(猓族)처럼 산의 동굴이나 숲 속에 산다. 중국에서 많은 사람들이 이주해 와 살고 있는데, 광주와 가응주 (嘉應州)[345] 사람은 물건을 만들고 조주 사람은 농사를 지으며, 천주와 장주 사람은 장사를 해서 먹고 산다. 돈을 버는 사람은 대부분 천주와 장주 사람들이다. 복건과 광동의 잠수부들은 먹고 살 방법이 없어 종종 더 먼 곳으로 가서 더 이상 고향을 쳐다보지도 않는다. 어떤 사람들은 원주민 여자와 결혼해 자식을 낳고 살면서 결국 완전히 다른 사람이 된다.

살펴보건대 남양(南洋)은 많은 섬이 빙 둘러 생겨나 동남쪽[346]의 빈 공간을 채우고 있다. 종족은 말레이족으로, 피부가 검고 못 생겼으며 지혜가 없고 돼지와 사슴처럼 미련하다. 한나라가 남월(南越)[347]을 평정한 뒤 남양군도에서 차츰 조공하기 시작했다. 당송 두 조대 때는 그들의 선박이 광동[348]에 모여들었다. 명나라 성조 영락제는 원정에 힘을 기울여 특별히 사신을 파견해 각 섬을 두루 돌아다니며 조서를 선포하게[349] 했다. 이에 남

---

345 가응주(嘉応州): 청 옹정(雍正) 11년(1733)에 정향현(程鄉縣)이 승격되어 직예가응주(直隸嘉應州)가 되었다. 정향현과 흥녕현(興寧縣), 장락현(長樂縣), 평원현(平遠縣), 진평현(鎮平縣) 4현을 '가응오속(嘉應五屬)'이라 칭했으며 광동성 직속 관할지였다.

346 동남쪽: 원문은 '손유(巽維)'이다.

347 남월(南越): 기원전 203년부터 기원전 111년에 걸쳐 5대 93년 동안 중국 남부에서 베트남 북부에 존재했던 왕국이다.

348 광동: 원문은 '월동(粵東)'이다.

349 조서를 선포하게: 원문은 '개독(開讀)'으로, 천자의 조서를 선포하게 하는 것을 말한다.

양 각 섬들이 모두 존경을 표하며 내지를 향해 천자의 나라[350]를 본받는 이들이 수십 종족이나 되었다. 예컨대 루손·자와·보르네오·수마트라 등으로 이들 나라는 강역이 꽤 넓어 하나의 나라라 불릴 만하다. 천여 가구도 살지 않는 강역이 좁은 섬들 역시 내지의 명성과 위엄을 앙모하여 처자식을 대동하고 알현을 청해 왔기에, 내지의 남방지역에서 물고기나 잡고 살던 요(獠)와 단호(蜑戶)[351]까지도 모두 왕의 봉호를 하사했다. 이를 두고 장하고 아름다운 일이라 말하고 있지만, 아무래도 지나치고 과장된 면이 있다. 명나라 중엽 이후로 유럽 각국이 동쪽으로 항해해 와 은밀히 계략을 짜고 기습하는 바람에 어리석고 게으른 남양 사람들은 대항할 수 없었다. 이에 루손군도는 스페인의 차지가 되었고, 수마트라 동쪽의 크고 작은 수십 개의 섬은 도처에 네덜란드의 부두가 생겨났다. 만력연간 이후로 본조(청나라)에 조공오던 남양 각국의 배는 더 이상 마카오(Macao)[352]에 오지 않았다. 본조에서는 멀리 떨어져 있는 그곳 사람들이 날로 소홀해졌다고 생각할 뿐 그쪽의 상황이 나빠져 다른 민족의 차지가 되었는지는 알지 못했다. 서양이 남양 각 섬을 차지한 뒤로 성이 견고해지고 건물이 화려해졌으며, 시장이 많아지고 선박도 정교해지고 좋아졌다. 이전의 비루했던 종족에 비해 그 기상이 진실로 남달라졌다. 또한 중국에서 일어나지 않아도 될 많은 사건 역시 이곳에서 시작되었다. 영국이 세운 부두는 싱가포르 서쪽에 위

---

350 천자의 나라: 원문은 '공구(共球)'이다. 공구는 천자가 잡고 있는 미옥(美玉)의 홀(笏)로, 천자 혹은 천자가 있는 나라를 의미한다.

351 요(獠)와 단호(蜑戶): 요는 고대 남방지역에 살던 소수민족을 말한다. 단호는 과거 광동과 복건 등지의 연안 일대에서 물고기를 잡고 살던 사람들로, 봉건통치자들의 무시와 핍박을 받아 육지에 살지 못하고 호적도 없었다. 그들은 배에서 살면서 물고기를 잡고 산호를 채집하면서 생활하고 관에 세금을 납부했다. 명나라 홍무 초에 비로소 호적을 받고 이장을 두었으며, 하박사(河泊司)의 관할 아래에 있었는데, 매년 어세를 납부해 '단호'라 불리었다.

352 마카오(Macao): 원문은 '향산오(香山澳)'로 마카오의 옛 이름이다. 마카오가 광동성 향산현(香山縣)에 속해있었기 때문에 이렇게 불렀다. 향산현은 지금의 중산현(中山縣)이고 오(澳)는 항구의 의미이다.

치하고 남양군도에는 없다. 그런데 영국의 국력이 강성해지자 스페인과 네덜란드는 영국에 대적하지 못했고, 감히 똑바로 쳐다보지도 못했다. 그들은 남양군도를 마치 자신의 것처럼 생각했다. 선박과 대포를 수리하고 군량미를 비축하자 남양군도에서는 모두 삼가 그들의 명만 받들었기 때문에 그들은 굳이 싱가포르 서쪽을 간섭할 필요도 없었고 이후라도 대응할 수 있었다. 과거의 남양이 난쟁이들이 사는 소굴이었다면 지금의 남양은 유럽의 여인숙이 되었다. 서리를 밟으면 얼음이 얼기 마련이니[353] [이와 같은 상황은] 일이 쌓여 그런 것이지 설마 하루아침에 그렇게 되었겠는가. 대개 3백여 년 동안의 일이 여기에서 시작된 것 같다.

『천하군국이병서』에 다음 기록이 있다.

한나라 때 주애(朱崖)[354]의 남쪽에 도원(都元)[355] · 심리(諶離)[356] · 부감도로(夫甘都盧)[357] · 황지(黃支)[358] 등의 나라가 있었다. 가까이 있는 나라는 걸어서 10

---

353 서리를 밟으면 얼음이 얼기 마련이니: 원문은 '이상빙지(履霜冰至)'이다. 『주역(周易)』「곤(坤)」 초육(初六)에 나오는 말로, 사태가 점점 발전되어 장차 엄중한 결과가 도래함을 의미한다.

354 주애(朱崖): 지금의 해남성(海南省) 경산시 동남쪽 30리에 위치한다. 담이군(儋耳郡)과 함께 교주자사(交州刺史)의 관할 하에 있었다.

355 도원(都元): 고대 국가 이름이다. 옛 땅은 지금의 인도네시아 수마트라 동북쪽 혹은 지금의 말레이시아 말레이 서쪽에 위치한 것으로 추정된다.

356 심리(諶離): 고대 국가 이름이다. 옛 땅은 지금의 미얀마 이라와디강(Irrawaddy R.) 연안에 위치했으며 고대 동서양을 잇는 교통 요지였다.

357 부감도로(夫甘都盧): 고대 국가 이름으로, 줄여서 도로(都盧)라고도 한다. 옛 땅은 지금의 미얀마 이라와디강 중류인 프롬(Prome, 卑謬) 인근에 위치해 있다. 당대에는 퓨국(Pyu)이라 불리었다. 퓨족이 세운 나라로 8세기에는 국토가 미얀마 이라와디강 전부를 포함했고 수도는 프롬에 있었다. 후에 버마족이 세운 바간(Bagan, 夫甘 혹은 浦甘) 왕조가 자리를 대신하면서 퓨족도 점차 버마족에 동화되었다.

358 황지(黃支): 고대 국가 이름으로, 옛 땅은 지금의 베트남 남부지역 혹은 남인도의 마두라스로 추정한다. 다만 『한서』「지리지」에 따르면, 일남군(日南郡)에서 황지국까지 뱃길로 1년

여 일, 멀리 있는 나라는 배로 4~5개월 걸린다.[359] 전후로 사신을 보내 조공했는데, 기이한 물산이 많았다. 무제 때 장건(張騫)[360]을 보내 그 나라 사신과 함께 해상으로 나가 명주(明珠), 벽옥(璧玉), 유리, 기석(奇石), 기이한 물산을 사오게 하면서 황금과 비단을 가지고 가게 했다. 가는 나라마다 모두 녹미를 주었고, 오랑캐 상선에서도 인편에 물건을 보내왔다. 오랑캐의 진귀한 물건이 중국에 유입된 것은 여기서 비롯되었다. 환제(桓帝) 때 부남국(扶南國)[361]의 서쪽에 천축(天竺) 오인도이다.·대진(大秦) 로마이다. 등의 나라가 있었는데, 모두 남해의 통역을 거쳐[362] 공물을 바쳤으며, 이때부터 양주(揚州)와 광주(廣州)에 서역 상인[363]이 넘쳐 났다. 대모·상아·길패(吉貝) 나무 이름으로, 천을 짤 수 있다.·침수향(沈水香)·호박(琥珀)을 바쳤으며 짐승으로는 길들인 코끼리·무소·오랑우탄[364] 등 부지기수로 진상했다. 삼국(三國) 시대 때 오나라

이 걸린다고 한 것으로 보아 남인도 지역으로 보는 것이 타당한 것 같다.

359 가까이 있는 나라는…걸린다: 『한서』「지리지」에 따르면 심리국은 걸어서 10여일이면 도착하고, 도원국의 경우는 배로 4개월 정도 걸린다.

360 장건(張騫): 원문은 '응모인(應募人)'으로, 『한서』「지리지」에는 '응모자(應募者)'로 되어 있다. 한나라 무제가 월지와 연합해 흉노를 정벌하려 할 때 흉노를 지나 월지로 갈 사신을 모집했다고 한다. 이때 낭관(郎官)으로 있었던 장건이 모집에 지원하여 월지에 사신으로 가게 되었는데, 바로 이 일을 말한다.

361 부남국(扶南國): 동남아시아 초기 국가들 중 하나인 '프놈국(Norkor Phnom)'을 말한다. 1~7세기에 걸쳐 메콩강 하류 지역에서 발흥한 앙코르 왕조 이전의 고대 왕국이다. 프놈국은 1세기 무렵에 세워진 것으로 추정되며, 3세기 무렵 중국의 사서에 동시대의 동남아시아 국가로서 그 이름이 등장했다.

362 통역을 거쳐: 원문은 '중역(重譯)'이다. '전전번역(輾轉飜譯)', 즉 '이리저리 통역하다'의 뜻으로 거리상 멀고 풍속이 상이해서 여러 차례 통역이나 번역과정을 거쳐야만 소통이 가능하다는 것을 의미한다.

363 서역 상인: 원문은 '고호(賈胡)'이다.

364 오랑우탄: 원문은 '성성수(猩猩獸)'이다.

손권(孫權)은 선화종사(宣化從事)[365] 주응(朱應)[366]과 중랑(中郞) 강태(康泰)를 이들 나라로 사신 보냈다. 그들이 지나온 곳과 전해들은 나라만 해도 수백국은 된다. 강태가 전기를 쓰면서[367] 이들 나라를 부남토국(扶南土國)이라 했는데, 포로중(蒲蘆中)[368]·우흠(優欠)[369]·횡질(橫跌)[370]·제부(諸簿)[371]·비로(比擄)[372]·빈나 전(濱那專)[373]·오예(烏乂)[374]·사조(斯調)[375]·임양(林陽)[376]·마오주(馬五洲)[377]·

---

365 선화종사(宣化從事): 삼국시대 오나라가 교주와 광주에 설치한 관직 이름으로 교화 관련 업무를 맡아 했다.

366 주응(朱應): 주응에 관한 기록은 찾기 어렵다. 다만 『수서(隋書)』 「경적지(經籍志)」에 보면 주응이 「부남이물지(扶南異物志)」 1권을 지었다는 기록이 있다.

367 강태가 전기를 쓰면서: 『통전(通典)』에 따르면 강태가 주응과 함께 남해를 돌면서 보았던 내용과 소문을 기록해 책으로 엮었는데, 『오시외국전(吳時外國傳)』, 『부남토속전(扶南土俗 傳)』이 바로 그것이다. 여기서는 이 내용을 말하고 있다. 『부남토속전』은 『부남기』, 『부남 전』이라고도 한다.

368 포로중(蒲蘆中): 포라중(蒲羅中), 포라(蒲羅)라고도 한다. 포라는 말레이어로 Pulau(섬)의 음역이고, 중은 ujong(곶, 끝자락)의 음역으로, 말레이반도 최남단인 조호르를 지칭한다. 태국의 나콘 빠톰 혹은 파타니로 보기도 한다.

369 우흠(優欠): 우전(優錢), 우발(優鈸)이라고도 하는데, 우드라국(Udra, 烏茶國)으로 추정된다. 옛 땅은 지금의 인도 오디샤주(Odisha) 북부에 위치한다.

370 횡질(橫跌): 고대 인도 벵골만 연안에 위치한 수마왕국(Suhma Kingdom)의 수도인 탐라립타 (Tamralipta)를 가리킨다. 『태평어람(太平御覽)』에 따르면 횡질은 우흠의 동남쪽에 위치한다.

371 제부(諸簿): 제박(諸薄), 사박(社薄), 사파(社婆)라고도 한다. 야와드비파(Yawadvipa)로, 옛 땅은 지금의 자와섬에 위치한다.

372 비로(比擄): 원문은 '북로(北擄)'로 되어 있으나, 강태의 『부남토속전』에 따라 고쳐 번역한다. 비로국은 제부의 동남쪽에서 위치하며, 옛 땅은 지금의 인도네시아 방카섬에 위치한 것으로 추정된다.

373 빈나전(濱那專): 인도차이나 반도에 위치한 것으로 추정되나, 지금의 이름은 명확하지 않다.

374 오예(烏乂): 강태의 『부남토속전』에 따르면, 오문(烏文)이다. 옛 땅은 지금의 인도 오디샤주 일대 혹은 안다만제도, 말레이반도로 추정하기도 한다.

375 사조(斯調): 싱고라의 음역으로, 지금의 스리랑카로 추정된다.

376 임양(林陽): 강태의 『부남토속전』에 따르면, 프놈의 서쪽에 위치한다. 산스크리트어 라마야나(Rammanya)에서 유래했으며, 옛 땅은 지금의 태국 서남부 혹은 미얀마의 서남부에 위치한 것으로 추정된다.

377 마오주(馬五洲): 강태의 『부남토속전』에 따르면, 제부의 동쪽에 위치한다. 그 땅에서 나는

박탄주(薄歎洲)[378]·탐란주(耽蘭洲)[379]·거연주(巨延洲)[380]가 있다. 진(晉)나라 무제가 오나라를 평정한 뒤에 조공 온 나라로는 임읍국(林邑國)[381]·부남국 이외에 모노(牟奴)[382]·모로(模盧)[383]·말리(末利)[384]·비리(裨離)[385]·포도(蒲都)[386]·승여(繩余)[387]·사루(沙樓)[388]·포림(蒲林)[389]이 있는데, 모두 과거에 들어본 적이

가오메디(gaumedi, 정향)의 이름을 따서 마오라고 한다. 옛 땅은 지금의 발리제도 혹은 말루쿠제도로 추정된다.

378 박탄주(薄歎洲): 강태의 『부남토속전』에 따르면, 박탄주는 제부의 서북쪽에 위치한다. 옛 땅은 지금의 인도네시아 리아우제도 혹은 수마트라 서북부 혹은 말레이반도로 추정된다.

379 탐란주(耽蘭洲): 강태의 『부남토속전』에 따르면, 탐란주는 제부의 서북쪽에 위치한다. 옛 땅은 지금의 말레이반도 코타바루(Kota Bahru)일대로 추정된다.

380 거연주(巨延洲): 강태의 『부남토속전』에 따르면, 거연주는 제부의 동북쪽에 위치한다. 옛 땅은 지금의 칼리만탄제도로 추정하나, 사라왁(Sarawak)의 카얀강(Kayan)의 음역으로 보기도 한다.

381 임읍국(林邑國): 베트남어로는 럼업(Lâm Ấp)이다. 참족(Cham)이 세웠다고 전해지는 나라로 2세기 말 구련(區連)이 세웠다고 기록되어 있다. 후에 참파국이 된다.

382 모노(牟奴): 원문은 '모라(牟羅)'로 되어 있으나, 『진서(晉書)』「사이전(四夷傳)」에 따라 고쳐 번역한다. 모노국은 흑룡강 일대에 위치했던 비리(裨離) 10국 중의 하나이다.

383 모로(模盧): 원문은 '횡로(橫蘆)'로 되어 있으나, 『진서』「사이전」에 따라 고쳐 번역한다. 모로국은 흑룡강 일대에 위치했던 비리 10국 중의 하나이다.

384 말리(末利): 원문은 '미리(未利)'로 되어 있으나, 『진서』「사이전」에 따라 고쳐 번역한다. 말리는 우리말리국(于離末利國)이라고도 하는데, 흑룡강 일대에 위치했던 비리 10국의 하나이다.

385 비리(裨離): 원문은 '비리(卑離)'로 되어 있으나, 『진서』「사이전」에 따라 고쳐 번역한다. 비리국은 흑룡강 일대에 위치했던 나라이다.

386 포도(蒲都): 원문은 '만도(滿都)'로 되어 있으나, 『진서』「사이전」에 따라 고쳐 번역한다. 포도국은 흑룡강 일대에 위치했던 비리 10국의 하나이다.

387 승여(繩余): 원문은 '전여(纏余)'로 되어 있으나, 『진서』「사이전」에 따라 고쳐 번역한다. 승여국은 흑룡강 일대에 위치했던 비리 10국의 하나이다.

388 사루(沙樓): 사루국은 흑룡강 일대에 위치했던 비리 10국의 하나이다.

389 포림(蒲林): 「진기거주(晉起居注)」에 따르면, 동진 애제(哀帝) 흥녕(興寧) 원년(363)에 포림국 왕과 처음 왕래했다는 기록이 있는데, 포림국은 바로 동로마제국이다.

없는 나라들이다. 유송 소제(蕭齊)[390] 때 조공 온 나라로는 사자(師子)[391]·비가리(毗加梨) 벵골이다.·간타리(干陀利) 스리비자야이다.·사파(闍婆)[392] 클라파이다.·포황(蒲黃)[393]·아라타(阿羅陀) 믈라카이다.·아라단(阿羅單)·파황(婆皇)[394]·낭아수(狼牙修) 실론이다.·반반(盤盤)[395]·돈손 등 10여 개국이다. 양(梁)나라 무제 때 조공했던 나라로는 파리(婆利) 수마트라이다.·단단(丹丹) 반탄이다.·비건(毗騫) 클라파이다. 등의 나라이다. 수(隋)나라 때 조공 온 나라는 더욱 많아졌는데, 투화(投和)[396]·변두(邊斗)[397] 등이다. 대체로 금은보화와 향약 등의 물품을 바쳤으며, 부처의 치아와 사리(舍利)를 바친 경우도 있는데, 모두 브라만교(Brahmanism)[398]를 받들었기 때문이다.

내가 [이상의 내용을] 살펴보니 다음과 같았다.

이상의 여러 나라들은 시대마다 이름이 달랐으며, 여러 차례 통역을 거치다 보니 뒤섞이고 잘못되어 진상을 밝혀낼 수가 없다. 이들 나라들이 지금의 어느 나라 어느 섬인지

---

390 소제(蕭齊): 남조의 제나라이다. 제나라 왕실의 성이 소씨(蕭氏)였기 때문에 소제라 부른다.

391 사자(師子): 사자국(獅子國)이라고도 하는데, 싱할라로 지금의 스리랑카이다.

392 사파(闍婆): 원문은 '사포(闍蒲)'로 되어 있으나, 『천하군국이병서』에 따라 고쳐 번역한다.

393 포황(蒲黃): 원문은 '파황(婆黃)'으로 되어 있으나, 『천하군국이병서』에 따라 고쳐 번역한다.

394 파황(婆皇): 원문은 '파사(婆使)'로 되어 있으나, 『천하군국이병서』에 따라 고쳐 번역한다. 파황국은 송나라 원가 26년(449)에 처음 방물을 바쳐왔다.

395 반반(盤盤): 지금의 태국 반돈만(BanDon Bay) 내의 정박지인 푼핀(Phunphin)의 음역으로 추정된다.

396 투화(投和): 『수서』에 따르면, 첸라의 남쪽에 위치하며, 광주의 서남쪽에서 뱃길로 1백 리를 가면 도착할 수 있다.

397 변두(邊斗): 『통전(通典)』에 따르면, 프놈에서 태국만을 건너 3천 리 떨어진 곳에 위치한다.

398 브라만교(Brahmanism): 원문은 '바라문교(婆羅門敎)'이다.

자세히 밝힐 수 있는 곳도 있고 그렇지 않은 곳도 있다. 대체로 가까운 곳은 남양군도에 이르고 멀어도 오인도에 그친다. 해외의 나라들이 조공을 하기 시작한 것은 실제 양한시대에서 비롯되었다. 유럽 각국의 상선이 광동에 오기 시작한 것은 명나라 때부터이다. 지금의 남양과 인도의 여러 섬나라들은 모두 유럽 각국의 부두로 변했다. 땅은 예전 그대로인데, 땅의 주인은 옛날 그대로가 아니다.

또 『천하군국이병서』에 다음 기록이 있다.

영남(嶺南)에 시박사(市舶使)³⁹⁹를 둔 것은 당나라 때부터이며, 영남 절도사에게 그들을 감독 관리하게 했다. 상업 지구를 설립하고 남양 각국(蠻夷)에게 조공 오게 해서 물건을 매매하게 했으며, 조금씩 세금을 거두어들여 국고로 충당했다. 정관 17년(643)에 삼로시박사(三路市舶司)⁴⁰⁰에게 조서를 내려 외국상인에게 용뇌향(龍腦香)⁴⁰¹·침향·정향·백두구(白荳蔲)를 가지고 와서 판매하게 했으며, 이를 통해 10%의 실물세를 징수했다.⁴⁰² 무후(武后) 때 [광주] 도통(都統) 노원예(路元睿)가 외국[말레이] 수장의 화물을 사취하자, 수장은 분을 참지 못하고 그를 죽여 버렸다. 그 뒤로 광주에서는 외

---

399 시박사(市舶使): 당대부터 명대까지 해안 항구에서 해외무역 업무를 관장했던 관청 시박사(市舶司)의 장관을 말한다. 시박사의 명칭은 당나라 개원 2년(714)에 영남시박사(嶺南市舶使) 주경립(周慶立)이 기이한 물품을 바쳤다는 기록에서 처음 등장했다.

400 삼로시박사(三路市舶司): 광남동로(廣南東路)·복건로(福建路)·양절로(兩浙路) 제거시박사의 통칭이다.

401 용뇌향(龍腦香): 서룡뇌(瑞龍腦), 매화뇌자(梅花腦子), 매편(梅片), 매빙(梅氷)이라고도 한다. 용뇌수에서 나오는 무색투명한 결정체로, 향료의 원료나 식중독, 곽란 등의 약재로 사용된다.

402 실물세를 징수했다: 원문은 '추해(抽解)'로, 과거 연해지역에서 수출입에 종사하던 무역상에게 징수하던 실물세(實物稅) 즉 화폐 이외의 물품으로서 납입하는 조세를 말한다.

국의 사신과 관계가 좋은 시박사를 두었는데,[403] 외국 선박이 오면 일을 잘 처리하는 것으로 이름났다. 정원(貞元)[404] 연간에 영남에서 번시(番市)를 안남으로 옮겨줄 것을 주청했다. 당시 중서령(中書令)으로 있던 육지(陸贄)[405]가 주의(奏議)[406]를 올려 이에 대해 논박했다. 송나라 개보(開寶) 4년(971)에 광주에 시박사(市舶司)를 설치하고 지주(知州)가 시박사를, 통판(通判)이 판관(判官)을 겸직하게 했다. 순화(淳化) 2년(991)에 처음으로 서로 20%의 실물세를 징수했다. 대개 외국상인이 남해에서 무역하고 통화할 때 금, 주석, 민전(緡錢, 1천 냥)으로 무소·코끼리·산호·호박·구슬 꾸러미[407]·강철[408]·악어가죽·대모·마노·수정·번포(番布)·오만(烏樠)[409]·소목·향약 등의 물건을 교환했다. 송나라 태종은 도성에 각무(権務)[410]를 세우고 조서를 내려 외국상인들이 화물을 가지고 광주까지 오게 했는데, 관에서 나온 물건이 아니면 개인 간에는 무역할 수 없었다. 그 뒤에 다시 조서를 내려 진기한 물건이 아니면 모

---

403 외국의…두었는데: 노원예의 후임 광주도독인 왕세과(王世果)이다.

404 정원(貞元): 당나라 제9대 황제 덕종(德宗) 이괄(李适)의 세 번째 연호(785~805)이다.

405 육지(陸贄): 육지(754~805)는 자가 경여(敬興)로, 소주(蘇州) 가흥(嘉興) 사람이다. 대종과 덕종, 순종 연간에 살았으며, 덕종 연간에 번진의 반란이 일어났을 때 덕종을 보필한 공이 있다. 시호는 선(宣)으로 후대 사람들은 그를 육선공(陸宣公)이라 불렀다.

406 주의(奏議): 신하가 당대 현안과 관련된 제반 문제를 임금에게 아뢰는 상주문을 말한다.

407 구슬 꾸러미: 원문은 '주배(珠琲)'이다.

408 강철: 원문은 '빈철(鑌鐵)'이다.

409 오만(烏樠): 오문목(烏文木)이라고도 불렀는데, 에보니(ebony)의 발음이 전이된 것 같다. 에보니 즉 흑단목은 종려(棕櫚)와 비슷하고 목재가 무쇠와 같이 단단하여 젓가락, 칼, 보석받침, 조각 등에 주로 쓰인다.

410 각무(権務): 송대 관서 이름으로, 태부시(太府寺)에 소속되어 있다. 대외무역을 독점적으로 관장하는 정부기관(Office of Overseas Trade, 権貨務)으로, 10세기 후반~12세기 전반 각 무역 거점에 설립되었으며, 식량, 비단 등을 관리했다.

두 마음대로 팔게 놔두었다. 후에 다시 조서를 내려 기타 양질의 물품도 절반 정도는 마음대로 팔게 놔두었다. 대체로 선박이 오면 10분의 1을 세금으로 징수했고, 그 나머지는 주었다. 1년에 수십만의 세금이 들어오는데, 황실[411] 경비에 보탬이 되었다. 희녕(熙甯)[412] 연간에 광주 시박의 세과(歲課)에 결손이 나자 누군가가 시역사(市易司)[413]가 장난을 쳐서 이런 결과가 나왔다고 생각했기 때문에 시박제거사(市舶提擧司)[414]를 보내 그 원인을 조사해 보고하게 했다. 그리하여 시역무(市易務)의 무관(務官) 여막(呂邈)이 함부로 외국 상인의 물품을 사취했다는 이유로 탄핵되어 파면당했다. 후에 간관 정사맹(程師孟)[415]이 항주의 시박사를 없애고, 여러 시박사를 모두 광주에서 관할하게 했다. 원풍(元豐) 3년(1080)에 중서성에서 광주 시박에서 이미 조약을 고쳐 개정했으니 마땅히 관리를 선발하여 널리 시행해야 한다고 말했다. 광동에 조서를 내려 전운사(轉運使) 손형(孫迥)에게 광동 안무사(安撫使)를 파면하고 겸직하게 했다. 대관(大觀) 원년(1107)에 광남동로(廣南東路)·복건로(福建路)·양절로(兩浙路) 삼로에 시박제거사를 다시 두었다. 대관 3년

---

411 황실: 원문은 '현관(縣官)'으로, 현의 장관이나 황실 혹은 천자를 지칭하기도 한다. 여기서는 무역으로 받은 세금을 황실 경비로 충당했다고 보았다.

412 희녕(熙甯): 북송 신종(神宗) 조욱(趙頊)의 연호(1068~1077)이다.

413 시역사(市易司): 송나라 때의 관서명칭이다. 송대에 주요 도시나 변경지역에 시역사 혹은 시역무(市易務)를 설치하고, 상인들에게 자금을 빌려주고 규정에 따라 이자를 받게 하는 시역법(市易法)을 실시했는데, 이를 관리하던 곳을 시역사라 한다.

414 시박제거사(市舶提擧司): 원문은 '제거(提擧)'로, 바로 시박제거사를 의미한다. 시박제거사는 국내외 상인들의 출입국 심사나 보호 및 관리, 그들이 가져온 화물의 검사와 징세, 금제품 단속과 관매품(官買品) 거래, 외국 사절의 접대 등을 맡아 했다.

415 간관 정사맹(程師孟): 『송사(宋史)』 「식화지(食貨志)」에 따르면 집현전(集賢殿) 수찬(修撰) 정사맹이 항주(杭州)와 명주(明州)의 시박사를 없애고 여러 시박을 광주에서 관할할 것을 상주했는데, 바로 이 일을 말한다.

237

(1109)에 조서를 내려 외국상인이 다른 군으로 가고자 하면 시박사가 발급하는 증명서를 따르되, 금지물품이 섞여 있어서는 안 된다고 했는데, 무역선에 무기를 반입하는 것을 방지하기 위해서이다. 건염(建炎) 원년(1126)[416]에 "대외무역이 대부분 쓸모없는 물건으로 국고를 낭비하게 만들고, 권신들의 환심만을 쌓고 있다.[417] 오늘 이후로 독루향(篤耨香)[418]·지환(指環)·마노·묘안석(cat's-eye)[419] 등을 많이 구매해 들어오거나, 법을 어기는 외국 상인이 있으면 중죄로 다스리겠다. 다만 신료에게 내리는 상아 홀[象笏]과 무소뿔 허리띠는 가능하니 헤아려 보내라"라는 조서를 내렸다. 소흥(紹興) 27년(1157)에 광남경략(廣南經略)과 시박사에게 조서를 내려 외국상인들이 조공을 핑계로 들어오는지 살펴보게 했다. 융흥(隆興)[420] 연간 초에 신료들이 상아·보석·무소뿔은 다른 물품에 비해 귀중하니 10분의 1을 세금으로 징수하고 많이 구매하지 말 것을 청했다. 건도(乾道)[421] 연간 초에 신료들이 "복건과 광남에도 상선이 들여오는 물건이 상당하니 의당 시박제거사를 두어야 합니다"라고 다시 아뢰었다. 순희(淳熙) 2년(1175)에 광주시박사에게 조서를

---

416 원년(1126): 원문에는 2년으로 되어 있으나, 『송사』와 『천하군국이병서』에 따라 고쳐 번역한다.

417 권신들의 환심만을 쌓고 있다: 원문은 '취세각(取稅権)'으로 되어 있으나, 『천하군국이병서』에 따라 '취열권근(取悅權近)'으로 고쳐 번역한다.

418 독루향(篤耨香): 향목 이름이다.

419 묘안석(cat's-eye): 원문은 '묘아안석(貓兒眼石)'이다. 고양이 눈을 연상시키는 밝은 띠를 나타내는 보석으로, 황록색부터 청색까지 다양하다. 금록석에 속하는 것과 석영에 속하는 것으로 두 종류가 있는데, 금록석에 속하는 것이 1급 보석으로 가치가 높다. 스리랑카, 인도에서 많이 난다.

420 융흥(隆興): 남송(南宋) 효종(孝宗) 조신(趙眘)의 첫 번째 연호(1163~1164)이다.

421 건도(乾道): 남송 효종 조신의 두 번째 연호(1165~1173)이다.

238

내려 전매물품 이외에 다른 좋은 물품이 있으면 그 절반만 구매하게 했다. 송나라는 남도 이후로 국고가 비어 모든 것을 상선에 의지해 마련했는데, 세수가 진실로 적지 않았다. 그러나 이 때문에 금·은·구리·주석·화폐가 국경 밖으로 유출되었고, 그중 화폐의 유출이 더욱 심해 법으로 엄금했지만, 더욱 간교해져 그 폐단은 말로 다할 수가 없었다. 원나라 세조가 일찍이 제거사를 둔 적이 있지만, 얼마 지나지 않아 없앴다. 영종(英宗) 지치(至治)[422] 연간에[423] 사신을 보내 광동의 외국 물품을 전매해 오게 하고는 다시 시박사를 설립하고 해상들이 무역하게 놔두다가 세금을 징수했다. 순제(順帝) 원통(元統) 6년(1338)에 광동의 시박제거사 두 곳을 없앴다. 지정(至正) 2년(1342)에 다시 광동에 시박제거사를 설립하고 대외무역의 금지조항을 엄명했다. 지정 3년(1343)에 해상무역을 총괄하면서 세금을 징수했다. 명나라의 제도에 따르면 이민족들은 규정에 따라 3년에 한 번 조공했다. 대대로 와서 왕을 알현하면 호시를 허락했다. 시박제거사를 두어 이민족이 조공하면 이를 관리하게 했다. 응당 조공해야 하는 이민족은 먼저 부신과 장부를 발급하는데, 사신이 당도하면 삼사(三司)에서 부신을 맞춰보고 표문과 방물에 거짓이 없으면 바로 도성으로 들여보낸다. 만약 국왕·왕비 및 배신(陪臣) 등이 함께 올 경우 화물은 50%의 세금을 내야하고, 그 나머지는 관청에서 값을 지불해주었는데, 태국과 자와 두 나라는 세금을 면제해준다. 외국 상인이 개인적으로 화물을 가지고 들어와 시장에서 교역하는 경우 모두 조사해서 몰수해 장부에 기록하고 화물의 20%를 세금으로 징수하고

---

422 지치(至治): 원나라 제5대 황제 영종 치세에 사용된 연호(1321~1323)이다.

423 연간에: 원문은 '치평육년(治平六年)'으로 되었으나, 『천하군국이병서』에 따라 '지치중(至治中)'으로 고쳐 번역한다.

나머지는 무역하게 놔둔다. 그런데 복건과 광동의 간민 중에 종종 상투를 틀고 귀걸이를 한 이들이 외국인의 옷차림과 목소리를 흉내 내며 무역선 안으로 들어가 외국인을 유인해 간사하게 만들고 기회를 보아 물건을 강탈했기에 해안가에 사는 사람들은 이를 아주 고달파했다. 처음에 홍무 3년(1370)에 [사신을 보내] 중국 글자를 통용시키기 위해 안남국과 참파국에서 과거를 보겠다는 조서를 반포했다. 이로부터 해외 이민족의 조공이 끊이지 않았다. 영락으로 연호를 바꾸고 행인(行人) 문량보(聞良輔)·환관 후현(侯顯)과 정화 등을 보내 서남쪽의 이민족 즉 태국, 자와 및 캘리컷(Calicut)[424] 등의 나라를 어르고 달랬다. 이민족들은 모두 조공하러 와서 일찍이 본 적이 없는 기이한 물건과 귀중한 보석을 바쳤다. 이에 환관에게 명해 진시(鎭市)를 감독하게 했으며, 도시 남쪽 물가에 공관을 설립했는데, 후에는 군(郡) 서쪽 선호(仙湖)에 재건했다. 영락 4년(1406)에 광주성(廣州城) 현자보(蜆子步)에 회원역(懷遠驛)[425]을 설치하고 방 120칸을 만들어 외국인에게 지내게 하면서 시박제거사에서 관할하게 했지만, 환관은 물품을 전체 관리하고 제거관리는 오직 문서만을 관리할 따름이다. 성화(成化)[426]·홍치(弘治)[427] 때는 조공 오는 이들이 날로 많아졌는데, 담당 관리가 이민족 사신[番使]만을 데리고 들어가 알현하고 나머지는 모두 역사에서 머물게 했다. 이에 서로 연

---

424 캘리컷(Calicut): 원문은 '서양고리(西洋古里)'로, 잡리잡특(卡利卡特)이라고도 한다. 인도반도 서남 해안에 위치했으며, 지금의 코지코드(Kozhikode)이다.

425 회원역(懷遠驛): 영락 4년(1406)에 각국의 조공사절이 많아지자 복건·절강·광동의 시박사에 역관을 설치하여 이들을 묵게 했는데, 복건의 내원역(來遠驛), 절강의 안원역(安遠驛), 광동의 회원역이 그것이다.

426 성화(成化): 명나라 제8대 황제 헌종(憲宗) 주견심(朱見深)의 연호(1447~1487)이다.

427 홍치(弘治): 명나라 제10대 황제 효종(孝宗) 주우탱(朱祐樘)의 연호(1488~1505)이다.

회를 베풀고 대접하고 난 연후에야 비로소 성에 들어갈 수 있었다. 옷차림이 기이해서, 금과 구슬로 장식된 모자를 쓰고 조하포(朝霞布)[428]로 만든 옷을 입은 사람이 있으면, 노소 할 것 없이 모두 다투어 와서 구경했다. 초목(椒木)·동고(銅鼓)·반지·보석이 창고와 시장에 넘쳐났다. 외국상품이 아주 저렴해 가난한 백성들도 정부의 명을 받아 이를 널리 사들여,[429] 주로 돈을 모았다. 정덕(正德) 12년(1517)에 서해(西海)의 외국인 포르투갈(Portugal)[430] 역시 조공의 명분으로 갑자기 동완현(東莞縣)[431]에 왔는데, 사납고 맹렬한 대포[432]로 원근 지역을 흔들어놓았으며, 어린 아이까지 잡아먹을 정도로 잔혹했다.『포르투갈도설』에 자세히 보인다. 해도(海道)에서 명을 받들어 그들을 죽이자 비로소 동완현을 떠났다. 이로부터 상선의 모든 활동은 금지되었고, 관례에 따라 조공 와야 하는 이민족들도 오는 경우가 아주 드물었다. 조공선박이 장주·천주로 가면서 광동의 무역이 영락해져 이전과는 달라졌다. 이에 양광순무(兩廣巡撫) 겸 도어사(都御史) 임부(林富)[433]가『조훈(祖訓)』과『회전(會

428 조하포(朝霞布): 원문은 '조하(朝霞)'로, 붉은 색 계통으로 섬세하게 제작된 면직물을 가리킨다.

429 널리 사들여: 원문은 '박매(博買)'로, 화매(和買), 관시(官市), 추매(抽買)라고도 한다. 관부에서 외국상품을 사들이는 것을 의미한다.

430 포르투갈(Portugal): 원문은 '불랑기(佛郎機)'이다. 본서에서 말하는 '불랑기'는 포르투갈, 스페인(Spain, 西班牙) 혹은 프랑스(France, 法國)를 지칭한다. 대개 명대의 서적과『명사』에서 언급하고 있는 '불랑기'는 믈라카와 중국의 마카오를 점거한 포르투갈 혹은 루손군도를 점거한 스페인을 말한다. 중국은 명대에 서양식 대포인 불랑기포(佛郎機砲, Frankish gun)가 전해졌다고 하는데, 이는 마카오의 포르투갈인들에 의해 전해진 것이다.

431 동완현(東莞縣): 지금의 광동성 동완현을 말한다.

432 대포: 원문은 '대총(大銃)'이다. 일본의 센고쿠(戰國) 시대에 사용하던 무기로, 일반적으로 말하는 중포(重砲)이다.

433 임부(林富): 임부(1475~1540)는 자가 수인(守仁)이고 호는 성오(省吾)이다.

典)』을 검토하고 상주문을 올려 윤허를 받은 뒤에 다시 외국선박이 광동으로 오게 되었다. 가정 연간에 시박내신(市舶內臣)[434]을 없애자, 외국 선박들이 마카오로 와서,[435] 지현들 가운데 청렴하고 능력 있는 이를 무역선으로 보내 점검하게 했는데, 이는 제거사의 관리도 간여하지 못했다.

내가 [이상의 내용을] 살펴보니 다음과 같았다.

남해의 이민족이 중국과 왕래한 것은 한나라 때부터이고, 영남에서 이민족에게 세금을 징수한 것은 당나라 때부터이다. 당나라 이전 이민족과의 거래는 진기한 물건을 구하고 왕의 위의를 자랑하는 것에 불과해, 조공에 핵심이 있었다. 반면 당나라 이후로는 화물에 대한 세금을 징수해 국고에 보탬이 되게 했으니, 무역에 핵심이 있었다. 당대에서 명대 중엽에 이르기까지 복건과 광동에서 말하는 외국배는 남양·소서양의 여러 섬나라에 불과해 지금의 유럽 각국의 외국선박이 아니었고, 또한 이른바 아편 같은 유해한 물건도 없었다. 그러나 남송 때는 돈이 밖으로 새어나가는 폐단이 생겨났고, 명대에는 간민들이 사칭을 하며 악행을 저지르는 폐단이 생겨났으니, 어쩌면 소위 말하는 상황이 이렇게 된 데는 반드시 다 그럴만한 이유가 있을 것이다. 옛날 성인들은 기이한 물건을 귀하게 여기지 않았고, 멀리서 온 물건을 보배롭게 여기지 않으며, 삼가 예법을 준수하면서 사치의 싹을 막고 사고나 재해를 미연에 방지하는 데만 뜻을 두셨으니, 역시 이른바 절실하고

---

434 시박내신(市舶內臣): 명나라 때 시박사의 관계가 높지 않아서 영락 이후로 환관을 파견해 감독 관리하게 했기 때문에 시박내신이라고 한다. 가정 중기 이후로 시박내신의 자리를 없애버렸지만, 지방 관리의 자리다툼으로 시박사의 권위 또한 큰 타격을 입었다.

435 가정연간에…마카오로 와서: 원문은 '가정중, 제이시박저오, 내신승선지오(嘉靖中, 諸夷市舶抵粵, 內臣乘船至澳)'로 되어 있으나, 『천하군국이병서』에 따라 고쳐 번역한다.

도 분명했다[436]고 할 수 있다. 고정림의 「해외제번입공호시(海外諸番入貢互市)」[437]에 내용이 아주 상세하게 잘 기록되어 있어 이를 채록해 참고하고자 한다.

『해국문견록』에 다음 기록이 있다.

남양은 복건과 광동의 상선들이 자주 가는 곳으로, [그쪽으로 가는] 바닷길에 여러 곳의 험지가 있지만, 선원들은 이 길을 잘 알고 있다. 가장 위험한 곳이 동사군도(東沙群島)[438]로, 과거에는 낙제(落漈)[439]라 불렸다. 낙제는 남오현(南澳縣)[440]의 동남쪽에 위치해 있으며 동사군도에서 뱃길로 7경(更)[441](약 14시간) 떨어져 있다. 섬이 작고 평평하며 사면이 모두 암초로 이루어져 있다. 1길 남짓한 산호초가 자라나 있는데, 동사군도가 사면의 물줄기를 빨아들이면[442] 배가 들어갈 수 없고, 급류에 들어가면 산호초에 걸

---

436 절실하고도 분명했다: 원문은 '심절저명(深切著明)'으로, 『사기』「태사공자서」에 나오는 말이다.

437 「해외제번입공호시(海外諸番入貢互市)」: 원문은 「해외제번공시(海外諸番貢市)」로 되어 있으나, 『천하군국이병서』에 근거해 고쳐 번역한다.

438 동사군도(東沙群島): 원문은 '남오기(南澳氣)'로, 프라타스군도(Pratas Islands)를 말한다.

439 낙제(落漈): 귀허(歸墟), 미려(尾閭), 옥초(沃焦)라고도 한다. 해수의 세력이 떨어져 돌아가지 못하는 것을 말한다. 『원사』「유구(瑠求)」에 따르면, 유구 근처를 낙제라고 불렀는데, 항해하는 선박이 팽호 아래쪽으로 왔다가 몰아치는 폭풍을 만나 낙제로 표류하게 되면 살아나온 자가 거의 없었다.

440 남오현(南澳縣): 지금의 광동성 산두시(汕頭市) 남오현이다.

441 경(更): 항로의 표준 단위이다. 명나라 장섭(張燮)의 『동서양고(東西洋考)』 서문에 의하면 경은 거리와 소요시간을 표시하는 단위로서 순풍일 경우 하루 밤낮을 갈 수 있는 거리를 약 10경으로 하고 이를 표준으로 삼았다고 한다. 여기에서는 편의상 1경은 약 2시간 정도로 계산한다.

442 사면의…빨아들이면: 동사군도는 산호초로 이루어진 섬으로 둥그런 모양을 하고 있어 동사환초라고도 한다. 동사환초는 중간 중간 끊어진 부분으로 바닷물이 출입하는데, 풍랑이

려 돌아 나올 수가 없다. 동사군도의 북쪽에서 떴다 잠겼다 하는 '사은(沙垠)'[443]은 길이가 2백여 리 정도 된다. 최북단에 있는 두 개의 산은 동사상(東獅象)[444]이라고 하는데, 대만의 사마기와 마주보고 있다. 양측은 바다를 사이로 약 4경(약 8시간) 떨어져 있는데, 이 바다를 사마기두문(沙馬崎頭門)이라고 한다. 동사군도의 남쪽은 사은이 광동의 근해까지 이어져 있는데, 장사두(長沙頭)라고 한다. 그 남쪽으로 장사문(長沙門)이라는 해역을 사이에 끼고 있다. 또한 남쪽으로 다시 사은이 펼쳐져 해남도(海南島)[445] 만주(萬州)[446] 부근까지 이어지는데, 이를 만리장사(萬里長沙)라고 한다. 만리장사의 남쪽으로 다시 암초가 자라나 칠주양(七州洋)까지 이어지는데 이를 천리석당(千里石塘)이라고 한다. 동사군도, 만리장사, 천리석당은 모두 남양 최고의 험지이다. 상선이 태풍을 만나면 간혹 선원들이 길을 잘못 들어 이들 험지에 들어서게 되는데, 실패하지 않는 경우가 드물다. 장사문은 서북쪽의 남오현과, 서남쪽의 평해진(平海鎭)의 대성산(大星山)[447]과 솥의 세발처럼 서로 마주보고 있다. 장사문은 남북으로 약 5경(약 10시간) 정도 떨어져 있는데 동남아시아의 루손·브루나이[448]·술루국[449] 등의 나라로 무역가는 광주의 서양

일어날 때는 사면에서 바닷물이 휘몰아쳐 들어와 마치 사면의 물줄기를 빨아들이는 것 같은 현상이 일어나는데, 바로 이를 말한다.

443 사은(沙垠): 바다 속의 모래가 퇴적되어 쌓인 사퇴(砂堆)를 의미한다.

444 동사상(東獅象): 동사군도에 위치한 동사도이다. 동사도는 지세가 양측이 높고 중간 부분이 낮기 때문에 멀리서 보면 두 개의 작은 산봉우리처럼 보인다고 한다.

445 해남도(海南島): 원문은 '경해(瓊海)'이다.

446 만주(萬州): 지금의 해남도 만녕시(萬寧市)에 해당한다.

447 대성산(大星山): 광동성 혜동현(惠東縣)의 최남단인 평해진(平海鎭)에 위치한 산이다.

448 브루나이: 원문은 '문래(文萊)'이다.

449 술루국: 원문은 '소록국(蘇祿國)'이다. 지금의 필리핀과 보르네오 사이에 이어진 술루 제도

상선은 모두 장사문을 통해 출항했다. 북풍의 경우에는 남오현을 표식으로 삼고 남풍의 경우에는 대성산을 표식으로 삼아 항해했다. 다만 강소·절강·복건성에서 동남아시아로 가는 경우에는 대만의 사마기두문을 지나서 루손 등의 나라에 도착했다. 서양의 갑판선은 꼰선섬·칠주양 동쪽 만리장사 밖으로 해서 사마기두문을 지나 복건·절강·일본에 도착하는데, 활시위를 당기듯 바다를 가로질러갔다. 남양으로 가는 중국 선박은 만리장사 바깥쪽으로는 표식으로 삼을 만한 것이 없기 때문에 모두 사은 안쪽의 광동 앞바다를 따라서 칠주양에 이르렀다. 망망대해 속에서 생겨난 이 지역은 넓은 바다의 문지방이라 할 수 있다.

칠주양의 남쪽에 크고 작은 두 개 섬이 우뚝 솟아 올라있는데 바로 곤륜도[450] 곤둔(昆屯)이라고도 한다. 로, 남양으로 가는 필수 경로이다. 이 땅에서는 맛있는 과일이 열리고 인적도 없이 적막한 것이 마치 신룡이 살고 있는 것 같다. 예전에 네덜란드가 대만을 빼앗기고 돌아가는 길에 곤륜도를 지나가다가 이곳에 부두를 건립하고자 했다. 신룡과 함께 있는 것이 걱정이 된 네덜란드는 화포를 가지고 신룡과 싸웠다. 한참 뒤에 사람들이 많이 미쳐 날뛰며 병으로 죽자 네덜란드는 돛을 올리고 떠났다. 클라파에 도착했을 때 배가 전복되었다. 강희 45년(1706), 46년(1707)에 네덜란드가 다시 곤륜도를 도모해 해변에 부두를 세웠으나, 걸핏하면 밤에 악어에게 잡아 먹혔고, 또 꽝남(廣南)의 해적들이 침략해 이들을 죽이는 바람에 이 땅은 결국

에 존재했던 술탄국으로, 15세기 말 건국되어 19세기말 미국령 필리핀에 합병되기까지 해상무역으로 번성했다.

450 곤륜도: 꼰선섬을 지칭하나 아래의 문맥 설명을 위해 여기서는 곤륜도로 그대로 둔다.

아무도 살지 않게 되었다.

무릇 중국 상선이 곤륜도를 지나갈 때 날씨가 아주 쾌청하다가도 하늘에 느닷없이 검은 구름 한 점이 나타나 꿈틀꿈틀 꼬리를 흔들면 광풍이 갑자기 몰려왔다가 순식간에 그치는데, 민간에서는 이를 쥐꼬리 돌풍이라고 했다. 구름이 흰 경우 바람이 더욱 심했다. 하루에 2~3차례 혹은 4~5차례 이런 일이 있었다. 뱃사람들이 새털과 게 껍질을 태워 악취를 퍼트리면 용이 이를 피해 멀리 가는데, 이때 곤륜도를 지나가면 아무 일도 없었다.

곤륜도에서 서남쪽으로 가면 티오만이라는 작은 섬이 나오는데 바로 서남양의 갈림길에 해당한다. 싱가포르로 가려면 서쪽으로 가고, 클라파로 가려면 남쪽으로 가면 된다.

『천하군국이병서』에 "첸라 사람들은 피부가 검어서 곤륜이라고 하는데, 바로 당나라 때의 곤륜노를 말한다."라고 되어 있다. 지금 남양의 각 민족을 살펴보니 얼굴색이 대부분 검은 것이 첸라뿐만 아니라 심지어 첸라 사람들보다 더 검은 사람들도 있다. 대곤륜과 소곤륜은 남양의 작은 섬이자 교룡이 사는 곳으로 인적이 없이 적막하다. 위치상 첸라에 가깝지만 첸라의 관할은 아니니 어찌 피부가 검은 사람을 유독 첸라라고 부르고, 또 곤륜이라고 이름 부쳤는가? 대개 곤륜은 남양을 왕래하는 필수 경유지로 상선들이 익숙하게 그 이름을 듣고 서로 사용하면서 이들을 부르는 총칭이 되었고 이로부터 피부가 검은 사람들의 별호가 된 것 같다. 당대는 첸라가 강성했을 때로 첸라가 일찍이 남양 각국을 관할했기 때문에 곤륜이 첸라의 단독이름이 되었다. 『송사』에는 페르시아가 조공 왔을 때 그 시종들이 눈이 깊고 피부가 검어서 곤륜노라 불렀다고 되어 있다. 페르시아의 흑인 노예는 의당 인도인이 맞지만, 또 서역의 곤륜노를 지칭하는 것 같기도 하다.

246

⟦ 亞細亞南洋各島 ⟧

　　坤輿四大土, 皆周回數萬里. 惟中國之南洋, 萬島環列, 星羅棋布, 或斷或續. 大者數千里, 小者數百里, 或數十里. 野番生聚其間, 榛狉相仍, 自爲部落. 其種人統名巫來由, 一作無來由. 又有稱爲繞阿, 卽爪亞. 武吃者. 一作烈吉. 西漢時, 諸番始通貢獻. 唐以後, 市舶麕集於粵東. 明初, 遣太監鄭和等航海招致之, 來者益衆. 迨中葉以後, 歐羅巴諸國東來, 據各島口岸, 建立埠頭, 流通百貨. 於是諸島之物產, 充溢中華. 而閩廣之民, 造舟涉海, 趨之如鶩. 或竟有買田娶婦, 留而不歸者. 如呂宋·噶羅巴諸島, 閩廣流寓, 殆不下數十萬人. 則南洋者, 亦七鯤·珠崖之餘壤, 而歐羅巴之東道主也.

　　按: 南洋各島, 泰西人所繪圖, 最爲審細. 而其說不甚詳, 諱見地名, 亦多舛異. 歷考諸家雜說, 各有短長. 陳倫炯『海國聞見錄』, 得其大致, 而方向界址, 大半迷誤. 其所云水程更數, 亦多舛錯. 如息力至麻剌甲, 僅二三百里. 而陳『錄』云: "廈門至息力, 一百八十更, 至麻剌甲, 二百六十更." 大誤. 王大海『海島逸志』言噶羅巴事最詳. 彼僑寓其地者十餘年, 躬所履覽, 自不誣也. 其餘半涉影響, 惟謝淸高『海錄』. 於暹羅諸屬國, 暨婆羅洲·蘇門答臘兩大島, 縷悉言之, 確鑿可據, 蓋曾游覽其地者. 其餘各島, 則有乖有合. 此外史籍官書, 半由采輯, 僅可志其沿革, 不能據爲典要. 今就泰西人原圖, 博采諸家之說, 又詢之泰西人, 及廈門曾歷南洋之老舵師, 參互考訂, 約略言之, 不能保其必無舛午也.

　　呂宋在臺灣鳳山縣沙馬崎之東南, 由廈門往, 水程七十二更. 北面高山一帶, 望若鋸齒, 俗名宰牛坑, 卽呂宋之北境也. 地形似魚振尾, 南北約二千餘里.

西界濱海一帶多腴壤, 迤東山嶺錯雜, 林莽深阻. 有火峰, 時時地震. 山內野番, 黑面拳毛, 結茅寮, 衣樹皮, 與臺灣內山生番相似. 地本巫來由番國. 前明隆慶年間, 歐羅巴之西班牙國, 遣其臣咪牙蘭駕巨艦東來. 行抵呂宋, 見其土廣而腴, 潛謀襲奪. 萬曆年間, 以數巨艦載兵, 僞爲貨船, 饋番王黃金, 請地如牛皮大, 陳貨物, 王許之. 因剸牛皮相續爲四圍, 求地稱是, 月納稅銀. 番王已許之, 不復校, 遂築城立營. 猝以砲火攻呂宋, 殺番王, 滅其國. 西班牙鎮以大酋, 漸徙國人實其地. 其國負東向西, 有內中外三湖, 各廣三百餘里. 西人建城於外湖西海之濱, 名曰龜豆, 又於城之左角曰庚逸嶼者, 作砲臺以控扼之. 建城之地, 名馬尼剌, 一作蠻哩喇. 人稱爲小呂宋, 而以西班牙本國爲大呂宋云. 或謂西班牙本名呂宋, 故以馬尼剌爲小呂宋. 殊不知西班牙之據此島, 在萬曆年間, 而洪武七年入貢, 其國卽名呂宋. 本係客襲主名, 反謂主借客名, 蓋亦未考其緣起耳. 馬尼剌帆檣輳集, 百貨流通, 埔頭之盛, 甲於諸洋. 土肥濕宜稻, 產米最多. 又產白糖・棉花・麻・烟草・加非 加非似扁豆, 青黑色, 炒而煮之, 味苦香似茶. 西洋人用以代茶, 或沃糖酥飲之. ・可可子 可可子亦果名, 卽藥料中訶子. 西洋人亦以代茶. ・金珠・玳瑁・冰片・燕窩・海參・烏木・紅木. 呂宋迤南大小十餘島, 閩人稱之, 曰利仔拔, 曰甘馬力, 曰班愛, 曰惡黨, 曰宿霧, 曰貓霧烟, 曰網巾礁腦. 一作蚊巾焦老, 又名澗仔低. 泰西人稱之, 曰撒馬, 曰馬鄰得, 曰把拉灣, 曰泥鄂巴, 曰尼末巴地, 曰西武, 曰馬涇, 曰邦, 曰閔多羅, 曰來地, 曰民答那峨, 皆巫來由土番族類. 天時與呂宋相仿, 中國商船由呂宋分往貿易. 所產鹿麗・牛皮・筋脯・蘇木・烏木・降香・速香・黃蠟・燕窩・海參之類. 島番愚蠢, 無蓄積, 須中國布帛以蔽形, 大半歸西班牙管轄.

『海國聞見錄』云: "呂宋下接利仔拔, 水程十二更. 至甘馬力, 二十一更, 至班愛, 十更. 至惡黨, 二十三更, 至宿霧, 二十四更. 至網巾礁腦, 五十八更." 其圖附於「四海總圖」, 以意爲之,殊不足據. 泰西人所繪圖, 呂宋迤南, 大小凡十餘島, 而其地名與『聞見錄』全不同. 蓋以閩音譯番語, 已多恍惚, 而以漢字書番語, 尤言人人殊. 且歐羅巴人多隨意命名, 不盡係各島本名. 今就各島地名詳譯之, 甘馬力似卽馬鄰得, 班愛似卽把拉灣, 惡黨似卽泥鄂巴, 宿霧似卽西武, 貓務烟似卽馬涯. 最南一島較大, 『海國聞見錄』稱爲網巾礁腦, 似卽歐人所云民答那峨, 『海島逸志』稱爲潤仔低者, 究亦未知其是否也.

邵星岩 大緯. 『薄海番域錄』: 明洪武七年, 呂宋同瑣里諸國貢方物. 萬曆四年, 助討逋賊有功, 尋入貢, 取道福建. 先是華人販呂宋既夥, 留居澗內, 名壓冬, 積至數萬人. 萬曆三十年, 有妄男子張嶷, 稱呂宋機易山生金豆. 時礦務方殷, 詔遣漳州郡丞王時和偕嶷往勘. 是時呂宋已爲西班牙所據, 原文誤爲佛郎西, 今更正之. 守土者乃西酋. 時和至, 酋陳兵, 問: "山各有主, 何得越采? 且金豆生何樹?" 時和不能答. 酋自是疑華人, 以兵圍而坑之, 死者二萬餘, 僅餘三百人, 華船遂絶迹. 臺官奏劾, 嶷坐誅, 時和悸死. 三十三年, 遣商船諭呂宋無生事. 西酋亦悔前事, 復厚遇華人, 估帆稍稍復集. 其後留者復成聚云.

又『海國聞見錄』云: 呂宋原係土番, 今爲是班牙 卽西班牙. 據轄. 漢人娶本地土番婦者, 必入其教, 禮天主堂. 用油水書十字於印堂, 名曰澆水. 焚父母神主, 老終歸天主堂, 挖坑, 土親膚而埋之. 富者納貲較多寡, 埋堂上基內, 貧者埋牆外. 三年一清, 棄骸骨於深澗. 所有家貲, 天主·妻·子作三股均分. 土番善爲蠱, 母傳女而不傳子. 如牛皮火腿, 咒法, 縮小如沙, 令人食而脹斃. 又有蝦蟆·魚蠱之類, 彼能咒解, 從口躍出成盆. 晨鳴鐘爲日, 方許開市. 午鳴鐘爲夜, 闔市寂閉, 不敢往來. 昏鳴鐘爲日, 燈燭輝煌如晝. 夜半鳴鐘爲夜, 以閉市肆. 晝夜各以三時辰爲日爲夜, 日方午而禁夜, 亦異俗也.

又黃毅軒 可垂.『呂宋紀略』云: 呂宋爲干絲蚋. 一作干絲臘. 干絲蚋在海西北隅, 地多產金銀, 產於南北亞墨利加‧墨西哥‧秘魯諸國, 乃干絲臘屬藩, 非其本國也. 與和蘭 即荷蘭.‧勃蘭西 即佛郎西.‧紅毛 即英吉利. 相鼎峙, 俗呼爲宋仔.

又曰: 實班牛 即西班牙轉音. 人之狀貌類中華. 帽高角, 衣狹袖, 飲食器用, 略同於和蘭. 閩廣所用銀餅, 肖其國王之貌而鑄者也. 閩海之東南數千里, 即呂宋在焉. 東界萬瀾‧澗仔低大海, 西界閩廣大海, 南界蘇祿大海, 北界萬水朝宗大海. 計其地三千里有奇, 南北東西相去, 各千餘里. 此不甚確. 其地南北長而東西狹. 土番戶口, 不下數十萬餘. 金珠‧玳瑁‧冰片‧燕窩‧海參‧烏紅木‧魚‧鹽之利, 甲於海外. 前明時, 干絲蚋據其國, 設巴禮院, 即天主教. 行禮拜之教. 巴禮者, 番僧也. 天主教之師. 以濂水爲令, 不祀先祖. 所奉之神, 惟呋氏而已. 即耶穌. 濂水者, 以巴禮王 即羅馬教王. 之尸, 煎爲脂膏. 將奉教之時, 令人自誓, 其身爲呋氏所出. 巴禮將脂水滴其頭, 故曰濂水. 娶妻謂之牽手, 親迎之日, 教父 即教師. 以鏈環男女之頸. 每七日, 至院乞巴禮改罪, 曰看彌撒. 有女尼院, 專司財賄, 以供國用. 其院封鎖甚嚴, 男子絕迹. 日用所需之物, 壁上用轉斗傳進. 女子有欲進院修行者, 悉入焉.

余按: 呂宋一島, 在閩海東南, 距臺灣不遠, 地形風土俱相似. 臺灣頃爲荷蘭所據, 鄭氏奪還, 遂歸版籍. 呂宋稍遠, 西班牙以詭謀取之, 倚爲外府者數百年矣. 陳黃兩書所記, 大半皆天主教規, 乃西班牙本國之俗. 其以一畫夜爲兩畫夜, 相傳爲防變而起. 惟種蠱之說, 泰西向無此事, 當是土番舊俗耳. 地近閩疆, 漳泉兩郡之民, 流寓其地者, 不下數萬. 其例内地客民, 每年輸丁票銀五六兩, 方許居住. 當臺灣未開之前, 呂宋之米, 時時接濟閩中. 近廈門通商,呂宋之米復至, 較之珍奇玩好, 其爲利益也大矣.

近年諸番來粤東者, 多聚於馬尼剌. 米利堅·佛郎西遣酋來通市, 其船皆會集於此. 蓋其地爲七洲洋之東岸, 轉柁北行, 卽入長沙頭門, 而抵粤東. 諸番倚爲東道之逆旅, 薪水糗糧, 皆取辦於此. 故近來小呂宋之繁盛, 爲南洋諸島之最.

又黃毅軒『呂宋紀略』云: 乾隆年間, 西北海之英黎, 卽英吉利. 猝造夾板船十餘, 直溯呂宋, 欲踞其地. 化人巴禮, 納幣請解, 英黎乃返.

余按: 化人巴禮, 卽天主教之師. 泰西人皆奉天主教, 每用其人以解紛. 然英人之遽肯收兵, 亦非信巴禮之說也. 西班牙之有呂宋, 已二三百年. 不特市舶流通, 資爲外府, 而國勢之所托, 儼然東西兩境. 若爲英人所奪, 則干絲臘亡其半矣. 彼卽中衰, 究係西洋大國, 命脈所關, 勢且背城借一. 英國雖強, 豈遽能滅此朝食? 割土於重譯之外, 延敵於門闥之間, 非計也. 故呂宋之不可奪, 英人亦明知之. 特脅之以威力, 待其哀請而罷兵, 使之畏我德我, 不敢抗我顏行. 然後我之市舶東來, 卽以彼土爲東道主, 而彼不敢靳. 噶羅巴之已奪而復還, 亦同此意, 皆情勢之顯然可見者.

由呂宋正南視之, 有大島踞於巳方, 曰西里百. 一作失勒密士, 又作細利窪. 島分四支, 如人臂股, 汊港尤爲奧曲. 北一支曰馬拿多, 一作茫拿陀. 東向兩支, 曰多羅, 曰摩尼, 南向一支, 曰馬加撒, 一作芒佳虱, 又作望加錫, 又作茫加薩. 荷蘭於南北兩支, 各立埔頭, 建砲臺, 戍以兵. 馬加撒土番在巫來由中, 別一種類, 稱曰蕉吉. 或作武吃氏. 剛猛好武, 技擊最精. 男女自童時卽習之, 一人持短刀, 可敵數十人. 每揚帆海上, 海賊望而引避, 聞其名無不辟易者. 其種人散布諸島國, 人皆重之, 獲利則歸養其親. 舊本噶羅巴屬國, 魁處馬甲撒山中, 自稱脅喏, 如爪亞之稱巡欄. 不受荷蘭約束, 與盟約爲兄弟而已. 又一種番名武敦, 剛猛類武吃氏, 居於馬甲撒之南. 諸島物產, 與呂宋略同, 幼布‧海參最良.

按: 蕪吉在島番中別一種類, 泰西人稱爲南海之傑. 其人武勇, 且知孝養, 得此輩數萬, 可以固圉, 可以創霸. 而惜其僻處荒島, 無奇傑以爲之倡也. 果有其人, 泰西諸國, 何遽能得志於南洋耶?

呂宋群島之西南, 婆羅洲之東北, 有小國曰蘇祿, 接連三島. 島俱渺小, 而戶口頗繁. 本巫來由番族, 悍勇善鬪, 民多習爲海盜. 西班牙既據呂宋, 欲以蘇祿爲屬國, 蘇祿不從. 西人以兵攻之, 反爲所敗. 其海產明珠‧玳瑁, 山產蘇木‧豆蔻‧降香‧藤條, 又產鸚鵡. 戶口繁多, 地磽瘠食不足, 糴於別島. 廈門商船, 時由呂宋往貿易, 由廈至蘇祿, 水程一百一十更. 『海國聞見錄』謂蘇祿與吉里問‧文萊共一土, 繫屬錯誤, 今更正之.

『薄海番域錄』云: 蘇祿分東西峒, 有三王. 明永樂十五年, 東王巴都葛巴叭答剌‧西王麻哈剌吒葛剌麻丁‧峒王巴都葛巴剌卜幷率其屬三百餘人, 來貢方物. 各給印誥, 封爲王. 東王歸次德州卒, 命葬以王禮. 令其子都麻舍還國, 留次妃葛本寧‧次子安都祿等守墓, 歲支米七十五石. 萬曆中裁, 其五世孫安守孫奏復之. 我朝雍正六年, 遣使至閩貢方物, 求內附. 以其險遠, 未之許也. 余按: 蘇祿, 南洋小國, 獨喁喁慕義, 累世朝宗. 當西班牙‧荷蘭虎視南洋, 諸番國咸遭吞噬, 蘇祿以拳石小島, 奮力拒戰, 數百年來, 安然自保, 殆番族之能自強者哉!

252

由呂宋西南視之, 有大島居於午位, 曰婆羅洲. 一作荸泥, 又作蟠尼阿. 其島周回數千里, 大山亘其中, 曰息力, 由東北而西南. 山之西畔, 極北曰文萊, 一作文來. 極南曰吉里問, 一作吉里門, 又作吉里地悶, 又作蔣里悶. 山之東畔, 極南曰馬神, 一作馬辰. 與吉里問接壤. 馬神之北曰新當, 再北曰卸敖, 再北曰戴燕, 再北曰萬喇. 一作萬瀾, 又作萬郎, 又稱萬老高. 再北曰昆甸, 再北曰巴薩, 極北曰古達, 由古達逾山而西北, 卽文萊界矣. 自古達至新當, 舊皆馬神所屬, 故諸書統稱馬神, 而諸部之名不著.

山之西, 廣莫荒涼. 其海濤瀧壯猛, 多礁石, 舟楫不能近岸. 故土番南惟吉里問, 北惟文萊, 餘皆人迹不到之穢墟. 卽兩國亦貧甚, 多駛船海中爲盜. 山之東, 物産憤盈, 海道通利. 又產黃金·銓石, 攻礦之工所萃, 故丁戶殷盛, 部落較多. 諸番皆巫來由種類, 沿溪箸屋爲居. 身不離刃, 精於標槍, 見血卽斃. 性喜銅鈺, 器皿皆用銅. 上衣曰沙郎, 下衣曰水幔. 貧者以布, 富者用中國雜色絲綢, 裂條縫集爲文朵. 俗從回教, 七日禮拜, 不食豬肉. 巫來由皆從回敎. 回敎興於小西洋之亞剌伯, 故傳染於南洋. 山中別有獠人, 性兇頑喜殺, 然不敢出山肆擾. 諸部舊多噶羅巴屬國. 荷蘭船初到此洲, 入馬神內港, 欲據其地. 番畏火砲, 避入深山, 以毒草漬水上流, 荷蘭受毒狼狽去. 後卒於海濱立埔頭四, 曰八三, 卽巴薩. 曰本田, 卽昆甸. 曰萬郎, 卽萬喇. 曰馬生. 卽馬神. 繁盛遠遜噶羅巴, 又海盜時時鈔掠, 貿易益微. 息力大山, 金礦極盛, 別有銓山, 產銓石. 銓石卽金剛石, 俗名金剛鑽. 有五色, 金黑紅者爲貴, 歐羅巴人以爲至寶. 大如棋子者, 值數萬金, 細碎者, 釘磁之工用之. 近年粵之嘉應州人, 入內山開礦, 屯聚日多, 遂成土著. 初娶獠爲婦, 巫來由女不嫁唐人. 生齒漸繁, 乃自相婚配, 近已逾數萬人. 擇長老爲公司理事, 謂之客長, 或一年或二年更易. 丁口稅銀, 由客長輸荷蘭. 洋船凳頭金, 船稅也. 亦荷蘭徵收. 番酋聽荷蘭給發, 不敢私徵. 每歲廣潮二府, 有數船入港貿易, 獲利甚厚. 諸國土產, 金與銓石之外, 鉛·錫·冰片·豆蔻·胡椒·海參·燕窩·玳瑁·翠羽·烏木·檀香·藤條. 由廈門往文萊, 取道呂宋, 往吉里問·馬神者, 取道七洲洋, 由茶盤轉而東向.

『薄海番域錄』云: 婆羅一名文萊, 負山面海. 俗素食念佛, 禁食豬肉, 犯者論死. 有東西二王. 永樂四年, 各遣使來朝. 相傳國王閩人, 隨鄭和往, 因留鎮焉. 王府旁有漢字碑. 番人嫁娶, 請王金印印背. 印篆文獸形, 云是永樂間賜. 王髠髮裹金繡巾, 腰插雙劍, 步行. 親屬稱班奇蘭, 嚴重亞於王. 國有木石二城, 因長腰嶼築岸禦潮, 拆石城以爲塘, 止存木城云.

又云: 吉里地悶, 卽吉里問. 滿山皆旃檀, 至伐爲薪. 田肥宜穀, 氣候苦熱, 午必俛首向水坐, 差可避瘴. 男女斷髮短衫, 俗以立爲尊, 不知年歲. 無文字, 以石片記事. 滿千石, 則總於繩爲一結. 訟者兩造各牽羊, 曲者没之. 蓋猶有結繩束矢之風焉.

又『明史』: 渤泥於古無考, 此渤泥當是馬神. 宋太宗時, 始通中國. 洪武三年, 遣使自泉州往, 閱半年始抵其國. 時其國爲蘇祿所侵, 頗衰耗, 又素屬闍婆. 卽噶羅巴. 闍婆人間之, 其王意頗中阻. 使者諭以闍婆久臣服中國, 爾畏闍婆, 反不畏中國耶? 乃遣使奉表進貢. 洪武八年, 命其國山川, 附祭福建山川之次. 永樂三年入貢, 封爲國王, 賜印敕. 其王奉妃及子女弟妹陪臣, 泛海來朝. 十月, 王卒於館舍, 帝哀悼, 賜祭葬, 謚曰恭順. 其子襲封, 定爲三年一貢. 又乞封其國之後山爲一方鎮, 卽息力大山. 敕封爲常甯鎮國之山, 御製碑文勒其上. 洪熙後, 貢使漸稀云.

254

영환지략 1-아시아

又謝淸高『海錄』云: 古達, 息力大山西北一國也. 王居埔頭, 有荷蘭人鎭守. 由埔頭買小舟, 沿西北海, 順風約一日, 到山狗王, 地名. 爲粤人貿易耕種之所. 由此登陸, 東南行一日, 到三畫, 又名打喇鹿. 其山多金. 内山有名喇喇者, 有名息邦者, 又有鳥落・新泥黎各名, 皆產金, 而息邦所產爲佳. 巴薩在古達南, 沿海順風約日餘可到. 地不產金, 華人居此者, 惟事耕種. 所轄松柏港, 產沙藤極佳. 亦有荷蘭人鎭守. 昆甸在巴薩南, 沿海順風約日餘可到. 海口有荷蘭人鎭守. 買小舟入内港, 行五里許, 分爲南北二河, 國王都其中. 由北河東北行約一日, 至萬喇港口, 萬喇水自東南來會之. 又行一日, 至東萬力, 其東北數十里, 爲沙喇蠻, 皆華人淘金之所. 萬喇在昆甸東山中, 由昆甸北河入萬喇港口, 舟行八九日可至. 山多鑽石, 亦有荷蘭人鎭守. 戴燕在昆甸南, 由昆甸南河溯流而上, 約七八日, 至雙文肚, 即戴燕境. 又行數日, 至國都. 乾隆末, 粤人吳元盛刺殺番酋, 國人奉以爲主. 元盛死, 子幼, 妻襲其位, 至今猶存. 卸敖在戴燕南, 由戴燕逆流而上, 約七八日可至. 新當在卸敖南, 由内河行, 約五六日程. 馬神在極南, 由昆甸沿海順風行, 五六日可至. 疆域較大, 產鑽石・金・藤席・香木・豆蔻・海參・佳紋席・猩猩, 有荷蘭人鎭守. 蔣里悶 即吉里問. 在馬神西, 順風約二日可到. 疆域稍狹, 土產與鄰國同. 文來 即文萊. 在極北界, 幅員甚長, 中多亂山, 絶無居人. 土番亦無來由種類, 喜中國布帛. 土產燕窩・冰片・沙藤・胡椒云云.

余按: 婆羅洲爲南洋第一大島. 西洋人稱爲蟠尼阿, 即浡泥之轉音. 唐高宗總章二年入貢, 謂之婆羅國. 宋太宗太平興國年間入貢, 謂之浡泥國. 明初入貢, 又分吉里地悶・文萊・浡泥等國, 蓋浡泥爲此島總名. 宋明之稱浡泥者, 乃馬神. 疆域較大, 力能駕諸部之上, 故以全島之名爲國名, 猶大亞齊之獨稱蘇門答臘耳. 陳資齋『海國聞見錄』, 謂息力大山踞其中,外吉里問·文萊·朱葛焦喇·馬神·蘇祿五國, 環而居之, 今考蘇祿在馬神東北, 乃海中三小島, 與此土不連. 朱葛焦喇, 別書不見其名, 惟王柳谷『海島逸志』云: "荷蘭所推甲必丹, 見『噶羅巴說』. 有大雷珍蘭·武直迷·朱葛焦諸稱呼.", 似陳『錄』所云, 誤以官名爲國名矣. 又陳『錄』謂吉里問在文萊之北, 與諸書皆不合, 自是舛誤. 『海島逸志』云: "由噶羅巴往馬神, 道經吉里門, 目睹電光靑而不成倏.", 噶羅巴在馬神之西南. 往馬神而路經吉里門, 其在馬神之西可知. 謝淸高『海錄』, 紀此洲最詳, 惟歷數諸國, 俱云某國在某國東南. 揆之西洋圖, 地形方向尙有舛誤. 今據圖稍更正之. 荷蘭人於南洋各島, 遍設埠頭, 諸番皆奉命惟謹, 馬神獨能毒流退師, 可云錚佼. 然卒爲西人所制, 番族固無遠謀也. 息力大山夙稱金穴. 近年粤東流寓, 幾於成邑成都. 倘有虬髯其人者, 創定而墾拓之, 亦海外之一奇歟!

由廈門趨七洲洋, 用未針指西南, 過昆侖, 越茶盤, 歷水程二百八十更, 而抵噶羅巴. 或作噶剌巴, 又稱咬嚼巴, 又稱呀瓦, 卽瓜哇國. 噶羅巴者, 南洋大島. 西界與蘇門答臘隔一海港, 峽口曰巽他, 峽兩岸卽舊港地. 爲泰西諸國東來必由之路. 其國東西橫亘約千餘里, 背負南海, 以火焰山爲屛障, 左曰萬丹, 卽古闍婆地. 右曰井裏汶. 其北兩山夾峙如巷, 曰狹內. 狹南諸嶼羅列, 有王嶼·夾板嶼·鼎馬嶼·白嶼·草嶼等名, 謂之嶼城. 歷嶼城而抵其國, 門戶重疊, 形勢甚壯. 舊本繞阿番部, 或稱爪亞, 又作爪鴉, 又作耀亞, 皆繞阿之轉音, 乃巫來由別種. 『元史』稱撾哇, 『明史』稱瓜哇. 哇卽亞之轉音, 撾·瓜又爪之轉音也. 其王稱巡欄, 居於山中, 地名覽內. 各部之渠稱史丹, 王官有雙柄·伽頭·山海·美色葛·內外淡板公·杯突·公勃壠諸名目. 史丹官屬, 有二把智·淡板公·把低等名. 自古爲南洋名國, 附近諸番島, 半歸統轄. 前明中葉, 荷蘭兵船避風入巴地, 見其土地雄闊, 可建城池, 乃入萬丹, 餌以卑辭厚幣, 借海岸片土修船, 又以設立木柵蔽內外爲請. 繞阿貪利從之, 遂襲破萬丹, 并取巴地. 繞阿震慴不敢爭, 荷蘭與盟約, 每歲納租銀. 其沿海一帶之地, 并歸荷蘭統轄. 巴王由是爲荷蘭所制, 惟命是從. 王死, 王子非荷蘭命不得立, 除授官職, 亦聽命於荷蘭. 荷蘭鎭以大酋, 於海口建城邑, 設市廛, 街衢方廣, 貨物充牣. 閩廣之海船, 大小西洋之夾板, 每歲往來以千百計, 遂爲南洋第一都會. 其地當赤道之南, 炎熱異常, 隆冬如内地之初夏, 花木四時相續. 春雨秋旱, 歲止一收. 而土田肥沃, 米價極賤. 閩廣之民, 流寓其地者, 以數萬計. 荷蘭擇其賢能者爲甲必丹, 歐羅巴官名, 如中國州縣之類. 專理華人詞訟. 近年因華人把持行市, 禁新到唐人, 不准留住. 諸洋番稱中國爲唐人, 猶西北諸部之稱漢人. 其部落, 井裏汶之東南爲北膠浪. 北膠浪之東北, 有大埔頭曰三寶壠, 商船萃集之地, 富盛不亞巴城. 再東爲竭力石, 又極東臨海爲土里莫, 東北臨海爲外南旺. 巴城以西之萬丹, 古稱闍婆國. 荷蘭據其濱海之地立埔頭, 繁盛亞於三寶壠. 巴地所產者, 米穀·白糖·加非·燕窩. 近年學種閩茶, 味頗不惡, 但不甚多. 附近諸番島, 以噶羅巴爲總匯之地, 貨物畢萃於斯.

『天下郡國利病書』云: 瓜哇國, 卽噶羅巴. 古訶陵也. 一曰闍婆, 又名莆家龍, 在眞臘之南海中洲上. 其屬國有蘇吉丹·打板·打綱底等國. 卽史丹·淡板公·把低之訛, 誤以官名爲國名. 有文字, 知星曆. 宋元嘉九年始通中國, 後絶. 至唐貞觀二十一年, 與墮和羅·墮婆登皆遣使入貢. 天寶中, 自闍婆遷於婆露伽斯城. 宋淳化五年入貢. 元時始稱瓜哇. 世祖大擧兵征之, 不剋. 後命將史弼破其國, 擒酋長以歸, 尋放還. 明洪武二年, 遣行人吳用錫以璽書, 隨入貢, 封其王昔里八達剌爲國王. 三佛齊, 卽舊港, 見後. 其屬國也. 八年二月, 令三佛齊·瓜哇山川之神, 附祭於廣東山川之次. 後分爲東西二國. 永樂年間, 并遣使朝貢. 東王尋爲西王所滅. 天順四年復入貢, 自是不可考云云.

按: 噶羅巴爲南洋大國, 劉宋時卽通中土. 西包三佛齊, 東括數十番部, 筐篚迭貢, 儼然海外雄藩. 乃一旦爲荷蘭所紿, 門庭戶牖悉滋他族, 奄然餒伏, 幾於陳·蔡·不羹. 彼西人砲火之威, 抵禦固非易易. 然馬辰以毒流獲全, 蘇祿以血戰自保, 而噶羅巴乃獨以貪餌釀禍. 繞阿素黠, 竟智出兩部下乎? 荷蘭據巴國海口, 年月不可考, 大約在明之中葉. 自是粵海無瓜哇片帆矣. 鯨鯢既已橫絶, 鰈鶼無效順之路, 可哀也夫!

『海島逸志』云: 噶剌巴, 海中澤國, 由廈門往, 水程二百八十更. 四季皆如夏候, 炎風暴厲, 觸之生疾. 河水甘涼, 浴之郤病. 米價平賤, 人民富庶. 貨物皆各處屬國輻輳以赴貿易者, 非巴中所産也. 地本爪亞之國, 和蘭 卽荷蘭. 所居邊海之地, 十不得一, 爪亞之人, 數百於和蘭. 俗尙質樸, 人愚蠢, 性柔怯, 畏懼和蘭, 聞其名則合掌. 主僕之分最嚴, 見主人必屈膝合掌, 名曰占巴. 春雨後田水平滿, 抛種於田, 不煩耘鋤, 自然暢茂. 米價極賤, 其米粒長而糯, 內地不及也. 家計生産, 皆婦人主之. 生女爲貴, 贅婿於室, 生男則出贅於人. 室如亭, 四面開窗, 無椅榻, 席地而坐. 地皆鋪席, 施帷幄. 男女盤膝雜坐, 見客以握手爲禮. 俗重檳榔, 客至, 則捧以爲敬. 食不設箸, 以手掬之. 啖牛肉, 不食豬犬. 女子不施脂粉, 不簪花, 衣無領, 裙而不褲. 男子則衣有領, 鬢簪花, 身有褲. 百花四季不凋, 百果相續不絶, 味皆美於閩廣. 蔬菜價倍於鷄鶩, 緣米價賤, 人不肯竭力灌園也. 巴國以風爲鬼, 以水爲藥, 凡感冒風熱, 浴於河則愈. 産婦及小兒出痘, 皆浴於河. 雖盛暑不敢露體扇風, 臥必密室, 施帷模, 少冒風則病立作. 所以窗戶皆用玻璃, 取不透風而光亮也. 以上皆言爪亞土俗. 自明初迄今四百餘載, 閩廣之人留寓者生齒日繁. 富商大賈, 獲利無窮, 因納賄和蘭, 求其推擧爲甲必丹. 華人角口鬥毆, 皆質之甲必丹, 長揖不跪, 自稱晚生. 是非曲直, 無不立斷. 至犯大罪, 并嫁娶生死, 皆申報和蘭. 水旱來往, 皆給與文憑, 使不得濫相出入. 人命惟重見證, 見證必斬鷄發誓, 方敢花押定案. 所以殺人往往無償, 無敢作見

證故也. 巴城地勢平坦, 人居稠密. 出鑒光 城市也. 皆爲園地, 而和蘭園林相接,
聯絡十里. 其中樓閣亭臺橋梁花樹, 曲盡精巧. 每七日一禮拜, 於巳刻入寺, 講
經念咒. 拱聽者或低首垂泪, 似能感發人心也者. 約半時許散去, 是日不理事,
入園林游賞, 盡一日之歡云. 此言荷蘭制度風俗.

三寶壟, 一作三巴郎. 巴國所屬之區, 百貨所聚, 賈帆湊集, 甲於東南諸洲.
北膠浪・膋森, 其左右翼也, 嘮呻唪, 其倉廩也. 堤塒・二胞繆, 其門戶也. 所轄
上下數百里, 土田肥沃, 人民殷富, 爲諸邦之冠. 天氣清涼, 人少疾病, 遠勝巴
國. 米價尤賤, 市無饑者. 風俗質樸, 道不拾遺, 夜不閉戶. 和蘭有官 駐守, 職
名鵝蠻律. 又有杯突・大寫・財副・新蟯・咻嗹等屬, 分司各事. 凡推華人爲甲
必丹, 必申詳其祖家. 巴中甲必丹, 權分而利不專. 三寶壟甲必丹, 則利權獨擅,
煮海爲鹽, 丈田爲租, 皆甲必丹有也. 故得膺其職者, 則富逾百萬矣. 禮拜寺有
高樓, 鐘聲四達. 丑未之初爲一點鐘, 至十二點而止. 未正丑正爲二點鐘, 則家
家閉戶而臥, 路無行人. 是一日如兩日, 一世如兩世矣. 此與呂宋同俗, 或泰西本有
此俗也.

北膠浪, 巴國東南之區. 面山背海, 列屋而居. 南北限以柵, 華人萃處其中,
俗呼爲八芝蘭. 番言街衢. 廈屋連延, 危樓高聳. 西向者爲甲必丹第, 有園數畝,
樹木亭沼, 幽雅特絕. 迤北有澤海眞人祠, 柵門外爲泊面, 番言稅館. 徵往來之
稅. 隨河而北約半里, 爲外泊面, 稽查偷漏. 又四五里, 達於海口, 有聖墓極靈,
舟楫往來, 必具香楮拜禱. 浪中有和蘭官杯突駐守, 有城有兵, 城與八芝蘭隔一
河. 城之南, 園林深邃, 傑閣巍峨者, 杯突居焉. 浪中爲巴國山僻之地, 景色天
然, 不假修飾. 夕陽在山, 漁歌互答, 有似楚江音節, 河水不深不淺, 菱芡縱橫,
彷彿蘇杭景象. 俯仰之間, 皆足以游目騁懷者也.

萬丹古稱闍婆國, 在巴國之西, 爪亞所居. 地方寬廣, 土田肥沃, 貨物繁多,

人皆富裕. 所產佳紋席·幼席, 爲南洋最. 和蘭據海邊, 招集諸夷, 往來交易, 納其租稅. 史丹 爪亞之主. 處於山中, 居第極壯麗. 第外築一小城, 和蘭官十二人, 兵百人居之, 名曰護衛史丹, 實鈐禁之. 史丹歿, 其子非和蘭命, 不得立也. 爪亞四處散處, 雖有國主, 惟知畏和蘭而已.

噶羅巴, 漳泉之人最多. 有數世不回中華者. 語番語, 衣番衣, 食番食, 讀番書, 不屑爲爪亞, 而自號曰息尘. 南字去聲. 其寄居未久, 及時往來者, 服食語言仍華俗. 和蘭專設甲必丹, 以理華民. 爲甲必丹者, 皆漳泉人. 或以此致富, 則滿載歸來, 不復往. 漳人陳囕, 代其堂兄映爲三寶壠甲必丹. 番官淡板公往候之, 隊馬數百, 整肅而來. 至柵門外則下馬, 入門則膝行而前. 囕危坐, 俟其至, 乃少欠身. 爪亞之敬畏和蘭如此. 王柳谷居噶羅巴十年, 贅於甲必丹某之家, 巴國境內游歷殆遍, 故言巴事最爲詳粟. 今摘錄數則於此.

按: 海南饒沃之土, 以噶羅巴爲最. 荷蘭以詭謀取之, 遂致富強. 明季甲板四出, 侵擾閩浙, 實倚巴地爲巢穴也. 其後漸以掊剋爲事. 華人販鬻其地者, 許置貨, 不許攜銀. 貨又產於別島, 不能時至, 華船守候過時, 歸途多遭颱颶, 以此咸懷怨咨. 嘉慶年間, 荷蘭王爲佛郎西拿破侖所逼, 走死荒野, 國爲佛郎西所幷. 英吉利恐佛人之兼有巴地也, 嘉慶十四年秋, 以舟師逼巴城, 荷蘭酋堅守不下. 逾年復往, 以天砲環攻, 荷蘭酋遁去, 地遂爲英所有. 除荷蘭苛法, 商旅便之. 一時轟傳荷蘭爲英吉利所滅, 卽此事也. 後數年, 拿破侖敗, 荷蘭復國. 其王以卑禮厚幣請於英, 英復以巴地還畀之. 然英船視巴地爲東道主, 荷蘭不敢迕也.

噶羅巴迤東, 諸島接連, 由東南而東北. 士里莫之東曰洛莫, 一作淪泊. 洛莫之東曰麻里. 一作巴里, 又作貓厘, 又作麻黎. 洛莫差大, 麻里亞之. 兩島土腴宜稻, 平疇萬頃, 產米最多. 麻里之東曰松墨窪, 一作遜巴瓦. 島形槎牙, 港澳環曲, 地差大於洛莫. 松墨窪之東南曰薩爾溫, 一名檀香嶼. 地如松墨窪之半. 薩爾溫之東北曰佛理嶼, 一作弗羅力士. 東西狹長, 地倍於薩爾溫. 佛理嶼之東, 有六小島接連相望. 六小島之南, 有大島曰池問. 一作知汶, 又作地門, 又名胎墨爾. 池問, 譯言東也, 地倍於佛理嶼. 東畔有葡萄牙埠頭, 西畔爲荷蘭埠頭, 曰古邦. 以上諸島, 皆與噶羅巴東西平列, 纍纍相望. 由池問而北, 隔海面數百里, 曰武羅, 一作木魯. 係荷蘭埠頭. 地如池問三之一, 人戶甚稀, 亦無物產. 武羅之東曰西蘭, 一作西爾郎莫. 地倍武羅, 野番不解耕作, 食沙穀米. 沙穀米非穀也. 番島有此種樹, 伐其枝條, 搗碎浸水中, 樹汁凝水底成白粉. 取粉曬乾爲細末. 噴水滾成小珠, 形如粟米. 煮粥味淡而滑, 似倉中陳粟米, 南洋島番多以此爲糧. 武羅・西蘭之直北, 有大島曰摩鹿加, 一作士羅洛, 又作蘇洛, 又作美洛居, 又作馬路古. 荷蘭所屬, 地形如人臂股, 與西里百相似, 物產頗豐. 摩鹿加之西南, 曰安門, 一作安汶. 荷蘭大酋所駐, 統轄群島. 海口設砲臺. 東北曰萬他, 有火山, 多地震. 摩鹿加之西, 有小嶼曰德拿, 其地天時和煦, 園林極佳. 惟火山一發, 遍地皆灰燼. 西蘭之東南, 有吉甯・暴暴諸島. 摩鹿加之西南, 有亞羅・地門律兩島, 皆野番所居, 不屬荷蘭. 大抵自洛莫至池問一帶, 舊皆噶羅巴屬島. 迤北諸島, 亦有歸噶羅巴統轄者. 自噶羅巴受制於荷蘭, 諸島半屬荷蘭埠頭. 其人皆巫來由, 亦有野番. 野番面黑色, 或毛髮螺拳, 醜惡如夜叉. 又或深目高準, 口闊至耳. 男女皆穿耳, 而大其孔, 塡以杙. 所產者, 胡椒・燕窩・海參・魚翅・海菜・玉果・藤條・蘇木・玳瑁・鶴頂紅・龍涎香・丁香・木香・豆蔻・血竭之類.

考泰西人書, 諸島之外, 尚有提讀・義羅羅・巴治安等名. 與王『志』謝『錄』所云各島地名多不同, 大半皆噶羅巴舊屬. 爾時南洋東畔無顯國, 獨噶羅巴早通中土, 其聲名足以自耀. 又疆宇恢闊, 市舶通行, 諸島之影附響臻, 亦勢所必然. 自噶羅巴遭荷蘭禁錮, 號令不行於四境, 諸島亦隨風而靡, 半爲荷蘭役屬. 大者且不能抗, 況於培樓之瑣瑣! 當前明隆慶年間, 葡萄牙船初抵摩鹿加之德拏嶼, 西班牙船適相値, 爭此群島, 互相攻擊. 至泰昌年間, 荷蘭以兵船逐兩國, 遂專擅摩鹿加群島之利. 然所售之丁香·豆蔻等物, 不足補防守之費, 又禁絶他國貨船, 不准入口, 故獲利甚微, 而群島亦終古荒僻也.

摩鹿加之東南, 有大島曰巴布亞, 又名那吉尼. 形如昂首之龜, 幅員亞於婆羅洲. 其地自古未通別土, 草木蒙翳, 深昧不測. 野番從林中跳出, 黑面拳毛, 見人則攫而裂之, 爭啖其肉. 別有一種似巫來由者, 稍通人性. 道光十三年, 荷蘭人初開港道, 調兵防守, 商船偶有至者, 物產未詳.

按: 巴布亞爲東南洋極大之島, 荒穢與澳大利亞同. 即新荷蘭. 荷蘭既失澳大利亞, 又復經營此島, 蓋亦不得已而思其次也.

由七洲洋過昆侖, 越眞臘之爛泥尾, 趨暹羅內海之西岸, 地形如股, 由西北伸於東南, 中有連山如脊. 山之東, 有小國七, 極北界暹羅者曰斜仔, 一作𪩘仔. 南爲六坤, 一作六昆. 再南爲宋卡 一作宋腳. 再南爲大哖, 一作大年, 又作大呢. 再南爲吉連丹, 一作吉蘭丹. 再南爲丁噶奴, 一作丁加羅. 皆暹羅屬國. 極南爲彭亨, 俱由小眞嶼向西分往, 自廈門往, 水程一百五六十更不等. 諸國皆巫來由番族, 裸體挾刃, 下圍幅幔. 所產者, 黃金·鉛·錫·翠毛·燕窩·海參·藤條·冰片, 惟丁噶奴胡最良. 貿易難容多艘, 閩廣販洋之船, 時有至者.

『通考』「四裔門」云: 𪩘仔 即斜仔. 在西南海中, 男子服短衣, 布幔, 跣足, 持刀. 女子穿花色衣, 被絲幔, 曳淺拖鞵. 土產燕窩·番錫·象牙·綿花. 距廈門水程一百八十更. 六昆 卽六坤. 與垜仔接壤, 風俗物產相同.

又謝淸高『海錄』云: 宋卡, 一作宋腳, 閩音謂腳爲卡, 讀如克上聲. 或作宋腒勝,
在暹羅南. 由暹羅陸路十七八日, 水路, 東南順風, 五六日可到. 疆域數百里,
土番名巫來由. 俗不食豬, 如回回同. 鬚止留下頦, 出入懷短刀自衛. 男多贅於
女家, 俗以生女爲喜, 爲可以贅婿養老也. 分資財男女各半, 死無棺椁, 葬椰樹
下, 不墓不祭. 王傳位必以嫡子, 庶子不得立. 君臣之分甚嚴, 王雖無道, 無敢
覬覦者. 婦人穿衣褲, 男子惟穿短褲, 裸其上. 有事則用寬幅布縫兩端, 襲於右
肩, 名沙郎. 民見王及官長俯而進, 至前, 蹲踞合掌於額, 立而言, 平等相見, 惟
合掌於額. 山多古木, 產孔雀·翡翠·玳瑁·象牙·胡椒·檳榔·椰子·銀·沈·
降·速·伽楠諸香·海參·魚翅. 歲貢於暹羅.

大呢 卽大哖. 在宋卡東南, 陸路五六日, 水路順風一日夜可到. 連山相屬, 疆
域亦數百里, 風俗土產, 與宋卡略同. 海艘所泊處, 謂之淡水港. 其山多金, 產
金處名阿羅帥, 中華人多往淘金. 國屬暹羅, 歲貢金三十斤.

吉蘭丹 卽吉連丹. 在大呢東南, 由大呢沿海順風, 約日餘可到. 疆域·風俗·
土產略同大呢, 亦無來由種類, 爲暹羅屬國. 王居在埔頭. 埔頭, 洋船灣泊處也.
種笏竹爲城, 加以木板, 僅一門. 民居環竹外. 王及官長, 俱席地而坐, 裸體跣
足, 無異居民. 出則有勇壯數十, 擁護而行, 各持標槍. 見者咸蹲身合掌, 王過
然後起. 王日坐堂, 酋長咸入朝環坐.

有爭訟者, 皆持燭一對, 俯捧而進. 王見燭則問何事, 訟者陳訴. 命傳所訟
者進質. 王決以片言, 無敢不遵者. 如是非難辨, 則令沒水. 令兩造出外, 遇道路童
子, 各執一人至水旁, 延番僧誦咒. 以一竹竿令兩童子各執一端, 同沒水中, 先浮起者爲曲.
又有探油鍋法. 盛熱油滿鍋, 取一鐵塊投鍋中. 番僧誦咒, 令兩造探而出之, 曲者手爛, 直

263

者手不傷. 居民皆奉佛甚虔. 土番居埔頭者, 多操小舟捕魚, 早出暮歸. 居山中者, 或耕種, 或樵采, 惟剝大樹皮, 圍其下體. 無屋宇, 穴居巢處. 土番俱善標槍, 能擲殺人於數十步外. 争訟有不能決者, 常自請於王, 願互用標槍, 死無悔. 王亦聽之, 但酌令理直者先標. 不中, 則聽彼反標, 顧鮮有不中者. 凡獻饋食物, 皆以銅盤盛之, 戴於首而進. 飲食不用箸, 以右手搏取. 重右輕左, 若以左手取食物相遺, 則怒爲大不敬云.

其地有雙戈 · 呀喇頂等處, 皆產金. 中國每歲至此者數百人. 閩人多居埔頭, 販賣貨物, 種植胡椒. 粵人多居山頂, 淘取金沙. 納稅按船大小, 大者洋銀五六百枚, 小者二三百枚, 謂之凳頭金. 其釀酒 · 販鴉片 · 開賭場, 稅亦特重. 賭賬追比最力, 各國多如此. 食鴉片, 則吉蘭丹爲甚. 其土產, 惟檳榔 · 胡椒爲多. 以金三十斤, 爲暹羅歲貢. 按此篇言巫來由土俗最詳, 故錄之, 以例其餘.

丁加羅 即丁噶奴. 在吉蘭丹東南, 由吉蘭丹沿海約日餘可到. 疆域 · 風俗, 與上數國略同, 而富強過之. 各國俱喜養象, 丁加羅尤甚. 聞山中有象, 先以木柵圍之, 由遠而近, 俟其饑困, 然後用致馴象勾致之. 土產胡椒 · 檳榔 · 椰子 · 沙藤 · 冰片 · 燕窩 · 海參 · 油魚 · 鮑魚 · 帶子 · 蛤類, 似江瑤柱. 紫菜 · 孔雀 · 翡翠 · 速 · 降 · 伽楠諸香, 胡椒最佳, 甲於諸番. 歲貢暹羅 · 安南及據噶羅巴之荷蘭.

彭亨在丁加羅南, 由丁加羅陸路, 約二日可到. 疆域 · 風俗 · 民情, 均與上數國同. 亦產金, 而麻姑所產爲最. 土產胡椒 · 冰片 · 沙穀米. 由彭亨東南行, 約日餘, 西入白石口, 順東南風約日餘, 則到舊柔佛.

又『薄海番域錄』云: 彭亨, 一名彭坑, 土沃候溫, 宜稼, 饒蔬果. 俗尙佛, 殺人血祭. 明洪武中貢方物.

余按: 明初入貢諸國, 有彭亨之名, 而丁噶奴以北六國無聞. 或因夙事暹羅, 荒服附庸, 不能自達 於中朝耳. 眞臘盛時, 常并有鳩密・富那迦諸國, 當卽斜仔至彭亨一帶. 其人裸體, 與眞臘同俗, 蓋皆狼牳裸國之種類也.

　　過昆侖, 入白石口, 轉而西北, 卽彭亨至斜仔一山之背. 地形如帶, 與蘇門答臘相對. 彭亨之南, 當地盡處, 谽谺成內港, 有地曰息力. 一作實力, 一作息辣, 舊名柔佛, 英人名爲新嘉坡, 一作生嘉坡, 又作新奇坡, 又作星隔伯兒. 舊本番部, 嘉慶二十三年, 英吉利有之. 其地當南洋・小西洋之衝, 爲諸海國之中市. 英人免稅聚商船, 西洋夾板, 每歲來者以數百計. 閩粵販洋之船, 南洋諸國之船, 亦時至. 帆檣林立, 東西之貨畢萃, 爲南洋西畔第一埠頭. 每年交易之貨價, 數千餘萬圓. 英人築樓館以居, 戶口無多. 閩廣流寓萬餘人, 巫來由土人, 與蕪吉客民, 居於海濱.

　　由息力循海岸而西北, 約三百餘里, 曰麻剌甲, 卽滿剌加, 一作麻六甲. 本暹羅屬國. 前明時, 葡萄牙據之, 旋爲荷蘭所奪. 嘉慶年間, 地歸英吉利, 立爲埠頭, 繁盛不如息力.

　　麻剌甲西北海中, 有島曰檳榔嶼, 英人稱爲新埠. 內有高峰, 山水清勝. 居民五萬四千, 閩廣人居五分之一, 亦歸英吉利管轄. 英有大酋駐息力, 總理三埠貿易之事. 息力・麻剌甲・檳榔嶼. 三埠所產者, 金・銀・鉛・錫・犀角・象牙・胡椒・玉果・降香・蘇木・燕窩・翠毛・佳紋席之類. 廈門至息力, 水程一百七十三更.

　　息力至麻剌甲七更. 由麻剌甲過紅毛淺, 有國曰沙剌我, 亦巫來由番部. 山中皆獠人, 裸體跣足, 與巫來由不相爲婚. 沙剌我之西北, 曰吉德, 亦名計嗹. 後山與宋卡毗連, 土產亦相類. 閩粵商船, 間有至此兩國貿易者. 過此, 則緬甸南界, 接連印度諸部, 稱爲小西洋. 內地舟楫, 不能往矣.

『明史』: 柔佛近彭亨, 一名烏丁礁林. 萬曆間, 其酋好構兵, 鄰國丁機宜·彭亨屢被其患. 華人販他國者, 其人多就之貿易, 時或邀至其國. 國中覆茅爲屋, 列木爲城, 環以池. 無事通商於外, 有警召募爲兵, 稱強國焉. 字用菱葦葉, 以刀刺之. 見星方食, 歲序以四月爲首, 死者皆火葬. 產犀·象·玳瑁·片腦·沒藥·血竭之類.

又謝淸高『海錄』云: 舊柔佛在彭亨之後. 陸路五日可到. 疆域亦數百里, 風俗與彭亨等國略同, 爲巫來由種類. 本柔佛舊都, 後柔佛土番徙於別島, 故名舊柔佛. 嘉慶年間, 英吉利以此爲海道四達之區, 墾闢土地, 招集商民, 薄其賦稅. 數年來海船輻輳, 樓閣連亘, 遂爲勝地. 番人稱其地爲息辣, 閩粵人謂之新州府, 亦或作新嘉坡. 土產胡椒·檳榔膏·沙藤·紫菜. 檳榔膏卽甘瀝, 可入藥云云.

余按: 息力舊本荒僻小番部, 無足輕重. 自英吉利創設埔頭, 遂爲東西扼要之地. 英船東來, 至息力如歸土. 行利之乏困, 咸取辦於此. 近年中國盛傳新加坡, 意其爲廣土衆民, 洋洋大國, 而不地回海濱一塵也.

又『天下郡國利病書』云: 滿剌加國, 古哥羅富沙也. 漢時常通中國, 後爲頓遜所覊屬. 其國傍海, 山孤人少, 受役屬於暹羅, 每歲輸金爲稅. 明永樂三年, 遣使入貢. 十年, 命太監鄭和等, 統官兵二萬七千餘人, 駕海舶四十八艘, 往諸番島開讀賞賜, 封西利八兒達剌爲國王. 九年七月, 嗣王拜里迷蘇剌率其妻子.

266

陪臣九百四十人, 來朝京師, 厚加賞賜遣歸. 嗣後朝貢不絶云云.

按: 滿剌加卽麻喇甲, 本暹羅屬國, 明初, 其王率妻子陪臣傾國來朝, 慕義可謂至矣. 葡荷兩國所據, 今爲英吉利埠頭. 其或僅據海口如瓜哇之拳蟄, 抑竟瑣尾流離如柔佛之他徙, 不可得而知也.

息力之南, 噶羅巴之西, 有大島橫亙西南, 蘇門答臘. 一稱亞齊. 長約二千餘里, 中有大山綿亙, 曰萬古屢. 迤東窪下, 海潮侵漲, 林莽穢雜, 道路難通. 迤西平坦, 有大河縈帶. 地產沙穀米・沙藤・胡椒・檳榔・血竭・冰片・安息香, 山產黃金・銅・鐵・硫磺. 河產金沙, 海產龍涎香. 獸多水馬・狒狒・熊・虎, 木多椰子, 處處成林. 部落之大者, 曰大亞齊, 在此島北面之西界, 西洋人稱爲亞珍. 唐宋以來, 朝貢中國, 封蘇門答臘國王者, 卽此國也. 大亞齊之東曰錫里, 再東曰溜里, 與息力隔海相對. 大亞齊西盡海, 轉而至島之南面, 曰小亞齊. 小亞齊迤東曰蘇蘇, 再東曰叭噹, 再東曰茫古, 卽萬古屢, 或作南勃利. 茫古魯之東盡海, 轉而北, 入峽口. 峽之兩岸曰舊港, 本名三佛齊. 王居峽西, 此東界部落之大者. 出峽口而西北, 又至島之北面, 海中別一嶼, 曰崗甲. 再西北別一嶼, 龍牙, 龍牙之西, 卽新柔佛, 與溜里又相望矣. 諸部皆巫來由番族, 荷蘭・英吉利分據海口, 各立埠頭. 近年英吉利以此島埠頭易麻剌甲, 遂全歸於荷蘭. 其大埠頭在南界者曰巴唐, 卽叭噹. 在東北界者曰巴鄰傍. 巴鄰傍, 卽舊港之西岸, 東岸爲噶羅巴之西界. 峽口闊止數十里, 名曰巽他. 歐羅巴諸國東來, 必取道於此, 是爲南洋之總門戶. 若由麻剌甲・息力轉折而來, 則間道也. 崗甲嶼又名丁機宜, 產鉛・錫最多. 荷蘭設官榷稅, 閩廣販洋之船, 時往貿易. 又巴唐之西南, 有小島曰呢士, 一作亞尼. 亦產鉛錫. 大亞齊西北海中, 有孤島曰尼古巴拉, 野番所居,以椰子·魚爲糧, 不穀食.

『天下郡國利病書』云: 蘇門答臘, 或稱須文達那. 古大食也. 大誤. 宋初, 與占城通貢南唐, 遂達於宋. 淳化四年, 舶主蒲希密獻方物. 後與賓童龍國來朝, 自是入貢不絶. 尋分部領勿斯離 · 疑卽錫里. 弼琶羅 · 巴跋布 · 疑卽巴唐. 那姑兒 疑卽茫古魯. 等國. 洪武年間, 蘇門答臘入貢. 永樂三年, 酋長宰奴里阿必丁隨中官尹慶朝貢, 封爲蘇門答臘國王. 宣德六年, 復來貢. 十年, 復請封其子爲王. 初, 太監鄭和奉使至蘇門答臘, 僞王蘇幹剌方謀奪王位, 怨使臣賜不及己, 邀擊官軍. 和擊敗之, 追至南勃利國, 卽茫古魯. 并其妻子俘之以歸. 永樂十三年, 斬於行在, 諸番震服. 蘇門答臘西去一晝夜程, 有龍涎嶼, 每至春間, 群龍交戲於上, 遺涎. 則國人駕獨木舟, 采之以爲香, 一斤值其國金錢一百九十二枚. 嘉靖年間, 奉旨采辦, 每斤給銀一千二百兩.

又云: 三佛齊國, 古干陀利也. 居眞臘 · 瓜哇之間, 其王號詹卑, 其人多姓蒲. 梁天監元年入貢, 後絶. 唐天祐初, 始通中國. 宋建隆初, 遣使朝貢. 淳化年間, 爲闍婆所侵役. 卽噶羅巴之萬丹. 南渡後, 入貢不絶. 明洪武二年, 遣行人趙述使其國. 隨入貢, 冊封爲三佛齊王. 後爲瓜哇 卽噶羅巴. 所廢, 以其地爲舊港, 仍立頭目以司市易. 永樂三年, 遣行人譚勝受 · 千戶楊信等, 往舊港招撫廣州逃民梁道明. 五年九月, 太監鄭和使西洋諸國, 還至舊港, 遇海賊陳祖義等. 與戰, 殺其黨五千餘人, 擒祖義械送京師, 斬於市, 諸番警服. 是年舊港頭目施進卿, 遣使入貢, 詔以進卿爲舊港宣慰使, 自是朝貢不絶云.

又謝淸高『海錄』云: 三佛齊及蘇門答臘島, 在新柔佛島對渡. 舊柔佛爲西人

268

所據, 其土番徙新島, 在息力南, 周圍數百里. 西南海中別峙一大洲. 九國環之, 曰溜里, 曰錫里, 曰大亞齊, 曰小亞齊, 曰蘇蘇, 曰叭噹, 即巴唐. 曰茫古魯, 即萬古屢, 一作南勃利. 曰舊港, 曰龍牙. 大小亞齊及蘇蘇, 皆蘇門答臘故地. 舊港則三佛齊故地也. 溜里在柔佛西南, 由柔佛渡海而南, 約日餘可到. 疆域數百里, 風俗土產與柔佛同, 潮州人多貿易於此. 錫里在溜里西北, 疆域風俗, 與溜里同. 由溜里買小舟沿海行, 約四日可到. 海東與麻剌甲相對, 土產魚肚・冰片・椰子・胡椒. 大亞齊在錫里西北, 疆域稍大, 由紅毛淺外海西北行日餘即到. 由國都西北陸行五六日, 則至山盡處, 俱屬大亞齊地. 風俗與巫來由各國同. 山盡處與新埠即檳榔嶼. 斜對, 土產金・冰片・沙藤・椰子・香木・海菜. 由大亞齊山盡處北行少西, 順風約十一二日, 至尼古巴拉, 海中小島也. 土番皆野人, 性情淳良, 日食椰子・熟魚, 不食五穀. 按: 此島去蘇門答臘甚遠, 不在九國之中. 小亞齊一名孫支, 在大亞齊西. 由大亞齊西北行, 經山盡處轉東南行, 約日餘可到, 疆域亦數百里, 風俗與大亞齊同. 土產金・胡椒・椰子・冰片・沙藤. 蘇蘇, 在小亞齊南, 水路順風約二日可到. 疆域・風俗・土產與小亞齊同. 叭噹在蘇蘇東南, 水路順風亦二日可到, 疆域・風土與上略同. 叭噹之西, 有島峙海中, 曰呢士, 即亞尼. 又名哇德. 民似中國而小, 常相攎掠販賣. 出入持標槍, 不食五穀, 惟以沙穀米合香蕉煎食. 其地產鉛・錫. 按此亦附近小島, 與蘇門答臘一土不連. 茫古魯在叭噹東, 水路順風約五六日可到. 沿海都邑, 近爲英吉利所奪, 國王移居內山. 按英人近年以蘇門答臘所得地易麻剌甲於荷蘭, 即此『錄』所云茫古魯與舊港也. 土產海參・丁香・豆蔻・胡椒・椰子・檳榔.

舊港即三佛齊也, 在茫古魯東, 疆域稍大. 由茫古魯東南行, 約三四日, 轉北入葛剌巴峽口, 即巽他峽口. 順風行半日, 方出峽. 峽東西皆舊港疆土. 峽西迤北大山名網甲, 即崗甲, 又名丁機宜. 別峙海中, 產鉛錫. 山麓有文都・上盧寮・下盧寮·新港等處. 文都有英人鎮守, 榷錫稅. <small>近年已歸荷蘭.</small> 國王所都在峽西, 由文都對海入小港, 西行四五日方至. 兩岸居民, 俱臨水起屋, 頗稱富庶. 土產金·錫·沙藤·速香·降香·胡椒·椰子·檳榔·水鹿. 龍牙在舊港北, 由峽口水路到此, 約三日. 由此北行日餘, 則至柔佛. 西北行日餘, 則至溜里. 龍牙多木, 大者數十圍. 中華洋船至此, 多換桅舵. 凡溜里·錫里, 皆巫來由種類. 惟大小亞齊及蘇蘇, 民稍淳良, 餘俱兇悍, 以盜劫為生云云.

余按: 蘇門答臘一土, 古名婆利洲, 為西南洋極大之島. 明人不知為何地, 以隔海萬里之大食 卽今波斯一帶. 當之, 誤之甚矣. 此島部落之名, 尚有層檀·黎伐之屬. 時代變更, 譯音轉易, 莫可得而稽, 近時惟謝氏『海錄』最為詳確. 西界雖分數部, 而以大亞齊為網領, 獨擅全島之名, 稱蘇門答臘國. 固南洋大部也. 東界之三佛齊, 為自古朝貢之國, 自瓜哇廢其國為舊港, 漸以式微. 前明中葉以後, 荷蘭人據沿海要口, 營立埠頭, 諸番族鈐制, 不復能自列於王會, 亦可慨夫.

『薄海番域錄』云: 丁機宜, 地近柔佛, 屢為所侵, 始通姻好. 幅員最狹, 酋衆僅千餘. 以木為城, 王居列鐘鼓樓, 與華人舟中互市. 歲首十月, 蓋奉瓜哇正朔云. 按『海國聞見錄』, 謂丁機宜在呂宋群島之南, 與萬老高·芒佳虱同居巳方. 頃余在廈門, 晤老舵師陳姓, 往來西南洋最熟, 曾屢至丁機宜. 詢其方向, 則云: "過昆侖, 用未針, 與噶羅巴相近." 所言與『海國聞見錄』異, 甚以為疑. 近閱『薄海番域錄』云, 丁機宜地近柔佛, 乃知卽蘇門答臘東境之崗甲嶼, 老舵師之言信不誣矣. 其地產錫, 故廈門販洋之船, 時往貿易.

泰西人『萬國地理書』云: 南洋諸島, 沿海土人, 皆巫來由番族. 黑面長髮. 頭纏布, 赤足, 腰圍花紋布. 穿裩, 插短刀. 多駕船捕魚, 或為海盜. 皆奉回回教.

內地有黑面土番, 居山穴樹林, 如中國苗猓之類. 中國流寓甚衆, 廣州·嘉應州之人爲工, 潮州之人爲農, 泉州·漳州之人爲商. 獲利多者爲泉漳人. 閩粵游手, 謀生無策, 往往自投絶域, 不復首邱. 或娶番婦生子女, 遂化爲異族.

按: 南洋一水, 萬島環生, 補巽維之空缺. 其種人名爲巫來由, 黑魂無慧, 蠢蠢如豕鹿. 漢平南越後, 諸番稍通貢獻. 唐宋兩朝, 番舶乃聚於粵東. 明成祖好勤遠略, 特遣詔使, 遍歷各番島開讀. 於是諸番島喁喁內向, 效共球者數十族. 如呂宋·瓜哇·婆羅洲·蘇門答臘之類, 幅員差廣, 可稱爲國. 亦有最爾洲島, 戶不盈千, 仰慕威靈, 攜孥求覲, 遂至漁獠蜑戶, 概錫王封. 雖云盛事, 抑未免夸而濫矣. 中葉以後, 歐羅巴諸國航海東來, 蓄謀襲奪, 番族愚懦不能與校. 於是呂宋群島遂爲西班牙所據, 而蘇門答臘以東大小數十島, 處處有荷蘭埔頭. 萬曆後, 諸番國朝貢之舟, 無復抵香山澳者. 以爲遠人之日久寢疏, 而不知其流離瑣尾, 地已爲他族有也. 自泰西據南洋諸島, 城池堅壯, 樓閣華好, 市廛繁富, 舟楫精良. 與前此番族之荒陋, 氣象固殊. 而中土之多事, 亦遂萌牙於此. 英吉利諸埔頭, 在息力以西, 南洋諸島, 非其有也. 然國勢既強, 西班牙·荷蘭非其匹敵, 莫敢迕視. 其視南洋諸島, 若己有之. 修船砲, 備糧糧, 諸島皆奉承唯謹, 不必涉息力以西, 而後能辦應也. 昔之南洋爲侏儒之窟宅, 今之南洋乃歐羅之逆旅. 履霜冰至, 豈伊朝夕, 事勢之積漸, 蓋三百餘年於茲矣.

『天下郡國利病書』云: 漢時朱崖之南, 有都元·諶離·夫甘都盧·黃支等國. 近者十餘日, 遠至四五月程. 前後遣使入貢, 多異物. 武帝時, 遣應募者, 與其使俱入海, 市明珠·璧·琉璃·奇石·異物, 齎黃金雜繒而往. 所至國皆廩食爲耦, 蠻夷賈船轉送致之. 夷珍貨流入中國始此. 桓帝時, 扶南之西, 天竺·即五印度. 大秦 即羅馬. 等國, 皆由南海重譯貢獻, 而賈胡自此充斥於揚粵矣. 其貢玳瑁·象齒·吉貝·樹名, 可以作布. 沈水香·琥珀, 獸則馴象·元犀·猩猩之屬,多不可殫紀. 三國時, 吳孫權遣宣化從事朱應 · 中郎康泰使諸番國. 其所經及, 傳聞有數百國. 康立傳記, 謂之扶南土國, 曰蒲蘆中, 曰優欠, 曰橫趺, 曰諸簿, 曰比攎, 曰濱那專, 曰烏乂, 曰斯調, 曰林陽, 曰馬五洲, 曰薄歎洲, 曰耽蘭洲, 曰巨延洲. 晉武帝平吳後, 入貢者, 林邑 · 扶南之外, 曰牟奴, 曰模盧, 曰末利, 曰裸離, 曰蒲都, 曰繩余, 曰沙樓, 曰蒲林, 皆昔所未聞者也. 劉宋 · 蕭齊時入貢者, 有師子 · 毗加梨 卽孟加拉. · 干陀利 卽三佛齊. · 闍婆 卽噶羅巴. · 蒲黃 · 阿羅陀 卽麻剌甲. · 阿羅單 · 婆黃 · 狼牙修 卽錫蘭. · 盤盤 · 頓遜等十餘國. 梁武帝時, 通貢者, 有婆利 卽蘇門答臘. · 丹丹卽萬丹. · 毗騫 卽噶羅巴. 等國. 隋時入貢者益多, 有投和 · 邊斗之屬. 其貢大抵金銀香藥等物, 亦有獻佛牙舍利者, 皆奉婆羅門敎故也.

余按: 以上諸番國, 歷代異名, 重譯之餘, 展轉淆訛, 莫可究詰. 其爲何國何島, 有可考, 有不可考, 大約近爲南洋諸番, 遠者至五印度而止. 海外諸番之通貢, 實萌牙於兩漢. 歐羅巴諸國市舶之來粵, 則始於前明. 今南洋 · 印度諸島國, 皆變爲歐羅巴諸國埔頭. 地則猶是也, 而主者非其舊矣.

又『天下郡國利病書』云: 置嶺南市舶使, 始於唐, 以嶺南帥臣監領之. 設市區, 令蠻夷來貢者爲市, 稍收利入官. 貞觀十七年, 詔三路舶司, 番商販到龍腦 · 沈香 · 丁香 · 白豆蔲四色, 并抽解一分. 武后時, 都統路元睿冒取番酋貨物, 酋不勝忿, 殺之. 後於廣州設結好使, 每番舶至, 則審事宜以聞. 貞元間, 嶺南請移番市於安南. 陸贄在中書, 奏議駁之. 宋開寶四年, 置市舶司於廣州, 以知州兼使, 通判兼判官. 淳化二年, 始互抽解二分. 凡諸番之在南海者, 并通貨, 以金錫緡錢, 易其犀 · 象 · 珊瑚 · 琥珀 · 珠琲 · 鑌鐵 · 鼊皮 · 玳瑁 · 瑪瑙 · 水晶·番布·烏樠·蘇木·香藥等物. 太宗立榷務於京師, 詔諸番貨至廣州, 非出官庫, 不得私相貿易. 其後, 又詔非珍奇物, 皆聽市. 後又詔他物之良者, 亦聽市其半. 大抵海舶至, 徵其什一, 而給其餘價值. 歲入以數十巨萬計, 縣官經費有助焉. 熙寧中, 廣州市舶歲課虧折, 或以爲市易司擾之, 故令提擧究詰以聞. 旣而, 務官呂邈, 以闌取番物劾免. 後以言者罷杭州市舶諸司, 皆隷廣州. 元豐三年, 中書言廣舶已修定條約, 宜選官推行. 詔廣東以轉運使孫迴, 罷帥臣兼領. 大觀元年, 復置廣·浙·福建三路市舶提擧司. 三年, 詔番商欲往他郡者, 從舶司給劵, 毋雜禁物, 其防船兵仗給之. 建炎元年, 詔市舶多以無用之物, 枉費國用, 取悅權近. 自今以後, 篤耨香·指環·瑪瑙·貓兒眼睛之類, 博買前來, 及有虧番商者, 重治其罪. 惟賜臣寮笏·犀帶, 可者量令輸送. 紹興二十七年, 詔廣南經略市舶司, 察番商假托入貢. 隆興中, 臣僚以象齒·珠·犀, 比他貨最重, 請十分抽一, 罷博買. 乾道初, 臣僚又言, "福建·廣南貨有市舶, 宜置官提擧." 淳熙二年, 詔廣州市舶除榷貨物, 他物之良者, 止市其半. 宋自南渡後, 經費困乏, 一切倚辦海舶, 歲入固不少. 然金·銀·銅·錫·錢幣, 亦用是漏泄外境, 而錢之泄尤甚, 法禁雖嚴, 奸巧愈密, 其弊卒不可言. 元世祖嘗立提擧司, 尋罷. 至英宗至治中, 遣使榷廣東番貨, 乃復立之, 聽海商貿易, 歸徵其稅. 順帝元統六年, 罷廣東提擧二司. 至正二年, 復立廣東提擧司, 申嚴市舶之禁. 三年, 總海商貿易, 歸徵其稅. 明制, 諸番例三年一貢. 世見來王, 准互市. 立市舶提擧司, 以主諸番入貢. 應入貢番, 先給以符簿, 及至, 三司與合符, 視其表文方物無僞, 乃送入京. 若國王·王妃及陪臣等附至, 貨物抽其十分之五, 其餘官給之直, 暹羅·瓜哇二國免抽. 其番商私賷貨物, 入爲市易者, 悉封籍之, 抽其十二, 乃聽貿易. 然閩廣奸民, 往往有椎髻耳環, 效番衣服聲音, 入其舶中, 導之爲奸, 因緣鈔掠, 傍海甚苦之. 初, 洪武三年, 頒科擧詔於安南·占城, 以其通中國文字也. 海外諸番, 自是朝貢不絶. 永樂改元, 遣行人聞良輔·内臣侯顯·鄭和等, 招諭西南諸番, 暹羅·瓜哇以至西洋古里諸國. 諸番貢獻畢至, 奇貨里寶, 前所未有. 乃命内臣監鎮市, 而設公館於城南水濱, 後改建於郡西仙湖. 永樂四年, 置懷遠驛於廣州城蜆子步, 刱房百二十間, 以居番人, 隷舶市所提擧司, 然内官總貨, 提擧官吏惟領簿而已. 成化·弘治之世, 貢獻至者日盛, 有司惟容其番使入見, 餘皆停留於驛. 往來設宴管待, 方許入城. 衣服詭異, 亦有帽金珠衣朝霞者, 老稚咸競觀之. 椒木·銅鼓·戒指·寶石, 溢於庫市. 番貨甚賤, 貧民承令博買, 多致富. 正德十二年, 西海夷人佛郎機亦稱朝貢, 突入東莞縣, 大銃迅烈, 震駭遠近, 殘掠甚至炙食小兒. 詳『佛郎西圖說』. 海道奉命誅逐, 乃出境. 自是海舶悉行禁止, 例應入貢諸番, 亦鮮有至者. 貢舶乃往漳泉, 廣城市貿蕭然, 非舊制矣. 於是兩廣巡撫都御史林富稽祖訓會典, 奏上得允, 於是番舶乃通焉. 嘉靖中, 革去市舶内臣, 船至澳, 遣知縣有廉幹者, 往船盤抽, 提擧司官吏亦無與焉. 余按: 南海諸番之通中國自漢始, 而嶺南之榷番稅自唐始. 唐以前之通番, 不過求珍異之貨, 夸王亭之儀, 其重在貢. 而唐以後, 則榷貨稅以益國用, 其重在市. 由唐至明中葉, 閩廣之所謂番舶者, 不過南洋·小西洋諸島國, 非今日歐羅巴之番舶, 亦無所謂鴉片毒物也. 然南宋時已有錢幣漏泄之憂, 前明時已有奸民假冒之弊, 殆所謂勢有必至, 理有固然者歟. 古聖人不貴異物, 不寶遠物, 豈惟謹節制度, 杜侈汰之萌, 而防患未然之意, 亦可謂深切著明矣. 顧亭林『海外諸番入貢互市』一篇, 頗爲詳核, 故采錄之, 以資考鏡焉.

『海國聞見錄』云: 南洋爲閩粵商船數至之地, 海道有數險, 舟師皆謹識之. 最險者爲南澳氣, 古稱落漈, 在南澳之東南, 隔水程七更. 嶼小而平, 四面挂腳皆亂石. 生水草長丈餘, 氣吸四面之流, 船不可到, 到則隨溜吸閣不能返. 氣之北, 浮沈皆沙垠, 約長二百里. 盡北處有兩山, 名曰東獅象, 與臺灣沙馬崎對峙.

隔洋面水程四更, 名沙馬崎頭門. 氣之南, 續沙垠至粤海, 爲長沙頭, 南隔斷一洋, 名曰長沙門. 又從南首復生沙垠, 至瓊海萬州, 曰萬里長沙. 沙之南, 又生亂石, 至七洲洋, 曰千里石塘. 皆南洋極險之地. 海舶遭風, 或舟師迷誤, 犯此數險, 鮮不敗者. 長沙一門, 西北與南澳, 西南與平海之大星, 適成鼎足之勢. 門南北約闊五更, 粤之番舶商艘, 往東南洋呂宋・文萊・蘇祿數國貿易者, 皆從長沙門出. 北風以南澳爲準, 南風以大星爲準. 惟江・浙・閩三省, 往東南洋者, 從臺灣沙馬崎頭門過, 而至呂宋諸國. 西洋夾板, 從昆侖・七州洋之東萬里長沙外, 過沙馬崎頭門, 而至閩・浙・日本, 以取弓弦直洋. 中國往南洋者, 以萬里長沙之外, 渺茫無所取準, 皆從沙內粤洋, 而至七州洋. 汪洋一水之中, 生此界限, 亦溟渤之戶闥也.

七州洋之南, 有大小二山, 屹立澎湃, 稱爲昆侖, 或作昆屯. 南洋必由之路. 山產佳果, 幽寂無人迹, 神龍所宅. 昔荷蘭失臺灣, 歸途過昆侖, 欲建立爲埔頭. 龍與爲患, 荷蘭以大砲與龍鬥. 久之多發狂病斃, 乃揚帆去, 至噶羅巴而舟覆. 康熙四十五六年, 荷蘭又圖昆侖, 就海濱營埔頭, 夜輒爲鰐魚所吞, 又爲廣南海盜所劫殺, 乃仍虛其地. 凡中國洋艘過昆侖, 天時極晴霽, 瞥見黑雲一點, 蜿蜒搖曳, 狂風立至, 頃刻而止, 俗呼鼠尾龍雲. 雲白者, 風尤烈, 日兩三作, 或四五作. 舟人焚鷄毛鱟殼, 使龍觸穢氣而遠避, 過昆侖卽無此事.

由昆侖而西南, 有小島曰茶盤, 爲西南洋分路之地. 往息力者, 西行, 往噶羅巴者, 南行.

『天下郡國利病書』謂 "眞臘民色甚黑, 號爲昆侖, 唐時所謂昆侖奴也." 今考南洋諸島番,面色大半皆黑, 不獨眞臘爲然, 且黑有甚於眞臘者. 至昆侖二山, 乃南洋小島, 蛟龍之宅, 寂閴無人. 地雖近眞臘, 而非其所屬, 何以黑稱眞臘, 而又以昆侖爲名耶? 蓋昆侖爲南洋往來必由之路, 海舶皆耳熟其名, 遂相沿爲諸番之通稱, 而因以爲黑民之別號. 唐代正當眞臘强盛之時, 嘗役屬南洋諸番部, 故又以昆侖專屬之眞臘也. 宋史稱波斯入貢, 其從者目深體黑, 謂之昆侖奴. 波斯黑奴, 當是印度人, 似又指西域之昆侖矣.

[아시아 동남양 각 섬]

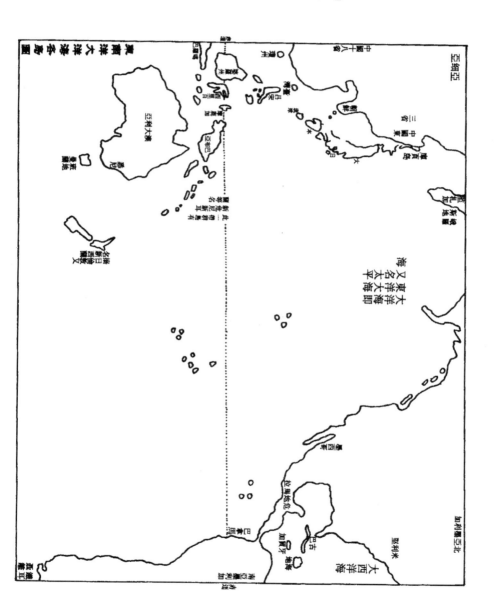

동남양 태평양 각 섬 지도

아세아(亞細亞): 지금의 아시아이다.

중국십팔성(中國十八省): 중국 18개 성이다.

감찰가(監札加): 지금의 캄차카(Kamchatka)이다.

아라사지(峨羅斯地): 러시아(Russia) 땅이다.

고혈도(庫頁島): 지금의 사할린(Sakhalin)이다.

중국동삼성(中國東三省): 중국의 동북 3성인 요녕성(遼寧省)·길림성(吉林省)·흑룡강성(黑龍江省)을 가리킨다.

북아묵리가(北亞墨利加): 지금의 북아메리카이다.

미리견(米利堅): 지금의 미합중국이다.

대서양해(大西洋海): 지금의 대서양(Atlantic Ocean)이다.

묵서가(墨西哥): 지금의 멕시코(Mexico)이다.

위지마랍(危地馬拉): 지금의 과테말라(Guatemala)이다.

해지(海地): 지금의 아이티(Haïti)이다.

고파(古巴): 지금의 쿠바(Cuba)이다.

아매가(牙買加): 지금의 자메이카(Jamaica)이다.

적도(赤島): 적도이다.

남아묵리가(南亞墨利加): 지금의 남아메리카이다.

파나마(巴拿馬): 지금의 파나마(Panama) 지협이다.

대양해(大洋海): 동양대해(東洋大海), 태평해(太平海)라고도 하는데, 지금의 태평양(Pacific Ocean)이다.

조선(朝鮮): 조선을 말한다.

대일본(大日本): 지금의 일본이다.

유구(琉球): 류큐(Ryukyu) 왕국으로, 지금의 오키나와제도에 위치한다.

대만(臺灣): 지금의 대만이다.

여송(呂宋): 지금의 필리핀 루손섬(Luzon Island)으로, 마닐라(Manila)라고도 한다.

경주(瓊州): 지금의 해남성이다.

이 일대의 군도로는 신위니도(新爲尼島), 신이란도(新耳蘭島) 등이 있다.
-신위니도(新爲尼島): 뉴기니섬(New Guinea)으로, 지금의 이리안섬(Pulau Irian)이다.
-신이란도(新耳蘭島): 지금의 파푸아뉴기니 뉴아일랜드섬(New Ireland)이다.

파포아도(巴布亞島): 파푸아섬으로, 지금의 이리안섬이다.

마록가(摩鹿加): 몰루카제도(Moluccas)로, 지금의 인도네시아 말루쿠제도(Kepulauan Maluku)이다.

서리백(西里白): 지금의 인도네시아 술라웨시섬(Pulau Sulawesi)이다.

파라주(婆羅洲): 지금의 보르네오섬(Borneo)이다.

갈라파(噶羅巴): 클라파(Kelapa)로, 지금의 인도네시아 자카르타를 말한다.

오대리아(奧大利亞): 뉴홀랜드(New Holland)로, 지금의 오스트레일리아(Australia)이다.

실니읍(悉尼邑): 지금의 오스트레일리아 시드니(Sydney)이다.

반지만란(班地曼蘭): 지금의 태즈메이니아섬(Tasmania Island)이다.

닉일룬돈(搦日倫敦): 신서란(新西蘭)이라고도 하며, 지금의 뉴질랜드(New Zealand)이다.

철이섭리(鐵耳聶離): 지금의 티에라델푸에고(Tierra del Fuego)제도이다.

오스트레일리아(Australia)¹는 일명 뉴홀랜드(New Holland)²로, 아시아 동남쪽 파푸아섬(Papua Island)³의 남쪽에 위치하며, 둘레는 1만여 리 정도 된다. 이 섬에서 태평양으로 나가 동쪽으로 가면 남북아메리카 서쪽 경계에 이른다. 이 땅은 예로부터 외지고 황폐해 다른 지역과 교류하지 않았다. 명대에 스페인 왕이 사신 페르디난드 마젤란(Ferdinand Magellan)⁴을 파견해 아메리카 남쪽에서 출발해 서쪽으로 항해하여 다시 신대륙을 발견했다. 여러 달 항해하다가 문득 큰 땅을 발견하고, 별천지로 여겼다. 땅이 황폐하고 거칠며 인적이 드물었고, 밤에 불을 피우면 불이 어지러이 날려서 불의 섬⁵으로 명명했다. 또한 사신 마젤란의 이름을 따서 마젤라니카(Magellanica)⁶로도 불렀다. 이 때문에 스페인 사람들이 항해에 능한 것으로 과장되었지만, 일찍이 그 땅을 경영하지는 않았다. 후에 네덜란드인이 동쪽으로 와서 남양 제도를 개척하고 이리저리 땅을 빼앗으며 마침내 [이곳] 해변에 이르렀다. 이어 해변에 부두를 건설하고 오스트레일리아로 명명했으며, 뉴홀랜드로

---

1 오스트레일리아(Australia): 원문은 '오대리아(澳大利亞)'이다.

2 뉴홀랜드(New Holland): 원문은 '신하란(新荷蘭)'이다.

3 파푸아섬(Papua Island): 원문은 '파포아도(巴布亞島)'이다. 뉴기니아섬으로, 이리안섬(Irian)이라고도 한다.

4 페르디난드 마젤란(Ferdinand Magellan): 원문은 '묵와란(墨瓦蘭)'으로, 맥철륜(麥哲倫)이라고도 한다. 마젤란(1480?~1521)은 포르투갈 출신의 스페인 항해가이자 탐험가이다. 인류 최초의 지구일주 항해자로 마젤란해협과 태평양, 필리핀, 마리아나제도 등을 명명했다.

5 불의 섬: 원문은 '화지(火地)'이다. 티에라델푸에고(Tierra del Fuego)제도를 말하며, 마젤란이 1520년에 이 제도를 방문하면서 붙인 이름이다. 이 섬은 매우 추운 곳이지만 원주민들은 반나체로 생활했기 때문에 모닥불을 항상 피울 수밖에 없었다. 마젤란이 이 모습을 보고 이름을 붙인 것이다.

6 마젤라니카(Magellanica): 원문은 '묵와랍니가(墨瓦蠟尼加)'로, 티에라델푸에고제도이다.

도 불렀다. 얼마 지나지 않아 프랑스[7]에게 빼앗겼는데, 프랑스인도 얼마 후이 땅을 버리고 떠나갔으며 마지막으로 영국이 차지했다. 영국은 땅이 넓은 것을 보고 작정하고 개간했다. 우선 죄수들을 이곳으로 유배시켜서 둔전(屯田)을 일구었다. 본국에서 직업이 없는 빈민으로 살길을 찾고자 하는이들 또한 실어 날랐다. 다른 나라 사람들도 땅을 받고자 하는 자들이 있으면 받아들였다. 땅이 적도 남쪽에 위치해 날씨가 덥고 건조하다. 해변은 대부분 땅이 평평하고, 높은 산봉우리도 30길 정도에 불과했다. 강과 하천이절대적으로 적었으며, 잡목과 잡초들, 우거진 덤불숲이 끝이 없었다. 다른지역과 달리 새와 짐승의 생김새가 아주 기괴했다. 원주민은 검은 얼굴에머리를 풀어 헤치고 나체로 다녔으며, 풀뿌리와 산열매를 먹고 나무에 집을 지었다. 술을 주면 마시자마자 취해 진흙 속에 드러눕는데, 돼지가 진흙을 뒤집어 쓴 것 같았다. 남자는 여자를 가축처럼 대해서 화가 나면 번번이죽였다. 영국 이주민은 해변의 습지를 개간하여 보리와 조를 심었다. 풀이무성해서 양을 치는데 번식이 빨랐다. 양털이 가늘고 부드러워 양모를 짤수 있었다. 현재 인구는 10만 명이 채 안되지만, 매년 수출하는 양모는 그가격이 은 2백여만 냥에 달한다. 많은 물건이 구비되어 있지 않아서 일용품은 모두 다른 지역에서 들여왔다. 영국인은 동쪽 해구에 시드니(Sydney)[8]라는 도시를 세웠는데 인구가 2만 명이다. 포경선이 늘 모여들어 정박했고, 교역이 크게 흥성했다. 유배 온 사람들은 본래 불량한 이들로, 마시고도박하며 방탕하고 사치스러웠는데, 그러한 습성이 하나의 기풍이 되었다.

---

7   프랑스: 원문은 '불랑서(佛郎西)'이다.

8   시드니(Sydney): 원문은 '실니(悉尼)'이다.

이 땅에 이주해 온 양민들 역시 번번이 그러한 습속에 물들었다. 남쪽 지역은 남태평양에 잇닿아 있는데, 영국인들이 새로 사람들을 이주시켜 이미 마을을 이루었다. 서쪽 지역 역시 하나의 터를 닦아 놓았는데, 하천과 강가에 위치한다. 북쪽 지역은 적도에 가까워서 날씨가 상당히 무덥고, 해삼·해초·제비집이 난다. 영국인은 육군을 파견하고 주둔시켜 침략에 대비했다. 헤아려 보면, 오스트레일리아 전체 땅에서 영국인이 경작한 네 곳은 해변의 작은 땅으로 전체 땅의 1~2할에 불과하다. 내지는 깊숙한 초원과 잡목이 무성한 숲으로 그 깊이를 헤아릴 수 없다. 원주민은 짐승과도 같아서 늙어 죽을 때까지 왕래하지 않았다. 그곳의 풍토를 알아 볼 방법이 없을 뿐 아니라 산천의 형세 역시 수레를 타고 가서 직접 둘러볼 도리가 없다. 영국인은 이 땅이 비록 황량하지만 백여 년 후에는 마땅히 대국이 되어, 남태평양 각 섬들이 속국처럼 예속될 것이라고 생각했다. 근래 남아시아[9]로 명명했다.

생각건대, 오스트레일리아는 서양인 줄리오 알레니가 『직방외기』에서 언급하고 있는 다섯번째 대륙이다. 진륜형의 『해국문견록』에 그려있는 「사해총도」에 보면 동남쪽 모퉁이에 있는 섬에 '인적이 닿지 않은 곳'이라 적혀 있는데, 바로 이곳을 말한다. 땅이 넓고 광활하기로는 동남양군도에서 으뜸이다. 야만족과 짐승이 사는 곳으로, 예로부터 우매했다. 스페인은 남북아메리카를 발견한 뒤 끝없이 오만해져, 돌고 돌아 서쪽으로 땅을 찾아나섰다가 우연히 이 땅을 발견하고 기상천외의 땅이라 생각했지만, 지구가 둥글다는 사실을 모른 채 아시아의 동남양에 이르렀던 것이다. 네덜란드와 프랑스는 싸우다가 얼마

9　남아시아: 원문은 '남아세아(南亞細亞)'이다.

지 않아 황폐한 곳이라 생각해 이 땅을 버렸다. 영국인은 이 광활한 영토를 아끼고, 또 몇 천년 뒤에 효과를 거둘 생각에 온갖 궁리를 다해 이 땅을 경영했으니, 원대한 계획을 잘 실행했다고 할 수 있다.

태즈메이니아섬(Tasmania Island)[10] 지민도(地閩島)라고도 한다. 은 항구 하나를 사이에 두고 오스트레일리아의 동남쪽에 위치하며 면적은 사방 7백~8백 리 정도 된다. 토지가 비옥해 오곡과 감자, 각종 채소를 모두 심을 수 있다. 영국인이 땅을 반 정도 개척했을 때 사람들은 농사뿐만 아니라 고래도 잡았다. 연해에 항구가 아주 많아 무역이 번성하다.

뉴질랜드(New Zealand)[11] 두 섬은 일명 신서란(新西蘭)이라고도 하는데, 태즈메이니아의 동쪽에 위치하며 면적은 태즈메이니아의 두 배이다. 산봉우리가 구름에 닿을 정도로 높은 산이 있고, 산 정상에는 1년 내내 눈이 쌓여 있으며 눈이 은처럼 희고 찬란하다. 눈이 녹아 스며들면 계곡을 따라 두 갈래로 흐르는데, 이 물로 관개할 수 있다. 원주민들은 검은 피부에 추하게 생겼으며 일도 대충 처리한다. 추장이 잔인하고 살인을 좋아해 원수를 잡으면 그 살점은 토막 내어 먹고 머리를 남겨두어 무용을 자랑했다. 땅은 비옥해 마, 곡식, 야채를 심기에 적합하다. 영국인이 그 땅을 사들이고 사람들을 이주시켜 개간했으며, 점점 예수교로 원주민을 교화해나갔다. 포경선이 가끔씩 와서 조총과 융단으로 각종 식료품과 바꾸었다. 원주민이 힘이 세고 굳세 포경선에서는 간간이 그들을 선원으로 고용했다. 그러나 몇

---

10   태즈메이니아섬(Tasmania Island): 원문은 '반지만란도(班地曼蘭島)'로, 지면도(地面島)라고도 한다.
11   뉴질랜드(New Zealand): 원문은 '닉일륜돈(搦日倫敦)'으로, 신새란지아(新塞蘭地亞)라고도 한다.

몇 사람에 불과했는데, 많으면 변란을 일으킬까 두려워서이다. 예전에 한 포경선이 원주민 수십 명을 고용해 항해했는데, 원주민들이 갑자기 때로 일어나 선원들을 모두 죽이고 인육을 구워 먹은 적이 있었다. 뉴질랜드에는 프랑스의 관할지도 별도로 있다.

동남양에는 섬들이 아주 많은데 서양인들이 섬의 형태에 따라 마음대로 이름을 지었으니, 뉴기니아(New Guinea)[12]·뉴아일랜드(New Ireland)[13]·솔로몬(Solomon)[14]·뉴헤브리디스(New Hebrides)[15] 등이 그것이다. 개중에는 추장이 부락을 형성해 사는 곳도 있고, 원주민들이 흩어져서 사는 곳도 있다. 원주민들은 얼굴이 검고 몸집이 작으며, 짐승들과 별반 차이가 없다. 간혹 다른 지역의 원주민들이 해안에 올라와 이를 갈고 피를 빨면서 그들을 잡아먹기도 했다.

---

12 뉴기니아(New Guinea): 원문은 '신위니(新危尼)'이다.

13 뉴아일랜드(New Ireland): 원문은 '신이란(新耳蘭)'이다.

14 솔로몬(Solomon): 원문은 '신살라문(新撒羅門)'이다.

15 뉴헤브리디스(New Hebrides): 원문은 '희백(希伯)'으로, 신리비리대(新里比里大)라고도 한다. 지금의 바누아투(Vanuatu)이다.

［ 亞細亞東南洋各島 ］

澳大利亞, 一名新荷蘭, 在亞細亞東南洋巴布亞島之南, 周回約萬餘里. 由此島泛大洋海東行, 卽抵南北亞墨利加之西界. 其地亙古窮荒, 未通別土. 前明時, 西班牙王遣使臣墨瓦蘭, 由亞墨利加之南, 西駛再尋新地. 舟行數月, 忽見大地, 以爲別一乾坤. 地荒穢無人迹, 入夜磷火亂飛, 命名曰火地. 又以使臣之名, 名之曰墨瓦蠟尼加. 西班牙人以此侈航海之能, 亦未嘗經營其地也. 後荷蘭人東來, 建置南洋諸島, 展轉略地, 遂抵此土. 于海濱建設埠頭, 名之曰澳大利亞, 又稱新荷蘭. 旋爲佛郎西所奪, 佛人尋棄去, 最後英吉利得之. 因其土地之廣, 堅意墾闢. 先流涉罪人於此, 爲屯田計. 本國無業貧民願往謀食者, 亦載以來. 他國之民, 願受一廛者聽之. 地在赤道之南, 天氣炎燥. 海濱多平土, 山嶺高者, 不過三十丈. 江河絶少, 雜樹荒草, 灌莽無垠. 鳥獸形狀詭譎, 與別土異. 土番黑面, 披髮裸體, 食草根山果, 結巢於樹. 予之酒, 一飮卽醉, 臥泥中, 如豕負塗. 男役女若畜, 怒輒殺之. 英人流寓者, 墾海濱濕土, 種麥與粟. 草肥茂, 牧羊孳乳甚速. 毛氄細軟, 可織呢絨. 現居民不足十萬, 每年運出之羊毛, 値銀二百餘萬兩. 百物未備, 日用之需, 皆從別土運往. 英人於東境海口建會城曰悉尼, 居民二萬. 捕鯨之船, 時時收泊, 貿易頗盛. 而流徙之戶本莠民, 飮博蕩侈, 相習成風. 流寓良民, 亦頗染其俗. 南境濱大南海, 英人新徙人戶, 已成聚落. 西境亦創置一廛, 在江河之濱. 北境近赤道, 天氣酷熱, 産海參·海菜·燕窩. 英人派陸兵駐守, 以防侵奪. 計澳大利亞一土, 英人四境所耕收, 僅海濱片土, 不過百之一二. 其腹地則奧草叢林, 深昧不測. 土番如獸, 老死無往來. 不特風土無從探訪, 卽山川形勢, 亦無由乘軺歷覽. 英人謂此土雖荒曠, 而百餘年後, 當成大國, 南海諸番島, 當聽役屬, 如附庸也. 近命名曰南亞細亞.

按: 澳大利亞, 卽泰西人『職方外紀』所云天下第五大州. 陳資齋『海國聞見錄』繪「四海總圖」, 東南隅有片土, 署曰人迹不到處, 卽此土也. 地之廣莫, 爲東南洋諸島之冠. 野番獸處, 亘古昏蒙. 西班牙旣探得亞墨利加兩土, 侈心不已, 展轉西尋, 忽見此土, 以爲搜奇天外, 而不知地球圓轉, 已至亞細亞之東南洋也. 荷·佛爲鷸蚌之爭, 旋以窮荒棄之. 英吉利惜其廣土, 極意經營, 欲收效於數十百年之後, 亦可謂好勤遠略哉.

班地曼蘭島 一作地閭島. 在澳大利亞之東南隅, 相隔一港, 地周回約七八百里. 土脈膏腴, 五穀薯芋蔬菜, 皆可種植. 英人開墾已及大半, 居民務農之外, 兼捕鯨魚. 沿海港口甚多, 貿易頗盛.

搦日倫敦兩島, 一名新西蘭, 在班地曼蘭之東, 幅員倍之. 有高山插霄漢, 頂上終年積雪, 燦白如銀. 雪水消融, 由澗壑分流而下, 可以灌漑. 土番黑醜, 略知人事. 有酋長, 兇頑好殺, 獲仇則臠食其肉, 藏其頭以示武. 其土極腴, 宜麻穀蔬菜. 英人買其土, 徙戶口墾種之, 漸以耶穌敎化其土人. 捕鯨之船時至, 以鳥槍絨氊易食物. 土番健有力, 鯨船間雇爲水手. 然不過數人, 多則恐其生變. 嘗有鯨船雇土番數十駛海中, 土番忽群起, 盡殺船戶, 炙其肉而啖之. 兩島別有佛郎西割據之土.

東南洋番島甚多, 泰西人就其形似, 隨意命名. 有新危尼·新耳蘭·新撒羅門·希伯等名. 或有酋長成部落, 或野番散處. 野番皆黑面烑身, 與獸無別. 或有別土人登岸, 則磨牙吮血, 攫而食之.

286

〚 아시아 태평양[1] 제도 〛

오스트레일리아 동쪽·북쪽에서부터 남북아메리카의 서쪽 경계까지를 태평양이라고 한다. 바닷길 수만 리 동안 도서는 매우 드물며 수천 리를 지나면 하나의 섬이 나온다. 그 섬은 사방 주위로 반석(盤石)이 많고 산호가 난다. 선박이 가까이 가면 번번이 좌초하기 때문에 다가가기 어렵다. 태평양의 풍랑이 매우 잔잔하고 고요해서 서양인들은 태평해(太平海)라고 부른다. 각 섬의 날씨는 맑고 따스하며 풍토는 온화하고 아름답다. 야자, 감자와 고구마, 과실 등이 나서 충분히 먹고살만하다. 원주민은 풀을 짜서 옷을 만들어 몸을 가린다. 성격이 유순하고 지혜로워 호전적인 서쪽 원주민과는 다르다. 근래 예수회교 신부들이 그 지역을 방문해 그들에게 권해서 풍속을 바꾸어 천주교로 개종한 사람이 많다. 섬 이름은 다 알 수 없으나 영국인들이 종교적 사안에 따라 이름을 붙였다.

첫째는 회군도(會群島)[2]로 예수회에 입교했다는 의미이다. 가장 큰 섬은 타히티(Tahiti)[3]로, 타히티 부근에 섬들이 대단히 많은데, 이 섬이 그 중심에 있다. 지형은 산수가 수려하고 자연경관이 사람이 살기에 적합하다. 원주

---

1   태평양: 원문은 '대양해(大洋海)'이다.
2   회군도(會群島): 사회군도(社會群島)이다. 영국의 탐험가 제임스 쿡(James Cook, 1728~1779)이 'Society Islands'로 명명한 데서 나왔으며, 현재는 프랑스어로 '소시에테제도'라고 부른다.
3   타히티(Tahiti): 원문은 '아타해지(阿他害地)'로, 달의적(達義的)이라고도 한다. 남태평양 프랑스령 폴리네시아에 속한 소시에테제도에서 가장 큰 섬이다. 수도는 북서 해안에 있는 파페에테이다.

민은 예수교를 독실하게 믿으며 널리 예배당[4]을 세웠다. 하와이(Hawaii)[5] 역시 큰 섬으로 부속 도서가 매우 많으며, 국왕이 있다. 가경 연간 나라 전체가 예수교를 신봉해 예배당이 더욱 많아졌다. 왕이 군비에 대한 지식이 풍부해 항상 군선을 타고 바다를 순행했다.

둘째는 우군도(友群島)로 예수교와 친구가 되었다는 의미이다. 원주민은 용모가 단정하고 지략이 있으며, 예수교도가 때때로 이 지역을 방문해 그들을 교화했다. 캐롤라인제도(Caroline Islands)[6]는 부속도서가 가장 많으며, 그중 한 종족은 예술에 매우 정통했다. 상선이 우연히 그곳을 지나가다가 또한 정박하고 무역을 했다.

셋째는 적군도(賊群島)[7]로 선한 종족이 아님을 의미한다. 각 섬은 대체로 스페인이 관할했다. 서양인이 천주교를 믿을 것을 권유했지만, 원주민이 따르지 않아 마침내 서로 공격하여 싸움이 그치지 않았다. 이외 작은 섬이 또한 많은데 이름은 다 열거할 수 없다. 토산물은 야자밖에 없고 인구는 매우 적으며, 일찍이 다른 나라와 왕래한 적 없다. 도광 22년(1842)에 프랑스가 마르키즈제도(Îles Marquises)[8]를 새롭게 개척했으나 풍토에 대해서는 상세

---

4   예배당: 원문은 '학관(學官)'이다. 학관은 본래 서당을 의미하지만, 여기서는 종교와 관련이 있는 건물로 보인다.

5   하와이(Hawaii): 원문은 '아왜희(阿歪希)'이다.

6   캐롤라인제도(Caroline Islands): 원문은 '가라림(加羅林)'이다. 서태평양에 위치한 제도로, 널리 흩어져 있는 5백여 개의 작은 산호섬으로 구성되어 있다. 1526년 스페인의 탐험가가 이 섬을 발견했으며 섬 이름은 발견 당시 스페인의 국왕(카를로스 2세) 이름을 따서 붙여졌다.

7   적군도(賊群島): 마리아나제도(Mariana Islands)로, '적(賊)'자는 마젤란 등이 그 지역 사람들을 비하해서 표현한 단어이다.

8   마르키즈제도(Îles Marquises): 원문은 '마이기살군도(馬耳其殺群島)'이다.

히 알려져 있지 않다.

　살펴보건대 사해(四海) 중에서 태평양이 가장 큰데 바로 중국의 동해에서 직통으로 아메리카의 서쪽 강역에 이른다. 4만 리 망망대해에 그다지 넓은 땅도 없고 도서 역시 새벽 별처럼 듬성듬성 있다. 서양인이 전하는 기록에 의하면 각 섬의 풍토와 인류는 아시아 남양 제도보다 훨씬 뛰어나다고 한다. 그러나 배로 가다 우연히 발견한 곳이기 때문에 상세하지 않고 대충 알려져 있다. 대체로 동쪽으로 해서 가면 바닷길로 10여만 리 정도이며 서쪽으로 해서 가면 반드시 남아메리카의 티에라델푸에고(Tierra del Fuego)제도[9]를 지나 가야 하는데, 길이 험하고 멀며 또한 이익도 그다지 많지 않아 상선이 오는 경우는 드물 다. 오직 포경선만이 대양을 누비며 가지 않는 곳이 없어 이 제도에도 여러 차례 가서 다소 그 소식을 듣게 되었을 뿐이다.

9　티에라델푸에고(Tierra del Fuego)제도: 원문은 '철이섭리(鐵耳聶離)'이다. 남아메리카 대륙 남쪽 끝에 있는 제도이다. '티에라델푸에고'는 스페인어로 불의 섬이란 뜻으로 중국어로는 화지도(火地島)라고 한다.

〚 亞細亞大洋海群島 〛

自澳大利亞迤東迤北抵南北亞墨利加之西界, 謂之大洋海. 水程數萬里, 島嶼甚稀, 間數千里乃一遇. 其島四圍多磐石, 亦生珊瑚. 海船近輒擱淺, 故不能遍及. 大洋海風浪最恬, 泰西人稱爲太平海. 各島天氣晴和, 水土平淑, 產椰子·芋薯·果實, 足供采食. 土人織草爲衣, 以蔽形. 性馴而慧, 異於迤西島番之悍獷. 近年耶穌敎之徒, 游其地而誘進之, 多有信從易俗者. 島名不能盡悉, 英人因敎事而命以名. 一曰會群島, 言其入耶穌之會也. 島之大者, 曰阿他害地, 附近群島甚多, 以此島爲綱領. 其地山水秀淑, 風景宜人. 土人篤信耶穌敎, 廣設學館. 又阿歪希者, 亦大島, 屬島甚多, 有國王. 嘉慶年間, 舉國奉耶穌敎, 學館尤繁. 其王頗諳武備, 常有師船巡海. 一曰友群島, 言與耶穌敎爲友也. 土人形貌端正, 有心計, 耶穌敎之徒, 時游其地誘化之. 有加羅林者, 屬島最多, 內有一族頗通藝術. 商船偶過其地, 亦停泊貿易. 一曰賊群島, 言其非善類也. 各島多西班牙所據. 西人以天主敎誘勸之, 土人不肯從, 遂至互相攻擊, 交哄不已. 此外小島尚多, 名不盡著. 土產惟椰子, 人戶甚少, 未與他國往來. 道光二十二年, 佛郎西新開馬耳其殺群島, 風土未詳.

按: 四海之中, 惟大洋海最大, 卽中國之東海直抵亞墨利加之西境. 四萬里茫茫巨浸, 別無廣土. 卽島嶼, 亦晨星落落. 據泰西人所傳述, 各島風土人類, 遠勝於亞細亞南洋諸島. 然帆檣偶涉, 率略未詳. 蓋由東道往, 水程當十餘萬里, 由西道往, 須歷南亞墨利加之鐵耳聶離, 途旣險遠, 又無利可牟, 故商船罕有至者. 惟捕鯨之船專鶩大洋, 無所不到, 於諸島數數遇之, 乃得稍通聲聞耳.

영환지략

권3

본권에서는 인도(동인도, 서인도, 남인도, 북인
도, 중인도), 인도 서쪽의 이슬람 4개국, 서역
각 곳에 존재했던 이슬람국가의 통폐합과 지
리, 역사, 풍속, 외모, 언어, 문화적 특색에 대
해 개괄적으로 서술하고 있다. 동시에 네덜
란드, 포르투갈, 프랑스, 영국에 의한 인도의
식민화 과정에 대해 기술하면서 각 지역의
위치와 역사에 대한 서계여의 견해가 상세
히 밝혀져 있다.

[아시아 오인도]

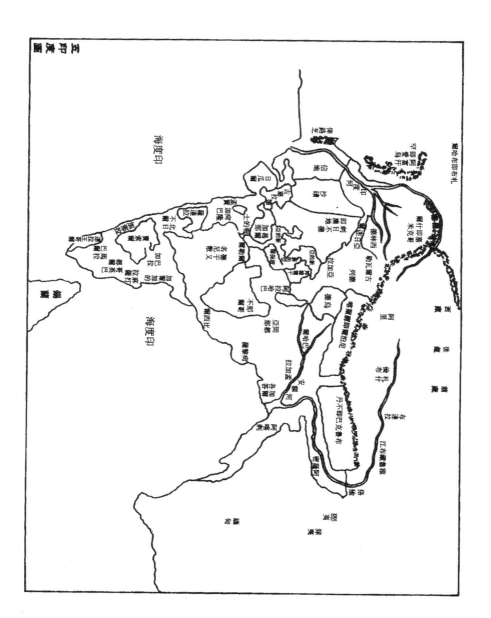

오인도 지도

찰포(札布): 포합이(布哈爾)라고도 하는데, 지금의 부하라(Bukhara)이다.

전장(前藏): 지금의 티베트 라사(Lhasa) 지구이다.

후장(後藏): 지금의 티베트 시가체(Shigatse) 지구이다.

서장(西藏): 지금의 티베트(Tibet)이다.

새가(塞哥): 시크(Seiks)로, 극십미이(克什彌爾)라고도 한다. 지금의 인도 카슈미르(Kashmir) 지구이다.

아부한(阿富汗): 애오한(愛烏罕)이라고도 하며, 지금의 아프가니스탄(Afghanistan)이다.

아로장포강(雅魯藏布江): 이락와저강(伊洛瓦底江), 대금사강(大金沙江)이라고도 하며, 이라와디강(Irrawaddy R.)이다.

포달랍(布達拉): 지금의 티베트 포탈라(Potala)이다.

찰십륜포(扎什倫布): 지금의 티베트 타쉬룬포(Tashilhunpo)이다.

아리(阿里): 청대 티베트의 가르토크(Gartok) 지구이다.

고이와륵(古爾瓦勒): 지금의 인도 가르왈(Garhwal) 지구이다.

서림덕(西林德): 지금의 인도 시르힌드(Sirhind) 지구이다.

포로극파(布魯克巴): 브루그파(Brug-pa)로, 지금의 부탄(Bhutan)이다. 포단(布丹)이라고도 한다.

학유야인국(珞貐野人國): 학유는 락투(珞渝), 락유(洛瑜), 락우(珞隅)라고도 하는데, 남부지역이라는 뜻이다. 지금의 티베트 낙파족(珞巴族)이 살고 있는 지역으로 추정된다.

구이(狱夷): 미상.

노이(獶夷): 노이(怒夷), 노자(怒子), 로자(潞子)라고도 하는데, 중국 소수민족의 하나이다. 운남성(雲南省) 노강(怒江) 유역에서 살고 있으며, 농경생활을 주로 한다.

아살밀(阿薩密): 지금의 인도 아삼(Assam)이다.

니박이(尼泊爾): 곽이객(廓爾喀)이라고도 하며 구르카로, 지금의 네팔(Nepal)이다.

덕렬(德列): 지금의 인도 델리(Delhi)이다.

아일미이(亞日迷爾): 지금의 인도 아지메르(Ajmer)이다.

인도하(印度河): 지금의 인더스강(Indus R.)이다.

오덕(烏德): 아우드(Oudh)로, 지금의 인도 아바드(Awadh) 지구이다.

아가랍(亞加拉): 아그라(Agra)로, 지금의 인도에 위치한다.

랄일부덕(剌日不德): 지금의 인도 라자스탄주(Rajasthan)이다.

오지(澳地): 지금의 인도 라자스탄주 우다이푸르(Udaipur)이다.

사적(沙磧): 사막이다.

신지(信地): 신디(Sindy)로, 지금의 파키스탄 신드주(Sind)이다.

비로지(俾路芝): 지금의 파키스탄 발루치스탄(Baluchistan)이다.

신적아(新的亞): 지금의 인도 신디아(Scindia) 지구이다.

파합이(巴哈爾): 바하르(Bahar)로, 지금의 인도 비하르(Bihar) 지구이다.

안액하(安額河): 지금의 갠지스강(Ganges R.)이다.

아객랄(阿喀剌): 아라칸(Arakan)으로, 지금의 미얀마 라카인(Rakhine)이다.

면전(緬甸): 지금의 미얀마(Myanmar)이다.

맹가랍(孟加拉): 벵골(Bengal)로, 지금의 방글라데시(Bangladesh)와 인도 서벵골주(West Bengal)이다.

아랍합파(阿拉哈巴): 지금의 인도 알라하바드(Allahabad) 지구이다.

파보이(波保爾): 지금의 인도 보팔(Bhopal)이다.

방덕이간(邦德爾干): 분멜칸드(Bundelkhand)로, 지금의 인도 마디아 프라데시주(Madhya Pradesh) 북부에 위치한다.

가이각답(加爾各答): 지금의 인도 콜카타(Kolkata)이다.

아려살(痾黎薩): 오리사(Orissa)로, 지금의 인도 오디샤주(Odisha)이다.

강도아나(岡都亞那): 곤드와나(Gondwana)로, 인도의 역사적 지명이다.

고새랍덕(古塞拉德): 지금의 인도 구자라트주(Gujarat)이다.

갈이가나(葛爾加那): 지금의 인도 홀카르(Holkar) 지구이다.

일과이(日瓜爾): 지금의 인도 주나가드(Junagadh)이다.

근적사(根的土): 지금의 인도 칸데시(Khandesh) 지구이다.

나가불이(那哥不爾): 지금의 인도 나그푸르(Nagpur)이다.

비서이(比西爾): 지도의 위치상 북서이가이(北西爾加耳)의 오기로 추정된다.

-북서이가이(北西爾加耳): 노던서카스(Northern Circars)로, 지금의 인도 안드라프라데시주(Andhra Pradesh)와 오디샤주 일대에 해당한다.

미륵이(彌勒爾): 지금의 인도 베라르(Berar) 지구이다.

덕간(德干): 니산(尼散)이라고도 하며, 지금의 인도 데칸(Deccan) 지구이다.

아륭가파(痾隆加巴): 지금의 인도 아우랑가바드(Aurangabad) 지구이다.

맹매(孟買): 지금의 인도 뭄바이(Mumbai)이다.

살달랍(薩達拉): 지금의 인도 사타라(Satara)이다.

배일불이(北日不爾): 지금의 인도 비자푸르(Bijapur)이다.

파랍가(巴拉加): 지금의 인도 발라가트(Balaghaut) 지구이다.

가이가적(加爾加的): 지도의 위치상 가이나적(加爾那的)의 오기로 추정된다.

-가이나적(加爾那的): 지금의 인도 카르나티크(Carnatic) 지구이다.

인도해(印度海): 지금의 인도양이다.

마타랍살(麻打拉薩): 지금의 인도 마드라스(Madras)이다.

매색이(賣索爾): 지금의 인도 마이소르(Mysore) 지구이다.

가나랍(加那拉): 지금의 인도 카나라(Kanara) 지구이다.

마랍파이(馬拉巴爾): 지금의 인도 말라바르(Malabar) 지구이다.

가영파도이(哥英巴都爾): 지금의 인도 코임바토르(Coimbatore)이다.

달랍왕가이(達拉王哥爾): 트라방코르(Travancore)로, 인도 남서부에
위치했던 옛 왕국 이름이다.

석란(錫蘭): 실론(Ceylon)으로, 지금의 스리랑카(Sri Lanka)이다.

오인도 옛 왕국 지도

전장(前藏): 지금의 티베트 라사 지구이다.

후장(後藏): 지금의 티베트 시가체 지구이다.

극십미이(克什米爾): 지금의 카슈미르 지구이다.

니박이(尼泊爾): 지금의 네팔이다.

맹가랍(孟加拉): 벵골로, 지금의 방글라데시와 인도 서벵골주이다.

륵회(勒懷): 지금의 파키스탄 라호르(Lahore) 지구이다.

위료(威聊): 지금의 인도 가르왈 지구이다.

섭리(聶離): 지금의 인도 델리 지구이다.

아포이신(阿布爾信): 지금의 파키스탄 물탄(Multan) 지구이다.

가이각탑(加爾各搭): 지금의 인도 콜카타이다.

맥합이(麥哈爾): 바하르(Bahar)로, 지금의 인도 비하르(Bihar) 지구이다.

오눌(烏訥): 아우드로, 지금의 인도 아바드 지구이다.

아이각랍(阿爾各拉): 지금의 인도 아그라 지구이다.

이록사포타랍(爾勒士布他拉): 라자푸타나(Rajapootana)로, 지금의 인도 라자스탄주이다.

마이와(馬爾窪): 지금의 인도 말와(Malwah) 지구이다.

아랍합판특(阿拉哈板特): 지금의 인도 알라하바드 지구이다.

공와납(工窪納): 곤드와나로, 인도의 역사적 지명이다.

감륵사(甘勒士): 지금의 인도 칸데시 지구이다.

아력색(阿力色): 오리사로, 지금의 인도 오디샤 지구이다.

미륵이(彌勒爾): 지금의 인도 베라르 지구이다.

맹매(孟買): 지금의 인도 뭄바이이다.

해특이랍만(海特爾拉蠻): 지금의 인도 하이데라바드(Hyderabad) 지구이다.

마타랍살(麻打拉薩): 지금의 인도 마드라스이다.

매약이(買若爾): 지금의 인도 마이소르 지구이다.

갈납적(噶納的): 지금의 인도 카르나티크 지구이다.

천축(天竺): 실론으로, 지금의 스리랑카이다.

미얀마(Myanmar)[1]의 서쪽, 전장(前藏)과 후장(後藏)[2]의 서남쪽에 인도양[3]으로 혹 들어가는 [곡식을 까부르는] 키처럼 생긴 넓은 땅이 있는데, 이른바

---

1 미얀마(Myanmar): 원문은 '면전(緬甸)'이다.

2 전장(前藏)과 후장(後藏): 원문은 '양장(兩藏)'이다. 여기서는 라사(拉薩) 지구인 전장(前藏)과 시가체(日喀則) 지구인 후장을 말한다.

3 인도양: 원문은 '남해(南海)'이다.

인도라는 곳이다. 『한서(漢書)』에서는 이곳을 신독(身毒) 혹은 천축(天竺)이라 불렀다. 육조 이후 불교경전에서는 모두 인도라고 불렀다. 지금은 힌두스탄(Hindustan)[4]이라고 하며, 일명 흔도(痕都), 흔도(忻都), 흥도(興都)라고도 한다. 신독·인도·온도·흔도(痕都)·흔도(忻都)·흥도는 본래 같은 음인데, 중국어로 번역하면서 사람마다 다르게 표현되었다. 외국지명은 대개 이와 같다. 인도는 5개 지역으로 나뉘는데, 지형이 바다 쪽으로 들어간 곳이 중인도, 남인도이다. 동인도는 동쪽은 미얀마와, 북쪽은 후장과 경계한다. 북인도는 설산(雪山)[5]이 둘러싸고 있으며, 동쪽은 후장의 변경지대와 접해 있고, 서쪽은 서역의 부하라(Bukhara)[6] 부하라 동남쪽 지역이다. 와 접해 있다. 서인도는 인더스강(Indus R.)[7]에 걸쳐 있으며, 서역의 아프가니스탄(Afghanistan)[8]·발루치스탄(Baluchistan)[9]과 인접해 있다. 동서의 너비는 약 5천여 리이고, 남북의 길이는 약 7천여 리이다. 경내에 두 개의 강이 있는데, 동쪽에 있는 강이 갠지스강(Ganges R.)[10]이다. 갠지스강은 서북쪽에서 발원해 동남쪽 벵골(Bengal)[11]로 흘러 들어가며, 이라와디강(Irrawaddy R.)[12]이 동북

---

4   힌두스탄(Hindustan): 원문은 '온도사탄(溫都斯坦)'으로, 인도의 빈디야 산맥(Vindhya Range) 이북 지역을 가리킨다.

5   설산(雪山): 힌두쿠시산맥(Hindu Kush Mountains)이다.

6   부하라(Bukhara): 원문은 '찰포(札布)'로, 포합이(布哈爾)라고도 한다.

7   인더스강(Indus R.): 원문은 '인도하(印度河)'이다.

8   아프가니스탄(Afghanistan): 원문은 '애오한(愛鳥罕)'으로, 아부간(阿富汗)이라고도 한다.

9   발루치스탄(Baluchistan): 원문은 '비로지(俾路芝)'로, 배로치(北路治)라고도 한다.

10   갠지스강(Ganges R.): 원문은 '안액하(安額河)'이다.

11   벵골(Bengal): 원문은 '맹가랍(孟加拉)'으로, 맹가랍(孟加臘)이라고도 한다. 과거 영국령 인도제국의 벵골주였다가, 후에 영국의 벵골 분할령으로 인해 방글라데시(동벵골)와 서벵골로 분할되었다.

12   이라와디강(Irrawaddy R.): 원문은 '아로장포강(雅魯藏布江)'으로, 이락와저강(伊洛瓦底江), 대금사강(大金沙江)이라고도 한다.

쪽에서 흘러와 두 강이 합류해 바다로 들어간다. 인도 사람들은 이 강을 성수(聖水)라고 하는데, 불교 서적에서 말하는 항하(恒河)이다. 서쪽에 있는 강은 인더스강으로, 후장의 아리(阿里)[13]에서 발원해 서쪽으로 가서 설산의 뒤쪽을 돌아 북인도의 서북쪽 경계까지 흘렀다가 돌아서 남쪽으로 가는데, 북인도의 각 물줄기가 인더스강과 합류해 신드(Sindhi)[14]로 가서 바다로 유입된다. 이외에도 서쪽에는 나르마다강(Narbada R.)[15]·탑티강(Tapti R.)[16] 등이 있고, 남쪽에는 고다바리강(Godawari R.)[17]·크리슈나강(Krishna R.)[18]·코베리강(Cauvery R.)[19] 등이 있다. 북쪽 강역은 설산을 등지고 있고, 남쪽 연해지역은 산이 잇달아 둘러싸고 있으며, 중부 수천 리는 모두 평지이고, 서북쪽 지역에는 사막이 있으며 나머지는 대부분 비옥하다. 북쪽은 날씨가 좋고 남쪽은 적도에 가까워 기후가 찌는 듯이 덥다. 이 땅은 오곡과 면화, 양귀비[20]를 재배하기에 적합하다. 이 땅에서는 금강석·황옥(黃玉)·보석·청정(靑精)·마노(瑪瑙)·명주(明珠)·산호(珊瑚)·약재·향목·해산물[21]이 나고, 또한 사자·훈

---

13 아리(阿里): 지금의 티베트 자치구에 위치한 지역으로, 인도의 카슈미르와 접해 있다.

14 신드(Sindhi): 원문은 '신지(信地)'로, 신덕(信德)이라고도 한다. 지금의 파키스탄 신드주(Sind)이다.

15 나르마다강(Narbada R.): 원문은 '역포타(逆埔他)'로, 납파달하(納巴達河)라고도 하는데, 지금의 인도 중부를 흐르는 강이다.

16 탑티강(Tapti R.): 원문은 '답지(答地)'로, 지금의 인도 중부를 흐르는 강이다.

17 고다바리강(Godawari R.): 원문은 '아타유리(峨他惟利)'로, 인도 중동부를 흐르는 강이다.

18 크리슈나강(Krishna R.): 원문은 '길나(吉那)'로, 기사납하(基斯納河)라고도 한다. 지금의 인도 남부를 흐르는 강이다.

19 코베리강(Cauvery R.): 원문은 '가유리(加惟利)'로, 인도 남부 지역에 있는 신성한 강이다.

20 양귀비: 원문은 '앵속화(罌粟花)'로, 여춘화(麗春花)라고도 한다.

21 해산물: 원문은 '해미(海味)'이다.

련된 코끼리·타조 등이 나며, 사람들은 대부분 검은 얼굴에 입술이 푸르다. 북쪽 사람들이 약간 하얗고 남쪽 사람들은 아주 검다. 흰 천으로 머리를 감싸고 있기 때문에 광동에서는 이들을 소백두국(小白頭國)이라 부른다. 이 땅에서는 본래 얼굴에 문신[22]을 하는데, 귀족들은 이마에 해와 꽃을 그리거나 혹은 얼굴에 점을 별처럼 그려 넣는다. 반면에 일반 백성들은 얼굴에 문신을 새기고 가슴과 팔의 살점을 벗겨내고 점괘를 지져 넣고 그림을 그려 넣었는데, 모두 문신을 새겨 넣는 오래된 풍습이다. 남자는 웃통을 벗고 귀걸이를 했으며 아래는 치마를 둘렀다. 여자들은 상의를 입고 코와 귀를 뚫어 금은 고리를 찼으며 팔과 다리에 모두 팔찌를 찼다. 사람들은 기예를 익혀 금칠이나 조각을 했는데 기술이 아주 정교했으며, 그들이 만든 옥그릇은 매미날개처럼 얇았다. 이 땅은 불교의 종주국으로, 예로부터 유명했다. 후한(後漢) 때부터 중국과 왕래했으며, 당나라 때 자주 들어와 조공했고 조송(趙宋) 때 회부(回部)[23]에게 침탈당했다. 원(元)나라가 북방에서 일어나 서남쪽을 흡수하면서 태조(太祖)가 서인도와 북인도를 정복했는데, 세상에서 말하는 각단(角端)이 나타나자 군사를 돌렸다[24]는 것이 바로 이 이야기다. 헌

22　얼굴에 문신: 원문은 '조제(雕題)'이다. 고대 남방에 거주하는 사람들의 풍속으로 얼굴에 꽃무늬를 새겨 넣었다.

23　회부(回部): 청대 중국 신강의 천산(天山) 이남 지역이다. 청대 이 지역에는 거주민을 회인(回人, 현재의 위구르인)이라고 했기 때문에 회부라고 불렀다.

24　태조(太祖)가…돌렸다: 칭기즈 칸이 서정을 나갔다가 철문관(鐵門關)에서 각단을 보고 군사를 돌렸다는 이야기는 『원사(元史)』「태조기(太祖紀)」와 「야율초재전(耶律楚材傳)」에서 나온 이래로 명대까지 여러 버전의 이야기가 나왔는데, 대체적인 줄거리는 다음과 같다. 『원사』「태조기」와 「야율초재전」에 따르면, 태조 19년 갑신년에 태조가 동인도로 가다가 철문관에 머물렀다고 한다. 한 뿔 달린 짐승이 나타났는데, 녹색에다 사슴 모양에 말 꼬리를 하고 있었으며 사람의 말로 시중에게 말했다. "그대의 주인은 속히 환국해야 하오." 태조가 이 일을 야율초재에게 물었더니 야율초재가 말했다. "이 동물은 상서로운 동물로, 각

종(憲宗)[25] 때에 이르러 다시 중인도를 정복하고, 종왕(宗王)[26]과 부마(駙馬)를 그 땅에 보내 왕으로 삼았는데, 동남쪽 여러 지역이 모두 그 관할 하에 들어가 이로부터 오인도는 몽골의 또 다른 부락이 되었다.

원나라 말에 부마 티무르(Timur)[27]가 사마르칸트(Samarkand)[28]의 왕이 되어 서역에서 무력을 행사하자 인도의 많은 왕국이 와서 모두 신하로 자처했다. 명나라 가정(嘉靖)[29] 연간에 사마르칸트의 속국 무굴제국(Mughal Empire)[30]

단(角端)이라고 하며 사방의 말을 모두 할 줄 알고 생명을 소중히 여겨 살생을 싫어합니다. 하늘에서 명을 내려 각단을 보내 폐하께 고하는 것입니다. 폐하는 하늘의 원자이고, 백성들은 폐하의 자식입니다. 원컨대 받들어 백성의 목숨을 온전히 살피시길 바랍니다." 이에 태조는 곧바로 군사를 돌렸다. 철문관은 비단길에서 천산남로의 중요한 요충지로 흉노족의 침입을 막기 위해 진나라 때 처음 설치되었다고 한다. 이후 장건이 서역을 정벌하러 갈 때도, 당나라 때의 현장과 혜초 등도 이곳을 지나갔다고 한다.

25 헌종(憲宗): 몽골 제국의 제4대 대칸인 몽케(夢哥) 칸이다. 몽케 칸(재위 1251~1259)은 묘호는 헌종, 시호는 환숙황제(桓肅皇帝), 휘는 몽케이다. 몽케 칸의 시대에 몽골 제국은 최대 판도에 이르렀다.

26 종왕(宗王): 황족 출신의 왕을 말한다.

27 티무르(Timur): 원문은 '첩목이(帖木耳)'로, 첩목아(帖木兒), 저마아(底摩阿)라고도 한다. 티무르(재위 1370~1405)는 중앙아시아의 튀르크 몽골인 군사 지도자이며, 티무르 제국의 창시자이다. 티무르 시대의 튀르크 몽골의 전통은 칭기즈칸의 후예가 아닌 사람이 칸이 되는 것을 허락하지 않았기 때문에 그는 칸을 자칭할 수 없었다. 그는 대신 '아미르(지휘관)'라는 호칭을 사용했고, 때때로 그 앞에 부주르그(buzurg) 또는 칼란(kalān), 즉 '위대한'을 붙여 '위대한 아미르'라 했다. 그는 칭기즈칸의 후손들을 허수아비 칸으로 세워 그의 이름으로 통치한 뒤에는 칭기즈칸 가문의 공주와 결혼했기 때문에 '부마'라는 호칭을 사용했다. 티무르의 후손들인 무굴 제국의 군주들은 이를 근거로 스스로의 왕조를 '구르칸(Gurkān)(부마) 왕조'라고 불렀다.

28 사마르칸트(Samarkand): 원문은 '살마아한(撒馬兒罕)'으로, 새마이한(賽馬爾罕)이라고도 한다. 칭기즈칸 이후 14세기에 중앙아시아 전체를 통일하고 화려한 이슬람 문화를 꽃피웠던 티무르 제국의 수도이다.

29 가정(嘉靖): 명나라 제11대 황제 세종 주후총(朱厚熜)의 연호(1522~1566)이다.

30 무굴제국(Mughal Empire): 원문은 '막와이(莫臥爾)'이다.

302

이 중인도를 공격해 차지하고 나라를 세우면서 그 명성이 더욱 널리 퍼졌으며, 회교를 숭상해서 불교를 쫓아내자 파미르(Pamirs) 고원[31] 서쪽에 위치한 몽골의 경우 원나라 말에 와서 모두 회교도가 되었다. 여러 왕국이 와서 공물을 바치고 속국이 되었다. 시간이 흐르면서 점차 쇠락해 약육강식이 일어나 종종 전쟁이 일어났다. 이에 앞서 명나라 홍치(弘治)[32] 8년(1495)에 유럽의 포르투갈(Portugal)[33]은 인도의 서남쪽 뭄바이(Mumbai)[34]까지 항해해와 항구를 개척하고 도시를 세워 상선이 드나들면서 부유해졌다. 네덜란드가 이를 싫어해 병선을 보내 공격해서 역시 그 땅을 차지해 부두를 세우고 동인도회사[35]를 두어 인도양의 이권을 차지한 지 수십 년이 되었다. 영국이 동쪽으로 와서 두 나라를 몰아내고 그 땅을 차지했다. 프랑스 역시 남인도의 동쪽 경내에 부두를 세웠다. 강희(康熙) 7년(1668)에 영국은 동인도의 벵골에서 땅을 사들이고 시관(市館)을 짓고 포대를 구축했으며, 건물 70채를 지었다. 상선들이 구름처럼 모여들고 온갖 화물이 유통되면서 부두는 날로 번성해졌다. 건륭(乾隆) 17년(1752)에 벵골의 토군(土君)이 그 지역을 차지하고 영국인들을 가두자,[36] 영국은 대군으로 그들을 공격해 결국 벵골을 멸망시켰으

---

31 파미르(Pamirs) 고원: 원문은 '총령(蔥嶺)'이다.

32 홍치(弘治): 명나라 제9대 황제 효종(孝宗) 주우탱(朱祐樘)의 연호(1487~1505)이다.

33 포르투갈(Portugal): 원문은 '포도아(葡萄牙)'이다.

34 뭄바이(Mumbai): 원문은 '맹매(孟買)'로, 망매(網買)라고도 한다.

35 동인도회사: 원문은 '공반아(公班衙)'이다. 영어 company의 음역으로, 공사(公司)를 말한다. 아편전쟁 전에 중국인들은 광주(廣州)에 주둔하고 있는 영국동인도 회사의 사무소를 이렇게 불렀다.

36 벵골의 토군(土君)이…가두자: 벵골의 마지막 나와브(土君)인 시라지 웃다울라(Siraj ud-Daulah)가 영국인들을 블랙홀이라는 비밀감옥에 가둔 사건을 말한다. 이 일로 인해 플라시 전투가 발발했다.

며, 승리를 틈타 남인도와 중인도의 여러 지역까지 다스리게 되었다. 여러 왕국이 힘을 합쳐 영국을 막았으나 생각과 국력이 서로 달라 분분히 무너졌다. 영국에게 망한 곳도 있고, 영국의 말을 들으며 관리를 둔 그저 이름뿐인 곳도 있고, 영국의 지배를 받는 속국이 된 지역도 있다. 이로부터 오인도는 전체의 10분의 7이 영국의 관할에 들어갔으며, 서북부 몇 지역만이 영국의 지배를 받지 않았다. 영국은 연해에 벵골, 마드라스(Madras),[37] 뭄바이(Mumbai) 세 관할지를 두었다. 내지 한 곳에도 관할지를 두었는데, 바로 아그라(Agra)[38]이다.

내가 일찍이 미국 사람이 간행한 지도를 본 적이 있는데 오인도는 모두 20여 개의 왕국으로 이루어져 있었다. 동인도에는 벵골, 비하르(Bihar),[39] 네팔(Nepal),[40] 오리사(Orissa)[41]가, 북인도에는 카슈미르(Kishmir),[42] 라호르(Lahore),[43] 가르왈(Gurhwal),[44] 아우

---

37 마드라스(Madras): 원문은 '마타랍살(麻打拉薩)'로, 만달라살(曼達喇薩)이라고도 한다. 지금의 인도 남부 타밀나두주와 벵골만의 코로만델해안에 위치하는데, 1996년에 첸나이로 이름을 바꾸었다.

38 아그라(Agra): 원문은 '아가랍(亞加拉)'이다.

39 비하르(Bihar): 원문은 '맥합이(麥哈爾)'로, 비합이(比哈爾)라고도 한다.

40 네팔(Nepal): 원문은 '니박이(尼泊爾)'이다.

41 오리사(Orissa): 원문은 '아력색(阿力色)'으로, 지금의 오디샤(Odisha)이다.

42 카슈미르(Kishmir): 원문은 '극십미이(克什米爾)'이다.

43 라호르(Lahore): 원문은 '륵회(勒懷)'로, 지금의 파키스탄에 속한다.

44 가르왈(Gurhwal): 원문은 '위료(威聊)'이다. 히마찰프라데시(Himachal Pradesh)라고도 하는데, 가르왈과 경계를 이룬 지역이다. 지금의 인도 북부에 위치한다.

드(Oudh),[45] 델리(Delhi)[46]가, 중인도에는 아그라,[47] 알라하바드(Allahabad),[48] 곤드와나
(Gundwana),[49] 말와(Malwah)[50]가, 남인도에는 칸데시(Candeish),[51] 베라르(Berar),[52] 하이데
라바드(Hyderabad),[53] 마드라스, 카르나티크(Carnatic),[54] 뭄바이가, 서인도에는 라자푸타나
(Rajapootana),[55] 물탄(Multan)[56]이 위치해 있었다. 미국인 데이비드 아빌(David Abeel)[57]에
의하면, 이들은 오인도 옛 왕국의 명칭으로, 영국이 인도를 점령한 이후로 어떤 곳은 땅
을 나누고 어떤 곳은 이름을 바꿔 이 지도와는 다르다고 했다. 후에 영국인이 편찬한 「오
인도도(五印度圖)」를 보니, 미국지도와 완전히 달랐고 지명의 번찬함과 간략함 역시 차이

---

45 아우드(Oudh): 원문은 '오납(烏納)'으로, 구니(歐尼), 오지(烏地), 오덕(烏德)이라고도 한다.
아요디야(Ayodhya), 아바드(Awadh)라고도 하는데, 지금의 인도 북부 우타르프라데시(Uttar
Pradesh)에 위치한다.

46 델리(Delhi): 원문은 '섭리(聶離)'로, 특이희(特爾希)라고도 한다.

47 아그라: 원문은 '아이각랍(阿爾各拉)'이다.

48 알라하바드(Allahabad): 원문은 '아랍합판특(阿拉哈板特)'이다.

49 곤드와나(Gundwana): 원문은 '공와납(工窪納)'으로, 지금의 마디아프라데시(Madhya Pradesh) 동
부 지역을 가리킨다.

50 말와(Malwah): 원문은 '마이와(馬爾窪)'로, 지금의 마디아프라데시 서부 지역이다.

51 칸데시(Candeish): 원문은 '감륵사(甘勒士)'로, 지금의 마하라슈트라(Maharashtra) 서북부지역
이다.

52 베라르(Berar): 원문은 '미륵이(彌勒爾)'로, 지금의 마하라슈트라 서부 지역이다.

53 하이데라바드(Hyderabad): 원문은 '해특이랍만(海特爾拉蠻)'이다.

54 카르나티크(Carnatic): 원문은 '갈납적(噶納的)'이다. 카르나타카(Karnataka)라고도 하는데, 인
도 중남부 데칸 고원에 위치한다.

55 라자푸타나(Rajapootana): 원문은 '이륵사포타랍(爾勒士布他拉)'이다. 지금의 파키스탄 동부
지역과 인도 라자스탄주(Rajasthan)에 걸쳐 있다.

56 물탄(Multan): 원문은 '아포이신(阿布爾信)'으로, 모이단(茅爾旦), 목이단(木爾旦), 모단성(莫但
城)이라고도 한다. 지금의 파키스탄 물탄이다.

57 데이비드 아빌(David Abeel): 원문은 '아비리(雅裨理)'이다. 데이비드 아빌(1804~1846)은 1844년
중국에 온 미국인 선교사로, 서계여가 『영환지략』을 집필하는데 많은 도움을 주었다.

305

를 보였다. 땅이 이미 영국에 속한 이상, 마땅히 영국지도에 따라 입론하고 미국지도는
부록으로 덧붙여 참고자료로 활용해야 한다.

　　벵골[孟加拉] 방갈랄(榜葛剌), 망가랍(網加拉), 맹가랍(孟加臘)이라고도 한다. 은 인
도의 극동지역으로, 주도는 콜카타(Kolkata)[58] 갑곡타(甲谷他)라고도 한다. 이며,
갠지스강변에 위치해 있다. 해자가 깊고 넓으며, 성벽이 험하고 견고하다.
성내의 건물은 크고 널찍하며, 거리는 곧게 뻗어있는데, 눈처럼 흰 높은 건
물이 양쪽으로 세워져 있었다. 성 밖으로 수많은 선박이 모여들고 온갖 화
물이 모여들어 오인도에서 가장 번성한 곳이 되었다. 영국에서는 인도 전
체를 관할하는 총독을 두어 벵골에 주둔하게 하며, 영국 병사 3만 명과 세
포이(Sepoy)[59]라 불리는 원주민 병사 23만 명을 두었다. 문관은 모두 어렸을
때 영국에서 와서 이곳 말을 배웠으며, 추천을 맡아 발탁되었는데 녹봉이
매우 많았다. 콜카타[60] 동쪽의 치타공(Chittagong)[61]은 직공이 모이는 곳으로
천과 비단이 산처럼 쌓여 있으며, 과거 벵골의 총독이 주둔하던 땅이었다.
세 지역 즉 서북쪽의 파트나(Patna),[62] 일명 팔나(八拿)라고 하는데 미국지도에서 보
이는 맥합이(麥哈爾)이다. 서남쪽의 곤드와나(Gundwana),[63] 미국지도에서 보이는 공

58　콜카타(Kolkata): 원문은 '가이각탑(加爾各搭)'으로, 가이격달(加爾格達)이라고도 한다.

59　세포이(Sepoy): 원문은 '서파병(叙跛兵)'으로, 영국 동인도 회사에서 고용한 인도병사이다.

60　콜카타: 원문은 '가성(加城)'으로, 갑부(甲部)라고도 한다.

61　치타공(Chittagong): 원문은 '세타가(勢他加)'로, 지금의 벵골에 속한다.

62　파트나(Patna): 원문은 '파합이(巴哈爾)'로, 파특나(巴特那), 파단나(巴旦拿)라고도 한다. 과거
　　인도의 중요한 아편 산지였다.

63　곤드와나(Gundwana): 원문은 '강도아나(岡都亞那)'이다.

와납(工窪納)이다. **서남쪽 해안가의 오리사[64]** 일명 팔나력(八拿力)이라고 하는데 미국지도에서 보이는 아력색(阿力色)이다. **를 관할한다.** 파트나는 인구가 조밀하고 주민의 대부분이 초석을 만들고 양귀비와 인디고(indigo)[65]를 재배하며 또한 밭에 장미와 들장미[66]를 심어 향수를 만든다. 오리사는 불교가 가장 성한 지역이다.

아삼(Assam)[67] 아삼(阿三), 아상(阿桑), 철지항(徹地缸)이라고도 한다. **은 벵골의 동북쪽, 미얀마의 서북쪽, 전장의 동남쪽에 위치하는데, 운남의 변방에서 멀지 않다.** 서북쪽으로는 부탄(Bhutan)[68]과 이어져 있다. 동서의 너비는 약 1100리이고, 남북의 길이는 약 5백 리이다. 북쪽은 높은 산이 연이어 있고, 이남은 땅이 평평하고 비옥하며 이라와디강이 전장과 후장을 거쳐 와서 꺾여서 남하하는데, 이 땅을 경유해 서쪽으로 가서 벵골로 유입된다. 이 땅은 원래 원주민 부락으로 불교를 숭상했다. 영국은 벵골을 차지하고 나서 이라와디강을 거슬러 올라가 점점 동쪽으로 개척해 나가 이 땅을 점령하고는 따로 도시를 건설했다. 아삼의 주도는 조르하트(Jorhat)[69]이다. 이 땅은 차 농사에 적합하다. 최근에 영국이 시험 삼아 차를 심었는데, 매년 20여만 근이 난다. 이곳 사람들은 천성적으로 몸이 차 차를 마시면 대부분 설사한

---

64   오리사: 원문은 '아려살(痾黎薩)'이다.

65   인디고(indigo): 원문은 '청전(靑靛)'으로, 쪽빛 염료이다.

66   들장미: 원문은 '도미(荼蘼)'이다.

67   아삼(Assam): 원문은 '아살밀(阿薩密)'로, 아산(阿山)이라고도 한다. 지금의 인도 북동부에 위치한다.

68   부탄(Bhutan): 원문은 '포로극파(布魯克巴)'로, 부단(不丹), 포단(布丹)이라고도 한다. 브루그파(Brug-pa)로, 티베트의 끝이라는 뜻이다.

69   조르하트(Jorhat): 원문은 '약이합덕(若爾合德)'이다.

다. 아삼은 오인도 경내에 위치하지 않는다. 영국인이 동인도에서부터 땅을 차지해나갔는데, 아삼이 벵골과 붙어 있었기 때문에 이곳에 덧붙여 기록한다.

살펴보건대 『서장지(西藏志)』[70]에 따르면 부탄의 동쪽, 공포(工布)[71]의 남쪽에 착라오로 이토족(戳猓烏魯爾兎族)이 살고 있는데, 바로 학유야인국(狢猶野人國)[72]이다. 그 종족은 노잡지(老卡止)로, 입술을 몇 군데 가르고 오색을 칠해 넣었으며, 동굴이나 나무 위에서 생활하면서 사냥을 해서 먹고 살았다. 아삼의 동북쪽 지역은 바로 학유야인국의 약간 남쪽에 위치하는데, 동쪽으로 운남 등월주(騰越州)[73] 변경의 구이(狄夷)·노이(猕夷)[74]와 접해 있다. 아삼의 동북쪽 지역 중에 전장과 인접하지 않는 지역은 학유야인국과 부탄에 가로 막혀 있어서 그렇고, 운남성[75]과 인접하지 않는 지역은 구이·노이에 가로 막혀 있어서 그렇다. 그러나 양쪽 변경과의 거리는 모두 그다지 멀지 않다.

마드라스[麻打拉薩] 마탑랄(馬搭剌), 만달라살(曼噠喇薩), 마달랍사대(馬達拉斯大)라고도 한다. 는 벵골의 서남쪽에 위치하는데, 도시가 해변의 모래언덕에 건설되어 파도가 거칠면 배를 접안하기가 상당히 어렵다. 영국 사람들은 이

---

70 『서장지(西藏志)』: 청나라 건륭 때 출판된 책으로, 『서장기(西藏記)』라고도 하며, 저자미상이다.

71 공포(工布): 지금의 티베트 자치구에 위치한 닝치(林芝市)의 옛날 명칭이다.

72 학유야인국(狢猶野人國): 학유는 락투(珞渝), 락유(洛瑜), 락우(珞隅), 락유(珞瑜)라고도 하는데, 남부지역이라는 뜻이다. 남부지역에 살고 있는 야인 즉 지금의 티베트 낙파족(珞巴族)이 살고 있는 지역으로 추정된다.

73 등월주(騰越州): 지금의 운남성 등충현(騰沖縣)이다.

74 노이(猕夷): 노자(怒子), 로자(潞子)라고도 하는데, 중국 소수민족의 하나이다. 운남성(雲南省) 노강(怒江) 유역에서 살고 있으며, 농경생활을 주로 한다.

75 운남성: 원문은 '전성(滇省)'이다.

곳에 주도를 건설하고 오로지 남쪽 지역만 관할한다. 원주민의 얼굴은 아주 새까맣고 몸이 민첩하고 재빠르며 온갖 잡기에 능하다. 카르나티크[76] 미국지도에서 보이는 갈납적(噶納的)이다. 는 5개 부락을 관할하는데, 북쪽의 노던서카스(Northern Circars),[77] 서령아파탄(西令牙巴坦)[78]이라고도 한다. 서쪽의 벨로르(Vellore),[79] 북랄리(北剌利)라고도 한다. 서남쪽의 코임바토르(Coimbatore),[80] 반아락(班牙樂)[81]이라고도 한다. 더 서쪽에 있는 말라바르(Malabar),[82] 골타파(骨他巴)[83]라고도 한다. 더 서쪽 해변에 있는 카나라(Canara)[84] 골타라리(骨他羅利)[85]라고도 한다. 가 그것이다. 노던서카스는 본래 인도의 대국으로, 일찍이 군대를 모집해 영국인을 몰아내려고 했었다. 영국인이 진격해 그 땅의 3분의 1을 빼앗았다. 가경(嘉慶) 3년(1798)에 다시 싸웠으나 영국에게 멸망당했다. 벨로르는 산꼭대기에 세워진 요새로, 구불구불한 길 하나밖에 없어서 병사 한 명이 관문을 지켜야 한다. 코임바토르는 포대가 견고하고 거리가 반듯하

---

76 카르나티크: 원문은 '가이나적(加爾那的)'이다.

77 노던서카스(Northern Circars): 원문은 '북서이가이(北西爾加耳)'로, 지금의 인도 안드라프라데시와 오디샤에 걸쳐 있다.

78 서령아파탄(西令牙巴坦): 세링가파탐(Seringapatam)으로, 지금의 인도 남부에 위치한 스리랑가파트나(Srirangapatna)이다.

79 벨로르(Vellore): 원문은 '파랍가(巴拉加)'로, 지금의 인도 타밀나두에 위치한다.

80 코임바토르(Coimbatore): 원문은 '가영파도이(哥英巴都爾)'로, 가임마도(歌壬麻都)라고도 한다. 지금의 인도 남부 타밀나두에 위치한다.

81 반아락(班牙樂): 지금의 인도 남서부 카르나타카주의 주도인 벵갈루루(Bengaluru)이다.

82 말라바르(Malabar): 원문은 '마랍파이(馬拉巴爾)'로, 지금의 인도 남부에 위치한다.

83 골타파(骨他巴): 지금의 인도 남동부 안드라프라데시주에 위치한 카다파(Kadapa)이다.

84 카나라(Canara): 원문은 '가나랍(加那拉)'으로, 지금의 인도 남서부 해안에 위치한다.

85 골타라리(骨他羅利): 지금의 인도 남부 타밀나두주에 위치한 쿠달로르(Cuddalore)이다.

고 넓으며, 안쪽에는 옛 왕궁이 있는데 영국에게 멸망당했다. 속지는 살렘 (Salem)[86]으로, 이곳 사람들은 대부분 천을 직조하고 초석(硝石)을 제조한다. 말라바르는 산봉우리가 울퉁불퉁하며, 죄인의 유배지이다. 카나라는 해안을 따라 한 줄로 늘어서 있으며 성내의 모든 가옥이 말끔하고 부유하기로 이름나 있다. 마드라스의 남쪽에 있는 퐁디셰리(Pondicherry)[87] 분적지려(奔的支黎), 분지리(笨支里)라고도 한다. 는 프랑스의 부두로, 프랑스는 미처 토지를 개척하지 못해 그저 퐁디셰리 한 성만을 관할할 따름이다.

뭄바이[孟買] 망매(網買)라고 하며, 광동에서는 항각(港脚)이라 부른다. 는 인도의 서쪽 지역에 위치하고 산과 바다를 끼고 있으며, 지형이 좁고 길다. 사람들은 부지런히 일하며, 태양을 숭배하고 불을 섬긴다. 시신은 장사를 지내지 않고 새에게 공양으로 바친다. 명나라 초에 포르투갈이 처음으로 항구를 열고 부두를 건설했으나 강희(康熙)[88] 초에 영국에게 빼앗겼다. 이 땅에서는 면화·후추·야자·산호 등이 난다. 상선이 아주 커서 짐꾼 2만 2500명을 태울 수 있다. 광동 최대의 상선들은 모두 뭄바이에서 온 것이다. 아우랑가바드(Aurangabad)[89] 일명 아맥대파(亞麥大巴)이다. 는 과거 회부의 큰 성으로, 인구가 10만 명이 넘었으나 지진이 나는 바람에 도시가 파괴되었기 때문에 뭄바이가 주도가 되었다. 동북쪽의 칸데시,[90] 미국지도에서 보이는 감록사(甘勒士)

---

86 살렘(Salem): 원문은 '살림(撒林)'이다.

87 퐁디셰리(Pondicherry): 원문은 '본지치리(本地治里)'이다.

88 강희(康熙): 청나라 제4대 황제 성조 애신각라현엽(愛新覺羅玄燁)의 연호(1661~1722)이다.

89 아우랑가바드(Aurangabad): 원문은 '아륭가파(痾隆加巴)'로, 지금의 인도 마하라슈트라에 위치한다.

90 칸데시: 원문은 '근적사(根的士)'이다.

이다. 서북쪽의 구자라트(Gujarat),[91] 남쪽의 비자푸르(Bijapur)[92] 세 지역을 관할한다. 뭄바이의 북쪽 해변에 위치한 수라트(Surat)[93]는 과거 상선이 모여들던 곳이었다. 성 안에 있는 동물원에서는 노쇠한 개와 소를 돌보고 있다. 상선이 뭄바이로 옮겨간 뒤로 수라트는 날로 쇠락해졌다. 칸데시 경내에 있는 푸나(Poona)[94]는 본래 마라타(Maratha)[95] 미국지도에는 마이와(馬爾窪), 마로말(馬盧襪)이라고 되어 있다. 의 수도로 가경(嘉慶)[96] 연간에 영국인에 의해 멸망했다. 이 땅에서는 아편이 가장 많이 난다. 비자푸르의 남쪽 해변에 있는 고아(Goa)[97] 일명 아아(俄亞)라고도 한다. 는 속칭 소서양(小西洋)이라고 하는데, 길이는 120리, 너비는 60리이다. 명나라 정덕(正德) 5년(1510)에 포르투갈이 이 땅을 점령해서 성과 방어시설을 세우고 이웃 지역을 복속시켰다. 포르투갈이 쇠락한 뒤로 그 지역의 무역도 시들해졌다. 또한 네덜란드가 점거했던 해변의 도시 코친(Cochin)[98] 고정(固貞)이라고도 한다. 역시 최근에 영국인의 차지가 되었다.

---

91 구자라트(Gujarat): 원문은 '고새랍덕(古塞拉德)'으로, 고사랍덕(古斯拉德)이라고도 한다. 지금의 인도 북서부에 위치한다.

92 비자푸르(Bijapur): 원문은 '배일불이(北日不爾)'로, 배사포이(北乍布爾), 미사포(靡渣布)라고도 한다. 지금의 인도 카르나타카주에 위치한다.

93 수라트(Surat): 원문은 '소소성(蘇疏城)'으로, 소랍적(蘇拉的)이라고도 한다.

94 푸나(Poona): 원문은 '포나성(埔拿城)'으로, 포나(布那), 포나(浦那)라고도 한다. 지금의 인도 마하라슈트라주에 위치한다.

95 마라타(Maratha): 원문은 '마랄타(馬剌他)'로, 마합라탑국(瑪哈喇塔國)이라고도 한다. 17세기 후반 무굴제국에 반대해 힌두교도들이 인도 중남부에 건설한 왕국이다. 18세기 인도 아대륙의 상당 지역을 다스렸던 국가로, 지금의 마하라슈트라 일대에 해당한다.

96 가경(嘉慶): 청나라 제7대 황제 인종 애신각라옹염(愛新覺羅顒琰)의 연호(1796~1820)이다.

97 고아(Goa): 원문은 '가말(痾襪)'로, 과말(科襪)이라고도 한다.

98 코친(Cochin): 원문은 '가진(可陳)'이다.

아그라[亞加拉] 미국지도에는 아이각랍(亞爾各拉)이라 되어 있으며, 액납특가극(額納特珂克)이라고도 한다. 는 오인도의 동서 정중앙에 위치한다. 원나라 때 몽골이 처음 인도 전역을 점거하면서 아그라를 수도로 삼았는데, 소위 말하는 중인도이다. 전각이 넓고 장엄하며, 백관의 관서가 모두 구비되어 있다. 성내에 탑이 있는데, 탑 꼭대기에 올라가면 사방 90리를 볼 수 있다. 성 밖에 몽골 옛 왕의 무덤이 있는데, 역시 탑처럼 생겼고 둘레는 수십 길이며, 화려하게 잘 정비되어있다. 성 사방에 포대를 쌓았는데, 모두 유리한 고지를 점하고 있다. 사람들은 모두 이슬람인으로 불교를 받들지 않는다. 과거에는 본래 대도시였으나, 몽골이 쇠락한 뒤로 황폐된 지 오래되었다. 최근에 들어 백성이 늘고 나라가 부강해지면서 무역이 다시 번성해졌다. 도광(道光) 13년(1837)에 영국인이 이 땅에 도시를 건설하고 아그라[99]라 불렀다. 동남쪽의 알라하바드,[100] 미국지도에서 보이는 아랍합판특(阿拉哈板特)이다. 북쪽의 델리,[101] 미국지도에서 보이는 섭리(聶離)이다. 최북단의 가르왈,[102] 미국지도에서 보이는 위료(威聊)이다. 서쪽의 아지메르(Ajmer)[103] 일명 아북득희(亞北得希)라고 한다. 네 지역을 관할한다. 아지메르는 본래 이슬람족의 큰 부락이었으나, 명나라 가정 5년(1526)에 사마르칸트 몽골의 칸이 무굴제국(Mughal Empire)[104]이다. 이 땅을 침략해 제국을 건설하고 230년을 존속했다. 무굴제국이 번성했을

---

99   아그라: 원문은 '지내성(地內省)'이다.

100   알라하바드: 원문은 '아랍합파(阿拉哈巴)'이다.

101   델리: 원문은 '덕렬(德列)'이다.

102   가르왈: 원문은 '고이와륵(古爾瓦勒)'이다.

103   아지메르(Ajmer): 원문은 '아일미이(亞日迷爾)'로, 지금의 인도 라자스탄주에 위치한다.

104   무굴제국(Mughal Empire): 원문은 '막와이(莫臥爾)'이다. 16세기 초부터 19세기 중반까지 지금의 인도 북부와 파키스탄, 아프가니스탄에 이르는 지역을 지배한 이슬람 왕조이다.

때 인도 여러 왕국이 모두 와서 조공했다. 후에 권신들이 집권하고 사방에서 적들이 쳐들어오자, 나약하고 무능한 국왕은 스스로 나라를 다스릴 수 없었다. 건륭 25년(1760)에 영국에 구원을 요청했다. 영국 군대가 채 오기도 전에 왕이 적군의 포로가 되었는데, 적군이 왕의 눈을 파내고 첫 걸음마를 배우는 무리드(Murid)[105]로 만들어 웃음거리로 삼았다. 영국인이 정예병을 이끌고 적군을 격파하면서 이에서 벗어났다. 그러나 이 땅이 영국의 관할지가 되면서부터 왕은 그저 궁에서 머물면서 영국의 봉록을 받고 종실을 지킬 수 있다는 것에 만족할 뿐이었다.

살펴보건대 오인도에는 영국 이외에 다른 나라의 부두도 몇 군데 있다. 프랑스의 관할지로는 퐁디셰리 이외에 카리칼(Karikal),[106] 카르나티크에 위치한다. 야남(Yanam),[107] 노던서카스에 위치한다. 찬다나가르(Chandannagar),[108] 벵골에 위치한다. 마에(Mahé)[109] 말라바르에 위치한다. 가 있다. 포르투갈의 관할지로는 고아 이외에 다만(Daman),[110] 구자

---

105 무리드(Murid): 원문은 '심도자(尋導者)'이다. 무리드는 원래 알라와의 합일을 추구하는 수피즘에서 이 목표에 도달하기 위해 수년간 스승의 가르침에 따라 수행하는 초심자를 말한다. 여기서는 왕의 눈을 멀게 해 마치 처음 걸음마를 배우는 사람에 비유해 이를 구경하면서 즐겼음을 의미한다.

106 카리칼(Karikal): 원문은 '가려가이부(加黎架爾府)'이다.

107 야남(Yanam): 원문은 '아나안부(牙那安府)'이다.

108 찬다나가르(Chandannagar): 원문은 '상덕이나가부(商德爾那哥府)'로, 창덕납과이(昌德納戈爾)라고도 하는데, 지금의 인도 서벵골주에 위치한다.

109 마에(Mahé): 원문은 '마흑부(馬黑府)'로, 지금의 인도 서쪽 해안에 위치한다.

110 다만(Daman): 원문은 '달몽(達蒙)'으로, 지금의 인도 서쪽 아라비아해에 위치한다.

라트에 위치한다. 디우(Diu),[111] 반다(Banda),[112] 카나코나(Canacona),[113] 비콜림(Bicholim),[114] 사타라(Satara),[115] 페르넘(Pernem),[116] 아사덕랍가이(阿斯德拉加爾), 파려(巴黎), 영파이파승(英巴爾巴升), 순달랍와적(順達拉瓦的),[117] 카콜렘(Kakolem)[118] 모두 해변의 작은 부락이다. 이 있다. 덴마크[119]의 관할지로는 세람푸르(Serampore),[120] 벵골에 위치한다. 트랑케바르(Tranquebar)[121] 카르나티크에 위치한다. 가 있다. 대체로 하나의 도시나 마을에 불과하며 간혹 해변에 위치한 땅의 경우 객상에게 임대해주면서 재물을 모았는데, 이는 땅을 할양해서 차지한 것이 아니기 때문에 역시 기록할 필요 없다.

실론(Seylon)[122] 석륜(錫侖)·서륜(西侖)·승가랄(僧伽剌)·능가산(楞伽山)·보저(寶渚)·칙의란(則意蘭)·칙의랍(則意拉)이라고도 한다. 은 남인도의 동남쪽에 위치하는 해상의 큰 섬이다. 면적은 사방 1천 리 남짓이고, 높은 산과 높은 언덕이 있으며, 근해는 지세가 낮다. 비가 자주 내리고 벼락이 많이 친다. 산천이 빼어

---

111 디우(Diu): 원문은 '적옥(的玉)'으로, 지금의 인도 서쪽 아라비아해에 위치한다.

112 반다(Banda): 원문은 '분달(奔達)'로, 지금의 인도 우타르프라데시주에 위치한다.

113 카나코나(Canacona): 원문은 '가나가납(加那哥納)'으로, 지금의 인도 고아에 위치한다.

114 비콜림(Bicholim): 원문은 '비저령(比這靈)'으로, 지금의 인도 고아에 위치한다.

115 사타라(Satara): 원문은 '살달리(薩達利)'로, 지금의 인도 마하라슈트라주에 위치한다.

116 페르넘(Pernem): 원문은 '비이응(比爾凝)'으로, 지금의 인도 고아에 위치한다.

117 아사덕랍가이(阿斯德拉加爾)…순달랍와적(順達拉瓦的): 미상.

118 카콜렘(Kakolem): 원문은 '가가랄(加哥剌)'로, 지금의 인도 고아에 위치한다.

119 덴마크: 원문은 '련국(嗹國)'이다.

120 세람푸르(Serampore): 원문은 '서림불이(西林不爾)'로, 서릉포이부(西棱布爾府)라고도 한다.

121 트랑케바르(Tranquebar): 원문은 '달랑급파이부(達郞給巴爾府)'이다. 지금의 인도 타랑감바디(Tharangambadi)이다.

122 실론(Seylon): 원문은 '석란(錫蘭)'으로, 석란산국(錫蘭山國)이라고도 한다. 지금의 스리랑카를 말한다.

나고 꽃과 나무가 많으며, 새소리는 듣기 좋고 풍경은 아름답다. 산림에 코끼리가 많아 원주민들이 코끼리를 소와 말처럼 이용한다. 사람들은 모두 불교를 숭상하면서 부처가 이 땅에서 태어났다고 한다. 인구는 많고 곡식이 부족해 인도 여러 지역에 의지해 먹고 산다. 산에서는 보석이 나고 해변에서는 명주가 나며, 이 땅에서 나는 계피는 광서(廣西)[123]산보다 품질이 뛰어나다. 전대 명나라 중엽에 포르투갈이 실론해구를 점거하고 부두를 설립했으나, 얼마 지나지 않아 네덜란드의 차지가 되었다. 가경 원년(1796)에 영국이 네덜란드를 몰아내고 해변의 땅을 모두 차지했다. 당시 실론은 왕이 잔혹해 민심을 잃은 상태였고, 해변에 위치한 수도 콜롬보(Colombo)[124]는 자주 영국의 침공을 받는 바람에 실론은 안에서부터 무너지고 망해, 섬 전체가 결국 영국의 차지가 되었다. 영국이 총독을 두어 섬을 진수하면서 상선이 모여드는 항구가 생겨났는데, 바로 트링코말리(Trincomalee)[125]이다.

『천하군국이병서(天下郡國利病書)』에 다음 기록이 있다.

실론은 고대의 낭아수(狼牙修)[126]이다. 수마트라에서 순풍을 타고 12일 밤낮으로 가면 도착할 수 있다. 이 나라는 땅이 넓고 인구가 조밀하며 자와에 버금갈 정도로 화물이 많이 모인다. 나라의 한 가운데에 높은 산이 있

---

123 광서(廣西): 원문은 '월서(粤西)'로, 지금의 광동성 서부 연해지역을 말한다.

124 콜롬보(Colombo): 원문은 '가륜파(可倫破)'로, 지금의 스리랑카 수도인 콜롬보이다.

125 트링코말리(Trincomalee): 원문은 '정가마리(停可馬里)'로, 정마리(丁馬里)라고도 한다. 지금의 스리랑카 동북 해안에 위치한다.

126 낭아수(狼牙修): 『양서(梁書)』에 기록된 고대 국가로, 랑카(Lanka)왕국이다. 랑카, 락디바(Lakdiva), 락비마(Lakbima) 등으로도 불리는데, 모두 섬이라는 뜻이다.

으며, 이 산의 정상에서 아골석(鴉鶻石)[127]이 난다. 큰 비가 내릴 때마다 보석이 부딪쳐 산 아래로 흘러 내려 사람들은 모래 속에서 보석을 주워 가졌다. 수나라 때의 상준(常駿)이 럼업(Lâm Ấp)[128]의 최서단에 갔다가 멀리서 이 광경을 보았다. 이곳 말로 높은 산을 실론[錫蘭]이라 부른 데서 나라 이름으로 부르게 되었다. 전하는 말에 따르면 석가모니가 대니코바르(Great Nicobar)[129]에서 와서 이 산을 등정했는데, 여전히 족적이 남아 있고 산 아래에 있는 절에 석가의 진신(眞身)과 사리가 보관되어 있다고 한다. 명나라 영락(永樂) 6년(1408)에 태감 정화(鄭和) 등을 보내 조서를 내려 그 왕 알라가코나라(Alagakkonara)[130]를 위무하면서 제기(祭器)[131]와 보번(寶幡)[132]을 가지고 가서 절에 보시했다. 「정화보시석란산불사비(鄭和布施石蘭山佛寺碑)」[133]를 세우고 국왕과 수장에게 차등을 두어 하사품을 내렸다. 알라가코나라왕이 자국의 험준함을 믿고 불복하자 정화는 그를 사로잡아 귀국하면서 왕족의 한 명

---

127 아골석(鴉鶻石): 스리랑카의 특산물인 사파이어로 추정된다.

128 럼업(Lâm Ấp): 원문은 '임읍(林邑)'이다.

129 대니코바르(Great Nicobar): 원문은 '가람서(迦藍嶼)'로, 취람서(翠藍嶼), 취란서(翠蘭嶼)라고도 한다. 지금의 인도 니코바르제도에 위치한다.

130 알라가코나라(Alagakkonara): 원문은 '아렬약내아(阿烈若奈兒)'로, 아렬고내아(亞烈苦奈兒)라고도 한다.

131 제기(祭器): 원문은 '공기(供器)'이다.

132 보번(寶幡): 불사에서 내거는 깃발을 말한다.

133 「정화보시석란산불사비(鄭和布施石蘭山佛寺碑)」: 원문은 '석비(石碑)'이다. 정화가 실론의 갈레(Galle) 섬에 세운 비석이다. 정화는 평온한 항해에 감사한다는 뜻으로 불사(佛事)를 개최하고 기념 비석을 세웠다. 비문은 중국어, 타밀어, 페르시아어로 새겨져 있는데, 중국어로는 정화가 항해인들이 기원하던 사원에서 공양을 했다는 사실과 불교 행사에 바친 물품의 품목들을 기록했고, 타밀어로는 중국 황제가 테나바라이 나야나르 신을 찬양한 내용을 기록했으며, 페르시아어로는 알라와 이슬람 성인의 영광을 찬양하는 내용을 기록했다.

인 현자 파라크라마바후 6세(Parakramabahu VI)[134]를 왕으로 세웠다. 영락 14년(1416)에 다시 참파·자와·믈라카·수마트라 등의 나라와 함께 들어와 조공했다. 정통(正統) 10년(1445)과 천순(天順) 3년(1459)에 다시 조공 들어왔다고 한다.

　　나는 미국인 데이비드 아빌이 "실론은 천축국이다. 지금은 오인도를 천축이라고 하는데, 이는 민간에서 잘못 계승한 것이다."라고 하는 것을 들은 적이 있다. 살펴보건대 『후한서』에서는 천축을 힌두로 보고 있는데, 하나의 섬 이름으로 인도 전체를 개괄한 것은 아닌 것 같다. 데이비드 아빌이 무엇을 근거로 이렇게 말했는지 모르겠다.

　　오인도의 중인도, 동인도, 남인도의 나라 대부분은 영국에게 멸망당하고 네 지역으로 분할되어 지배를 받고 있다. 또한 세금을 납부하고 속지로 칭해지는 10여 개국이 있는데, 옛날 이름을 그대로 사용하는 경우에도 영국에서 각각 총독을 파견해 주둔하면서 대신 국정을 다스렸다. 데칸국(Deccan)[135]은 일명 니잠(Nizam)[136] 니산(尼散)이라고도 한다. 미국지도에는 하이데라바드[海特爾拉蠻]라고 되어 있는데, 하이데라바드는 니잠의 주도이다. 또 미국지도에서 보이는 베라르는 그 속지이다. 이라고 하는데, 인도의 내지에 위치한다. 면적은 중인도와 남인도 각 지역 중에 가장 넓다. 국왕이 치적도 없으면서 호전적

134　파라크라마바후 6세(Parakramabahu VI): 원문은 '아파내나(亞巴乃那)'로, 야파내나(耶巴乃那)라고도 한다. 파라크라마바후 6세(재위 1410~1467)는 명나라에 의해 왕으로 세워졌으며, 재위 기간 내내 명나라와 경제적 관계가 좋았다.

135　데칸국(Deccan): 원문은 '덕간(德干)'으로, 지금의 인도 데칸고원에 있었던 고대 국가이다.

136　니잠(Nizam): 원문은 '니상(尼桑)'으로, 지금의 인도 데칸고원이다. 하이데라바드 군주인 니잠이 다스렸던 지역인 데서 니잠이라고 부른다.

이어서 백성들 대부분이 왕을 원망하고 배반한다. 사방에서 동시에 침략해왔을 때 영국이 병력으로 도와주어 겨우 멸망을 피할 수 있었지만, 결국 영국에게 투항하여 속국이 되었다. 이 땅은 날씨가 덥고 물산이 풍부하며 풍속이 아주 황음무도하다. 데칸은 5개의 지역으로 분할되었는데, 주도인 하이데라바드,[137] 미국지도에 보이는 하특이랍만이다. 비다르(Bidar),[138] 베라르,[139] 미국지도에 보이는 미륵이(米勒爾)이다. 아마드나가르(Ahmadnagar),[140] 비자푸르[141]가 그것이다.

나그푸르국(Nagpur)[142] 일명 납불방(納不邦)이라고도 한다. 은 데칸의 동북쪽에 위치하며, 면적은 데칸의 반 정도 된다. 평소 강도짓하고 약탈하는 것이 습속이라 날랜 기병들이 사방으로 나가서 인근 부락을 약탈했다. 영국이 힘으로 그들을 쳐서 항복시켜 지금은 속국이 되었다. 주도 역시 나그푸르로 나라 이름과 같다. 관할 통상지역으로 파가이(罷架爾),[143] 낭덕각(朗德

---

137 하이데라바드: 원문은 '해덕랍파(海德拉巴)'로, 해득랍파(海得拉巴)라고도 한다. 하이데라바드에는 골콘다 술탄국(1518~1687)이 존재했다.

138 비다르(Bidar): 원문은 '비덕이(比德爾)'로, 지금의 인도 비다르이다. 비다르 술탄국(1492~1619)은 바흐마니 술탄국의 옛 수도 비다르를 중심으로 존재했던 국가이다.

139 베라르: 원문은 '비랍이(比拉爾)'이다. 베라르 술탄국(1490~1574)은 데칸 고원에 존재했던 작은 술탄국으로, 1490년 비다르 술탄국에서 독립했다.

140 아마드나가르(Ahmadnagar): 원문은 '아와랑가파(亞瓦郎加巴)'이다. 아마드나가르 술탄국(1490~1636)은 1490년 비다르 술탄국으로부터 독립한 국가로 데칸 술탄국들 중에서 가장 빨리 독립한 세력이었다. 초반에는 데칸 술탄국들 중에서 가장 강력한 힘을 가지고 있었으나, 1636년 당시 무굴제국의 황자였던 아우랑제브의 공격을 받아 멸망하고 말았다.

141 비자푸르: 원문은 '배사불이(北乍不爾)'로, 배사포이(北乍布爾), 비고보이(比賈普爾)라고도 한다.

142 나그푸르국(Nagpur): 원문은 '나가불이(那哥不爾)'로, 지금의 인도 마하라슈트라주에 위치한다.

143 파가이(罷架爾): 미상으로, 패가이(覇架爾)라고도 한다.

各),[144] 찬드푸르(Chandpur),[145] 납등포이(拉登布爾),[146] 마합파(馬合罷),[147] 라이푸르(Raipur),[148] 쿠타크(Cuttack),[149] 와르하(Wardha)[150]가 있다.

라자스탄[151] 미국지도에서 보이는 이륵사포타랍(爾勒士布他拉)이다. 은 오데푸르(Odeypur)[152]라고도 하는데, 서인도에 위치하며 면적이 드넓고 광활하다. 서쪽지역은 사막이 많고 동쪽 지역은 토지가 아주 비옥하며 강과 하천이 농사에 필요한 물을 대기에 충분하다. 과거에는 대국으로, 일찍부터 부유하기로 유명했으나, 군사력이 부족해 영국에게 대적하지 못하고 항복하고 말았다. 이 지역은 9개 지역으로 분할되었는데, 자이푸르(Jaipur),[153] 코타(Kota),[154] 분디(Bundi),[155] 우다이푸르(Udaipur),[156] 조드푸르(Jodhpur),[157] 통크

---

144 낭덕각(朗德咯): 미상으로, 낭덕각(郎德各)이라고도 한다.

145 찬드푸르(Chandpur): 원문은 '소포이(昭布爾)'로, 지금의 방글라데시에 위치한다.

146 납등포이(拉登布爾): 지금의 방글라데시 랑푸르(rangpur)로 추정된다.

147 마합파(馬合罷): 미상.

148 라이푸르(Raipur): 원문은 '렬불이(列不爾)'로, 지금의 인도 차티스가르(chattisgarh)에 위치한다.

149 쿠타크(Cuttack): 원문은 '고달(古達)'로, 고달극(古達克)이라고도 한다. 지금의 인도 오디샤에 위치한다.

150 와르하(Wardha): 원문은 '위랍합이(威拉合爾)'로, 지금의 인도 마하라슈트라주에 위치한다.

151 라자스탄: 원문은 '랄일부덕(剌日不德)'이다.

152 오데푸르(Odeypur): 원문은 '오지(澳地)'로, 오덕보이(奧德普爾)라고도 한다. 지금의 인도 라자스탄에 위치한다.

153 자이푸르(Jaipur): 원문은 '일의불이(日宜不爾)'로, 지금의 인도 라자스탄에 위치한다.

154 코타(Kota): 원문은 '가달(哥達)'로, 지금의 인도 코타(혹은 Goda)를 말한다.

155 분디(Bundi): 원문은 '분적(奔的)'으로, 지금의 인도 라자스탄에 위치한다.

156 우다이푸르(Udaipur): 원문은 '아대불이(砢代不爾)'로, 가대포이(柯代布爾)라고도 한다.

157 조드푸르(Jodhpur): 원문은 '입덕불이(入德不爾)'로, 입덕포이(入德布爾)라고도 한다.

(Tonk),[158] 자이살메르(Jaisalmer),[159] 비카네르(Bikaner),[160] 팔리(Pali)[161]가 그것이다.

마이소르국(Mysore)[162] 매소(買素), 매소이(邁蘇耳)라고도 하는데, 미국지도에서 보이는 매약이(買若爾)이다. 은 남인도의 남쪽에 위치하며 본래 강국으로 이름나 있었다. 토지가 비옥하고 농사짓는 일에 아주 힘썼다. 왕[163]이 호전적이어서 여러 해 동안 쉬지 않고 사방의 이웃나라를 침범했다. 영국이 온 힘을 다해 싸워 그 땅을 차지하고 군사를 흩어놓자 결국 항복해 속국이 되었다. 주도 역시 마이소르로 나라 이름과 같다. 관할 통상지역으로는 벵갈로르(Bangalore),[164] 카다파(Kadapa),[165] 치트라두르가(Chitradurga),[166] 살렘(Salem),[167] 카르나타카(Karnataka)[168]가 있다.

아우드국(Oudh)[169] 미국지도에는 오눌(烏訥)로 되어 있고, 티베트에서는 분오자(盆

---

158 통크(Tonk): 원문은 '당극(當克)'으로, 지금의 인도 라자스탄에 위치한다.

159 자이살메르(Jaisalmer): 원문은 '일살이미이(日薩爾迷耳)'로, 지금의 인도 라자스탄에 위치한다.

160 비카네르(Bikaner): 원문은 '비가니이(比加尼爾)'로, 지금의 인도 라자스탄에 위치한다.

161 팔리(Pali): 원문은 '파적(巴的)'으로, 지금의 인도 라자스탄에 위치한다.

162 마이소르국(Mysore): 원문은 '매색이(買索爾)'로, 지금의 인도 남부 카르나티크주에 위치한다.

163 왕: 원문은 '왕(王)'으로, 하이데르 알리(Hyder Ali)이다. 하이데르 알리(1722~1782)는 마이소르의 이슬람 통치자이며 18세기 중엽 남인도에서 일어난 전쟁에서 큰 활약을 했다.

164 벵갈로르(Bangalore): 원문은 '방가라이(邦加羅爾)'로, 반가라이(班加羅爾)라고도 한다.

165 카다파(Kadapa): 원문은 '기나파등(幾那巴登)'이다. 지금의 인도 남동부 안드라프라데시주에 위치한 카다파로 추정되는데, 과거 마이소르 왕국의 지배를 받았다.

166 치트라두르가(Chitradurga): 원문은 '기덕이덕랍극(幾德爾德拉克)'으로, 지금의 인도 카르나타카주에 위치한다.

167 살렘(Salem): 원문은 '새랍(賽拉)'으로, 살랭(撒冷), 새륵모(塞勒姆)라고도 한다. 지금의 인도 남부 타밀나두주에 위치한다.

168 카르나타카(Karnataka): 원문은 '가랄이(哥剌爾)'이다. 인도 남서부 해안지방에 있는 주로, 옛 이름은 마이소르이다.

169 아우드국(Oudh): 원문은 '오덕(烏德)'으로, 지금의 인도 북부 우타르프라데시주에 위치한다.

烏子)라고 한다. 은 동인도의 북쪽 지역에 위치하며 네팔과 이웃하고 있다. 군사력이 부족해 영국에게 대적하지 못하고 항복해 속국이 되고 말았다. 수도는 러크나우(Lucknow)[170]이며 관할 통상지역으로는 페샤와르(Peshawar),[171] 카이라바드(Khyrabad),[172] 바라이치(Baraitch),[173] 단다(Danda)[174]가 있다.

시르힌드국(Sirhind)[175]은 북인도 수틀레지강(Sutlej R.)[176] 왼쪽에 위치하고 있는데, 원래는 시크(Seiks)[177]의 왼쪽 부락이었으나, 영국에 항복하고 속국이 되었다. 네 개의 지역으로 분할하고 각각 수장을 두어 다스렸으며, 파티알라(Patiala),[178] 다람살라(Dharamshala),[179] 루디아나(Ludhiana),[180] 암발라(Ambala)[181]가 그것이다.

---

170 러크나우(Lucknow): 원문은 '로각노(盧各瑙)'로, 지금의 인도 우타르프라데시주에 위치한다.

171 페샤와르(Peshawar): 원문은 '비살파이(非薩巴爾)'로, 지금의 파키스탄에 위치한다.

172 카이라바드(Khyrabad): 원문은 '기랍파(幾拉巴)'이다. 카이나바드 아와드(Khairabad Awadh)로 알려진 역사적인 도시로, 지금의 우타르프라데시주에 위치한다.

173 바라이치(Baraitch): 원문은 '파래지(巴來支)'로, 지금의 우타르프라이데시주에 속한다.

174 단다(Danda): 원문은 '단달(丹達)'이다.

175 시르힌드국(Sirhind): 원문은 '서림덕(西林德)'으로, 지금의 인도 북서부 펀자브에 위치하는 파테가르 사히브(Fatehgarh Sahib)의 옛 명칭이다.

176 수틀레지강(Sutlej R.): 원문은 '살덕륵지하(薩德勒至河)'로, 소특리걸하(蘇特里杰河), 살특루계하(薩特累季河)라고도 한다. 지금의 인도와 파키스탄에 위치한다.

177 시크(Seiks): 원문은 '새가국(塞哥國)'으로, 지금의 인도 북부에 위치한다.

178 파티알라(Patiala): 원문은 '파적아랍(巴的亞拉)'으로, 지금의 인도 북서부 펀자브에 위치한다.

179 다람살라(Dharamshala): 원문은 '달내살이(達內薩爾)'이다. 한때 펀자브의 영국령으로 편입되기도 했으며, 옛 땅은 지금의 인도 히마찰프라데시주에 위치한다.

180 루디아나(Ludhiana): 원문은 '랍적아납(拉的亞納)'으로, 로득살아나(盧得殺阿那)라고도 하는데, 지금의 인도 북서부 펀자브에 위치한다.

181 암발라(Ambala): 원문은 '옹파랍(翁巴拉)'으로, 지금의 인도 하리아나주에 위치한다.

분델칸드(Bundelkhand),[182] 보팔(Bhopal),[183] 홀카르(Holkar)[184]는 모두 중인도와 서인도에 있는 작은 나라로 신디아(Sindhia)[185]와 경계선이 맞물려 있으며, 스스로 자립할 수 없을 정도로 무능해 영국에 항복하고 속국이 되었다. 주나가드(Junagadh)[186]는 카티아와르반도(Kathiawar Peninsula)[187]라고도 하는데, 서인도 서남쪽 모퉁이에 위치하며 삼면이 바다와 인접해있다. 본래 노략질로 먹고 살았기 때문에 인도사람들은 이들을 도적의 괴수라고 불렀다. 강적의 핍박을 받아 영국에게 항복했다. 주도는 바도다라(Vadodara)[188] 일명 파라타(巴羅他)라고도 한다. 이다.

사타라국(Satara)[189]은 영국의 속국으로 데칸의 서남쪽에 위치하며 수도 역시 사타라로 나라 이름과 같다. 관할 통상지역으로는 마하발레슈와르(Mahabaleshwar),[190] 미라지(Miraj),[191] 판다르푸르(Pandharpur),[192] 합달니(合達尼)[193]가 있다.

---

182 분델칸드(Bundelkhand): 원문은 '방덕이간(邦德爾干)'으로, 지금의 인도 마디아프라데시주 북부에 위치한다.

183 보팔(Bhopal): 원문은 '파보이(波保爾)'로, 지금의 인도 중부 마디아프라데시주의 주도이다.

184 홀카르(Holkar): 원문은 '갈이가나(曷爾加那)'로, 갈이가이(曷爾加耳)라고도 한다.

185 신디아(Sindhia): 원문은 '신적아(新的亞)'로, 지금의 인도 신디아 지구이다.

186 주나가드(Junagadh): 원문은 '일과이(日瓜爾)'이다.

187 카티아와르반도(Kathiawar Peninsula): 원문은 '고의가와이(古宜加瓦爾)'이다. 지금의 인도 중서부 구자라트주에 위치한다.

188 바도다라(Vadodara): 원문은 '파라달(巴羅達)'이다. 시대에 따라 바라바티 · 바트파트라카 · 바로다라 등으로 불리었으며, 지금의 인도 중서부에 위치한다.

189 사타라국(Satara): 원문은 '살달랍(薩達拉)'으로, 지금의 인도 마하라슈트라주에 위치한다.

190 마하발레슈와르(Mahabaleshwar): 원문은 '마합비리석이(馬合比里昔爾)'로, 지금의 인도 마하라슈트라주에 위치한다.

191 미라지(Miraj): 원문은 '미려지(美黎至)'로, 지금의 마하라슈트라주에 위치한다.

192 판다르푸르(Pandharpur): 원문은 '반덕이불이(般德爾不耳)'로, 지금의 인도 마하라슈트라주 남부에 위치한다.

193 합달니(合達尼): 미상.

트라방코르국(Travancore)[194] 역시 영국의 속국으로, 남인도 최서남단의 곳에 위치하며 수도는 트리반드룸(Trivandrum)[195]이다. 관할 통상지역으로는 트라방코르, 푸텐키라(Puthenchira),[196] 퀼론(Quilon),[197] 알라푸자(Alappuzha)[198]가 있다.

시킴(Sikkim)왕국[199] 일명 자목웅(者木雄)이라고 한다. 은 동인도 북쪽경내에 위치하며, 네팔과 부탄 사이에 끼어 있다. 북쪽으로는 전장과 이어져 있고, 토지는 아주 협소하며, 인구는 5천~6천 명에 그치는데, 항복해 영국의 속국이 되었다. 이 이외에 중인도과 서인도에도 몇몇 작은 부락이 있는데 모두 영국의 관할 하에 있다.

살펴보건대 인도의 중인도, 동인도, 남인도의 여러 지역은 이미 모두 영국의 관할 하에 있다. 내지의 데칸 등 10여 왕국은 토지를 헌납하고 항복했는데, 그중 9개 왕국은 미처다 없애지는 못했지만, 각 왕국은 모두 영국 총독이 주둔하면서 대신 정사를 돌봤다. 나라 이름은 그대로 유지되었으나 멍하니 관부만 지키면서 망한 듯 그렇지 않은 듯 어정쩡한 상태에 놓여 있다가 결국에는 모두 멸망했을 따름이다.

브루그파(Brug-pa)[200] 부단(不丹)이라고도 한다. 는 전장의 정남쪽에 위치한다.

---

194 트라방코르국(Travancore): 원문은 '달랍왕가이(達拉王哥爾)'이다. 지금의 인도 남서단에 위치한 케랄라(Kerala) 지역에 18세기 초부터 20세기 중반까지 존재했던 왕국이다.

195 트리반드룸(Trivandrum): 원문은 '적리만덕릉(的里彎德稜)'이다.

196 푸텐키라(Puthenchira): 원문은 '파이가(波爾架)'로, 지금의 인도 케랄라주에 위치한다.

197 퀼론(Quilon): 원문은 '고란(固蘭)'으로, 지금의 인도 케랄라주에 위치한다.

198 알라푸자(Alappuzha): 원문은 '안임가(安任加)'로, 지금의 인도 케랄라주에 위치한다.

199 시킴(Sikkim)왕국: 원문은 '철맹웅(鐵孟雄)'으로, 서금(西金), 석금(錫金)이라고도 한다.

200 브루그파(Brug-pa): 원문은 '포로극파(布魯克巴)'이다.

북쪽 지역은 전장의 파이(帕爾)와 인접해있고, 동남쪽으로는 영국의 신개척지인 아삼과, 서남쪽으로는 벵골과, 서쪽으로는 시킴, 벵골과 경계하고 있다. 동서의 너비는 약 1500~1600리이고, 남북의 길이는 600~700리 정도된다. 이곳은 홍교라마의 총본산으로 전장과 후장에서 받드는 황교(黃敎)와 같다. 과거에는 브루그(Brug)[201]와 카드페(ka-dpe)[202] 두 종족으로 나뉘어 있었는데 옹정(雍正)[203] 연간에 두 종족이 서로 원수처럼 싸우다가 앞뒤로 전장에 투항했다. 패륵(貝勒)[204] 파라내(頗羅鼐)[205]가 화해를 청하면서 각자 사신을 보내 표문을 받들고 방물을 바쳐왔다. 후에 카드페는 브루그(부탄)에 합쳐져 하나의 나라가 되었다. 이 땅은 중국처럼 사계절이 온난한 것이 전장과 후장보다 훨씬 낫다. 토지가 비옥하고 호수와 강이 많아 오곡, 야채, 과일이 모두 잘 자라고 인구가 아주 많다. 면화·대황(大黃)·흑금(黑金)·문석(紋石)이 난다. 나라는 덕백랍사(德白拉乍) 부탄이다. 와 비사니(比斯尼) 카드페이다. 두 지역으로 나뉜다. 수도는 부탄에 위치하는 트라시강(Trashigang)[206] 『서장지』에는 팀부(Thimphu)[207]라 되어 있는데, 바로 국왕의 피서지이다. 국왕이 살고 있는 평탕

---

201 브루그(Brug): 원문은 '포로극(布魯克)'이다.

202 카드페(ka-dpe): 원문은 '갈필(噶畢)'로, kar-sbe라고도 한다. 부탄의 서쪽에 위치한 집단으로, 1730년에 부탄과의 분쟁을 통해 청나라에 도움을 청했다.

203 옹정(雍正): 청나라 제5대 황제 애신각라윤진(愛新覺羅胤禛)의 연호(1722~1735)이다.

204 패륵(貝勒): 원래는 만주족 귀족을 지칭했으나, 청대에 와서 황실 자손이나 공을 세운 사람에게 황실의 작위인 패륵 혹은 패자(貝子)를 내려 황실의 종실임을 의미했다.

205 파라내(頗羅鼐): 청대 티베트의 군왕이다. 본명은 쇄남다결(瑣南多結, 1689~1747)로, 티베트 강자(江孜) 출신이다.

206 트라시강(Trashigang): 원문은 '달서소돈(達西蘇敦)'으로, 부탄의 동부에 위치한다. 1950년대에 부탄의 팀부로 수도를 이전했다.

207 팀부(Thimphu): 원문은 '찰십곡종(札什曲宗)'으로, 지금의 부탄 수도이다.

(坪湯)은 팀부에서 2백 리 떨어져 있다. 으로, 티베트의 라마[208]가 오인도를 왕래할 때 대개 이곳을 거쳐 간다. 살펴보건대 부탄은 구르카(Gurkha)[209]의 동쪽에 위치하고, 그 중간에 시킴이 있다. 서양인들은 지도에서는 부탄을 오인도 뒤에 부록으로 달고 있지만, 책에서는 별도로 부탄국이라 부르며 오인도 내에 포함시키고 있지 않는데, 아마도 그 땅이 동쪽에 치우쳐져 있어 오인도의 경내에 포함시키지 않은 것 같다. 그래서 지금 이곳에 덧붙여 기록한다.

구르카 고이잡(庫爾卡)이라고도 한다. 는 본명이 네팔 니파이(尼巴爾), 니박랍(尼博拉)이라고도 한다. 로, 박타푸르국(Bhaktapur)[210] 파이포(巴爾布)라고도 한다. 혹은 백포(白布)라고도 불린다. 구르카는 네팔의 한 도시로, 사통팔달 지역에 위치해 있어 무역이 성하다. 그래서 그 이름이 유독 널리 알려졌는데, 이것은 서역의 코칸트(Qo'qon)[211]가 안디잔(Andizhan)[212]으로 불리는 것과 같은 것이다. 동인도의 북쪽에 위치하면서, 동쪽, 서쪽, 남쪽은 모두 영국 관할의 벵골·아그라와, 동쪽은 시킴과 경계하고, 북쪽은 후장과 이어져 있으며, 동서의 너비는 약 1600리이고, 남북의 길이는 약 400리이다. 과거에는 랄리

---

208 라마: 원문은 '라마(喇嘛)'이다.

209 구르카(Gurkha): 원문은 '곽이객(廓爾喀)'이다.

210 박타푸르(Bhaktapur): 원문은 '파륵포(巴勒布)'이다. 박타푸르는 신에 귀의한 도시라는 뜻이며, 쌀이 많이 생산되는 데서 바드가온(Bhadgaon)이라고도 한다.

211 코칸트(Qo'qon): 원문은 '오한(敖罕)'으로, 호한(豪罕), 곽한(霍罕)이라고도 한다.

212 안디잔(Andizhan): 원문은 '안집연(安集延)'이다. 지금의 우즈베키스탄 페르가나 계곡 동남부에 위치한다.

트푸르(Lalitpur)[213]·카트만두[214]·박타푸르[215]로 나뉘어져 있었고, 옹정 9년(1731)에 각각 금박 표문[216]을 올리고 공물을 바쳤으며, 후에 합병되어 하나의 나라가 되었다.[217] 건륭 56년(1791)에 후장을 침범해 타쉬룬포(Tashi Lhunpo)[218]를 함락시키고 노략질 한 뒤 돌아갔다. 상국(相國) 복문양공(福文襄公)[219]은 솔론(Solon)[220]의 정예 부대를 이끌고 토벌에 나서 적진 깊숙이 침투해 들어가 누차 승리하면서 적진의 도성을 압박했다. 이에 앞서 영국이 벵골을 멸망시키자 동인도의 많은 지역이 모두 영국에 항복했는데, 오직 구르카만이 혈전을 벌여 강역을 지키면서 잠식되지 않은 채 여러 차례 영국의 속지를 공격하고 있는 상태였다. 이때에 와서 영국은 중국이 진격해오고 있다는 소문을 듣자 역시 군대를 일으켜 구르카의 변방에서 소란을 일으켰다. 구르

---

213 랄리트푸르(Lalitpur): 원문은 '섭릉부(葉楞部)'이다. 파탄(Patan), 얄라라고도 하는데, 랄리트푸르는 미의 도시라는 뜻으로, 지금의 수도 카트만두 인근에 위치한다.

214 카트만두: 원문은 '포안부(布顔部)'로, 안포(雁蒲), 연포(延布), 아부(啞部)라고도 한다.

215 박타푸르: 원문은 '고목부(庫木部)'이다.

216 금박 표문: 원문은 '금엽표(金葉表)'로, 청나라 주변국들이 청의 황제에게 바치던 문서의 호칭이다.

217 과거에는…나라가 되었다: 15세기에 카트만두 분지 안에 말라(Malla) 왕조의 3개 왕국이 세워져 네와르족을 통치했으며, 각각의 수도가 카트만두, 박타푸르, 파탄(즉 랄리트푸르)이었다. 1769년 서부 고르카(Gorkha) 지방에서 발흥한 프리티비 나라얀 샤(Prithivi Narayan Shah) 왕이 카트만두 지역의 말라 왕조를 멸망시키고 고르카 왕조(Gorkha Dynasty)를 건설했다. 여기서는 이 내용을 줄여서 말하고 있다.

218 타쉬룬포(Tashi Lhunpo): 원문은 '찰십륜포(札什倫布)'이다.

219 복문양공(福文襄公): 가용공(嘉勇公) 복강안(福康安)으로, 문양은 시호이다. 복강안(754~1796)은 청대 중엽의 명신으로, 사천성, 감숙성 전투에서 공을 세운 후 1777년 만주의 독무에 임명되었다. 1780~1795년 사이에 중국의 여러 성(省)에서 총독을 역임했다.

220 솔론(Solon): 원문은 '색륜(索倫)'이다. 남방 퉁구스족의 일파로 아무르강의 남방에 분포한다.

카는 두려움에 떨며 대군에게 달려와 항복을 청하면서 이전에 약탈했던 모든 것을 반환하고 또한 반란의 주모자인 샤마르파(Shamarpa)[221]의 시신을 바쳤다. 조서를 내려 귀순을 허락하고 5년에 한 번 조공하며 사천을 경유해 북상하게 했다. 구르카의 북쪽은 설산과 인접해 있고, 설산은 하늘높이 치솟아 있으며 1년 내내 눈이 쌓여 있다. 토지가 비옥하고 보리와 밀·기장과 피·사탕수수·면화·단삼(丹參)·육구(肉蔻)가 난다. 사람들은 단신으로 날렵하고 힘이 세며 인구는 약 100여만 명 정도 된다. 가경 12년(1807)에 영국인과 소요를 일으키며 여러 해 동안 전쟁했다. 근년에 들어 다시 서로 공격하며 승패를 주고받았다. 이 나라 역시 얼굴에 문신을 하고, 채색 옷을 입고 이마에 칠을 하는데, 이와 같은 풍습은 인도의 여러 왕국과 같지만, 얼굴색은 되레 아주 검지는 않다. 민간에서는 불교를 숭상하고, 홍교라마와 황교라마의 예법도 남아 있지만 대권을 장악하지는 못했다. 나라는 9개 지역으로 구분된다. 네팔은 주도가 카트만두(Kathmandu)[222] 갑만사(甲曼士), 양포(陽布)라고도 한다.로, 그 나라의 수도이다. 염사한(念四汗)은 주도가 구르카이다. 염이한(念二汗)은 주도가 제이리(齊伊利)이다. 먹쿠완푸르(Makwanpur)[223]는 주

---

221 샤마르파(Shamarpa): 원문은 '사마이파(舍馬爾巴)'로, 티베트 불교의 한 학파인 카르마카규(Karma Kagyu) 홍모파(紅帽派)의 최고 지도자이다. 여기에서 샤마르파는 제10대 샤마르파인 미팜 초드럽 겸초(Mipam Chödrup Gyamtso)(1742~1793)를 말한다. 그는 제6대 판첸 라마 롭상 팔덴 예세(Lobsang Palden Yeshe)(1738~1780)의 의붓동생이다. 판첸라마가 건륭 46년(1781)에 입조하여 건륭제의 칠순을 축하하자, 건륭제가 후한 선물을 내렸다. 그런데 판첸 라마가 북경에서 죽으면서 그 선물을 형 중바 후툭투(Drunpa Khutukhtu)가 모두 차지하고 그를 홍교(紅敎)라고 배척하며 은혜를 베풀지 않았다. 이에 분노한 샤마르파가 중바 후툭투가 상세(商稅)를 증액하기 위해 소금에 흙을 섞었다는 구실을 대면서 구르카에게 도움을 청하자, 구르카는 그와 함께 중국의 변경을 침범했다.

222 카트만두(Kathmandu): 원문은 '가덕만도(加德滿都)'로, 지금의 네팔의 수도이다.

223 먹쿠완푸르(Makwanpur): 원문은 '마각왕불이(馬各王不爾)'로, 지금의 네팔에 위치한다.

도 역시 먹쿠완푸르이다. 기랍덕사(幾拉德斯)는 여러 부족이 나누어 차지하고 있어 주도 역시 한두 개가 아니다. 간다키(Gandaki)[224]는 주도가 희당(希當)이다. 자낙푸르(Janakpur)[225]는 주도 역시 자낙푸르이다. 사프다리(Saptari)[226]는 주도가 나랄가리(那剌加利)[227]이다. 아룬(Arun)[228]은 주도가 나랄가리이(那剌加利爾)[229]이다.

살펴보건대 구르카는 지형이 좁고 길며 강역이 넓지 않다. 영국이 벵골을 격파하고 멍석을 말듯이 거침없이 땅을 차지하고 멀리까지 나가면서 왕국들이 와해될 때 오직 구르카만은 스스로 강역을 지키면서 전혀 땅을 빼앗기지 않았다. 구르카는 음흉하고 꾀가 많으며 공수에 능한데, 이는 실제 인도 왕국 중에 최고이다. 그렇지만 의지할 만한 인근의 나라도 없이 홀로 강적을 대적하며 버텨내고 있으니, 역시 그 형세가 아주 위급하다. 구르카는 영국의 인도속지를 피릉(披楞) 혹은 이저(里底)라고 불렀다.

『서장지』 부록에 따르면 다음과 같다.
후장(後藏) 새이(塞爾)에서 10일을 가면 백목융(白木戎)이 나온다. 백목융은 납갈이한(納噶爾汗), 잡납(雜納), 여륭파(餘隆巴), 납불립(拉不立), 액랑납(額

---

224 간다키(Gandaki): 원문은 '가당(加當)'으로, 지금의 네팔에 위치한다.

225 자낙푸르(Janakpur): 원문은 '찰언불이(札言不爾)'로, 지금의 네팔에 위치한다.

226 사프다리(Saptari): 원문은 '살파대(薩巴帶)'로, 지금의 네팔 남동부에 위치한다.

227 나랄가리(那剌加利): 미상.

228 아룬(Arun): 원문은 '마륭(麼隆)'으로, 지금의 아루나찰프라데시주(Arunachal Pradesh)로 추정된다.

229 나랄가리이(那剌加利爾): 미상.

郎納), 애파(隘巴), 입파(立巴), 잡불립(雜不立)[230] 9개 지역을 관할한다. 그 땅은 소서천(小西天)[231]이라 불리는데, 동쪽으로는 주파(朱巴)와 인접해 있고, 남쪽으로는 대서천(大西天)[232]의 분오자(盆烏子)에 이르고, 서쪽으로는 백포(白布)에 이르며 북쪽으로는 후장의 일개자(日蓋子)에 이른다.

또 다음 기록이 있다.

백목융에서 서쪽으로 10일을 가면 대서천의 경계가 나오고, 여기서 다시 10일을 가면 비로소 소서천 불이아(不爾牙)의 왕궁에 이른다. 여기서부터 배를 타고 해상으로 반달 가면 바로 대서천에 도착한다.

내가 생각건대 대서천과 소서천은 본래 이역의 스님이 과장해서 부르던 명칭으로, 대체로 인도의 동북일대를 소서천이라 부르고 나머지를 대서천이라 칭하는 것 같다. 전장, 후장과 경계가 맞닿아 있는 곳은 동쪽에는 부탄이, 서쪽에는 구르카가 있고, 가운데는 작은 시킴왕국이 있을 뿐 별다른 대국은 없다. 『서장지』에서 말하는 "백목융은 동쪽으로는 주파에 이르고"에서 주파가 어느 곳인지는 모르겠고, "서쪽으로 백포에 이르며"에서 백포는 사실 구르카이다. "남쪽으로는 대서천의 분오자에 이른다."에서 분오자는 구르카 남쪽 이웃에 있는 아우드인 것 같다. 그런 즉 백목융은 백포이고, 백포는 구르카이다. 전후장과 인도는 설산을 경계로 한다. 설산은 산이 높고 골짜기가 깊으며, 가운데 내와 계곡이 있어 원래부터가 일대가 가지런하지 않고 담처럼 가로 걸쳐 있다. 중간에 작은 이민

---

230 납갈이한(納噶爾汗)···잡불립(雜不立): 미상.

231 소서천(小西天): 동인도를 말한다.

232 대서천(大西天): 중인도를 말한다.

족 부락이 있을 수도 있겠지만, 아주 큰 나라는 결단코 없으며 사람들도 모두 잘 모른다. 그래서 또 "백목융에서 20일 가면 불이아가 나오고 거기서 배를 타고 가면 대서천에 이른다."라고 운운한 것이다. 지금 살펴보건대 인도의 동쪽에서 바다로 들어갈 수 있는 곳은 벵골이 가장 가깝다. 여기서 말하는 불이아는 벵골이 틀림없다. 구르카에서 벵골까지 약 1천 리 정도 되기 때문에 백목융이 구르카임은 의심할 여지가 없다. 인도 번부(番部)의 지명은 본래 대부분이 황당하고, 여러 차례 번역을 거치면서 말하는 사람마다 달라졌으니, 진실로 이상할 것이 없다.

시크왕국[塞哥] 실국(悉國), 서각(西刻)이라고도 한다. 은 북인도의 대국이다. 서역에서는 카슈미르 가치미이(加治彌爾), 가지미이(加支迷爾), 협지미리(夾氏米里)라고도 한다. 라고 부르는데, 카슈미르는 시크의 또 다른 도시로, 시크는 예로부터 카슈미르를 국명으로 사용했으며, 『신당서』에서는 개실밀(個失密), 가습미라(迦濕彌羅)라고 했다. 『송사』에서는 가습미륵(迦濕彌勒), 원대에는 걸석미이(乞石迷耳)라고 했는데, 모두 카슈미르의 음역이다. 네팔이 구르카로 불리고, 코칸트가 안디잔으로 불리는 것과 같다. 동북쪽은 설산으로 둘러싸인 채 후장의 서쪽 변방과 이어져 있고, 서북쪽은 서역의 부하라와 인접해 있으며, 서쪽은 아프가니스탄·발루치스탄과 경계하고, 서남쪽은 신드와 경계하고 있으며, 동서의 너비는 약 1천 리이고, 남북의 길이는 약 2500리이다. 이 땅은 사계절이 온난하고 산수가 빼어나며, 비록 사막이 많기는 하지만 토지가 아주 비옥해 부지런히 농사짓고 인구는 3백만 명 정도 된다. 상인들은 멀리까지 잘 다녀서 서역·회강(回疆)[233]·후장 등 곳곳에 이들이 있다. 나라가 과거에는 수틀레지

233 회강(回疆): 청나라 때의 신강 천산남로(天山南路)를 지칭하기도 하고, 이슬람교를 믿는 소

강을 경계로 좌우 두 지역으로 나뉘었다. 강 왼쪽의 시르힌드국은 영국에 항복하여 속국이 되었다. 나머지 지역은 모두 강 오른쪽에 위치하며 각각 나와브(태수)를 두고 다스리면서 서로 간섭하지 않았다. 건륭 말에 노이(勞爾) 라호르[234]이다.의 란지트 싱(Ranjit Singh)[235]이 강 오른쪽의 여러 지역을 합병하여 시크왕국을 세우고, 또 인더스강을 건너 아프가니스탄의 여러 도시를 빼앗았다. 그 뒤를 이은 왕은 더욱 기백이 있고 용맹하여 유럽인을 장군으로 삼아 전승하며 여러 지역을 공격해 빼앗았기에 사방에서 두려워하며 복종했다. 도광 19년(1839)에 왕이 죽자 종손(宗孫)이 뒤를 이었는데, 간신들을 신임하여 권력이 그들의 수중에 떨어지는 바람에 나라가 갑자기 쇠락했다. 이에 앞서 영국이 벵골을 공격하여 멸망시키고, 승리를 틈 타 여러 지역을 위협해 항복시켰다. 시크왕국은 두 세대에 걸쳐 현명한 군주가 나와 나라를 부강하게 만들었기 때문에 영국인은 전쟁을 멈추고 우호관계를 맺으며 일찍이 그 땅에 뜻을 두지 않았다. 이때에 와서 어리석은 왕이 재위에 올라 그 틈을 탈 기회가 생기자 영국은 마침내 여러 해 동안 대대적으로 깊이 침투하여 영토의 절반 이상을 침략해 빼앗았다. 빼앗긴 지역이 어디인지는 상세하게 알려져 있지 않다.

수 민족을 가리키는 말로도 사용된다.

234 라호르: 원문은 '랄합(剌合)'이다.

235 란지트 싱(Ranjit Singh): 원문은 '임일성(林日星)'이다. 란지트 싱(1780~1839)은 시크 공동체 지도자의 아들로 태어나 13살 때 아버지가 죽자 그 자리를 물려받았다. 두 번의 정략결혼을 통해 독보적 지도자로 성장한 그는 20살 때인 1799년에 라호르를 점령하면서 세력을 키워 시크왕국을 건설했다. 세 차례의 마라타 전쟁에도 영국에 굴복하지 않은 왕국으로서 독립을 지켰다. 1839년에 그가 60세의 나이로 숨지자 시크왕국은 파벌들의 골육상잔으로 몰락했다.

시크왕국은 9개의 지역으로 나뉘는데, 중심도시는 펀자브(Punjab)[236]로, 라비강(Ravi R.)[237] 기슭에 도성을 세웠다. 라호르 랄합(剌合)이라고도 하며, 미국 지도에는 륵회(勒懷)로 되어 있다. 는 무역이 번성하여 나라 전체에서 가장 큰 도시가 되었다. 코히스탄(Kohistan)[238]은 주도가 납덕여이(拉德如爾)[239]이다. 카슈미르는 주도 역시 카슈미르이다. 체치(Chechi)[240]는 주도가 아톡(Attock)[241]이다. 암리차르(Amritsar),[242] 페샤와르(Peshawar),[243] 자이푸르(Jaipur),[244] 물탄,[245] 레이아(Leiah),[246] 데라이스마일칸(Dera Ismail Khan),[247] 데라가즈니칸(Dera Ghazi Khan),[248] 바하왈푸르(Bahawalpur)[249]는 주도 역시 암리차르, 페샤와르, 자이푸

---

236 펀자브(Punjab): 원문은 '본약(本若)'으로, 방차보(旁遮普)라고도 한다.

237 라비강(Ravi R.): 원문은 '랍유하(拉維河)'이다

238 코히스탄(Kohistan): 원문은 '고의사단(固宜斯丹)'으로, 과희사탄(科希斯坦)이라고도 한다. 지금의 아프가니스탄에 위치한다.

239 납덕여이(拉德如爾): 미상.

240 체치(Chechi): 원문은 '착저(着這)'로, 착자(着者)라고도 한다. 지금의 파키스탄 아톡 지구에 위치하는 체치로 추정된다.

241 아톡(Attock): 원문은 '아덕각(亞德各)'으로, 지금의 파키스탄에 위치한다.

242 암리차르(Amritsar): 원문은 '아살륵(亞薩勒)'으로, 지금의 인도 서부 펀자브주에 위치한다.

243 페샤와르(Peshawar): 원문은 '배조위이(北朝威爾)'로, 지금의 파기스탄 북부에 위치한다.

244 자이푸르(Jaipur): 원문은 '기이가이불이(幾爾加爾不耳)'로, 지금의 인도 북서부 라자스탄에 위치한다.

245 물탄: 원문은 '목이단(木耳丹)'으로, 지금의 파키스탄 펀자브주에 위치한다.

246 레이아(Leiah): 원문은 '륵아(勒亞)'로, 지금의 파키스탄에 위치한다.

247 데라이스마일칸(Dera Ismail Khan): 원문은 '덕륵의사마이이한(德勒義斯馬伊爾汗)'으로, 지금의 파키스탄에 위치한다.

248 데라가즈니칸(Dera Ghazi Khan): 원문은 '덕랍합서한(德拉合西汗)'으로, 지금의 파키스탄에 위치한다.

249 바하왈푸르(Bahawalpur): 원문은 '파합와이불이(巴合瓦爾不耳)'로, 지금의 파키스탄 펀자브에 위치한다.

르, 물탄, 레이아, 데라 이스마일 칸, 데라 가즈니 칸, 바하왈푸르이다. 도광 20년(1840)에 광동에서 번역되어 나온 영국 신문 [오문월보(澳門月報)]에 영국 군대가 아 프가니스탄[250]을 공격하고 러시아가 부하라[251]와 손을 잡고서 아프가니스탄을 취하려 한 다는 기사가 있었는데, 북인도를 차지하려는데 그 의도가 있다. 도광 26년(1846)에 영국 인이 북인도에서 군대를 동원해 후장과 인접하고 있는 서각(西刻)의 가치미이(加治彌爾) 를 손에 넣고 후장으로 가서 통상하려 한다는 말을 전해 들었다. 서각은 시크이고, 가치 미이는 카슈미르이다. 서양인이 제작한 지도에 의하면, 카슈미르는 시크의 최북단에 위 치한다. 영국인이 정말로 이곳까지 잠식했다면 이는 시크의 배후를 친 격으로, 시크는 잃 어버린 땅이 실로 많을 뿐만 아니라 또한 해 뜨면 사라질 아침 이슬처럼 위태로운 지경에 놓여 있는 것이다.

신디아[新的亞] 신지아(新地亞)라고도 한다. 는 중인도에 위치하고, 지형이 구 불구불하며, 영국인의 속지와 맞물려 있다. 본래 강도짓하고 약탈하는 것이 습속이라 날랜 기병이 출몰해 자주 영국인과 전쟁을 벌였다. 이 땅은 세 지 역으로 나뉘고, 각자 나와브를 두고 서로 간섭하지 않는다. 아그라(Agra) 아 그라의 옛 수도가 이미 영국령이 된 것으로 볼 때 이곳은 인도의 서남쪽 지역인 것 같다. 는 주도가 괄리오르(Gwalior)[252]로, [이 왕국의] 수도이기도 하다. 칸데시[253]는

---

250 아프가니스탄: 원문은 '아부안니(阿付顔尼)'이다.

251 부하라: 원문은 '목합랍(木哈臘)'이다.

252 괄리오르(Gwalior): 원문은 '과리이(瓜利爾)'로, 조홀(鳥忽), 오아미록(吳亞未鹿)이라고도 한다.

253 칸데시: 원문은 '간덕의지(干德宜至)'로, 감적십(坎迪什)이라고도 한다.

주도가 보팔[254]이다. 말와[255] 미국지도에서 보이는 마이와(馬爾窪)로, 마랄타(馬剌他)라고도 한다. 수도가 이미 영국령이 된 것으로 볼 때, 이곳은 인도의 동북쪽 지역인 것 같다. 는 주도가 우자인(Ujjain)[256]이다. 말와는 아편의 총집산지로, 매년 2만여 상자의 아편을 수출한다.

신드[257] 미국지도에서 보이는 아포이신(阿布爾信)이다. 는 서인도의 최서남쪽 구석에 위치한다. 북쪽으로는 시크와, 서쪽으로는 발루치스탄과 경계하고, 남쪽으로는 아라비아해와 접해 있으며, 인더스강이 이곳을 경유해 바다로 들어간다. 남북의 길이는 약 1천 리이고, 동서의 너비는 약 5백 리이다. 수도는 하이데라바드이며, 이 나라는 아직 영국령이 아니다.

살펴보건대 이상의 5개국 가운데 부탄만이 동쪽에 치우쳐 있어 오인도의 경내에 위치해 있지 않다. 그러나 동쪽, 서쪽, 남쪽 삼면이 모두 영국이 새로 개척한 땅 사이에 끼어 있어 역시 위태롭다. 구르카는 날래고 용맹해서 자립할 수 있었으며, 또한 교활한 마음으로 다른 나라를 침입하고자 하니 실로 영국이 마주한 동쪽의 강적이다. 시크는 강역이 넓고 군사가 강하며, 신디아는 몸이 날래고 가벼워 싸움을 잘하며, 신드는 멀리 변방에 떨어져 있고, 노나라의 얇은 비단[258]과는 달리 힘도 세며, 또한 강노지말(強弩之

---

254 보팔: 원문은 '불랑불이(不郞不爾)'로, 박파이(博帕爾)라고도 한다.

255 말와: 원문은 '마로말(馬盧襪)'로, 말이와(馬爾瓦)라고도 한다.

256 우자인(Ujjain): 원문은 '아일음(痾日音)'으로, 오고인(烏賈因), 옹음(翁音)이라고도 한다. 고대 아반티왕국의 수도로, 지금의 인도 마디아프라데시에 위치한다.

257 신드: 원문은 '신지(信地)'로, 신덕(信德), 신저(新低)라고도 한다.

258 노나라의 얇은 비단: 원문은 '노호(魯縞)'로, 『한서』 「한안국전(韓安國傳)」에 나오는 말이다. 강노(強弩)로 쏜 화살도 끝에 가서는 기세가 쇠약해져, 노(魯)나라에서 생산하는 얇은 비단도 뚫지 못한다는 의미로, 여기서 신드가 노나라의 얇은 비단처럼 힘이 없지 않다는 것을

末)²⁵⁹의 위치에 놓여 있기 때문에 세 나라는 요행히 아직 망하지 않았다. 그러나 최근에 들어 시크는 강역의 절반을 잃어버렸다. 또한 신디아는 [강역의 일부가] 영국령에 포함되어 있어 사방에서 적의 공격을 받고 있다. 내 침대 옆에서 다른 사람이 코를 골며 자는 것을 받아들이기 어려우니²⁶⁰ 안릉국(安陵國)²⁶¹이 혼자 살아남을 수 있을지는 아직 알 수 없다. 만약 신디아가 끝내 버티지 못한다면 입술이 사라진 신드를 점령하는 것은 티끌을 줍는 것처럼 쉬울 것이다. 오인도 전체가 영국의 차지가 되는 것은 이미 마음먹은 일이다.

의미한다.

259 강노지말(強弩之末): 『한서』 「한안국전」에 나오는 말로, 즉 강노로 쏜 화살도 마지막에는 힘이 떨어져 맥을 못 쓰듯 아무리 강한 힘이나 세력도 시간이 흐르면 쇠퇴하기 마련임을 의미한다. 여기서는 강한 화살 즉 영국의 힘이 이곳까지 미치지 못했음을 말하고 있다.

260 내 침대 옆에서 다른 사람이 코를 골며 자는 것을 받아들이기 어려우니: 원문은 '와탑지방, 난용한수(臥榻之旁, 難容鼾睡)'로, 송대 악가(岳珂)의 『정사(桯史)』에 나오는 말이다. 960년 후주(後周)의 조광윤(趙匡胤)이 쿠데타를 일으켜 송나라를 세운 뒤에 아직 항복하지 않고 있는 남당(南唐)의 후주 이욱(李煜)에게 송나라의 수도 변경(卞京)으로 인사를 드리러 오라고 했다. 억류될 것을 두려워한 이욱은 병을 핑계로 가지 않았고, 조광윤은 이를 구실로 남당 정벌에 나섰다. 이욱은 방어에 나서는 한편 외교사령에 능숙한 서현(徐鉉)을 보내 설득하게 했다. 조광윤을 만난 서현은 "작은 나라가 큰 나라를 받드는 것은 아들이 부모를 봉양하는 것과 같거늘 아무런 죄도 없는데 어째서 토벌에 나선 것입니까?"라고 물었다. 뭐라 할 말이 없었던 조광윤은 딱 잘라 말했다. "여러 말 필요 없다. 남당에 무슨 죄가 있겠는가만 자고이래로 천하가 한 집이거늘 내가 잠자는 침대 옆에서 다른 사람이 코를 골며 자는 것을 어찌 용납할 수 있겠는가?" 즉 다른 사람이 마음대로 자신의 이익을 침범하는 것을 이르는 말이다. 여기서는 인도의 여러 지역을 점령한 영국이 신디아를 그냥 내버려둘 수 없음을 비유한 말이다.

261 안릉국(安陵國): 『설원(說苑)』 「봉사(奉使)」에 보면, 시황제가 된 진왕 정(政)이 안릉군(安陵君)에게 다른 곳의 땅 사방 5백 리와 안릉의 땅 사방 5십리를 맞바꾸자고 했다. 안릉군이 당저(唐雎: 唐且)를 사신으로 보내 이를 거절했다. 아무리 달래도 듣지 않자 진왕은 크게 노했다. "천자의 분노를 모르는가?" 당저가 모른다고 하자 진왕이 "천자가 한 번 노하면 시체가 1백만, 그 피가 1천 리에 흐르오!"라고 말했다. 그러자 당저가 "대왕께서는 선비의 분노를 모르십니까?"라고 이야기하면서 전제(專諸), 요리(要離), 섭정(聶政)의 이야기를 한 다음 말했다. "지금 한 사람이 더 늘게 되었습니다"라고 하면서 당저는 비수를 만지고 일어나 진왕을 노려보았다. 여기서 안릉국은 신디아의 처지를 비유하고 있다.

전장은 부탄을 병풍으로 삼고 있고, 후장은 구르카를 병풍으로 삼고 있다. 이 두 병풍이 걷히면 전장과 후장은 바로 영국과 접경지대에 놓인다.

오인도는 아시아의 한 지역으로 정남 방향[262]에 위치한다. 북쪽은 설산이 길게 이어져 있고, 남쪽은 바다 쪽으로 깊숙하게 쑥 들어가 있으며 면적은 1만 리 정도 된다. 한나라 무제가 힌두스탄을 거쳐 박트리아(Bactria)[263]와 왕래하고자 했지만, 흉노에 의해 차단되었다. 중국의 서남쪽 오랑캐에 대한 역사(役事)가 이로부터 일어났다. 그러나 한 사람의 사신[264]도 결국 항하(恒河) 갠지스강이다. 를 건너 서쪽으로 출발할 수 없었다. 동한(東漢) 때 현종(顯宗)[265]이 불법을 구하면서 처음으로 사신을 보냈으며, 이때부터 점차 왕래하며 조공했다. 당대에는 더욱 빈번하게 왕래했다. 북송 때에도 누차 와서 조공했다. 원나라 태조가 막북(漠北)[266]에서 일어나 금(金)나라의 본토를 다 평정하기도 전에 먼저 서쪽 땅을 개척해 인도의 서북쪽에서부터 이리저리 옮겨 다니며 남쪽까지 갔다. 헌종이 이를 계승해 오인도 전체를 모두 차지하게 되었다. 옛날부터 황량하고 미개한 지역으로 사신을 보내 지도편달해서 형제[267]처럼 막역하게 지냈으니, 그 공적이 가히 기이하다 할 수 있겠다. 애석하게도 그 땅의 일부지역은 풍속을 변화시킬 수 없었다. 종왕과 국척이 멀리서

---

262 정남 방향: 원문은 '오위(午位)'이다.

263 박트리아(Bactria): 원문은 '대하(大夏)'이다. 중앙아시아의 고대 국가로 힌두쿠시와 아무다리야강 사이에 위치한다.

264 한 사람의 사신: 원문은 '단거지사(單車之使)'로, 혼자 출사(出使)하는 사신을 말한다. 이릉(李陵)의 「답소무서(答蘇武書)」에 보면 "전에 족하께서는 단거로 한 나라의 사신이 되어 만승의 오랑캐 땅에 가셨습니다(且足下昔以單車之使, 適萬乘之虜)."라는 문장이 있는데, 여기서 나온 말이다.

265 현종(顯宗): 동한 제2대 황제 유장(劉莊, 23~75)으로, 명제(明帝)를 말한다.

266 막북(漠北): 고비 사막 이북인 현재의 외몽골 지방을 말한다.

267 형제: 원문은 '안행(顏行)'으로, 안행(雁行)을 말한다. 본래는 나란히 행렬을 맞춰 날아가는 기러기란 뜻이나, 후에 형제라는 의미로 사용하게 되었다.

오랑캐의 봉지를 하사받아 변발을 하고 두 다리를 뻗고 편안하게 지내도 임효(任囂)와 위타(尉佗)가 다스렸던 남월(南越) 지역[268]이 절로 태평해졌다. 원나라의 정치가 쇠퇴하고 명성과 위엄이 단절되자 여러 지역의 수장들이 대부분[269] 몽골의 후예인 척 했지만 과거의 미개한 지역과 크게 다를 바가 없었다. 유럽 각 나라가 인도에 거주하기 시작한 것은 명나라 중엽부터로, 포르투갈을 필두로 네덜란드·프랑스·영국이 그 뒤를 이어 왔는데, 모두 거액을 들여 해변의 작은 땅을 사들이고 부두를 세웠다. 원주민들은 아주 어리석어 그 조짐을 알아채지 못했다. 영국은 점차 각 항구에 포대를 건립하고 병사를 옮기고 수비대를 만들며, 정예병을 기르고 계략을 세워 때를 기다려 움직였다. 벵골의 경우 한 번에 평정하기 어려웠기에 마침내 전력을 다해 진격하자 여러 지역이 잇달아 닭이 홰를 치듯 푸덕거리며 썩은 나무를 꺾듯이 쉽게 넘어왔다. 이에 오인도의 여러 왕국 가운데 열에 아홉이 무너졌으니 슬프도다! 영국인들은 오인도를 차지한 뒤에 세금을 징수하고 군사를 양성하며 날로 부강해졌다. 오인도의 육로는 서장의 남쪽 강역·운남성의 서쪽 강역과 거의 붙어 있기는 하지만 구름다리를 놓고 줄을 매달아 건너 왕래하기가 쉽지 않다. 뱃길로는 벵골에서 광동까지 20일 정도면 도착할 수 있다. 근자에 영국의 화물선이 인도에서 오는 경우가 열에 예닐곱이다. 지난날의 오인도는 만나려고 해도 불가능했는데, 지금의 오인도는 연락하고 싶지 않아도 그럴 수 없다. 시대의 추세는 진실로 예상할 수 있는 바가 아니다.

---

268 임효(任囂)와 위타(尉佗)가 다스렸던 남월(南越) 지역: 원문은 '효타(囂佗)'이다. 진시황이 천하를 통일한 뒤 광동(廣東)과 광서(廣西)에 진출하고 임효를 남해군위(南海郡尉)로 파견했다. 진시황 사후 이세황제 호해의 폭정으로 진나라가 혼란에 빠지자 임효와 그의 부하 위타는 진나라로부터의 독립을 꾀했다. 임효가 병사한 뒤 위타는 계림군과 상군을 비롯한 남방 3군을 통합해서 남월을 세우고 초대 왕이 되었다. 남월은 기원전 203년부터 기원전 111년에 걸쳐 5대 93년 동안 중국 남부에서 베트남 북부에 존재했던 왕국이다. 위타(B.C.207~B.C.137)는 본명이 조타(趙佗)로, 진나라의 군위라는 의미로 위타라고 불렸다.

269 대부분: 원문은 '강반(強半)'이다.

영국이 인도에 [건설한] 항구로는 벵골이 가장 번창했고, 뭄바이가 그 다음이며, 또 마드라스가 그 다음이다. 영국 본국의 상선과 유럽 여러 나라의 배가 매년 수천 수백 대 가 왕래하는데, 세은(稅銀)으로 매년 1천여만 냥을 거둬들였다. 그러나 군대를 지나치게 양성해서 여기에 드는 비용을 제하면 남는 것이 거의 없다.

중국의 천은 예전에는 모두 마로 짰다. 원나라 태조의 인도 원정 이후 목화씨 **목화는 처음에는 길패(吉貝)라고 불렀다.** 를 얻어 중국 땅에 널리 전해져서 지금까지 그 옷이 구 주(九州)를 덮고 있으며, 그 공이 뽕나무와 마를 뛰어넘어 큰 이익을 가져다주었다. 이어 아편의 해독 역시 인도에서 나왔다. 오인도의 여러 지역에서 모두 아편이 생산되는데, 그 중에 가장 많이 나오는 곳은 마라타이다. **사천의 남쪽, 운남의 서쪽이 인도와 가깝기 때 문에 이곳에서도 양귀비를 재배하는 자들이 있다.** 아편은 두 종류로 나뉘는데, 둥근 것은 대토(大土)로, 값이 비싸며 벵골, 마드라스에 집하한다. 조각은 소토(小土)로, 가격이 저렴 하며 뭄바이에 집하한다. 오인도의 화물은 유독 목화와 아편이 가장 많다. 요 몇 해 사이 마침내 아편을 위주로 매년 수만여 상자를 수출한다. 우주의 덧없고 불길한 기운이 유독 인도[佛國]에 번지고 있으니, 어찌 이리도 괴이한가!

회강의 야르칸드(Yarkand)[270] 등지에는 때로 카슈미르, 힌두스탄 두 지역의 사람들이 왕래하며 무역을 한다. 『서역문견록(西域聞見錄)』에 의하면, 두 지역은 모두 이슬람 대국 으로 야르칸드에서 남쪽으로 60여 일 정도 가면 카슈미르에 이르고, 다시 40여 일 정도 가면 힌두스탄에 도착한다고 한다. 지금 고찰해 보건대, 카슈미르는 바로 시크로 북인도 의 대국이다. 힌두스탄은 오인도의 총칭으로, 부락이 많아서 서역에서는 분별할 수 없었 기 때문에 카슈미르 외에는 힌두스탄으로 대강 불렀을 따름이다. 또한 "양광(兩廣), 복건 의 물산은 왕왕 힌두스탄을 거쳐 회강에 팔렸다"라고 하는데, 이는 이상할 것이 없다. 힌

---

270 야르칸드(Yarkand): 원문은 '섭이강(葉爾羌)'이다.

두스탄의 벵골, 뭄바이는 모두 영국의 큰 항구로 복건, 광동의 물건이 산처럼 쌓여 있다. 두 곳에서 회강에 이르는 길은 모두 상인들이 통행하는 익숙한 길이니, 화물을 다른 곳으로 운송하는 것도 참으로 편하다.

사청고(謝淸高)의 『해록(海錄)』에 다음 기록이 있다.

명하라(明呀喇) 벵골이다. 는 원주민 몇 종족이 있는데, 벵골족(Bengalis),[271] 후글리족(Hugli),[272] 브라만족(Brahmans)[273]이 그것이다. 벵골족이 비교적 많으며 브라만족이 특히 부유하다. 벵골족은 소를 먹고 돼지를 먹지 않으며, 후글리족은 돼지를 먹고 소를 먹지 않으며, 브라만족은 모두 먹지 않는다. 부자들은 의식주가 영국과 아주 비슷해 화려한 것을 숭상했다. 반면에 가난한 사람들은 남녀 모두 집에서는 벌거벗은 채 몇 치의 천으로 허리를 두르고 배꼽 아래에서부터 엉덩이 뒤쪽까지 줄로 묶어 하반신을 가렸는데, 남녀 모두 그러했으며, 이를 수만(水幔)이라 불렀다. 이것은 말레이족 풍속과 같다. 외출할 때는 [이보다] 조금 넓은 폭의 천을 둘렀으며, 경사가 있으면 좁은 소매에 땅에 끌릴 정도의 긴 옷을 입었다. 2자 길이의 흰 천으로 머리를 감싸고 기름을 몸에 골고루 발랐다. 가옥에는 모두 소똥을 발랐다. 민간에는 무늬 있는 소라 껍데기를 패화(貝貨)로 썼는데, 교역을 할 때도 사용했다. 아내를 맞이할 경우는 모두 민며느리를 들였고 남편이 죽으면 재가하지 않고 머리를 깎고 산다. 서로 다른 종족끼리는 혼인하지 않았다. 남자는

---

271 벵골족(Bengalis): 원문은 '명하리(明呀哩)'이다.

272 후글리족(Hugli): 원문은 '하리(夏哩)'이다.

273 브라만족(Brahman): 원문은 '파람미(吧藍美)'이다.

가슴에 몇몇 작은 표식을 하고 이마에는 문신을 새겼으며 여자는 모두 코를 뚫어 고리를 달았다. 브라만족은 죽으면 땅에 장사를 지냈고 나머지 종족들은 모두 물에 던졌다. 나이 들어 죽으면 자손과 친척들이 물가에서 전송하는데, 다 같이 모여 통곡하고 각자 손으로 망자의 시신을 만지고 손바닥을 뒤집어 직접 핥으면서 사랑을 표현한다. 이 모든 일이 끝나면 시신을 물에 던지고 급하게 달려 집으로 돌아오는데 먼저 도착하는 것을 길하게 여겼다. 벵골족 중에는 간혹 화장(火葬)을 하는 이도 있고, 특히 부부 금실이 돈독했던 이들은 남편이 죽으면 부인이 순장을 맹세하는 경우도 있다. 먼저 들판에 땔감을 쌓고 남편의 시신을 그 위에 놓고 불을 피우면 여자는 가지고 있는 금은보석의 장신구를 몸에 다 걸치고 불 주위를 돌면서 통곡한다. 친척들 역시 따라 울면서 몹시 애통해 했으며, 시신이 거의 다 타면 부인은 두르고 있던 장신구를 모두 떼 내어 친했던 사람들에게 나누어 주고 나서 불 속으로 뛰어 들었다. 사람들은 존경할 만한 일이라 칭찬하면서 화장이 끝나기를 기다렸다가 모두 돌아갔다. 매년 3, 4월이면 사람들이 사당에 모여 제사를 올리는데, 문밖에 먼저 직목(直木) 하나를 세우고, 다시 다른 나무 하나를 가져와 중간 정도 되는 위치에 구멍을 뚫어 이것을 직목 위에 가로로 꽂아 망자가 전생할 수 있게 했다. 횡목의 양쪽은 각각 새끼줄을 이용해 쇠고리 두 개를 매단다. 벌거벗은 몇몇 사람이 긴 폭의 천으로 하반신을 두른 채 손에 바구니 하나를 묶는다. 바구니 안에 각종 제철과일을 담고 그 아래에 선다. 사람들은 먼저 두 사람을 골라 횡목의 양쪽 끝에 달려 있는 쇠고리를 그 사람의 등 양쪽에 걸어 공중에 띄운다. 손과 발이 벌어지면서 새가 날고 있는 형상을 하게 되는데, 그때 구경꾼들이 횡목을 들어 서로 돌린다. 그 사람이 바구니 안에 있는 과일을 꺼내 땅에 던지면

340

사람들이 다투어 줍는다. 과일이 떨어지면 다시 두 사람을 바꿔 단다. 사람들은 이를 고통으로 생각하지 않고 모두 즐거워하며 웃는다. 과일을 주운 사람은 과일을 들고 집으로 돌아와 가장이나 병자에게 주면서 천신이 하사했다고 생각했다. 이 땅에서는 면화·아편·화약·우황(牛黃)·설탕·해삼·대모·카카오·단향이 난다. 아편은 두 종류가 있는데, 하나는 공반(公班)으로 색이 검고 최상품이며, 다른 하나는 파제고라(叭第咕喇)로 색이 붉고 차상품으로, 모두 중국인들이 말하는 오토(烏土)이다. 벵골의 속읍인 팔단나(叭旦拏) 파트나(Patna)[274]에서 생산되었다. 마드라스에서도 역시 두 종류의 아편이 난다. 하나는 금화홍(金花紅)으로 상품(上品)이고 또 하나는 유홍(油紅)으로 차상품이다. 마라타(Maratha)[275]와 잔지라(Jangira)[276]에서 나는 아편은 압시홍(鴨屎紅)으로, 중국인들이 말하는 홍피(紅皮)이다. 뭄바이와 카티아와르(Kathiawar)[277]에서 나는 아편은 백피(白皮)이다.

만달라살(曼噠喇薩) 마드라스이다. 은 벵골의 서남쪽에 위치한다. 후글리(Hoogli)[278]에서 해안을 따라 육로로는 20여 일을 가면 되고, 뱃길로는 순풍을 타고 약 5~6일을 가면 되는데, 역시 영국의 큰 항구이다. 성곽이 있으며, 이 땅의 객상은 대부분 아라비안(Arabian)[279]으로, 광동에서 삼각 모자를 쓰

---

274 파트나(Patna): 원문은 '팔나(八拿)'이다.

275 마라타(Maratha): 원문은 '마랍타(馬拉他)'이다.

276 잔지라(Jangira): 원문은 '앙기리(盎曦哩)'로, 임길랍(任吉拉)이라고도 하는데, 지금의 인도 서해안 뭄바이 남쪽에 위치한다.

277 카티아와르(Kathiawar): 원문은 '즉두(喞杜)'로, 지금의 인도 서북쪽 해안에 위치한다.

278 후글리(Hoogli): 원문은 '갈지리(葛支里)'로, 인도 서벵골주 후글리강 하구 일대를 가리킨다.

279 아라비안(Arabian): 원문은 '아리민번(阿哩敏番)'이다.

고 있는 사람들이 바로 이들이다. 원주민은 사바라(Savara)[280]이며, 풍속은 벵골과 대체로 같다. 이 땅에서는 산호·진주·금강석·은·구리·면화·카카오·유향·몰약·아편·샥스핀·새우·해치가 난다. 해치는 작은 서양개처럼 생겼다. 또한 금으로 테두리를 장식한 사라사(sarasa)[281]가 나는데, 가격이 매우 비싸서 한 필에 가격이 양은 80매 정도이다. 내지의 산속에는 하이드라바드족(Hyderabad)[282]이 사는데, 하이드라바드란 중국어로 크다는 의미로 본래는 이슬람종족이다. 그 사이에 나라가 매우 많다.

분지리(笨支里) 퐁디셰리로, 방저자리(房低者里)라고도 한다. 는 마드라스의 서남쪽에 위치하며 프랑스[283]의 관할지이다. 마드라스에서 육로로는 약 4~5일 걸리고, 뱃길로는 약 하루 남짓 가면 도착한다. 이 땅에서는 해삼·샥스핀·카카오·면화·새우·해치가 난다.

나가파티남(Nagapattinam)[284] 『해국문견록』에 보이는 니안팔달(尼顔八達)로, 과거에는 네덜란드의 항구였다. 은 퐁디셰리와 실론[285] 사이에 위치한다. 강역이 매우 작고 원주민은 요아(耀亞) 자와족으로, 조아(爪亞)라고도 한다. 이다.

실론은 콜롬보[286]라고도 하며, 퐁디셰리에서 뱃길로 약 6~7일을 가면 도

---

280 사바라(Savara): 원문은 '설나리(雪那哩)'로, 인도 동부에 사는 종족이다.

281 사라사(sarasa): 원문은 '양포(洋布)'로, 다섯 가지 빛깔을 이용하여 인물, 조수(鳥獸), 화목(花木) 또는 기하학적 무늬를 물들인 피륙을 말한다.

282 하이드라바드족(Hyderabad): 원문은 '효포보(嘵包補)'로, 무굴제국을 건립했다.

283 프랑스: 원문은 '불랑기(佛郎機)'이다.

284 나가파티남(Nagapattinam): 원문은 '니고팔당(呢咕叭當)'으로, 지금의 인도 동남부에 위치한다.

285 실론: 원문은 '서령(西嶺)'이다.

286 콜롬보: 원문은 '고로모(咕嚕慕)'이다.

착할 수 있다. 원주민은 고거자(高車子)[287]이며, 풍속은 벵골과 대체로 같다. 이 땅에서는 해삼·샥스핀·면화·소합유(蘇合油)가 난다. 이상의 각 지역은 모두 동인도와 중인도, 남인도 동쪽 연해에 위치한 항구이다.

타랭망가(打冷莽柯) 트라방코르이다. 는 실론의 서북쪽에 위치하며 순풍을 타고 약 2~3일을 가면 도착할 수 있다. 강역이 아주 작고 원주민은 매우 빈궁하지만 성품이 온순하며 풍속은 앞서 나온 지역과 대체로 같다. 속읍으로 코모린곶(Cape Comorin)[288]이 있는데 서양의 객상들은 모두 이곳에 머무른다. 이 땅에서는 해삼·샥스핀·용연향·카카오가 난다.

안젠고(Anjengo)[289]는 코모린곶의 서북쪽에 위치하고 뱃길로 순풍을 타고 5~6일을 가면 도착할 수 있으며, 풍속은 앞서 나온 지역과 대체로 같다. 이 땅에서는 면화·제비집·야자·카카오가 난다.

고정(固貞) 코친이다. 은 안젠고의 서북쪽에 위치하고, 뱃길로 순풍을 타고 약 하루 남짓 가면 도착할 수 있다. 본래는 네덜란드의 항구였으나, 최근에 영국 관할지가 되었다. 이 땅에서는 유향·몰약·샥스핀·면화·야자·소합유·혈갈·사인(砂仁)[290]·카카오·대풍자(大楓子)[291]가 난다.

---

287 고거자(高車子): 동고츠(Eastern ghats) 산맥 일대에 사는 사람으로 추정된다.

288 코모린곶(Cape Comorin): 원문은 '가보(珈補)'이다. 원문의 하단에 나오는 '가보(加補)'와 같은 곳으로 보인다. 인도 최남단 타밀나두주에 있는 곳으로 이곳에서 벵골만·인도양·아라비아해가 합쳐진다.

289 안젠고(Anjengo): 원문은 '아영가(亞英咖)'로, 지금의 인도 남부에 위치한다.

290 사인(砂仁): 생강과에 속한 여러해살이 초본식물인 양춘사(陽春砂, Amomum villosum LOUR.)의 과실로 만든 약재이다.

291 대풍자(大楓子): 산유자나무과의 씨로, 풍병(風病)을 치료하는 데 쓰인다.

캘리컷[292]은 코친의 약간 북서쪽에 위치하며 뱃길로 순풍을 타고 약 이틀을 가면 도착할 수 있으며, 풍속은 앞서 나온 지역과 대체로 같다. 이 땅에서는 후추·면화·야자가 나는데, 모두 코친으로 운송해 가서 판매한다.

마영(馬英) 마에이다. 은 캘리컷의 약간 북서쪽에 위치하고, 뱃길로 순풍을 타고 약 이틀을 가면 도착할 수 있으며, 프랑스의 관할지이다. 풍속과 물산이 앞서 나온 지역과 대체로 같다.

탈라세리(Thalassery)[293]는 마에의 서북쪽에 위치하고, 육로로는 약 수십 리 떨어져 있으며, 풍속은 앞서 나온 지역과 같다. 이 땅에서는 후추·해삼·샥스핀·섭조개[294]가 난다.

마랄타(馬剌他) 마라타국으로, 마이와(馬爾窪)라고도 하는데, 본래 인도의 대국이었으나 영국에게 멸망당했다. 이 땅에서 나는 아편이 가장 많다. 는 탈라세리의 서쪽에 위치하며 강역이 아주 길다. 연해 지역은 크게 고아,[295] 벵굴라(Vengurla),[296] 말완(Malwan)[297] 세 지역으로 나뉘어져 있으며, 모두 이슬람족이다. 무릇 사원에서 예배를 드리는데, 사원에는 신상을 두지 않고 단지 바닥을 삼단으로 만들고 각종 꽃잎을 그 위에 뿌려놓고 사람들이 그쪽을 향해 절을 하며, 간혹 중간에 나무 기둥 하나를 세워 놓기도 한다. 매월 초삼일에 각각 문 밖

---

292 캘리컷: 원문은 '격력골저(隔瀝骨底)'로, 과택과덕(科澤科德)이라고도 한다. 지금의 인도 서남부 케랄라주에 위치한다.

293 탈라세리(Thalassery): 원문은 '타랍자(打拉者)'로, 지금의 인도 서해안에 위치한다.

294 섭조개: 원문은 '담채(淡菜)'이다.

295 고아: 원문은 '소서양(小西洋)'이다.

296 벵굴라(Vengurla): 원문은 '맹파라(孟婆囉)'로, 문고이랍(文古爾拉)이라고도 한다. 지금의 인도 서해안에 위치한다.

297 말완(Malwan): 원문은 '마륜니(麻倫尼)'로, 지금의 인도 서해안에 위치한다.

에 서서 달을 향해 경전을 외우며 합장하고 무릎을 꿇고는 이마가 땅에 닿도록 절을 한다. 이 땅에서는 면화·후추·샥스핀·아편이 난다.

소서양(小西洋) 고아이다. 은 마라타국의 서북쪽 경내에 위치하고, 대서양국(大西洋國) 포르투갈이다. 의 지배를 받고 있으며, 원주민은 힌두족(Hindu)[298]으로, 뱀을 신으로 받든다. 사람의 얼굴에 머리가 아홉 개 달린 뱀을 그리기도 한다. 결혼 풍습은 벵골과 같고 사람이 죽으면 매장한다. 매년 5월이면 남녀가 함께 강에서 목욕을 하는데 이슬람 승려를 모셔서 강변에 앉힌다. 여인들이 일어나 반드시 양손으로 물을 떠서 승려의 발을 씻어 주면 승려는 주문을 외우며 물을 떠서 여인의 얼굴을 닦아준 후에 가사를 걸치고 일어난다. 또한 사타라[299]·트라방코르[300]·쿠루바(Kuruba)[301] 세 종족이 있는데 대부분 벵굴라국 사람으로, 서양인들은 이들을 모집해 군사로 삼았다. 풍속은 힌두족과 대체로 비슷하다.

벵굴라국은 고아의 북쪽 산중에 위치하며, 고아에서 뱃길로 순풍을 타고 약 하루 남짓을 가면 도착할 수 있다. 수도는 산에 있는데, 대나무로 성을 쌓았다. 풍속은 고아와 같다. 이 땅에서는 단향·무소뿔이 난다.

말완국은 벵굴라국 북쪽에 위치하고, 뱃길로 순풍을 타고 약 하루 남짓이면 도착할 수 있으며, 풍속은 벵굴라국과 같다. 이 땅에서는 해삼·샥스

---

298 힌두족(Hindu): 원문은 '영주(盈丢)'이다.

299 사타라: 원문은 '소도로번(蘇都嚕番)'으로, 지금의 인도 서남부에 거주하는 종족으로 추정된다.

300 트라방코르: 원문은 '찰리다번(察里多番)'으로, 지금의 인도 서남부에 거주하는 종족으로 추정된다.

301 쿠루바(Kuruba): 원문은 '고로미번(咕嚕米番)'으로, 지금의 인도 남부에 거주하는 종족으로 추정된다.

핀·전복이 난다. 벵굴라와 말완 두 나라의 물산은 대부분 고아로 운반되어 판매된다.

잔지라(Jangira)는 말완국의 약간 북서쪽에 위치하고, 뱃길로 순풍을 타고 1~2일을 가면 도착할 수 있다. 풍속은 고아와 대체로 비슷하며, 이 땅에서는 마노·면화·아편·양파가 난다. 양파는 흰색으로 1치 남짓이며 익혀서 먹으면 맛이 아주 좋다.

뭄바이는 잔지라에서 약간 북서쪽에 위치하고, 잔지라와는 약 수십 리 떨어져 있는 영국의 큰 항구로, 성곽이 있다. 원주민은 파르시(parsi)[302]로, 얼굴색이 약간 희고 성품은 매우 온순하며 집이 대부분 부유하다. 이 땅에서는 마노·대파·면화·아위(阿魏)[303]·유향·몰약·고래 기름·샥스핀·아편·비누가 나는데, 면화가 가장 많다.

소랄(蘇辣) 수라트이다. 은 뭄바이의 북쪽에 위치하며, 뱃길로 약 3일이면 도착할 수 있다. 원주민은 아라비안[304]이고, 물산은 앞서 나온 지역과 같다.

디우[305] 평성으로 읽는다. 는 수라트의 북쪽에 위치하고 뱃길로 약 하루 남짓이면 도착할 수 있으며 이 땅에서 나는 물산은 뭄바이와 같다.

카티아와르는 디우의 북쪽에 위치하고, 강역은 다소 크다. 디우에서 뱃길로 순풍을 타고 약 2일을 가면 도착할 수 있고, 풍속은 잔지라 등 여러 나라와 대체로 같다. 이 땅에서는 해삼·샥스핀이 나는데, 모두 수라트·뭄

---

302 파르시(parsi): 원문은 '팔사(叭史)'이다. 조로아스터교 신앙을 가진 인도의 소수 민족이다.

303 아위(阿魏): 취아위(臭阿魏), 세엽아위(細葉阿魏)라고도 한다. 아프가니스탄이 원산지인 여러 해살이 약초이다. 특유의 냄새가 나는 뿌리를 구충제나 강장제 등으로 사용한다.

304 아라비안: 원문은 '아리민(阿里敏)'이다.

305 디우: 원문은 '담항(淡項)'이다.

바이로 운송해 가서 판매한다. 이상의 각 지역들은 모두 중인도, 남인도 서쪽 연해에 위치한 각 항구이다.

마드라스에서 카티아와르까지의 원주민들은 돼지, 소, 양, 개고기를 먹지 않고 오직 닭, 오리, 물고기, 새우를 먹는다. 남녀는 모두 귀걸이를 한다. 벵골에서 카티아와르까지를 서양인들은 코스타(Costa)[306] 과십탑(戈什塔)이라고도 한다. 라고 부르고, 중국인들은 소서양(小西洋)[307]이라 부른다. 토착민 대부분이 흰 두건을 머리에 감는데 이른바 백두회(白頭回)가 바로 이들이다. 왕과 장관을 만나면 몸을 구부리고 이마 높이까지 합장을 하며 왕과 장관이 지나간 뒤에 일어난다. 자식이 부모를 만나도 역시 이마에 합장을 하며, 동등한 관계에서도 또한 이와 같이 한다. 중국에 무역하러 올 때는 모두 영국 선박 편에 따라오며, 아직까지 인도의 선박이 중국에 온 적도 없고, 중국 선박 역시 소서양 각 나라에 간 적도 없다. 내가 살펴보건대 이 책에 실린 내용은 동인도, 중인도, 남인도 연해에 위치한 크고 작은 항구에 대한 기록으로, 사청고 역시 내지의 강역까지는 가보지 않았기 때문에 상세하게 말할 수는 없었다. 각 지역의 풍속과 물산을 아주 명확하게 기록하고 있기 때문에 이곳에 덧붙여 기록한다.

인도는 불교의 종주국이다. 진(晉)나라 법현(法顯)[308]·북위(北魏)의 혜생(惠生)·당나라

---

306 코스타(Costa): 원문은 '가십탑(哥什塔)'이다. 포르투갈어 Costa의 음역으로 '해안'을 의미하는데, 인도반도 양 해안의 코로만델 해안(Coromandel Coast)과 말라바르 해안(Malabar Coast)을 가리킨다.

307 소서양(小西洋): 소서양은 고아 또는 벵골만과 아라비아해를 포함한 인도양을 지칭하기도 한다.

308 법현(法顯): 중국 동진시대의 승려로, 최초로 실크로드를 경유해서 인도에 가서 중국에 불경을 가지고 돌아왔다. 그가 남긴 『불국기』는 당시 중앙아시아나 인도에 관해 서술한 귀중한 사료로 평가받고 있다.

의 현장(玄奘)[309]은 모두 그 나라를 두루 다니면서 대승불교의 경전과 계율을 널리 구했기에 특별히 상세하게 기록할 수 있었다.[310] 책에서 말하는 항하(恒河)가 바로 지금의 갠지스강으로, 인도사람들은 성스러운 강[聖水]이라고 칭한다. 여러 부처, 보살, 나한의 조각상은 대부분 상반신은 옷을 걸치지 않았고, 간혹 귀걸이를 하거나 발찌를 한 경우도 있는데, 이것은 인도 본래의 풍속으로 지금까지도 그대로 유지된다. 그들이 입는 가사는 바로 인도사람들이 밖에 걸치는 사롱이다. 스님들은 예를 행할 때 땅에 무릎을 꿇고 합장하는데, 역시 모두 인도의 풍속이다. 불법은 후한 때 중국에 들어왔으며 남북조시대에 이르러 달마가 배를 타고 동쪽으로 들어와 교외별전(敎外別傳)[311]을 수련해 스님이 중국에 널리 퍼졌다. 홍교(紅敎)[312]는 티베트[313]에서 일어났는데, 그 땅은 본래 인도와 인접해 있었다. 명나라 중엽에 총카파(zongkaba)[314]가 따로 종파를 열고 황교를 닦아 내외몽골과 오이라트(Oyrat)[315] 각 부락까지 휩쓸려 따르게 되었으니, 그 종교가 번성했다고 할 수 있다. 그러

---

309 현장(玄奘): 원문은 '원장(元奘)'이다. 강희제 현엽(玄燁)의 '현'자를 피휘하여 '현'자가 '원(元)'으로 되어있다.

310 진(晉)나라…상세하게 기록할 수 있었다: 법현, 혜생, 현장은 모두 인도를 둘러보고 각자 『불국기(佛國記)』, 『사서역기(使西域記)』, 『대당서역기(大唐西域記)』를 남겨 인도에 대해 상세히 기록하고 있는데, 여기서는 바로 이를 말한다.

311 교외별전(敎外別傳): 선종에서 부처의 가르침을 말이나 글이 아닌 마음에서 마음으로 전하여 진리를 깨닫게 하는 법을 말한다.

312 홍교(紅敎): 8~9세기에 성행했던 라마교의 한 교파로, 붉은 가사와 붉은 모자를 쓰는데서 유래했다.

313 티베트: 원문은 '오사장(烏斯藏)'이다. 장족 언어로 오사(烏斯)는 중앙(中央), 장(藏)은 성결(聖潔)의 의미를 가지고 있다. 당대와 송대에는 티베트를 토번(吐蕃), 원대와 명대에는 오사장, 청대에는 전장과 후장으로 불렀다.

314 총카파(zongkaba): 원문은 '종각파(宗略巴)'이다. 총카파(1357~1419)는 황교의 개조로, 청해(靑海)의 총카(현재의 湟中) 출신이다. 중관파(中觀派)의 종교철학과 엄격한 지율주의(持律主義)에 근거해 티베트불교를 개혁했다.

315 오이라트(Oyrat): 원문은 '와랄(瓦剌)'이다. 몽골의 서북에서 일어나 서몽골이라고 한다. 오이라트는 오이라트부, 발구트부, 오로트부, 게레누트부 등 4개 부족의 연맹체로 구성되어

나 회교가 당나라 초에 흥성해 아라비아를 거쳐 점점 동북쪽으로 전파되어 옥문관(玉門關)[316] 서쪽 많은 회흘(回紇)[317]의 종족들뿐만 아니라 불법이 가장 번성했던 오인도 역시 대부분 석가모니를 버리고 파한(派罕) 파이감바르(Paighambar)[318]로, 이슬람교의 창시자인 무함마드(Muhammad)[319]이다. 을 받들었다. 북방에서 일어난 원나라는 불교를 최고로 숭상했다. 태조와 헌종은 인도를 차지하고 속지를 세웠는데, 그 땅의 대부분이 이슬람교를 따르고 있어서 개혁을 할 수 없었을 뿐만 아니라 그 땅에서 살고 있는 몽골인의 경우도 이슬람교로 개종했다. 송원 이후로 오인도에서 불교는 이슬람교만큼 성하지 않은 것 같다. 지금에 와서는 인도 여러 지역이 유럽의 동쪽 속지가 되었고, 또한 예수교가 들어와 불교가 더욱 쇠미해졌다. 반면에 혜광(慧光)[320]이 중국[321]에서 빛나고 정토(淨土)가 다른 나라에서는 되레 늘어났다. 만물은 두 곳에서 동시에 클 수 없다고 하더니, 불력 역시 어쩔 수 없구나!

있다고 하지만, 실제로는 토르구트부, 코슈트부, 도르베트부 등 많은 부족의 연맹체로 이루어져 있다.

316 옥문관(玉門關): 만리장성의 서쪽 끝이다. 돈황(敦煌)에서 서북쪽으로 98km 떨어진 곳에 위치하며, 양관(陽關)과 함께 서역으로 통하는 중요 관문 중 하나이다.

317 회흘(回紇): 원문은 '화문(花門)'으로, 거연해(居延海)의 북쪽 3백 리에 위치하는 산 이름이다. 당나라 때 이곳에 회흘이 많이 거주한 데서 회흘을 지칭하기도 한다.

318 파이감바르(Paighambar): 원문은 '파한파이(派罕巴爾)'로, 별암발이(別諳拔爾), 파안배이(派安拜爾), 별암백이(別庵伯爾), 벽엄팔이(擗奄八而)라고도 한다. 아랍어 '알 라술(al-Rusul)'과 같은 뜻으로, 이슬람교의 사자(使者) 혹은 선지자(先知者)를 가리킨다. 중국의 이슬람교 저서에서는 무함마드를 지칭한다.

319 무함마드(Muhammad): 원문은 '마합맥(摩哈麥)'으로, 목한묵덕(穆罕默德), 마합묵(馬哈墨), 마합밀(麻哈密), 마합마(馬哈麻), 모한맥덕(謨罕驀德)이라고도 한다. 영어식 표기인 마호메트(Mahomet)(571?~632)로 널리 알려져 있으며, 이슬람교의 창시자이자 아랍 연맹을 통일한 사람이다.

320 혜광(慧光): 중생의 무명의 어두움을 비추는 광명을 말한다.

321 중국: 원문은 '진단(震旦)'이다.

349

최근에 파사(巴社)·아단(阿丹) 두 이슬람 국가를 서인도라 부르고, 최서단의 여덕아(如德亞)까지 서인도에 포함시키는 서적이 나왔는데, 그 견해가 상당히 기이하며 무엇을 근거로 했는지 모르겠다. 오인도는 한나라 때의 천축(天竺)·신독(身毒)에 해당한다. 파사는 페르시아(Persia)로, 한나라 때의 안식(安息)에 해당한다. 아단은 바로 아라비아(Arabia)[322]로, 한나라 때의 조지국(條支國)에 해당한다. 『회부사국도(回部四國圖)』 뒤에 상세히 나와 있다. 여덕아는 바로 불림(拂菻)으로, 고대 로마의 동쪽 지역이며, 한나라 때의 대진국(大秦國)에 해당한다. 『한서』에서는 안식, 조지, 대진을 각각 일국으로 나열하고 있고, 오늘날에는 모두 서인도에 속해 있는데, 이는 천축국은 있지만 안식국·조지국·대진국은 없음을 의미한다. 무릇 천축국은 예로부터 약소국이었다. 강역은 비록 광범위하지만 겁이 많아서 잘 싸우지 못했다. 서북쪽 여러 오랑캐들이 이 나라를 차지하고 대신한 경우도 여러 번이다. 동한 때는 대월지(大月氏)[323]가 바야흐로 강성해지자 일찍이 천축국의 왕을 죽이고 장군을 두어 그 나라 사람을 다스리게 했다. 당나라 때는 아라비아가 바야흐로 강성해지자 누차 천축국을 침략해 그 강역을 차지했다. 송나라 때는 이슬람에게 그 땅의 반을 빼앗겼다. 원명에 이르러서는 몽골족이 오인도 전체를 차지했다. 다른 나라가 오인도를 겸병하고 대신 차지한 적은 있지만, 인도가 다른 나라를 겸병했다는 말은 일찍이 들어보지 못했다. 『한서』 「천축전」에서 "월지와 고부국(高附國)[324]의 서쪽, 남쪽으로 서해(西海)에 이르기까지 모두 신독의 땅이다."라고 했는데, 혹여 이 문장 때문에 견강부회한 것인가? 고부국이 지금의 어느 땅인지는 모르겠지만, 그 나라는 천축·계빈(罽賓)[325]·안식국 사이에 끼어 있으며 대략 인더스강 주위에 위치하는 것 같다. "남쪽으로 서해에 이르기까지"

---

322 아라비아(Arabia): 원문은 '아랄백(亞剌伯)'이다.

323 대월지(大月氏): 고대 서역에 있던 국명으로, 옛 땅은 지금의 중국 신강성 서부 이리강 유역 및 그 서쪽 일대에 있었다.

324 고부국(高附國): 고대의 국가 이름으로, 옛 땅은 지금의 카불 일대이다.

325 계빈(罽賓): 고대 서역의 지명으로, 지금의 카슈미르 일대에 해당한다.

에서 서해는 아라비아해를 지칭하지 지중해를 지칭하는 것은 아니다. 당나라 승 현장은 불교 경전을 널리 구하러 오인도를 두루 돌아다니면서 각각 기록을 남겼다. 서인도 각국에 대한 기록은 대체로 인더스강 주위에서 벗어나지 않았고, 또 "이곳에서 서북쪽으로 가면 파랄사(波剌斯)가 나오는데, 파랄사는 인도에 위치한 나라가 아니다. 서북쪽으로는 불름(拂懍)과 접해있으며, 불름의 서남쪽 섬에는 서녀국(西女國)이 있는데, 모두 인도에 위치한 나라가 아니다."라고 말하고 있다. 파랄사는 바로 페르시아로, 이른바 말하는 파사(巴社)이다. 불름(拂懍)은 불림(拂菻)으로, 서양인들이 말하는 유대국(猶太國)으로 수도는 예루살렘(Jerusalem)[326]인데, 불름, 불림이라고도 음역했다. 여덕아를 말한다. 여덕아의 북쪽은 서리아(西里亞)[327]로, 서녀는 서리의 오역이며, 여자만 있고 남자가 없다는 설은 민간에서 억지로 갖다 붙인 말이다. 현장은 그 땅을 직접 다 가보고도 그 땅이 결코 인도의 경내에 있지 않다고 했는데, 지금은 이유도 없이 그 땅을 인도에 예속시키고 있으니, 그 뜻이 어디에 있단 말인가? 그 나라가 인도의 서쪽에 위치해 있어서 서인도라 불러도 무방하다면 파미르고원 동서쪽의 도시국가와 전장과 후장[328]은 북인도라 할 수 있고, 곤명호(昆明湖)[329]·미얀마[330]·태국[331]·베트남[332]·첸라[333]는 모두 동인도라 할 수 있겠는가? 천하에서 인도의 범위를 넓히고 있는데 그 의도가 어디에 있단 말인가? 이 견해에 대해서는 마땅히

---

326 예루살렘(Jerusalem): 원문은 '야로살랭(耶路撒冷)'이다.

327 서리아(西里亞): 서리아(敘利亞)라고도 하는데, 지금의 시리아(Syria)를 말한다.

328 전장과 후장: 원문은 '오사장위(烏斯藏衛)'로, 장위(藏衛)라고도 한다. 오사장은 시가체(Shigatse) 지구인 후장이고, 위는 라사(Lhasa) 지구인 전장을 말한다.

329 곤명호(昆明湖): 원문은 '전지(滇池)'로, 곤명지(昆明池), 전남택(滇南澤), 전해(滇海)라고도 한다. 지금의 운남성 곤명시 서남쪽에 위치한다.

330 미얀마: 원문은 '면전(緬甸)'이다.

331 태국: 원문은 '섬라(暹羅)'이다.

332 베트남: 원문은 '안남(安南)'이다.

333 첸라: 원문은 '진랍(眞臘)'이다.

학식이 넓은 명사를 기다려야 할 것이며, 혹여 다른 근거가 있을 수도 있지만 이는 내가 알 수 있는 바가 아니다. 의심나는 것을 묻고자 이를 기록한다.

〖 亞細亞五印度 〗

緬甸之西, 兩藏之西南, 有廣土突入南海, 形如箕舌, 所謂印度者也. 『漢書』
謂之身毒, 又稱天竺. 六朝以後, 釋典皆稱印度. 今稱溫都斯坦, 一作痕都, 又作忻都, 又作興
都. 身毒·印度·溫都·痕都·忻都·興都, 本一音, 以華文譯之, 人人殊. 凡外國地名皆類此.
印度有五, 地形入海之處, 爲中南兩印度. 東印度東界緬甸, 北連後藏. 北印度
雪山拱抱, 東爲後藏之邊徼, 西爲西域之札布. 卽布哈爾東南部落. 西印度跨印度
河, 與西域之阿富汗·俾路芝接壤. 東西約五千餘里, 南北約七千餘里. 境內名
水二, 東曰安額河. 發源西北, 東南流至孟加拉, 雅魯藏布江從東北來, 會之入
海. 印度人稱爲聖水, 佛書所謂恒河者也. 西曰印度河, 發源後藏之阿里, 西行
繞雪山之背, 至北印度之西北界, 轉而南行, 北印度諸水會之, 至信地入海. 此
外西有逆埔他·答地諸河, 南有莪他惟利·吉那·加惟利諸江. 北境倚雪山, 南
境沿海有連山環繞, 中間數千里皆平土, 西北界有沙磧, 餘多沃壤. 迤北寒暑適
平, 迤南近赤道, 炎燠特甚. 土宜五穀, 宜棉花, 宜鶯粟花. 山水之所産者, 金剛
鑽·黃玉·寶石·靑精·瑪瑙·明珠·珊瑚·藥材·香木·海味, 又産獅子·馴
象·大鳥, 其人多黑面靑唇. 迤北稍晳, 迤南黑甚. 以白布裹頭, 故粵東呼爲小白頭
國. 地本雕題種類, 貴人額塗日光花卉, 或以粉點面如星. 庶人額刺紋, 胸臂務
烙卦畫形, 皆雕題遺俗也. 男裸上體, 耳挂環, 下著圍裙. 女加上衣, 穿耳鼻, 挂
金銀環, 臂脛俱帶釧鐲. 人習技巧, 金漆雕鏤皆精絶, 所製玉器, 薄如蟬翼. 其
地爲佛敎所從出, 故自古著名. 自後漢通中國, 唐時屢入貢, 趙宋時爲回部所侵
割. 元起北方, 括地西南, 太祖征服西北印度, 世所傳遇角端而回兵者. 至憲宗
朝, 復征服中印度, 以宗王·駙馬分王其地, 東南諸部皆聽役屬, 由是五印度爲

蒙古別部.

元末, 駙馬帖木耳王撒馬兒罕, 威行西域, 印度諸部皆臣服. 明嘉靖間, 撒馬兒罕別部莫卧爾, 攻取中印度地立國, 勢張甚, 力尚回教, 黜佛教, 蒙古在葱嶺西者, 至元末皆入回教. 諸部皆納貢爲藩屬. 久而陵夷, 弱肉強食, 時時構兵. 先是明弘治八年, 歐羅巴之葡萄牙, 航海至印度西南界之孟買, 開鑿海港, 建立城邑, 市舶通行, 以此致富. 荷蘭忌之, 以兵船相攻, 亦攘其地立埠頭, 設公班衙, 擅印度海之利權者數十年. 迨英吉利東來, 驅除兩國, 而有其地. 佛郎西亦於南印度之東界立埠頭. 康熙七年, 英吉利在東印度之孟加拉, 買地建館, 築砲臺, 造屋七十所. 帆檣雲集, 百貨流通, 埠頭日益富盛. 乾隆十七年, 孟加拉酋長毀其居, 囚其人, 英人以大兵攻之, 遂滅孟加拉, 乘勝兼南中諸部. 諸部合縱禦之, 心力不齊, 紛紛潰敗. 有爲英所滅者, 有聽其置吏, 僅擁空名者, 有受役屬爲藩國者. 由是五印度全土, 歸英轄者十之七, 僅餘西北數部尚未服也. 英人於沿海立藩部三, 曰孟加拉, 曰麻打拉薩, 曰孟買. 内地立藩部一, 曰亞加拉.

余嘗見才米利堅人所刊地圖, 五印度共二十餘國. 在東者, 曰孟加拉, 曰麥哈爾, 曰尼泊爾, 曰阿力色者, 在北者, 曰克什米爾, 曰勒懷, 曰威聊, 曰烏納, 曰聶離, 在中者, 曰阿爾各拉, 曰阿拉哈板特, 曰工窪納, 曰馬爾窪, 在南者, 曰甘勒士, 曰彌勒爾, 曰海特爾拉蠻, 曰麻打拉薩, 曰噶納的, 曰孟買, 在西者, 曰爾勒士布他拉, 曰阿布爾信. 據米人雅裨理云, 此系五印度舊部落之名, 自英吉利據印度後, 有分析, 有改革, 與此圖不同. 後見英人所刻「五印度圖」, 與米利堅圖全不同, 地名繁簡亦異. 地既屬英, 當就英圖立說, 附米圖於後, 以資考核.

孟加拉, 或作旁葛剌, 又作網加拉, 又作孟加臘. 印度極東之地, 其會城曰加爾各搭, 或作甲谷他. 在安額支河之濱. 溝壕深廣, 城垣鞏固. 城内館舍閎敞, 達衢矢直, 高樓對起, 皎如白雪. 城外萬艘鱗集, 百貨所萃, 富盛爲五印度之最. 英吉利有大酋統轄印度全土, 駐於此城, 額兵英軍三萬, 土軍二十三萬, 謂之叙跛兵. 文職皆幼年從英國來, 學習土語, 職以涳升, 祿甚厚. 加城之東, 有城曰勢他加, 織工所萃, 布帛山積, 昔爲孟加拉大酋駐紮之地. 轄三部, 西北曰巴哈爾, 一作八拿, 卽米圖之麥哈爾. 西南曰岡都亞那, 卽米圖之工窪納. 西南濱海曰疴黎薩. 一作八拿力, 卽米圖之阿力色. 巴哈爾戶口繁密, 人多造硝, 種鶯粟靑靛, 又種玫瑰茶蘼, 造香露. 疴黎薩, 佛教最盛之地也.

阿薩密, 一作阿三, 又作亞桑, 又名徹地缸. 在孟加拉之東北, 緬甸之西北, 前藏之東南, 距雲南邊徼不遠. 西北與布魯克巴相連. 東西約一千一百里, 南北約五百里. 北面高山綿亘, 迤南平衍膏腴, 雅魯藏布江由兩藏來, 折而南下, 經此土西行, 入孟加拉. 地本土夷部落, 俗崇佛教. 英人既取孟加拉, 溯藏江漸拓而東, 遂據其地, 立爲別部. 會城曰若爾合德. 其土宜茶. 近年英人試種, 每歲得二十餘萬斤. 性寒劣, 飲之多作泄. 阿薩密不在五印度界內. 因英人由東印度跨割, 與孟加拉藩部相連, 故附記於此.

按: 『西藏志』, 布魯克巴之東, 工布之南, 爲戳猓烏魯爾兔族, 稱爲猓猺野人國. 其種人名老卡止, 嘴割數缺, 塗以五色, 穴室巢屋, 獵牲爲食. 阿薩密之東北境, 卽在猓猺稍南, 東與雲南騰越徼外之狘夷·㺎夷相接. 其未與前藏接壤者, 隔於猓猺與布魯克巴, 未與滇省接壤者, 隔於狘夷·㺎夷. 然距兩處邊界, 均不甚遠.

麻打拉薩, 或作馬搭剌, 又作曼嗻喇薩, 又作馬達拉斯大. 在孟加拉之西南, 城建於海濱沙坡之上, 波潮冲激, 登岸最險. 英人設會城於此, 專爲控扼南方. 其人面多純黑, 肢體便捷, 工百戲. 部名曰加爾那的 卽米圖之噶納的. 轄五部, 迤北曰北西爾加耳, 一作西令牙巴坦. 迤西曰巴拉加, 一作北剌利. 西南曰哥英巴都爾, 一作班牙樂. 再西曰馬拉巴爾, 一作骨他巴. 再西濱海曰加那拉. 一作骨他羅利. 北西爾加耳本印度大國, 嘗募兵欲逐英人. 英人進攻, 割其國三分之一. 嘉慶三年再構兵, 爲英所滅. 巴拉加城建山頂, 路惟蜿蜒一綫, 一夫可以當關. 哥英巴都爾砲臺堅固, 街衢方廣, 内有故王之宮, 英所滅也. 屬邑曰撒林, 民多織布造硝. 馬拉巴爾, 山嶺崎嶇, 爲流徙罪人之地. 加拉那沿海一綫, 其城内萬廈整潔, 頗稱饒裕. 麻打拉薩之南, 有本地治里城, 一作奔的支黎, 又作笨支里. 爲佛郎西埠頭, 未能闢土, 止據一城而已.

孟買, 一作網買, 粤東稱爲港腳. 在印度西界, 沿山傍海, 地形狹長. 其民勤於生計, 供太陽火神. 死者不葬, 以飽烏鳶. 明初, 葡萄牙初開海港, 建設埠頭, 康熙初年爲英人所奪. 其地所產者, 棉花・胡椒・椰子・珊瑚之類. 海舶甚巨, 有載二萬二千五百擔者. 粤東最大之洋艘, 皆從港腳來也. 部名曰疴隆加巴, 一作亞麥大巴. 舊有回部大城, 居民逾十萬, 遭地震而殘毁, 故以孟買爲會城. 轄三部, 東北曰根的士, 卽米圖之甘勒士. 西北曰古塞拉德, 南曰北日不爾. 孟買之北, 海濱舊有蘇疏城, 昔爲商賈雲集之地. 城内有禽獸院, 養犬牛之老邁者. 自市舶移於孟買, 此城日益蕭索. 根的士界内有埔拿城, 本馬刺他之都城, 米圖作馬爾窪, 一作馬盧襪. 嘉慶年間, 英人滅之. 其地產鴉片最多. 北日不爾之南濱海, 有地名曰病襪, 一作俄亞. 俗稱小西洋, 長一百二十里, 闊六十里. 明正德五年, 葡萄牙取之, 建城設險, 役屬鄰藩. 自葡萄牙衰, 而其地貿易亦微. 又荷蘭有城在海濱, 曰可陳, 一作固貞. 近年亦爲英人所取.

亞加拉, 米圖作亞爾各拉, 又名額納特珂克. 在五印度東西適中之地. 元時, 蒙古初據印度全土, 以此爲都城, 所謂中印度也. 殿閣宏整, 百官之署畢具. 城内有塔, 陟其頂, 可周視九十里. 城外有蒙古故王冢, 亦作塔形, 周圍數十丈, 工

356

作極奇麗. 城四面築砲臺, 俱扼形勝. 民皆回回, 不崇佛教. 舊時本大都會, 自蒙古衰廢, 荒殘久矣. 近年生聚漸繁, 貿易復盛. 道光十三年, 英人於其地立藩部, 稱爲地內省. 轄四部, 東南曰阿拉哈巴, 即米圖之阿拉哈板特. 迤北曰德列, 即米圖之矗離. 極北曰古爾瓦勒, 即米圖之威聊. 迤西曰亞日迷爾. 一作亞北得希. 亞日迷爾本回回大部, 明嘉靖五年, 撒馬兒罕蒙古別部, 即莫卧爾. 取其地立國, 歷二百三十餘年. 當其盛時, 印度諸國皆入貢. 後權臣專政, 鄰內侵, 國王屛弱, 不能自立. 乾隆二十五年, 求援於英. 英師未至, 王已爲敵所虜, 矐其目, 使自尋導者以爲笑樂. 英人以勁兵破敵, 乃免. 然從此地歸英轄, 王僅居宮殿, 食俸婿, 足以養其宗族而已.

按: 五印度別國埠頭, 尙有數處. 屬佛郎西者, 本地治理之外, 曰加黎架爾, 在加爾那的部內. 曰牙那安, 在北西爾加耳部內. 曰商德爾那哥耳, 在孟加拉部內. 曰馬黑. 在馬拉巴爾部內. 屬葡萄牙者, 疴襪之外, 曰達蒙, 在古塞拉德部內. 曰的玉, 曰奔達, 曰加那哥納, 曰比這靈, 曰薩達利, 曰比爾凝, 曰阿斯德拉加爾, 曰巴黎, 曰英巴爾巴升, 曰順達拉瓦的, 曰加哥剌. 皆海濱小聚落. 屬嗹國者, 曰西林不爾, 在孟加拉部內. 曰達郎給巴爾. 在加爾那的部內. 大約不過一城一邑, 或海濱一廛, 藉以僑寓客商, 居積財貨, 非裂其壤土而有之也, 則亦不足著錄矣.

錫蘭, 錫倫 · 西崙 · 僧伽剌 · 楞伽山 · 寶渚 · 則意蘭 · 則意拉. 在南印度之東南, 海中大島也. 周回千餘里, 中有崇山高阜, 近海窪下. 地多雨, 多迅雷. 山川靈秀, 花木繁綺, 禽聲歡樂, 風景足怡. 林內多象, 土人用之如牛馬. 居民皆崇佛教, 云佛生於此土. 生齒繁多, 穀不足, 仰食印度諸部. 山出寶石, 海濱出明珠, 所產桂皮最良, 勝於粵西. 前明中葉, 葡萄牙據錫蘭海口立埠頭, 尋爲荷蘭所奪.

嘉慶元年, 英吉利驅逐荷蘭, 盡有海濱之地. 時錫蘭酋殘虐失民心, 其都城在海濱, 名可倫破, 英人屢進攻, 內潰而亡, 全島遂爲英有. 英以大酋鎭守, 海舶屯集之地, 名停可馬里.

『天下郡國利病書』云: 錫蘭山國, 古狼牙修也. 自蘇門答剌順風, 十二晝夜可至. 其國地廣人稠, 貨物多聚, 亞於瓜哇. 中有高山, 上產鴉鶻寶石. 每遇大雨, 冲流山下, 從沙中拾取之. 隋常駿至林邑極西望見焉. 番語謂高山爲錫蘭, 因名. 相傳釋迦從迦藍嶼來登此山, 猶存足迹, 山下有寺, 中貯釋迦涅槃眞身及舍利子. 明永樂六年, 遣太監鄭和等, 詔諭其王亞烈若奈兒, 賚供器寶幡, 布施於寺. 建石碑, 賞賜國王頭目有差. 亞烈若奈兒負固不服, 擒之以歸, 擇其支屬賢者亞巴乃那立之. 十四年, 偕占城・爪哇・滿剌加・蘇門答剌等國貢方物. 正統十年・天順三年, 復入貢云云.

余嘗聞米利堅人雅裨理云: "錫蘭爲天竺本國. 今稱五印度爲天竺, 乃世俗相沿之誤." 按『後漢書』卽以天竺爲身毒, 似非以一島之名槪全土. 雅裨理所云, 不知何所據也.

五印度中東南諸國, 大半爲英所夷滅, 分隸四部. 尙有十餘國納款稱藩, 僅存故號者, 英人各派大酋駐紮, 代理國政. 德干又名尼桑, 一作尼散, 米圖作海特爾拉蠻, 乃其都城之名. 又米圖之彌勒爾, 係其屬部. 在南印度腹地. 幅員之廣, 爲中南諸部之最. 國無政而好戰, 民多怨畔. 四鄰并侵, 英人助以兵力, 免於亡, 遂降於英爲屬國. 其地天氣炎熱, 物產豐饒, 風俗邪淫最甚. 地分五部, 曰海德拉巴, 米圖作海特爾拉蠻. 其都城也, 曰比德爾, 曰比拉爾, 米圖彌勒爾. 曰亞瓦郎加巴, 曰北乍不爾.

那哥不爾, 一作納不邦. 在德干之東北, 幅員半之. 素以盜劫爲俗, 飛騎四出, 剽掠諸鄰. 英人力征降之, 今爲屬國. 其都城與國同名, 所屬通商之地, 曰罷架爾, 曰朗德各, 曰昭布爾, 曰拉登不爾, 曰馬合罷, 曰列不爾, 曰古達, 曰威拉合爾.

剌日不德, 卽米圖之爾勒士布他拉. 又名澳地, 在西印度, 幅員遼闊. 西境沙磧居多, 東境土田最沃, 江河足資灌漑. 舊本大國, 夙稱富饒, 以力不敵而降英. 地分九部, 曰日宜不爾, 曰哥達, 曰奔的, 曰疴代不爾, 曰入德不爾, 曰當克, 曰日薩爾迷耳, 曰比加尼爾, 曰巴的.

賣索爾, 一作買素, 又作邁蘇耳, 卽米圖之買若爾. 在南印度南界, 素稱強國. 地多沃土, 農功甚力. 其王好戰, 侵伐四鄰, 連年不息. 英人力戰取其地, 散其兵, 乃降爲屬國. 都城與國同名. 所屬通商之地, 曰邦加羅爾, 曰幾那巴登, 曰幾德爾德拉克, 曰賽拉, 曰哥剌爾.

烏德, 米圖作烏訥, 西藏稱爲盆烏子. 在東印度北境, 與尼泊爾爲鄰. 力不敵英, 降爲屬國. 都城曰盧各瑙, 所屬通商之地, 曰非薩巴爾, 曰幾拉巴, 曰巴來支, 曰丹達.

西林德在北印度隆德勒至河之左, 本塞哥國左部, 降於英爲屬國. 地分四部, 各有酋長, 曰巴的亞拉, 曰達內薩爾, 曰拉的亞納, 曰翁巴拉.

邦德爾干·波保爾·曷爾加那, 皆中西印度小國, 與新的亞犬牙相錯, 孱弱不能自立, 降附於英.

日瓜爾, 又名古宜加瓦爾, 在西印度西南隅, 三面懸海. 素以寇掠爲俗, 印度人稱爲賊渠. 爲強敵所迫, 降於英. 都城曰巴羅達. 一作巴羅他.

薩達拉, 英之屬國, 在德干之西南, 都城同國名. 所屬通商之地, 曰馬合比里昔爾, 曰美黎至, 曰般德爾不耳, 曰合達尼.

達拉王哥爾, 亦英屬國, 在南印度極西南海角, 都城曰的里彎德棱. 所屬通商之地, 曰達拉王哥爾, 曰波爾架, 曰固蘭, 曰安任加.

哲孟雄, 一作者木雄. 在東印度北境, 介尼泊爾·布魯克巴之間. 北連前藏, 壤地最狹, 人戶止五六千, 降於英爲屬國. 此外中西印度, 尙有數小部, 皆屬於英.

按: 印度中東南諸部, 皆已屬英. 内德干等十餘部, 因納土歸降, 未夷九縣, 然各國皆有英酋駐紮, 代理國政. 名號空存, 塊然守府, 介於若存若亡之間, 亦終歸於絶滅而已.

布魯克巴, 一作不丹. 在前藏之正南. 其北境與前藏之帕爾接壤, 東南界英人新闢之阿薩密, 西南界孟加拉, 西界哲孟雄與孟加拉. 東西約一千五六百里, 南北約六七百里. 爲紅教喇嘛總持之地, 與兩藏之奉黃教同. 舊分布魯克·噶畢兩族, 雍正年間, 兩族相仇殺, 先後赴藏投誠. 貝勒頗羅鼐爲和解之, 各遣使奉表貢方物. 後噶畢合於布魯克爲一國. 其地時序和平, 類中國, 遠勝兩藏. 土田肥沃, 湖河交貫, 五穀蔬菜瓜果皆宜, 戶口極繁. 產棉花·大黃·黑金·紋石. 地分二部, 曰德白拉乍, 即布魯克巴. 曰比斯尼. 即噶畢. 都城在德白拉乍, 曰達西蘇敦, 『西藏志』作札什曲宗, 乃國王避暑之地. 國王所居名坪湯, 距札什曲宗二百里. 西藏喇嘛往來五印度, 率取道於此. 按布魯克巴在廓爾喀之東, 中間僅隔哲孟雄一小部. 泰西人地圖附見於五印度, 而其書則別稱爲不丹國, 不列五印度諸國之中, 蓋其地勢偏東, 不在五印度界内也. 今附錄於此.

廓爾喀, 一作庫爾卡. 本名尼泊爾, 一作尼巴爾, 又作尼博拉. 又稱巴勒布, 一作巴爾布或稱白布. 廓爾喀乃其別部城名, 當孔道而貿易繁. 故其名獨著, 猶西域浩罕之稱安集延也. 在東印度北境, 東西南皆界英人孟加拉·亞加拉屬部, 東界哲孟雄, 北境毗連後藏, 東西約一千六百里, 南北約四百里. 舊分葉楞·布顔·庫庫木三部, 雍正九年, 各以金葉表文貢方物, 後并爲一國. 乾隆五十六年, 侵擾後藏, 陷札什倫布, 大掠而去. 相國福文襄公率索倫勁旅征之, 懸軍深入, 累戰剋捷, 逼其都城. 先是英人既滅孟加拉, 東印度諸部皆降, 獨廓爾喀血戰保疆, 未遭蠶食, 且數數攻英屬部. 至是英人聞中國進兵, 亦興兵擾其邊. 廓夷震恐, 赴大軍乞降, 獻還所掠, 并獻首禍沙馬爾巴之尸. 詔許其內附, 五年一貢, 由四川北上. 其北境連雪山, 凌摩霄漢, 終年積雪. 土肥沃, 產二麥·黍稷·各豆·甘蔗·棉花·丹參·肉蔻. 其人短身, 強狠多力, 戶口約百餘萬. 嘉慶二十年, 與英人交訌, 構兵累年. 近年復相攻, 互有勝負. 其國亦雕題種類, 彩衣塗額, 與印度諸部同, 面色尚不甚黑. 俗崇佛敎, 紅黃喇嘛趾相錯, 惟不能操大權. 國分九部, 曰尼泊爾, 首城名加德滿都, 一作甲曼土, 又作陽布. 其國都也. 曰念四汗, 首城名廓爾喀. 曰念二汗, 首城名齊伊利. 曰馬各王不爾, 首城名同. 曰幾拉德斯, 數酋分據, 首城非一. 曰加當, 首城名希當. 曰札言不爾, 首城名同. 曰薩巴帶, 首城名那剌加利. 曰麼隆, 首城名那剌加利爾.

按: 廓爾喀地形狹長, 幅員非廣. 當英吉利破滅孟加拉, 席捲長驅, 諸部望風瓦解, 獨廓爾喀自保疆圉, 不失寸土. 其陰鷙多謀, 習於戰攻, 實爲印度諸部之最. 然輔車無鄰, 獨支大敵, 亦岌岌之勢矣. 廓夷稱英人屬部爲披楞, 又稱爲里底.

『西藏志』附錄稱: 距後藏塞爾地方十日程, 係白木戎界. 管九部, 曰納噶爾汗, 曰雜納, 曰餘隆巴, 曰拉不立, 曰額郎納, 曰隘巴, 曰立巴, 曰雜不立. 其地稱爲小西天, 東與朱巴連界, 南至大西天, 盆烏子, 西至白布, 北至後藏日蓋子. 又云: 由白木戎西去十日, 交大西天界, 再行十日, 始到小西天不爾牙王子住處. 從此上船, 由海中行半月, 卽至大西天云云.

余按: 大小西天本番僧夸誕之稱, 大約以印度之東北一帶爲小西天, 而餘則稱大西天. 與前後藏接壤者, 東有布魯克巴, 西有廓爾喀, 中間止有哲孟雄小部, 別無大國. 此所云'白

木戎東至朱巴’, 朱巴不知爲何地, ‘西至白布’, 白布實卽廓爾喀. ‘南至大西天盆烏子’, 似卽廓
爾喀南鄰之烏德. 然則所云白木戎者, 仍卽白布, 仍卽廓爾喀耳. 兩藏與印度, 以雪山爲界.
雪山嶺崎嵶崡, 中藏川谷, 原非一帶齊截, 橫亘如垣. 中間夾雜之番戎小部, 容或有之, 然斷
無極大部落, 而人皆茫昧之理. 又所云‘白木戎行二十日, 至不爾牙上船入海, 至大西天.’ 云
云. 今考印度東界入海之處, 惟孟加拉最近. 此所云不爾牙, 應卽是孟加拉. 由廓爾喀至孟加
拉, 約千餘里, 似白木戎之爲廓爾喀, 無可疑也. 至番部地名, 本多恢詭, 重譯之餘, 言人人殊,
固亦不足怪耳.

　　塞哥, 一作悉國, 又作西刻. 北印度大國. 西域稱爲克什米爾, 一作加治彌爾, 又作
加支迷爾, 又作夾氏米里. 乃其別部之名, 其國自古以此部爲國名, 『新唐書』謂之個失密,
又謂之迦濕彌羅. 『宋史』謂之迦濕彌勒, 元人謂之乞石迷耳, 皆克什米爾之轉音也. 猶尼泊
爾之稱廓爾喀, 浩罕之稱安集延也. 東北雪山環抱, 與後藏西徹毗連, 西北隅接
西域之札布, 西界阿富汗 · 俾路芝, 西南界信地, 東西約千里, 南北約二千五百
里. 其地時序和平, 山水明秀, 沙磧雖多, 而土田極沃, 農功甚勤, 戶口約三百
萬. 商賈於行遠, 西域 · 回疆 · 後藏, 處處有之. 國舊分左右部, 以隆德勒至河
爲界. 河左之西林德部, 已降英吉利爲屬國. 餘諸部皆在河右, 各有酋長, 不相
統屬. 乾隆末, 勞爾 卽刺合. 酋長林日星, 兼并河右諸部爲一, 又逾印度河, 割阿
富汗數城. 繼立之王尤雄武, 以歐羅巴人爲將, 戰勝攻取, 四鄰畏服. 道光十九
年, 王卒, 宗孫嗣立, 信任讒佞, 大柄旁落, 國勢頓衰. 先是英吉利攻滅孟加拉,
乘勝脅降諸部. 値塞哥兩世得賢主, 國治兵强, 故英人止戈修好, 未嘗措意. 至
是昏庸在位, 間隙可乘, 遂連年大擧深入, 侵割其疆土過半. 其所失爲何部, 尙
未得其詳也. 國分九部, 首曰本若, 都城建於拉維河岸. 曰勞爾, 一作刺合, 米圖作
勒懷. 貿易繁盛, 爲通國大都會. 曰固宜斯丹, 首城名拉德如爾. 曰克什米爾, 首

362

城同名. 曰着這, 首城名亞德各. 曰亞薩勒, 曰北朝威爾, 曰幾爾加爾不耳, 曰木耳丹, 曰勒亞, 德勒義斯馬伊爾汗, 曰德拉合西汗, 曰巴合瓦爾不耳, 首城皆同名. 道光二十年, 粵東譯出英人新聞紙, 有英軍攻阿付顏尼, 峩羅斯約木哈臘欲取阿付顏尼之說, 意在爭北印度也. 二十六年, 傳聞英人用兵於北印度, 有取得西刻之加治彌爾, 與後藏接壤, 欲赴藏通市之說. 西刻卽塞哥, 加治彌爾卽克什米爾. 據西人所刻地圖, 克什米爾在塞哥極北界. 英人果割地至此, 則已拊塞哥之背, 不止喪地實多, 抑且危如朝露矣.

新的亞, 一作新地亞. 在中印度, 地形曲折迴環, 與英人屬部屬藩交錯. 素以剽掠爲俗, 飛騎出没, 屢與英人構兵, 地分三部, 各有酋長, 不相統屬. 曰亞加拉, 亞加拉舊都已爲英屬, 此蓋其西南部落. 首城名瓜利爾, 其王都也. 曰干德宜至, 首城名不郞不爾. 曰馬盧襪, 卽米圖之馬爾窪, 一作馬刺他. 其都城已爲英屬, 此蓋其東北部落. 首城名痾日音. 馬盧襪爲鴉片總聚之地, 每年運出二萬餘箱.

信地, 卽米圖之阿布爾信. 在西印度極西南隅. 北界塞哥, 西界俾路芝, 南臨印度海, 印度河由此入海. 南北約千里, 東西約五百里. 都城曰海德拉巴, 其國未歸英轄.

按: 以上五國, 惟布魯克巴偏東, 不在五印度界內. 然東西南三面, 皆介英人新闢之土, 亦可危也. 廓爾喀強悍能自立, 且狡焉思啓, 實英人東面勍敵. 塞哥地大兵強, 新的亞剽輕善戰, 信地遠在邊隅, 勢異魯縞, 又逢弩末, 故三國徼幸未亡也. 然近年塞哥境土, 已亡失過半. 而新的亞包括英土之中, 四面受敵. 卧榻之旁, 難容鼾睡, 安陵之能否獨存, 尚未可知. 倘竟不支, 則唇亡之信地, 取之有如拾芥. 五印度之全爲英有, 固意中事耳. 前藏以布魯克巴爲屏蔽, 後藏以廓爾喀爲屏蔽. 兩部藩籬一撤, 則兩藏直與之接壤矣.

五印度在亞細亞一土, 正當午位. 北面雪山綿亙, 南境斗入溟渤, 袤延蓋萬

363

餘里. 漢武帝欲由身毒通大夏, 斷匈奴右臂. 西南夷之役, 由此而興. 然單車之使, 卒未能度恒河 即安額河. 而西發. 東漢時, 顯宗求佛法, 始一遣使, 由是漸通朝貢. 唐代往來尤頻數. 北宋時, 亦屢來貢獻. 元太祖起於漠北, 未削金源, 先開西土, 由印度之西北, 轉戰而南. 憲宗繼之, 五印度遂全歸囊括. 亘古蠻荒之域, 使以鞭策, 履行莫逆, 功烈可謂奇矣. 惜乎有其土, 莫能變其俗. 宗王國戚, 遠授蠻封, 椎髻箕踞, 囂佁自泰. 迨元政既衰, 聲靈隔絶, 諸部之酋, 雖强半蒙古苗裔, 而與昔日之蠻荒, 亦無大區別也. 歐羅巴諸國之居印度, 始於前明中葉, 倡之者葡萄牙, 繼之荷蘭 · 佛郎西 · 英吉利, 皆以重賞購其海濱片土, 營立埠頭. 蠻人憒憒, 不察萌牙. 英吉利漸於各海口建立砲臺, 調設兵戍, 養銳蓄謀, 待時而動. 迨孟加拉一發難端, 遂以全力進攻, 諸蠻部連鷄栖桀, 等於拉朽折枯. 於是五印度諸部夷滅者十八九, 哀哉! 英人自得五印度, 榷稅養兵, 日益富强. 其陸地與西藏之南界 · 滇省之西界, 雖壤地幾於相接, 而梯度繩懸, 往來不易. 水程則自孟加拉至粵東, 兼旬可達. 邇年英人貨船, 自印度來者十之六七. 昔日之五印度, 求疏通而不得, 今日之五印度, 求隔絶而不能. 時勢之變, 固非意料所及矣.

英吉利印度埠頭, 孟加拉最盛, 孟買次之, 麻打拉薩又次之. 英吉利本國商船, 與歐羅巴諸國之船, 每歲往來以數千百計, 其稅銀每歲得千餘萬. 兵太多, 支銷之外, 所餘亦無幾.

中國之布, 從前皆以麻織. 自元太祖征印度, 乃得棉花之種, **棉花初稱吉貝**. 流傳中土, 至今衣被 九州, 功駕桑麻之上, 其利溥矣. 乃鴉毒, 亦出於此. 五印度諸部, 皆產此物, 而最多者, 爲馬刺他. 川南 · **滇西地近印度, 故亦有栽種鶯粟者**. 鴉片分兩種, 成團者爲大土, 其價昂, 聚於孟加拉 · 麻打拉薩. 成片者爲小土, 其價廉, 孟買. 五印度貨物, 惟棉花 · 鴉片最多. 近年竟以鴉片爲主, 每歲出運數萬餘箱. 宇宙浮孽之氣, 乃獨鍾於佛國, 何其怪也!

回疆葉爾羌等城, 時有克什米爾 · 溫都斯坦兩處之人, 往來貿易.『西域聞見錄』謂兩部皆回部大國, 由葉爾羌南行六十餘程, 至克什米爾, 又四十餘程, 至溫都斯坦. 以今考之, 克什米爾即塞哥, 爲北印度大國. 溫都斯坦則五印度總名, 部落既多, 西域不能辨識, 自克什米爾之外, 概稱爲溫都斯坦耳. 又云兩廣·福建之物, 往往由溫都販至回疆. 此無足怪. 溫都斯坦之孟加拉·孟買, 皆英吉利大埔頭, 閩粵之貨山積. 由兩處至回疆, 皆商賈通行之熟路, 轉運固甚便矣.

謝淸高『海錄』云: 明呀喇, 卽孟加拉. 土番有數種, 一曰明呀哩, 一曰夏哩, 一曰吧藍美. 明呀哩種較多, 而吧藍美種特富厚. 明呀哩食牛不食豬, 夏哩食豬不食牛, 吧藍美則俱不食. 富者衣食居處, 頗似英吉利, 以華麗相尙. 貧者家居俱裸體, 以數幅布圍其腰, 又自臍下絆至臀後, 以掩下體. 男女皆然, 謂之水幔. 此與巫來由風俗相同. 出門所圍布幅稍寬, 有吉慶, 則穿長衣窄袖, 其長曳地. 用白布二丈纏其頭, 以油遍擦其身. 所居屋盡塗以牛糞. 俗以螺殼有文彩者爲貨貝, 交易俱用之. 娶妻皆童養, 夫死婦不再嫁, 剃髮居. 各種不相爲婚. 男子胸烙, 額上刺紋, 女人皆穿鼻帶環. 吧藍美死則葬於土, 餘皆棄諸水. 有老死者, 子孫親戚送至水旁, 聚而哭之, 各以手撫其尸, 而反掌自舐之, 以示親愛. 遍則棄諸水, 急趨而歸, 以先至家者爲吉. 明呀哩間有以火化者, 更有伉儷敦篤者, 夫死婦矢殉. 先積薪於野, 置夫尸於上火之, 婦則盡戴所有金銀珠寶玩飾, 繞火行哭. 親戚亦隨哭極慟, 見尸將化, 婦則隨摘諸飾, 分贈所厚, 而跳入火. 衆皆噴噴稱羨, 俟火化而後去. 每歲三四月, 群聚賽神廟, 門外先竪直木一, 再取一木, 度其長之半, 鑿孔橫穿直木上, 令活動可轉. 橫木兩端, 各以繩繫鐵鉤二. 有數人赤身, 以長幅布圍下體, 手綰一籃. 籃內裝各種時果, 立其下. 衆先取兩人, 以橫木兩端鐵鉤, 鉤其背脊兩旁, 懸諸空中. 手足散開, 狀如飛鳥, 觀者擧橫木推轉之. 其人取籃中果分撒於地, 群爭拾之. 果盡復換兩人. 衆皆歡笑, 不以爲苦也. 得果者歸以奉家長及病者, 以爲天神所賜云. 土產棉花·鴉片·烟

365

硝·牛黄·白糖·海參·玳瑁·訶子·檀香. 鴉片有二種, 一爲公班, 皮色黑, 最上, 一名叺第咕喇, 皮色赤, 稍次, 皆華人所謂烏土也. 出於明呀喇屬邑, 地名叺旦拏 卽八拿. 其出曼噠喇薩者, 亦有二種. 一名金花紅, 爲上, 一名油紅, 次之. 出馬拉他及盎嘰哩者, 名鴨屎紅, 皆華人所謂紅皮也. 出孟買及唧肚者, 則爲白皮.

曼噠喇薩, 卽麻打拉薩. 在明呀喇西南. 由葛支里沿海陸行, 約二十餘日, 水路順風約五六日, 亦英吉利大埔頭. 有城郭, 其地客商, 多阿哩敏番, 卽來粤戴三角帽者是也. 土番名雪那哩, 風俗與明呀哩略同. 土產珊瑚·珍珠·鑽石·銀·銅·棉花·訶子·乳香·没藥·鴉片·魚翅·蝦·梭豸. 梭豸形如小洋狗. 又有金邊洋布, 價極貴, 一匹有値洋銀八十枚者. 內山爲曉包補番, 曉包補, 華言大也, 本回回種類, 其間國名甚多.

笨支里, 卽本地治里, 一作房低者里. 在曼噠喇薩西南, 爲佛郞機所轄地. 由曼噠喇薩陸行, 約四五日, 水行約日餘卽到. 土產海參·魚翅·訶子·棉花·蝦·梭豸.

呢咕叺當, 卽『海國聞見錄』所云尼顏八達, 舊爲荷蘭埔頭. 在笨支里·西嶺介中. 疆域甚小, 土番名耀亞. 卽繞阿一作爪亞.

西嶺, 又名咕嚕慕, 由笨支里水路約六七日可到. 土番名高車子, 風俗與明呀哩略同. 土產海參·魚翅·棉花·蘇合油. 以上各地名, 皆東印度及中南印度東畔沿海各埔頭.

打冷莽柯, 卽達拉王哥爾. 在西嶺西北, 順風約二三日可到. 疆域甚小, 土番極貧, 而性頗淳良, 風俗與上略同. 屬邑有地名咖補, 西洋客商皆居此. 土產海參·魚翅·涎香·訶子.

亞英咖在咖補西北, 順風約五六日可到, 土俗與上略同. 土產棉花·燕窩·

椰子·訶子.

固貞, 即可陳. 在亞英咖西北, 順風約日餘可到. 本荷蘭埔頭, 近亦爲英吉利轄. 土產乳香·没藥, 魚翅·棉花·椰子·蘇合油·血竭·砂仁·訶子·大楓子.

隔瀝骨底在固貞北少西, 順風約二日可到, 土俗與上同. 產胡椒·棉花·椰子, 俱運至固貞售賣.

馬英, 即馬黑. 在隔瀝骨底北少西, 順風約二日可到, 爲佛郎西所轄地. 風俗物產, 與上略同.

打拉者在馬英西北, 陸路約數十里, 土俗與上同. 產胡椒·海參·魚翅·淡菜.

馬剌他, 即馬盧襪, 一作馬爾窪, 本印度大國, 英人滅之. 地產鴉片最多. 在打拉者西, 疆域甚長. 沿海分爲三國, 一小西洋, 一孟婆囉, 一麻倫呢, 爲回回種類. 凡拜廟, 廟中不設主像, 唯於地上作三級, 各取花瓣遍撒其上, 群嚮而拜, 或中間立一木椎. 每月初三, 各於所居門外, 向月念經, 合掌跪拜稽首. 土產棉花·胡椒·魚翅·鴉片.

小西洋, 即俄亞. 在馬剌他, 西北境, 爲大西洋 即葡萄牙. 所轄地, 土番名盈丟, 奉蛇爲神. 所畫蛇, 有人面九首者. 婚嫁與明呀哩同, 死則葬於土. 每年五月, 男女俱浴於河, 延番僧坐河邊. 女人將起, 必以掬水洗僧足, 僧則念咒, 取水磺女面, 然後穿衣起. 又有蘇都嚕番·察里多番·咕嚕米番三種, 多孟婆羅國人, 西洋人取以爲兵. 其風俗與盈丟略同.

孟婆羅在小西洋北山中, 由小西洋順風約日餘可到. 王都在山中, 以竹爲城. 風俗與小西洋同. 土產檀香·犀角.

麻倫呢在孟婆羅北, 順風約日餘可到, 風俗與孟婆羅同, 土產海參·魚翅·鮑魚. 二國貨物, 多運至小西洋售賣.

盎畿哩在麻呢北少西, 順風約一二日可到, 風俗與小西洋略同, 土產瑪瑙·棉花·鴉片, 洋葱. 洋葱白寸餘, 熟食味極美.

孟買在盎畿哩北少西, 相去約數十里, 爲英吉利大埔頭, 有城郭. 土番名叭史, 顏色稍白, 性極淳良, 家多饒裕. 土產瑪瑙·大葱·棉花·阿魏·乳香·沒藥·魚膏·魚翅·鴉片·番碱, 棉花最多.

蘇辣, 卽蘇剌. 在孟買北, 水路約三日可到. 土番名阿里敏, 物產同上.

淡項, 讀平聲. 在蘇辣北, 水路約日餘可到, 土產同孟買.

唧肚在淡項北, 疆域稍大. 順風約二日可到, 風俗與盎畿哩諸國略同. 土產海參·魚翅, 俱運往蘇·孟買販賣. 以上各地名, 皆中南印度西畔沿海各埔頭.

自曼噠喇薩至唧肚, 土番多不食豬牛羊犬, 唯雞鴨魚蝦. 男女俱帶耳環. 自明呀喇至唧肚, 西洋人謂之哥什塔, 一作戈什塔. 中國稱爲小西洋. 土人多以白布纏頭, 所謂白頭番也. 遇王及官長, 蹲身合掌上於額, 過然後起. 子見父母, 亦合掌於額, 平等相見亦如之. 其來中國貿易, 俱附英吉利船, 本土船從無至中國, 中國船亦無至小西洋各國者. 余按: 此錄所載, 乃東中南三印度沿海大小各埔頭, 其腹地國土疆域, 謝淸高均未涉歷, 故不能言其詳. 因其叙述諸番風俗物產, 頗爲明備, 故附錄於此.

印度爲佛教所從出. 晉法顯·北魏惠生·唐元奘, 皆遍歷其地, 訪求戒律大乘要典, 紀載特詳. 其所謂恒河者, 卽今之安額河, 印度人稱爲聖水. 諸佛·菩薩·羅漢繪塑之像, 多裸上體, 或耳帶環, 脛束釧, 乃印度本俗, 至今未改. 所衣袈裟, 卽印度人外著之沙郞. 僧人爲禮, 合掌膜拜, 亦皆印度土俗也. 佛法自後漢入中國, 至南北朝, 而達摩航海東來, 演教外別傳, 緇流遂布滿中國. 紅衣喇嘛敎, 起於烏斯臟, 其地本毘連印度. 至前明中葉, 宗喀巴別唱宗風, 演爲黃敎, 內外蒙古曁瓦剌各部, 靡然從風. 其敎可謂盛矣. 然自回敎興於唐初, 由天方漸傳東北, 不特玉門以西, 多花門種類, 而佛法最盛之五印度, 亦大半捨牟尼而拜派罕. 派罕巴爾, 卽摩哈麥, 回敎之祖也. 元起北方, 最崇佛敎. 太祖憲宗, 取印度外藩, 乃其地已半從回敎, 不特不能改革, 而蒙古居其地者, 亦改從回敎. 蓋自宋元以後, 五印度佛敎已不如回敎之多. 至今日而印度各國備歐羅巴之東藩, 又參以耶穌敎, 而佛敎愈微矣. 慧光照於震旦, 而净土轉滋他族. 物莫能兩大, 想佛力亦無如之何耶!

近刻有將巴社‧阿丹兩回國稱爲西印度, 并極西之如德亞, 亦隸之西印度者, 其說甚奇, 不知何所本. 五印度者, 漢之天竺‧身毒也. 巴社卽波斯, 漢之安息也. 阿丹卽亞刺伯, 漢之條支也. 說詳『回部四國圖』後. 如德亞卽拂菻, 古羅馬之東境, 漢之大秦國也. 漢安息爲一國, 條支爲一國, 大秦爲一國, 天竺爲一國, 今日皆西印度, 則是有天竺而無安息‧條支‧大秦也. 夫天竺, 自古之弱國也. 幅員雖廣, 而怯懦不善鬥. 西北諸胡, 取而代之者屢矣. 東漢時, 大月氏方强, 嘗殺其王而置將, 令統其人.

唐時亞刺伯回部方强, 屢侵割其境土. 趙宋時, 半爲回部所割據. 至元明, 而五印度全爲蒙古所囊括. 是他國之兼有印度者, 代有之矣, 未聞印度之兼有他國也. 『漢書』「天竺傳」, 稱月氏高附國以西, 南至西海, 皆身毒之地, 或者因此附會歟? 高附不知爲今何地, 其國介天竺‧罽賓‧安息之間, 大約在印度河左右. 南至西海者 指印度海, 非指地中海也. 唐沙門元奘訪求釋典, 遍歷五印度, 各有紀載. 其記西印度諸國, 總不離印度河左右, 而曰 "自此西北, 至波刺斯, 非印度之國也. 西北接拂懍, 西南海島有西女國, 并非印度境." 波刺斯卽波斯, 所謂巴社也. 拂懍卽拂菻, 泰西人稱猶太國, 其都城曰耶路撒冷, 轉音拂懍‧拂菻. 所謂如德亞也. 如德亞之北, 曰西里亞, 西女卽西里之訛, 有女無男之說, 世俗所附會也. 玄奘親歷其地, 而斷其非印度境, 今乃無端而隸之印度, 義何取乎? 如曰其國在印度之西, 不妨名爲西印度, 則葱嶺東西之城郭諸國, 以及烏斯藏衛皆可名爲北印度, 滇池‧緬甸‧暹羅‧安南‧眞臘皆可名爲東印度乎? 廣印度於天下, 其意何居? 爲此說者, 當代博雅名流, 或其別有所本, 而非予之所及知也. 書之以質所疑.

[[아시아 인도 서쪽 이슬람 4개국]]

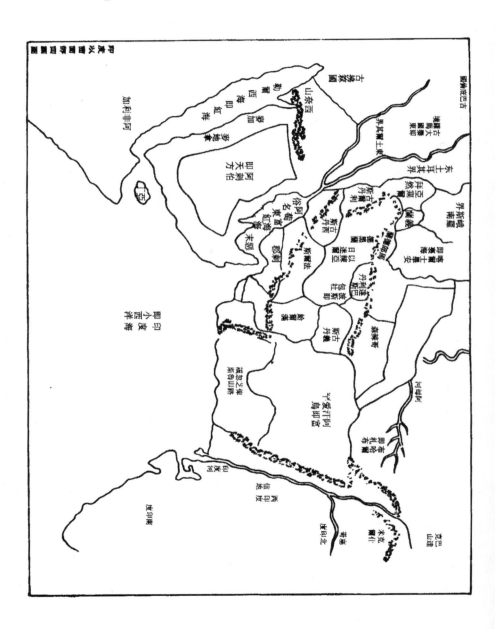

370

인도 서쪽 이슬람 4개국

파달극산(巴達克山): 바다흐샨(Badakhshān)으로, 지금의 아프가니스탄에 위치한다.

아모하(阿母河): 지금의 아무다리야강(Amu Darya)이다.

객이사필안(喀爾士畢安): 리해(裏海)라고도 하며, 지금의 카스피해(Caspian Sea)이다.

아라사남계(峨羅斯南界): 러시아(Russia) 남쪽 강역이다.

동토이기계(東土耳其界): 터키 동쪽 강역이다.

고파비륜국(古巴比倫國): 고대 바빌로니아(Babylonia) 왕국이다.

고대진(古大秦): 로마의 동쪽 강역이다.

동토이기계(東土爾其界): 터키 동쪽 강역이다.

의란(義蘭): 지금의 이란(Iran)이다.

아새이배연(亞塞爾拜然): 지금의 아제르바이잔(Azerbaijan)이다.

극십미이(克什彌爾): 가습미라(迦濕彌羅)라고도 하며, 지금의 카슈미르(Kashmir)이다.

새가(塞哥): 시크(Seiks)로, 지금의 인도 카슈미르 지구이다.

북인도(北印度): 지금의 인도 카슈미르, 펀자브, 하리아나(Haryana), 파키스탄의 서북 변경, 펀자브주 및 아프가니스탄 카불강 남쪽 양안 지역이다.

서인도(西印度): 지금의 파키스탄 중남부, 인도 구자라트의 북동부, 마디아프라데시주의 북서부, 라자스탄의 남부이다.

신지(信地): 신디(Sindy)로, 지금의 파키스탄 신드주(Sind)이다.

인도하(印度河): 지금의 인더스강이다.

남인도(南印度): 인도차이나반도의 오디샤 남부, 마디아프라데시 동남부, 마하라슈트라주와 그 이남의 인도 각주 및 서북쪽의 카티아와르반도(Kathiawar Peninsular) 지역이다.

포합이(布哈爾): 찰포(札布)라고도 하며, 지금의 부하라이다.

가랄삼(哥剌森): 호라산(Khorasan)으로, 지금의 이란에 위치한다.

급이만(給爾滿): 케르만(Kerman)으로, 지금의 이란에 위치한다.

달파리사단(達巴利斯丹): 셈난(Semnān)으로, 지금의 이란에 위치한다.

파사(波斯): 포사(包社)라고도 하며, 지금의 이란이다.

이랄아일미이(以辣亞日迷爾): 지금의 이라크(Irak)이다.

덕흑란(德黑蘭): 지금의 이란의 수도 테헤란(Tehran)이다.

마랑덕란(馬郎德蘭): 마잔다란(Mazandaran)으로, 이란의 역사적 지역이다.

고이리사단(古爾利斯丹): 쿠르디스탄(kurdistan)으로, 지금의 튀르키예 남동부와 이란북서부, 이라크 북동부와 시리아 북동부에 걸친 고원과 산악으로 이루어진 지역이다.

아부한(阿富汗): 애오한(愛烏罕)이라고도 하며, 지금의 아프가니스탄(Afghanistan)이다.

법이사(法爾斯): 파르스(Fars)로, 지금의 이란에 위치한다.

랄군(剌郡): 라레스탄(Larestan)으로, 지금의 이란 남부에 위치한다.

오말(惡末): 호르무즈(Hormuz)로, 지금의 이란에 위치한다.

아도부해(阿葡富海): 아륵부해(阿勒富海), 동홍해(東紅海)라고도 하며, 지금의 아라비아해(Arabian Sea)이다.

아랄백(阿剌伯): 천방(天方)이라고도 한다. 본래는 지금의 사우디아라비아의 메카(Mecca)를 가리켰으나, 후에는 아라비아를 널리 지칭하는 말로 쓰였다.

서내산(西奈山): 시나이산(Sinai Mountain)으로, 지금의 이집트 시나이반도에 위치한다.

맥가(麥加): 메카로, 지금의 사우디아라비아에 위치한다.

맥지나(麥地拿): 메디나(Medina)로, 지금의 사우디아라비아에 위치한다.

늑이서해(勒爾西海): 홍해(紅海)라고도 하며, 홍해(Red Sea)이다.

아비리가(阿非利加): 지금의 아프리카(Africa)이다.

비로지(俾路芝): 홀로모사(忽魯謨斯)라고도 하며, 지금의 발루치스탄(Baluchistan)이다.

아정(亞丁): 지금의 아덴(Aden)이다.

인도해(印度海): 지금의 인도양(Indian Ocean)이다.

아프가니스탄(Afghanistan)[1] 아부한니사단(阿富汗尼士丹)·애오한(愛烏罕)·아부안니(阿付顔尼)라고도 한다. 은 이슬람 대국이다. 북쪽으로는 부하라와, 동쪽으로는 인도와, 남쪽으로는 발루치스탄과, 서쪽으로는 페르시아와 경계하고, 동서의 너비는 2천여 리이고 남북의 길이는 1천여 리이다. 건륭 24년(1759)에 바다흐샨(Badakhshan)[2]이 복종해오면서 누차 명마를 바쳐왔다. 그 나라는 본래 페르시아의 동쪽 경내에 위치했는데, 명나라 정덕(正德)[3] 연간 초

---

1 아프가니스탄(Afghanistan): 원문은 '아부한(阿富汗)'이다.

2 바다흐샨(Badakhshan): 원문은 '발달극산(拔達克山)'이다. 지금의 아프가니스탄 동북부에 위치한다.

3 정덕(正德): 명나라 제10대 황제 무종 주후조(朱厚照)의 연호(1505~1521)이다.

에 바부르(Babur)[4]가 카불(Kabul)[5] 객분(喀奔)이라고도 한다.·칸다하르(Kandahar)[6]·
가즈니(Ghazni)[7] 세 지역을 차지한 뒤 나라를 세우고 존속한 지 2백여 년이
되었다. 강희 연간에 이르러 페르시아가 쇠락하자 아프가니스탄은 이를
틈타 겸병하고는 그 땅 전체를 차지했다. 17년이 지나 페르시아가 다시 일
어나 나디르 샤(Nadir Shâh)[8]가 나라를 세운 뒤 「파사전(波斯傳)」에 상세히 나와 있
다. 동쪽 정벌을 나가 아프가니스탄을 멸망시켰다. 나디르 샤가 죽자 아프
가니스탄의 왕자 아흐마드 샤 두라니(Ahmad Shâh Durrâni)[9]는 옛 영토를 수
복하고, 여전히 페르시아와 양립했다. 건륭 54년(1789)에 왕 자만 샤 두라
니(Zaman Shâh Durrâni)[10]가 동생인 마흐무드 샤 두라니(Mahmud Shah Durrâni)[11]에
게 왕위를 찬탈당하면서 나라가 크게 어지러워진지 10여 년이 되었다. 북

---

4 바부르(Babur): 원문은 '파비이(巴卑爾)'로, 무굴제국의 창시자 자히르 알딘 무함마드 바부
르(재위 1526~1530)이다. 안디잔 출신으로 1504년 아프가니스탄의 카불에서 왕국을 세우는
데 성공했다. 그곳에서 그는 군대를 모아 1526까지 인근 지역을 정복하고, 16세기 초반
에 몰락한 로디 왕조를 멸망시켜 무굴제국을 건국했다.

5 카불(Kabul): 원문은 '객포이(喀布爾)'이다.

6 칸다하르(Kandahar): 원문은 '감달합이(堪達哈爾)'로, 지금의 아프가니스탄에 위치한다.

7 가즈니(Ghazni): 원문은 '제사니(濟斯尼)'로, 지금의 아프가니스탄 동부에 위치한다.

8 나디르 샤(Nadir Shâh): 원문은 '나적이사(那的爾沙)'이다. 페르시아 제국 아프샤르 왕조
(Afsharid dynasty)의 창시자로, 재위기간(1736~1747) 중에 아프가니스탄·인도 서북부·중앙아
시아 등지를 정복했다.

9 아흐마드 샤 두라니(Ahmad Shâh Durrâni): 원문은 '아미리사(亞美里沙)'이다. 아프가니스탄 두
라니 제국의 창시자로, 1747~1773년까지 재위했다. 1747년 나디르 샤 사후 칸다하르에 진
군해서 아프샤르 왕조에서 자립했다. 같은 해 10월 아프가니스탄 최초의 샤에 추대되어
아프가니스탄의 정치적 독립을 확립했다.

10 자만 샤 두라니(Zaman Shâh Durrâni): 원문은 '새만사(塞曼沙)'로, 두라니 왕조의 제3대 군주
(1772~1793)이다.

11 마흐무드 샤 두라니(Mahmud Shah Durrâni): 원문은 '마모(馬慕)'로, 두라니 왕조의 제4대, 제6
대 군주이다.

인도의 시크 실국(悉國)이라고도 하는데 『오인도도설』에서 이미 상세히 설명했다. 는 아프가니스탄과는 인더스강을 사이에 두고 이웃하고 있다. 아프가니스탄이 강성했을 때 일찍이 인더스강을 건너 시크의 변경을 차지한 적 있다. 세상에 전하는 말에 따르면 아프가니스탄이 힌두스탄을 멸망시켰는데 바로 이 일을 말한다. 이때에 와서 내란이 일어나자 시크의 라호르 시크의 수도로 륵회(勒懷)라고도 한다. 『오인도도설』에서 이미 상세히 설명했다. 의 란지트 싱이 인더스강의 동쪽 땅을 수복하고 다시 강을 건너 몇 개의 성을 차지하자, 아프가니스탄은 더 이상 일어나지 못했다. 최근에 들어 영국 관할의 인도 서부 지역과 몇 년 동안 전쟁을 하다가 강화를 하고 전쟁을 그만두었다. 이 나라는 인도와 페르시아 사이에 끼어 있으며 기후가 아주 덥고 비가 자주 내린다. 서쪽 지역은 사막이고 나머지 지역은 토양이 비옥하다. 민간에서는 농사에 힘쓰며 유목생활은 하지 않는다. 도시는 크고 화려하며, 인구가 많고 정예병은 수만 명이고, 무기로는 조총과 긴 창, 허리에 차는 칼을 사용하며, 활과 화살은 사용하지 않는다. 풍속은 페르시아와 같다. 이 땅에서는 철·주석·명반·소금·염화암모늄[12]·유황·담배·면화·아위·인디고·단삼(丹參)·사탕수수·양탄자가 난다. 아프가니스탄은 9개 지역으로 나누며 주도는 카불[喀布爾] 객분(喀奔)이라고도 한다. 로, 이 나라의 수도이다. 평원에 위치하고, 인구가 조밀하며, 도시가 번화하고 풍경이 수려하다. 칸다하르 역시 대도시로, 나라의 동북쪽에 위치하고 사면은 산으로 둘러싸여 있다. 가즈니[13]는 카불, 칸다하

---

12 염화암모늄: 원문은 '요사(硇砂)'이다.
13 가즈니: 원문은 '합사나(哈斯那)'이다.

르와 함께 상인들이 모여드는 곳이다. 나머지 지역으로는 라그만(Lagman),[14] 잘랄라바드(Jalâlâbâd),[15] 셰베르간(Sheberghan),[16] 파라(Farah),[17] 도찰극(都札克),[18] 칼라트이길자이(Kalât-i-Ghilzai)[19]가 있다.

살펴보건대 아프가니스탄은 본래 페르시아의 동쪽 경내에 위치했는데, 명나라 중엽에 페르시아의 몇몇 도시를 차지한 뒤 자립해 나라를 세웠다. 이전에는 페르시아에 복속해 있어 별도로 나라 이름이 없었다. 여러 세대를 거치면서 힌두스탄을 겸병했다. 지금 살펴보니 힌두스탄은 오인도 전체를 아우르는 이름이다. 아프가니스탄과 이웃하는 나라로는 북인도의 시크왕국이 있다. 양국은 본래 인더스강을 경계로 하는데, 아프가니스탄이 예전에 인더스강을 건너가 시크의 서쪽 지역을 차지한 적이 있었으며, 후에 와서 시크역시 인더스강을 건너가 아프가니스탄의 동쪽 강역을 차지했다. 이른바 변경에 위치한 도시는 한번은 저쪽에서 한번은 이쪽에서 차지할 따름이다. 『서역문견록』에 따르면 "오한(敖罕)과 힌두스탄은 강역이 인접해 있어 각각 무력으로 서로를 제압했는데 번갈아가면서 위세를 떨쳤다."라고 하는데, 지금 살펴보건대 힌두스탄과 인접해 있는 나라는 아프가니스탄 외에 오한이라는 국명은 없다. 아프가니스탄을 애오한(愛烏罕)이라고도 하는데, 애오(愛烏)의 음을 합치면 오(敖)와 비슷하므로 결국 애오한을 오한(敖罕)이라고 잘못

---

14 라그만(Lagman): 원문은 '라각만(羅各曼)'으로, 지금의 아프가니스탄 동부에 위치한다.

15 잘랄라바드(Jalâlâbâd): 원문은 '일랄랍파(日剌拉巴)'로, 지금의 아프가니스탄 동부 낭가르하르주의 주도이다.

16 셰베르간(Sheberghan): 원문은 '유서(維西)'로, 지금의 아프가니스탄 주즈잔의 주도이다.

17 파라(Farah): 원문은 '발래(發來)'로, 지금의 아프가니스탄 남서부에 위치한다.

18 도찰극(都札克): 미상.

19 칼라트이길자이(Kalât-i-Ghilzai): 원문은 '이륭달이(伊隆達爾)'로, 지금의 아프가니스탄 남부에 위치한다.

표기한 것 같다. 또 안디잔의 코칸트 도성 역시 오한(敖罕) 호한(豪罕), 또는 곽한(霍罕)이라고도 한다. 이라고 부른다. 논자들은 마침내 이것을 춘원씨(椿園氏)[20]의 오류 때문이라고 지적하면서 최북단의 무슬림을 남방으로 이동시켰다고 했는데, 실제로는 음역하면서 실수한 것으로 심하게 질책할 일은 아니다.

또 『서역문견록』에 따르면, 아프카니스탄[21] 사람은 종족이 하나가 아니어서, 중국 내지의 회족과 비슷한 사람들도 있고, 안디잔 사람과 비슷한 사람들도 있으며, 토르구트(Torgut)[22] 사람과 비슷한 자들도 있고 머리카락이 곱슬머리로 러시아[23]인과 비슷한 사람들도 있다. 또한 어떤 종족은 이슬람교도의 옷을 입고 모자를 썼으며, 고슴도치처럼 수염을 길렀는데 꼭두서니로 물들인 것처럼 붉었다. 사람들이 힘이 세고 나무창을 잘 다루어 서역인들은 대부분 그들을 두려워했다. 또한 어떤 종족은 둥근 옷깃에 소매가 크고 의관과 복식이 중국과 유사했으며 용모가 수려한 것이 조선 사람과 같았는데 혹자는 후한(後漢)의 후예라고도 했다. 또한 아프카니스탄은 서역의 대국이면서 서역의 혼란한 나라라고 한다. 사기와 폭력을 서로 내세워 날마다 권력을 다투는 형세인데, 대체로 예전부터 그러했다고 한다.

내가 서양의 지도를 살펴보니 아프가니스탄의 영토는 종횡으로 모두 1천~2천 리에 불과해 강역도 그다지 크지 않은데, 종족이 어찌 이렇게 많을 수 있단 말인가? 대개 그 나라는 본래 페르시아의 일부로 후에 와서 분열되었다가 통합되고 다시 통합되었다가 분열되면서 서역에서 페르시아의 이름을 모르게 되었고, 마침내 페르시아 각 종족들까지

---

20 춘원씨(椿園氏): 『서역문견록』의 작가인 만주족 정람기(正藍旗) 사람 칠십일(七十一)의 호이다. 칠십일은 성이 니마사(尼瑪査)이고 호가 춘원(椿園)이다.

21 아프가니스탄: 원문은 '오한(敖罕)'이다.

22 토르구트(Torgut): 원문은 '토이호특(土爾扈特)'으로, 오이라트의 한 부족이다.

23 러시아: 원문은 '아라사(峩羅斯)'이다.

모두 아프가니스탄으로 귀속되었기 때문일 것이다. 서양인 역시 페르시안계의 유민들로 종족이 매우 많고 언어가 서로 다르다. 액력서(額力西), 그리스[24]이다. 아단(阿丹), 아라비아이다. 라문(羅汶), 로마[25]이다. 도로기(都魯機) 터키[26]이다. 가 있는데, 『서역문견록』에서 말하고 있는 내용과 서로 일치한다. 양국이 통일과 분열을 반복하면서 무력충돌이 수차례 일어났고 또 때때로 내분이 일어나 서로 번갈아 찬탈했으니, 이른바 '날마다 권력을 다투는 형세'라고 한 것도 빈말은 아니다.

발루치스탄[俾路芝] 밀라기(密羅既)·배라길(北羅吉)·홀로모사(忽魯謨斯)·사포(思布)라고도 한다. 은 아프가니스탄의 남쪽에 위치하며 역시 이슬람교를 믿는다. 동쪽으로는 서인도에 접해있고, 서쪽으로는 페르시아에 접해 있으며, 남쪽으로는 아라비아해에 닿아있는데, 동서의 너비는 약 1700~1800리이고 남북의 길은 약 6백~7백 리이다. 언덕과 구릉이 첩첩이 늘어서 있고 사막이 광활하며 토양은 매우 척박해서 겨우 생계를 유지할 정도이다. 사계절이 온화하며 물산은 아프가니스탄과 대체로 같다. 나라에는 왕이 없고 사라완(Sarawan),[27] 간다바(Gandava),[28] 하라완(halawan),[29] 루스(Lus),[30] 마크란(Makran),[31]

---

24 그리스: 원문은 '희랍(希臘)'이다.

25 로마: 원문은 '라마(羅馬)'이다.

26 터키: 원문은 '토이기(土耳其)'이다.

27 사라완(Sarawan): 원문은 '살랍만(薩拉彎)'으로, 지금의 파키스탄에 위치한다.

28 간다바(Gandava): 원문은 '가지간달와(加支干達瓦)'로, 지금의 파키스탄에 위치한다.

29 하라완(halawan): 원문은 '왜랍만(倭拉彎)'으로, 지금의 파키스탄에 위치한다.

30 루스(Lus): 원문은 '로사(盧斯)'로, 지금의 발루치스탄에 위치한다.

31 마크란(Makran): 원문은 '미가란(美加蘭)'으로, 지금의 파기스탄 서남부와 이란 동남부에 걸쳐 있다.

코히스탄 6개 지역으로 나뉘어져 있다. 6개 지역에는 각각 나와브가 있으며 나라는 작지만 강하고 전투에 뛰어나, 영국의 식민지인 인도의 서부와 때때로 무력충돌해서 호각지세를 이루고 있다.

생각하건대, 발루치스탄은 언제 나라가 세워졌는지 알 수는 없지만, 명나라 초기 정화 등의 사신이 서쪽 바다로 나갔을 때 홀로모사(忽魯謨斯)[32]라는 나라가 있었다. 서양인들의 옛날 지도에 따르면 아프가니스탄·발루치스탄은 모두 페르시아에 속해 있을 뿐, 나라 이름에는 없었다. 아마도 아프가니스탄은 본래 페르시아의 동북쪽 경내에 위치해 있었고, 발루치스탄은 이로부터 페르시아의 동남쪽 경내에 위치해 있었던 것 같다. 이슬람족이 서로 분쟁하다가 우연히 이 땅을 차지하면서 마침내 별도로 나라를 세웠을 따름이다. 또한 「사예고(四裔考)」에서 "아프가니스탄의 남쪽으로 사포(思布)라는 나라가 있는데, 사포를 지나면 역시 바다이다."라고 운운하고 있는데, 사포는 바로 발루치스탄을 가리킨다.

페르시아[波斯] 백서(白西)·포사(包社)·파사(巴社)·고사(高奢)·백이설(百爾設)·법이서(法耳西)·배이서아(北耳西亞)·파이제아(巴爾齊亞)·백이서아(伯爾西亞)·이란(伊蘭)·합렬(哈烈)·흑로(黑魯)·색극(塞克)이라고도 한다. 는 이슬람대국으로, 광동에서는 페르시아를 대백두(大白頭)라고 부르고, 인도를 소백두(小白頭)라고 부른다. 두 지역에서 모두 흰 천을 머리에 두르는 풍속이 있는데서 이렇게 이름 지었다. 동북쪽으로는 사막과 이어져 있고, 부하라와 경계하며, 동쪽으로는 아프가니스탄·발루치스탄과 경계하고, 서쪽으로는 터키 동부와 이어져 있

---

32 홀로모사(忽魯謨斯): 지금의 이란 남부에 위치해 있었던 호르무즈(Hormuz) 왕국으로, 지금의 호르무즈이다. 당시 발루치스탄의 인근에 위치해 있어 이렇게 부른 것으로 추정된다.

으며, 북쪽으로는 카스피해를 둘러싸고 러시아와 인접해 있으며, 남쪽으로는 아라비아해 속칭 동홍해(東紅海)라고 한다. 에 이르며, 아라비아와는 한쪽 구석이 이어져 있다. 이 나라는 강역이 광활하고 남북의 길이는 약 4천 리이고, 동서의 너비는 약 3천 리이다. 보화가 아주 풍부해 중국과 무역한 최초의 이른바 '푸른 눈의 페르시아인'이다. 하(夏)나라 초에 나라를 세웠으며 춘추시대 때 키루스(Cyrus)[33]가 메디아(Media)[34]에 기틀을 마련하고 일시에 영웅으로 칭해졌다. 후에 유럽의 그리스 왕국과 때때로 전쟁을 벌였다. 로마가 일어나 유대의 서쪽 모두를 차지했을 때 페르시아만은 그 판도에 들어가지 않았다. 민간에서는 과거에 태양화교(太陽火敎)[35] 고대 중국 내지에 화현사(火祆祠)가 있었는데, 여기서부터 나왔다. 를 신봉했다. 당나라 초에 이슬람교가 아라비아에서 흥성했는데 아라비아와 이웃하고 있던 페르시아는 나라를 아라비아에게 빼앗기면서 이때부터 이슬람의 대도시가 되었다. 당송 두 시대에 자주 방물을 조공했다. 원나라 말에 부마 티무르가 사마르칸트를 차지하면서 나라가 부강해지고 대적할 만한 적이 없었다. 지금의 파미르 고원 서쪽, 카스피해 동쪽의 도시들이 모두 사마르칸트 관할지이다. 아들 샤 루흐(Shah

---

33 키루스(Cyrus): 원문은 '서랍사(西臘士)'로, 주로사(朱魯士), 서록사(西祿斯), 서락(西洛)이라고도 한다. 키루스는 아케메네스 왕가의 키루스 2세(B.C.585?~B.C.529)를 가리킨다.

34 메디아(Media): 원문은 '마태(馬太)'로, 미지아국(美地亞國)이라고도 한다. 메디아는 현재의 이란 북서부에 있었던 고대 이란인의 국가이다.

35 태양화교(太陽火敎): 지금의 미트라교(Mithraism)를 말한다. 미트라는 조로아스터 이전 페르시아에서 숭배했던 태양의 신이자 만물을 품은 빛의 신이다. 그리스인과 로마인은 미트라를 태양신으로 간주했다.

Rukh)[36]를 보내 페르시아를 차지하고 그 땅을 헤라트(Herat)[37]라 불렀다. 명나라 영락(永樂)[38] 연간에 일찍이 들어와 조공하면서 서역 여러 나라의 우두머리가 되었다. 후에 터키(오스만 제국)에게 침탈당한 채로 2백여 년 동안 존속하다가 나라가 쇠락해지고 어지러워졌다. 자주 왕을 폐위시키고 시해하더니 얼마 지나지 않아 아프가니스탄에게 합병되었다. 강희 33년(1694)에 옛 사파비 왕조(Safavid dynasty)[39]의 후예 타흐마스프 2세(Tahmasp II)[40]가 군사를 모집해 공략해서 옛 땅을 수복했다. 대장 나디르 샤는 본래 도적의 괴수로, 타흐마스프 2세가 그를 믿고 거사를 성공시켰다. 나디르 샤는 공로에 대한 보상이 제대로 이루어지지 않자 마침내 군대를 일으켜 모반하고 타흐마스프를 시해한 뒤 대신 왕위[아프샤르 왕조]에 올라 아프가니스탄을 공격해 멸망시켰다. 건륭 12년(1747)에 나디르 샤가 신하에게 시해되자 나라는 다시 혼란에 빠졌고, 동쪽 강역은 다시 아프가니스탄의 차지가 되었다. 나디르 샤의 가신 카림 칸(Karīm Khān)[41]이 서쪽을 차지하고 나라[잔드 왕조(Zand

---

36 샤 루흐(Shah Rukh): 원문은 '사로합(沙魯哈)'이다. 샤 루흐(재위 1409~1447)는 티무르의 넷째 아들로서 1405년 티무르의 뒤를 이어 제3대 술탄이 되었다. 문무를 겸비한 군주로서 내란을 진압하여, 오스만제국과 명나라의 국교를 회복해 티무르제국의 융성시대를 이룩했다.

37 헤라트(Herat): 원문은 '합렬국(哈烈國)'으로, 옛 땅은 지금의 아프가니스탄 서부에 위치한다.

38 영락(永樂): 명나라 제3대 황제 성조(聖祖) 주체(朱棣)의 연호(1402~1424)이다.

39 사파비 왕조(Safavid dynasty): 원문은 '왕(王)'으로, 역사적 사실에 따르면 이란 지역을 지배하던 이슬람교 시아파 계통의 왕조(1501~1736)이다.

40 타흐마스프 2세(Tahmasp II): 원문은 '달마사(達馬斯)'이다. 타흐마스프 2세(재위 1729~1732)는 사파비 왕조의 제10대 왕으로, 술탄 후사인(Soltan Hoseyn)의 아들이다.

41 카림 칸(Karīm Khān): 원문은 '급령(給靈)'으로, 이란 잔드 왕조의 창시자인 카림 칸으로 추정된다.

dynasty)[42]]를 세운 뒤 백성들을 아껴 은혜를 베풀어 한 시대의 명군이라 불렸으며, 30년 동안 재위한 뒤에 죽었다. 그의 동생 사디크(Sadiq)[43]가 짐주로 후계자를 독살하려고 하자, 외척 알리 무라드 칸(Ali Murad Khan)[44]이 사디크의 반역 행위를 토벌한다는 명분하에 군대를 일으켜 도성을 공격해 함락시켰다. 사디크를 죽이고 후계자를 한꺼번에 시해하고 왕위를 찬탈해 즉위했다. 알리 무라드 칸이 죽은 뒤 자파르 칸(Jafar Khan)[45]이 왕위를 찬탈했다. 거세당한[46] 아가 모하마드 칸(Agha Mohammad Khan)[47]이 자파르 칸을 공격해 멸망시킨 뒤 왕위[카자르 왕조]에 올랐다. 아가 모하마드 칸 사후 조카 파트 알리 샤(Fath' Ali Shah)[48]가 그 뒤를 이었다. 지금 나라를 차지하고 있는 자가 누구인지는 모르겠다. 수도는 성의 둘레가 14리이고, 아주 견고하다.

---

42 잔드왕조(Zand dynasty): 남부 이란을 통치했던 이란 왕조(1750~79)이다.

43 사디크(Sadiq): 원문은 '살적(薩的)'으로, 카림 칸의 동생이다. 조카 아불 파드를 죽이고 왕위에 올랐으나, 후에 조카 알리 무라드에게 살해당했다.

44 알리 무라드 칸(Ali Murad Khan): 원문은 '아리목랍(亞里木拉)'이다.

45 자파르 칸(Jafar Khan): 원문은 '일비이(日非爾)'이다. 잔드 왕조는 자파르 칸의 아버지 사디크 칸이 조카를 폐위시키고 스스로 샤가 되었으나, 후에 알리 무라드 칸에 의해 죽임을 당한다. 1785년에 알리 무라드 칸 사후 사디크의 아들인 자파르 칸이 왕위를 찬탈하지만, 재위 4년만인 1789년에 사망한다.

46 거세당한: 원문은 '사인(寺人)'이다. 원래의 뜻은 궁형을 당한 환관을 의미하나 여기서는 6세 때 거세당한 아가 모하마드 칸을 의미한다.

47 아가 모하마드 칸(Agha Mohammad Khan): 원문은 '마하미(馬何美)'로, 아아마합묵(阿牙磨哈墨)이라고도 한다. 페르시아 카자르 왕조의 창시자이다. 아가 모하마드(재위 1794~1797)는 즉위 전 아프샤르의 수장인 아딜 샤(Adil Shah)의 지시로 6세 때 거세당했다. 이후 정치적으로 출세하여 결국 잔드 왕조를 무너뜨리고 페르시아 전역을 장악했다.

48 파트 알리 샤(Fath Ali Shah): 원문은 '파파새이달이(巴巴塞爾達耳)'이다. 파트 알리 샤(재위 1797~1834)는 카자르 왕조의 제2대 왕으로, 동방문제를 둘러싸고 프랑스, 영국, 러시아가 각축을 벌이던 시기에 페르시아를 통치했다.

왕궁은 돌을 쌓아 건물을 올렸는데, 마치 높은 누각처럼 평평하고 반듯하며, 들보·기둥·기와·벽돌을 사용하지 않아서 가운데에 널찍한 공간이 수십 칸이나 있다. 창문과 문짝은 모두 화려한 무늬로 조각했고, 황금색과 푸른색으로 그림을 그려 넣어 비할 데 없이 화려하다. 별도로 있는 정원과 연못은 더욱 더 운치가 있고 기이하다. 국왕은 가장 존엄해서 상벌을 마음대로 처리했으며 문무백관을 노예처럼 보았다. 토양이 비옥하고 기후는 따뜻한 날이 많고 비가 적게 내린다. 이 땅에서는 준마·붉은 대추·소금·구리·철·금·은·유리·산호·호박·진주·비취색 깃털이 나고, 또 사자가 난다. 사자는 아목하(阿木河) 아무다리야강(Amu Darya)[49]으로, 『한서』에는 규수(嬀水)라 되어 있다. 상류는 부하라 경내를 흐른다. 의 갈대숲에서 사는데, 처음에는 눈을 감은 채로 태어났다가 7일이 지나서야 눈을 뜬다. 원주민들은 사자가 눈을 감고 있을 때 데려다가 그 습성을 조련시켰는데, 조금 자라면 길들일 수가 없었다. 사람들은 강건하고 남녀는 대부분 자색이 뛰어나다. 생활풍습이 화려하고 복식을 꾸미기를 좋아한다. 나라에서 무공을 숭상해 전쟁 때 적을 죽이고 반드시 귀를 잘라 와야만 사실로 인정했다. 가경 18년(1813) 러시아와 교전을 벌여 패배하고 북쪽의 조지아(Georgia)[50]를 빼앗겼다. 도광 초에 페르시아가 인도를 엿보다가 사막을 건너 찰포(札布) 부하라이다. 의 헤라트를 포위했다. 영국인들이 군사로 저지하는 바람에 병력을 이끌고 돌아왔다. 페

---

49 아무다리야강(Amu Darya): 원문은 '아모하(阿母河)'로, 암포하(暗布河), 아모하(亞母河), 아모하(阿姆河), 전추하(縛芻河)라고도 한다. 중앙아시아에서 가장 긴 강이다.

50 조지아(Georgia): 원문은 '일이일부(日爾日部)'이다. 조지아는 오랫동안 터키와 페르시아의 지배를 받았으나, 1813년 페르시아가 러시아와의 전쟁에서 패하고 굴리스탄(Gulistan) 조약을 맺으면서 러시아에 할양되었다.

르시아는 11개 지역으로 구분된다. 중앙에 위치한 이라크(Irak)[51] 이랄(以辣)이라고도 한다. 는 언덕이 많고 수도는 테헤란(Tehran)[52]으로, 북쪽의 평원에 세워졌다. 북방의 세 지역으로는 극서북쪽의 이란(Iran),[53] 이란(伊蘭), 의란(倚蘭)이라고도 한다. 약간 동쪽의 마잔다란(Mazandaran)[54] 마산지란(馬散地蘭)이라고도 한다. 이 있는데, 이 두 지역은 카스피해를 등지고 있고 앞으로 연이은 산이 막고 있다. 토지가 드넓고 비옥해 산림이 빽빽하고 풀이 잘 자라며, 하천이 많아 관개를 할 수 있어 농사짓고 가축을 치기에 적합하다. 이란은 서역에서 가장 유명하며 과거에 아주 부유한 큰 도시가 있었는데, 지금은 쇠락해졌다. 동남쪽의 셈난(Semnān)[55]에 건설된 큰 도시는 상인들이 모여드는 곳이다. 서방의 세 지역으로는 최북단의 아제르바이잔(Azerbaijan),[56] 이남의 쿠르디스탄(kurdistan),[57] 고이적사단파이삼(古爾的斯丹巴爾三)이라고도 한다. 더 동남쪽에 위치한 후제스탄(Khuzestan)[58]이 있는데, 이 세 지역은 토양이 아주 비옥하고 물이 풍부해 관개를 할 수 있다. 다만 서쪽으로 인접해 있는 터키의 잦은 노략질 때문에 백성들이 늘 굶주림으로 고생한다. 남쪽의 두 지역으로는

---

51 이라크(Irak): 원문은 '이랄아일미이(以辣亞日迷爾)'로, 이란 서북의 역사적 지역을 가리킨다.

52 테헤란(Tehran): 원문은 '덕흑란(德黑蘭)'이다.

53 이란(Iran): 원문은 '의란(義蘭)'이다.

54 마잔다란(Mazandaran): 원문은 '마랑덕란(馬郎德蘭)'이다.

55 셈난(Semnān): 원문은 '달파리사단(達巴利斯丹)'이다.

56 아제르바이잔(Azerbaijan): 원문은 '아새이배연(亞塞爾拜然)'으로, 아새배강(阿塞拜疆)이라고도 한다.

57 쿠르디스탄(kurdistan): 원문은 '고이리사단(古爾利斯丹)'으로, 지금의 튀르키예 남동부와 이란북서부, 이라크 북동부와 시리아 북동부에 걸친 고원과 산악으로 이루어진 지역을 가리킨다.

58 후제스탄(Khuzestan): 원문은 '고서사단(古西斯丹)'으로, 지금의 이란 남서부에 위치한다.

먼저 파르스(Fars)[59]가 있는데, 파르스는 이란의 남쪽에 위치하고 산수가 가장 아름답다. 동쪽에 있는 케르만(Kerman)[60] 극이만(克爾曼)이라고도 한다. 은 사막이 많지만 목장이 있어 양과 말이 잘 번식한다. 원주민들은 양모로 숄(케르만 숄)을 아주 정교하게 짰다. 파르스의 동남쪽으로 바다에 접해 있는 라레스탄(Larestan)[61] 법남(法南)이라고도 한다. 은 땅이 협소하고 모래가 많으며, 오직 붉은 대추만 난다. 동쪽의 두 지역으로는 북쪽의 호라산(Khorasan)[62]이 있는데, 북쪽으로는 부하라와, 동쪽으로는 아프가니스탄과 경계하고 토양이 아주 비옥하지만 북방의 유목민이 때때로 침략해 약탈해가는 바람에 사람들이 편안하게 생업에 종사할 수 없다. 이남의 시스탄(Sistan)[63]은 아프가니스탄·발루치스탄과 인접하고 있다. 파르스의 서남쪽에 있는 해구 부셰르(Bushehr)[64]는 나라 전체에서 가장 큰 항구이다. 동남쪽 구석에 있는 호르무즈(Hormuz)[65]는 고대에는 선박들이 이곳에 모여 무역했는데, 시간이 지나면서 황폐해졌으며, 기왓장이 나뒹구는 궁궐터에 있는 오래된 전각이 바로 태양화신의 신전이다.

『서역문견록』에 따르면, "색극(塞克)은 서역의 한 대국이다. 오한(敖罕)의 서쪽에 위치

---

59 파르스(Fars): 원문은 '법이사(法爾斯)'이다.

60 케르만(Kerman): 원문은 '급이만(給爾滿)'이다.

61 라레스탄(Larestan): 원문은 '랄군(剌郡)'으로, 루리스탄이라고도 한다.

62 호라산(Khorasan): 원문은 '가랄삼(哥剌森)'으로, 가랍살(哥拉撒), 호라산(呼羅珊)이라고도 한다.

63 시스탄(Sistan): 원문은 '고의사단(古義斯丹)'으로, 이란 동부에서 아프가니스탄 남서부에 걸쳐 위치한다.

64 부셰르(Bushehr): 원문은 '아불지이(亞不支爾)'로, 포십이(布什爾)라고도 한다.

65 호르무즈(Hormuz): 원문은 '오말서(惡末嶼)'이다.

하며 결코 이슬람족이 아니다. 그 왕을 일러 칸이라고 하고 수백 개의 부락에는 각각의 수장이 있는데, 이들은 모두 칸의 아랍파도(阿拉巴圖) 노복이다. 이다. 권력이 한 곳으로 집중되어 있어 발호하거나 시해하는 일이 없었다. 성은 아주 크고 화려하며 인구도 많고 집은 널찍하고 깨끗하다. 사람들은 정원 중앙에 각자 긴 나무 막대기를 세우고 이를 향해 예배를 올렸다. 겨울과 여름은 따뜻하고 풍속은 순박하다. 연회를 좋아하고 가무를 즐긴다. 사람들은 힘이 세고 활쏘기에 뛰어나 오한과 함께 강적이라 불린다."라고 한다. 논자들은 황당무계하다고 극력 비난하고, 오한의 서쪽에는 결코 이런 나라가 없다고 말하고 있는데, 이는 춘원씨가 말하는 오한이 아프가니스탄으로, 결코 안디잔의 오한 즉 코칸트가 아니라는 것을 모르는 것이다. 여기서 운운하는 색극은 바로 페르시아이다. 페르시아가 개국이 가장 빨랐는데, 바로 『한서』에서 말하는 안식국이고, 『당서』에서 말하는 대식국·파사국으로, 서양인의 기록에 따르면 키루스 2세[66]에 와서 나라가 두 개로 나눠져 두 아들이 다스렸다. 한 나라는 파사본국으로 『한서』에서 말하는 안식국이다. 다른 하나는 서양인들도 그 국명을 기록해놓지 않았다. 『한서』를 살펴보면 오익산리국(烏弋山離國)[67]이라는 나라가 계빈국(罽賓國)[68]의 서남쪽, 이건(犛靬)[69]·조지의 동북쪽에 위치하는데, 파사에서 분리되어 나온 나라 같다. 아마도 안식국이 그 서북쪽을 차지하고, 오익산리국이 그 동남쪽을 차지한 것 같다. 그러나 역시 확실한 근거가 없다. 서양에서는 지금까지도

---

66 키루스 2세: 원문은 '거로사(居魯士)'이다.

67 오익산리국(烏弋山離國): 오산리(五山里)라고도 하는데, 알렉산드리아 프로프타시아(Alexandria Prophthasia)이다. 옛 땅은 지금의 아프가니스탄 헤라트와 칸다하르 사이에 위치한 것으로 추정된다.

68 계빈국(罽賓國): 서역의 고대 국명인 카시미라(Kashmira)로, 인도 서북부에서 파키스탄 북동부에 위치한다. 지금의 카슈미르 일대이다.

69 이건(犛靬): 석도안(釋道安)의 『서역기(西域記)』에 따르면 로마제국을 가리킨다. 후에 동로마제국을 지칭하기도 하고, 이집트의 알렉산드리아(Alexandria)만을 지칭하기도 했다.

파사라고 부르면서 고치지 않고 있다. 어떤 사람은 포사(包社)·백서(白西)라고도 번역하는데 역시 페르시아의 음역이다. 원나라 사람들은 헤라트[哈烈]라고 불렀는데, 이것은 몽골어로 지명을 바꾼 것이다. 그 나라는 부하라의 서남쪽, 아프가니스탄의 정서쪽에 위치하는, 결코 멀리 떨어져 있는 지역이 아니다. 그 나라 사람들이 장사에 뛰어나 서역의 여러 도시 역시 자주 왕래하곤 했다. 근자에 와서 서역의 역사를 기록하는 경우 결코 페르시아에 대해서는 한 마디도 언급하고 있지 않은데, 이는 아마도 상인들이 페르시아를 그저 도시이름으로만 언급하고 있고, 사적을 기록하는 사가들 역시 그 오류를 답습하는 바람에 결국 더 이상 어느 나라인지 모르게 되었을 따름이다. 다만 「사예고」에서 "아프가니스탄이 이란(伊蘭)에서 헤라트[默沙特] 여러 지역을 차지했다."라고 했는데, 이란은 이란(Iran)으로 페르시아 북쪽에 위치한 유명한 도시이다. 또한 수도는 이랄아일미이(以剌亞日迷爾)로, 이랄(以剌) 역시 음이 이란(伊蘭)에 가까운데, 바로 페르시아를 가리키고 있음은 의심의 여지없다. 오직 페르시아만이 이슬람교를 신봉하는데 춘원씨는 이슬람족이 아니라고 했다. 또한 "야르칸드에서 2만 리 남짓 떨어져 있다."라고 했는데, 이는 사실에서 너무 동떨어진 것으로, 이 모두는 전해들은 말의 영향으로 깊이 따질 필요 없다. 또 "색극은 서북쪽으로 러시아·살목(薩穆)과 인접해 있는데, 간혹 아랄극(阿剌克) 등의 나라와 영토가 얽혀 있다."라고 하고 있다. 지금 페르시아의 서북쪽을 살펴보면 실제 러시아와 인접해 있고 서쪽으로는 터키 동쪽과 인접해 있다. 이른바 살목은 당연히 유대국의 사마리아(Samaria)[70]이다. 남쪽으로는 아라비아해를 사이에 두고 마주 보고 있는 아랄극과 경계하고 있으며, 육지 역시 한 지역과 인접해 있다. 여기서 말하는 아랄극은 바로 아라비아[阿剌伯]로, 각 지역의 강역을 그림으로 그리면 도처가 모두 맞아떨어져 색극이 페르시아가 되는데, 여기에 또한 의심할 것이 뭐가 있겠는가?

---

70 사마리아(Samaria): 원문은 '살마리아(撒馬利亞)'로, 살마리아(薩麻利阿)라고도 한다.

서양인이 쓴 페르시아 이야기에 다음 기록이 있다.

페르시아가 가장 빨리 건국했는데, 하나라 왕 불강(不降)[71] 때 그 왕 찰적로마(札的勞摩)[72]가 처음에 전쟁의 실마리를 제공하고 일찍이 액일다(厄日多) 이집트(Egypt)[73]로, 『아프리카도설(阿非利加圖說)』에 상세히 나와 있다. 를 침입해 재화를 약탈했다. 상(商)나라와 주(周)나라 시대의 왕국에 대한 사적은 고찰할 만한 것이 없다. 주나라 성왕(成王)[74] 중엽에 여러 지역으로 분리되었으며, 메디아라는 큰 왕국이 있었다. 메디아의 왕[아스티아게스(Astyages)]은 그 딸[만다네]을 장군[캄비세스]에게 시집보냈는데, [어느 날] 포도가 품에서 생겨나더니 아시아를 뒤덮는 꿈을 꾸고는 딸이 낳은 아들이 장차 배신할 것이라 의심했다. 얼마 뒤 딸이 아들을 낳자 왕은 그를 때려죽이라고 했다. 사자[하르파고스]는 차마 그렇게 하지 못하고 아이를 양치기에게 주었다. 양치기의 처는 막 출산한 아이가 죽자, 왕의 외손자에게 젖을 물리면서 자신의 아이로 기르고 키루스 서록사(西祿斯), 서락(西洛)이라고도 한다. 라 불렀다. 후에 왕은 그 아이가 죽지 않은 사실을 알고 급히 그를 체포하려 했으나 잡지 못하자, 사자가 자신을 속인 것을 원망하며 사자의 아이를 삶아 먹었다. 성장한 키루스는 다른 사람보다 지혜롭고 무용이 뛰어나 많은 사람들

---

71 불강(不降): 사불강(姒不降)이다. 하나라 제11대 군주로, 하나라 왕 설(泄)의 아들이다. 불강(B.C.1831~B.C.1753)은 부친이 돌아가신 후에 19세의 나이로 왕위에 올랐다. 하왕조에서 재위 기간이 가장 긴 군주이자 하나라의 영토를 가장 많이 넓힌 왕이기도 하다.

72 찰적로마(札的勞摩): 미상.

73 이집트(Egypt): 원문은 '맥서(麥西)'이다.

74 주나라 성왕(成王): 원문은 '성주(成周)'이다. 원래는 서주(西周)의 도성인 낙양(洛陽)을 가리키나, 주공이 성왕을 도와 다스리던 시기에 낙양이 건립되었기 때문에 내용상 성왕으로 번역한다.

의 사랑을 받았다. 당시 메디아의 왕이 잔악무도해 백성들이 벌벌 떨며 눈
길을 피하자 키루스는 군사를 모집해 왕을 공격했다. 왕이 명을 내려 그를
정벌하려 했으나, 왕에게 아들의 목숨을 빼앗긴 사자가 전군을 데리고 키
루스에게 투항해 병력을 합해 왕을 공격했다. 왕이 패주하다가 황야에서
죽자 키루스는 마침내 메디아의 왕이 되었으니, 이때가 바로 주나라 영왕
(靈王)[75] 5년(B.C.569) 때이다. 키루스는 나라를 세운 뒤 법률과 제도를 다스
리고 군사를 정비해 군소 국가를 모두 합병하면서 성세를 크게 떨쳤다. 당
시 페르시아의 한 왕국이었던 리디아(Lydia)[76] 왕국은 인근에서 가장 부유했
다. 리디아왕국은 키루스가 외조부를 쫓아내고 왕이 되었다는 소문을 듣
고 그를 정벌하고자 했다. 한 신하가 이렇게 간언했다.

"메디아는 가난하고 사나워 그 땅을 차지한다 하더라도 나라에 이로울
것이 없습니다. 게다가 지금 한창 맹위를 떨치고 있으니 침범해서는 안 됩
니다."

왕은 그 말을 듣지 않고 결국 군대를 일으켰다. 키루스는 변경에서 그
를 막으면서 군대를 배치해 대전을 치렀다. 페르시아 군사들은 모두 낙타
를 타고 있었고, 리디아왕국의 군사들은 말을 타고 있었다. 낙타가 큰 소리
로 울부짖자 이를 본 말들이 번번이 달아나기 시작했다. 페르시아가 이틈
을 타 그들을 궤멸시키고 달아나는 리디아왕국의 군사를 추격해 수도까지
가서 단번에 함락시켰다. 왕을 사로잡고 포박해 땔감 위에 놓고 그를 태워
죽이려 했다. 그러자 왕이 통곡하면서 말했다.

---

75 영왕(靈王): 주나라의 제23대 왕 희설심(姬泄心)(?~B.C.545)이다.

76 리디아(Lydia): 원문은 '여저아국(呂底亞國)'이다. 기원전 12세기에서 기원전 6세기에 아나톨
리아 서부 지방에 존재했던 고대왕국이다.

"현신의 말을 듣지 않고 이 지경에 이르렀으니 정말이지 후회스럽다."

키루스는 그 사정을 알아보고는 측은해 하며 왕의 포박을 풀어주고 신하와 백성을 사면하면서 전혀 사람을 죽이지 않았다. 백성들이 아주 기뻐하면서 거국적으로 와서 항복했다. 페르시아의 서쪽에 위치한 바빌로니아 (Babylonia)[77] 파필란(巴必鸞), 파필라니아(巴必羅尼亞)라고도 하는데, 『터키도설(土耳其圖說)』에 상세히 나와 있다. 는 아시아 터키 동부와 터키 중부 두 지역에 해당한다. 후에 와서 이곳의 동쪽을 모두 아시아라 불렀다. 를 차지한 뒤 1천년 남짓 존속했다. 바빌로니아의 속국 중의 하나인 유대국 『터키도설』에 상세히 나와 있다. 은 서양에서 문명과 종교가 발흥한 나라로, 강역은 비록 협소하지만 사방의 나라가 모두 유대국을 흠모하고 존중했다. 바빌로니아가 속국을 만나면 무례하게 대해 유대국은 이 나라에 조공하지 않았다. 주나라 간왕(簡王)[78] 연간에 바빌로니아가 대군을 거느리고 유대국을 공격해 와 수도를 무너뜨리자 유대 왕[79]이 자살했다. 바빌로니아는 군사를 보내 마음대로 노략질하고 유대인들을 강제로 이주시켰다. 유대인 1천여 명당 용병 한 부대를 배치해 채찍으로 때리고 몰아내 노약자가 죽고 수백 리에 걸쳐 시신이 이어져 있었으며, 곡소리가 들판을 진동했다. 유대인들은 원한이 뼈에 사무쳐 식사 때마다 그들이 빨리 망하기를 기도했다. 키루스가 흥성했을 때 바빌로니아 왕이 잔악무도해 나라가 크게 어지러워졌다. 이때 유대인들은 날마

---

77 바빌로니아(Babylonia): 원문은 '파비륜(巴比倫)'으로, 유프라테스강과 티그리스강 유역에 존재했던 고대 왕국이다.

78 간왕(簡王): 주나라 제22대 왕 희이(姬夷)(재위 B.C.586~B.C.572)이다.

79 유대 왕: 유대 왕국 제20대 국왕 치드키야(Tzidkiyahu)(재위 B.C.597~B.C.587)로, 유대국의 마지막 왕이다.

다 호장(壺漿)[80]을 준비해 키루스 왕의 군대를 기다렸다. 주나라 경왕(景王)[81] 8년(B.C.538)에 키루스가 대군을 일으켜 바빌로니아를 쳤다. 바빌로니아는 키루스 왕의 소문만 들어도 무너졌기에 수도를 격파하자 바빌로니아가 멸망했다. 이에 유대인들은 풀려나 귀국했다. 북정을 나간 키루스가 군영에서 죽자 페르시아는 두 개의 나라로 갈라져 두 아들이 나누어 다스렸다. 뒤이은 캄비세스 2세(Cambyses II)[82] 강비사(岡比斯)라고도 한다. 는 전쟁을 일으키기를 좋아했다. 일찍이 이집트 액일다(厄日多)라고도 하는데, 『아프리카도설』에 상세히 나와 있다. 를 침략했는데, 이집트가 무너지자 사신을 보내 투항할 것을 권했지만, 이집트 사람들이 사신을 죽여 버렸다. 캄비세스 2세가 대노하여 도성을 포위하고 무너뜨린 뒤에 장정 2천 명을 죽이고 왕자도 함께 살해했다. 이집트 왕은 가까스로 피신했다가 후에 투항했다. 왕은 술에 빠져 지내면서 간언하는 자는 번번이 활을 쏘아 죽였다. 누이를 왕비로 맞아 들였으며, 왕비가 아이를 가지면 발로 차서 죽였다. 또한 총명한 동생이 있었는데, 그를 꺼려 죽였다. 술에 취한 뒤에 검무를 추다가 스스로 제 목을 찔러 죽었다. 자식이 없었기에 왕의 동생이라 사칭하는 자가 왕위를 계승하려 했지만, 나라 사람들이 그를 죽였다. 군신들은 누구를 왕으로 모실 것인지 정하지 못하다가 함께 말을 타고 동시에 나가면서 "먼저 우는 말의 주인을 왕으로 세우자."라고 약속했다. 잠시 뒤에 다리우스 1세(Darius I)[83] 원려약

---

80 호장(壺漿): 도시락에 담은 밥과 병에 담은 음료수라는 뜻으로, 보잘 것 없는 반찬이지만 준비해서 환영하는 것을 가리킨다.

81 경왕(景王): 주나라 제24대 왕 희귀(姬貴)(재위 B.C.545~B.C.520)이다.

82 캄비세스 2세(Cambyses II): 원문은 '건비서(乾庇西)'로, 키루스 대왕의 아들이다.

83 다리우스 1세(Darius I): 원문은 '대류사(大流士)'이다. 다리우스 1세(재위 B.C.522~B.C.486)는 아

(遠黎約)이라고도 한다. 의 말이 먼저 울어 마침에 왕위에 올랐는데, 이때가 바로 주나라 경왕(敬王)[84] 연간이다. 다리우스 1세는 지략을 갖추고 있으며 정벌 나가는 것을 좋아했다. 바빌로니아가 반란을 일으키자 1년 8개월 동안 바빌로니아를 포위했으며, 성을 함락시킨 뒤 1천 명의 사람을 십자가에 못박아 죽였다. 후에 그리스를 정벌하러 갔다가 패한 뒤 분해서 죽었다. 그의 아들 크세르크세스 1세(Xerxes I)[85] 사이시사(舍爾時斯)라고도 한다. 가 왕위에 올라 30만 대군을 이끌고 그리스를 정벌하러 갔으나 전군이 패배했으며, 『그리스도설(希臘圖說)』에 상세히 나와 있다. 이로부터 국력이 쇠퇴해졌다. 주나라 현왕(顯王)[86] 연간에 그리스의 마케도니아(Macedonia)[87] 알렉산드로스대왕 (Alexander the Greatl)[88]이 군사 3만 5천 명을 이끌고 페르시아를 정벌했다. 페르시아가 무너지자, 마케도니아는 수사(Susa)[89] 페르시아의 수도이다. 를 포위해 거의 함락시키기 직전이었다. 마침 알렉산드로스대왕이 군영에서 죽는 바

케메네스 왕조의 제3대 황제로 왕조의 전성기를 이끌었다. 페르시아 역사에서 가장 인정 많은 왕이자 최고 입법자로 평가받고 있다.

84 경왕(敬王): 주나라 제26대 왕이자 동주의 15대 왕인 희개(姬丐)(재위 B.C.520~B.C.476)이다.

85 크세르크세스 1세(Xerxes I): 원문은 '택이사(澤耳士)'로, 택이사(澤爾士), 설서사(薛西斯), 실실 (悉實)이라고도 한다. 크세르크세스 1세(재위 B.C.486~B.C.465)는 다리우스 1세의 아들로 대규 모로 그리스와 전쟁을 벌였으나 살라미스 해전에서 패배하면서 결국 아케메네스 왕조의 몰락을 가져왔다.

86 현왕(顯王): 현성왕(顯聖王), 현성왕(顯聲王)이라고도 하는데, 동주 제35대 왕 희편(姬扁)(재위 B.C.369~B.C.321)이다.

87 마케도니아(Macedonia): 원문은 '마기돈(馬基頓)'으로, 고대 그리스의 왕국이다.

88 알렉산드로스대왕(Alexander the Great): 원문은 '아륵산득(亞勒散得)'이다. 알렉산드로스대왕 (B.C.336~B.C.323)은 그리스, 페르시아, 이집트 등을 정벌하고 서양에 전례가 없던 대제국을 건설했으나, 31세의 젊은 나이에 급사하여 제국은 분열되었다.

89 수사(Susa): 원문은 '소살(蘇撒)'이다. 페르시아 제국의 수도로, 지금의 이란 남쪽에 위치 한다.

람에 그리스 군사들은 흩어져 달아났다. 아시아와 이집트 각 지역은 모두 그리스 장군들에 의해 분할되었다. 서한(西漢) 때 로마가 서방의 땅을 통일하고, 영토를 개척해 시리아 아사아이다. 까지 이르렀으며, 군사로 페르시아를 정벌했다. 페르시아가 기습군대를 보내 그들의 군량미 보급로를 끊어놓자 로마군대는 패배해 돌아갔다. 페르시아가 곧이어 사신을 보내 수교를 맺었기 때문에 로마의 군대는 더 이상 동쪽으로 가지 않았다. 『한서』에서 말하는 대진(大秦)은 로마이고, 안식은 페르시아이다. 『이탈리아도설(意大里圖說)』에 상세히 나온다. 당나라 초에 아라비아 사람 무함마드는 이슬람교를 창시하고 이어서 군대를 일으켜 아라비아를 공격해 그 나라를 빼앗았다. 당시 쇠약했던 페르시아는 무함마드에게 병탄되었다. 그래서 당나라 이후로 페르시아는 이슬람 국가가 되었다.

살펴보건대 상고시대에 페르시아와 인도에서는 모두 화신(火神)을 섬겼고, 불림 유대이다. 서쪽은 모두 천신(天神)을 모셨다. 화신을 섬긴다는 것은 떠오르는 태양을 숭배하는 것으로, 간혹 땔감에 불을 지피고 이를 향해 예배를 올리기도 한다. 사람들은 불의 작용이 없으면 살아갈 수 없고 밝은 태양이 없으면 우주는 볼 수 없다. 따라서 페르시아와 인도에는 상고시대부터 이런 풍속이 있었는데, 그 의미는 근본에 보답하는 것에서 기인한 것이므로, 사악한 신은 아니다. 하느님(天神)을 섬기게 된 것은 모세(Moses)[90]에서 비롯되었는데, 당시는 상나라 초기 옥정(沃丁)[91] 연간이다. 에 해당된다. 하느님이 시나이산

---

90 모세(Moses): 원문은 '마서(摩西)'로, 모살(母撒), 미슬(美瑟)이라고도 한다. 이집트어로 '물에서 건진 아이'라는 의미이다.

91 옥정(沃丁): 상나라 제6대 왕인 소왕(昭王)(재위 B.C.1570~B.C.1542)이다.

(Sinai Mountain)[92] 아라비아 경내에 있다. 에 강림해 계시해서 십계를 내려 세상 사람들을 가르쳤다. 7일에 안식하고 예배드리는 것은 이로부터 시작되었다. 예수가 태어나기까지 아직 천 수백 년의 간극이 있으므로 천주교가 처음 나왔을 때는 곧 지금의 천주교가 아니다. 인도는 불교가 흥성한 이후로 불에 제사를 올리는 풍속을 바꾸었다. 지금 서역의 칸주트(Kanjut),[93] 남인도의 뭄바이에 여전히 불을 숭배하는 풍속이 남아있는데, 이것이 그 명확한 증거이다. 페르시아는 당나라 이전에는 불에게 제사지내는 풍속을 여전히 바꾸지 않았으나, 후에 나라가 이슬람에게 정복당하면서 비로소 이슬람교로 개종했다. 그런데 지금도 예배를 드리면서 여전히 화신도 섬기고 있다. 그래서 호르무즈에는 태양신과 화신을 숭배하는 고대 신전이 남아 있다. 중국에는 남조(南朝)와 수(隋) 나라[94] 때부터 현신사(祆神祠)가 있었고, 또한 호현사(胡祆祠), 화현사(火祆祠)가 있었다. 당나라 때 페르시아의 경교가 들어왔다. 천보(天寶) 4년(745)에 조서를 내려 장안과 낙양에 있는 파사사(波斯寺)를 대진사(大秦寺)[95]로 이름을 바꾸었다. 또한 『경교유행중국비(景敎流行中

---

92   시나이산(Sinai Mountain): 원문은 '서내산(西奈山)'이다. 시나이반도 중남부에 위치하며 유대교, 기독교, 이슬람교의 성지이다.

93   칸주트(Kanjut): 원문은 '건축특(乾竺特)'으로, 겸주특(謙珠特), 객초특(喀楚特), 감거제(坎巨提)라고도 한다. 지금의 카슈미르 서북부 기르기트(Girgit) 동쪽 지역에 위치하는데, 훈자(Hunza)라고도 한다.

94   남조(南朝)와 수(隋)나라: 원문은 '전오대(前五代)'로, 당나라 이후의 오대인 후오대(혹은 오대)와 구분하기 위해 전오대라 부른다.

95   대진사(大秦寺): 7세기경 페르시아인 경교 사제에 의해 전래된 네스토리우스교는 경교(景敎)라 불렸고, 경교 교회를 페르시아 교회라는 의미에서 파사사(波斯寺)라고 불렸다. 경교는 중국어로 빛의 신앙이라는 의미가 있는데, 당 현종 때 파사사는 대진사라 개칭하고, 각지에 교회를 건립하여 교세를 떨쳤다.

394

國碑』』[96]가 있는데, 건중(建中) 2년(781) 대진사 사제 아담(Adam)[97]이 찬술했다. 지금 살펴 보니 현(祆) 자는 시(示)를 따르고 천(天)을 따르니 즉 천신(天神)이다. 그 종교는 불림 유대 로, 모세가 처음 이 나라를 세웠으며, 예수는 그 후손이다. 에서 시작되었으며, 불림은 본 래 대진국 대진은 이탈리아 로마국이다. 한나라 사람들은 그 사람들이 풍채가 좋고 단정 한 것이 중국과 유사하다고 여겼기 때문에 대진이라고 칭했다. 그 나라 본국에는 결코 이 런 명칭이 없다. 의 동쪽에 위치한다. 그들은 호현(胡祆)이 현신(祆神)이고, 현신이 바로 천 신 현(祆)자는 본래 중국인이 만든 글자이다. 서방은 문자가 다르니 어찌 이와 같은 글자 가 있을 수 있겠는가? 으로 대진에 속한다고 생각했는데, 그런 것 같다. 불림은 한나라 초 기에는 로마에 예속되었다가 당나라 때 와서는 아라비아에 정복되었다. 이것이 바로 예 수교의 효시이다. 화신교(火神敎)의 경우 페르시아에서 나왔으니, 대진과는 무관하고, 화 신을 화현(火祆)이라고 한다면 화신은 이미 천신안에 들어가 있는 것이다. 반면에 파사 교가 대진에서 나왔다고 하면 또한 그 근본과 갈래를 거슬러 올라가면 뿌리가 서로 다르 다. 경교 비문은 더욱 황당무계하다. 경교는 곧 화교로, 비문에 나오는 "밝고 큰 별이 기쁜 소식을 알리고[景宿告祥]", "밝은 태양이 높이 걸려 어둠의 세계를 타파하고[懸景日以破暗 府]", "한낮에 하늘로 올라갔다[亭午昇眞]" 등등은 모두 태양신과 화신을 가리키는 것이다.

---

96 『경교유행중국비(景敎流行中國碑)』: 비석의 원래 명칭은 '대진경교유행중국비(大秦景敎流行 中國碑)'이다. 중국 당나라 건중 2년(781)에 장안 서녕방(西寧坊)의 대진사에 세워진 경교의 중국 전래를 전하는 비석으로, 초기 기독교의 전파를 연구하는데 대단히 중요한 사료이 다. 비문의 찬자인 아담은 페르시아 사람으로 장안 서명사(西明寺)의 승려 반야삼장(般若三 藏)과 친교가 있었고(반야삼장은 북인도인), 소그드어판 『이취경(理趣經)』을 함께 번역하기도 했다. 이 비석은 명대에 재발견되어 현재는 서안 비림박물관에 보관되어 있다. 일본 교토 대학과 고야산(高野山) 오우인(奧院)에는 1911년 경교비의 모조품이 세워졌는데, 아일랜드 의 불교연구자 고든(Gordon) 여사가 자금을 내어 세우게 되었다고 한다. 숭실대학교 한국 기독교박물관에는 이 모조비의 탁본이 소장되어 있다.

97 아담(Adam): 원문은 '경정(景淨)'으로, 사제의 세례명이다.

또한 "십자를 나누어서 사방을 정하고[判十字以定四方]", "칠일에 한 번씩 제사를 드린다[七日一薦]." 등등은 또한 천주교와 관련된 것이다. 이른바 삼위일체의 성부·시작도 없으신 참된 주 여호와[98]는 누구인지 모르겠다. 그런데 모든 문구는 또한 불교의 찌꺼기를 포장한 것으로, 화신도 아니고 천신도 아니고 불교도 아니어서 도대체 어떤 종교를 말하는지 알 수 없다. 페르시아에서 화신에게 제사를 드리는 것은 본래 오래된 풍속인 것 같다. 그런데 불교가 일어난 인도는 바로 페르시아의 동쪽 인근이다. 또한 천신교(天神教)가 일어난 대진은 바로 페르시아의 서쪽 인근이다. 당나라 때 와서 대진의 천주교가 또한 성행했다. 호승(胡僧) 중에 뛰어난 자[무함마드]가 삼교를 합일해서 경교라고 이름 짓고는 스스로 우수하고 탁월하다고 생각했는데, 중국에서는 그 근원도 모르면서 급히 따르고 존숭했으니, 바로 한유(韓愈)[99]가 말한 "오직 괴이한 것만을 듣고자 하는"[100] 자들이다. 또한 비문에 의하면 "정관 12년(638) 대진국의 높은 덕을 지닌 대덕(大德) 알로펜(Alopen)[101]이 멀리서 성경과 성상을 가지고 장안성에 와서 바쳤다."라고 한다. 알로펜이 정말로 대진국에서 왔다면 그것이 천주교라는 것은 의심할 여지가 없으며, 성경은 유럽에서 전해져 온 『성서』 복음이고 성상은 예수가 십자가에 못 박힌 상일 것인데, 당시에는 이것에 대해 알려지지 않았다. 그리고 이른바 경교는 페르시아에서 신봉하는 화신(火神)인데, 불교의 외관으로 윤색했다는 것은 이해할 수 없다. 당나라 이후 불교가 성행하면서 호현사와 화현

98　여호와: 원문은 '아라하(阿羅訶)'이다. 아라하는 삼위일체의 하느님인 여호와의 음역이다.

99　한유(韓愈): 원문은 '창려(昌黎)'이다. 한유(768~824)는 자가 퇴지(退之), 호는 창려이며 시호는 문공(文公)이다. 그는 유교중심주의를 주창하면서 불교와 도교 등을 맹렬하게 공격했다.

100　오직…하는: 한유의 「원도(原道)」에 나오는 구절이다.

101　알로펜(Alopen): 원문은 '아라본(阿羅本)'이다. 대진국의 수도승으로, 네스토리우스 선교사들을 인솔해서 635년 장안에 도착한 후 처음으로 그리스도교를 전파한 사제이다. 『당회요(唐會要)』권49에는 그를 페르시아에서 온 승려라는 의미에서 '파사승(波斯僧)'이라고 기록하고 있다.

사, 파사교와 대진교는 모두 더 이상 볼 수 없게 되었다. 서양인의 기록에 의거하면, 단지 아프리카 북방의 에티오피아(Ethiopia)[102]에서는 여전히 대진교라는 명칭이 있는데, 역시 페르시아의 화신교일 뿐이다.

아라비아[阿剌伯] 아랍피아(亞拉彼亞)·아랍비아(亞拉鼻亞)·아이랍밀아(阿爾拉密阿)·아랄파아(阿辣波亞)·아려미야(阿黎米也)·아단(阿丹)·아란(阿蘭)·천방(天方)·천당(天堂)이라고도 한다. 는 이슬람교가 처음 흥기한 나라이다. 북쪽으로는 터키 동부를, 동쪽으로는 페르시아와 아라비아해를 경계로 하고, 남쪽으로는 인도양[103]에 이르며, 서쪽으로는 늑이서해(勒爾西海) 보통 홍해(紅海)라고 한다. 에 이른다. 남북의 길이는 4천여 리에, 동서의 너비는 3천여 리이다. 이 땅의 서쪽과 남쪽은 연해일대로, 토지가 비옥하다. 중앙은 고비(Gobi)[104] 사막이다. 로, 무역상들은 반드시 무리지어 이동하는데 그렇지 않으면 물건을 약탈당하거나 모래바람에 파묻힐 것을 우려해서이다. 물산으로는 오직 대추가 가장 많이 생산되며, 사람들과 가축 모두 대추를 먹는다. 명마가 나며 말을 기르는 이들은 자식처럼 애지중지 키우는데, 이 말은 하루에 5백~6백 리를 갈 수 있다. 낙타가 특히 좋아, 무거운 짐을 싣고 먼 거리를 갈 때는 모두 낙타에게 의지해 간다. 또한 커피·향료·몰약 등이 난다. 이 땅은 과거 원주민들이 살던 지역으로, 줄곧 페르시아에 복속되어 있었다.

진(陳)나라 선제(宣帝) 태건(太建) 원년(570)에 무함마드 마합묵(摩哈默), 마합

---

102 에티오피아(Ethiopia): 원문은 '아비서니아(阿比西尼亞)'이다.
103 인도양: 원문은 '인도해(印度海)'이다.
104 고비(Gobi): 원문은 '과벽(戈壁)'이다. 모래와 깨진 돌 때문에 물과 풀이 자라지 않는 사막을 말한다.

목특(瑪哈穆特)이라고도 한다. 란 자가 메카(Mecca)[105] 묵가(默伽), 미가(美加)라고도 한다. 에서 태어났다. 젊은 시절에 상인이 되어 시리아를 왕래했다. 부유한 상인의 과부를 아내로 맞아 마침내 거부가 되었다.[106] 글은 몰랐으나 천성적으로 총명하고 민첩하여, 불교의 우상 숭배를 잘못되었다고 보았다. 또한 서양 여러 나라에서 기독교가 이미 성행하고 있자 따로 종교를 만들어 스스로 탁월함을 드러내고자 했다. 그는 산으로 들어가 여러 해 동안 공부를 해서 『쿠란(Qur'an)』[107]을 저술하고, 유일신 알라께서 성인에게 세상 사람들을 교화시키라고 명하셨는데, 처음에는 모세에게 그 다음으로 예수에게 명했다고 선포했다. 모세와 예수의 종교가 비록 유행하고 있지만 널리 전파되지는 못했다. 그래서 다시 무함마드에게 종교를 창시해서 그 결점을 보완하도록 명했다는 것이다. 이슬람교를 믿는 자들은 향을 피우고 예배했으며, 경을 외우고 돼지고기를 금했다. 당나라 고조 무덕 4년(621)에 메디나(Medina)[108] 묵덕나(默德那), 미적납(美的納)이라고도 한다. 로 피신했는데, 토착민들이 바람에 휩쓸리듯 어느새 이슬람교를 믿고 있어, 바로 무덕 4년을 [이슬람의] 원년으로 삼았다.[109] 지금 이슬람교에서 일천 이백 몇 십 년이라고 하는 것

---

105 메카(Mecca): 원문은 '맥가(麥加)'로, 묵가(墨加), 마가(磨加), 말가(末加)라고도 한다.

106 부유한 상인의…거부가 되었다: 청년시절 목동 생활을 했던 무함마드는 삼촌 아부 탈리브의 소개로 부자 과부 하디자의 고용인으로 들어가 그녀를 대신해 시리아 지방으로 대상 무역을 떠났다. 무함마드는 이 무역에서 큰 성공을 거두고 샴 지방의 특산품을 구해 메카로 돌아왔으며, 하디자는 깊은 감명을 받고 15살이나 어린 무함마드에게 청혼했다. 결혼 당시, 무함마드는 25세였고 하디자는 40세였다. 부유했던 하디자와의 결혼은 무함마드에게 부와 명예를 안겨주었다.

107 『쿠란(Qur'an)』: 원문은 '가란(可蘭)'으로, 이슬람교의 경전이다.

108 메디나(Medina): 원문은 '맥지나(麥地拿)'이다.

109 당나라…원년으로 삼았다: 실제 무함마드가 메카에서 메디나로 박해를 피해 이주한 때는

은 이것에 근거한 것이다. 유럽에서는 예수의 탄생연도를 원년으로 삼기 때문에 일천 팔백 몇 십 년이라고 하는 것이다. 이후 이슬람교도가 나날이 늘어나서 이슬람교를 믿지 않는 자들이 있으면 이들을 이끌고 가서 공격했다.[110] 군대가 패해 신도들이 흩어지면 신도를 다시 모아 군대를 일으켜 마침내 큰 적을 멸망시켜서 아라비아 전역을 차지했고, 인근 사방에 이슬람교를 전파했다. 인근 부락에서 모두 그들을 두려워해 복종하자, 이슬람교는 마침내 서방에 널리 퍼졌다. 이슬람은 세력이 한창 흥성할 당시, 일찍이 페르시아를 섬멸하고 로마 유대(Judea)[111]·소아시아(Asia Minor)[112] 등 여러 지역이다. 를 점차 잠식했으며, 아프리카(Africa)[113]의 북쪽 강역 홍해·지중해 남쪽 해안의 여러 지역이다. 을 차지하고, 유럽의 서쪽 변경 스페인·포르투갈을 말한다. 을 갈라놓으면서 3대륙 아시아·아프리카·유럽을 말한다. 을 종횡무진 누비는, 거의 천하무적이었다. 후에 터키의 공격을 받아 속지를 다 잃고 나날이 쇠퇴하여 마침내 터키에 공물을 바치고 속국이 되었다.

서역에서는 무함마드를 파이감바르라고 칭하는데, 파이감바르는 중국어로 '천사'를 의미한다. 그의 후예는 하지(Hajji)[114]라고 부르는데, 하지는 중

622년으로, 이 해가 바로 이슬람의 원년이다.

110 이후 이슬람교도가…공격했다: 이슬람이 세력을 확장하자 유럽인은 '한손에는 칼, 한 손에는 쿠란'이라는 말을 만들어 내어, 마치 이슬람이 강제로 개종하게 한 것처럼 악선전을 했다. 하지만 실제 이슬람 제국은 정복 이후 타 종교에 대해 관용과 포용 정책을 펼치며 간접적 개종을 유도했다.

111 유대(Judea): 원문은 '유태(猶太)'이다. 고대 유대왕국을 가리키며, 옛 땅은 지금의 팔레스타인(Palestine) 지역에 위치했다.

112 소아시아(Asia Minor): 원문은 '매락(買諾)'이다.

113 아프리카(Africa): 원문은 '아비(阿非)'로, 아비리가(阿非利加)라고도 한다.

114 하지(Hajji): 원문은 '화탁목(和卓木)'으로, 이슬람교의 성지인 메카 순례를 성공적으로 마친

국어로 '성인의 후예[聖裔]'라는 뜻이다. 바다흐샨·타슈켄트(Tashkent)[115]는 모두 그 지파로, 호지잔(Hojijan)[116] 형제가 대종(大宗)을 칭하자 이슬람 권역에서는 그들을 고귀한 존재로 여기면서 가는 곳마다 그들을 떠받들었다. 이 교활한 오랑캐[117]는 그 명성을 빌미 삼아 이슬람교도들을 불러 모아 여러 차례 변경을 침범하여 마침내 서쪽 변방의 오랜 우환거리가 되었다.

　메카·메디나는 모두 홍해 가에 위치한다. 무함마드는 메카에서 출생했으며, 이 땅에는 있는 검은 돌[118] 위에 카바(Kab'ah)신전[119]을 지었는데, 둘레가 1리 정도 된다. 메디나는 무함마드가 묻힌 곳으로, 그의 시신은 철제 관에 안치되어 있다. 매년 모든 이슬람교도가 메카와 메디나에 와서 예배를 드린다. 남양·서역·서양·아프리카 등 가까이로는 수천 리, 멀리로는 수만 리 되는 곳에서 뒷사람의 발끝이 앞사람의 발꿈치에 닿을 정도로 잇달아 와서 무릎 꿇고 절을 하는데, 그 수가 수만 명에 달한다.

사람에게 붙이는 존칭이다. 여성의 경우는 하자(Hajja)라고 한다.

115　타슈켄트(Tashkent): 원문은 '탑십간(塔什干)'으로, 지금의 우즈베키스탄 수도이다.

116　호지잔(Hojijan): 원문은 '곽집점(霍集占)'이다. 호지잔(?~1759)은 천산산맥 남쪽에 거주하던 위구르족 부족장으로 대하지(大和卓木) 부라니둔(Buranidun)의 동생이며 소하지(小和卓木)라고 불리었다. 건륭 22년(1757)에 형과 함께 청조에 반기를 들었으나 건륭 24년에 진압되었다.

117　교활한 오랑캐: 원문은 '힐로(黠虜)'로, 호지잔 형제를 가리킨다.

118　검은 돌: 원문은 '흑석(黑石)'으로, 카바 신전 외벽 동쪽 모서리에 박혀 있다. 이슬람 신화에 의하면, 천사 지브릴(그리스도교의 가브리엘)이 아브라함과 이스마일에게 이 돌을 주었으며, 이후 카바 신전의 모퉁이 돌이 되었다고 전해진다. 처음에는 흰 돌이었으나 지상으로 내려와 인간의 죄와 맞닿아 검은 돌이 되었다고 한다. 메카에 온 성지순례자들은 이 돌에 입을 맞춘 후 카바 신전을 시계 반대 방향으로 빠르게 4번, 천천히 3번, 총 7번을 도는데 만약 횟수를 빼먹는다든지, 시간이 늦어 제대로 돌지 못했을 경우에는 순례가 무효가 되기 때문에 규정을 정확히 준수해야 한다.

119　카바(Kab'ah) 신전: 원문은 '대전(大殿)'이다. 사우디아라비아 메카에 있는 이슬람교 최고의 성지로, 건물은 네모꼴이며, 네 귀퉁이는 동서남북을 가리킨다.

아라비아는 6개 지역으로 나뉘는데, 으뜸 도시는 헤자즈(Hejaz)[120]이고, 주도는 메카로 산골짜기에 건설되었으며, 큰 집들이 구름처럼 이어져 있고 거리가 널찍하고 곧다. 해구는 상당히 넓으며, 커피가 대표적인 수출품으로 유럽 각국으로 팔려 나간다. 다음으로는 예멘(Yemen),[121] 하드라마우트(Hadramaut),[122] 오만(Oman),[123] 알아흐사(al-Aḥsā),[124] 네지드(Najd)[125]가 있다. 서쪽에 위치한 해구 지다(Jidda)[126]는 거상들이 모이는 곳이다. 동쪽에 위치한 해구 무스카트(Muscat)[127]는 영국·미국과 통상조약을 체결하여 군함이 바다를 순찰하며 보호한다. 아덴(Aden)[128]은 작은 섬으로 홍해 하구의 바깥쪽에 위치하며, 지금은 영국의 관할 하에 있다.

살펴보건대, 아라비아는 옛 조지국(條支國)이다. 이슬람교가 흥기하고 나서 천방, 천당

---

120 헤자즈(Hejaz): 원문은 '흑덕왜사(黑德倭斯)'로, 흑사(黑查), 균충(筠沖)이라고도 한다. 본래는 아라비아반도의 옛 국명으로, 지금의 사우디아라비아 서쪽에 위치한다.

121 예멘(Yemen): 원문은 '야문(也門)'으로, 야민(耶閩), 길만(吉曼)이라고도 한다.

122 하드라마우트(Hadramaut): 원문은 '아달랍모(亞達拉毛)'로, 합답모(哈答毛)라고도 한다. 지금의 예멘 공화국 내에 위치한다.

123 오만(Oman): 원문은 '가만(呵曼)'으로, 과만(科灣)이라고도 한다.

124 알아흐사(al-Aḥsā): 원문은 '날사(刺沙)'로, 합사(哈查)라고도 한다. 하사(Hasa)라고도 하는데, 사우디아라비아 동부의 전통적인 오아시스 지역이다.

125 네지드(Najd): 원문은 '내적야(內的惹)'로, 니야(尼耶)라고도 한다. 지금의 사우디아라비아에 위치한다.

126 지다(Jidda): 원문은 '열타(熱他)'로, 음파(音破), 길다(吉達)라고도 한다. 일명 제다(Jedda)라고도 하는데, 지금의 사우디아라비아 메카주에 속한다. 홍해 연안에 위치하여 '홍해의 신부'라고 불린다.

127 무스카트(Muscat): 원문은 '목갑(木甲)'으로, 지금의 오만 술탄국의 수도이다.

128 아덴(Aden): 원문은 '아정(亞丁)'이다.

등의 이름이 생겨났는데, 모두 회홀의 과시적인 칭호로, 그 나라를 천상에 비유했지만 사실은 본래 이런 이름은 없었다. 이 나라는 페르시아 서남쪽에 위치하며, 이전 명나라 때 여러 차례 조공했는데 대부분 서역을 거쳐 육로로 왔다. 명나라 초에 정화 등이 바닷길을 경유해 서양에 사신으로 갈 때 천방에서 멈추어서 그곳을 서양의 끝이라고 했다. 정화는 대개 아라비아해를 경유해 홍해로 들어가서 마침내 바다가 이곳에서 끝난다고 여겨, 소서양 바깥에 이른바 대서양이 있다는 것을 몰랐던 것이다.

불교는 인도에서 흥기하여 자비를 중심으로 해서, 적멸(寂滅)을 귀의처(歸依處)로 삼았다. 중국의 사대부는 부처의 가르침을 받들고 도리를 밝혀 마침내 선종(禪宗)[129]을 개창했다. 모세의 십계명은 깊이는 없지만 그래도 괴이한 말은 아니다. 예수는 신비롭고 기이한 행적을 드러내어 사람들에게 선을 권하면서 역시 모세의 대의를 벗어나지는 않았다. 주공(周公)과 공자(孔子)의 가르침은 먼 지역까지 널리 전해 펼칠 방법이 없었다. 그 땅에서 총명하고 걸출한 사람(무함마드)이 등장해 풍속을 올바르게 인도하고 선을 권장했는데, 그 의도 역시 세상에 해가 되지 않았다. 다만 그 종교를 중국에 전파하고자 했으니, 아무래도 자신들의 역량을 제대로 파악하지 못한 것 같다. 무함마드는 본래 거간꾼으로, 홀연히 등장해서 종교를 창시했는데, 예배하는 것은 천주교와 동일했다. 다른 점이라면 단지 돼지고기를 먹지 않는다는 것이다. 그런데 돼지를 부정한 존재로 여긴 것 때문에 또한 서양 여러 나라의 질시의 대상이 되었다. 당나라 이후부터 그 종교가 점차 서역에 유행하기 시작해, 지금은 옥문관 서쪽에서 아시아 서쪽 땅까지 다해서 사방 수만 리에 이르기까지 마침내 이슬람교를 믿지 않는 곳이 없다. 올빼미는 쥐를 즐겨먹고 지네는 뱀을 맛있어 하는데, 과연 누가 가장 참된 맛을 알고 있는가?[130] 그렇다 하더라도 정말이지 오랑캐의

---

129 선종(禪宗): 원문은 '선열일파(禪悅一派)'로, 선열은 선정에 들어가는 즐거움을 의미한다.
130 올빼미는…알고 있는가: 『장자(莊子)』「제물론(齊物論)」에 보면, "사람은 소와 양, 개와 돼지고기를 먹고, 고라니와 사슴은 풀을 뜯고, 지네는 뱀을 달게 먹고, 올빼미는 쥐를 좋아하

풍속을 깊이 알기는 어렵구나.

지금 서양인들이 만든 지도와 책을 살펴보면 오인도의 서쪽, 터키 동부 **터키 동부는 시리아·유대 등의 땅으로, 대진국의 동쪽 경내에 위치한다.** 의 동쪽에는 페르시아 한 나라밖에 없다. 아프가니스탄·발루치스탄은 모두 페르시아의 땅인데, 최근에 와서 분리되어 나온 곳으로, 과거부터 있었던 나라가 아니다. 『전한서』, 『후한서』를 살펴보면, "사차(莎車)[131]의 남쪽 길을 나와 서쪽으로 파미르고원을 넘으면 대월지·안식 등의 나라가 나오는데, 계빈·오익산리·조지 등의 나라와 인접해 있다."라고 되어 있는데, 이를 증거 삼아 서양인의 지도를 보면 페르시아 서남쪽의 아라비아는 동쪽으로는 아라비아해[阿勒富海] **민간에서는 동홍해라 부른다.** 와, 남쪽으로는 인도양과 경계하고, 서쪽으로는 레드 씨[勒必西海] **민간에서는 홍해라고 한다.** 와 경계하며, 오직 서북쪽 일대만이 육지와 통한다. 이는 『한서』「조지전(條支傳)」에서 말하고 있는 "바닷물이 남쪽, 동쪽, 북쪽을 둘러싸,[132] 삼면의 길이 끊어져 있으며, 오직 서북쪽 구석만이 육로와 통한다."라는 문장과 모두 맞아 떨어진다. 이는 조지국이 아라비아임을 나타내는 확실한 증거이다. 또한 『전한서』「안식전」에 보면 "북쪽으로는 강거국(康居國)[133]과, 동쪽으로는 오익산리국과, 서쪽으로는 조지국과 인접해 있다."라는 기록이 있고, 또한 "그 나라는 규수와 인접해 있어, 상인들이 수레

네. 그러면 이 넷 중에서 누가 가장 올바른 맛을 알고 있는가(民食芻豢, 麋鹿食薦, 蝍且甘帶, 鴟鴉耆鼠, 四者孰知正味)?"라는 문장이 있다. 이 문장은 선악, 시비, 미추를 결정짓는 고정불변의 법칙이란 없는 것임을 의미한다.

131 사차(莎車): 고대 서역의 국가로, 지금의 야르칸드를 가리킨다. 옛 실크로드의 남로(南路)가 지나가는 교통의 요충지였다.

132 바닷물이 남쪽, 동쪽, 북쪽을 둘러싸: 원문은 '해수곡환기남극동북(海水曲環其南及東北)'이다. 원래는 '해수정작조령(海水定作詔泠)'으로 되어 있으나, 문맥이 통하지 않아 『후한서』「조지국」에 근거해 고쳐 번역한다.

133 강거국(康居國): 고대 서역의 나라로, 옛 땅은 대략 지금의 발하시호(Lake Balkhash, 巴爾喀什湖)와 아랄해 사이에 있다.

와 선박을 이용해 이웃나라에 간다."라고 되어 있다. 또한『후한서』「대진국전」에 보면 "대진국의 왕이 사신을 보내 한나라와 왕래하고 싶어 했지만, 안식국이 한나라의 채색비단을 그들에게 주며 교역하길 원해 [중간에서] 차단하고 막아서 직접 올 수 없었다."라고 되어 있다. 지금 살펴보면 페르시아 동북쪽 강역은 사막으로, 아무다리야강과 접해 있는데, [아무다리야강이] 바로 고대의 규수이다. 그 서쪽은 터키 동부와 인접해 있는데, 바로 고대 대진국의 동쪽 강역에 해당한다. 대진국에서 한나라로 가는 길은 이 길 이외에 별다른 길이 없다. 이로 보아 지금의 페르시아가 안식국임은 의심의 여지가 없다. 다만 대월지·계빈국·오익산리국만은 오늘의 어느 곳에 해당하는지 단언할 수 없다. 혹자는 아프가니스탄이 대월지이고, 북인도가 계빈이고, 중인도가 오익산리국이라고 하지만 아주 적확하지는 않다. 대월지는 본래 황중(湟中)[134]의 유목국가였으나 흉노에게 망하고, 서쪽으로 대하를 공격해 신하국으로 삼았는데, 모두 규슈 북쪽의 왕정(王庭)[135]이다. 지금 살펴보니 규수는 바로 아무다리야강으로, 원류가 수십 개의 지류로 갈라졌는데, 모두 설산의 북쪽·파미르고원의 서쪽에 있다. 지류가 합류한 뒤에 서북쪽으로 약 2천 리를 흘러가서 다시 북쪽으로 약 1천 리를 꺾어 가서 함해(鹹海)[136] 카스피해의 동쪽에 위치하지만 카스피해는 아니다. 로 들어간다. 대월지왕정이 규수의 북쪽에 있은 즉 그 부락은 자연스럽게 규슈의 좌우에 위치하게 되는데, 바로 지금의 부하라 경내에 해당한다. 아프가니스탄은 규수의 남쪽에 위치해 규수와는 상당히 멀리 떨어져 있는데, 지세로 살펴보면 고대의 계빈국인 것 같다. 그 땅은 인도의 카슈미르와 인접해 있으며 풍토와 물산 역시 비슷하다.

계빈국을 북인도로 보는 것은 당나라의 스님 현장에서 시작되었는데, 이를 근거로

---

134 황중(湟中): 지금의 중국 청해현(青海) 서녕시(西寧市)에 위치한다.

135 왕정(王庭): 중국 서북쪽 소수민족의 부족장이 왕조를 세웠던 곳을 말한다.

136 함해(鹹海): 아랄해를 가리킨다.

삼아 『신당서』와 비교해보면 유독 내용이 맞지 않는다. 『신당서』에는 "천축은 파미르고원 남쪽에 위치하며 면적은 3만여 리이고, 동·서·남·북·중앙 다섯 개의 천축으로 나뉘어져 있다. 남천축은 바다와 인접해 있고, 북천축은 설산에 이르는데, 설산이 벽처럼 둘러싸고 있다. 반면 동천축은 바닷가에 위치하며 부남국·임읍국과 인접해 있고, 서천축은 계빈 국·파사국과 인접해 있다."라고 적혀있고, 지도를 분명하게 그려놓고 있는데, 서양인의 지도를 증거 삼아 보면 전혀 틀리지 않고 딱 맞아 떨어진다. 계빈국이 천축국과 경계를 접하고 있는 국가이면, 천축국 안에 포함되지 않으니 판별해서 굳이 밝힐 필요 없고, 계 빈국이 천축국의 서쪽에 위치한다면 바로 지금의 아프가니스탄이 되니 이 또한 판별해 서 밝힐 필요 없다. 만약 북인도가 계빈국의 지배를 받았다면 천축국은 동·서·남·중앙 에만 있고 북쪽이 없게 되니 어떻게 오인도라 할 수 있겠는가? '북인도가 계빈국이다'라 고 말하지 않고, '계빈국과 인접해 있다'라고 말하면 두 가지는 맞고 하나는 틀리게 되니, 이는 아주 명확하다.

오익산리국은 『전한서』에는 "동쪽으로는 계빈국과, 북쪽으로는 박도국(撲挑國)[137]과, 서쪽으로는 여간국(黎靬國)·조지국과 인접해있다."라고 되어 있다. 『후한서』에는 "피산국 (皮山國)[138]에서 서남쪽으로 오타국(烏秅國)[139]을 지나 현도산(懸度山)[140]을 건너 계빈국을 거 쳐서 60일 남짓 가면 오익산리국에 도착한다. 다시 서남쪽으로 말을 타고 100일 남짓 가 면 조지국이 나온다."라고 되어 있다. 이는 오익산리국이 계빈국의 서남쪽, 조지국의 동

---

137 박도국(撲挑國): 복달(濮達), 박도(樸挑)라고도 한다. 박트리아(지금의 발흐Balkh)로 보는 이도 있고, 지금의 파키스탄 북부 페샤와르 부근에 있는 차르사다(Charsada)로 보는 이도 있다.

138 피산국(皮山國): 구마(Guma)로, 지금의 호탄 서쪽, 야르칸드 서남쪽에 위치한다.

139 오타국(烏秅國): 지금의 신강 위구르 자치구 타슈쿠르간(Tashkurgan) 일대로 추정된다.

140 현도산(懸度山): 『위서(魏書)』에 따르면 오타국의 서쪽에 '현도'라는 석산(石山)이 있는데, 그 협곡을 통과하기 위해서 사람들이 몸에 끈을 묶어 서로 붙잡아 주면서 건너갔기 때문에 현도산이라 이름 지었다. 『후한서』「서역전」에도 같은 내용이 실려 있다.

북쪽에 위치한다는 것으로, 지금의 발루치스탄과 페르시아 최남단에 해당한다. 여간(黎軒)은 바로 여건(黎鞬)으로 대진국의 다른 이름이다. 그 동쪽 강역은 바로 페르시아와 인접한다. 조지국은 바로 아라비아로, 그 서북쪽 모퉁이 역시 페르시아와 인접하게 되는데, 페르시아는 바로 한나라 때의 안식국이다. 오익산리국이 중인도라고 한다면 몇 천리를 사이에 두고 안식국이 있게 되니 어떻게 여건·조지국과 인접할 수 있겠는가? 오인도의 서쪽 강역에 인더스강이 있고, 인더스 강의 서쪽으로 산등성이가 연이어 있는데, 이것은 천축국과 서쪽 여러 국가의 천연적인 경계선이다. 만약 계빈국을 북인도라고 하고, 오익산리국을 중인도라고 한다면 서인도 역시 두 나라 안에 포함되게 되니 이른바 천축은 오직 동인도와 남인도 두 인도만을 지칭하게 되는 것인가? 또한 『한서』에서는 계빈국·오익산리국·천축국 삼국으로 명확하게 나열하고 있는데, 지금 천축국의 절반을 떼 내어 계빈국·오익산리국에 귀속시키면 천축이 되레 위치할 곳이 없어지게 되니, 반고(班固)[141]·범엽(范曄)[142]의 이와 같은 잘못된 문장도 사라질 것이다. 또 「천축전」에 "월지와 고부국의 서쪽에서부터 남쪽으로는 서해(西海)에 이르고 동쪽으로는 반기국(磐起國)[143]에 이르는데, 모두 신독의 땅이다. 신독은 별도의 성이 수백 개가 있고, 성마다 우두머리를 두었으며, 별도의 나라가 수십 개 있고 나라마다 왕을 두었다. 비록 각각 조금씩의 차이는 있지만, 모두 신독이라는 명칭을 사용하고 있다."라고 되어 있다. 반기는 어디인지 모르겠지만, 고부국은 따로 전을 두어 "대월지의 서남쪽에 위치하며 본래는 안식국의 지배하에 있었으나, 월지가 안식국을 격파하고 고부국을 차지했다"라고 적고 있다. 그 땅을 생각해보면 대체로 인근의 인더스강 일대에 위치하는데, 어찌하여 일찍이 "서쪽으로 계빈국과 오

---

141 반고(班固): 원문은 '맹견(孟堅)'으로, 『한서』의 저자인 반고(32~92)의 자이다.

142 범엽(范曄): 원문은 '울종(蔚宗)'으로, 『후한서』의 저자인 범엽(398~445)의 자이다.

143 반기국(磐起國): 반월국(盤越國)·한월국(漢越國)이라고도 하며, 옛 땅은 지금의 인도 동부 아삼주와 미얀마 사이 혹은 지금의 방글라데시 일대라고도 한다.

익산리국에 이르는데, 모두 신독의 땅으로, 모두 신독이라는 명칭을 사용하고 있다."라고 말했는가? 또 「천축전」에서 "천축은 월지의 동남쪽 수십리에 위치해 있다."라고 했는데, 어찌하여 일찍이 계빈국의 남쪽·오익산리국의 동쪽에 위치했다고 말했는가? 많은 부족들은 약한 자가 강한 자에게 지배받으면서, 한번은 저쪽에서 한번은 이쪽에서 지배를 받으며 수십 년 동안 변해왔다. 반면에 대지와 산하는 만고에 이르도록 바뀌지 않으니 지도에 따라 생각해보면 진실로 정확하게 고증할 수 있을 따름이다.

『후한서』에 따르면, 동한 화제(和帝) 영원(永元)[144] 9년(97)에 서역의 도호(都護)[145] 반초(班超)가 속관 감영(甘英)[146]을 대진(大秦)에 파견했다. 조지에 이르러 대해를 건너려고 하자, 안식(安息) 서쪽 경내에 있던 뱃사람이 감영에게 바다가 드넓어서 왕래하는 사람들은 반드시 삼년 치 식량을 가져가야 한다고 말해서 감영은 주저하고 두려워 하다가 바다를 건너는 일을 그만두었다. 대진은 여러 차례 한나라에 사신을 파견하려 했으나 안식이 가로막아서 올 수 없었다. 환제(桓帝) 연희(延熹)[147] 9년(166)에 대진의 왕 마르쿠스 아우렐리우스 안토니누스(Marcus Aurelius Antoninus)[148]가 사신을 파견하여 넛남(Nhật Nam)[149]의 변방을 통해 와서 상아·무소뿔·대모를 바치면서 비로소 교류할 수 있었다고 한다. 서양인의 지도를 살펴보건대, 안식은 지금의 페르시아이며 조지는 지금의 아라비아이다. 동한시기에 대진 **이탈리아 로마이다.** 은 때마침 전성기를 구가하면서 아직 동서로 분리

---

144 영원(永元): 후한의 제4대 황제 목종(穆宗) 유조(劉肇)의 첫 번째 연호(88~106)이다.

145 도호(都護): 중국 전한 선제 때부터 당나라 때까지 변경의 여러 이민족의 관리나 정벌의 일을 맡아보던 관직이다.

146 감영(甘英): 후한의 무장으로, 페르시아만을 본 최초의 중국 사절이라고 한다.

147 연희(延熹): 후한 제10대 황제 위종(威宗) 유지(劉志)의 여섯 번째 연호(158~167)이다.

148 마르쿠스 아우렐리우스 안토니누스(Marcus Aurelius Antoninus): 원문은 '안돈(安敦)'으로, 로마제국의 제16대 황제(재위 161~180)이다. 철인황제(哲人皇帝)로 불리며, 5현제 중 한 사람이다.

149 넛남(Nhật Nam): 원문은 '일남(日南)'이다.

되지 않았다. 『이탈리아도설』에 상세히 나와 있다. 이 나라의 수도는 이탈리아 로마에 위치해 있고, 동쪽 강역은 시리아·유대 『당서(唐書)』에 보이는 불림국(拂菻國)이다. 에 이르고 안식과는 경계를 접하고 있다. 만약 안식에서 출발해 대진국으로 가려면 아무다리야강을 건너 안식 지금의 페르시아이다. 의 땅으로 들어가서 약 3천 리 가면 바로 대진의 동쪽 강역 지금의 터키 동쪽 땅인 메소포타미아(Mesopotamia)[150]의 바스라(Basra)[151] 지역에 해당한다. 에 들어선다. 다시 서북쪽으로 3천여 리 정도 가다가 지금의 터키 동쪽 땅과 중앙의 땅이다. 해협 콘스탄티노플(Constantinople)[152]의 보스포루스(Bosporus) 해협[153]을 말한다. 을 건너 그리스 북쪽 경계 지금의 터키 서부이다. 를 지나서 약 2천 리를 가면 이탈리아 동북 지역 지금의 오스트리아(Austria)[154]이다. 에 이르며, 다시 서남쪽으로 1천여 리를 가면 바로 대진의 수도 지금의 로마이다. 에 도착한다. 계산하면 육로로 1만 리의 여정이다. 최근에 시리아 서쪽부터는 모두 대진의 땅이 되었다. 『한서』에서 "안식에서 육로로 바다를 돌아서 북쪽으로 갔다가 바다의 서쪽으로 나오면 대진이 나오는데, 백성들이 서로 연이어 살고 있고, 10리마다 1정(亭)[155]이 있으며 30리마다 1치(置)[156]가 있어서 여태껏 도적에게 약탈당할 것을 우려한 적이 없었다."라고 하고 있는데, 확실히 거짓말은 아

---

150 메소포타미아(Mesopotamia): 원문은 '미색부달미아부(美索不達迷亞部)'로, 미색부대미아(美索不大米亞)라고도 한다.

151 바스라(Basra): 원문은 '파색랍지(巴索拉地)'로, 지금의 이라크 동남부에 있는 항구도시이다.

152 콘스탄티노플(Constantinople): 원문은 '군사단정(君士但丁)'이다. 지금의 이스탄불(Istanbul)로, 원명은 비잔티움(Byzantium)이다.

153 보스포루스(Bosporus) 해협: 원문은 '흑해협구(黑海峽口)'이다. 보스포루스는 흑해와 마르마라해(Sea of Marmara)를 이으며, 아시아와 유럽을 나누는 터키의 해협이다.

154 오스트리아(Austria): 원문은 '오지리아(奧地利亞)'이다.

155 정(亭): 중국의 전통 건축 양식으로, 행인들이 휴식을 취하거나 바람을 쐬고, 주변 경관을 즐길 수 있도록 제공되었다.

156 치(置): 역참(驛站)의 일종이다.

408

니다. 또 "길에는 사나운 호랑이와 사자가 많아 여행객을 막고 해를 끼치는데, 백여 명이

안 되면 무기를 휴대해야 하며, [그렇지 않으면] 번번이 잡아먹힌다."라고 한다. 살펴보건

대 시리아 서쪽은 모두 대진의 유명한 도시와 대도시로 사통팔달 뚫려 있는데, 어찌 맹수

가 여행객을 막아서서 해를 끼칠 수 있단 말인가? 대개 안식이 채색 비단 교역의 이익을

탐해 대진이 한나라와 교류하는 것을 원치 않았기 때문에 이런 황당한 말을 만들어내어

한나라 사신의 서쪽 행로를 방해했던 것이다. 이른바 "방해를 해서 교류할 수 없게" 한 것

은 이런 이유 때문이다. 만약 조지를 출발해서 바닷길로 가면, 아프리카의 희망봉(Cape of

Good Hope)[157]으로 가는 길로, 명나라 이전에는 배로 왕래한 적이 없다. 바로 지금의 유럽

각국 선박이 왕래하는 길이다. 명나라 홍치 연간에 포르투갈이 맨 처음으로 이 길을 열

었다. 유럽 동쪽에서 바닷길로 오면 모두 지중해와 홍해를 경유한다. 조지의 수도는 메카

에 있는데, 바로 홍해의 북쪽 연안 『한서』에 '조지성은 산 위에 있으며 둘레가 40여 리'라

고 되어 있는데, 바로 지금의 메카성이다. 에 위치한다. 그 동쪽 강역은 또한 아라비아해

에 이른다. 감영이 마주했던 바다가 아라비아해였는지 아니면 홍해였는지는 알 수 없다.

만약 아라비아해라면 반드시 조지 삼면의 바다를 돌아서 뱃길로 6천~7천 리를 가야만 홍

해의 끝에 이르러 바다가 끝난다. [여기에서] 육로로 170리를 수에즈(Suez)[158]로, 이집트의

땅이다. 가면, 지중해의 동남쪽 모퉁이에 도달하며 다시 배를 타고 서쪽으로 약 6천여 리

를 가면 대진의 수도 로마이다. 에 도착하는데, 계산해 보면 뱃길로 1만 3천여 리이다. 만

약 감영이 마주했던 곳이 조지국의 수도가 있는 홍해라면, 서북쪽으로 1천여 리 정도 가

면 홍해의 끝에 이르게 되니 뱃길로 1만 리가 안 되는 것이다. 중간에 170리에 달하는 육

로가 가로막혀 있어서 배로 곧장 갈 수 없었다. 명나라 이전에 유럽의 대형 선박은 직접

---

157 희망봉(Cape of Good Hope): 원문은 '대랑산(大浪山)'으로, 호망각(好望角)이라고도 한다.

158 수에즈(Suez): 원문은 '소이사(蘇爾士)'로, 지금의 이집트 수에즈주의 주도이다.

중국에 올 수 없었는데, 바로 이로 인해 막혀 있었기 때문이며 『해국문견록』에서 이른바 '이곳을 칼로 잘라낼 수 없음이 한스럽다.'라고 한 것이 바로 이것이다. 근래 영국은 화륜선으로 문서를 주고받았는데, 모두 이 길을 통해서였다. 지중해에도 따로 화륜선을 두어서 연락을 주고받았다. 그런데 이곳으로 가지 않으면 달리 길이 없으며, 계산해 보면 뱃길로 빠르면 40~50일이 걸리고, 늦어도 2~3개월은 넘지 않아서 반년이면 갔다가 돌아올 수 있는데 어찌 반드시 삼년 치의 양식을 가져가야 한다고 했단 말인가? 대개 안식국이 결국 대진국이 한나라와 교류하는 것을 원치 않아서 서쪽 강역에 있던 뱃사람을 시켜 메카는 안식과 멀리 떨어져 있으니, 감영이 마주한 바다는 당연히 아라비아해이다. 이런 말을 지어내어 감영을 난처하게 만든 것이다. 감영은 바다로 가는 것을 꺼려 마침내 그만두었다. 마르쿠스 아우렐리우스 안토니누스가 조공을 바칠 때 넛남의 변방을 경유했는데, 바로 지금의 베트남 남쪽 지역의 참파(Chămpa)[159] 일대이다. 홍해에서 인도양으로 들어가 동남쪽으로 가면 수마트라(Sumandra)[160]·자와[161]의 순다해협(Seiat Sunda)[162]이 나오는데, [여기서] 돌아서 북쪽으로 가다가 남중국해[163]로 들어가면 베트남의 남쪽 경계에 이른다. 지금의 유럽 각 나라는 광동에 올 때, 아프리카로 우회해서 인도양에 도착한 후에 마찬가지로 이 노선을 따라 들어온다. 만약 육로로 온다면, 반드시 넛남을 경유해 태국·미얀마를 거쳐야만 동인도에 도달하고 중인도를 지나 서인도에 이른다. [서인도에 이르기까지] 도중에 수십 개의 원주민 부락을 거쳐야 함은 물론이고, 돈을 써도 통과하기 어렵다. 서인도 서쪽으로는 여전히 길을 가로막고 있는 안식을 지나야만 대진의 동쪽 경계에 도

---

159 참파(Chămpa): 원문은 '점성(占城)'이다.

160 수마트라(Sumandra): 원문은 '소문답랍(蘇門答臘)'이다.

161 자와: 원문은 '갈라파(噶羅巴)'이다.

162 순다해협(Seiat Sunda): 원문은 '손타해협(巽他海峽)'이다.

163 남중국해: 원문은 '남양(南洋)'이다.

착하기 때문에 의심할 필요 없이 반드시 바닷길을 경유해야한다는 것을 알 수 있다. 대진국의 북쪽 지역에도 중국으로 갈 수 있는 육로가 있는데, 반드시 오스트리아에서 동북쪽으로 가다가 러시아 남쪽 경계를 거쳐 카스피해 북쪽연안에 이른 뒤 [다시] 돌아서 동쪽으로 가면서 서역 유목민의 성곽과 여러 부락을 지나야만 옥문관에 도달할 수 있다. 이는 곧 안식국의 경내에 들어가지 않아서 애초에 저지당하지 않은 것이다. 그런데 양한 시기에 대진국의 북쪽 경계는 게르만[164] 지역에 이르러 끝났고, 오스트리아 동쪽과 북쪽은 모두 흉노의 부족들이 살던 곳으로, **이때 러시아는 아직 나라를 세우지 못했다.** [그들이] 때때로 대진의 변경에서 소요를 일으켜 결코 지나갈 수 있는 방법이 없었던 것이다. 그러므로 중국에 갈 수 있는 유일한 방법은 안식을 경유하는 것인데, 이미 저지당했기 때문에 바닷길을 경유할 수밖에 없었다.

164　게르만: 원문은 '일이만(日耳曼)'으로, 독일을 가리킨다.

〚 亞細亞印度以西回部四國 〛

阿富汗, 阿富汗尼士丹・愛烏罕・阿付顔尼. 回部大國也. 北界布哈爾, 東界印度, 南界俾路芝, 西界波斯, 東西二千餘里, 南北千餘里. 乾隆二十四年, 因拔達克山内附, 屢貢良馬. 其國本波斯東境, 明正德初, 有巴卑爾者, 取喀布爾 ─一作喀奔. ・堪達哈爾・濟斯尼三城, 自立爲國, 傳二百餘年. 至康熙中, 波斯衰亂, 阿富汗乘勢并兼, 得其全土. 越十七載, 波斯復興, 那的爾沙既得國, 詳「波斯傳」. 盡銳東伐, 滅阿富汗. 那的爾沙死, 阿富汗王子亞美里沙收復故土, 仍與波斯并立. 乾隆五十四年, 王塞曼沙爲弟馬慕所篡, 國大亂者十餘年. 北印度之塞哥, 一作悉國, 已詳『五印度圖説』. 與阿富汗隔印度河爲鄰. 阿富汗盛時, 嘗渡河取塞哥邊地. 俗傳愛烏罕滅温都斯坦, 即此事也. 至是内訌, 塞哥勞爾部 塞哥都城, 一作勒懷, 已詳『五印度圖説』. 酋長林日星, 收復河東地, 并渡河割數城, 阿富汗由是不振. 近年與英吉利所屬之印度西部, 構兵數年, 講和而罷. 其國介印度・波斯之間, 天氣酷熱多雨. 西界有沙磧, 餘皆沃壤. 俗事耕種, 無游牧. 城池壯麗, 戸口殷繁, 勝兵數萬, 軍器用鳥槍・長矛・腰刀, 不習弓矢. 風俗與波斯同. 土産鐵・錫・礬鹽・硇砂・硫磺・烟葉・棉花・阿魏・青黛・丹參・甘蔗・地毯. 阿富汗分九部, 首部曰喀布爾, 一作喀奔. 其都城也. 地處平原, 烟戸湊密, 景象繁華. 曰堪達哈爾, 在國之東北隅, 四面皆山, 亦大都會. 曰哈斯那, 與上二部皆商賈輻輳之地. 曰羅各曼, 曰日刺拉巴, 曰維西, 曰發來, 曰都札克, 曰伊隆達爾.

按: 阿富汗本波斯東境, 前明中葉, 乃裂波斯數城, 自立爲國. 前此固統於波斯, 別無名號也. 世多傳其兼并温都斯坦. 今考温都斯坦, 乃五印度總名. 與阿富汗爲鄰者, 爲北印度之塞哥國. 兩國本 以印度河爲界, 阿富汗嘗逾河, 而割塞哥之西境, 迨後塞哥亦逾河, 而割阿富汗之東境. 所謂疆場之邑, 一彼一此者耳. 『西域聞見錄』謂敖罕與溫都斯坦地界毗連, 各以威力相制, 迭爲強弱, 今考與溫都斯坦爲鄰者, 阿富汗之外, 別無敖罕國名. 蓋阿富汗一作愛烏罕, 愛烏合音近敖, 遂誤以愛烏罕爲敖罕. 而安集延之浩罕都城, 亦稱敖罕, **一作豪罕, 又作霍罕**. 論者遂以此譏椿園之謬妄, 謂其移極北之回部於南方, 實則轉音之淆訛, 而不足深訾也.

又『聞見錄』云: 敖罕之人, 種類不一, 有與內地回子相似者, 有與安集延相似者, 有與土爾扈特相似者, 有毛髮拳曲, 與峨羅斯相似者. 又一種人, 亦回子衣帽, 鬚繞頰如蝟而赤, 染以茜. 其人多力, 善用木矛, 西域人多畏之. 又一種人, 圓領大袖, 衣冠類漢唐, 貌淸奇似朝鮮人, 或謂是後漢之遺種云. 又云敖罕, 西域之大國, 亦西域之亂邦. 詐力相尙, 日日皆逐鹿之勢, 蓋自古而然云云. 余考西洋人地圖, 阿富汗境土, 縱橫皆不過一二千里, 幅員旣無莫大之勢, 種族安得如許之繁? 蓋其國本波斯所分, 迨後由分而合, 復由合而分, 西域不知波斯國名, 遂以波斯各部種類, 并歸之阿富汗耳. 泰西人亦稱波斯客籍流寓, 類甚多, 語音不一. 有額力西者, **卽希臘**. 有阿丹者, **卽阿剌伯**. 有羅汶者, **卽羅馬**. 有都魯機者, **卽土耳其**. 正與『聞見錄』所云相合. 至兩國再合再分, 兵爭數起, 又復時時內訌, 迭相篡奪, 所云日日皆逐鹿之勢, 殆不虛也.

俾路芝, 密羅旣 · 北羅吉 · 忽魯謨斯 · 思布. 在阿富汗之南, 亦回部也. 東接西印度, 西接波斯, 南臨印度海, 東西約一千七八百里, 南北約六七百里. 岡阜重叠, 沙磧廣莫, 田土甚瘠, 僅敷耕食. 時序和平, 物產與阿富汗略同. 國無王, 分六部, 曰薩拉彎, 曰加支干達瓦, 曰倭拉彎, 曰盧斯, 曰美加蘭, 曰古義斯丹. 六部各有酋長, 國小而強, 習於攻戰, 與英吉利所屬之印度西部, 時時構兵, 互有勝負.

按: 俾路芝立國, 不知所自始, 明初, 鄭和等使西洋, 乃有忽魯謨斯國名. 泰西人舊地圖, 阿富汗・俾路芝皆歸入波斯, 不列爲國. 蓋阿富汗本波斯東北境, 則俾路芝自是波斯東南境. 回族分爭, 偶然割據, 逐別成部落耳. 又「四裔考」, 謂愛烏罕之南, 有思布部落, 過思布亦海也云云, 正指俾路芝也.

波斯, 白西・包社・巴社・高奢・百爾設・法耳西・北耳西亞・巴爾齊亞・伯爾西亞・伊蘭・哈烈・黑魯・塞克. 回部大國, 粵東呼爲大白頭, 呼印度爲小白頭. 兩地皆有白布纏頭之俗, 因以爲名者也. 東北連沙漠, 界布哈爾, 東界阿富汗・俾路芝, 西接東土耳其, 北抱裏海, 與峨羅斯接壤, 南抵阿勒富海, 俗稱東紅海. 與阿剌伯毗連一隅. 其國地界遼闊, 長約四千餘里, 廣約三千里. 雄富多寶貨, 與中國貿易, 最早所謂碧眼波斯胡也. 立國在有夏之初, 春秋時, 居魯士由馬太開基, 稱雄一時. 後與歐羅巴之希臘諸部, 時時構兵. 迨羅馬旣興, 猶太以西, 囊括無遺, 獨波斯未入版圖. 其俗舊奉太陽火敎. 古時內地有火祆祠, 由此而來. 唐初回敎興於阿剌伯, 波斯與之鄰, 國爲所奪, 由是爲回回大部. 唐宋兩朝, 屢貢方物. 元末, 駙馬帖木兒據撒馬兒罕, 富強無敵. 今葱嶺以西, 裏海以東諸回部, 皆撒馬兒罕所屬. 遣其子沙魯哈據波斯, 稱哈烈國. 明永樂間, 嘗入貢, 爲西域諸部之首. 後爲土耳其部人所奪, 傳二百餘年而衰亂. 廢弒頻仍, 尋爲阿富汗所兼幷. 康熙三十三年, 故王後裔達馬斯, 募兵攻略, 恢復舊土. 大將那的爾沙本盜渠, 達馬斯倚以集事. 賞不酬勞, 逐擧兵反, 弒達馬斯代其位, 攻阿富汗, 滅之. 乾隆十二年, 那的爾沙爲其下所殺, 國又大亂, 東境復爲阿富汗所據. 那的爾沙部將給靈據西境立國, 惠愛其民, 稱爲賢主, 在位三十年而卒. 弟薩的謀鳩嗣王, 外戚亞里木拉以討亂爲名, 起兵攻陷都城. 殺薩的, 幷弒嗣王, 逐僭位. 亞里木拉死, 大酋日非爾代之. 寺人馬何美攻滅日非爾, 據王位. 馬何美死, 侄巴巴塞爾

414

達耳繼立. 今有國者, 不知爲誰. 都城周十四里, 極鞏固. 王宮疊石爲屋, 平方若高臺, 不用梁柱瓦甍, 中敞虛空, 數十間. 窗牖門扉, 悉雕刻花紋, 繪以金碧, 宏麗無比. 別有園林池沼, 尤極幽奇. 國王最尊嚴, 刑賞任意, 視臣工如奴僕. 土肥沃, 節候多暖少雨. 產良馬・紅棗・白鹽・銅・鐵・金・銀・琉璃・珊瑚・琥珀・珍珠・翠羽, 又產獅子. 獅子生阿木河 即阿母河, 『漢書』稱爲嬀水. 上游在布哈爾境内. 蘆林中, 初生目閉, 七日始開. 土人於目閉時取之, 調習其性, 稍長則不可馴. 其民強健, 男女多美姿容. 風俗繁華, 好修服飾. 國尚武功, 交戰殺敵, 必割耳以爲信. 嘉慶十八年, 與峨羅斯構兵敗績, 割北境之日爾日部. 道光初年, 波斯欲窺印度, 度磧圍札布 即布哈爾. 之希辣城. 英人以兵拒之, 乃引還. 波斯地分十一部. 中地之部曰以辣亞曰迷爾. 一作以辣. 地多山阜, 都城曰德黑蘭, 建於北境之平原. 北方三部, 極西北曰義蘭, 一作伊蘭, 又作倚蘭. 稍東曰馬郎德蘭, 一作馬散地蘭. 兩部皆背負裏海, 前阻連山. 撫原衍沃, 林密草芳, 河流足資灌溉, 耕牧皆宜. 義蘭在西域最著名, 昔有大城極富庶, 今廢. 東南曰達巴利斯丹, 建有大城, 商賈所萃. 西方三部, 極北曰亞塞爾拜然, 迤南曰古爾利斯丹, 一作古爾的斯丹巴爾三. 再東南曰古西斯丹, 三部土甚沃, 水利足資灌溉. 惟西鄰土耳其, 時被寇鈔, 民恒苦飢. 南方二部, 曰法爾斯, 在以辣之南, 山水最爲清勝. 其東曰給爾滿, 一作克爾曼. 地多沙磧, 有草場, 羊馬孳息. 土人以羊毛造氊帕, 極精緻. 法爾斯之東南臨海, 曰剌郡, 又名法南. 地偏狹多沙, 所產惟紅棗. 東方二部, 北曰哥剌森, 北界布哈爾, 東界阿富汗, 土甚沃, 而北方游牧者時侵掠之, 居民不得安業. 迤南曰古義斯丹, 與阿富汗・俾路芝爲鄰. 法爾斯之西南, 有海口曰亞不支爾, 爲通國大埔頭. 東南隅有惡末嶼者, 古時海舶互市於此, 久已荒廢, 瓦礫之場有古殿, 太陽火神祠也.

『西域聞見錄』云: 塞克, 西域一大國也. 在敖罕西, 絶非回子種類. 稱其王曰汗, 部落數

415

百, 各有 編輯之人, 皆其汗之阿拉巴圖. 奴僕也. 事權歸一, 無跋扈叛弑之事. 城池巨麗, 人民殷庶, 居室寬 敞整潔. 人家院落中, 各立木竿, 向之禮拜. 冬夏和平, 風俗坦白. 尙宴會, 喜歌舞. 人多力善射, 與敖罕稱勍敵云云. 論者極詈其謬妄, 謂敖罕之西, 并無此國, 殊不知椿園之所謂敖罕者, 乃愛烏罕, 并非安集延之敖罕. 所云塞克者, 卽波斯國也. 波斯開國最早, 『漢書』稱爲安息, 『唐書』稱大食·波斯, 泰西人記居魯士分國爲二, 兩子治之. 其一, 波斯本國, 『漢書』所謂安息也. 其一, 泰西人未紀其國名. 考之『漢書』, 有烏弋山離國, 在罽賓之西南, 犂鞬·條支之東北, 似卽波斯所分國. 蓋安息得其西北, 烏弋得其東南也. 然亦未有確據. 泰西則稱爲波斯, 至今未改. 或譯爲包社·白西, 亦猶是波斯轉音. 元人稱爲哈烈, 乃以蒙古語更易地名. 其國在布哈爾之西南, 愛烏罕之正西, 并非絶域. 其人長於服賈, 西域諸城, 亦必往來數數. 而近來記西域事者, 絶無一語及於波斯, 蓋賈人止稱城邑聚落之名, 紀事者因訛襲謬, 遂不復知爲何國耳. 惟「四裔考」謂, 愛烏罕取默沙特諸部於伊蘭. 伊蘭卽義蘭, 乃波斯北部著名大城. 又首部名以辣亞日迷爾, 以煉亦音近伊蘭, 其爲指波斯無疑. 惟波斯亦奉回敎, 而椿園謂非回子種類. 又謂去葉爾羌二萬里, 失之太遠, 皆傳聞影響之說, 不足深辨. 又云, 塞克西北與峨羅斯·薩穆接壤, 或云與阿剌克等國, 犬牙相錯云云. 今考波斯西北隅, 實與峨羅斯接壤, 西與東土耳其接壤. 所云薩穆, 當卽猶太之撒馬利亞. 南界與亞剌伯隔阿勒富海相望, 陸地亦毗連一隅. 此云阿剌克, 卽阿剌伯. 指畫地界, 處處吻合, 塞克之爲波斯, 尙何疑耶?

泰西人記波斯古事云: 波斯立國最早, 夏后不降時, 其王有札的勞摩者, 初造兵端, 嘗侵厄日多, 掠其財貨. 厄日多卽麥西, 詳『阿非利加圖說』. 歷商及周, 部落事迹無考. 成周中葉, 分數部, 有馬太者, 波斯大部. 其王有女將嫁, 夢葡萄生懷中, 遍覆亞細亞地, 疑女生子將背叛. 已而女産子, 王命格殺之. 使者不忍, 付牧人. 牧人妻方生子而殤, 乃乳哺王甥爲己子, 名曰居魯士. 一作西祿斯, 又作西洛. 後王知其不死, 急捕之不得, 怨使者之紿己也, 烹其子而食之. 居魯士既長, 英武過人, 泛愛得衆心. 時馬太王暴虐, 國人側目, 居魯士因募兵攻王. 王命將征之, 將卽子被烹者, 以全軍降居魯士, 合兵攻王. 王敗走, 死於荒野, 居魯士遂王馬太, 時周靈王五年也. 居魯士既得國, 修法度, 詰戎兵, 兼幷小弱諸部, 聲威大震. 時波斯別部, 有呂底亞國, 富厚甲於諸鄰. 聞居魯士逐外祖父而自立, 欲伐之. 其臣諫曰: "馬太族貧而悍, 得其地, 無利於國. 況其勢方強, 不可犯." 王不聽, 遂起兵. 居魯士禦之境上, 陳兵大戰. 波斯軍皆乘駝, 而呂底亞軍乘馬. 駝喑鳴鳴, 馬見輒反走. 波斯軍乘勢崩之, 呂底亞軍大潰, 逐北至都城, 一鼓而下. 擒其王, 縛置積薪上, 將燔之. 王大慟曰: "悔不聽賢臣之言, 以至於此." 居魯士詢得其故, 惻然釋其縛, 赦臣民, 秋毫無犯. 民大悅, 舉國皆降. 波斯之西, 有巴庇倫, 一作巴必鸞, 又作巴必羅尼亞, 詳『土耳其圖說』. 據亞細亞地, 卽土耳其東 · 中兩土. 後來自此以東, 皆謂之亞細亞. 傳國已千餘年. 其屬國有猶太者, 詳『土耳其圖說』. 西土文敎之邦, 壤地雖狹, 四國皆欽重之. 巴庇倫遇藩國無禮, 猶太不朝貢. 周簡王年間, 巴庇倫以大兵伐猶太, 破都城, 猶太王自殺. 巴庇倫縱兵淫掠, 又脅遷其民. 每猶太人千餘, 間勁兵一隊, 鞭撻驅行, 老弱轉死, 數百里殭屍相屬, 哭聲振野. 猶太人恨之次骨, 每食必祝其速亡. 居魯士既興, 巴庇倫王淫虐無人理, 國大亂. 猶太族日備壺漿待王師. 周景王八年, 居魯士大舉伐巴庇倫. 巴庇倫望風奔潰, 破其都城, 巴庇倫亡. 乃釋猶太民歸國. 居魯士北征卒於軍, 分國爲二, 兩子治之. 後有乾庇西王者, 一作岡比斯. 好用兵. 嘗侵麥西. 又名厄日多, 詳『阿非利加圖說』. 麥西潰, 遣使招降, 麥西民殺使者. 王怒, 圍都城破之, 戮壯者二千人, 幷殺王之子, 麥西王僅以身免, 後乃降附. 王沈湎於酒, 諫者輒射刀殺之. 以妹爲妃, 孕乃蹴之死. 有弟聰敏, 忌而殺之. 醉後舞劍, 自傷其喉而死. 無子, 有冒王弟者欲繼立, 國人殺之. 群臣議所立未定, 約騎馬同出,

曰:"馬先嘶者立爲王." 已而, 大流士 一作達黎約. 馬先嘶, 遂卽王位, 時周敬王
年間也. 大流士有權略, 好征伐. 巴庇倫叛, 圍之一年八月, 城破, 釘其民千人
於十字架. 後伐希臘而敗, 漸憤死. 子澤耳士 一作舍爾時斯. 嗣立, 復以三十萬衆
伐希臘, 全軍皆覆, 語詳『希臘圖說』. 國勢遂衰. 周顯王年間, 希臘馬基頓王亞勒
散得, 以三萬五千人伐波斯. 波斯潰, 馬基頓圍蘇撒 波斯都城. 城幾陷. 會亞勒散
得卒於軍, 希臘兵乃散走. 亞細亞 · 麥西諸地, 俱爲希臘諸將所分割. 西漢時,
羅馬混壹西土, 拓地至西里亞, 卽亞細亞. 以兵伐波斯. 波斯以奇兵絶其糧道, 羅
馬兵潰歸. 波斯尋遣使修好, 故羅馬之兵不復東. 『漢書』所云大秦, 卽羅馬, 安息卽
波斯『意大里圖說』. 唐初, 阿剌伯人摩哈麥 · 立回教, 因起兵攻阿剌伯, 奪其國.
時波斯衰弱, 爲摩哈麥所兼幷. 故自唐以後, 波斯遂爲回回國.

按: 上古時, 波斯 · 天竺皆事火神, 拂箖 卽猶太. 以西, 皆事天神. 事火神者, 拜旭日, 或燃
柴薪向之禮拜. 民非火化不生, 非白日則宇宙無睹. 故兩地之夷, 上古卽有此俗, 義起報本,
非邪神也. 事天神始於摩西, 時在有商之初. 沃丁年間. 托言天神降於西奈山, 在阿剌伯境
內. 垂十誡以敎世人. 七日安息禮拜, 卽起於此. 距耶穌之生, 尙隔一千數百年, 乃天主敎之
所自出, 非卽天主敎也. 天竺自佛敎興, 而祀火之俗改, 今西域之乾竺特, 南印度之孟買, 仍
有拜火之俗, 是其明證. 波斯則自唐以前尙未改, 後其國爲回部所奪, 始改從回敎. 然至今禮
拜, 仍兼拜火神. 故惡末嶼有太陽火神古殿也. 中國自前五代時, 有祆神祠, 又有胡祆祠 · 火
祆祠. 唐時有波斯經敎. 天寶四年, 詔改兩京波斯爲大秦寺. 又有『景敎流行中國碑』, 建中二
年, 大秦寺僧景净述. 今考祆字從示從天, 卽天神. 其敎起於拂箖, 卽猶太, 摩西初建此國, 耶
穌乃其裔孫. 本大秦之東境. 大秦卽意大里之羅馬國. 漢人因其人長大平正, 有類中國, 故稱
爲大秦. 其本國幷無此名. 謂胡祇之卽祆神, 祆神之卽天神, 祆字本中國人所造. 西土不同
文, 安得有此等字? 而屬之大秦, 似也. 拂箖自漢初隸羅馬, 至唐時, 乃爲阿剌伯所奪. 是卽耶
穌敎之嚆矢也. 若火神敎, 則出自波斯, 與大秦無涉. 謂爲火祆, 則已混火神於天神. 謂波斯

教出於大秦, 則又溯本支於異姓. 景教一碑, 尤爲荒誕. 景教卽火敎, 中間景宿告祥, 懸景日以破暗府, 亭午升眞云云, 皆指太陽火也. 又云, 判十字, 以定四方, 七日一薦云云, 又牽涉天主敎. 其所謂三一妙身 · 無元眞主阿羅訶者, 不知何人. 而一切詞語, 又皆緣飾釋氏糟粕, 非火非天非釋, 竟莫名爲何等敎矣. 蓋波斯之祠火神, 本其舊俗. 而佛敎行於天竺, 乃其東鄰. 天神敎行於大秦, 乃其西鄰. 至唐代, 則大秦之天主敎又已盛行. 胡僧之黠者, 牽合三敎, 而創爲景敎之名, 以自高異, 中國不知其原委, 遂從而崇信之, 正昌黎所謂惟怪之欲聞者耳. 又碑中云貞觀十二年, 大秦國大德阿羅本, 遠將經像, 來獻上京. 阿羅德果自大秦來, 其爲天主敎無疑, 其經當卽歐羅巴所傳之『聖書』福音, 其像當卽耶穌被釘十字架之像, 乃當時不聞有此. 而其所謂景敎者, 依傍於波斯之火神, 潤色以浮屠之門面, 是不可解也. 自唐以後, 佛敎盛行, 胡祆 · 火祆之祠, 波斯 · 大秦之敎, 俱不復見. 據泰西人所紀載, 惟阿非利加北土之阿比西尼亞, 尙有大秦敎名, 亦仍是波斯之火神敎耳.

阿剌伯, 亞拉彼亞 · 亞拉鼻亞 · 阿爾拉密阿 · 阿辣波亞 · 阿黎米也 · 阿丹 · 阿蘭 · 天方 · 天堂. 回敎初興之國也. 北界東土耳其, 東界波斯及阿勒富海, 南距印度海, 西抵勒爾西海. 俗稱紅海. 長四千餘里, 廣三千餘里. 其地西南濱海一帶有腴壤. 中央皆戈壁, 沙磧也. 商旅必結隊以行, 否則虞盜劫, 且慮風沙埋没. 物產惟棗最多, 人與畜皆食之. 產名馬, 牧者愛養如兒子, 能一日行五六百里. 駝尤良, 負重行遠皆賴之. 又產加非 · 香料 · 没藥之類. 其地古時爲土夷散部, 恒役屬於波斯.

陳宣帝太建元年, 有摩哈麥者, 或作摩哈默, 又作瑪哈穆特. 生於麥加. 一作默伽, 又作美加. 少年爲商, 往來西國. 娶富商之寡, 遂致大富. 不識字而性聰敏, 以佛敎拜偶像爲非. 而泰西諸國, 耶穌敎已盛行, 思別創敎門以自高異. 入山讀書數年, 著書曰『可蘭』, 宣言於衆, 謂獨一眞主上帝, 命聖者敎化世人, 初命摩西, 次命耶穌. 兩人之教雖行, 然不能遍及也. 復命摩哈麥立教以補其缺. 人其教者, 焚香禮拜念經, 禁食豬肉, 唐高祖武德四年, 逃難於麥地拿, 一作默德那, 又作美的納. 土人靡然從教, 卽以是年爲元紀. 今回教稱一千二百幾十年, 卽本於此. 歐羅巴則以耶穌生年爲元年, 故稱一千八百幾十年. 其後徒黨日衆, 不入教者, 率衆攻之. 兵敗徒散, 收合復起, 遂滅大敵, 據阿剌伯全土, 布其教於四鄰. 鄰部皆畏而從之, 回教遂蔓延西土. 當其盛時, 嘗翦滅波斯, 薦食羅馬 猶太買諾諸部. 據阿非之北境, 紅海·地中海南岸諸部. 裂歐羅之西垂, 西班牙·葡萄牙. 縱橫三土, 亞細亞·阿非利加·歐羅巴. 幾於無敵. 後爲土耳其所攻, 屬藩盡失, 日就衰微, 卒乃納貢於土耳其, 稱藩國焉.

西域稱摩哈麥, 爲派罕巴爾, 華言天使也. 其苗裔稱和卓木, 華言聖裔也. 巴達克山·塔什干, 皆其支派, 而霍集占兄弟稱大宗, 回部以爲貴種, 所至輒擁戴之. 黠虜藉其名, 以號召回衆, 數數犯邊, 遂爲西鄙長患云. 麥加·麥地拿, 皆在紅海之濱. 摩哈麥生於麥加, 其地有黑石, 上作大殿, 周一里許. 麥地拿爲摩哈麥葬處, 斂以鐵棺. 每歲諸回回來兩地禮拜. 南洋·西域·泰西·阿非利加, 近者數千里, 遠者數萬里, 接踵膜拜, 以萬計.

阿剌伯地分六部, 首部曰黑德倭斯, 都城曰麥加, 建於山谷之中, 廈屋雲連, 街衢闊直. 海口甚大, 出運之貨, 以加非爲主, 販行歐羅巴各國. 次曰也門, 曰亞達拉毛, 曰呵曼, 曰剌沙, 曰德惹. 其海口在西方者, 曰熱他, 富商所萃. 在東方者, 曰木甲, 與英吉利·米利堅定約通商, 以兵船巡海護之. 亞丁, 小島也, 在紅海口門之外, 現爲英人所據.

按: 阿剌伯, 古條支國也. 回教既興, 乃有天方·天堂等名, 皆花門夸耀之稱, 比其國於天上, 其實本無此名. 其國在波斯之西南, 前明時累次朝貢, 多由西域陸路來. 明初, 鄭和等由海道使西洋, 至天方而止, 稱爲西洋盡處. 彼蓋由印度海駛入紅海, 遂以爲海盡於此, 而不知小西洋之外, 尙有所謂大西洋也.

佛敎興於印度, 以慈悲爲主, 以寂滅爲歸. 中土士大夫推闡其說, 遂開禪悅一派. 摩西十誡, 雖淺近而尙無怪說. 耶穌著神異之迹, 而其勸人爲善, 亦不外摩西大旨. 周孔之化, 無由宣之重譯. 土聰明特達之人, 起而訓俗勸善, 其用意, 亦無惡於天下. 特欲行其敎於中華, 未免不知分量. 摩哈麥本一市儈, 忽起而創立敎門, 其禮拜與天主敎同. 所別異者, 僅不食猪肉一端. 而其獸處無倫, 則又爲泰西諸國之所於唾棄. 乃自李唐以後, 其敎漸行於西域. 今則玉門以西, 盡亞細亞之西土, 周回數萬里, 竟無一非回敎者. 鴟梟嗜鼠, 蝍蛆甘帶, 孰爲正味? 正難深求於侏儒之俗矣.

考泰西人所刻地圖, 及所著書, 五印度之西, 土耳其東土之東, **土耳其東土, 卽西里亞 · 猶太諸地, 在大秦國之東境.** 止有波斯一國. 阿富汗 · 俾路芝, 皆波斯地, 乃近代所分割, 非古建國. 稽之『前後漢書』, "出莎車南道, 西逾葱嶺, 爲大月氏 · 安息諸國, 毗連者, 爲罽賓 · 烏弋山離 · 條支諸國." 以泰西人地圖, 波斯西南之阿剌伯, 東界阿勒富海, **俗名東紅海.** 南界印度海, 西界勒必西海, **俗名紅海.** 惟西北一面通陸路, 與『漢書』「條支傳」所云, "海水曲環其南及東北, 三面路絕, 惟西北隅通陸道" 者, 一一吻合. 是條支之爲阿剌伯確鑿無疑. 又『前漢書』「安息傳」"北與康居, 東與烏弋山離, 西與條接.", 又稱 "其國臨嬀水, 商賈車船行旁國." 又『後漢書』「大秦傳」稱大秦王欲通使於漢, 而安息欲以漢繒采與之交市, 故遮遏不得自達. 今考波斯東北界沙磧, 臨阿母河, 卽古之嬀水. 其西界接土耳其東土, 正古大秦國東境. 由大秦通漢, 捨此別無道路. 是今波斯之爲安息, 亦無可疑也. 惟大月氏 · 罽賓 · 烏弋三國, 爲今何地, 迄無定論. 或謂愛烏罕爲大月氏, 北印度爲罽賓, 中印度爲烏弋山離, 殊未的確. 大月氏本湟中行國, 爲匈奴所破, 西擊大夏而臣之, 都嬀水北爲王庭. 今考嬀水卽阿母河, 源分十數支, 皆在雪山之北 · 葱嶺之西. 匯流之後, 西北行約二千餘里, 又北折行約千里, 而入於鹹海. **在裏海之東, 非裏海也.** 大月氏王庭, 旣在嬀水之北, 則其部曲, 自在嬀水左右, 乃今布哈

421

爾境土. 愛烏罕在媯水之南, 距媯水尙遠, 以地勢考之, 似卽古之罽賓. 其地與印度之克什米爾接壤, 風土物產亦相類.

以罽賓爲北印度, 始於唐釋元奘, 證之『新唐書』, 殊爲未合.『新唐書』曰: 天竺居葱嶺南, 幅員三萬里, 分東西南北中五天竺. 南天竺濱海. 北天竺距雪山, 圍抱如壁. 東天竺際海, 與扶南·林邑接, 西天竺 與罽賓·波斯接, 指畫地界, 確鑿分明, 證以泰西人地圖, 亦絲毫不爽. 罽賓爲天竺接界之國, 則其不在天竺界內, 不待辨而明矣, 旣在天竺之西, 則其爲今之愛烏罕, 又不待辨而明矣. 如擧北印度而屬之罽賓, 則天竺有東西南中而無北, 何以謂之五天竺? 不曰北印度卽罽賓, 而曰與罽賓接, 是二非一, 彰彰明甚.

烏弋山離國,『前漢書』稱, 東與罽賓, 北與撲挑, 西與黎軒·條支接.『後漢書』稱, 自皮山西南, 經烏耗, 涉懸度, 歷罽賓, 六十餘日, 行至烏弋山離國. 又西南馬行百餘日, 至條支. 是其國在罽賓之西南, 條支之東北, 乃今俾路芝及波斯極南境. 黎軒卽黎鞬, 大秦國之別名. 其東境正接波斯. 條支卽阿剌伯, 其西北隅亦接波斯, 波斯卽漢之安息. 若謂烏弋卽中印度, 則中隔數千里之安息, 何由得與黎鞬·條支接耶? 五印度西界有印度河, 河西山岡連屬, 是卽天竺與西諸國天然界限. 若謂罽賓爲北印度, 烏弋爲中印度, 西印度亦必包於兩國之中, 是所謂天竺者, 將專指東南兩印度乎? 且『漢書』明列罽賓·烏弋·天竺三國, 今乃割天竺之大半, 屬之罽賓·烏弋, 而令天竺本國, 轉無位置之處, 恐孟堅·蔚宗無此紕繆文法也. 又「天竺傳」稱, 從月氏·高附國以西, 南至西海, 東至磐起國, 皆身毒之地. 身毒有別城數百, 城置長. 別國數十, 國置王. 雖各小異, 而俱以身毒爲名. 磐起不知爲何地, 高附別有傳, 云「在大月氏西南, 屬安息, 及月氏破安息, 乃得高附」云云. 度其地, 總在附近印度河一帶, 曷嘗云西至罽賓烏弋, 皆身毒之地, 俱以身毒爲名乎? 又「天竺傳」稱天竺在月氏之東南數千里, 曷嘗曰在罽賓之南·烏弋之東乎! 諸胡弱肉强食, 一彼一此, 數十年卽有變更. 而大地山河, 萬古不易, 按圖而稽, 固歷歷可考耳.

『後漢書』東漢和帝永元九年, 西域都護班超, 遣掾甘英往通大秦. 抵條支, 臨海欲渡, 安息西界船人告以海水廣大往來須費三歲糧, 英疑憚而止. 大秦屢欲遣使於漢, 爲安息遮遏不得通. 桓帝延熹九年, 其王安敦遣使自日南徼外, 獻象牙·犀角·瑇瑁, 始得一通云云. 考泰西人地圖, 安息卽今之波斯, 條支卽今之阿剌伯. 東漢時, 大秦 **卽意大里之羅馬. 正當全盛, 未分東西. 詳『意大里圖說』.** 其國都在意大里之羅馬, 東境至西里亞·猶太, **卽唐書之拂菻國.** 與安息接壤. 若由安息往大秦, 渡嫣水入安息境, 約三千餘里, **卽今波斯.** 卽已入大秦東境. 今土耳其東土, 美索不達迷亞部之巴索拉地. 再西北行, 約三千餘里, 今土耳其東土·中土. 渡海峽, **卽君士但丁黑海峽口.** 歷希臘之北境, 今土耳其西土. 約二千里, 至意大里之東北境, 今奧地利亞地. 又西南行千餘里, 卽至大秦都城. **卽今羅馬.** 計陸路萬里. 而近自西里亞以西, 皆大秦地.『漢書』所云 "從安息陸路, 繞海北行, 出海西, 至大秦人庶連屬, 十里一亭, 三十里一置, 從無盜賊寇警者", 的確不誣. 又云 "道多猛虎·獅子, 遮害行旅, 不百餘人齎兵器, 輒爲所食." 按西里亞以西, 皆大秦名都大邑, 四達通衢, 安得有猛獸遮害行旅? 蓋安息貪繪人市之利, 必不欲大秦之通漢, 故爲此誕說, 以阻漢使之西行. 所謂遮遏不得通者此也. 若由條支從海道往, 則阿非利加之大浪山一路, 自明以前, 未通舟楫. **卽今歐羅巴諸國貨船往來之路. 明弘治間, 葡萄牙始創行之.** 歐羅巴東來海道, 率取道於地中海·紅海. 條支都城在麥加, 乃 紅海北岸.『漢書』云, 條支城在山上, 周回四十餘里, 正今之麥加城也. 而其東境, 又臨阿勒富海. 甘英所臨之海, 未知其爲阿勒富海, 抑卽紅海. 若爲阿勒富海, 則須繞條支三面之海, 計水程六七千里, 至紅海之尾, 而海盡. 行陸路一百七十里, **地名蘇爾士, 麥西國地.** 至地中海之東南隅, 再登舟西駛, 約六千餘里, 而抵大秦都城, **卽羅馬.** 計水程約一萬三千餘里. 若所臨係條支都城之紅海, 則西北駛千餘里, 已至紅海之尾, 計水程不足萬里. 中間隔陸路一百七十里, 不能一帆直達. **明以前, 歐羅巴大船不能直抵中國, 卽因此阻隔,『海國聞見錄』所謂恨不用刀截斷者也. 近年英吉利用火輪船遞送文報, 皆由此路. 地中海另有火輪船接遞.** 然捨此別無道路, 計其水程, 速則四五十日, 遲亦不過兩三月, 半載盡可往返, 何至須貪三歲糧? 蓋安息總不欲大秦之通漢, 故使西界船人, **麥加距安息已遠, 甘英所臨之海, 當係**

阿勒富海也. 設此詞以難之. 甘英憚於浮海, 遂中止耳. 至安敦之入貢, 由日南徼 外, 卽今越南南境之占城一帶. 乃由紅海駛入印度海, 東南行, 至蘇門答臘‧噶羅巴之巽他海峽, 轉而北行, 入南洋, 抵越南之南境. 今歐羅巴諸國來粵東, 繞阿非利加至印度海後, 亦由此路. 若從陸路, 須由日南歷暹羅‧緬甸, 抵東印度, 越中印度, 至西印度. 無論中間歷數十番部, 使幣難通. 而西印度以西, 仍須經遮遏之安息, 方達大秦柬境, 故知其必由海道無疑也. 大秦國之北方, 亦有陸路可通中國, 須從奧 地利亞東北行, 歷峨羅斯南境, 至裏海之北岸, 轉而東行, 歷西域游牧城郭諸部, 可抵玉關. 此則不入安息境, 無從遮遏之矣. 然兩漢時大秦北境, 至日耳曼而止, 奧地利亞以東以北, 皆匈奴別部, **時峨羅斯尚未立國.** 時擾大秦邊境, 斷無可通之理. 故通中國, 惟安息一路, 旣爲所遮遏, 不得不由海道也.

〚 아시아 서역 각 이슬람 국가 〛

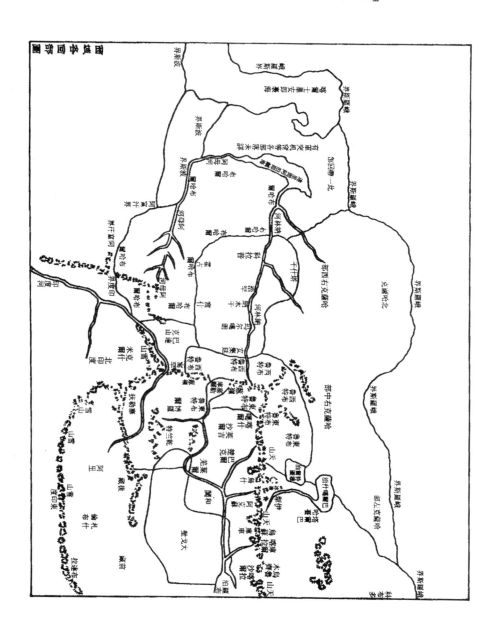

서역 이슬람 국가 지도

아라사계(峨羅斯界): 러시아 강역이다.

과포다(科布多): 코브도(Kobdo)로, 지금의 몽골 북서부에 위치한 호브드(Hovd)이다.

합살극좌부(哈薩克左部): 오르타 주즈(Orta Zhuz)로, 중주즈이다.

합살극우중부(哈薩克右中部): 키시 주즈(Kishi Zhuz)로, 소주즈이다.

합살극우서부(哈薩克右西部): 울루 주즈(Ulu Zhuz)로, 대주즈이다.

차일대회부(此一帶回部): 이곳 일대는 회부 지역이다.
군돌(軍突)과 기와(機窪) 등의 이슬람왕국이 있는데, 어디인지 명확하지 않다.
-군돌(軍突): 쿤그라드(Kungrad)로, 지금의 우즈베키스탄에 위치한다.
-기와(機窪): 히바(Khiva)로, 지금의 우즈베키스탄에 위치한다.

객이사필안(喀爾士畢安): 리해(裏海)라고도 하며, 지금의 카스피해이다.

달리강아박(達里岡阿泊): 함해(鹹海)라고도 하며, 지금의 아랄해(Aral Sea)이다.

파이갈십박(巴爾噶什泊): 지금의 발하슈호(Balqash Koli)이다.

탑이파합태(塔爾巴哈臺): 탑성지구(塔城地區)로, 지금의 타르바가타이(Tarbagatai)이다.

특목이도박(特穆爾圖泊): 지금의 이식쿨호(Lake Issyk-Kul)이다.

동포로특(東布魯特): 지금의 키르기스스탄(Kyrgyzstan)을 가리킨다.

서포로특(西布魯特): 지금의 키르기스스탄을 가리킨다.

천산(天山): 지금의 신강 위구르 자치구에 위치한다.

이리(伊犂): 이려(伊黎)라고도 하는데, 일리(Ili)로, 청대 신강에 위치한 부(府) 이름이다.

빙령(氷嶺): 곤도륜(昆都侖), 곤륜(崑崙)이라고도 하는데, 지금의 신강 위구르 자치구에 위치한 천산을 말한다.

오로목제(烏魯木齊): 지금의 우룸치(Ürümqi)로, 몽골어로 '좋은 목초지'라는 뜻이다.

객랍사이(喀拉沙爾): 카라사르(Karasar)로, 지금의 신강 언기(焉耆) 회족 자치현에 위치한다.

라포박(羅布泊): 염택(鹽澤)이라고도 하는데, 지금의 로프노르(LopNor)이다.

고이객랍오소(庫爾喀拉烏蘇): 청대 신강 지역에 위치했던 준가르의 지명으로, 지금의 신강 위구르 자치구에 위치한다.

고차(庫車): 쿠차로, 지금의 신강 위구르 자치구에 위치한다.

아극소(阿克蘇): 아크수(Aksu)로, 고대의 쿰국(Kum, 姑墨國)이 위치했던 곳이다. 지금의 신강 위구르 자치구에 위치한다.

오십(烏什): 우츠투르판(Uqturpan)으로, 지금의 신강 위구르 자치구에 위치한다.

객십갈이(喀什噶爾): 카슈가르(Kashgar)로, 지금의 신강 위구르 자치구 타림분지 북서쪽에 위치한다.

파이초극(巴爾楚克): 마랄베시(Maralbexi)로, 지금의 신강 위구르 자치구에 위치한다.

영길사이(英吉沙爾): 양기히사르(Yangihissar)로, 위구르어로 '신성(新城)'이라는 뜻이다. 지금의 신강 위구르 자치구 카슈가르 지구에 위치한다.

총령(蔥嶺): 지금의 파미르고원(Pamir Plateau)이다.

색륵고이(塞勒庫爾): 사리콜(Sarikol)로, 지금의 신강 서남부 타슈쿠르간 타지크 자치현 또는 사리콜 산맥을 가리킨다.

대과벽(大戈壁): 지금의 고비사막(Gobi Desert)이다.

화전(和闐): 호탄(khotan)으로, 지금의 중국 신강 위구르 자치구에 위치한다.

섭이강(葉爾羌): 야르칸드(Yarkand)로, 지금의 중국 신강 위구르 자치구에 위치한다.

안집연(安集延): 안디잔(Andizhan)으로, 지금의 우즈베키스탄에 위치한다.

마이갈랑(瑪爾噶朗): 마르길란(Margilan)으로, 지금의 우즈베키스탄에 위치한다.

납목간(納木干): 나망간(Namangan)으로, 지금의 우즈베키스탄에 위치한다.

호한(浩罕): 코칸트(Qo'qon)로, 지금의 우즈베키스탄에 위치한다.

포합이(布哈爾): 지금의 부하라이다.

과랍보(科拉普): 가라바(Galaba)로, 가랍보(可拉普)라고도 한다. 지금의 타지키스탄 서남부에 위치한다.

와십(窩什): 오슈(Osh)로, 오희(奧希)라고도 하며, 지금의 키르기스스탄에 위치한다.

곽점(霍占): 후잔트(Khujand)로, 지금의 타지키스탄 레니나바트주(Leninabad)이다.

아모하(阿母河): 지금의 아무다리야강(Amu Darya)이다.

건축특(乾竺特): 겸주특(謙珠特), 객초특(喀楚特), 감거제(坎巨提)라고도 한다. 칸주트(Kanjut)로, 지금의 카슈미르 서북부 기르기트(Girgit) 동쪽 지역에 위치한다. 페르시아어로는 훈자(Hunza)라고 한다.

박라이(博羅爾): 볼로(Bolor)로, 지금의 파키스탄 북단과 카슈미르 서북부에 걸쳐 있다.

와한(窩罕): 지금의 아프가니스탄 와한(Wakhan)이다.

파달극산(巴達克山): 지금의 아프가니스탄 동북부에 위치한 바다흐샨(Badakhshān)이다.

설산(雪山): 지금의 히말라야산맥(Himalaya Mountains)이다.

극십미이(克什彌爾): 가습미라(迦濕彌羅)라고도 하는데, 지금의 카슈미르(Kashmir)이다.

새륵부(塞勒扶): 미상.

전장(前藏): 지금의 티베트 라사(Lhasa) 지구이다.

후장(後藏): 지금의 티베트 시가체(Shigatse) 지구이다.

인도계(印度界): 인도(India) 강역이다.

아부한계(阿富汗界): 지금의 아프가니스탄(Afghanistan) 강역이다.

포달랍(布達拉): 포탈라(Potala)로, 지금의 티베트에 위치한다.

찰십륜포(扎什倫布): 타쉬룬포(Tashilhunpo)로, 지금의 티베트에 위치한다.

아리(阿里): 청대 티베트의 가르토크(Gartok) 지구이다.

인도하(印度河): 지금의 인더스강(Indus R.)이다.

북인도(北印度): 지금의 인도 카슈미르, 펀자브(Punjab), 하리아나(Haryana), 파키스탄의 서북 변경, 펀자브주 및 아프가니스탄 카불강(Kabul R.) 남쪽 양안 지역이다.

동인도(東印度): 지금의 인도 아삼(Assam) 서부, 서벵골(West Bengal)의 중남부, 오디샤(Odisha)의 북부와 중부 및 방글라데시(Bangladesh)의 중남부이다.

파사계(波斯界): 지금의 이란(Iran) 강역이다.

서역은 광활하고 드넓어 양한 이래로 여러 국가들이 약한 자가 강한 자에게 지배받으면서 때로는 통일되었다가 때로는 분열되어 지명이나 국명이 수천 수백 번이나 바뀌었다. 원나라가 북방에서 일어나 먼저 서역의 땅을 개척했다. 역대 사서에서 언급하고 있는 여러 서역 국가들이 거의 빠짐없이 원나라의 강역에 포함되었다. 원나라가 쇠락하자 서역 각 나라는 분분히 땅을 나누어 차지하고 세력을 형성했는데, 개중에는 몽골의 후예들이 가장 많고 이슬람족도 있다. 청나라가 나라를 세우고 수도를 정한 뒤에 준가르부의 갈단(Galdan)[1]이 자신들의 병력을 믿고 할하몽골(Mongolia Khalkha)[2]을 침범해 소요를 일으켰다. 성조 강희제(康熙帝)가 친히 육사(六師)를 통솔해 이들을 초토화하자[3] 막북이 바로 잡히고 봉화가 그치고 전쟁이 사라졌다. 그 뒤에 체왕랍탄(Tsewang Rapten)[4]이 남은 불씨를 다시 피워 병탄하고 강대해져 이리(伊犁)를 차지하고 근거지로 삼았다. 기마 유격대가 사방으로 나가자 이웃 부족이 모두 합병되었다. 세상이 바뀌고 내분이 일어

1　갈단(Galdan): 원문은 '갈이단(噶爾旦)'으로, 갈이단(噶爾丹)이라고도 한다. 갈단(1644?~1697)은 중국 청나라 초기, 서몽골 준가르 부족의 추장이다. 알타이 산맥 주변을 본거지로 하여 중앙아시아와 외몽골을 지배했으나, 1696년 청나라 강희제의 군대에 패배했다.

2　할하몽골(Mongolia Khalkha): 원문은 '객이객(喀爾喀)'이다. 16세기 중엽 이후 막북 몽골부족의 명칭으로, 할하강(Khalkha R.) 유역에 거주한 데서 나온 이름이다. 명나라 때는 한합(罕哈), 청나라 때는 객이객이라 불렸다.

3　초토화하자: 원문은 '이정소혈(犂庭掃穴)'이다. 『한서』「흉노전(匈奴傳)에 따르면 "그들의 뜰을 쟁기질하여 밭으로 만들고, 마을을 쓸어 폐허로 만들며, 그곳에 군과 현을 설치하여(固已犂其庭, 掃其閭, 郡縣而置之)"라는 문장이 나오는데, 특별히 흉노를 멸망시킴을 의미한다.

4　체왕랍탄(Tsewang Rapten): 원문은 '책왕아랍포탄(策旺阿拉布坦)'으로, 책망아라포탄(策妄阿喇布坦)이라고도 한다. 체왕랍탄(1643~1727)은 삼촌이자 라이벌인 갈단 칸이 사망한 이후부터 죽을 때까지 준가르 제국의 홍 타이지(Xong Taiji)로 지냈다.

나자 준가르의 수장 아무르사나(Amursanā)[5]가 투항해 와서 원병을 요청해왔다. 고종 건륭제는 기묘한 전략을 세우고 명을 내려 서정(西征)을 나가 벼락과 별처럼 빨리 1만 리의 땅을 개척했다. 그 뒤에 아무르사나·호지잔이 잇달아 반란을 일으키자 그때마다 난리를 평정했다. 그리하여 천산 이북의 준가르부와 천산 이남의 회부에 두루 둔전을 두었다. 대개 『한서』「지리지」에서 언급하고 있는 서역의 각국 중 16~17개국이 중국의 판도에 들어왔다. 러시아는 원나라가 쇠퇴할 때 서북쪽에서 일어났다. 러시아의 수도는 유럽의 발트해 연안에 위치해 있다. 점점 동남쪽으로 개척해와 아시아의 흑해 동쪽 해안까지 이르렀다. 다시 동남쪽으로 개척해와 아시아의 카스피해 북쪽과 서쪽까지 왔다. 서양인의 지도에는 신강·회강·후장의 서쪽, 러시아의 남쪽과 동쪽, 페르시아·아프가니스탄·인도의 북쪽을 통틀어 투르키스탄(Turkistan)[6]이라고 부르고, 또한 타타르(Tartar)[7] 달달이(達達而)라고도 하는데, 달단(韃靼)의 음역이다. 라고도 한다. 타타르는 유목국가로, 성곽이나 집이 없으며, 유럽인들도 거의 그 땅에 가지 않기 때문에 그 나라의 이름을 자세히 모른다. 그 지역을 종합해보면 동쪽으로 파미르고원에서 시작해 서쪽으로는 리해(裏海) 서양인들은 카스피해라고 부르며, 가사비약(加斯比約)이라고도

---

5   아무르사나(Amursanā): 원문은 '아목이살납(阿睦爾薩納)'이다. 아무르사나(1723~1757)는 몽골 오이라트 호이트부의 수장이다. 1754년에 준가르의 다와치(Dawach) 칸과의 불화로 인해 청에 투항해서 준가르를 평정하는 데 공을 세웠다. 그러나 이 지역에 대한 지배권을 인정받지 못하자, 1755년에 청나라에 반란을 일으켰다가 진압되어 러시아로 도주했다가 그곳에서 병사했다.

6   투르키스탄(Turkistan): 원문은 '달이급사단(達爾給斯丹)'으로, 지금의 아프가니스탄 카불 이북에 위치한다.

7   타타르(Tartar): 원문은 '달달리(韃韃里)'이다.

한다. 에 이르는데, 4천~5천 리 정도 된다. 남쪽으로 페르시아·아프가니스탄·인도에서 시작해서 북쪽으로는 러시아 경계에 이르는데, 역시 3천~4천 리 정도 된다. 그 사이에 있는 큰 나라 역시 6~7개를 넘지 않는다. 동북쪽은 대부분 유목국가이고, 서남쪽은 대부분 도시국가이다. 여러 책에서 널리 인용하고 있는 번다한 명칭은 대부분 오류가 많아 지금은 그 가운데 믿을 만한 근거가 있는 경우만 가지고 논한다. 서양인들의 기록에 따르면 쿤그라드(Kungrad)[8]·히바(Khiva)[9] 등의 명칭이 있는데, 대체로 아랄해·카스피해 사이에 위치해 있는 것 같다. 그 강역이나 위상은 자세히 알 수 없기 때문에 기록하지 않는다.

카자흐스탄(Kazakhstan)[10]은 이슬람대국 중 하나이다. 동북쪽으로는 코브도(Kobdo)[11]의 속지인 우량카이(Uriankhai)[12]와, 이남은 타르바가타이(Tarbagatay Prefecture)[13]와, 동남쪽으로는 이리와, 북쪽으로는 러시아와 경계하고, 서남쪽으로는 타슈켄트·코칸트·키르기스스탄(Kyrgyzstan)[14]을 경계로 한다. 카자흐

8　쿤그라드(Kungrad): 원문은 '군돌(軍突)'로, 지금의 우즈베키스탄에 위치한다.

9　히바(Khiva): 원문은 '기와(機窪)'로, 지금의 우즈베키스탄에 위치한다.

10　카자흐스탄(Kazakhstan): 원문은 '합살극(哈薩克)'이다.

11　코브도(Kobdo): 원문은 '과포다(科布多)'로, 지금의 몽골 북서부에 위치한 호브드(Hovd)이다.

12　우량카이(Uriankhai): 원문은 '오량해(烏梁海)'이다. 원래 몽골인들은 자신들보다 북쪽에 사는 수렵민족을 우량카이라고 불렀지만, 17세기 초가 되면 우량카이라는 말은 북서부 지방에 드문드문 흩어져 사는 부족들을 가리키게 된다. 탕누 우량카이(唐努烏梁海), 알타이 우량카이(阿勒坦淖爾烏梁海) 등이 있었으며, 나중에는 몽골, 러시아 연방, 중국 신강 위구르 자치구 등에 합병되었다.

13　타르바가타이(Tarbagatay Prefecture): 원문은 '탑이파합대(塔爾巴哈臺)'로, 지금의 신장 위구르 자치구 북쪽에 위치한 타청(塔城)지구를 가리킨다.

14　키르기스스탄(Kyrgyzstan): 원문은 '포로특(布魯特)'이다.

스탄은 세 지역으로 나뉘는데,[15] 좌카자흐스탄인 오르타 주즈(Orta Zhuz)[16]는 이리의 서북쪽에 위치한다. 우카자흐스탄 두 부락은 중부, 서부라고도 하는데, 중부카자흐스탄은 키시주즈(Kishi Zhuz),[17] 서부카자흐스탄은 올루 주즈(Ulu Zhuz)[18]라고 한다. 서부와 중부는 이리의 정서쪽에 위치한다. 건륭 20년(1755)에 준가르가 평정되자 아무르사나가 모반을 일으키고 좌카자흐스탄으로 달아나 그 나라의 아블라이 칸(Ablai Khan)[19]을 유인해 군사를 합쳐 항전했다. 청나라 군대가 이들을 격파해 좌카자흐스탄이 항복하자, 중부와 서부의 카자흐스탄 역시 진영에 와서 항복하고는 모두 왕공(王公)과 대길(臺吉)[20] 등의 세작을 받았다. 3년에 한 번 조공했고, 1년에 한 번 시장을 열어 말과 양으로 주단과 포목을 바꿔가면서 1%의 세금을 냈다. 좌카자흐스탄은 예로부터 유목국가로 물과 풀을 따라 유목생활을 했고 준가르 몽골과 풍속이 같았지만, 종교는 이슬람교를 믿었다. 우카자흐스탄 두 부락은 성곽을 지닌 도시국가이다. 우카자흐스탄의 북쪽으로 북카자흐스탄이 있는데, 노략질로 먹고 살았으며, 때때로 러시아 변경을 침략해서 러시아에서 군사를 두어 방비했다.

---

15 카자흐스탄은…나뉘는데: 카자흐스탄은 16세기에 땅의 크기에 따라 세 지역으로 구분했는데, 이를 옥사(玉斯)라고 했다. 옥사는 주즈(Zhuz)로 옥자(玉玆)라고도 하는데, 대중소 세 개의 주즈로 구분되었다. 대주즈가 우부이고, 중주즈가 좌부이며, 소주즈가 서부이다.

16 오르타 주즈(Orta Zhuz): 원문은 '악이도옥사(鄂爾圖玉斯)'로, 중주즈이다.

17 키시 주즈(Kishi Zhuz): 원문은 '제제옥사(齊齊玉斯)'로, 제제과옥자(齊齊科玉玆)라고도 한다. 소주즈이다.

18 울루 주즈(Ulu Zhuz): 원문은 '오랍옥사(烏拉玉斯)'로, 대주즈이다.

19 아블라이 칸(Ablai Khan): 원문은 '아포재(阿布賚)'이다. 아블라이 칸(1711~1781)은 카자흐스탄 왕국의 제18대 왕이다.

20 대길(臺吉): 청나라 때 몽골귀족에게 내린 작위로, 보국공(輔國公)에 버금가는 위치이다.

키르기스스탄은 동서 두 지역으로 나뉜다. 동쪽 5개 부락은 천산 북쪽 준가르의 서남쪽에 위치하고, 옛날에는 이식쿨호(Lake Issyk-Kul)[21] 인근에서 유목생활을 했으며, 군주는 오토그(otog)[22]라 불렀다. 후에 준가르의 핍박을 받아 서쪽으로 옮겨가 안디잔에서 살았다. 청나라 군대가 이리를 정복하면서 옛 땅을 수복했다. 건륭 23년(1758)에 사람들을 데리고 투항하고는 신강과 회강의 변경초소[23] 지역에서 흩어져서 산다. 서쪽 15개 부락은 파미르고원의 서쪽에 위치하며, 카자흐스탄·코칸트·바다흐샨과 인접해 있다. 각 부락은 많게는 1천여 호를, 적게는 2백여 호를 관할하며, 인구는 모두 20여만 명으로, 아디진(Adygine)[24]이 그들의 수장격 부락이다. 건륭 24년(1759)에 투항해와 각각 두목의 품계를 받았는데, 2품에서 7품에 이르렀으며, 조공과 시장은 카자흐스탄에 준해서 했다. 동서 키르기스스탄은 모두 유목국가이면서 이슬람교를 받들었고, 풍속은 좌카자흐스탄과 같다. 천성이 민첩하고 사나우며, 노략질을 좋아한다.

바다흐샨은 파미르고원 서남쪽의 이슬람 도시국가이다. 파미르 고원의 오른쪽에 위치하며, 야르칸드와는 1천 리 남짓 떨어져 있다. 북쪽 변경

---

21 이식쿨호(Lake Issyk-Kul): 원문은 '특목도박(特穆圖泊)'으로, 특목이도박(特穆爾圖泊)이라고도 한다.

22 오토그(otog): 원문은 '악척극(鄂拓克)'으로, 악탁극(鄂托克)이라고도 한다. 키르기스스탄의 사회조직 체계로, 부락 혹은 부락의 수장을 지칭한다.

23 변방초소: 원문은 '잡외(卡外)'이다. 객륜(喀倫), 잡로(卡路), 객룡(喀龍)이라고도 하는데, 청나라 때 변경 지역의 방어나 관리를 위해 설치했던 국경초소를 가리킨다.

24 아디진(Adygine): 원문은 '액덕격납부(額德格納部)'이다. 청대 키르기스족(Kirgiz)의 19개 대표 부락 중의 하나이다.

에 위치한 와한(Wakhan)[25] 알한(斡罕), 와한(瓦漢)이라고도 한다. 은 많은 산으로 둘러싸여 있고 토양이 비옥해서 집을 짓고 농사를 지어 먹고 살며, 사냥과 목축으로도 수익을 올린다. 인구는 10여만 명이고, 군주는 붉은 털실의 작은 모자를 쓰고 비단 머리띠로 묶고, 비단 모직 옷을 입고 허리에는 흰색 끈을 묶었으며, 검은 가죽신을 신는다. 여자들은 머리를 풀어 양 갈래로 떨어뜨렸으며, 나머지는 모두 남자들과 똑같이 했다. 백성들은 모자의 정수리 부분을 갈대처럼 만들고 그 테두리를 가죽으로 장식했으며, 누른 털옷을 입고 흰색 끈을 묶는다. 건륭 24년(1759)에 이슬람교도인 역적 호지잔 형제가 청나라 군대에게 패해 바다흐샨으로 달아나 군대를 일으켜 마음대로 약탈했다. 그 왕 미르 샤 술탄(Mir Shâh Sultan)[26]은 부라니둔(Buranidun)[27]과 호지잔을 사로잡아 가두었다. 청나라 군대가 국경까지 치고 들어와 격문을 보내 독촉하자 이에 이들을 교살하고 그 머리를 바쳤다. 부락 10만 호와 이웃의 볼로(Bolor)[28]까지 모두 이끌고 귀순해와 작위를 하사받고 후한 상을 받았다.

볼로는 바다흐샨 동쪽에 위치하며 이슬람 도시국가이다. 사면이 모두 산으로 둘러싸여 있고, 서북쪽에는 강이 있으며, 인구는 3만 명 남짓이다.

---

25 와한(Wakhan): 원문은 '와한(窩罕)'으로, 지금의 아프가니스탄 동북부에 위치한다.

26 미르 샤 술탄(Mir Shâh Sultan): 원문은 '소이탄사(素爾坦沙)'이다.

27 부라니둔(Buranidun): 원문은 '박라니도(博羅尼都)'로, 파라니도(波羅尼都), 대화탁목(大和卓木)이라고도 한다. 부라니둔(?~1759)은 청대 위구르의 수장으로, 준가르부에 의해 이리(伊犁)에 구금되어 있다가 건륭 25년(1760)에 청나라 군대가 이리를 정복하자 이때 풀려나 야르칸드로 돌아가 옛날 부족을 다스렸다. 얼마 지나지 않아 동생 호지잔이 이리에서 돌아오자 함께 거병하여 반란을 일으켰다. 후에 청나라 군대에게 패해 바다흐샨으로 달아났다가 그 추장에게 잡혀 살해당했다.

28 볼로(Bolor): 원문은 '박라이(博羅爾)'로, 파라이(巴羅爾), 박락이(博洛爾)라고도 한다. 지금의 파키스탄 북단 및 카슈미르 서북부에 위치한다.

건륭 24년(1759)에 바다흐샨과 동시에 귀순해왔다. 이 사람들은 또 다른 종족으로, 집을 짓고 살며 촌락이 형성되어 있다. 문자가 없고 다른 이슬람 국가와 말이 통하지 않은 반면, 의복만은 안디잔과 비슷하다. 사람들은 모두 눈이 깊고 코가 높으며 풍성한 수염이 입 주위를 감싸고 있다. 남자가 많고 여자가 적어 항상 형제 4~5명이 부인 한 명을 함께 취하고 자녀를 낳으면 형제의 서열에 따라 아이를 나누었다. 형제가 없으면 친척들과 함께 부인을 취한다. 땅의 대부분이 사막과 염전이기 때문에 사람들이 가난으로 고통받고 있다. 이 땅에는 뽕나무가 많이 나는데, 뽕나무 열매를 따서 햇볕에 말려 양식으로 이용한다. 산양의 젖을 마시고, 말젖으로 술을 담근다. 군주를 비(Bi)[29]라고 하며 사람의 수에 따라 세금을 낸다. 자녀를 낳으면 반은 키우고 [반은] 각 이슬람도시에 노예로 파는데, 값이 아주 많이 나가 한 명당 대략 50~60금 혹은 80~90금을 받는다.

칸주트[乾竺特] 퇴파특(退擺特)이라고도 한다. 는 또 다른 종족의 나라로, 야르칸드 남쪽에 위치하며 강역이 후장과 인접해 있다. 성곽과 궁실이 없고 산을 파서 혈거생활을 한다. 쌀과 보리를 심어 생활하며, 유목생활로 먹고 사는 이도 있다. 사람들은 머리를 길러 땋고 귀에 금귀고리를 한다. 민간에서는 불을 숭상해서 매일 새벽에 땔감을 살라 불을 피우고 절을 올린다. 이 땅은 염분이 넘쳐나 부자들은 그럭저럭 먹고 살만하지만 가난한 사람들은 대부분 다른 나라에서 품을 팔아 생활한다. 군주를 칸이라 부르는데 칸 역시 아주 가난하다. 다만 부락의 자녀를 각처에 팔아 그 돈으로 생활하는 모

---

29 비(Bi): 원문은 '비(比)'이다. 과거 몽골과 신강 지역의 행정체계로, 1만 호마다 오토그를 두고, 그 수장을 비라고 했다. 비는 위구르 족의 베크에 해당한다.

습이 볼로와 비슷하다.

발티스탄(Baltistan)[30] 파이체(巴爾替), 합랍체간(哈拉替艮)이라고도 한다. 은 볼로의 남쪽에 위치하며, 첩첩산중에 있다. 인구가 적어 6천~7천 명이 안 된다. 관할지로는 카풀루(Khapalu)[31]가 있다. 군주를 비(Bi)라고 한다. 민간에서는 이슬람교를 믿고 사람들은 머리를 기르지 않으며, 돼지고기를 먹지 않는다. 의복과 언어는 안디잔과 같다. 유목으로 먹고 산다. 엄동설한에는 산간평지의 따뜻한 곳을 찾아서 갈대와 억새로 집을 짓고, 사람과 가축이 함께 그 안에서 지냈다. 10월에 눈이 1길이나 내리는데, 3월에 눈이 녹으면 비로소 밖으로 나올 수 있다. 이 땅에서는 단봉낙타가 난다.

코칸트[浩罕] 오한(敖罕), 호한(豪罕), 곽한(霍罕)이라고도 한다. 는 민간에서는 안디잔으로 불리며 이슬람 도시국가이다. 이 땅은 파미르고원의 서쪽에 위치하고 4개의 큰 도시는 모두 평지에 있다. 최동단에 있는 안디잔은 키르기스스탄과 인접해 있다. 사람들은 계산에 밝아 멀리까지 나가 장사하기를 좋아하며 남북의 각 도시 도처에서 볼 수 있다. 그래서 서역에서는 안디잔이라 즐겨 불렀는데, 지금은 모두 코칸트 사람을 지칭하는 이름이 되었다. 안디잔에서 서쪽으로 180리 떨어진 곳에 마르길란(Margilan)[32]이 있다. 또 서쪽으로 48리 떨어진 곳에 나망간(Namangan)[33] 내만(奈曼)이라고도 한다. 이 있다. 또 서쪽으로 80리 떨어진 곳에 수도 코칸트(Kokand)가 있고, 칸이 그곳

---

30 발티스탄(Baltistan): 원문은 '파륵제(巴勒提)'이다. 지금의 카슈미르 서북부에 위치한다.

31 카풀루(Khapalu): 원문은 '합보륜(哈普倫)'이다. 지금의 파키스탄 북부 길기트-발티스탄에 위치한다. 옛 발티스탄에서 두 번째로 큰 왕국이다.

32 마르길란(Margilan): 원문은 '마이갈랑성(瑪爾噶朗城)'으로, 지금의 우즈베키스탄에 위치한다.

33 나망간(Namangan): 원문은 '납목간(納木干)'으로, 나목간(邪木干), 납만간(納曼干)이라고도 한다.

에 산다. 4개의 도시는 모두 나린강(Naryn R.)[34] 강변에 위치해 있다. 또한 3개의 소도시가 있는데, 오슈(Osh)[35]는 동남쪽에 위치하고, 후잔트(Khujand)[36]는 서남쪽에 위치하며, 가라바(Galaba)[37]는 서북쪽에 위치한다. 최근에 들어 타슈켄트 역시 항복해왔기 때문에 코칸트는 또한 팔성(八城)[38]이라 불리게 되었다고 한다. 원나라에서 세운 사마르칸트가 코칸트의 서쪽에 위치하는데 지금은 폐허가 되었다. 코칸트의 풍속은 대략 천산남로에 위치한 이슬람 도시와 비슷하지만, 그들보다 용맹하다. 천성이 아주 음험하고 교활하며 침략과 약탈에 익숙하다. 서남쪽으로 부하라와 인접해 있는데, 부하라는 대대로 강한 적수이다. 건륭 24년(1759)에 청나라 대군이 호지잔을 추격했다. 호지잔이 안디잔에 투항하려 하자 안디잔에서는 그를 받아들이지 않았으며, 군주 이르다나 칸(Irdana Khan)[39]은 얼마 지나지 않아 표문을 받들고 말을 조공했다. 그 뒤에 호지잔 형제가 바다흐샨에서 섬멸되자 부라니둔의 차남 삼사크(Sāmsāq)[40]가 코칸트로 달아났기 때문에 코칸트에 역적의 후손이 있게 되었다고 한다.

---

34 나린강(Naryn R.): 원문은 '나림하(那林河)'로, 납륜(納倫), 납림하(納林河)라고도 한다.

35 오슈(Osh): 원문은 '와십(窩什)'으로, 오희(奧希)라고도 한다. 지금의 키르기스스탄에 위치한다.

36 후잔트(Khujand): 원문은 '곽점(霍占)'으로, 지금의 타지키스탄 레니나바트(Leninabad)이다.

37 가라바(Galaba): 원문은 '과랍보(科拉普)'로, 가랍보(可拉普)라고도 한다. 지금의 타지키스탄 서남부에 위치한다.

38 팔성(八城): 몽골어로 숫자 8을 나이만(Naiman)이라고 하는데, 코칸트 관할의 8개 도시를 말한다.

39 이르다나 칸(Irdana Khan): 원문은 '액이덕니(額爾德尼)'로, 에르데니 베그(Erdeni bek)라고도 한다. 1750년부터 1764년까지 코칸트를 다스렸다.

40 삼사크(Sāmsāq): 원문은 '살목살극(薩木薩克)'이다. 삼사크(?~1820)는 청대 신강 이슬람교 백산파의 하지로, 부라니둔의 아들이다.

살펴보건대 서역 변경초소 지역의 이슬람 국가 가운데 카자흐스탄이 가장 순하고 키르기스스탄은 노략질을 좋아한다. 또한 부락이 나누어져 서로 통일되어 있지 않다. 그 나머지 지역은 약소하거나 황폐해 모두 변방의 후환거리도 되지 않는다. 오직 코칸트만이 키르기스스탄과 인접해 있고 인근에 우리의 국경이 있다. 이 사람들은 장사수완이 좋고 계산이 빨라 변경 안쪽의 남북 각 도시와 변경 밖의 이슬람 국가까지 가지 않는 곳이 없다. 천성이 탐욕스럽고 사나우며 생각이 교활해 아이와 보석, 비단이 있는 곳에서는 시시각각 침을 흘린다. 역적 부라니둔의 자손들이 이곳에 남아 있어 코칸트는 화탁(和卓)[41] 화탁은 곽탁(霍卓)이라고도 하는데 중국어로 '성인의 후예[聖裔]'라는 뜻이다. 처음에 조상 무함마드가 이슬람교를 세우고 파이감바르라고 했는데, 중국어로 '천사'를 의미한다. 그의 자손들이 서역에 퍼지면서 하지(Hajji)[42]라고 불렀는데 교조의 자손이란 뜻이기에 이슬람 사람들은 그들을 존경하고 믿었다. 의 이름을 빌려 기화(奇貨)로 행동한다.[43] 최근에 역적의 후손 자한기르 호자(Jahanghir Xoja)[44]를 옹위하여 키르기스스탄을 어르고 협박해 4개의 도시를 공격해 함락시키고 재물을 모두 담아 실어 떠나갔으며, 이어 다시 유수프

---

41 화탁(和卓): 곽가(霍加), 화자(華者), 화철(華哲), 호자(虎者), 화가(和加), 호가(呼加), 곽사(霍查), 화자(火者)라고도 한다. 호자(Khwāja)로, 사회적으로 존경받는 사람을 가리키는 페르시아어이다.

42 하지(Hajji): 원문은 '화탁목(和卓木)'으로, 이슬람교의 성지인 메카 순례(하즈)를 성공적으로 마친 사람에게 붙이는 존칭이다. 여성의 경우는 하자(Hajja)라고 한다.

43 기화(奇貨)로 행동한다: 원문은 '거위기화(居爲奇貨)'이다. 『사기(史記)』 「여불위전(呂不韋傳)」에 보면, 여불위가 한단에 물건을 사러 갔다가 자초를 보고 '이 기이한 물건은 간직할 만하다.'라고 한 데서 나온 말이다. 후에 지금보다는 미래의 보물이란 의미로 사용되었는데, 여기서는 코칸트가 중요국가로 처신하고자 했음을 의미한다.

44 자한기르 호자(Jahanghir Xoja): 원문은 '장격이(張格爾)'이다. 청나라 신강 이슬람교 백산파의 하지로, 부라니둔의 손자이자 유수프의 동생이다. 코칸트에서 출생해 일찍이 카불에서 공부했다.

439

(Yusuf)[45]를 옹위해 카슈가르(Kashgar)[46]를 노략질했다. 아마도 잔인한 천성과 장교(莊蹻)와 도척(盜跖)[47]의 계략에, 흩어져서 사는 키르기스스탄의 애만(愛曼)[48] 부락이다. 을 등에 업고 벌인 짓 같다. 애만은 본래 노략질을 습속으로 하는 부락인데, 키르기스스탄의 부림을 받고 선봉에 나선 것 같다. 이 당시 변방의 가장 날랜 자들은 오직 이들 오랑캐뿐이었다.

타슈켄트[塔什干] 탑십한(塔什罕)이라고도 한다. 는 이슬람 도시국가이다. 코칸트의 서북쪽에 위치하며 우카자흐스탄과 인접해 있다. 평원에 위치해 있고 원림이 많으며 과실수가 풍부하다. 토질이 오곡 농사에 적합하며 인구는 조밀하다. 과거 우카자흐스탄의 속지였으나, 건륭 23년(1758)에 사신을 보내 표문을 바치고 귀속할 것을 청했으며, 얼마 지나지 않아 입공했다. 그러나 후에 다시 코칸트에 붙어 그 속지가 되었다. 아마도 나라가 카자흐스탄과 코칸트 사이에 위치해 있고 약소해서 자립할 수 없었던 것 같다. 그래서 카자흐스탄과 코칸트 모두 이 지역을 복속할 수 있었다고 한다. 타슈

---

45 유수프(Yusuf): 원문은 '옥소보(玉素普)'로, 옥소포(玉素布), 옥소복(玉素卜), 옥소부(玉素富), 마목특옥소보(瑪木特玉素普), 마목특옥소포(瑪木特玉素布)라고도 한다. 유수프는 청대 신강 이슬람교 백산파의 하지인 삼사크의 장자이자, 부라니둔의 손자이다. 동생 자한기르 호자가 죽은 뒤에 코칸트의 지지를 얻었다.

46 카슈가르(Kashgar): 원문은 '객성(喀城)'으로, 객십갈이(喀什噶爾)라고도 한다. 지금의 신장 위구르자치구내에 위치한다.

47 장교(莊蹻)와 도척(盜跖): 원문은 '교척(蹻跖)'이다. 본래는 고대의 대도였던 장교와 도척을 병칭해서 부르는 명칭이나, 뒤에는 널리 도적을 가리키는 말로 사용되었다.

48 애만(愛曼): 18세기 초 키르기스인은 아울(Aul: 이동식 유르트로 구성된 유목민 캠프)을 단위로 함께 거주하고 노동했다. 아울은 5~7개의 목호(牧戶)로 구성되어 있으며 정해진 이름과 목장이 있다. 아울 중에 일부가 씨족(애만)을 만들고, 씨족이 오토그(부락)를 형성했으며, 그 수장을 비(比)라고 한다.

켄트에서 출발해 시르다리야강(Syr darya)[49]을 지나고 또 나린강을 지나면 새 마이감성(賽瑪爾堪城) 사마르칸트로, 지금의 코칸트 경내에 위치한다. 이다. 또 서남쪽으로는 카르시(Qarsh)[50]가 있고, 또 서쪽으로는 우르겐치(Urganch)[51] 카르시와 우르겐치는 모두 부하라의 땅이다. 가 있으며, 다시 서쪽으로는 아랄해[52] 염해(鹽海)이다. 에 이른다.

부하라 포갈이(布噶爾)·찰포(札布)·분찰포(笨札布)·갑불(甲不)·포합랍(布哈拉)·목합랍(木哈臘)·흑랍덕(黑拉德)이라고도 한다. 는 이슬람 대국이다. 동쪽으로는 바다 흐샨 여러 부락과, 동남쪽으로는 북인도의 카슈미르와 인접해 있고, 남쪽으로는 아프가니스탄과, 서남쪽으로는 페르시아와 경계하고 있으며, 북쪽 강역은 코칸트와 인접해 있는데, 코칸트 서쪽 지역을 포함해 아랄해를 끼고 카스피해에 이른다. 강역이 다른 이슬람 국가와 비교할 수 없을 만큼 넓다. 동쪽 지역은 산이 많고 서쪽 경내에는 대과벽(大戈壁) 사막이다.[53] 이 있다. 성곽이 있으면서 유목생활을 겸하고 있는데, 인구는 많지 않다. 부락은 아주 많으며 속지로는 우라튜베(Ura-Tyube)[54] 『서역문견록』에 나오는 코칸트[55] 같

---

49 시르다리야강(Syr darya): 원문은 '석이하(錫爾河)'이다.

50 카르시(Qarsh): 원문은 '갈랍극칙성(噶拉克則城)'으로, 지금의 우즈베키스탄 남부에 위치한다.

51 우르겐치(Urganch): 원문은 '오이근제성(烏爾根齊城)'으로, 오이근기(烏爾根奇)라고도 한다. 지금의 우즈베키스탄 호레즘주의 주도이다.

52 아랄해: 원문은 '달리강아박(達里岡阿泊)'이다.

53 사막이다: 카라쿰 사막을 말한다.

54 우라튜베(Ura-Tyube): 원문은 '악륵추파(鄂勒推帕)'로, 악라퇴파(鄂羅退帕), 오륵특파(烏勒特派), 왜라퇴패(倭羅堆牌), 오랍퇴파(烏拉退帕)라고도 한다. 지금의 타지키스탄 수그드주에 위치한 이스트라브샨(Истаравшан)으로, 2000년 이전까지는 우로텝파(Уротеппа)로 불렸다.

55 코칸트: 원문은 '곽한(郭罕)'이다.

다. 가 있다. 지자흐(Jizzax)⁵⁶·발흐(Balkh)⁵⁷·가즈니(Ghazni)⁵⁸ 등은 아무다리야강 양안을 둘러싸고 있는데 모두 부하라의 영토로, 원나라 사람들이 행성(行省)⁵⁹을 둔 곳이다. 이 땅은 기후가 아주 덥고 겨울에는 대설이 내리지 않는다. 이 땅에서는 오곡백과가 나고 또한 골중양(骨重羊)이 난다. 사람들이 기마와 궁술에 뛰어나 코칸트와 종종 전쟁을 한다. 우라튜베는 산길이 갑자기 끊어지는 지형이고, 사람들이 날래서 특히 코칸트 사람들이 꺼리는 대상이라고 한다. 혹자는 이미 코칸트에게 멸망당했다고도 한다. 건륭 29년(1764)에 바다흐샨이 속지가 될 것을 청했다. 도광 19년(1839)에 러시아가 인도를 탐내 몰래 수장을 부하라에 보내 영국·인도의 속국과 전쟁을 치르게 했다. 영국인이 군대를 이끌고 험지로 들어오기에, 부하라는 강화를 하고 전쟁을 그만두었다.

살펴보건대 서역 각국 중에 부하라가 가장 크다. 그 땅은 서쪽으로는 페르시아와 인접하고, 동쪽으로는 인도와 이어져 있어, 서남지역 이슬람의 중추가 되었다. 도광 20년(1840)에 광동에서 영국의 신문 **월보이다.**⁶⁰ 을 번역해 출간했는데, 5월 14일에 인도에

---

56   지자흐(Jizzax): 원문은 '제잡극(濟雜克)'이다. 러시아어로는 지자크라고도 하는데, 지금의 우즈베키스탄에 위치한다.

57   발흐(Balkh): 원문은 '배이합(拜爾哈)'이다. 지금의 아프가니스탄 북부에 위치하는데, 한때 부하라 왕국의 지배를 받았다.

58   가즈니(Ghazni): 원문은 '갈사니(噶斯呢)'로, 제사니(濟斯尼)라고도 한다. 지금의 아프가니스탄 동부 지역에 위치한다.

59   행성(行省): 행상서성(行尙書省)의 줄인 말이다. 원나라 중통(中統)~지원(至元) 연간에 설치된 중앙 정부에서 직속 관할하는 1급 행정구역으로, 줄여서 행성(行省) 또는 성(省)이라고 불렀다.

60   월보이다: 「오문월보(澳門月報)」이다.

서 보내온 서신을 받아보니 러시아가 인도를 공격하려고 하는 일에 대해 언급하고 있었다. 대체로 우리 영국의 인도 병사가 힌두쿠시산맥[61] 설산(雪山)이다. 남쪽 변경의 각 부락을 공격했는데, 러시아의 변경이 이 산의 북쪽에 위치해 있다. 3년 전에는 도리어 이슬람 4~5개국이 가로 막고 있었으나, 지금은 단지 하나의 커다란 산으로 가로막혀 있을 뿐이다. 부하라가 이미 러시아에 자발적으로 복속했기 때문에 단지 하나의 커다란 산으로 가로막혀 있을 뿐이라 말한 것이다. 러시아가 근래에 타타르의 히바 타타르는 이슬람 유목민족이다. 히바는 기와(基瓦), 기말(其襪)이라고도 하는데, 의당 아랄해의 서쪽, 카스피해의 동쪽에 위치한다. 를 직접 공격한 것은 모두 우리가 아부안니(阿付顏尼) 아프가니스탄으로, 애오한(愛烏罕)이라고도 하는데, 앞선 지도에 상세히 나와 있다. 를 공격해 점령했기 때문이다. 그래서 러시아 역시 하살사하(荷薩士河) 아무다리야강이다. 를 공격해 이미 목합랍(木哈臘) 부하라이다. 과 함께 아프가니스탄을 점령하고 인도를 공격하기로 약속했다. 우리 영국 장군이 사아력산(沙阿力山) 및 마약리치(馬約里治)에서 저지했기 때문에 계획대로 진행하지는 못했다. 러시아는 이전 희랍(希臘) 그리스로 유럽의 작은 나라이다. 에서 포사(包社) 페르시아이다. 와 조약을 체결해서 아프가니스탄을 복속시킨 후 인도를 공격하려고 했으나 역시 우리 군의 장교 율물란(律勿蘭)[62]에게 저지된 바 있다. 후에 러시아가 거짓으로 달아난 노예들을 잡아들인다는 명분아래 히바와 부하라를 공격해서 점령했다. 사람들은 모두 러시아가 이미 이 두 곳을 차지했으니 **부하라가 러시아에 합병되었다는 사건은 듣지 못했는데, 아마도 그 속국이 항복한 것 같다.** 마땅히 군대를 철수시킬 것이라 생각하면서 또한 날마다 사람들에게 인도의 사정을 학습시키고 부하라인과 함께 아프가니스탄을 점령하자고 약속했지만, 러시아인이 어느 곳까지 가서 공격을 멈출지는

61　힌두쿠시산맥: 원문은 '흥도가사산(興都哥士山)'이다.
62　율물란(律勿蘭):『해국도지』에는 '율옥란(律屋蘭)'으로 되어 있다.

몰랐다. 러시아인들은 일찍이 황해(黃海) **발트해이다.** 에서부터 흑해(黑海) **홍해를 말한다.** 일대 지역에 이르기까지 무력행사를 해 그 강역을 넓힌 적이 있다. 그래서 오늘날 아무다리야강에 군대를 주둔시켜 기필코 막아야 한다는 것이었다. 또 영국인이 쓴 『만국지리서』에 따르면, 도광 19년(1839)에 러시아가 몰래 간첩을 갑불(甲不) **부하라이다.** 로 보내 사정을 수집하고 사단을 일으켰다고 하는데 바로 이 일을 두고 한 말이다.

내가 살펴보건대 러시아는 근래에 날로 강역을 넓혀 남쪽으로는 이미 카스피해의 서쪽과 북쪽 양안을 모두 손에 넣었다. 카스피해의 북쪽 연안에서 곧장 동남쪽으로 가면 중간에 타타르의 여러 도시를 거쳐 가게 되는데, 예를 들면 히바와 같은 지역으로, 모두 보잘 것 없고 힘이 약해 함께 거론할 필요도 없고, 군마를 타고 왕래할 때 마치 아무도 없는 것처럼 달려도 된다. 부하라는 규모가 제법 크고, 실제로도 동도의 주요 길목이다. 그래서 러시아가 부하라를 협박해서 항복시키고 인도 진출의 계획을 세웠던 것이다. 영국인이 인도를 차지할 때 바다를 통해 들어왔는데, 러시아는 육로를 통해 인도를 엿보았다. 약삭빠르기로 논하면 러시아가 영국보다 못하지만, 힘으로 따지자면 영국이 러시아만 못하다. 두 나라는 서양에서 강대국이라 할 만한데, 수십 년 뒤에 상황이 어떻게 바뀔지는 모르겠다.

서역의 이슬람 국가에 대해서는 칠춘원(七椿園)[63]의 『서역문견록』에서 가장 상세하게 다루고 있다. 『일통지(一統志)』·「사예고(四裔考)」와 같은 [나라에서 편찬한] 관찬서적은 세상에서 직접 볼 수 없어서 『서역문견록』을 기준으로 삼았는데, 오류와 난잡함이 어쩌면

---

63 칠춘원(七椿園): 『서역문견록』의 저자인 만주족 정남기인(正藍旗人) 칠십일(七十一)이다. 『서역문견록』은 그가 쿠차에 있을 때 지은 책이다.

한두 가지가 아닐지도 모르겠다. 공갈이(控噶爾)의 황당함,[64] 퇴목이사(退木爾沙)[65]의 오류는 누구나 다 아는 것이다. 반면에 아프가니스탄이 잘못되어 코칸트가 되고, 페르시아가 잘못되어 시크가 되었는데, 앞선 『도설』에서 살펴보았다. 논자들은 그저 배격할 줄만 알았지 결국 그 원인을 찾고 이를 명확하게 구분해내는 이는 없었다. 대서양 각 국의 이름을 명명하는 데서도 대부분 이런 경향이 있었다. 오직 서역의 볼로·퇴파특(退擺特) 칸주트이다. ·합랍체간(哈拉替艮) 발티스탄이다. 세 왕국의 풍습에 대해 상당히 자세하게 언급하고 있어 관찬서적의 미비한 점을 보충할 수 있었지만, 나머지는 깊이 따지기에 부족한 면이 있다. 또 『신강지략(新疆識略)』[66]과 『서역수도기(西域水道記)』[67]에서 기록하고 있는 각 왕국의 이름 가운데 회강에서 꽤 가까운 곳으로는 군드(Ghund)[68]·작선(綽禪)[69]·치트랄(Chitral)[70] 사극랍(沙克拉)이라고도 한다. ·마스투즈(Mastuj)[71]·루샨(Rushan)[72]·시그난

---

64 공갈이(控噶爾)의 황당함: 이에 관한 내용은 본서 권4의 『구라파열국판도설(歐羅巴列國版圖說)』에 자세하게 나와 있다.

65 퇴목이사(退木爾沙): 아프가니스탄 티무르 샤 두라니(Timur Shah Durrāni)가 다스리던 곳으로, 부라니둔의 아들인 삼사크가 이곳으로 달아났다고 하는데, 지금의 아프가니스탄 쿤두즈로 추정된다.

66 『신강지략(新疆識略)』: 『흠정신강지략』으로, 원래 이름은 『이리총통사략(伊犁總統事略)』, 『서수총통사략(西陲總統事略)』이다. 가경 24년(1807) 송균(松筠)이 기존의 『이리총통사략』을 증보해서 기술한 서북변경지역의 지리서이다. 총 21권으로 구성되어 있으며, 신강의 자연지리, 정치, 경제, 문화, 군사, 풍속 등이 상세히 기술되어 있다.

67 『서역수도기(西域水道記)』: 청나라 서송(徐松)이 천산남북로(天山南北路), 즉 지금의 신강의 수맥(水脈)을 중심으로 인근의 지리 및 역사를 기술한 책으로, 총 5권으로 구성되어 있다.

68 군드(Ghund): 원문은 '곤(滾)'으로, 지금의 바다흐샨에 위치한다.

69 작선(綽禪): 『신강지략』에 따르면, 야르칸드에서 13개 역참 떨어진 곳에 위치한다.

70 치트랄(Chitral): 원문은 '차특랍륵(差特拉勒)'으로, 지금의 파키스탄 북부에 위치한다.

71 마스투즈(Mastuj): 원문은 '혁사도제(赫斯圖濟)'로, 흑사도제(黑斯圖濟), 마사도길(馬斯圖吉)이라고도 한다. 지금의 파키스탄 치트랄에 위치한다.

72 루샨(Rushan): 원문은 '나선(羅善)'으로, 지금의 타지키스탄 남동부에 위치한다.

(Shignan)[73] 『서역문견록』에서 말하는 사관기(沙關記)[74]이다. ·다르와즈(Darwaz)[75]가 있는데, 야르칸드에서 그 거리가 13역참에서 18역참까지 모두 다르며 하나같이 보잘것없는 이슬람 국가로, 키르기스스탄과 코칸트 사이에 위치한다. 다소 먼 곳으로는 의색극(依色克)·치아브(Chiab)[76]·쿤두즈(Kunduz)[77]·탈리칸(Talikhan)[78] 이상 4개 지역은 부하라의 속지인 것 같다. 이 있는데, 모두 회강에서 그 거리가 20역참에서 30역참 남짓까지 모두 다르다. 예컨대 와한[79]은 바다흐샨의 관할 도시이고, 카풀루[80]는 발티스탄의 관할 도시이고, 오슈·후잔트·가라바는 코칸트의 관할 도시이고, 우라튜베·지자흐·발흐·가즈니는 부하라의 관할 도시이고, 칸다하르는 아프가니스탄의 관할 도시로, 상인들이 카불·야르칸드 등에 왕래할 때 대부분 도시의 이름을 말하면서 더는 그 나라의 이름을 말하지 않았다. 그래서 애매해지고 복잡해져 판별할 수 없게 되었다. 그 지형이나 방위는 책마다 같기도 하고 다르기도 해 감히 그 위치를 짐작하지 못하게 되었다. 파미르고원의 사리콜(Sarikol)[81]

---

73 시그난(Shignan): 원문은 '극십남(克什南)'으로 되어 있으나, 십극남(什克南)의 오기로 보인다. 시그난은 타지키스탄 서쪽 파미르 고원에 위치하는 역사적인 지역이다.

74 사관기(沙關機): 사만자(沙萬子)라고도 하는데, 바로 샤완츠 칸(Shah Wanch Khan)이다.

75 다르와즈(Darwaz): 원문은 '달이와사(達爾瓦斯)'로, 달이와자(達爾瓦玆)라고도 한다. 지금의 아프가니스탄과 타지키스탄의 중간에 위치한 역사적 지역이다.

76 치아브(Chiab): 원문은 '차보아(差普雅)'로, 차아보(差雅普)의 오기이다. 차아보는 차아보(差呀普)라고도 하는데, 지금의 바다흐샨 파이자바드(Faizabad)에 위치한다.

77 쿤두즈(Kunduz): 원문은 '혼토사(渾堵斯)'로, 윤토사(尹土斯), 곤도사(昆都土)라고도 한다. 지금의 아프가니스탄 북부에 위치한다.

78 탈리칸(Talikhan): 원문은 '탑이한(塔爾罕)'으로, 탑아한(塔兒罕)이라고도 한다. 지금의 아프가니스탄 힌두쿠시산맥 북쪽에 위치한다

79 와한: 원문은 '와한(瓦罕)'이다.

80 카풀루: 원문은 '합보륭(哈普隆)'으로, 합백라(哈伯羅)라고도 하는데, 바로 지금의 파키스탄 북부에 위치한다.

81 사리콜(Sarikol): 원문은 '색륵고륵(塞勒庫勒)'이다. 섭이강 서쪽 8백 리 떨어진 지역으로, 지금의 중국 신강 서남부 타스쿠얼간 타지크 자치현(Tush-kurghan, Sarikol, 塔什庫爾干塔吉克自治

은 동쪽으로 로프노르(LopNor)[82] 성수해(星宿海)[83]이다. 로 유입되는데, 이른바 말하는 곤
륜하의 원류이다. 파미르고원 서쪽의 물은 크게 세 지류로 나뉜다. 한 지류는 후장에서
발원해 서쪽으로 흘러 카슈미르 서쪽 경계에서 돌아서 남쪽으로 가 북인도의 여러 물줄
기와 만나서 서인도의 신드에서 대해로 들어가는데, 소위 말하는 인더스강이다. 나머지
두 지류는 모두 동쪽에서 시작해 서남쪽으로 흐르는데, 한 지류는 아목하로, 서양에서 말
하는 아무다리야강[84]이다. 아무다리야강은 파미르고원에서 발원해서 부하라 경내의 여
러 물줄기와 만나서 서쪽으로 2천여 리 흐른 뒤 북쪽에서 꺾어 아랄해의 남쪽으로 유입
된다. 북쪽의 한 지류인 나린강은 서양에서 말하는 시르다리야강[85]으로, 파미르고원에서
발원해 북쪽의 여러 물줄기와 만나 서쪽으로 2천여 리 가서 함해의 북쪽으로 유입된다. 함
해는 사해(死海)라고도 하며, 서역에서는 달리강아박(達里岡阿泊), 서양에서는 아랄해[86]라
고 하는데, 남북으로는 약 6백~7백 리에 이르고 동서로는 약 2백~3백 리에 이른다. 물의
염분이 엉겨 붙어 소금이 되어서 대해와 통하지 않아 사해(死海)라고 한다. 아랄해의 서쪽
으로 약 1천 리에 달하는 큰 호수 리해(裏海)가 있는데, 서양인들이 말하는 카스피해[87]로,
가사비약(加斯比約)이라고도 한다. 카스피해는 남북으로는 약 3천여 리에 달하고, 동서로
는 약 1천여 리에 달한다. 이 물줄기가 닿는 서북쪽 각 나라의 물은 바다처럼 물이 넘치지

縣)을 가리키기도 하고, 사리콜(Sarikol) 산맥을 지칭하기도 한다.

82 로프노르(LopNor): 원문은 '라포박(羅布泊)'이다. 물이 소금 성분을 함유하고 있어 염택(鹽澤)
이라고도 불린다. 러시아의 지리학자 프르제발스키(Nikolay Przhevalsky)에 의해 1876~1877년
에 발견되었으며, 현지에서는 카라쿠쉰이라 부르기도 한다.

83 성수해(星宿海): 지금의 청해성(青海省)에 위치하며, 황하의 발원지로 알려져 있다.

84 아무다리야강: 원문은 '아목달리아(亞木達里亞)'이다.

85 시르다리야강: 원문은 '서이달리아(西爾達里亞)'이다.

86 아랄해: 원문은 '아랍이(亞拉爾)'이다.

87 카스피해: 원문은 '객이사필안(喀爾士畢安)'이다.

447

만, 대해와는 통하지 않기 때문에 리해(裏海)라고 한다. 그 동쪽 해안은 서역 이슬람의 최서단에 해당한다. 카스피해를 지나 서쪽으로 가면 러시아의 동남쪽 강역과 페르시아의 서북쪽 강역이 나온다. 세상에서는 대부분 카스피해를 뇌저해(雷翥海)라고 하는데 이는 잘못된 것이다. 살펴보건대 파미르 고원 서쪽의 물은 뇌저해를 미려(尾閭)[88]로 여기는데, 예라기체수(蜺羅跂禘水)[89] 등의 물이 뇌저해로 유입된다. 서양인의 지도를 살펴보니 파미르고원 서쪽에서는 오직 인더스강만이 남쪽으로 흘러 대해로 들어간다. 그 나머지 남북의 작은 강들은 하류가 모여서 두 개의 큰 지류를 형성하는데, 북쪽은 나린강이고, 남쪽은 아무다리야강으로, 두 강이 모두 아랄해로 유입되는 것을 보아 아랄해가 뇌저해임은 의심의 여지가 없는 것 같다. 카스피해는 아랄해의 서쪽에 위치해 물이 결코 서로 통하지 않는다. 카스피해를 아랄해와 비교하자면 그 크기가 거의 열배에 이른다. 동쪽에서 흘러오는 물은 모두 아랄해로 들어가니 역시 작은 물방울도 카스피해에 절대로 유입되지 않는다. 아마도 옛날에는 오직 뇌저해만 있는 줄 알았는데, 서양이 중국에 들어온 뒤로 비로소 카스피해가 널리 알려졌다. 그래서 마침내 카스피해를 뇌저해라 해도 부족하지 않다고 생각하게 되면서 [카스피해와 뇌저해가] 전혀 상관없다는 것을 몰랐다. 다만 『전한서』에 따르면, "강거국(康居國)[90]의 서북쪽으로 2천 리쯤 되는 곳에 있는 엄채국(奄蔡國)[91]

---

88 미려(尾閭): 고대 전설에 따르면 동쪽 바다 한가운데 있어 모든 바닷물을 빨아들인다는 거대한 골짜기를 의미하는데, 현재는 강의 하류를 가리키는 말로 사용되고 있다. 『원사』「유구(瑠求)」에 의하면, 항해하는 선박이 팽호 아래쪽으로 왔다가 몰아치는 폭풍을 만나 낙제로 표류하게 되면 살아나온 자가 거의 없었다고 하는데, 여기서 말하는 낙제가 곧 미려이다.

89 예라기체수(蜺羅跂禘水): 카스피해로 유입되는 강줄기로 추정된다. 본문에서는 예라와 기체를 따로 보고 있으나 『수경주』에 따라 한 물줄기로 번역한다.

90 강거국(康居國): 고대 서역 국가로, 옛 땅은 대략 지금의 발하슈호와 아랄해 사이에 있는 시르다리야강 지류에 위치한다.

91 엄채국(奄蔡國): 고대 강거국의 서북쪽에 위치하며, 대국(代國)과는 1만 6천 리 떨어져 있다.

은 끝없는 대택(大澤)과 인접해 있다"라고 했는데, 대택이 바로 카스피해임은 의심의 여지가 없다. 이 기록이 사서에서 언급하고 있는 카스피해의 시작으로 보는 것이 맞다.

청나라 말기에 러시아의 속지가 되었다.

〚 亞細亞西域各回部 〛

西域廣莫, 兩漢以來, 諸部弱肉強食, 時合時分, 地名國號, 變更以數千百
計. 元起北方, 先開西土. 歷代史籍所稱西域諸部, 幾於囊括無遺. 元氏旣衰,
諸部紛紛割據, 内多蒙古苗裔, 亦有回回種族. 我朝定鼎之後, 準噶爾噶爾丹恃
其兵力, 侵擾喀爾喀蒙古部落. 我聖祖仁皇帝, 親統六師, 犁庭掃穴, 漠北肅淸,
烽燧息警. 其後策旺阿拉布坦餘燼復燃, 并兼坐大, 據伊犂爲巢穴. 游騎四出,
鄰部咸被侵噬. 易世内訌, 阿睦爾薩納款關請討. 高宗純皇帝, 神幾獨運, 命將
西征, 電掣星馳, 拓地萬里. 其後阿睦爾薩納 · 霍集占相繼畔亂, 應時戡定. 於
是天山以北之準部, 天山以南之回部, 遍列戍屯. 凡『漢志』所云西域諸國, 隸
版圖者十六七. 峨羅斯當元氏之衰, 崛起西北. 其國都在歐羅巴之波羅的海隅.
漸拓地東南, 至亞細亞黑海之東岸. 再拓而東南, 至亞細亞裏海之北 · 之西. 泰
西人所刻地圖, 新疆 · 回疆 · 後藏之西, 峨羅斯之南 · 之東, 波斯 · 阿富汗 · 印
度之北, 統名之曰達爾給斯丹, 又謂之韃韃里. 或作達達爾, 卽韃靼之轉音. 韃韃里
者, 游牧行國, 無城郭室廬, 歐羅巴人罕涉其地, 故不詳其部落之名. 綜其大勢,
東起葱嶺, 西抵裏海. 泰西人稱爲喀爾士畢安, 一作加斯比約. 不過四五千里. 南起
波斯 · 阿富汗 · 印度, 北抵峨羅斯界, 亦不過三四千里. 其間部落之大者, 不過
六七. 東北多行國, 西南多城郭國. 諸書博引繁稱, 半多舛誤, 今就其可據者言
之. 泰西人紀載, 有軍突 · 機窣等名, 大約在鹹海 · 裏海之間. 其境土國勢未詳, 故未立傳.

哈薩克, 回部之大者也. 東北界科布多所轄之烏梁海, 迆南界塔爾巴哈臺,
東南界伊犂, 北界峨羅斯, 西南界塔什干 · 浩罕 · 布魯特諸部. 地分三部, 左部
曰鄂爾圖玉斯, 在伊犂之西北. 右二部亦稱中部 · 西部, 中部曰齊齊玉斯, 西部

曰烏拉玉斯. 兩部在伊犁之正西. 乾隆二十年, 準部底定, 阿睦爾薩納叛逃左部, 誘其汗阿布賚合兵拒戰. 我軍擊破之, 左部遂降, 中西兩部亦詣軍門納款, 皆授王公臺吉世爵. 三年一貢, 歲一市, 以馬羊易緞布, 而稅其百一. 左部自古爲行國, 逐水草游牧, 與準部蒙古同俗, 而從回教. 右二部則有城郭. 右二部之北, 別有部曰北哈薩克, 以寇鈔爲俗, 時侵掠峨羅斯邊境, 峨設兵防之.

布魯特分東西部. 東部五, 在天山北準部之西南, 舊游牧於特穆圖泊左右, 部長稱鄂拓克. 後爲準部所逼, 西遷寓安集延. 王師定伊犁, 乃復故地. 乾隆二十三年, 率戶口歸附, 散處新疆 · 回疆卡外. 西部十有五, 在葱嶺之西, 與哈薩克 · 浩罕 · 拔達克山毗連. 每部所轄, 多者千餘戶, 少者二百餘戶, 共二十餘萬口, 以額德格納部爲之長. 二十四年歸附, 各授其頭目品官, 凡二品至七品, 貢市如哈薩克之例. 兩布魯特皆游牧行國而奉回教, 與哈薩克左部同俗. 性剽悍, 喜擄掠.

巴達克山, 葱嶺西南城郭回國也. 扼葱嶺之右, 距葉爾羌千有餘里. 北鄙有城曰窩罕, 一作斡罕, 又作瓦漢. 其地群山環繞, 田土膏腴, 築室以居, 耕田而食, 亦兼牧獵之利. 戶口十餘萬, 頭目戴紅氈小帽, 束以錦帕, 衣錦氈衣, 腰繫白絲綳, 足躡黑革鞮. 女則披髮雙垂, 餘與男子同. 民人帽頂似葫盧, 邊飾以皮, 衣黃褐, 束白絲縧. 乾隆二十四年, 逆回酋霍集占兄弟爲王師所敗, 奔巴達克山, 縱兵肆掠. 其酋素爾坦沙禽波羅尼都 · 霍集占囚之. 王師壓境檄索, 乃縊殺之而獻其馘. 率所部十萬戶, 及鄰部博羅 爾俱納款. 受封賞甚厚.

博羅爾在巴達克山之東, 城郭回部也. 四面皆山, 西北有河, 人戶三萬有奇. 乾隆二十四年, 與巴達克山同時內附. 其人別一種族, 築屋而居, 有村落. 無文字, 與諸回部語言不通, 惟衣帽與安集延相仿. 人皆深目高鼻, 濃髭繞喙. 男多女少, 恒兄弟四五人共娶一妻, 生子女次第分認. 無兄弟者, 與戚里共之. 土

半沙鹵, 故其人苦貧. 地多桑, 取葚曝乾爲糧. 飮山羊之乳, 以馬湩爲酒. 稱其
酋曰比, 以人口爲賦稅. 生子女, 納其半, 賣於各回城爲奴婢, 値頗昂, 每口以
五六十·八九十金爲率.

乾竺特, 或作退擺特. 別一種族, 在葉爾羌南, 地與後藏相接. 無城郭宮室, 鑿
山爲穴以居. 種米麥以食, 亦有以游牧爲生者. 人蓄辮髮, 耳綴金環. 其俗敬火,
每晨以柴燒火, 向之禮拜. 地鹵斥, 富者僅自給, 貧者多傭工於他國. 稱其酋曰
汗, 汗亦貧甚. 惟取所部子女鬻於各處, 取其値以自贍, 與博羅爾相似.

巴勒提 一作巴爾替, 又作哈拉替艮. 在博羅爾南, 重山複嶺之中. 人戶寡弱, 不
足六七千. 有屬邑曰哈普倫. 稱其酋曰比. 俗遵回敎, 不蓄髮, 不食豬肉. 衣帽
語言, 與安集延同. 以游牧爲業. 冬日嚴寒, 覓山坳溫處, 以蘆荻結寮, 人畜共
處其中. 十月雪已盈丈, 三月雪消始出. 地産獨峰之駝.

浩罕, 一作敖罕, 又作豪罕, 又作霍罕. 俗稱安集延, 回部城郭之國也. 地在葱嶺
之西, 有四大城, 俱當平陸. 最東爲安集延, 與布魯特毗連. 其人長於心計, 好
賈遠遊, 南北各城, 處處有之. 故西域盛稱安集延, 今遂爲浩罕種人之名. 從安
集延西百有八十里, 爲瑪爾噶朗城. 又西八十里, 爲納木干城. 一作奈曼. 又西
八十里, 爲浩罕城, 其汗居之. 四城皆濱那林河岸. 又所屬小城三, 曰窩什, 在
東南, 曰霍占, 在西南, 曰科拉普, 在西北. 近年塔什干亦附之, 故浩罕又稱八
城云. 元人所置撒馬兒罕城, 在浩罕城西, 今成廢墟. 浩罕風俗, 略同南路諸
回城, 而驚勇過之. 性最陰狡, 習於攻掠. 西南與布哈爾毗連, 世爲勍敵. 乾隆
二十四年, 大軍追霍集占. 霍集占欲投安集延, 安集延不納, 其酋額爾德尼旋奉
表貢馬. 其後霍集占兄弟, 爲巴達克山所殲, 波羅尼都次子薩木薩克, 逃赴浩
罕, 故浩罕有逆酋遺孽云.

452

按: 西域卡外諸回部, 哈薩克最馴擾, 布魯特好鈔掠. 而部落瓜分, 不相統一. 其餘或寡弱, 或荒遠, 俱不能爲邊患. 獨浩罕一部, 毗連布魯特, 附近吾圍. 其人長於服賈, 心計精密, 卡內之南北各城, 卡外之回部各國, 足迹無不到之地. 性貪而狠, 狡焉思啟, 子女玉帛之所在, 刻刻垂涎. 逆酋波羅尼都遺種於玆, 浩罕藉其之名, 居爲奇貨. **和卓或作霍卓, 華言聖裔也. 其初祖摩哈麥創立回教, 稱派罕巴華言天使也. 其子孫分布西域, 稱爲和卓木, 以其爲教祖貴種, 回人皆敬信之.** 頃逐擁逆裔張格爾誘脅布魯特, 攻陷四城, 括其蓄積, 捆載而去, 嗣復擁玉素普鈔掠喀城. 蓋其虎狼之性, 蹻跖之謀, 乘布魯特愛曼 **聚落也. 散處.** 本以寇鈔爲俗, 聽其驅役, 嘗爲先導. 是此時, 邊防之最亟者, 惟此虜爾.

塔什干, 一作塔什罕. 亦城郭回部. 在浩罕之西北, 與哈薩克右部毗連, 地處平原, 多園林, 饒果木土. 土宜五穀, 民居稠密. 舊爲右哈薩克屬部, 乾隆二十三年, 遣使奉表求內屬, 尋入貢. 後又附浩罕爲屬城. 蓋其國介哈薩克·浩罕之間, 弱小不能自立. 故兩部皆得役屬之云. 由塔什干逾錫爾河, 又逾納林河, 爲賽瑪爾堪城. 即撒馬兒罕, 今在浩罕境內. 又西南爲噶拉克則城, 又西爲烏爾根齊城, 兩城當是布哈爾地. 又西臨達里岡阿泊. 即鹹海.

布哈爾, 即布噶爾·札布·笨札布·甲不·布哈拉·木哈臘·黑拉德. 回部大國也. 東接拔達克山諸部, 東南連北印度之克什米爾, 南界阿富汗, 西南界波斯, 北境與浩罕接壤, 包浩罕西界, 抱鹹海而達裏海. 幅員之恢闊, 諸回部殆無與比. 東境多山嶺, 西界有大戈壁. 沙磧也. 有城郭而兼游牧, 戶口不繁. 部落甚多, 屬城有鄂勒推帕. 疑即『西域聞見錄』之郭罕. 濟雜克·拜爾哈·噶斯呢等名, 匝阿母河兩岸, 皆布哈爾境土, 元人所置行省者也. 其氣候頗炎, 冬無大雪. 產五穀瓜果, 又產骨重羊. 俗長騎射, 與浩罕時時構兵. 鄂勒推帕部, 山徑斗絕, 人強悍,尤浩罕所忌云. 或云已爲浩罕所破. 乾隆二十九年, 因巴達克山請内附. 道光十九年, 峨羅斯欲窺印度, 密差頭人至布哈爾, 使與英吉利·印度屬國構兵. 英人率兵入險, 講和而罷.

按: 西域諸國, 布哈爾最大. 其地西接波斯, 東連印度, 爲西南回部之樞紐. 道光二十年, 粤東譯出英人新聞紙, 卽月報. 有云, 五月十四日, 接印度來信, 論及峨羅斯欲攻打印度之事. 蓋我英國之印度兵, 攻取興都哥士山 卽雪山. 南邊各部落, 而峨羅斯邊境在此山之北. 三年前尙有回部四五國亘隔, 今止隔一大山而已. 因布哈爾已附峨羅斯, 故云止隔一大山. 峨羅斯近日, 直攻至韃韃里之機窪. 韃韃里卽游牧回部. 機窪一作基瓦, 又作其襪, 當在鹹海之西, 裏海之東. 皆因我等攻取阿付顏尼部, 卽阿富汗尼士丹又作愛烏罕, 已詳前圖. 故娥羅斯亦攻至荷薩士河, 卽阿母河. 已約木哈臘, 卽布哈爾. 同取阿付顏尼部, 以攻打印度. 爲我兵頭沙阿力山及馬約里治堵禦, 故計不行. 峨羅斯前在希臘, 卽額里士, 歐羅巴小國. 與包社人 卽波斯. 立約, 欲收復阿付顏尼, 以攻取印度, 亦因我兵頭 律勿蘭所拒. 後詭稱收回逃散奴僕, 攻取機窪及木哈臘. 人皆謂峨羅斯得此二地, 布哈爾不聞有幷入峨羅斯之事, 大約歸附爲屬國耳. 當必退兵, 乃又使人日日學習印度事務, 又與木哈臘人立約, 同取阿付顏尼, 不知峨羅斯人要到何地, 方肯住手. 峨羅斯人曾以兵威, 自黃海 卽波羅的海. 攻至黑海 卽勒必西海. 一帶地方, 以廣其國境. 所以今日必要提防其在荷薩士河駐紮之兵云云. 又英人所著『萬國地理書』云, 道光十九年, 峨羅斯私差奸人至甲不, 卽布哈爾. 兜攬事情, 遍滋事端云云, 卽此事也.

余按: 峨羅斯近年, 疆土日廣, 其國之南境, 已盡裏海之西北兩岸. 由裏海之北岸直趨東南, 中間所歷之韃韃回部, 如機窪之類, 皆冗弱無足比數, 戎馬往來, 如若無人. 布哈爾較大, 實爲東道關鍵. 故峨羅斯脅而降之, 以爲進窺印度之計也. 英人之取印度也由海, 峨人之窺印度也由陸. 論巧則峨不如英, 量力則英不如峨. 兩國之在西土, 可稱勁敵, 數十年後, 當不

454

知作何變動矣.

西域諸回部, 七椿園『西域聞見錄』言之最詳. 官書如『一統志』·「四裔考」之類, 世不
經見, 遂以此錄爲典要, 而不知其訛謬駁踏, 殆不止一二端也. 控噶爾之荒唐, 退木爾沙之
謬誤, 人皆知之. 愛烏罕之訛爲敖罕, 波斯之訛爲塞克, 『圖說』見前. 議者徒知掊擊, 卒未有
溯其原委而爲之辨明者. 其所稱大西洋諸國, 大半影響. 惟西域之博羅爾·退擺特 **卽乾竺**
特.· 哈拉替艮 **卽巴勒提.** 三部, 言其土俗頗詳, 補官書之所未備, 餘則不足深考矣. 又『新
疆識略』, 及『西域水道記』所載諸部落之名, 距回疆較近者, 曰滾, 曰綽禪, 曰差特拉勒, 一
作沙克拉. 曰赫斯圖濟, 曰羅善, 曰克什南, 卽『西域聞見錄』所云沙關記也. 曰達爾瓦斯, 距
葉爾羌十三站至十八站不等, 皆雜冗小回部, 錯處於布魯特·浩罕之間. 稍遠者, 曰依色克,
曰差普雅, 曰渾堵斯, 曰塔爾罕, **以上四部, 似是布哈爾屬部.** 皆距回疆二十餘站至三十餘站
不等. 至若瓦罕爲巴達克山之屬城, 哈普隆爲巴勒提之屬城, 窩什·霍占·科拉普爲浩罕之
屬城, 鄂勒推帕·濟雜克·拜爾哈·噶斯呢爲布哈爾之屬城, 堪達哈爾爲愛烏罕之屬城, 賈
人往來喀·葉諸城, 多稱其城邑之名, 而不復稱其國土之名. 遂致致茫紛紜, 不可辨識. 其地
形方向, 諸書或同或不同, 不敢意爲位置也. 葱嶺之塞勒庫爾, 東流入羅布泊, **卽星宿海.** 所
謂崑崙河源者也. 其葱嶺以西之水, 分三大支. 一支發源後藏, 西流至克什米爾西界, 轉而南
行, 會北印度諸水, 至西印度之信地入大海, 所謂印度河也. 其餘兩支, 皆自東而西南, 一支
爲阿母河, 泰西稱亞木達里亞. 發源葱嶺, 會布哈爾境內諸水, 西行二千餘里, 北折入於鹹海
之南. 北一支爲納林河, 泰西稱西爾達里亞, 發源葱嶺, 會北方諸水, 西行二千餘里, 入於鹹
海之北. 鹹海又名死海, 西域稱達里岡阿泊, 泰西稱亞拉爾, 南北約六七百里, 東西約二三百
里. 水鹹凝結成鹽, 不通大海, 故名死海. 鹹海之西約千里, 有大澤曰裏海, 泰西人稱喀爾士
畢安, 一作加斯比約. 南北約三千餘里, 東西約千里. 所受者, 西北諸國之水, 汪洋似海, 而不
通大海, 故名裏海. 其東岸, 爲西域回部極西之境. 逾裏海而西, 卽峨羅斯東南境, 與波斯西
北境. 世多以裏海爲雷翥海, 誤矣. 按葱嶺以西之水, 以雷翥海爲尾閭, 蛻羅跂禘諸水入焉.

455

考之西洋人地圖, 蔥嶺以西, 惟印度河南流入大海. 其餘南北諸小河, 下游匯爲兩大支, 北爲納林, 南爲阿母, 皆以鹹海爲歸宿, 則鹹海之爲雷翥海, 似無可疑也. 裏海在鹹海之西, 絶不相通. 較之鹹海, 大幾十倍. 東來之水盡入鹹海, 亦絶無涓滴入於裏海. 蓋昔時止知有雷翥海, 迨泰西通中國之後, 始盛傳裏海. 遂以爲非裏海不足當雷翥海之名, 而不知其渺不相及也. 惟『前漢書』稱, 康居西北可二千里, 有奄蔡國, 臨大澤無涯, 此則爲裏海無. 卽以是爲史籍言裏海之始可矣.

◆ 찾아보기

찾아보기

461

찾아보기

471

찾아보기

476

영환지략 1-아시아

482

저자 소개

서계여(徐繼畬, 1795~1873)

청대 정치가, 계몽 사상가이다. 자는 건남(健男), 호는 송감(松龕)으로, 산서성(山西省) 오대현(五臺縣) 사람이다. 1826년 진사에 급제한 뒤 한림원(翰林院) 편수(編修)로서 관계에 발을 들여놓은 뒤 주로 양광(兩廣), 복건(福建) 등지에서 관리 생활을 했다. 1840년 아편 전쟁 발발 직후 하문(廈門)과 복주(福州)의 통상 업무를 보면서 세계와 서구를 바라보는 인식의 변화를 느끼고, 서구에 대한 정보를 수집하기 시작해 1848년에『영환지략』을 편찬했다. 주요 저작으로는『퇴밀재시문집(退密齋時文集)』,『고시원비주(古詩源批注)』,『오대신지(五臺新志)』,『거우집(擧隅集)』 등이 있다.

역주자 소개

이민숙(李玟淑)

한국외국어대학교에서 중국고전소설로 박사학위를 받았으며, 현재 한림대학교 인문학연구소 학술연구교수로 재직 중이다. 고서적 읽는 것을 좋아해서 틈틈이 중국 전통 시대의 글을 번역해 출간하고 있다. 특히 필기문헌에 실려 있는 중국 전통문화를 이해하고 재구성하는 것에 관심이 많다. 저서로는『한자 콘서트』(공저),『중화미각』(공저),『중화명승』(공저), 역서로는『태평광기』(공역),『우초신지』(공역),『풍속통의』(공역),『강남은 어디인가: 청나라 황제의 강남 지식인 길들이기』(공역),『임진기록』(공역),『녹색모자 좀 벗겨줘』(공역),『열미초당필기』,『해국도지』(공역) 등이 있다.

정민경(鄭暋暻)

중국사회과학원에서 중국문학 전공으로 박사학위를 받았으며, 현재 제주대학교 중문과 부교수로 재직 중이다. 중국소설과 필기를 틈틈이 읽고 있으며 중국 지리와 외국과의 문화 교류에도 관심이 많다. 저서로는『옛이야기와 에듀테인먼트 콘텐츠』(공저),『중화미각』(공저),『중화명승』(공저)이 있고, 역서로는『태평광기』(공역),『우초신지』(공역),『풍속통의』(공역),『명대여성작가총서』(공역),『강남은 어디인가: 청나라 황제의 강남 지식인 길들이기』(공역),『사치의 제국』(공역),『(청 모종강본) 삼국지』(공역),『해국도지』(공역) 등이 있다.